徐世虹 主编

赵　晶 执行编辑

中国古代法律文献研究

中国政法大学法律古籍整理研究所 编

第九辑

社会科学文献出版社

SOCIAL SCIENCES ACADEMIC PRESS (CHINA)

目 录

曾伯陭钺铭文的再探讨

王 沛[*]

摘 要：曾伯陭钺铭文的断句，以及"为"、"鬻"、"殹"、"历"等字的释读，都有再讨论的必要。"鬻"、"则"、"井（刑）"之间的关系值得关注，而孙常叙先生对"则"、"五命赐则"、"则誓"的论证存在逻辑、证据上的问题。无论是否与铸刑鼎相关，曾伯陭钺铭文都是相当重要的法制史资料。上古法制资料数量寡少、文字艰涩，故而疑惑很多，存在不少难解之题。正因如此，需要学界同仁的不断摸索、探讨、修正、总结，以逐步认知其内涵。

关键词：曾伯陭钺 非历伊井 五命赐则

十余年前出土于湖北枣阳的曾伯陭钺，是件造型独特的青铜器。该钺的正反面均铸有铭文，共18字。这篇短短的铭文包含了丰富的上古法制信息，然而除了黄锡全教授发表在整理报告附录中的论文以外，[①] 学界对其关注并不多。笔者于2012年撰写了《刑鼎源于何时：从枣阳出土曾伯陭

---

* 华东政法大学法律古籍整理研究所副教授。

① 黄锡全：《枣阳郭家庙曾国墓地出土铜器铭文考释》，襄樊市考古队等：《枣阳郭家庙曾国墓地》，科学出版社，2005，第306～379页。

钺铭文说起》一文，初步考释铭文，① 并试图探讨其中的法史意义，现在看来，文中观点有很多不成熟之处。拙文发表后的近三年时间里，笔者从未停止对曾伯陭钺铭文的思考。随着研究的进展，笔者很多先前持有的观点都已发生变化，后来就新的认识撰写了《曾伯陭钺铭文补释》一文。② 拙文发表后有不少学者与笔者进行交流，并提出不同见解，对此笔者非常感谢，亦由此重新审视了自己的论证，修正不足。③ 因为笔者的新认识大多收入论文《曾伯陭钺铭文补释》之中，这里仅对几处具体问题再做探讨交流。

一 铭文的重新断句

笔者在《刑鼎源于何时》中将曾伯陭钺铭文断句为："曾白（伯）陭铸戚戊，用为民鼺，非历殴井，用为民政"，这种断句方式首先由黄锡全先生提出。经过反复思考，笔者现在改变了观点，认为笪浩波先生在《从近年出土新材料看楚国早期中心区域》中提出的断句方式更为合理。笪先生将铭文断为：④

曾伯陭铸戚钺，用为民，　　　　　　←钺的正面

鼺非历殴井，用为民政。　　　　　　←钺的背面

根据笪先生的断句，钺的正、背面各自成文，不过笪先生并未对铭文含义及断句理由做任何说明。笔者则进一步认为，钺的正、背面各自成

---

① 王沛：《刑鼎源于何时：从枣阳出土曾伯陭钺铭文说起》（以下简称《刑鼎源于何时》），《法学》2012 年第 10 期，第 109～115 页，后收入王沛主编《出土文献与法律史研究》第 2 辑，上海人民出版社，2013，第 230～245 页。

② 王沛《曾伯陭钺铭文补释》，初稿分别发表于 2014 年 12 月 7 日湖南大学岳麓书院举办的"秦简牍研究国际学术研讨会"，参见北京大学出土文献研究所、湖南大学岳麓书院《秦简牍研究国际学术研讨会论文集》，长沙，2014 年 12 月，第 243～249 页，论文修改稿待刊。

③ 他们是张伯元教授、张光裕教授、陈昭容教授、南玉泉教授、俞江教授、李力教授、水间大辅教授、詹今慧博士、邹勛博士等学者。其中李力教授还撰写长文进行探讨，意见中肯而富有价值，给笔者以很大启发。参见李力《"鼺"、"殴"、"历"三字的疑难与困惑》，《中国古代法律文献研究》第 8 辑，社会科学文献出版社，2014，第 1～21 页。

④ 笪浩波：《从近年出土新材料看楚国早期中心区域》，《文物》2012 年第 2 期，第 58 页。

段，全文为：“曾白（伯）陭铸戚戉，用为民。鼏非历殹井，用为民政。”铭文大意是：“曾伯陭铸造斧钺，用以治民；某项法令（鼏）不会变乱旧有法度（井），而是以之治理民政。”其中“为”训为“治”。《左传·文公六年》“何以为民”之“为”，陆德明注曰“治也”。[①]“井”在金文中常见，传世文献写作“刑”，指法度、规则之意，用例如《论语·里仁》所说“君子怀刑”之“刑”。[②]“鼏”的字形从井从鼎从刀，和从鼎从刀的“则”类似，[③] 也应具有法则、法规的含义，但或与铭文中国的“井”字内涵有差异。[④]“历”训为“乱”，“殹”通“伊”，是指示代词，含义为“那个”。[⑤] 关于“非历伊井”的释读争议及笔者的观点详见下文。

二 关于“非历伊井”

铭文中有“非历伊井”之语，这种表述很容易让人联想到古文中的“非 A 伊 B”句型，如“非莪伊蒿”、“非莪伊蔚”等，其含义是“不是……而是”，黄锡全先生正采用了这个句型以理解文义，[⑥] 并说：

> 历有行义。如《战国策·秦策》“横历天下”，即“横行天下”。“劈历”为联绵词，或主张此“历”似可读如“辟”。辟与刑义近，都是既有杀伐义，又有型范义。[⑦]

笔者认为，本铭套用“非 A 伊 B”句型并不合适。因为“非 A 伊 B”句型成立的前提是 A 和 B 必须都是名词，义为“不是 A 而是 B”，如《诗经》中的“非莪伊蒿”，其含义即“不是莪而是蒿”。而将“历”解为名

---

① 陆德明著，黄焯汇校《经典释文汇校》，中华书局，2006，第 503 页。
② 程树德：《论语集释》第 1 册，中华书局，1990，第 250 页。
③ “则”字在西周金文中左侧从鼎，不从贝。鼏之原字形为𩰿，下从之贝，实鼎之演变，亦不从贝。𩰿之考释可参见黄锡全教授论述，参见襄樊市考古队等《枣阳郭家庙曾国墓地》，第 375 页。
④ 以上观点的具体解释，均详见王沛《曾伯陭钺铭文补释》，待刊。
⑤ “殹”、“伊”相通，黄锡全教授已经论述过，参见襄樊市考古队等《枣阳郭家庙曾国墓地》，第 376 页。
⑥ 参见襄樊市考古队等《枣阳郭家庙曾国墓地》，第 376 页。
⑦ 襄樊市考古队等：《枣阳郭家庙曾国墓地》，第 376 页。

词，罕见其辞例。黄先生拆分联绵词"辟历"来考察"历"的含义，是不妥的。如李力教授说，"历"的含义存疑，也许也有这方面考虑。① 因此笔者在《刑鼎源于何时》一文中提出了另外一个方案，即放弃"非A伊B"的句型，而用"历"在古文中常见的动词词性来解释它，同时将"伊"理解为指示代词，由此将铭文解释为"不是历乱那法度，而是用在民政之中"。②

不过对笔者提出的这种方案，学界也有不同意见。如何理解"伊"字，则是分歧的关键之处。笔者将"伊"理解为指示代词，而有学者引用张玉金先生的相关论证指出："伊字作为指示代词，在西周晚期并不多见。"③ 笔者以为，此论断似可再做推敲。我们知道，在《诗经》中就有数处"伊"作指示代词例子，如脍炙人口的"所谓伊人，在水一方"、"所谓伊人，于焉逍遥"，"伊人"之"伊"都是做指示代词，而其中出现于西周诗篇中的辞例就有3处，可见并非孤证，特别是在西周文献稀缺的情况下，这些辞例更显珍贵。细读张玉金先生论著可知，其侧重并非在论说伊字在西周做"指示代词"少见，而是说伊字是"指示代词"的前提下，而否专做"远指代词"，还有疑问——关于"伊"在西周时期的指示代词属性，学界又分为近指代词、远指代词、兼近指远指代词三种观点，张先生倾向"远指代词"的观点，但又觉《诗经》中的3处指示代词例证，尚不足完全证明该字在西周仅做远指代词的性质，故云其例不足以确证具体属于何种指示代词，④ 至于"伊"在西周可以用做"指示代词"，则是毫无疑问的。

---

① 李力：《"𠚣"、"𣪠"、"历"三字的疑难与困惑》，《中国古代法律文献研究》第8辑，第10页。

② 古文献中"历"作动词与"法"搭配，为"乱"意。如《大戴礼记·子张之问官》"历者，狱之所由生也"；《大戴礼记·盛德》"历法妄行"。孔广森注"历，乱也"。参见方向东《大戴礼记汇校集释》，中华书局，2008，第832页。

③ 李力：《"𠚣"、"𣪠"、"历"三字的疑难与困惑》，《中国古代法律文献研究》第8辑，第9～10页。

④ 张玉金：《西周汉语代词研究》，中华书局，2006，第285～288页。张先生论证其观点时，是用《诗经》中东周诗篇《蒹葭》中的"伊人"辞例来证明西周诗篇中的"伊人"词性；而笔者用《诗经》中西周诗篇中的"伊"字辞例来证明西周铭文中的"伊"词性，从论证方法来说是与张先生一致的。若要综合两周资料来考察两周之际的曾伯陭钺铭文（如纳入《诗经》中东周诗篇资料），则例证数目更多了。

在西周时代的铭文中，多次可见处理政事时要依据"井"，也即法度的观点，参见四十三年逨鼎铭文：

雩乃专政事，毋敢不夤不井。①

即在处理政事时，要依据"井"的要求。类似表述在金文中多次出现，兹不赘举。

三　关于"则"

有学者认为从鼎的鼎，和不从鼎的井是一个字，属于"同字异构"，故不能分而述之；不过笔者以为，"同字异构"的可能性自然存在，而非"同字异构"的可能性也不能排除。《尔雅》里说"刑、则，法也"，从这则古文字材料中我们发现，刑和则一样，都是从"鼎"的，由之联想到史书中记载刑鼎，也是很自然的。关于从鼎之"则"或源自铸法则于鼎的论证，笔者在《刑鼎源于何时》中引用了段簋铭文作为证据；而笔者对段簋铭文释读，又是建立在质疑前辈学者孙常叙先生观点的基础上。② 由于篇幅所限，在拙作《刑鼎源于何时》中，笔者并没有把不同意孙先生观点的原因全面铺陈叙述，现在借撰写本文的机会，笔者将自己的想法全部阐述于下。段簋铭文云：

唯王十又四祀十又一月丁卯，王鼎毕烝，戊辰，曾（赠）。王蔑段历，念毕中（仲）孙子，令龏妘馈大则于段，敢对扬王休，用作簋，孙孙子子万年用享祀，孙子𝅘引。③

① 参见杨家村联合考古队《陕西眉县杨家村西周青铜器窖藏发掘简报》，《文物》2003 年第 6 期，第 17 页。
② 参见孙常叙《则、濾度量则、则誓三事试释》，《古文字研究》第 7 辑，中华书局，1982，第 7～24 页。后收入孙屏、张世超、马如森编校《孙常叙古文字学论集》，东北师范大学出版社，1998，第 297～313 页。
③ 中国社会科学院考古研究所编《殷周金文集成》第 3 册，中华书局，2007，第 2406 页。

孙先生认为铭文中的"则"是指青铜礼器的样器。《周礼·春官·大宗伯》中有"五命赐则"一语，是说赐给受封者样器，受封者可根据需要依式自铸，段簋铭文之"馈大则于段"正是此意。然而，孙先生的论述是建立在对《说文解字》断章取义的理解之上的。

孙先生认为，许慎《说文解字》云："则，等画物也。"其中"等"的意思是"齐简也"，即把简牍用剪刀剪的一样长，剪的过程中为了使所有的简等长，还需要个"标准简"，把它叠加在新制简上，比而同之。画的意思是刻画。物的意思是器物。①"等画物"合起来的意思就是比照样子刻画器物，这正是"则"的含义。

段簋中的"则"字写作𣂪，又似乎为孙先生提供了古文字字形的依据。𣂪的字形是两个鼎和一把刀，孙先生说上一个鼎是所比照的器样，而下一个鼎是比照样器仿制出来的模型母胎。从刀，表示对照器样进行整形雕饰。"则"为青铜礼器之样器，由此可知。

但是查阅《说文解字》可知，许慎并不是像孙先生论文那样表述"等画物"的。许慎论说其"等画物"，自有其特定含义。《说文》"则"字的阐释全文是：

> 则，等画物也。从刀从贝，贝，古之物货也。②

这句话的意思，在段玉裁的注中说得很清楚：

> 等画物者，定其等差而各为介画也。今俗云科则是也。介画之故从刀，引申之为法则。假借之为语词。说从贝之意，物货有贵贱之差，故从刀介画之。③

许慎说"等画物"，是建立在"则"字从"贝"的前提下；而孙先生

---

① 孙先生是通过对"等画物"三字的古音通假和字义的缩小解释方式完成其论证的，而这种解释并不周延。

② 许慎：《说文解字》，中华书局，1963，第91页。

③ 段玉裁：《说文解字注》，上海古籍出版社，1988，第179页。

说"等画物"，是建立在"则"字从"鼎"的前提下。前提既然不同，所论则谬以千里。许慎所说"等画物"之物，乃是物货之物，并不是孙常叙先生所理解的"器物"（特别是青铜器物）之物。今天我们知道，"则"字本从鼎，"则"之所以后来写成从贝，是古文字发展过程中省变的结果。① 许慎用变化后的字形来解释"则"的原始含义，自然是错误了。但孙先生在否定许慎关于则字从刀从贝的观点后，却又重捡许慎书中的"等画物"三字，赋予其从鼎的新含义来解读"则"，这就完全背离了许慎以"从刀从贝"、"古之物货"来说明"等画物"语境语义。② 以之作为解释"则"是青铜样器（从鼎）的依据，不仅断章取义，更是曲解了《说文解字》原文。

孙先生先用段簋中的"则"字字形证明"则"是比照器样制作模型母胎的场景，继而又说"则"为器样，在金文和古文献中都有反映：其金文之例，即上述段簋铭文之"则"；古文献之例，即《周礼》中的"五命赐则"。

首先来看金文之例。孙先生原文如下：

> 段簋"则"字从两鼎一刀，正是照器样作器之意。它所写的词作名词使用有器样或样器之义。"大"是一种尊的名称。《礼记·明堂位》"泰，有虞氏之尊也。山罍，夏后氏之尊也。著，殷尊也。牺象，周尊也。""泰"，释文作"大"，云"音泰，本又作泰。"《周礼·春官·司尊彝》"其朝践用两大尊，其再献用两山尊，皆有罍。"郑氏

① 黄锡全：《汗简注释》，武汉大学出版社，1990，第185页。
② 其实类似问题在孙常叙先生的论文中还有出现。比如在解释"等画物"的"等"时，孙先生引用《说文》"等，齐简也"，孙先生用古音通假的办法，将"齐简"解释为"剪简"，用剪刀将简剪齐，并且指出在此过程中，要使用作为"标准简"的"檥子"。其实《说文》还说，"等"字从竹从寺，所谓"齐简"，是为解释从"从竹"，就是"叠简册齐之"，以使"高下历历可见"也（段玉裁注）；所谓"从寺"，是取在官曹处等平法度之意。竹、寺会意，就是"等"的含义。孙常叙先生的新论是为了引出"标准简"这个话题，也即《说文》原文中从未提到的"檥子"类器物，进而为后文论述"则"是"标准器"（青铜器——量器）张本，故只截取《说文》解释"等"的"齐简也"三字，而摈弃了"从竹寺，寺，官曹之等平也"的后文。孙常叙：《则、灋度量则、则誓三事试释》，《古文字研究》第7辑，第7~24页。

注:"大尊,太古之瓦尊;山尊,山罍也。"直用明堂位说。释文"两大(尊)"的"大"音"泰",可见"大"是一种尊的名称,"大"为尊名,那么"大则"就是"大尊"的样器,这在段簋铭文语言上是完全可通的。这是"则"为器样在周金文中的证据。①

从对《礼记》、《周礼》等古文献的引述中,我们只能看出,"大"是尊名,大尊,是太古之瓦尊,但为何大则突然成了大尊的样器?特别是"则"怎么成了样器?最重要的证明过程却全然缺失了。孙先生说:"'大'为尊名,那么'大则'就是'大尊'的样器,这在段簋铭文语言上是完全可通的。"这个结论的前提是,段簋铭文中的"大则"必须解释为样器,可是孙先生将"大则"解释为样器的证据又回到了段簋铭文——"这(段簋铭文)是'则'为器样在周金文中的证据"。用 A 来证明 A,以之推出 B 成立,孙先生的论证出现了严重的逻辑缺陷。

其次再来看古文献中的"五命赐则"。"五命赐则"出自《周礼·大宗伯》,笔者从郑众注,认为"则"是法则之义;李力教授认同孙常叙先生的观点,认为"则"指青铜样器,与法则无关。② 以下对此加以分析。《周礼》原文如下:

> 以九仪之命,正邦国之位:壹命受职,再命受服,三命受位,四命受器,五命赐则,六命赐官,七命赐国,八命作牧,九命作伯。③

据《周礼》,大宗伯是礼官。大宗伯掌"九仪之命",是用九种不同的礼仪以正贵贱之位,"即每命异仪,贵贱之位乃正"。④ 九命从低往高,自"受职"始,至"作伯"终,其中的第五命,便是"赐则"。关于"赐则",历来有两种解释,一种是郑众所说的"则者,法也";另一种是郑玄

---

① 孙常叙:《则、灋度量则、则誓三事试释》,《古文字研究》第 7 辑,第 12~13 页。
② 李力:《"𤳊"、"𣪊"、"历"三字的疑难与困惑》,《中国古代法律文献研究》第 8 辑,第 13~14 页。
③ 孙诒让:《周礼正义》第 5 册,中华书局,1987,第 1366~1377 页。
④ 孙诒让:《周礼正义》第 5 册,第 1366 页。

所说的"则，地未成国之名"。此外，孙常叙先生提出第三种说法，即"则"是青铜样器。孙先生的论文同时列举了郑众、郑玄的两种旧说，然后批驳了郑玄的观点，指出郑玄之说是刘歆对周官九命的误解。但孙先生对不认同郑众"法，则也"的理由却未做任何说明。

孙先生证明"赐则"就是"赐器样"的唯一理由，就是《周礼》原文"四命受器"后紧跟"五命受则"，孙先生原文是：

> 而"赐则"上与"受器"相接，"则"是制模器样。"受器"是受成，不能自造。"赐则"则赏给器样，可根据需要依式自铸……这是'则'为器样在古文献中的证据。①

关于"四命受器"，郑众认为是指"受祭器为上大夫"；郑玄认为指"公之孤始得有祭器者也"，孙诒让则认为"受器与受服同，盖器之大者受之于官，其小者则自造之"。② 关于"五命赐则"，如前述，郑众解释为"法也"，郑玄解释为"地未成国之名"，本都与"四命受器"无直接关系，但孙先生提出不同于传统训诂的新见，认为两者紧密相连——"四命受器"中的"器"不包含自造器，"五命赐则"，是赐给器样，从此接受者可以自行造器。这种观点不同于以往，其依据何在呢？搜检全文，其依据只有前文对"则"字古代字形的描述，但孙先生却欲以《周礼》这条资料作为证据，证明前文对"则"字古代字形的描述是正确的——孙先生说"这（《周礼》资料）是'则'为器样在古文献中的证据"。本欲从 A 推出 B，但 A 的成立又靠 B，这就陷入了循环论证的圈子。

总而言之，孙先生的论证应当是先证明"则"是样器，若此结论可靠，则关于段簋铭文、《周礼》资料的新说可成立。可事实上，孙先生先提出则是样器的假说，试图以段簋铭文、《周礼》资料作为证据来证明其假说，遗憾的是后两处资料的成立，还得依赖其前提假说的成立，结果导致了循环论证，故结论不具说服力。笔者袭用郑众旧说，不采孙常叙新说

---

① 孙常叙：《则、灋度量则、则誓三事试释》，《古文字研究》第 7 辑，第 13 ～ 14 页。
② 以上均参见孙诒让《周礼正义》第 5 册，第 1371 ～ 1372 页。

的原因，便在于此。

孙先生论文更重要的目的在于通过证明"则"字为青铜样器之形，引申出"则"为标准器之义，继而解释《始皇廿六年诏书》的"则"是量器，最终指出金文中常见"则誓"之"则"是名词"样本"之义。关于铭文中的则是量器之义，对此说法很多学者都有不同意见，可参见陈伟先生的《〈始皇廿六年诏书〉平议》。① 而关于金文习语"则誓"的解释，其解释之成立，亦需建立在"则"有名词"样本"之含义，又有名词做状语的辞例的前提下，而孙文中的两处证据均有疑问。因此部分与本文无关，就不多展开了。

还有学者指出，"今可确定的是，就目前所见资料而言，'则'字最早出现于西周早期（成王时期）的甲骨文（H11：14）之中"，并对笔者不引此资料感到疑惑。② 笔者需要解释的是，未引此资料，原因在于此甲骨文资料是否为"则"字，尚不能确定。笔者认为，周原甲骨中的"则"字的右部并非从刀，而可能从人。对比从刀的"则"和"人"的"保"，区别还是很清楚的：

何尊的"则"　　《续甲骨文编》的"保"　　周原甲骨的"则（？）"

所从之"刀"与所从之"人"之写法不同，由下表所列字形可知，我们亦可将这些字形和⿰貝刂、⿰？？两字右部所从加以比较：

刀	人
《甲骨文编》甲 3085	《甲骨文编》甲 2940
《甲骨文编》缀 1.46.3	《甲骨文编》前 3.31.2
《续甲骨文编》缀 436	《续甲骨文编》781

---

① 陈伟：《〈始皇廿六年诏书〉平议》，载北京大学中国古代史研究中心编《舆地、考古与史学新说——李孝聪教授荣休纪念论文集》，中华书局，2012，第 341～343 页。

② 李力：《"冪"、"殹"、"历"三字的疑难与困惑》，《中国古代法律文献研究》第 8 辑，第 14～15 页。

关于周原甲骨𩇨字以及编号为 H11：14 的刻辞全文之释读，学术界有不同的看法；此刻辞究竟是周人甲骨还是商人甲骨，也有疑问。① 正因存疑，故而笔者暂未将其作为"则"字的古字形来考察。笔者试图证明的观点建立于已知资料的基础上，依据所见到的资料提出一种可能性，亦非定论。如有能证明其他主张新资料的出现，会随时修改自己的观点。

四　关于兮甲盘和子禾子釜

有学者指出，笔者对兮甲盘铭文有误读，误读在于将兮甲盘的内容和会盟之礼联系起来，② 这个批评是非常正确的。在《刑鼎源于何时》发表后，笔者曾系统整理两周铭文，将铭文和礼器功能结合起来加以考察，发现自己原有观点并不妥当。《刑鼎源于何时》中之所以会将兮甲盘铭文和会盟之礼相联系，是想探讨铭文载体和铭文内容的关系。但是兮甲盘铭文中明白写着"兮伯吉父作盘……子子孙孙永宝用"的套语，已表明其功用在于家族，而不在与异邦结盟。

需要说明的是，笔者在《刑鼎源于何时》中固然提到了刑鼎，也提到了兮甲盘与子禾子釜，并非是要论证他们与春秋晚期的铸刑鼎有直接的关联，而是强调兮甲盘和子禾子釜之间具有礼器与否的差异——前者是礼器，后者非礼器。礼器上镌刻法令会引发争议，而非礼器上镌刻法令可能不会有此争议。③ 现在看来，与之相较，铭文性质的时代差异更值得我们关注。西周和春秋时代的金文篇章大多数会在铭文中表明器物的功能在于祭祀先祖、家族宴飨，并希望子孙永远珍藏使用。而战国时代的金文多是

---

① 如朱歧祥先生将该字解释为从人从鼎的人祭之形，并将刻辞全文语译为："林伯及至今秋来贡奴仆于殷王，用为祭祀的人牲"。不过类似观点也有再探讨的余地。参见朱歧祥《周原甲骨研究》，台湾学生书局，1997，第 12 页。

② 李力：《"𦅯"、"殷"、"历"三字的疑难与困惑》，《中国古代法律文献研究》第 8 辑，第 16～18 页。

③ 如战国时代铸刻单行法规的釜、量、权、虎符等，皆为用器而非礼器，其铭性质文与西周、春秋那些占据绝大比重、铸刻着嘏辞的铭文迥异。李力教授在论文中列举了系列铸刻法令的战国铜器，其中的"左关"铭文与法令无关，似误。参见李力《"𦅯"、"殷"、"历"三字的疑难与困惑》，《中国古代法律文献研究》第 8 辑，第 19～20 页；"左关"铭文参见中国社会科学院考古研究所编《殷周金文集成》第 7 册，第 5588 页。

"物勒工名"，表现出阅读者突破家族成员的社会性特征。

笔者从 2013 年下半年以来，对两周 15 字（含）以上的铭文进行了全面整理，考察其家族性的演变，发现包括鼎类铭文在内的西周、春秋金文内容，都以家族性为主，即使有法令内容，其阅读者也都是家族成员。如 2005 年 5 月在河南上蔡县大路李乡郭庄 1 号春秋楚墓中出土的竞孙旗也鬲铭文，在陈述完主张贯彻的准则之后，更是直接写明"子孙是则"的字样，显示其家族性特征：

> 正月尽期，吉晨（辰）不贰（忒），竞孙旗也乍（作）铸鬲，追孝屍（缵）尝，齍鼙（恭）寺（持）明德，卲事辟王，龠𢼸不服，兼（永）保之用享，子孙是则。①

不涉及家族性的法令类铭文出现于战国时期，而且目前所见此类法令，全部镌刻在量器而非礼器之上。子禾子釜所载铭文的阅读者不再限于家族成员，而是使用此量器的官员。类似的铭文还出现在陈纯釜、商鞅方升上。虽然这类铭文只是出现在非礼器上，但还是和西周、春秋时代有绝大的不同，毕竟战国之前，任何青铜器都没有出现过这种铭文。直接将无家族性质的法令镌刻在青铜器上，在西周、春秋时期都是难以想象的。②如前所述，战国时期的非鼎类铭文同样体现出家族性特征骤降的趋势，到战国中晚期更是如此了。铭文性质在春秋战国之际发生了重大变化，而《左传》所载铸刑鼎的事件，正处在变化的关键节点上。据《左传》，晋国

---

① 本器收藏于河南省文物考古研究所，拓本见《商周金文资料通鉴》数据库 03036。
② 战国时期青铜器铭文最为例外的是中山国诸器，文辞体现出复古色彩，且最具刑鼎特征。中山王鼎铭文中出现了对法度、规则的尊重，而其对规则、法度的用字就是"型"，即传世文献中的"刑"。铭文推崇"考度唯型（刑）"，且广列规则，称其为刑鼎类器，恐亦不为过。更重要的是，中山王鼎还镌刻有法令，这使其刑鼎性质更为突出。而我们从中山王器铭获知，其铸造的目的是将这些规则法度"明则之于壶"，"以戒嗣王"（中山王方壶），"念之哉，子子孙孙永定保之"（中山王鼎），或告之先王，表明"子子孙孙，毋有不敬，寅祗蒸祀"（中山王圆壶），符合礼器铭文阅读者为家族成员的特征。因此在研究古代铸刑鼎问题时，中山国诸器是极其难得的珍贵资料，对此问题，笔者将另外撰文探讨。中山国诸器铭文参见河北省文物管理处《河北省平山县战国时期中山国墓葬发掘简报》，《文物》1979 年第 1 期，第 1~31 页。

所铸刑鼎的内容应非家族性，而具社会性，这是不符合传统礼制的。在此背景下看待春秋末期孔子反对铸造刑鼎的言论，也许将更有助于体会其深意所在。

五 简短的结语

无论是否与铸刑鼎相关，曾伯陭钺铭文都是值得关注、相当重要的法制史资料。近年来湖北曾国故地又有大规模的考古发现，出土曾伯陭钺的郭家庙墓地旁，发掘出两周之际的曾侯墓地；郭家庙附近随州叶家山、文峰塔墓地也出土了重要的有铭曾国铜器，这使得曾国文化、制度的面貌相对清晰地展现出来。上古法制资料数量寡少、文字艰涩，但我们相信，通过学界同仁的不断摸索、探讨、修正、总结，其内涵会逐步为今人所认知。

改定于 2015 年 7 月 12 日

睡虎地秦简法律文献校读[*]

陈 伟[**]

摘 要： 本文利用红外影像、后出秦汉简牍和传世文献，对云梦睡虎地秦简《秦律十八种》、《法律答问》、《秦律杂抄》、《封诊式》等法律文献的断读和理解提出新的意见，大致分三种情形：一是释出原先缺释的字词，如《法律答问》42 简 "一十" 二字，105 简 "告" 字下的重文符号，109 简 "葆子" 以下二字应为 "有辠"。二是提出新的断读，如将《仓律》63 简读作 "畜鸡。离仓用犬者"，《司空》141 简读作 "居赀赎责、戮城旦春者"。三是新的诠释，如《工人程》108 简中的 "赋" 指分配工作定额，《传食律》179 简中的 "卒人" 指郡守或与郡守相当的二千石官，《秦律杂抄》4 简 "为听命书" 的 "为" 是表示假设之词。

关键词： 离仓 卒人 居赀赎责 有辠

近读云梦睡虎地秦简法律文献，间有所思。今条记如次，以求正于高明。所引整理者释文、注释和语释，皆出于云梦睡虎地秦墓竹简整理小组

---

* 本文撰写得到教育部哲学社会科学研究重大课题攻关项目 "秦简牍的综合整理与研究"（08JZD0036）支持。

** 武汉大学简帛研究中心教授。

编撰的《睡虎地秦墓竹简》（文物出版社，1990），不一一注明。

1. 其乘服公马牛亡马者而死县，县诊而杂买（卖）其肉，即入其筋、革、角，及索（索）入其贾钱。（秦律十八种·厩苑律18）

杂，整理者注释：《国语·越语》注："犹俱也。"语译为"全部"。今按：《仓律》21号简"县啬夫若丞及仓、乡相杂以印之"整理者注释："杂，《汉书·隽不疑传》注：'共也。'"里耶秦简售卖祭祀余彻的记录，其中多用"杂"字。如14-300+14-764记"仓是、佐狗杂出祠先农余彻羊头一、足四卖于城旦赫所，取钱四"。① 杂卖，似是由两人以上共卖，以保证交易确定可靠。

2. 县遗麦以为种用者，殽禾以臧（藏）之。（秦律十八种·仓律40）

殽，整理者注释：《礼记·礼运》注："法也。"即仿效。今按：殽禾，或是与谷子拌和。周家台秦简354号："取户旁聚黍，裹臧（藏）。到种禾时，燔治，以殽种种，令禾毋阆（稂）。"彼此或有类似处。

3. 日食城旦，尽月而以其余益为后九月禀所。城旦为安事而益其食，以犯令律论吏主者。减舂城旦月不盈之禀。（秦律十八种·仓律57-58）

尽月，整理者注释：到月底。这一句的意思是到月底以所余粮食移作闰月的口粮，实质是对刑徒口粮的一种克扣。今按："益"当指益食造成的超出常额的部分。简文似是说在月底统计盈余、不足，到后九月统一处理。

4. 畜鸡离仓。用犬者，畜犬期足。猪、鸡之息子不用者，买（卖）之，别计其钱。（秦律十八种·仓律63）

离仓，整理者语译作"离开粮仓"。黄文杰先生认为："离"有附着之意。《汉书·扬雄传下》："哀帝时，丁、傅、董贤用事，诸附离之者或起家至二千石。"颜师古注："离，着也。"简文"离仓"应指属仓，就是附属的仓。② 今按：离仓，恐即"离邑仓"。参看《仓律》简21注释。二字疑属下读，作："畜鸡。离仓用犬者，畜犬期足。"

---

① 张春龙：《里耶秦简祠先农、祠窨和祠堤校券》，载武汉大学简帛研究中心主编《简帛》第2辑，上海古籍出版社，2007，第394页。

② 黄文杰：《睡虎地秦简牍词语考释四则》，《古文字研究》第27辑，中华书局，2008，第519页。

5. 隶臣、下吏、城旦与工从事者冬作，为矢程，赋之三日而当夏二日。（秦律十八种·工人程108）

赋，整理者注释：《左传》僖公二十七年注："犹取也。"赋之指令之劳作而收取产品。今按：《汉书·赵充国传》"赋人二十畮"，颜师古注："赋，谓班与之也。"这里似指分配工作定额。《秦律十八种的·均工》简111"岁赋红（功）"，《秦律杂抄》简22"赋岁红（功）"，"赋"字含义与此相同。

6. 隶臣妾、城旦舂之司寇居赀赎责（债）、毄（系）城旦舂者，勿责衣食；其与城旦舂作者，衣食之如城旦舂。隶臣有妻妻更及有外妻者，责衣。人奴妾毄（系）城旦舂，贷（贷）衣食公，日未备而死者，出其衣食。（秦律十八种·司空141－142）

第一句，整理者读作"隶臣妾、城旦舂之司寇、居赀赎责（债）毄（系）城旦舂者"，语译作"隶臣妾、城旦舂之司寇，或以劳役抵偿赀赎债务而被拘系服城旦舂劳役的人"。今按：《秦律十八种·司空》简133－134记居赀赎责债公食者日责二钱。简143记系城旦舂公食有当责者。里耶秦简作徒簿中，隶臣系城旦、隶妾系舂与隶臣居赀、隶妾居赀分别记列（如简8－145）。因改读，简文是指隶臣妾与城旦舂之司寇中居赀赎责（债）或者系城旦舂者。

"有妻"后，整理者加逗号。今按：简文两个"有"字，构成两种情形："有妻妻更"与"有外妻"，故改读。

7. 御史、卒人使者，食粺米半斗，酱驷（四）分升一，采（菜）羹，给之韭葱。其有爵者，自官士大夫以上，爵食之。使者之从者，食糲（粝）米半斗；仆，少半斗。（秦律十八种·传食律179－180）

御史，整理者注释：此处疑为监郡的御史，《汉书·高帝纪》注引文颖云："秦时御史监郡，若今刺史。"今按：张家山汉简《二年律令·传食律》简232－233："丞相、御史及诸二千石官使人，若遣吏、新为官及属尉、佐以上征若迁徙者，及军吏、县道有尤急言变事，皆得为传食。车大夫粺米半斗，参食，从者糲（粝）米，皆给草具。车大夫酱四分升一，盐及从者人各廿二分升一。"秦律"御史"亦应指御史大夫。

卒人，整理者：指某些官的部属，《论衡·谢短》："两郡移书曰'敢告卒人’，两县不言。”但从汉简看，此语不限于两郡间的文书，参看王国维《流沙坠简》考释。今按："卒人"在《二年律令·传食律》中对应于"二千石官"。又里耶秦简 8−61＋8−293＋8−2012："巴叚（假）守丞敢告洞庭守主：卒人可令县论……"秦律"卒人"似当指郡守或与郡守相当的二千石官。

简文整理者连读，语译作"御史的卒人出差"。今按："御史"下有钩识符号，参看《二年律令·传食律》，"御史"下当着顿号，"御史、卒人使者"兼指御史的使者与卒人的使者（汉律作"使人"）。

8. ·为听命书，灋（废）弗行，耐为侯（候）；不辟（避）席立，赀二甲，灋（废）。（秦律杂抄 4）

为，整理者注释：读为"伪"，假装。今按：王引之《经传释词》卷二"为"字条云："家大人曰：为，犹如也。假设之词也……《列子·说符篇》曰：'孙叔敖戒其子曰：为我死，王则封女，女必无受利地。'"又云："为，犹使也，亦假设之词也。《孟子·离娄篇》曰：'苟为不畜，终身不得。'又曰：'苟为无本，其涸也，可立而待也。'"简文"为"或亦表假设。

9. "害盗别徼而盗，驾（加）皋（罪）之。" ·可（何）谓"驾（加）皋（罪）"？·五人盗，臧（赃）一钱以上，斩左止，有（又）黥以为城旦；不盈五人，盗过六百六十钱，黥劓（劓）以为城旦；不盈六百六十到二百廿钱，黥为城旦；不盈二百廿以下到一钱，磊（迁）之。求盗比此。（法律答问 1−2）

五人盗，于豪亮先生认为：据《封诊式·群盗》条，五人或五人以上为盗，即为群盗。[1] 今按：《封诊式·群盗》称戊为"强攻群盗人"，曾与丁、己、庚、辛"强攻盗"。《二年律令》简 62："盗五人以上相与功（攻）盗，为群盗。"显示秦汉群盗认定有两个要素：第一，五人以上相与；第二，"攻盗"、"强攻盗"，即采用暴力。五人偷盗较四人以下偷盗处罚为重（加罪），但远比群盗处以"磔"刑为轻。[2]

---

[1] 于豪亮：《秦王朝关于少数民族的法律及其历史作用》，载中华书局主编《云梦秦简研究》，中华书局，1981，第 318 页。

[2] 参看张家山汉简《二年律令》简 65−66。

10. 甲告乙盗直（值）百一十，问乙盗卅，甲诬驾（加）乙五十，其卅不审，问甲当论不当？廷行事赀二甲。（法律答问42）

"一十"二字，整理者缺释。今按：据红外影像大致可辨为"一十"。"百一十"适为随后所云三处钱数之和。[1]

11. 人奴妾治（笞）子，子以肫死，黥颜頯，畀主。（法律答问74）

颜頯，整理者注释：颜，面额中央。刘海年先生认为：颜也是指额部，是黥刺的传统部位。頯是两颧。黥刺两颧则比较特殊，且黥刺面积比额部大得多，是黥刑中较重的一种。[2]今按：《二年律令》简30："奴婢殴（殴）庶人以上，黥頯，畀主。"简122："人奴婢有刑城旦舂以下至迁、耐罪，黥颜頯畀主。"简135："奴婢自讼不审，斩奴左止，黥婢颜頯，畀其主。"黥颜頯似是针对女性奴婢的刑罚。

12. "子告父母，臣妾告主，非公室告，勿听。"·可（何）谓"非公室告"？·主擅杀、刑、髡其子、臣妾，是谓"非公室告"，勿听。而行告，告者皋（罪）。皋（罪）已行，它人有（又）袭其告告之，亦不当听。（法律答问104－105）

袭其告告之，整理者释文作"袭其告之"。今按：据红外影像，"告"字下有合文符，据以改释。

13. ·葆子有皋（罪）未断而诬告人，其皋（罪）当刑城旦，耐以为鬼薪鋈足。（法律答问109－110）

"有皋"二字，整理者未释。今按：看红外影像，大致可辨。"有皋（罪）"与下文"其皋（罪）"呼应。

14. 郡县除佐，事它郡县而不视其事者，可（何）论？以小犯令论。（法律答问144）

上文一二句，整理者语译作："郡县所用的佐，在其他郡县作事而不到任管理职务的。"今按："佐"下一字疑当释为"吏"，简文读作："郡县除佐、吏它郡县而不视其事者。"《秦律十八种·置吏律》简159－160："啬夫之送见它官者，不得除其故官佐、吏以之新官。"可参看。又，

---

[1] 整理者语译简文作："审问结果是盗窃三十钱，甲诬加乙五十钱，又有三十钱不实。"

[2] 刘海年：《秦的诉讼制度》（连载），《中国法学》1986年第2期，第53页。

此条"佐吏"与《秦律十八种·置吏律》简 159－160 中的"佐吏"或皆当连读。《后汉书·城阳恭王刘祉传》："诏零陵郡奉祠节侯、戴侯庙，以四时及腊岁五祠焉。置啬夫、佐吏各一人。"

15. 大夫寡，当伍及人不当？不当。（法律答问 156）

寡，整理者注释：少。今按：大夫寡，当是大夫死后留下的遗孀。里耶秦简 8－1236＋8－1791："今见一邑二里：大夫七户，大夫寡二户，大夫子三户，不更五户，□□四户，上造十二户，公士二户，从廿六户。"《二年律令》简 305："自五大夫以下，比地为伍。"可参证。

16. 可（何）谓"逋事"及"乏繇（徭）"？律所谓者，当繇（徭），吏、典已令之，即亡弗会，为"逋事"；已阅及敦（屯）车食若行到繇（徭）所乃亡，皆为"乏繇（徭）"。（法律答问 164）

乏徭，整理者注释：没有服足徭役时间。今按：《庄子·天地》"无乏吾事"，成玄英疏："乏，阙也。"乏徭，缺徭。

孙言诚先生认为：本简表明主管征发徭的，是乡吏和里典。[①] 今按：岳麓书院秦简 1241："繇（徭）律曰：岁兴繇（徭）徒，人为三尺券一，书其厚焉。节（即）发繇（徭），乡啬夫必身与，典以券行之。"[②] 可参看。

17. "使者（诸）候（侯）、外臣邦，其邦徒及伪吏（使）不来，弗坐。"可（何）谓"邦徒"、"伪使"？·徒、吏与偕使而弗为私舍人，是谓"邦徒"、"伪使"。（法律答问 180）

徒，整理者注释：《左传》昭公四年注："从者。"伪，疑读为"为"，《诗·凫鹥》笺："犹助也。"伪使，使者的助手。吏，整理者读为"使"。今按：里耶秦简 8－1517 记"疏书吏、徒上事尉府者牍北（背）"，其背面记："令佐温。更戍士五城父阳翟执。更戍士五城父西中痤。"可见秦简徒、吏并称时，徒指兵卒，吏指低级官员。简文随后说："徒、吏与偕使而弗为私舍人，是谓'邦徒'、'伪使'。"表明邦徒、伪使分别指随同出使的士卒和小吏。

---

① 孙言诚：《简牍中所见秦之边防》，《中国社会科学院研究生院硕士论文选》，中国社会科学出版社，1985，第 133 页。
② 参看陈伟《岳麓书院秦简〈徭律〉的几个问题》，《文物》2014 年第 9 期，第 82 页。

18. 越里中之与它里界者，垣为"完（院）"不为？巷相直为"院"；宇相直者不为"院"。（法律答问186）

宇，整理者注释：屋宇。今按：秦简中，"宇"约指宅基。睡虎地秦简《为吏之道》简19-5："勿令为户，勿鼠（予）田宇。"日书甲种《凡宇》简23背壹："宇中有谷，不吉。"《室忌》简103壹："以用垣宇，闭货贝。"这里是说宇之间的垣不为院。

19. 可（何）谓"窦署"？"窦署"即去殹（也），且非是？是，其论可（何）殹（也）？即去署殹（也）。（法律答问197）

窦，整理者注释：《说文》："空也。"今按：疑读为"渎"。《国语·晋语五》"渎其信也"，韦昭注："渎，轻也。"《左传》昭公元年"渎齐盟"，杜预注："渎，慢也。"

20. 爰书：男子甲缚诣男子丙，辞曰："甲故士五（伍），居某里，乃四月中盗牛，去亡以命。丙坐贼人□命。自昼甲见丙阴市庸中，而捕以来自出。甲毋（无）它坐。"（封诊式17-18）

阴，整理者注释：隐藏，《大戴礼·文王官人》注："阴阳，犹隐显也。"裘锡圭先生认为读作"荫"，"自昼见丙阴（荫）市庸中"，反映庸往往集中在市里待人雇佣。① 今按："阴"疑为市名。张家山汉简《奏谳书》案例5："大奴武亡，见池亭西，西行。"可参看。

21. 以书讇首曰："有失伍及菡不来者，遣来识戏次。"（封诊式36）

菡，整理者释为"菌"，注释说：读为迟。今按：此字应释"菡"。疑当读为"卤"，通作"虏"。《史记·吴王濞列传》："烧宗庙，卤御物。"集解引如淳曰："卤，抄掠也。"简文指被敌方俘虏。

22. 爰书：某里士五（伍）甲缚诣男子丙，告曰："丙，甲臣，桥（骄）悍，不田作，不听甲令。谒买（卖）公，斩以为城旦，受贾钱。"（封诊式37-38）

贾，整理者读为"价"。今按：恐当如字读，贾钱即交易钱款。

23. 爰书：某里士五（伍）甲告曰："谒鋈亲子同里士五（伍）丙足，砭（迁）蜀边县，令终身毋得去砭（迁）所。敢告。"告瀍（废）丘主：

---

① 裘锡圭：《古代文史研究新探》，江苏古籍出版社，1992，第412页。

士五（伍）咸阳才（在）某里曰丙，坐父甲谒鋈其足，罢（迁）蜀边县，令终身毋得去罢（迁）所。论之，罢（迁）丙如甲告，以律包。今鋈丙足，令吏徒将传及恒书一封诣令史，可受代吏徒，以县次传诣成都，成都上恒书大（太）守处，以律食。灋（废）丘已传，为报。敢告主。（封诊式46－49）

吏徒，整理者注释：押解犯人的吏和徒隶。今按："吏徒"即吏卒。说已见上文第17条。

24. 爰书：某里典甲诣里人士五（伍）丙，告曰："疑厉（疠），来诣。"·讯丙，辞曰："以三岁时病疕，麋（眉）突，不可智（知）其可（何）病，毋（无）它坐。"（封诊式52－53）

眉突，整理者注释：当指眉毛脱落。今按：《孟子·尽心上》"摩顶放踵"赵岐注："摩突其顶，下至于踵。"焦循"正义"："突、秃声转，突即秃。"可为整理者之说补充证据。

25. 男子死所到某亭百步，到某里士五（伍）丙田舍二百步。（封诊式60－61）

死，整理者读为"尸"。今按："死"字恐当如字读。《史记·周本纪》："遂入，至纣死所。"又《孙子吴起列传》："吴公今又吮其子，妾不知其死所矣。"可参看。

26. 内北有垣，垣高七尺，垣北即巷殹（也）。垣北去小堂北唇丈，垣东去内五步，其上有新小坏，坏直中外，类足距之之迹，皆不可为广袤。（封诊式79－80）

距，整理者注释：距，跨越。今按：《广雅·释诂一》："距，至也。"《庄子·渔父》"距陆而止"陆德明释文引李云："距，至也。"简文似指足履践踏。

睡虎地秦简法律文书集释（四）：
《秦律十八种》(《金布律》—《置吏律》) [*]

中国政法大学中国法制史基础史料研读会

摘　要：本文对《秦律十八种》中的《仓律》到《置吏律》诸篇予以集释，就一些字句提出理解：《金布律》69 简中的所"婴"之物或为价值标签"楬"，其涉及官物的交易与管理；77 简的"收责"虽然可从一般意义上理解为"收取"，但"责"字所具有的债含义不应忽略；"死亡"在本简中可作一词理解；94 简的"其小者"或包括了小隶臣、小府隶和小城旦，"小"又可区分为作与未作两种内涵；《工人程》108 简中的"冬作"可下读为"冬作为矢程"，理解为"冬季役作适用宽松的标准"；110 简的后一"女子"是泛指意义上的"女性"；《徭律》115 简的

* 本文研读的主持人为徐世虹教授，参与者有（以姓氏笔画为序）：山珊、支强、冯婧、朱潇、朱仕金、庄小霞、齐伟玲、闫振宇、安洋、刘海军、刘自稳、沈成宝、张寒、张京凯、陈鸣、杨静、姜晓敏、钟昊、聂雯、慕容浩、颜丽媛。本文初稿统稿：徐世虹、朱潇、陈鸣、山珊、陈迪、齐伟玲；二稿统稿：徐世虹；终稿讨论：徐世虹、支强、朱潇、沈成宝、陈迪，钟昊参与了部分讨论。

本文所引张家山汉简皆出自张家山汉墓竹简整理小组《张家山汉墓竹简［二四七号墓］》（文物出版社，2001）；所引龙岗秦简皆出自中国文物研究所等编《龙岗秦简》（中华书局，2001）；所引居延汉简则出自谢桂华、李均明、朱国炤《居延汉简释文合校》（文物出版社，1987），甘肃省文物考古研究所、中国社会科学院历史研究所《居延新简——甲渠候官》（中华书局，1994）。为避文烦，文中不再逐一出注。只是对其中的部分原文，参酌既有成果而做了标点。

"乏弗行"，是指地方官吏对朝廷的征发不作为或不积极作为或作为不够，本条律文的立法意图在于确定罪与非罪的要件；《司空律》126 简的"或私用公车牛"可读为"或私用公车牛"；其与其他三种行为并列；128－129 简全条可从整理小组的理解而分为三款；139 简的"官作"泛指在官府劳作，"计所官"指服役者原来的统计、管理机构；141 简中"勿责衣食"的对象，包含了"隶臣妾系城旦舂"、"城旦舂之司寇系城旦舂"以及"居赀赎债系城旦舂"三类人，对系城旦舂劳役者的衣食规定按城旦舂的标准执行；关于 147 简中"伏城旦"的含义，年老城旦、断足城旦之说皆有未安之处，暂且存疑；《军爵律》153 简的"有罪法耐毳其后"，可读为"有罪，法耐毳其后"，指在受爵者未拜而死时，他的继承人因有罪而依法被判处耐、迁。

关键词： 收责　其小者　为矢程　计所官　勿责衣食

金布律

【题解】

按整理小组整理，《金布律》共有竹简 33 枚，划分为十五条律文，各律文后均抄缀"金布"或"金布律"字样。传世文献中有《金布律》之名，《晋书·刑法志》记载魏改汉律，两次引述汉《金布律》律文。出土秦汉法律文献可见《金布律》之名者有岳麓书院藏秦简、张家山汉简《二年律令》、睡虎地 M77 号汉墓竹简。① 其中张家山汉简《二年律令·金布律》已经公布，共计竹简 22 枚，律文内容涉及：对在官府劳役者及徒隶发放衣物的标准；官马牛的饲料标准；在罚、赎、债的情况下，允许以钱代金的规定；官府从事手工业、交易以及租税、质押等各种所得之钱的管理办法；对官府畜产、器物的损害赔偿办法；对无法修理的公物的处理规

---

① 参见陈松长《岳麓书院所藏秦简综述》，《文物》2009 年第 3 期，第 86 页；湖北省文物考古研究所、云梦县博物馆《湖北云梦睡虎地 M77 发掘简报》，《江汉考古》2008 年第 4 期，第 35 页。

定；对私盐、采矿的税率规定等。此外，岳麓书院藏秦简还有"·内史旁金布令乙四"的记载。① 由是可知，秦汉时期"金布"律令并行。《汉书·萧望之传》注："《金布》者，令篇名也。其上有府库金钱布帛之事，因以篇名。"可知其内容多与府库、货币、财物有关。

《金布律》是战国至秦汉时期的法律篇目。据《晋书·刑法志》记载，曹魏时期修改汉律，《金布律》的相关条文有所分流，至少在《偿赃》、《毁亡》篇中保留了原汉《金布律》的内容。至魏律十八篇已无《金布律》之名。据《汉书·高帝纪》注"《金布》者，令篇名，若今言《仓库令》也"，则《金布律》中有关府库的内容或存留于后世的《厩库律》中。《金布律》与魏晋律乃至唐律的传承关系如何，其相关内容在何篇中得到存续，尚待通过律文的比对进一步探寻。

本篇《金布律》所涉及的内容包括：官府收入钱币的贮存与保管；禁止交易中的择钱行为；布的规格与钱、布的折算比例；禁止选择钱、布及相关罚则；交易之物须标明价格；官府输送物品的出纳记账方式；官吏享受的物质待遇；官、民间债务偿还，及异地追偿赀、赎、债的办法；对公物、公债的追缴及赔偿；官吏因点验物资或会计而坐罪的连带赔偿责任；无力赔偿以及分担赔偿、免除赔偿的条件及办法；官府财物保管和废旧物资的处理；授衣制度等。②

【简文】

官府受錢者千錢一畚以丞令印=不盈千者亦封印之錢善不善雜實之出
　錢獻封丞令64

乃發用之百姓市用錢美惡雜之勿敢異　　　金布65

【释文】

官府受錢［1］者，千錢一畚，以丞、令印印。不盈千者，亦封印之。錢善不善，雜實之。出錢，獻封丞、令，64乃發用之。百姓市用錢，美惡雜之，勿敢異。　　金布65

---

① 参见陈松长《岳麓书院所藏秦简综述》，第87页。
② 部分参考高恒《秦汉简牍中法制文书辑考》，社会科学文献出版社，2008，第137～138页。

【集释】

[1] 受钱

整理小组：钱，此处指半两钱。

熊铁基、王瑞明：这是作为人头税的口赋。①

张世超：本条简文"是对官府对于钱币收藏，保管，发行的规定。这些钱币有着不同的来源，包括赋、税、官府手工产品售出所得，罚金及其它各方面的收入"。②

柿沼阳平：接受纳税的钱或基于交易所得的钱。③

【按】 本条律文仅言及官府受钱的收藏、保管与发行方式，未涉受钱种类。熊铁基、王瑞明、吴树平等先生曾认为受钱当指"头会箕赋"所收的户赋；吴荣曾先生则据《秦律十八种·关市律》97 简认为睡虎地秦简中的受钱种类应包括"官市"与"作务"，即官营商业和手工业所得。涉及官府受钱种类的秦汉律文，又可见《二年律令·金布律》429 简"官为作务、市及受租、质钱，皆为缿，封以令、丞印而入"，岳麓书院藏秦简 1411 简"金布律曰：官府为作务市，受钱及受赍租、质它稍入钱，皆官为缿，谨为缿空"。④ 通过对比上述律文，陈伟先生指出睡虎地秦律只涉及"市"受钱，而岳麓书院秦简和《二年律令》涉及更多的受钱类别，包括官府及为作务从事交易所得、"赍钱"（依价赔偿的钱款）、租钱（市井租税）、质钱（官府为大型交易提供质剂而收取的税金）及其他相关款项。⑤

【译文】

官府收取钱币，每一千钱装为一畚，以丞、令的印封缄。（钱数）不满一千的，也应封缄。好钱和坏钱都装在一起。支出钱时，应将封缄上呈丞、令检验，（然后）才能启封使用。百姓在交易中使用的钱币，质量好

---

① 熊铁基、王瑞明：《秦代的封建土地所有制》，载中华书局编辑部编《云梦秦简研究》，中华书局，1981，第 71 ~ 72 页。

② 张世超：《"头会箕赋"辨及其他——兼论秦之赋税制度》，《古籍整理研究学刊》1988 年第 2 期，第 41 ~ 42 页。

③ 〔日〕柿沼阳平：《战国及秦汉时代官方"受钱"制度和券书制度》，载武汉大学简帛研究中心编《简帛》第 5 辑，上海古籍出版社，2010，第 444 ~ 445 页。

④ 陈松长：《睡虎地秦简"关市律"辨正》，《史学集刊》2010 年第 4 期，第 18 页。

⑤ 陈伟：《关于秦与汉初"入钱缿中"律的几个问题》，《考古》2012 年第 8 期，第 71 ~ 74 页。

坏一并通用，不得选择。　　　金布

【简文】

布袤八尺福廣二尺五寸布惡其廣袤不如式者不行　　　　　　　金布66

【释文】

布袤八尺，［1］福（幅）廣二尺五寸。布惡，其廣袤不如式［2］者，不行。　　　金布66

【集释】

［1］布袤八尺

整理小组：布帛为古时一种货币。袤，长。

赵德馨、周秀鸾：秦国法定货币"布"的实体是布匹之布……不是通常所说的某种金属铸币。①

何四维：一尺是 23.1 厘米，这里就是 1.85 米。整理小组参考《汉书补注》指出布匹的衡量标准是：宽二尺二寸（51 厘米），长 40 尺（9.30米）。②

艾俊川、周卫荣：在秦，被称为"布"的货币就是布帛。③

［2］式

整理小组：标准（译）。

邢义田：凡是当做标准、规范的都可称作式……秦对布的品质和长宽有一定的规定，称之为式；不如式即不准使用。④

南玉泉：国家规定的布的尺幅标准。⑤

【按】　"式"的本义为"规范、标准"。邢义田先生指出，秦汉的"式"常指当时存在的一些文书范本，其往往使用"某、若干、甲乙"等

---

① 赵德馨、周秀鸾：《关于布币的二个问题——读云梦出土秦简〈金布律〉札记》，《社会科学战线》1980 年第 4 期，第 206 页。
② A. F. P. Hulsewé：Remnants of Ch'in Law，Leiden E. J. Brill，1985，p. 52.
③ 艾俊川、周卫荣：《布、布币与早期货币新论》，《中国钱币论文集》第 4 辑，中国金融出版社，2002，第 32 页。
④ 邢义田：《从简牍看汉代的行政文书范本——"式"》，载李学勤、谢桂华编《简帛研究》第 3 辑，广西教育出版社，1998，第 306 页。
⑤ 南玉泉：《秦汉式的种类与性质》，《中国古代法律文献研究》第 6 辑，社会科学文献出版社，2012，第 196 页。

不定词，用来表示文书的部分格式或文例。① 如里耶秦简 8 - 94 简"群志式具此中"之"式"，整理者以为即"文书格式"；② 睡虎地秦简《封诊式》中的"盗自告"、"盗马"、"群盗"等条也是爱书的标准范本。南玉泉先生指出，"式"除作为文书范本外，也可指"有关具体对象的尺寸、质地或形状的规定"，即"品物之式"。另外，《封诊式》"治狱"、"讯狱"条是关于审讯方式、程序以及讯狱爱书方面的原则规定，属于程序性的律令规范。这与作为文书范式的"式"有所区别。③

【译文】

布长八尺，宽二尺五寸。布粗劣，长宽不达标准的，不能流通。

金布

【简文】

錢十一當一布其出入錢以當金布以律　　　　　　金布 67

【释文】

錢十一當一布。其出入錢以當金、布，[1] 以律。　　金布 67

【集释】

[1] 金、布

整理小组：金，黄金。

何四维：在这里"金"和"布"被分别提出，而非作为表示"货币"的复合名词。④

【按】简文明确了钱与布的比价为 11 钱折合 1 布，而对金与钱的比价则未见规定。《岳麓书院藏秦简（贰）》83 简"金一朱（铢）直（值）廿四"，又 79 简"【廿四朱（铢）一】两。三百八十四【朱（铢）】一斤"，⑤ 即一两黄金折合 576 钱，一斤金则为 9216 钱。由此可知，秦代十一钱折合为长八尺、宽二尺五寸的一布，二十四钱则折合为金一铢。

---

① 邢义田：《从简牍看汉代的行政文书范本——"式"》，第 295 ~ 298 页。
② 陈伟主编《里耶秦简牍校释》第 1 卷，武汉大学出版社，2012，第 60 ~ 61 页。
③ 南玉泉：《秦汉式的种类与性质》，第 196 ~ 199、203 页。
④ A. F. P. Hulsewé：Remnants of Ch'in Law, p. 53.
⑤ 朱汉民、陈松长主编《岳麓书院藏秦简（贰）》，上海辞书出版社，2011，第 12 ~ 13 页。

【译文】

十一钱折合为一布。支出与收入的钱折合为金、布，按照法律规定（折合）。　金布

【简文】

贾市居列者及官府之吏毋敢擇＝行＝錢＝布＝者列伍長弗告吏循之不
　　謹皆有罪　　　金布68

【释文】

贾市居列者［1］及官府之吏，毋敢擇行錢、布［2］；擇行錢、布者，
列伍長［3］弗告，吏循之不謹，皆有罪。　金布68

【集释】

［1］贾市居列者

整理小组：市肆中的商贾（译）。

卜宪群：专业从事商业活动的商人。①

【按】《说文·贝部》："贾，市也。"贾市，在市场交易、买卖。"列"，集市贸易场所。《汉书·食货志》："小者坐列贩卖"，颜师古注："列，若今市中卖物行也。"《岳麓书院藏秦简（叁）》62简："江陵言：公卒芮与大夫材共盖受棺列，吏后弗鼠（予）。"②此处"棺列"意为贩卖棺材的店铺。又，张家山汉简《二年律令·□市律》260简："市販匿不自占租，坐所匿租臧（赃）为盗，没入其所販卖及贾钱县官，夺之列。"

［2］行钱、布

整理小组：对铜钱和布两种货币有所选择。

魏德胜："择行钱、布"是选择钱、布中质量好的。③

吴荣曾：当时所谓的行钱，实际上是指质次的铜钱。④

朱红林：秦简中的"行钱、布"，都是专有名词，全称为"行钱"、

① 卜宪群：《秦汉社会势力及其官僚化问题——以商人为中心的探讨》，《江苏行政学院学报》2006年第5期，第127页。
② 朱汉民、陈松长主编《岳麓书院藏秦简（叁）》，上海辞书出版社，2013，第129页。
③ 魏德胜：《〈睡虎地秦墓竹简〉杂考》，《中国文化研究》1997年冬之卷（总第18期），第121页。
④ 吴荣曾：《秦汉时的行钱》，《中国钱币》2003年第3期，第26页。

"行布"。①

王刚：不善之钱、恶钱即为行钱。②

【按】"行"有流通之意，如前述《金布律》66 简："布恶，其广袤不如式者，不行。""行钱、布"即"行钱"与"行布"，亦即流通中的钱、布，均为秦官方货币。张家山汉简《二年律令·钱律》198 简："钱径十分寸八以上，虽缺铄，文章颇可智，而非殊折及铅钱也，皆为行钱。金不青赤者，为行金。敢择不取行钱、金者，罚金四两。"李均明、朱红林两位先生认为，"行"指通行，即可用以买卖支付的货币；③ 林益德先生指出，"行钱"为专有名词，指可流通的货币，以与因形制不符而不能流通的钱币相对应；④ 柿沼阳平先生也认为，《二年律令·钱律》198 简"行钱"之"行"乃是"流通"之意；⑤ 黄敏、李明龙在分析秦汉简牍及长沙走马楼三国吴简中有关"行钱"的文例后，亦指出行钱"本是秦汉时期货币使用的一个专用术语，意为'合法的流通钱'"。⑥

[3] 列伍长

整理小组：据简文，商贾有什伍的编制，列伍长即商贾伍人之长。

何四维：商贾也被组织为什伍，这意味着他们要承担连带责任。⑦

【按】罗开玉先生指出，秦将不同身份的人编入不同的"伍"，《金布律》68 简说明"商贾单独编'伍'，便于管理，这大概就是后来的'市籍'"。⑧ 张家山汉简《二年律令·□市律》260 简："市贩匿不自占租，坐所匿租臧（赃）为盗，没入其所贩卖及贾钱县官，夺之死（列）。死

---

① 朱红林：《张家山汉简〈二年律令〉集释》，社会科学文献出版社，2005，第 135 页。

② 王刚：《"行钱"辨》，《西安金融》2005 年第 4 期，第 78 页。

③ 李均明：《张家山汉简与汉初货币》，《中国文物报》2002 年 11 月 22 日；朱红林：《张家山汉简〈二年律令〉集释》，第 135 页。

④ 林益德：《汉初的"行金"与"行钱"》，《中兴史学》2006 年第 12 期，第 7 页。

⑤ 〔日〕柿沼阳平：《張家山漢簡〈二年律令〉錢律訳注》，早稻田大学简帛研究会《張家山第二四七号漢墓竹简訳注（四）——二年律令訳注（四）》，《長江流域文化研究所年報》第四号，2006，第 272 页。

⑥ 黄敏、李明龙：《三国吴简行钱、具钱的解读及相关探讨》，《古汉语研究》2012 年第 3 期，第 81 页。

⑦ A. F. P. Hulsewé：Remnants of Ch'in Law, p. 53.

⑧ 罗开玉：《秦国"什伍"、"伍人"考——读云梦秦简札记》，《四川大学学报》（哲学社会科学版）1981 年第 2 期，第 85 页。

（列）长、伍人弗告，罚金各一斤。"其中"列长"即"市之列肆长"。①
由上述律文可知，秦汉对商贾的规范比较严格，不仅将其编"伍"，还设
置"列伍长"、"列长"严加监督管理。

【译文】

市场中的商贾和官府的吏，不得挑拣流通的钱、布。（有）挑拣钱、
布而列伍长不告发，吏巡视不严的，都有罪。 金布

【简文】

有買及買殹各嬰其賈小物不能各一錢者勿嬰 金布 69

【释文】

有買（賣）及買殹（也），各嬰其賈（價）；小物不能各一錢者，勿
嬰。[1] 金布 69

【集释】

[1] 有买（卖）及买殹（也）……勿嬰。

【按】 在买卖交易的情况下，出售商品明码标价，这符合情理，然而
"买入"也需要标明物品价格则有些费解。据整理小组所引用的《周礼·典
妇功》"以其贾楬而藏之"之说，"楬"多用于物品保管。若本条之"嬰"
为"楬"，则此物即为标签。如《居延新简》EPT57.003A 简"蔡良买袭
一领，直九百；布绔一两，直四百。凡千三百"，李均明先生将其归入
"楬"类。② 因此，本条或可视为要求对买入或卖出的官物标注价格的规
定，其同时涉及官物的交易与管理。

【译文】

卖出或买入的（物品），各自系附价格标签；单价不足一钱的小物品，
不必系附。 金布

【简文】

官相輸者以書告其出計之年受者以入計之八月九月中其有輸計其輸所

① 彭浩、陈伟、〔日〕工藤元男主编《二年律令与奏谳书——张家山二四七号汉墓出土法律
 文献释读》，上海古籍出版社，2007，第 196 ~ 197 页。
② 李均明：《秦汉简牍文书分类辑解》，文物出版社，2009，第 457 页。

遠近不能逮其輸　　所之計 70

□□□□□□□移計其後年計毋相繆工獻輸官者皆深以其年計之　金
布律 71

【释文】

官相輸［1］者，以書告其出計之年，受者以入計之。八月、九月中
其有輸，計其輸所遠近，不能逮其輸所之計，70□□□□□□□移計其後
年，計毋相繆。工獻輸官者，皆深以其年計之。　　金布律 71

【集释】

［1］官相输

【按】 官府之间转运财物。相关记录可见里耶秦简 8 – 151 简：“迁陵
已计：卅四年余见弩臂百六十九。·凡百六十九。出弩臂四输益阳。出弩
臂三输临沅。·凡出七。今九月见弩臂百六十二。”[1] 即迁陵县当年向益阳
和沅陵分别输出弩臂，共计七张，并将此记录在输出账目中。此或即“出
计”，可部分印证《金布律》对物资运往它地后账目管理的规定。

【译文】

官府之间相互转运物资时，输出一方通过书面形式告知对方该物资销
账的年份，接受一方依次按年度计入账目。如转运发生在八、九两月，考
虑到输入机构的距离，无法及时计入输入机构账目，□□□□□□□将物
资计入下一年度账目，双方账目应避免相互矛盾。工匠向官府上交的产
品，都要确定年份计入账目。　金布律

【简文】

都官有秩吏及離官嗇夫養各一人其佐史與共養十人車牛一兩見牛者一
　　人都官之佐史冗者十人養一人 72

十五人車牛一兩見牛者一人不盈十人者各與其官長共養車牛└都官佐
　　史不十五人者七人以上鼠車牛 73

僕不盈七人者三人以上鼠（予）養一人小官毋嗇夫者以此鼠僕車牛狠
　　生者食其母日粟一斗旬五日而止之別 74

---

① 陈伟主编《里耶秦简牍校释》第 1 卷，第 91～92 页。

絜以叚之金布律 75

【释文】

都官有秩吏及離官嗇夫，養各一人，其佐、史與共養；十人，車牛一兩（輛），見牛者一人。都官之佐、史冗者，十人，養一人；72 十五人，車牛一兩（輛），見牛者一人；不盈十人者，各與其官長共養、車牛，都官佐、史不盈十五人者，七人以上鼠（予）車牛 [1]、73 僕，不盈七人者，三人以上鼠（予）養一人；小官毋（無）嗇夫者，以此鼠（予）僕、車牛。狼生者，食其母日粟一斗，旬五日而止之，別 74 絝以叚（假）之。

金布律 75

【集释】

[1] 牛

【按】 图版此处已经残断，未见"牛"字。

【译文】

都官有秩吏以及离官嗇夫，分别（配给）伙夫一名，下属佐、史和他们共用该伙夫；每十人配给牛车一辆，饲养员一名。都官下属佐、史人数多的，每十人（配给）伙夫一名，每十五人（配给）牛车一辆，饲养员一名；不足十名的，和他们的长官共用伙夫、牛车。都官所属佐、史不足十五人的，七人以上配给牛车和驾车者，不足七人的，三人以上配给伙夫一名。没有设置嗇夫的小机构，按照这一标准配给驾车者和牛车。（对于）难产而生的小牛，每天喂给其母牛粟一斗，满十五天截止，分别喂养以备借出。　金布律

【简文】

有責於公及貲贖者居它縣輒移居縣責之公有責百姓未賞亦移其縣＝賞

　　金布律 76

【释文】

有責（债）於公及貲、贖者居它縣，輒移居縣責之。[1] 公有責（债）百姓未賞（償），亦移其縣，縣賞（償）。　　　金布律 76

【集释】

[1] 有责（债）于公及貲、赎者居它县，辄移居县责之

　　• 【按】本条规定了政府追讨公债的程序。里耶秦简可见阳陵县追讨债务的文书：“卅三年四月辛丑朔丙午，司空腾敢言之：阳陵宜居士五（伍）毋死有赀馀钱八千六十四。毋死戍洞庭郡，不智（知）何县署。今为钱校券一，上谒言洞庭尉，令毋死署所县责以受阳陵司空，〔司空〕不名计，问何县官，计年为报，已訾其家，〔家〕贫弗能入，乃移戍所。报署主责发。敢言之。”① 阳陵县士伍毋死欠县廷八千六十四钱，县廷因本人戍洞庭，先向家人追缴债务，家人无力偿还，阳陵县遂发文书，请求洞庭郡查明毋死所在县署，并由其追缴毋死所欠债务。据该文书可知当时追缴债务的具体程序：首先由县庭对欠债者本人进行追缴；本人不在本县境内，则追缴其家人；若其家人没有能力偿还，再跨县对本人进行追缴。文书内容与本简文规定相符。这说明在秦始皇时期，该律文依然有效。又据《居延新简》EPT58·45AB 简：“·□辞官，移书人在所，在所以次，唯府令甲渠收责，得钱与朝，敢言之。掾破胡，佐护、充光。”② 可知本律规定在汉时仍然沿用。

　　【译文】

　　欠官府债务以及被判处赀、赎的人住在他县，就发文书到该人所在县追缴。官府欠百姓的债没有偿还，也发文书到百姓所在县，由该县偿还。

　　金布律

　　【简文】

　　百姓叚公器及有責未賞其日蹳以收責之而弗收責其人死亡及隸臣妾有
　　　　亡公器畜生者以 77
　　其日月減其衣食毋過三分取一其所亡眾計之終歲衣食不蹳以稍賞令居
　　　　之其弗令居之其人 78
　　·亡令其官嗇夫及吏主者代賞之　　　　　金布 79

　　【释文】

　　百姓叚（假）公器及有責（债）未賞（偿），其日蹳以收責〔1〕之，

---

① 湖南省文物考古研究所、湘西土家族苗族自治州文物处：《湘西里耶秦代简牍选释》，《中国历史文物》2003 年第 1 期，第 14 页。

② 标点参考李均明《秦汉简牍文书分类辑解》，第 59 页。

而弗收責，其人死亡；[2] 及隸臣妾有亡公器、畜生者，以 77 其日月減其衣食，毋過三分取一，其所亡眾，計之，終歲衣食不踐以稍 [3] 賞（償），令居之，[4] 其弗令居之，其人 78【死】亡，令其官嗇夫及吏主者代賞（償）之。　　金布 79

【集释】

[1] 收责

整理小组：收回。

何四维：整理小组根据《汉书补注》简单地将“收责”译作“收回”，这是不正确的。因为“收”针对的是物品（这里指公器），“责”针对的是债务。①

于豪亮：《说文·贝部》：“责，求也。”《义证》云：“求也者，谓求负家偿物也。”因此，收责两个字都是动词。②

【按】这里的“收责”在一般意义上可解为“收取、索取”。陶安先生也认为可从整理小组，将“收责”作为“收回”一个词理解。③ 但是何四维先生所说的“收”与“责”之间的差异也不可忽视。睡虎地秦简中的“收责”用例不多，除本条外又见《金布律》80 - 81 简：“县、都官坐效、计以负赏者，已论，嗇夫即以其直（值）钱分负其官长及冗吏，而人与参辨券，以效少内，少内以收责之。”这里的“收责”读“收取”固然无碍文意。但对于已经承担“分负”赔偿责任的官长与冗吏而言，他们与官府间已经形成了债务关系，少内向其收回赔偿金，实际即具有收债的性质。再如 105 - 106 简同样涉及假借公器之事：“叚（假）器者，其事已及免，官辄收其叚（假），弗亟收者有罪。”其中涉及的事项只是假借公器而无债务，律文就只用了“收”而未用“收责”。与 77 简相似的律文又见于里耶秦简 8 - 644 简：“敬问之：吏令徒守器而亡之，徒当独负。·日足以责，吏弗责，负者死亡，吏代负偿。（正）徒守者往成可（何）？论讯而负之，

---

① A. F. P. Hulsewé：Remnants of Ch'in Law，p. 48.
② 于豪亮：《秦律丛考》，载氏著《于豪亮学术文存》，中华书局，1985，第 141 页。
③ 〔德〕陶安あんど：《秦汉刑罚体系の研究》，東京外国語大学アジア・アメリカ言語文化研究所，2009，第 453 页，注释 44。

可不可？其律令云何？谒报（背）。"① 墨钉后的文字与 77－79 简律文相合。文中所用的"责"，亦是相对于事由而言。其事由并非是假借公器，而是吏命令徒看守器物而丢失了器物，徒应当独自承担赔偿责任。在这种情况下，吏如果在足够的时间内不向赔偿者索要，以致赔偿者死亡或逃亡，造成赔偿落空，就要由吏代为赔偿。因此，"责"字所具有的债的含义，不能因表面字义的"索取"而被忽略。睡虎地秦简中有不少"责（债）"的用例，反映了官债的存在。里耶秦简所见众多的追债文书，也印证了官府"收债"的状况。至于"收债"的用例，传世文献中可见《史记·孟尝君列传》："孟尝君忧之，问左右：'何人可使收债于薛者？'传舍长曰：'代舍客冯公……宜可令收债。'"②

［2］死亡

整理小组："死亡"为一词，一说"亡"为逃亡。

何四维："死亡"可以解释为"死"，但是这里两个字并不构成一个联绵词，它们应该分开处理。在《法律答问》60 简中，我们发现其中提到了被判刑的罪犯"死若亡"，即"死亡或逃亡"。除了《秦律杂抄》4 简中的"亡"相当于"无"外，"亡"的基本涵义是"逃亡"。③

【按】睡虎地秦简中的"死亡"有二义，一是死亡，二是死亡、逃亡（或失踪）。此处的"死亡"或可作一词理解。《工律》106 简"其叚（假）者死亡、有罪毋（无）责也，吏代偿"，其"死亡"与"有罪"分开表述，"有罪"显然包括了各种犯罪，也应包括了逃亡。从立法意图上看，本条与 106 简是一致的。至于《日书》129 正中的"有为而禺（遇）雨，命之央（殃）蚤（早）至，不出三月，有死亡之志至"，整理小组认为"死亡之至，当指讣闻"，"死亡"为一词更为明显。如果"亡"为逃亡，则文意无解。

［3］稍

整理小组：《广雅·释诂一》："尽也。"

何四维："稍"通常意为"些许、逐渐"，但是整理小组（1978）将

---

① 陈伟主编《里耶秦简牍校释》第 1 卷，第 188 页。

② （西汉）司马迁：《史记》，中华书局，1959，第 2360 页。

③ A. F. P. Hulsewé: Remnants of Ch'in Law, p. 48.

"稍"解释为"尽",这个解释难以接近"稍"通常的意思。①

陶安：文献史料中可以见到"稍食"、"稍秣"等惯用语，在这些用例中，"稍"表示将"食"或"秣"按一定周期逐步少量供给的意思。《秦律十八种》简 82《金布律》中可见"稍减"这一词语，整理小组译为"分期扣除"。"稍偿"也不排除按月逐步少量偿还的意思。②

【按】睡虎地秦简中的"稍"多为"逐渐"意，如《金布律》82 简"……贫窭毋（无）以赏（偿）者，稍减其秩、月食以赏（偿）之"，《徭律》119 - 120 简"县所葆禁苑之傅山、远山……勿稍补缮，至秋毋（无）雨时而以繇（徭）为之"。岳麓书院藏秦简《金布律》中的"稍入钱"，其意亦可解读为"渐入之钱"。③ 因此这里的"稍"有逐渐、累计的含义。"终岁衣食不以稍赏（偿）"，意为一年间的衣食不足以累计赔偿。

［4］其所亡众……令居之

【按】《秦律十八种·司空律》对"居"的抵偿数额做出了具体规定，如 133 简："有罪以赀赎及有责于公，以其令日问之，其弗能入赏（偿），以令日居之，日居八钱；公食者，日居六钱。"

【译文】

百姓借用官府器物以及负债未偿，时间足够收回而没有收回，该人死亡，令该官府啬夫和主管的吏代为赔偿。隶臣妾丢失官府的器物或者牲畜，从其丢失之日起按月扣减衣食，但不要超过三分之一，若丢失数量多，累计全年的衣食还不足以完全赔偿，应令隶臣妾居作，若不令居作，该人死亡，令该官府啬夫和主管的吏代为赔偿。　　金布

【简文】

縣都官坐效計以負賞者已論嗇夫即以其直錢分負其官長及冗吏而人與
　　參辨券以效少 = 內 = 以 80

收責之其入贏者亦官與辨券入之其責毋敢貐 = 歲 = 而弗入及不如令者
　　皆以律論之　　金布 81

①　A. F. P. Hulsewé：Remnants of Ch'in Law，p. 49.
②　〔德〕陶安あんど：《秦汉刑罚体系の研究》，第 454 页，注释 47。
③　陈松长：《睡虎地秦简"关市律"辨正》，第 19 页。

【释文】

縣、都官坐效、計［1］以負賞（償）者，已論，嗇夫即以其直（值）錢分負［2］其官長及冗吏，而人與參辨券［3］，以效少内，少内以80收責之。其入贏者，亦官與辨券，入之。其責（債）毋敢隃（逾）歲，隃（逾）歲而弗入及不如令者，皆以律論之。　　金布81

【集释】

［1］效、計

整理小组：点验或会计。（译）

何四维：这是"效"在律文中第一次被提到，它是核查、管理诸如粮食储备、物资的一项非常重要的措施。①

【按】 效、计是秦汉时期检验、审核官府财物、账目的重要制度。睡虎地秦简和张家山汉简《二年律令》中皆有单篇《效律》，对点验官府物资财产以及相关官吏的责任有详细规定。"计"主要针对账目管理。里耶秦简 8–493 简中有"金布计录"，内容涉及"库兵计"、"车计"、"工用计"、"工用器计"、"少内器计"、"□钱计"等，②可见"金布"之"计"的类别之细。

［2］分负

整理小组：分别负担。

裘锡圭："分负其官长及冗吏"的意思，就是让这些人分别负担赔偿额。③

【按】 秦代法律规定，若官吏在履行职务中给官府造成损害，应由相关责任人共同分担赔偿责任。"分负"就是法律规定的赔偿方式之一。此处即指由官长与冗吏分摊赔偿责任。分负的实际例子可见里耶秦简 8–785 简："不备，直钱四百九十。少内段、佐却分负各二百卌五。"④不过，每个责任人所承担的赔偿份额并非一概均摊，份额的大小一般取决于工作中所负责任的轻重。如敦煌悬泉汉简 I0205②：8 简："·传马死二匹，负一匹，直

---

① A. F. P. Hulsewé: Remnants of Ch'in Law, p. 49.

② 陈伟主编《里耶秦简校释》第 1 卷，第 169 页。

③ 裘锡圭：《〈睡虎地秦墓竹简〉注译商榷（八则）》，载氏著《裘锡圭学术文化随笔》，中国青年出版社，1999，第 124 页。

④ 陈伟主编《里耶秦简牍校释》第 1 卷，第 227 页。

（值）万五千，长、丞、掾、啬夫负二，佐负一。"① 此处对传马的赔偿，由驿置的长、丞、掾、啬夫共同承担三分之二，而佐承担三分之一。

[3] 参辨券

整理小组：可以分成三份的木券，推测当由啬夫、少内和赔偿的人各执一份，作为缴纳赔款的凭证。

于豪亮："人与参辨券"，是将券分为三分，这相当于近代的三联单，负责赔款的人，拿到一分，到少内去缴纳赔款。②

籾山明：又所谓"叁辨券"，大概是官吏会同之物的券。"辨"，即剖分，在金钱物品授予之时，给予者与授予者之间要立。③

胡平生：在云梦睡虎地秦简《秦律十八种·金布律》中有一种"叁辨券"……在龙岗秦简《禁苑律》中也说到这种"叁辨券"："□于禁苑中者，吏与叁辨券□。"前一种用于财物债务交割的凭据，后一种大概用作出入禁苑的凭证。④

孙瑞：这里的券即是国家发放给官吏赔偿、上缴财钱的检验证明文书。⑤

【按】参辨券的用途之一是财产关系变更的凭据。整理小组从"参辨券"本身出发，指明其基本性质为赔款缴纳凭证，由缴纳与接收赔款的当事人各持其一。籾山明先生则从财物交割的过程入手，指出"在金钱、物品授受之时，给予者与受收者之间要立券"，亦即当支付方与收受方同时介入财物转移关系时，需要授受双方共同制作并持有交割凭证，此即"官吏会同之物的券"。秦汉时期，"参辨券"还可作为百姓以遗嘱分割财产的书面凭证。如《二年律令·户律》334－335简规定："民欲先令相分田宅、奴婢、财物，乡部啬夫身听其令，皆参辨券书之，辄上如户籍。有争者，以券书从事；毋券书，勿听。"即由乡啬夫亲自聆听先令并书写参辨券，一方面上呈官府像户籍一样存档，一方面交付给当事人作为解决纠纷的凭

---

① 胡平生、张德芳：《敦煌悬泉汉简释粹》，第18页。

② 于豪亮：《秦律丛考》，载氏著《于豪亮学术文存》，第134页。

③ 〔日〕籾山明：《刻齿简牍初探——汉简形态论》，胡平生译，中国社科院简帛研究中心编《简牍研究译丛》第2辑，湖南人民出版社，1998，第158页。

④ 胡平生：《木简券书破别形式述略》，甘肃省文物考古研究所，西北师范大学文学院历史系编《简牍学研究》第2辑，甘肃人民出版社，1998，第57页。

⑤ 孙瑞：《金文简牍帛书中文书研究》，吉林文史出版社，2009，第102页。

证。另外，居延汉简 7.31 简记载："·□槥椟，参絜坚约，刻书名县爵里，槥敦参辨券，书其衣器所以收"，此处"参辨券"用于登记死者衣器的收容情况，其性质是官府处理死者遗留财物的凭证，在一定程度上属于死者财产关系变更的证明文件。

参辨券的另一种用途是作为出入某些场所的凭证。胡平生先生据龙岗秦简指出，参辨券为出入禁苑的凭证；而《二年律令·户律》305 简"自五大夫以下，比地为伍，以辨券为信，居处相察，出入相司"显示，这种券书还是五大夫以下爵位者出入居住地的凭证。

【译文】

县、都官因点验物资、会计犯罪而应赔偿的，论处后，啬夫即将应赔偿的钱数分摊给有关的官长及群吏，每人都给予"叁辨券"（中的一联），以便向少内缴纳，少内凭此收取赔偿金。收缴的赔偿金超出数额，也由官府给予木券，收缴超出部分。赔偿债务不得超过当年，超过当年仍不缴纳以及不依从命令的，都按律论处。　　金布

【简文】

官啬夫免復爲啬夫而坐其故官以貲賞及有它責貧窶毋以賞者稍减其秩
　月食以賞之弗得82

居其免殹令以律居之官啬夫免效其官而有不備者令與其稗官分如 =
　坐官以負賞未而83

死及有罪以收抉出其分其已分而死及恒作官府以負責牧將公畜生而殺
　亡之未賞及居之未84

備而死皆出之毋責妻同居　　　　　　　　　　金布85

【释文】

官啬夫免，復爲啬夫，而坐其故官以貲賞（償）[1] 及有它責（債），貧窶毋（無）以賞（償）者，稍减其秩、月食 [2] 以賞（償）之，弗得82居；其免殹（也），令以律居之。官啬夫免，效其官而有不備者，令與其稗官 [3] 分，如其事。[4] 吏坐官以負賞（償），未而83死，及有罪以收，抉出其分。其已分而死，及恒作官府以負責（債），牧將公畜生而殺、亡之，未賞（償）及居之未84備而死，皆出之，毋責妻、同居 [5]。　　金布85

【集释】

[1] 赀赏

整理小组：缴纳钱财赔偿。（译）

何四维："赀赏"的含义是"被罚款和偿还（债务）"，而不是"缴纳钱财赔偿"，因为赏的用法不是这样。罚款针对的是官吏犯罪（吏坐官）和物资的不足额。①

【按】 何四维先生的见解比较合理，即当读作"赀、赏（偿）"，赀与偿是两种处罚手段。"以赀赏"之"以"，可看作是连词而非介词。如前条80简"县、都官坐效、计以负赏（偿）者"，"以"若读作介词则不成文。"赀"在秦律中大量出现，主要用于对官吏违反职务规范行为的惩罚，是一种轻微的财产刑。"赏（偿）"也多见于秦律，是法律所规定的赔偿责任。在官吏因失职而对公家财产造成损失时，不仅要承担刑事责任，还要附带承担赔偿责任。如《效律》22－24简："仓扁（漏）朽（朽）禾粟，及积禾粟而败之，其不可飤（食）者，不盈百石以下，谇官啬夫；百石以到千石，赀官啬夫一甲；过千石以上，赀官啬夫二甲；令官啬夫、冗吏共赏（偿）败禾粟。"

[2] 稍减其秩、月食

整理小组：应分期扣除其俸禄和口粮……（译）

何四维：难以理解这种组合，因为通常官僚体系中等级较高者收取俸禄，然而等级较低的地方官员则支给"月食"（口粮）。②

【按】 本条明确将秩与月食两分。阎步克先生指出："汉简中廪食与俸禄之分，正与秦简'月食'与'秩'之两分相合，谓其承于秦制，当无疑问。"③

[3] 稗官

整理小组：属下的小官。

陶安あんど：整理小组与何四维将"稗官"解释为"属下的小官"与"下级官吏"，都是将其作为人来认识的。但这样就不能与后续的"吏"区

---

① A. F. P. Hulsewé：Remnants of Ch'in Law, pp. 50－51.

② A. F. P. Hulsewé：Remnants of Ch'in Law, p. 51.

③ 阎步克：《从稍食到月俸——战国秦汉禄秩等级制新探》，《学术界》2000年第2期，第71页。

分关系。与其他众多的用例一样，这里的"官"指官府，"吏"指人，是明确区分的。"稗官"意味着官啬夫统辖的官府（或官府内部的部门）。产生于啬夫负责下的不足部分（不备），在这些官府（或部门）之间按承担的职务（如其事）分配，吏则在各自所属的官府（或部门），就不足部分承担赔偿责任。①

[4] 叓

【按】此处图版为叓，整理小组将其释读为事、吏。张守中先生认为此是事与吏之合文，= 为合文符号，《法律答问》59 简另见事与吏的合文。②

[5] 同居

整理小组：秦简《法律答问》："何为同居？户为同居。"《汉书·惠帝纪》注："同居，谓父母、妻子之外，若兄弟及兄弟之子等，见与同居业者。"

何四维："同居"是一个专用名词。在《法律答问》22 简中，它简单地以"一家人"即"户"表示；而《法律答问》201 简提供了一个奇怪的解释"独户母"，整理小组相信其意为"具有相同母亲的家庭成员"。经过长期研究，平中苓次指出"同居"表示居住在一起的亲属，包括父母与子女。这个词似乎排除了与房主无亲属关系的人，如仆人和奴隶，后者明显包含在"室人"这个术语中。③

【按】关于同居，学界大体有两种分析视角。一是从共同居住生活，具有共同的财产关系来认识"同居"，如何四维先生所引平中苓次的解释。张金光先生认为，秦简所谓"与同居"、"父子同居"，皆系表示共同生活的财产关系。秦律既称"父子同居"，可见把父子也列为同居关系。④ 二是从同一户籍的角度来定义"同居"，但对同居的范围认识不同。⑤ 邢义田先生认为"同居"一为同户籍，二为一户中同母之人；⑥ 冨谷至先生认为是

---

① 〔德〕陶安あんど：《秦漢刑罰体系の研究》，第 451 页，注释 34。
② 张守中：《秦简文字编》，文物出版社，1994，第 225 页。
③ A. F. P. Hulsewé：Remnants of Ch'in Law, pp. 51 – 52.
④ 张金光：《商鞅变法后秦的家庭制度》，载山东大学百年学术集萃编委会编《山东大学百年学术集萃》（史学卷下），山东大学出版社，2001，第 53 页。
⑤ 彭年：《秦汉"同居"考辨》，《社会科学研究》1990 年第 6 期，第 110 页。
⑥ 邢义田：《秦或西汉初和奸案中所见的亲属伦理关系——江陵张家山二四七号墓〈秦谳书〉简 180 – 196 考论》，收入柳立言主编《传统中国法律的理念与实践》，中研院历史语言研究所，2008，第 101 ~ 159 页。

"户籍上登记的家族",① 韩树峰先生认为以户籍来决定是否为同居,范围包括父母子女。② 刘欣宁先生指出 "……秦律是以户籍为同居下定义……以同一户籍为同居设定明确的范围"。③ 另外,彭年先生认为 "同居" 的意思是 "同居业",需要满足同籍、同财两项条件,但不包括奴婢。④ 最近贾丽英先生结合张家山汉简等新材料,认为秦汉律中的 "同居" 有两层涵义,一是同居数,一是同居不同数。同居数即登记在同一户籍上,既包括 "同居同籍",又包括 "别居同籍"。同居不同数,指没有登记在一个户籍上,但现实生活中却 "共居" 或 "共居业"。⑤

【译文】

官啬夫免职后又担任啬夫,因在原任时被判赀刑、赔偿以及有其他债务,贫穷不能偿还的,分期扣减他的秩禄、口粮来偿还,不能居作;如果免职,按法律规定让他居作。官啬夫免职后,查验他主管的物资有不足的情况,让他和他属下的小吏按照所承担的责任来分担赔偿。吏在现职有罪而应赔偿,尚未赔偿而死亡,以及犯罪被收,免去他分担的部分。如果已经分担而死亡,以及长期为官府经营手工业而负债,放牧公家的牲畜而将牲畜杀死、丢失,尚未赔偿及居作尚未结束而死亡的,都免除赔偿,不要向其妻、同居追缴。 金布

【简文】

縣都官以七月糞公器不可繕者有久識者靡蚩之其金及鐵器入以爲銅都
　　官輸大内 = 受買 86
之盡七月而靡 ∟都官遠大内者輸縣 = 受買之糞其有物不可以須時求先
　　買以書時謁其狀内 87

---

① 〔日〕冨谷至:《秦汉刑罚制度研究》,柴生芳、朱桓晔译,广西师范大学出版社,2006,第 156 页。

② 韩树峰:《汉魏法律与社会——以简牍、文书为中心的考察》,社会科学文献出版社,2011,第 183 ~ 184 页。

③ 刘欣宁:《秦汉律令中的同居连坐》,载王沛主编《出土文献与法律史研究》第 1 辑,上海人民出版社,2012,第 156 页。

④ 彭年:《秦汉 "同居" 考辨》,《社会科学研究》1990 年第 6 期,第 110 页。

⑤ 贾丽英:《秦汉简 "同居" 论考》,《石家庄学院学报》2013 年第 2 期,第 27 页。

史凡糞其不可買而可以爲薪及蓋蘥者用之毋用乃燔之　　　金布88

【释文】

縣、都官以七月糞公器不可繕者，有久識 [1] 者靡蛁 [2] 之。其金及鐵器入以爲銅。[3] 都官輸大內，[4] 內受買（賣）[5] 86 之。盡七月而觽（畢）。都官遠大內者輸縣，縣受買（賣）之。糞其有物不可以須時，求先買（賣），以書時謁其狀內 87 史。[6] 凡糞其不可買（賣）而可以爲薪及蓋蘥（蘥）者，用之；毋（無）用，乃燔之。　　　金布88

【集释】

[1] 久识

整理小组：久，读为记，记识指官有器物上的标志题识。

何四维：一般表示标记时，"久识"可能是联绵词。但我认为二字表示不同的事物，即"烙记"和"其他标记"……不同于整理小组将"久"释为"记"的假借字……我倾向于"久"意为"用烙铁标记"。[1]

魏德胜：久，本义为"烧灼"，是灸的本字，引申之，表做标记，而不限于烧灼，由动词义的"做标记"又引申为名词义的"标记"。[2]

【按】《说文·久部》："久，从后灸之也。象人两胫后有距也。"又《火部》："灸，灼也。"段注："灸，古文作久。"[3] "久"如魏德胜先生所言，由本义动词而引申为名词。如睡虎地秦简《秦律十八种·工律》105 简"器敝久恐靡者，遝其未靡，谒更其久"，意思是器物用旧而担心标记磨灭的，应趁其尚未磨灭而报请重新标记，这里的"久"即作名词解。"久"和"识"可从何四维先生之说，作两种标记方法理解。

[2] 靡蛁

整理小组：靡，即磨。蛁，读为彻。磨彻，意为磨坏、磨除。

何四维：蛁，不能确定。整理小组释为蛁，认为是彻的通假，从语音上是不可能的……尽管第二个汉字的字形和字义不能确定，但此联绵词的意义是清楚的。[4]

---

① A. F. P. Hulsewé：Remnants of Ch'in Law，p. 54.
② 魏德胜：《〈睡虎地秦墓竹简〉词汇研究》，华夏出版社，2002，第 14～15 页。
③ （清）段玉裁注《说文解字注》，第 237、483 页。
④ A. F. P. Hulsewé：Remnants of Ch'in Law，p. 54.

［3］其金及铁器入以为铜

整理小组：金，此处意为铜。入以为铜，意当为上缴回炉作为金属原料。

中央大学秦简讲读会：不能认为是从铁器中抽出铜来，恐怕是将铁器上的青铜部分分离出来。[1]

何四维：简文释为"铜"，不能确定此种解读是否正确。将铜和铁混合的想法是奇怪的。[2]

张世超："铜"之古义则为"合金"或金属之总称……在金属方面说，则熔不同金属为一体，或统称各种金属为"铜"。[3]

【按】"铜"在此意为"金属原料"，此句意为铜器、铁器回收后作为金属原料。先秦出土金属器有可见铜铁合铸而成者，如"周鲁公作文王鼎"含铜量 78.48%，含铁量 2.12%；[4] 四川宣汉罗家坝 M64：45 战国墓出土的铜斧同时含有铜和铁成分。[5] 可见，铜铁合金在先秦铸造工艺上是可能的。此条律文规定的是处理官有器物回收利用的原则，铜和铁上缴后可能作为合金原料，也有可能分别利用。

［4］大内

何四维：简文中"大内"应该重复，但抄者只给"内"字加了重文号。[6]

［5］买

整理小组：买，卖，变卖。

【按】《二年律令·金布律》435 简"县官器敝不可缮者，卖之"，因此这里作"卖"是可取的。

［6］史

【按】简文在"史"字后有一比勾示符位置偏左的标记，呈勾或圆点状。

【译文】

县、都官在七月处理不能修复的官有器物，有标识的将标识磨除。其

---

① 〔日〕中央大学秦简講讀會：《〈睡虎地秦墓竹簡〉訳註初稿》，《論究》第 10 卷第 1 期，1978，第 93 页。

② A. F. P. Hulsewé：Remnants of Ch'in Law，p. 54.

③ 张世超：《释"铜"》，《古籍整理研究学刊》1989 年第 2 期，第 15 页。

④ 杨金砖：《中国古代冶金概况简介》，《零陵师专学报》1987 年第 1 期，第 68 页。

⑤ 宋艳：《宣汉罗家坝出土部分青铜器的合金成分和金相组织》，《四川文物》2010 年第 6 期，第 89 页。

⑥ A. F. P. Hulsewé：Remnants of Ch'in Law，p. 54.

中的铜器以及铁器上缴作为金属原料。都官（处理的器物）运送大内，由大内收取变卖，至七月底完毕。都官距大内路远的，运送给县，由县收取变卖。处理时如有物品不能等待，要求先卖，就以文书及时向内史报告情况。所处理的器物如无法变卖而可以利用为薪柴和盖障的，就利用这些器物；无法利用的才烧毁。　　金布

【简文】

傳車大車輪縣葆繕參邪可殹韋革紅器相補繕取不可葆繕者乃糞之

　　金布 89

【释文】

傳車、大車〔1〕輪，縣葆繕參邪，可殹（也）。韋革、紅器相補繕。取不可葆繕者，乃糞之。　　金布律 89

【集释】

〔1〕传车、大车

整理小组：传车，《汉书·高帝纪》注："传者，若今之驿，古者以车，谓之传车。"大车，用牛牵引的载重的车。

何四维："大车"是一种两轮重车，以牛为动力，用于运输。①

李均明：驿传用的车，因其用途而得名。②

【按】传车为驿传专用车。秦汉法律对传车种类的区分有所规范。《汉书·高帝纪》注："如淳曰：律，四马高足为置传，四马中足为驰传，四马下足为乘传，一马二马为轺传。急者乘一乘传。"传车的配备用具也由公家府库支出。《敦煌悬泉汉简》10309③：236 简："神爵二年三月丙午朔甲戌，敦煌太守快、长史布施、丞德，谓县、郡库：太守行县道，传车被具多敝，坐为论，易□□□□□到，遣吏迎受输敝被具，郡库相与校计，如律令。"③

【译文】

传车和大车的车轮，可以修理歪斜的部位。皮革或织物制品可以用来

① A. F. P. Hulsewé：Remnants of Ch'in Law, p. 55.
② 李均明：《汉简所见军》，西北师范大学文学院历史所、甘肃省文物考古研究所主办《简牍学研究》第 1 辑，1997，第 106 页。
③ 胡平生、张德芳编撰《敦煌悬泉汉简释粹》，第 80 页。

互相修补。那些不能修复的，才可以处理。　　　金布

【简文】

受衣者夏衣以四月盡六月稟之冬衣以九月盡十一月稟之過時者勿稟後
　　計冬衣來年囚有寒者爲褐衣90

爲幏布一用枲三斤爲褐以稟衣大褐一用枲十八斤直六十钱中褐一用枲
　　十四斤直卅六钱小褐一用91

枲十一斤直卅六钱已稟衣有餘褐十以上輸大内與計偕都官有用
　　□□□□其官隸臣妾舂城92

旦毋用在咸陽者致其衣大内在它縣者致衣從事之縣＝大内皆聽其官致
　　以律稟衣　　　金布93

【释文】

受（授）衣者，夏衣以四月盡六月稟之，冬衣以九月盡十一月稟之，過時者勿稟。後計冬衣來年。囚有寒者爲褐衣。90爲幏布一，用枲三斤。爲褐以稟衣：大褐一，用枲十八斤，直（值）六十钱；中褐一，用枲十四斤，直（值）卅六钱；小褐一，用91枲十一斤，直（值）卅六钱。已稟衣，有餘褐十以上，輸大内，與計偕。都官有用□□□□其官，隸臣妾、舂城92旦毋用。在咸陽者致其衣大内，在它縣者致衣從事之縣。縣、大内皆聽其官致，以律稟衣。　　　金布93

【按】 本条律文包含了稟衣时间，实物衣服的种类、材料用量及价值，多余寒衣的处理，领衣地点及所需凭证等几项内容。关于稟衣的次数和时间，《二年律令·金布律》419—420简明确规定：“夏以四月尽六月，冬以九月尽十一月稟之”，与本条律文规定一致，可见其制至汉初的延续。关于褐衣的种类、材料用量及价值见下表：

种类	用枲（斤）	值（钱）
幏布	3	
大褐	18	60
中褐	14	46
小褐	11	36

通过对不同尺寸褐衣所用材料及值钱的换算，可知大致用枲三斤，值十钱。据《司空律》143 简 "系城旦春，公食当责者，石卅钱"，又《仓律》49 简 "隶臣妾其从事公，隶臣月禾二石"，可知一件大褐的价值相当于一名隶臣为公服役一个月的口粮。

【译文】

发放衣物，夏衣从四月到六月底发放，冬衣从九月到十一月底发放，过期不再发放。将冬衣顺延记到来年的账上。囚犯寒冷无衣者，可制褐衣。做幪巾一条，用粗麻枲三斤。制作褐衣以备发放：大褐衣一件，用粗麻枲十八斤，值六十钱；中褐衣一件，用粗麻枲十四斤，值四十六钱；小褐衣一件，用粗麻枲十一斤，值三十六钱；发放完成后，剩余褐衣达十件以上的，送交大内，与会计账簿一并送交。都官有用……其官，隶臣妾、春城旦不能用。在咸阳服役者，凭券向大内领衣。在其他县服役者，凭券向所在县领衣。县、大内都按照其所在官府发放的凭券，依法发放衣物。

　　金布

【简文】

稟衣者隶臣府隶之毋妻者及城旦冬人百一十錢夏五十五錢其小者冬七
　　十七錢夏卅四錢春冬人五十 94
五錢夏卅四錢其小者冬卅四錢夏卅三錢隶臣妾之老及小不能自衣者如
　　春衣・亡不仁其主及官 95
者衣如隶臣妾　　　　　　　　　　　　　　金布 96

【释文】

稟衣者，隶臣、府隶之毋（無）妻者 [1] 及城旦，冬人百一十錢，[2] 夏五十五錢；其小者 [3] 冬七十七錢，夏卅四錢。春 [4] 冬人五十 94 五錢，夏卅四錢；其小者冬卅四錢，夏卅三錢。隶臣妾之老及小不能自衣者，如春衣。・亡、不仁其主及官 95 者，衣如隶臣妾。[5]　　金布 96

【集释】

[1] 隶臣、府隶之毋（无）妻者

整理小组：隶臣、府隶中没有妻的……（译）

【按】 据《司空律》142 简 "隶臣有妻，妻更及有外妻，责衣"，此句当读作隶臣之无妻者与府隶之无妻者。

[2] 钱

整理小组：疑指每人应缴的衣价。推测领衣者如无力缴纳，就必须用更多的劳役抵偿，参看下文《司空》"有罪以赀赎"条。

阎步克：《金布律》中所记的钱数，就是秦国官府向隶臣妾、城旦舂发放冬夏衣钱的标准。[1]

于洪涛：是政府发放衣服的价值额而不是现金数。[2]

[3] 其小者

李力：应指"小隶臣"、"小城旦"。[3]

【按】因下文所列对象已有"隶臣妾之老及小不能自衣者"，故此处的"其小者"似只是小城旦。但是从文脉上看，"其小者"应包含了小隶臣、小府隶与小城旦。在秦简中，可见小隶臣与小城旦作为劳力使用的例子，如《仓律》49 简"小城旦、隶臣作者，月禾一石半石"，其相当于《二年律令·金布律》中的稟衣对象"使小男"。而下文"隶臣妾之老及小不能自衣者"之"小"，指尚不能劳作的小隶臣、小隶妾，相当于《二年律令·金布律》中的稟衣对象"未使小男"、"未使小女"。如前述《仓律》之文，秦将小城旦、小隶臣与小妾、小舂分为"作者"与"未能作者"，口粮由此而异。里耶秦简中亦可见有关小城旦、小隶臣劳作内容的记载。小城旦如 8 - 154 简："·小城旦九人：其一人付少内。六人付田官。一人捕羽：强。一人与吏上计。"又 8 - 162 简："小城旦十人。其八人付田官。二人载粟输。"小隶臣则见 8 - 1713 简的"受仓小隶臣二人"，这应是徒簿残文。

[4] 舂

张昌倬：根据隶臣、城旦的稟衣规定来看，这条律文中的"舂"无疑包括了隶臣妾和城旦舂。[4]

① 阎步克：《品位与职位：秦汉魏晋南北朝官阶制度研究》，中华书局，2002，第 141 页。

② 于洪涛：《试析睡虎地秦简中的"稟衣"制度》，《古代文明》第 6 卷第 3 期，2012，第 38 页。

③ 李力：《"隶臣妾"身份再研究》，中国法制出版社，2007，第 359 页。

④ 张昌倬：《"小城旦、隶臣作者"辨误》，《史学月刊》1985 年第 4 期，第 69 页。

李力：这里恐怕是漏写了"隶妾"，似乎当补为"【隶妾】、舂"。如此正可以与前一句"隶臣"、"城旦"并列。但是，这样一来却与下一句所讲"如舂衣"不合。故此处还是应依简文原样为好。①

【按】舂应该仅指与城旦并列的舂。下文的"其小者"，指小舂。《秦律十八种·仓律》49－50 简："小妾、舂作者，月禾一石二斗半斗；未能作者，月禾一石。"里耶秦简 8－145 简："·小舂五人。其三人付田官。一人徒养：姊。一人病：□。"②

［5］衣如隶臣妾

【按】睡虎地秦简涉及隶臣妾禀衣的有两类规定。一类是公家提供衣物。其一，《仓律》48 简："妾未使而衣食公，百姓有欲叚（假）者，叚（假）之，令就衣食焉，吏辄被事之。"此可知隶妾未到劳作年龄，③ 由公家提供衣食。其二，本条《金布律》中无妻之隶臣，冬 110 钱，夏 55 钱；老小之隶臣妾"不能自衣者"，按舂的标准发放。其三，《司空律》141 简："隶臣妾……系（繫）城旦舂者，勿责衣食。"另一类是公家不提供衣物。其一，《仓律》49 简："隶臣妾其从事公，隶臣月禾二石，隶妾一石半；其不从事，勿禀。"由此推测，隶臣妾不"从事公"，或亦不禀衣；其二，前条《司空律》141 简所见补充规定，从事城旦舂劳作的隶臣"有妻，妻更及有外妻者，责衣"。所谓"衣如隶臣妾"，即按上述相关规定禀衣。本条律文所见禀衣者的身份以及受领衣钱如下表：

身份	冬钱	夏钱
无妻之隶臣、府隶以及城旦	110	55
小城旦（或小隶臣、小府隶、小城旦）	77	44
舂	55	44
小舂	44	33
老小隶臣妾不能自衣者	55（如舂衣）	44
亡、不仁其主、长官者	衣如隶臣妾	

---

① 李力：《"隶臣妾"身份再研究》，第 358 页。
② 陈伟主编《里耶秦简牍校释》第 1 卷，第 85 页。
③ "妾未使"之"妾"，整理小组认为"可能即隶妾"。又指出 49－50 简的"小妾"即小隶妾。故"妾未使"可理解为尚未达到可劳作标准的小隶妾。

"老小隶臣妾不能自衣者"的禀衣标准高于小舂而与舂相等,应是隶臣妾与城旦舂的身份差异所致。

【译文】

领取衣服,没有妻子的隶臣、府隶以及城旦,每人冬季一百一十钱,夏季五十五钱;小城旦等,冬季七十七钱,夏季四十四钱。舂,每人冬季五十五钱,夏季四十四钱;小舂,冬季四十四钱,夏季三十三钱。像老、小隶臣妾没有能力自己提供衣服的,按舂的标准(发放)。逃亡、冒犯主人以及官长的臣妾,比照隶臣妾的标准。　　金布

关　市

【题解】

按整理小组整理,"关市律"条文仅一条,为 97 简,末尾标有"关市"二字,应为律名。"关市"含义大致包含"关卡与市场"、"边关的市场"、"关市的管理人员"三种。[①] 关于《关市律》该条的性质,整理小组认为"系关于关市职务的法律";大庭脩先生认为"其内容是有关官府的市中收纳钱的规定";[②] 曹旅宁先生认为"这是一条监督官营商业、手工业收银过程的法律条文";[③] 陈松长先生据睡虎地秦简《关市律》与岳麓书院藏秦简《金布律》同文,认为前者应是后者的内容,"关市"为抄手误记所致。[④]

继睡虎地秦简后,秦《关市律》又见岳麓书院藏秦简 1265 简:"·关市律曰:县官有卖买也,必令令史监,不从令者,赀一甲。"[⑤] 律文规定,县官的买卖必须由令史监督。汉《关市律》则见张家山汉简《二年律令》,内容涉及贩卖布帛尺寸的规定,对市场交易者不申报市租及诈骗行为的惩罚。传世文献中的《关市律》,为晋《泰始律》第十八篇、《梁律》第十

---

① A. F. P. Hulsewé:Remnants of Ch'in Law, p. 57. 又王子今、李禹阶《汉代北边的"关市"》,《中国边疆史地研究》第 17 卷第 3 期,2007,第 24～25 页。
② 〔日〕大庭脩:《秦汉法制史研究》,林剑鸣等译,上海人民出版社,1991,第 51 页。
③ 曹旅宁:《岳麓书院新藏秦简丛考》,《华东政法大学学报》2009 年第 6 期,第 97 页。
④ 陈松长:《睡虎地秦简"关市律"辨正》,第 16 页。
⑤ 陈松长:《岳麓书院所藏秦简综述》,第 86 页。

九篇、《周律》第十六篇、隋《大业律》第十五篇。① 另晋令、梁令、开皇令、唐令、宋令亦皆有《关市令》。②

本条《关市律》律文，主要规定了市场管理者入钱的程序以及对违反行为的罚则。

【简文】

爲作務及官府市受錢必輒入其錢缿中令市者見其入不從令者貲一甲

關市 97

【释文】

爲作務及官府市，[1]受錢必輒入其錢缿中，令市者見其入，不從令者貲一甲。[2]　　關市 97

【集释】

[1] 为作务及官府市

整理小组：从事手工业和为官府出售产品。（译）

高敏："官府市"就是官办的店铺。③

吴荣曾：市是市贸，即官府所经营的商业。作务则是指手工业生产……务和作的意思相近，故唐宋时期作和务也成为手工作坊的专称。④

何四维：从事私人作坊及官府商铺的交易。（译）⑤

陶安あんど：从汉律"市"与"受租、质钱"并列的事实来看，"为作务及官府市，受钱必辄入其钱缿中"，就有可能应读为"为作务及官府市，受钱，必辄入其钱缿中"。⑥

陈松长："为作务及官府市"是"官府为作务市"的误倒。⑦

---

① （唐）李林甫等撰《唐六典》，陈仲夫点校，中华书局，1992，第181、183页。《周律》之"关市"，《隋书·刑法志》作"关津"。

② 晋令、梁令、开皇令、唐令见《唐六典》第184、185页；宋令见《天一阁藏明钞本天圣令校正（附唐令复原研究）》，中华书局，2006，第305~309页。

③ 高敏：《从云梦秦简看秦的若干制度》，载氏著《云梦秦简初探》，河南人民出版社，1979，第230页。

④ 吴荣曾：《秦的官府手工业》，载中华书局编辑部编《云梦秦简研究》，第43页。

⑤ A. F. P. Hulsewé: Remnants of Ch'in Law, p. 56.

⑥ 〔德〕陶安あんど：《秦漢刑罰体系の研究》，第517页，注释168。

⑦ 陈松长：《睡虎地秦简"关市律"辨正》，第20页。

陈伟:"为作务"作为动宾词组,构成一个与"官"或"官府"类似、因而可以并列的概念……"市"即交易,是"为作务"与"官府(或曰'官')"两者共同的谓语……是说为作务市和官府市。①

【按】关于"为作务及官府市"的诸家之说,前述陈伟先生之文有详细梳理,可参。就本条而言,读作"为作务市和官府市",可从。

〔2〕为作务及官府市……赀一甲

【按】此条与岳麓书院藏秦简《金布律》及《二年律令·金布律》有部分文字相似之处。岳麓书院藏秦简《金布律》1411 + 1399 + 1403 简:"金布律曰:官府为作务市,受钱及受赍租、质它稍入钱,皆官为缿,谨为缿空,婴毋令钱能出,以令若丞印封缿而入,与入钱者叁辨券之,辄入钱缿中,令入钱者见其入。月壹输缿钱,及上券中辨其县廷;月未尽而缿盈者,辄输之。不如律,赀一甲。"②《二年律令·金布律》429 简:"官为作务、市及受租、质钱,皆为缿,封以令、丞印而入,与叁辨券之,辄入钱缿中,上中辨其廷。质者勿与券。"三条律文的共同点是,均为有关规范官府入钱的规定。但《关市律》与《金布律》之文的不同之处,也已为学者所注意。如杨振红先生指出,《二年律令·金布律》429 简除了秦简"为官府作务市"的内容外,还有关于租、质、户赋、园池入钱的内容;③ 陈伟先生也指出,《关市律》只涉及与"市"即交易有关的内容,而《金布律》除此之外还多出"受赍、租、质、它稍入钱"。④ 即《关市律》涉及的只是"为作务及官府市"的入钱,且侧重的是"令市者见其入",因此将其视为《关市律》之文,似乎并无性质冲突。关于相似律文分见两篇的原因,陈伟先生认为《晋书·刑法志》对汉律"实相采入"、"杂糅无常"的批评,正反映了这种情况。⑤

【译文】

进行手工业产品交易和官府买卖交易,收钱后必须立即投进缿中,使交易者看见投入,违反规定的罚一甲。 关市

---

① 陈伟:《关于秦与汉初"入钱缿中"律的几个问题》,第 71 页。
② 陈松长:《睡虎地秦简"关市律"辨正》,第 18 页。
③ 杨振红:《从张家山汉简看秦汉时期的市租》,载〔日〕井上彻、杨振红编《中日学者论中国古代城市社会》,三秦出版社,2007,第 54 页。
④ 陈伟:《关于秦与汉初"入钱缿中"律的几个问题》,第 77 页。
⑤ 陈伟:《关于秦与汉初"入钱缿中"律的几个问题》,第 77 页。

工 律

【题解】

《工律》自98至107简，共计十简，六条律文。其中98简至101简四条律文，文末各缀有"工律"二字；102、103简为一条律文，只在103简末缀一"工"字；104简至107简为一条律文，后不缀。整理小组认为："工律是关于官营手工业的法律。"何四维先生认为"工律"中的"工"指工匠，而非做工、劳动。[1] 李均明先生指出："工律是关于轻工业制作的法律，包括标准化、劳动力使用等。"[2] 出土文献中的《工律》之名，又见里耶秦简8-463简："今《工律》曰度缯其□者佐工为它□。"[3] 传世文献中，宋元前的法典未见"工律"之名，至明、清律则有《工律》之篇，然而是指按六部之名所分设的律篇。

本篇《工律》内容包括：制作器物的标准化规定；衡器校正检验权的归属；对假借公物者相关人的连带赔偿责任的规定；对官府兵器的标识规定，包括施加标识、登记并核对标识、对归还的无标识的官有器物的赔偿规定；对擅自出借及损毁官有器物的入罪、赔偿规定。

【简文】

爲器同物者其小大短長廣亦必等 　　　　工律98

【释文】

爲器同物者，[1] 其小大、短長、廣亦[2]必等。　工律98

【集释】

[1] 为器同物者

【按】 整理小组将此句译为"制作同一种的器物"，但语句略显滞碍，可将句读改为"为器，同物者"。

[2] 亦

---

① A. F. P. Hulsewé：Remnants of Ch'in Law，p. 57.

② 李均明：《秦汉简牍文书分类辑要》，第186页。

③ 陈伟主编《里耶秦简牍校释》第1卷，第160页。

何四维：直译为"也"的意思。①

倪正茂："其小大、短长、广（狭）亦必等"。②

刘志松："其小大、短长、广夹（狭）必等"。③

【按】"亦"字整理小组未释未译。从律文来看，按照小大、短长的结构，"广亦"也应如此，但是"亦"并没有表示"窄"的意思。作为"也"理解，语意也不是很通顺。依文脉，"小大"、"短长"之后应接一对含义相反的形容词，与"广"相对者当为"狭"。从图版看，该字字形与《田律》1 简中的"亦"字大致无异。黄文杰先生辨秦至汉初简帛形近字，认为这一时期的简帛文字还存在着大量形近混同的字，亦与夹即为一组。④ 刘志松先生认为"亦"当为"夹"，将"夹"抄写为"亦"，大约是书法中的省笔法所致。⑤ 此暂从"亦"为"夹"说。《银雀山汉墓竹简·将失》"卅日，不能以成阵，出于夹道，可败也"，⑥《后汉书·东夷传》"其地东西夹，南北长，可折方千里"，可知秦汉文献中常有"夹"、"狭"通用之例。此处释"亦"为"夹"，夹同狭，广狭与前文的小大、短长并列，都是对制作官府器物的标准要求。

【译文】

制作器物时，同一种类型的，其大小、长短和宽窄必须相同。　工律

【简文】

爲計不同程者毋同其出　　　　　　　　工律 99

【释文】

爲計，不同程者毋同其出。　　工律 99

【译文】

计账时，不同规格的产品，不得列于同一项内出账。　工律 99

---

① A. F. P. Hulsewé：Remnants of Ch'in Law，p. 57.

② 倪正茂：《法制建设与新技术革命》，《社会科学》1984 年第 5 期，第 23 页。

③ 刘志松：《历代〈工律〉源流考释》，《江苏警官学院学报》2012 年第 2 期，第 107 页。

④ 黄文杰：《秦至汉初简帛形近字辨析》，载李学勤、谢桂华主编《简帛研究》第 3 辑，广西教育出版社，1998，第 188 页。

⑤ 据刘志松先生向读书会成员姜晓敏老师口述。

⑥ 银雀山汉墓竹简整理小组编《银雀山汉墓竹简［贰］》，文物出版社，2010，第 138 页。

【简文】

縣及工室聽官爲正衡石羸斗用升毋過歲壺有工者勿爲正叚試即正

工律 100

【释文】

縣及工室聽官爲正衡石羸（纍）、斗用（桶）、升，毋過歲壺（壹）。有工者勿爲正。叚（假）試即正。[1]　　工律 100

【集释】

[1] 有工者勿为正。叚（假）试即正

整理小组：本身有校正工匠的，则不必代为校正。这些器物在领用时就要加以校正。（译）

戴世君："有工者勿为正"指有关部门即使有校正工匠，工匠也无权校正前述衡量器具……〔"叚（假）试即正"〕是说前述工匠当被有关官府假用时便可以校正衡量器具。①

【按】 戴世君先生对本条立法意图的分析较为合理。② "县及工室……毋过岁壶（壹）"，确立的是公家对衡器校正权的唯一性；"有工者勿为正，叚（假）试即正"，是对工匠校正权的限制及有条件行使的规定。因此该句可改译为：（县及工室）有工匠的，不得校正。（工匠）被官府调用时可以校正。另外，此句亦可读作"有工者勿为正，叚（假）试即正"。

【译文】

县和工室由有关官府校正其衡器的权、斗桶和升，每年至少应校正一次。本身有校正工匠的，（工匠）也不能校正。当（校正工匠）被官府借用时，可以进行校正。　　工律

【简文】

邦中之繇及公事官舍其叚公叚而有死亡者亦令其徒舍人任其叚如從興

成然　　·工律 101

---

① 戴世君：《〈睡虎地秦墓竹简〉注译商榷六则》，《江汉考古》2012 年第 4 期，第 117 页。

② 参见戴世君《〈睡虎地秦墓竹简〉注译商榷六则》，第 117 页。

【释文】

邦中之繇（徭）及公事官（馆）舍，[1]其叚（假）公，[2]叚（假）而有死亡者，亦令其徒、舍人任其叚（假），[3]如従兴戍然。

工律 101

【集释】

[1]公事官（馆）舍

整理小组：馆，动词，馆舍即居住于馆舍。

孙晓春、陈维礼："公事官舍"的事，应该训为治、营……"公事官舍"，就是为公家修筑馆舍。①

【按】"公事官舍"，整理小组译为"因有官府事务居住于官舍"。关于居住于官舍而发生的是否需要赔偿损坏公物的问题，可见《法律答问》159 简："'舍公官（馆），火燔其舍，虽有公器，勿责。'今舍公官（馆），火燔其叚（假）乘车马，当负不当出？当出之。"即若因失火，居住者可免除赔偿责任。这是对居住官舍者在特殊情况下的免责解释。

孙晓春、陈维礼先生认为："公事官舍"当解释为为公家营修馆舍，与《徭律》"更公舍官府及廷"属于一类事。②从本条限定事项之一为"邦中之繇（徭）"及末句的"如从兴戍然"来看，其说也有一定道理。只是这样解释，"徒"与"舍人"就都应当是劳役者，而文中的"舍人"显然不与"徒"同类。另外，此条的立法意图在于确定赔偿公物的连带责任，徭役之事似乎不属于《工律》规范。

[2]叚（假）公

整理小组：借用官有器物。（译）

孙晓春、陈维礼：假于公，服事于公的意思。③

【按】"假"作"服事"解，似无文例。《二年律令·盗律》77 简："诸有叚（假）于县道官，事已，叚（假）当归。弗归，盈二十日，以私自叚（假）律论。"其中的"诸有叚（假）于县道官"句法同"假公"，

---

① 孙晓春、陈维礼：《〈睡虎地秦墓竹简〉译注商兑》，《史学集刊》1985 年第 2 期，第 70～71 页。

② 孙晓春、陈维礼：《〈睡虎地秦墓竹简〉译注商兑》，第 71 页。

③ 孙晓春、陈维礼：《〈睡虎地秦墓竹简〉译注商兑》，第 71 页。

意思即为"向县道官借公物"。

[3] 徒、舍人

整理小组：徒，指服徭役的人众。舍人，此处指有官府事务者的随从。

何四维：此处的"徒"仅指服徭役的人，而不包括囚徒。此处的"舍人"可以解释为"家臣"，但在许多实例中也指重要人物的随从。[①]

张政烺、日知："舍人"是与借官府器物者共同居住于馆舍之人。[②]

【按】本条的立法意图在于，确保在公共事务活动中国家财产的权益免受损害。因此在设定假借公物者死亡的前提下，对其相关者也确定了连带赔偿责任。即对于徒与舍人而言，如果假借公物者死亡，他们就必须"任其假"，其关系就像参加徭役、屯戍一样。

【译文】

在从事邦中之役和因公居住在官舍的情况下，有人向官府借用器物，借用后死亡，也要让参与徭役的徒众和居住官舍者的随从承担偿还责任，就如同参加徭役与屯戍一样。　工律

【简文】

公甲兵各以其官名刻久之其不可刻久者以丹若鬃書之其叚百姓甲兵必
　書其久受之以久入叚而 102
而毋久及非其官之久也皆沒入公以齎律責之工 103

【释文】

公甲兵各以其官名刻久之，其不可刻久者，以丹若鬃書之。其叚（假）百姓甲兵，必書其久，受之以久。 [1] 入叚（假）而 102 而毋（無）久及非其官之久也，皆沒入公，以齎律責之。[2]　　　工 103

【集释】

[1] 受之以久

整理小组：按照标记收还。（译）

何四维："受"当理解为"授"。[③]

① A. F. P. Hulsewé: Remnants of Ch'in Law, p. 59.
② 张政烺、日知编《云梦竹简［Ⅱ］》，吉林文史出版社，1990，第46页。
③ A. F. P. Hulsewé: Remnants of Ch'in Law, p. 59.

【按】此句前文为"其叚（假）百姓甲兵，必书其久"，此言借出时须登记标识，"受之以久"言归还时核对标识，前后衔接顺畅，再证以104简"归之，久必乃受之"，整理小组之说可从。同时，何四维先生对"受"字的理解可备为一说，在"受"作"授"解时，"其叚（假）百姓甲兵……非其官之久也"或可断句为"其叚（假）百姓甲兵，必书其久受之。以久入叚（假），而而①毋（无）久及非其官之久也"。

［2］以齎律责之

整理小组：齎，通资字，资财。《齎律》当为关于财物的法律。②

何四维：许慎仅将"齎"解释为"持遗"，但该字还有"提供"、"装备"的含义……《齎律》是有关装备的法规。它不仅开列装备，而且标明其价值。③

栗劲：就"齎"字本义来说，有赠送财物的意思。联系到律文，则还有索取和赔偿财物的意思……《齎律》当为财物往来的法律。④

彭浩："齎"字在此指《齎律》规定的物品价值……并无"索取"和"赔付"的意思……《齎律》的主要内容是记录府库内各类公物（或称"公器"）的价值⑤

朱红林："贜律"本身并不是一项专门的法律，而是指与器物价值有关的一类法律条文的泛称……与之相关的规定，诸如赔偿公物及发放、调配官有物资等的法律规定，都包括在内。⑥

曹旅宁：睡虎地77号汉墓发掘简报已公布的图版有墨钉"齎律"律名。汉初的《齎律》当是继承秦律而来的。⑦

---

① 整理小组指出，第二个"而"字为衍文。

② 张政烺、日知编《云梦竹简［Ⅱ］》，第47页。

③ A. F. P. Hulscwé: Remnants of Ch'in Law, p. 59.

④ 栗劲：《秦律通论》，山东人民出版社，1985，第418～419页。

⑤ 彭浩：《睡虎地秦简"王室祠"与〈齎律〉考辨》，载武汉大学简帛研究中心编《简帛》第1辑，上海古籍出版社，2006，第245页。

⑥ 朱红林：《再论睡虎地秦简中的"贜律"》，载霍存福、吕丽主编《中国法律传统与法律精神——中国法律史学会成立30周年纪念大会暨2009年会学术论文集》，山东人民出版社，2010，第592页。

⑦ 曹旅宁：《睡虎地77号汉墓〈齎律〉与秦代财产刑的执行》，载氏著《秦汉魏晋法制探微》，人民出版社，2012，第188页。

【按】据《湖北云梦睡虎地 M77 发掘简报》所附彩版一五，书有"齎律"二字的竹简顶端有墨块，[①] 符合律名标识的特征，由此可证《齎律》为律篇之名。彭浩先生认为《齎律》的作用主要表现在三个方面：第一，核定生产成本和财政统计的依据；第二，赔偿公物的价值依据；第三，以"居"抵"赀"、"偿"的换算标准。[②] "以齎律责之"是指以《齎律》的某条具体律文或相关规定追究责任。岳麓书院藏秦简《数》有关于秦律财产刑与金、钱换算标准的记载，如："赀一甲直（值）钱千三百卅四，直（值）金二两一垂└，一盾直（值）金二垂。　赎耐，马甲四└，钱七千六百八十"，"马甲一，金三两一垂，直（值）钱千九百廿└，金一朱（铢）直（值）钱廿四，赎死，马甲十二└，钱二万三千卅"。[③] 简文记载了秦律财产刑的某些具体执行标准，"体现了甲、盾与金、钱的数量关系"，[④] 从中可以推测《齎律》也应当规定了一套明确的价值换算标准，以便律文的具体实施。至于《齎律》的具体内容，有待进一步考古发掘及相关资料的披露。

本条规定，百姓借用了有官府标记的武器，交回的却是"无久及非其官之久"的，不仅要全部没入官府，还要按照《齎律》确定的价值赔偿。其原因，一是武器是重要的战略物资，其生产和分配必须由公家控制；二是标有官府标识的兵器未归还，意味着损害后果的出现，对此须由损害人承担责任。

【译文】

官府兵器分别刻记本官府的标识，不能刻记的，用丹或漆书写。借给百姓兵器，必须登记兵器上的标记，并按照标识归还。交回的兵器没有官府标记或者标记不是本官府的，均由官府没收，并依照《齎律》索取赔偿。　　工

【简文】

公器官□久﹦之不可久者以丹久之其或叚公器歸之久必乃受之敞而糞

---

①　湖北省文物考古研究所、云梦县博物馆：《湖北云梦睡虎地 M77 发掘简报》，第 35 页。

②　彭浩：《睡虎地秦简"王室祠"与〈齎律〉考辨》，第 245 页。

③　朱汉民、陈松长主编《岳麓书院藏秦简（贰）》，第 13 页。

④　于振波：《秦律中的甲盾比价及相关问题》，《史学集刊》2010 年第 5 期，第 37 页。

者靡蛊其久官辄告叚 104

器者曰器敝久恐靡者遝其未靡谒更其 = 久 = 靡不可智者令齎赏叚器者

其事已及免官辄 105

收其叚弗亟收者有罪·其叚者死亡有辠毋责也吏代赏毋擅 = 叚 = 公 =

器 = 者 = 有辠毁伤公 106

器 及 ☑ 者 ·者令赏 107

【释文】

公器官□久，久之。不可久者，以髹久之。［1］其或叚（假）公器，归之，久必［2］乃受之。敝而粪者，靡蛊其久。官辄告叚（假）104 器者曰：器敝久恐靡者，遝其未靡，谒更其久。其久靡不可智（知）者、令齎赏（偿）。［3］叚（假）器者，其事已及免，官辄 105 收其叚（假），弗亟收者有罪。·其叚（假）者死亡、有辠（罪）毋（无）责也，吏代赏（偿）。毋擅叚（假）公器，者（诸）擅叚（假）公器者有辠（罪），毁伤公 106 器及□者令赏（偿）。［5］107

【集释】

［1］不可久者，以髹久之

整理小组：不能刻记的，用漆书写标记。（译）

裘锡圭：《秦律十八种》102 号简："……其不可刻久者，以丹若髹书之。"104 号简："……不可久者，以髹久之。"据前一简，后一简"以髹久之"之"久"，应是"书"字之误。①

【按】《金布律》86 简"有久识者"之"久"，可做动词"做标记"（参见前文"久识"集释），《工律》102 简中"刻久"之"久"与"书"对举，可见是与"书"不同的两种行为，即前者是铭刻，后者是书写。这里也可如此理解。即"不能铭刻标记的，用髹书写标记"，因此"久"可不作"书"之误理解。

［2］久必

整理小组：标记符合。

---

① 裘锡圭：《读简帛文字资料札记》，载李学勤主编《简帛研究》第 1 辑，法律出版社，1993，第 28 页。

何四维：确信（标记是正确的）。①

【按】"必"有肯定、确定之义。《韩非子·显学》："无参验而必之者，愚也。"② 104 简自"公器官……"至"……乃受之"，立法意图与 102 简相同，故"久必乃受之"的含义与 102 简的"受之以久"相通。

［3］其久靡不可智（知）者、令齎赏（偿）

【按】"者"后顿号恐误植，应作逗号。1977、1978 年版正。"令齎赏（偿）"，整理小组译为"令以钱财赔偿"。以 103 简的"以《齎律》责之"推测，此句中的"齎"也有可能是"《齎律》"的含义。《效律》39 简"效公器赢、不备，以齎律论及赏（偿）"，可参。

［4］其叚（假）者死亡……吏代赏（偿）

【按】这一规定可和《金布律》77 简"百姓叚（假）公器及有责（债）未赏（偿），其蹊日以收责之，而弗收责，其人死亡……令其官啬夫及吏主者代赏（偿）之"相呼应。之所以由官吏负责代为赔偿，主要在于官吏没有尽责督促百姓归还官有器物。

［5］器及□者令赏（偿）

整理小组：缺字也可能多于一个字。本条律名残失，从内容看应属《工律》，但下《均工》中仅存律名的残简（114 简）也有可能缀于此条之末。

何四维：107 简系一简的上部，而简的下部应包含律名的部分残失。整理小组认为后面律文残失的 114 简，可能缀于此后，可能性很小。因为《工律》104－107 简与 102－103 简内容相似，故应属于《工律》；而 114 简的律名是《均工（律）》，包括下面的 111－112 简和 113 简，组成独立的律文。③

夏利亚：下第 114 简上部残断，本简下部残断。两简若相连接，长度恰合一简长度，然本简是关于公器标记方面的规定，与《均工》的内容相差甚远，疑不为一简。④

【按】据图版，释文"器及□者"中的"及"与"者"字均残，且缺

① A. F. P. Hulsewé：Remnants of Ch'in Law，p. 60.

② （清）王先慎：《韩非子集解》，中华书局，2003，第 457 页。

③ A. F. P. Hulsewé：Remnants of Ch'in Law，p. 60.

④ 夏利亚：《秦简文字集释》，第 182 页。

字处似为断简处，缺字也不止一个，故释文或可作"器 及 ☐ 者"。又，本简规定公器的标记和借用，《均工》主要规定手工业劳动者的培训、培训期间的工作定额和手工业劳动者的调度等内容，两简从内容和规范对象看明显不同，整理小组认为114简可能缀于107简之末的说法可再商。

【译文】

官有器物由官府……标识，刻记标识。不能刻记的，用漆书写。有借用官有器物的，归还时，确认标识后才能收取。器物破旧而进行处理的，要磨去它的标识。官府应当告知借用器物的人：器物破旧，担心标识磨灭，应在它尚未磨灭时报请官府重新标识。标识已磨灭而不能辨识的，令其按照《齎律》（的规定）赔偿。借用器物的人，其事务已经完成以及被免除的，官府应当收回他所借的（官有器物），不及时收回的有罪。如果借用官有器物的人死亡或者获罪而不能够索回器物，由吏代为赔偿。不得擅自借出官有器物，凡擅自借出官有器物的人有罪，毁损官有器物和……的令其赔偿。

工人程

【题解】

按整理小组整理，"工人程"共计三条，包括108简至110简，每条后缀"工人程"三字。"程"字本义为度量衡、法度、期限和规格；又可用做动词，多为称、衡量和效法之意。彭浩先生认为"程"是秦代对某种物品计量带有法律性质的规定。[1] 睡虎地秦简《秦律十八种·尉杂》有"法律程籍"（简200）、《效律》有"出实多于律程"（简76），岳麓秦简有"取禾程，三步一斗"（简0388），龙岗秦简数见"遗程"（简125、126）、"败程租"（简125）、"希（稀）程"（简129、134）、"☐轻重于程"（简131）等说法，里耶秦简中也有"程令"（简8－883、997），可见"程"是一种规范形式。里耶秦简中有"过程"（简8－1139、1356、2255），居延汉简中常见"中程"（56·37、E. P. S4. T2：8等）"为程"

---

① 彭浩：《中国最早的数学著作算数书》，《文物》2000年第9期，第85页。

（45·23、E. P. T53：17 等），肩水金关汉简中亦出现"律程"（73EJT6：47），① 可知至迟在汉代，"程"仍然作为一种规范在使用，然惜目前尚未在他处见到"工人程"的文例。

学界对"工人程"性质的认识比较一致，大多认为是关于官营手工业生产定额的法律规定。大庭脩先生认为工人程与从事官营工场产品的制作者的"程"（劳动效率、生产定额）的计算有关。② 李均明先生认为工人程不仅规定了工作量，还对四季及男女老幼之工作量做了具体换算。③ 两位先生均将工人程视为律篇。但对"程"的法律地位，学者认识并不相同。中央大学秦简讲读会认为工人程不是律名，而是补充法、律的格式之类。④ 堀毅先生主张将"程"看作和律、令同样的法的形式。⑤ 徐世虹先生则认为工人程并不是一种律名，而是依附于工律之下的一种具体规定。⑥ 阎晓君先生则指出，由于"程"是律令中具有定量性的条款与内容而不属于独立的法律形式，因而工人程仅是工律中的定量性法规。⑦"工人程"究竟是律篇名"工人程律"的简称，与其他律篇共为无上下位关系的法源，还是隶属于上一位阶的法源，尚有待新资料的出现做进一步判断。

本篇《工人程》的内容，主要涉及隶臣、下吏、城旦冬、夏季工作量的换算标准；冗隶妾、更隶妾和小吏臣妾与工匠工作量的换算标准；隶妾、女子在生产刺绣产品时与男子工作量的换算标准。

【简文】

隶臣下吏城旦與工從事者冬作爲矢程賦之三日而當夏二日

工人程 108

【释文】

隶臣、下吏 ［1］、城旦與工從事者冬作，爲矢程 ［2］，賦之三日而當

---

① 甘肃简牍研究保护中心等编《肩水金关汉简（壹）》，中西书局，2011，第131页。
② 〔日〕大庭脩：《秦汉法制史研究》，第51页。
③ 李均明：《秦汉简牍文书分类辑解》，第186页。
④ 〔日〕中央大学秦简講讀會：《〈睡虎地秦墓竹簡〉訳註初稿》，第95页。
⑤ 〔日〕堀毅：《秦汉法制史论考》，萧红燕等译，法律出版社，1988，第7页。
⑥ 徐世虹：《九章律再认识》，载马志冰等编《沈家本与中国法律文化国际学术研讨会》，中国法制出版社，2005，第687页。
⑦ 闫晓君：《秦汉法律研究》，法律出版社，2012，第34、39、43、44页。

夏二日。　　　工人程 [3] 108

【集释】

[1] 下吏

整理小组：秦汉时把原有一定地位的人交给官吏审处，称为"下吏"……此处系名词，指被"下吏"的人。

栗劲：对犯有罪行的官吏所处的轻于鬼薪白粲而近于隶臣、司寇和候的一种徒刑。①

何四维：整理小组的解释意味着"下吏"指被"下吏"等待的人，但尚未判罪。②

【按】除本条所见外，睡虎地秦简涉及"下吏"的简文又有三处：《司空》134、135 简："公士以下居赎刑罪、死罪者，居于城旦舂，毋赤其衣，勿枸椟欙杕。鬼薪白粲，群下吏毋耐者，人奴妾居赎赀责于城旦，皆赤其衣，枸椟欙杕，将司之。"《内史杂》192 简："下吏能书者，毋敢从史之事。"193 简："侯（候）、司寇及群下吏毋敢为官府佐、史及禁区苑宪盗。"从以上四条有关"下吏"的简文记载，可以获得对下吏的几点认识：其一，下吏是有别于城旦、鬼薪白粲、隶臣的一个特殊群体（"群下吏"）；③ 其二，有的有一定的书写能力；其三，在从事城旦舂劳役时，对其监管程度要严于"居于城旦舂"的"公士以下"。

传世文献所见"下吏"大致有两种含义：一是低级官吏、属吏，如《史记·始皇本纪》："百越之君，俯首系颈，委命下吏。"二是作"下于吏"解，交司法官吏审问治罪，被"下吏"之人不乏身份较高者，如《史记·吕不韦列传》："始皇九年，有告嫪毐实非宦者，常与太后私乱……秦王下吏治……夷嫪毐三族。"结合传世文献与出土文献，秦律中的"下吏"暂可从整理小组"被下吏的人"及 192 简的注释"一种罪犯"之解。关于下吏的来源，目前难有定论。从"群下吏"之"群"看，似乎成分比较复

---

① 栗劲：《秦律通论》，第 277 页。
② A. F. P. Hulsewé：Remnants of Ch'in Law, p. 61.
③ 陶安先生认为在现有资料的范围内，下吏详情不明，但同时也认为从"下吏"的名词性用例来看，"（群）下吏"在某种程度上还是被作为固定概念使用的。氏著《秦汉刑罚体系の研究》，第 441 页，注释 8。

杂，也许类似于史籍中所记载的被"下吏"的官吏为其中之一。另外从他们与刑徒共同参加劳作，而且在从事城旦舂劳役时还需要着特殊服装、戴刑具并被监管来看，"下吏"应是已被判决且执行刑罚的刑徒。

［2］隶臣……冬作，为矢程

整理小组（1977）："隶臣……者，冬作为矢程。"矢，施。矢程指规定标准。①

整理小组（1978）：矢……弛也。矢程，放宽生产的规定标准。

何四维：对和工一起工作的隶臣、下吏、城旦而言，冬天的程是实用的程。（译）整理小组（1978）释"矢"为"弛"，即"放松、放开"，忽略了郝懿行《尔雅·释诂》中已指出的"弛"当为"施"之误。②

【按】整理小组（1977）和何四维先生的句读为"隶臣……者，冬作为矢程"，将"矢"解释为"施"。整理小组（1978）放弃了最初的说法，认为"矢"通"弛"，可从。但"弛"不宜作"放宽"解释，而可解作"宽松"。"放宽"有改变现有规定之意，而律文实际是在规定"按某种标准执行"。另外，整理小组的解释似乎对"为"字注意不够，只是在译文中将"为矢程"译为"得放宽其标准"。可是这样理解，仍然有些偏离律意，即律文不是要改动现有标准，而是要求按某一标准执行，即"矢程"是既定标准，"为"在这里是动词"用、适用"之意。因此，此句句读可从整理小组（1977）及何四维先生的意见，读作"冬作为矢程"，但意思是"冬季劳动适用宽松的标准"。

一说，据里耶秦简8-159简："制书曰：举事可为恒程者上丞相，上洞庭络帮（裙）程有□□□"，③ "矢程"与"恒程"或为一组相对的概念，"恒程"是固定的标准，而"矢程"则是根据实际情况调整变化的实用标准。

［3］工人程

【按】睡虎地秦简中对从事手工劳作之人均称之为"工"，故"工人程"即"工之人程"。另何四维先生认为，规定此条的目的可能是给未经

---

① 睡虎地秦墓竹简整理小组：《睡虎地秦墓竹简》，文物出版社，1977，第52页。

② A. F. P. Hulsewé：Remnants of Ch'in Law, p. 61.

③ 陈伟主编《里耶秦简牍校释》第1卷，第96页。

训练的刑徒规定较小的定额，以区别于一起工作的熟练工匠。[①]

【译文】

隶臣、下吏、城旦和工匠在一起工作，冬季适用宽松的标准，三天收取相当于夏天两天的产品。　　工人程

【简文】

宂隶妾二人當工一人更隶妾四人當工人小隶臣妾可使者五人當工一人

　　　　工人程 109

【释文】

宂隶妾二人當工一人，更隶妾 [1] 四人當工【一】人，小隶臣妾可使者 [2] 五人當工一人。　工人程 109

[1] 宂隶妾、更隶妾

【按】参见《仓律》54 简集释与按语。[②]

[2] 小隶臣妾可使者

【按】《仓律》48 简有"妾未使"之语，可知秦律将小隶臣妾分为"可使"与"未使"。如前《金布律》94 简所按，其大概相当于《二年律令·金布律》418-419 简中的使小男、女与未使小男、女。

【译文】

宂隶妾两人（的工作量）相当于工匠一人，更隶妾四人（的工作量）相当于工匠一人，可役使的小隶臣妾五人（的工作量）相当于工匠一人。　　工人程

【简文】

隶妾及女子用箴爲緝繡它物女子一人當男子一人　　　　　　　　工人程 110

【释文】

隶妾及女子 [1] 用箴（針）爲緝繡它物，女子一人當男子一人。

---

① A. F. P. Hulsewé：Remnants of Ch'in Law, p. 61.

② 中国政法大学中国法制史基础史料研读会：《睡虎地秦简法律文书集释（三）：〈秦律十八种〉（〈仓律〉）》，《中国古代法律文献研究》第 8 辑，社会科学文献出版社，2014，第 78~79 页。

工人程 110

【集释】

［1］女子

【按】律文规定了"隶妾"和（身份自由的）"女子"从事特殊工种时，其工作量的换算标准。关于律文中两次出现的"女子"，整理小组认为前一"女子"的身份是"自由人"，对后一"女子"则直接翻译为女子或妇女。这样翻译总体无碍。但需要明确一点的是，后一"女子"并不是身份称谓，而是泛指性别意义上的"女性"。秦汉律中的用例，如《秦律十八种·司空律》133－134 简"有罪以赀赎及有责（债）于公……以令日居之……公食者，日居六钱。居官府公食者，男子参，女子驷（四）"，这其中的"男子"、"女子"是"有罪以赀赎及有责（债）于公"而"居官府公食者"，显然不是自由人。《二年律令·具律》88 简"女子当磔若要（腰）斩者，弃市"，"女子"也是女性的泛称。故本条中的第二个"女子"实际涵盖了前述"隶妾及女子"两个并列项，是指"所有从事缯绣工作的女性"。

【译文】

隶妾与女子用针制作缯绣等物品，女工一人（的工作量）相当于男工一人。　　工人程

均　工

【题解】

《均工》包含 111 简至 114 简。111 简至 112 简为一条律文，文末缀有"均工"二字。113 简独立为一条律文，文末缀有"均"一字。114 简为残简，律文内容缺失，仅存"均工"二字。整理小组认为此残简有可能缀于《工律》107 简之后。何四维先生认为 104－107 简内容明显属于《工律》，与《均工》相差甚远，114 简不应缀于其后。①　关于《均工》的内容与性质，整理小组认为是关于调度手工业劳动者的法律规定，学界观点大致相

---

① 　A. F. P. Hulsewé：Remnants of Ch'in Law, p. 60.

似。《均工》作为法律规定仅见于睡虎地秦简，自此迄今，尚未发现其他名为"均工"的法律条文或律篇。至于"均工"是独立的律篇名，还是仅为实施《工律》的细则性规定，目前未详。

本篇《均工》律文规定的内容是：新工匠的培训期以及其间的工作定额，对具有工匠技能的隶臣的使用规定。

【简文】

新工初工事一歲半紅其後歲賦紅與故等工師善教之故工一歲而成新工
二歲而成能先期成學 111

者謁上＝且有以賞之盈期不成學者籍書而上內史　　　　　均工 112

【释文】

新工初工事，一歲半紅（功），其後歲賦紅（功）與故等。工師［1］善教之，故工一歲而成，新工二歲而成。能先期成學 111 者謁上，上且有以賞之。盈期不成學者，籍書而上內史。　　　均工 112

【集释】

［1］工师

整理小组：手工业工匠中的师傅，当时有一定职位。

何四维：工匠和工室的管理者。①

吴荣曾：管理官手工业的官吏名之为工师，战国时各国皆如此。②

杨剑虹：战国时期……工师不再是职官，是专门的技术人才……工师的政治地位下降了，但他们精通技艺，在制造产品时，工师要严格把关，而且要传授技艺。③

高恒：工师为"工官之长"……秦简所见工师，当为邦司空属官。④

宫长为：由"工师"（指手工业工匠的师傅，当时有一定的职位）负

---

① A. F. P. Hulsewé：Remnants of Ch'in Law, p. 62.

② 吴荣曾：《秦的官府手工业》，载中华书局编辑部编《云梦秦简研究》，第 39 页。

③ 杨剑虹：《从云梦秦简看秦代手工业和商业的若干问题》，《江汉考古》1989 年第 2 期，第 88～89 页。

④ 高恒：《秦简中的职官及其有关的几个问题》，载氏著《秦汉法制论考》，厦门大学出版社，1994，第 9 页。

责传授生产技艺，提高生产水平，达到国家要求，成为熟练的工匠。①

【按】结合本条律文和"工师"在睡虎地秦简中的其他记载，如《秦律杂抄》17－18 简"省殿，赀工师一甲，丞及曹长一盾，徒络组廿给。省三岁比殿，赀工师二甲，丞、曹长一甲，徒络组五十给"，18 简"非岁红（功）及毋（无）命书，敢为它器，工师及丞赀各二甲"，可以看出秦代法律赋予"工师"一定的生产管理职能，并且要承担相应的生产责任。出土的秦器物有大量铭刻"工师"，可证此事。② 已知的"工师"职能主要有主持生产、管理质量、传授技艺。裘锡圭先生认为，秦时工官分为两个系统，郡属工官或中都工官负责人称为"工师"，县属工官负责人则称"啬夫"。③

［2］籍书

整理小组：记名。（译）

【按】《语书》14 简"志千里使有籍书之"，整理小组译为"由郡官记录在籍簿上向全郡通报"，此义同，即"登记在簿书上"。《二年律令·津关令》493 简"其以金器入者，关谨籍书，出复以阅，出之"，512 简"与其母偕者，津关谨案实籍书出入"，513－514 简"受数而籍书马识物、齿、高，上郎中"，也是相同的用法。

【译文】

新工匠开始做工，第一年要达到标准工作量的一半，第二年与有过做工经验的人相等。工师要善加教导，有过做工经验的人一年学成，新工匠两年学成。能提前学成的，向上级报告，上级将有所奖赏。学习期满仍没有学成的，记录在籍簿中并上报内史。　　均工

【简文】

隶臣有巧可以爲工者勿以爲人僕養　　　　　　　均 113

【释文】

隶臣有巧可以爲工者，勿以爲人僕、養。　　　均 113

---

① 宫长为：《试论〈秦律〉中的手工业管理》，《学术月刊》1995 年第 9 期，第 61 页。
② 参见李光军《秦"工师"考》，《文博》1992 年第 3 期，第 59 页。
③ 裘锡圭：《啬夫初探》，载中华书局编辑部编《云梦秦简研究》，第 257 页。

【译文】

隶臣有技能可以做工匠的，不要给他人充当御手、伙夫。　　均

繇　律

【题解】

按整理小组整理，本篇《繇（徭）律》自 115 简到 124 简，共 10 简，条文一条。律文较长，124 简末尾标有"繇律"字样，应为律名。传世文献未见《徭律》之篇，出土文献则首见于睡虎地秦简，此后又见于张家山汉简《二年律令》与岳麓书院藏秦简。《二年律令·徭律》存有五条律文，主要涉及皖老及其爵位在徭役中的作用，徭役的替代措施，特殊对象的服徭规定，对县道官擅自损坏、拆除官府建筑的禁止性规定，大夫以下在徭役中的出资义务，各种享有免徭权利的对象，应征发的徭役对象，可以折抵徭役的条件，对违反徭役规定的官吏的罚则等。岳麓书院藏秦简也有《徭律》之篇，就已公布的内容来看，涉及徭役征发凭证的发放与记录，农忙、农闲时先行征发徭役的对象，服徭期间回家治丧日期的补服规定等。① 同样含有徭役征发内容的《兴律》也并见于岳麓书院藏秦简与《二年律令》。而在《晋书·刑法志》所记载的魏改汉律的叙述中，未见《徭律》之名，改定后的十八篇也无《徭律》之篇。岳麓书院藏秦简 1241 - 1242 简"繇（徭）律曰：……田时先行富有闲人，以闲时行贫者"，② 规定农忙季节期间的徭役先征发富人，而相同的内容在后世唐律的《擅兴律》中也有体现。如"丁夫差遣不平"条："疏议曰：差遣之法，谓先富强，后贫弱；先多丁，后少丁。"③ 这意味着秦汉时的《徭律》内容，有的可能逐渐为《兴律》或《擅兴律》所吸收。

本篇《徭律》涉及的主要内容有：对在朝廷征发徭役时懈怠征发与未

---

① 简文见陈松长《岳麓书院藏秦简中的徭律例说》，中国文化遗产研究院主编《出土文献研究》第 11 辑，中西书局，2012，第 163 页；陈松长《睡虎地秦简中的"将阳"小考》，《湖南大学学报》（社会科学版）2012 年第 5 期，第 6 页。陈伟《岳麓书院秦简〈徭律〉的几个问题》，《文物》2014 年第 9 期，第 82 ~ 84 页。

② 陈松长：《岳麓书院藏秦简中的徭律例说》，第 163 页。

③ （唐）长孙无忌等撰《唐律疏议》，刘俊文点校，中华书局，1983，第 317 页。

在规定期限内到达的行为的处罚以及免责规定，工程质量的保质要求，县内禁苑、苑囿的修缮、保质及其相关责任的规定，适宜修缮的季节与劳力来源的规定，比邻农田的苑囿之墙的修建义务，公家建筑物的修缮，工程人员的估算等规定。

【简文】

御中發徵乏弗行貲二甲失期三日到五日誶六日到旬貲一盾過旬貲一甲
其得殹及詣水雨除興 115

興徒以爲邑中之紅者令結堵卒歲未卒堵壞，司空將紅及君子主堵者有
辠令其徒復垣之 116

勿計爲繇·縣葆禁苑公馬牛苑興徒以斬垣離散及補繕之輒以效苑＝吏
＝循之未卒歲或壞 117

陝令縣復興徒爲之而勿計爲繇∟卒歲而或陝壞過三堵以上縣葆者補繕
之三堵以下及雖 118

未盈卒歲而或盜陝道出入令苑輒自補繕之縣所葆禁苑之傅山遠山其土
惡不能雨夏有 119

壞者勿稍補繕至秋毋雨時而以繇爲之其近田恐獸及馬牛出食稼者縣嗇
夫材興有田其旁 120

者無貴賤以田少多出人以垣繕之不得爲繇縣毋敢擅壞更公舍官府及廷
其有欲壞更殹必瀸 121

之∟欲以城旦舂益爲公舍官府及補繕之爲之勿瀸縣爲恒事及瀸有爲殹
吏程攻贏 122

員及減員自二日以上爲不察上之所興，其程攻而不當者如縣然度攻必
令司空與匠度之毋獨令 123

匠其不審以律論度者而以其實爲繇徒計　　　繇律 124

【释文】

御中發徵[1]，乏弗行[2]，貲二甲。失期三日到五日，誶[3]；六日到旬，貲一盾；過旬，貲一甲。其得殹（也），及詣。[4]水雨，除興。[5]115興徒以爲邑中之紅（功）[6]者，令結（婣）堵卒歲。未卒堵壞，司空將紅（功）及君子[7]主堵者有辠（罪），令其徒復垣之116，

勿計爲繇（徭）。·縣葆禁苑、公馬牛苑，興徒以斬（塹）垣離（籬）散
[8]及補繕之，輒以效苑吏，苑吏循之。[9]未卒歲或壞117阹（決），
令縣復興徒爲之，而勿計爲繇（徭）。卒歲而或阹（決）壞，過三堵以上，
縣葆者補繕之；三堵以下，及雖118未盈卒歲而或盜阹（決）道出入，令
苑輒自補繕之。縣所葆禁苑之傅山、遠山，其土惡不能雨，夏有119壞者，
勿稍補繕，至秋毋（無）雨時而以繇（徭）爲之。其近田恐獸及馬牛出食
稼者，縣嗇夫材興有田其旁120者，無貴賤，以田少多出人，以垣繕之，
不得爲繇（徭）。縣毋敢擅壞更公舍官府及廷[10]，其有欲壞更殹
（也），必瀱121之。欲以城旦舂益爲公舍官府及補繕之，爲之，勿瀱。縣
爲恒事及瀱有爲殹（也），吏程攻（功）[11]，贏122員及減員自二日以
上，爲不察。上之所興，其程攻（功）而不當者，如縣然。度攻（功）必
令司空與匠度之，毋獨令123匠。其不審，以律論度者，而以其實爲繇
（徭）徒計[12]。　　繇（徭）律124

【集释】

[1] 御中发征

整理小组：指地方官吏为朝廷征用徭役。

陶安あんど：御中一语未见于文献史料。不过"御"多用于与帝王相
关的事项，"中"指宫中或朝廷的用例也不少，因此将"御中"理解为朝
廷无大碍。①

【按】孙晓春、陈维礼先生指出，秦时徭役分为两种：一为朝廷统一
征发的徭役，即"御中之征"；一为郡县摊派的临时徭役，即"邑中之红
（功）"。②睡虎地秦简《效律》49简："上节（即）发委输，百姓或之县
就（僦）及移输者，以律论之。"服役对象也是朝廷。"御中发征"是朝廷
的行为，但具体组织实施者是地方官吏（详下）。

[2] 乏弗行

整理小组：乏，废。《急就篇》颜注："律有乏兴之法，谓官有所兴发
而辄稽留，乏其事也。"

① 〔德〕陶安あんど：《秦漢刑罰体系の研究》，第499页，注释43。
② 孙晓春、陈维礼：《〈睡虎地秦墓竹简〉译注商兑》，第71页。

中央大学秦简讲读会："乏徭"之乏，指迟到于集合日期。①

王伟：秦汉史籍所见"乏兴"之事，事类不一、处刑不一，很难为"乏兴"下一个简单明了的定义，但"乏兴"之事多与军事活动有关，并多致重刑……简 115 明显与之不合，所以用《急就篇》颜注对"乏兴"的解释来证简 115 未必妥当……《汉书》颜师古注、《后汉书》李贤注皆释"乏兴"之"乏"为"阙乏"。②

陶安あんど："乏弗（不）行"的构成要件，不是"乏而不行"这一个不作为行为，而是指"乏"与"（通）不行"这两个违反行为。③

【按】115 简的规范对象，主要是为朝廷征发而进行组织工作的官吏。《法律答问》164 简"当繇（徭），吏、典已令之"，岳麓书院藏秦简 1241 简"节（即）发繇（徭），乡啬夫必身与，典以券行之"，④ 具体反映了基层官吏在徭役中的组织责任。乏，懈怠、废弃。《二年律令·行书律》269-270 简："发征及有传送，若诸有期会而失期，乏事，罚金二两。""乏事"，即指怠于或废弃公事。从本条来看，"乏弗行"是指地方官吏对朝廷的征发不作为或不积极作为或作为不够，故以"废"释"乏"亦可。

［3］诤

刘海年：它是一种刑罚，一旦被诤，便是受了刑事处分，就算有了"前科"。⑤

朱绍侯、孙英民：秦时存在两种惩治手段，一种是针对触犯了刑法的犯罪分子……另一种是针对违反制度，有严重过失的犯错误人员，采取的手段是"赀"、"诤"，这是一种行政处分。⑥

刘玉堂：诤刑就是对罪犯进行申斥责骂的刑罚方法，类似今天的"训诫"，等级至少在罚一盾（赀刑中较低的刑罚档次）以下。⑦

---

① 〔日〕中央大学秦简講讀會：《〈睡虎地秦墓竹簡〉訳註初稿》，第 96 页。
② 王伟：《〈秦律十八种·徭律〉应析出一条〈兴律〉说》，《文物》2005 年第 10 期，第 92 页。
③ 〔德〕陶安あんど：《秦漢刑罰体系の研究》，第 500 页，注释 44。
④ 陈伟：《岳麓书院秦简〈徭律〉的几个问题》，第 82 页。
⑤ 刘海年：《秦律刑罚考析》，载中华书局编辑部编《云梦秦简研究》，第 200 页。
⑥ 朱绍侯、孙英民：《居"赀"非刑名辩》，载杨一凡主编《中国法制史考证》甲编第二卷，中国社会科学出版社，2003，第 69 页。
⑦ 刘玉堂：《楚秦刑种比较研究》，《江汉论坛》2005 年第 3 期，第 61 页。

夏利亚："谇"在秦简中出现凡 18 次……谇往往与赀刑相提并论，是一种轻于赀刑的处罚，不属于刑罚之列。①

陶安あんど：这一警告处分无疑反映了人事评价，但详细不明。②

艾永明：秦律对于官吏责任的处理方式上包括了今天意义上的刑事处罚、行政处分和经济赔偿等各种类型……对于情节和责任比较轻微的行为，秦律规定适用"谇"的处罚。③

【按】"谇"作为惩罚方式的用例不见于传世典籍，出土文献中见于睡虎地秦简与云梦龙岗秦简，具体行为及罚则规定可参见夏利亚《秦简文字集释》第 467–468 页中的整理归纳。关于"谇"的性质，学界有刑罚与行政处罚之说。从现有材料看，"谇"常与"赀"一起使用，从罚则的情节来看，谇是低于赀的一种惩治方式，谇、赀针对的对象多是因职务过失或犯罪的官吏，但与赀也用于惩罚民众所不同的是，谇一般只适用于官吏。

［4］其得殹（也），及诣。

整理小组：得，指征发人数已足。

【按】得有成功、完成之意，《韩非子·外储说右下》："一曰：苏代为秦使燕，见无益子之，则必不得事而还。"此处的"得"，指按规定人数足额完成了徭役的征发任务。该句可读为"其得殹（也）及诣"，意为已经完成了徭役的征发任务并前往服徭地。及，表示并列结构的连词。④

［5］除兴

整理小组：除兴，免除本次征发。

王伟："除"当然就是免罪之意，而"其……除"则是秦汉法律中表示在特殊情况下对违法者予以免罪的典型句式……"兴"则是这条秦律所属律篇的篇名。⑤

李力："其……除"的句式未见于睡虎地秦简。秦律是否有这种典型句式，仍有待新史料的证实。如果仅从书写格式来看，那么简 115 的

---

① 夏利亚：《秦简文字集释》，第 468~469 页。
② 〔德〕陶安あんど：《秦汉刑罚体系の研究》，第 500 页，注释 46。
③ 艾永明：《官员问责：秦律的规范及其评析》，《华东政法大学学报》2012 年第 3 期，第 153~154 页。
④ 参见王三峡《〈二年律令〉中的并列结构》，《长江大学学报》（社会科学版）2008 年第 2 期。
⑤ 王伟：《〈秦律十八种·徭律〉应析出一条〈兴律〉说》，第 92 页。

"兴"字并不特殊，且很容易上读。若是律名的简写，则会造成误解。①

【按】关于"除兴"，整理小组的说法是"免除本次征发"。而王伟先生读为"其得殿（也）及诣水雨，除。兴"，认为"'诣风雨'和'诣水雨'，盖皆指遇到'风雨'、'水雨'之类的恶劣自然环境……遇'水雨'而导致'乏弗行'和'失期'，大约就可以视为有了充分的客观原因，就可以因此而免罪"。② 115 简的第一层意思，是对朝廷征发徭役中出现的"乏弗行"与"失期"行为的认定与处罚，而且《晋书·刑法志》所言《兴律》也有"乏徭稽留"的内容，因此王伟先生将 115 简的第二层意思理解为免除罪责的规定，其说不无道理。关于"兴"字的书写位置及其含义，李力先生与王伟先生有不同意见。从图版看，116 以下各简的末字位置大致都低于"兴"字，即"兴"字下还有一些留白。如果"兴"是律名，那么按照《秦律十八种》律名的一般书写格式，"兴"字还可以与"除"字再空开些，以区别律文与律篇。但是《秦律十八种》也有在较长律文书写到最后一简，而且正好到简末时，将律名书写在紧靠简末位置的例子。如《司空律》140 简末字的"司"字，已是在简的底端书写，应该正是"司空律"的略语。还有《置吏律》160、161 简，律名与律文的间隔也不甚明显。

关于整理小组的理解，容易产生的疑问是：朝廷征发的徭役因"水雨"而免除，而且还以律文加以规定，似乎不太合情理。但读书会也有的成员认为整理小组之说可从。故以下译文皆取二说，以为参考。

[6] 邑中之红（功）

陶安あんど：整理小组将"功"译为"工程"，未必正确。《小尔雅·广诂》训"功"为"事"，《诗经·豳风·七月》"上入执宫功"，可解释为"可以上入都邑之宅，治宫中之事"。此"功"或"事"，指向农夫所课的力役。"邑中之功"也可直接训为"邑中之事"。后文的"将功"则从力役转换为从事力役的人，即役夫之意。③

---

① 李力：《〈秦律十八种·徭律〉析出〈兴律〉说质疑》，《中国文字》新 33 期，艺文印书馆，2007，第 86、89 页。

② 李力：《〈秦律十八种·徭律〉析出〈兴律〉说质疑》，《中国文字》新 33 期，艺文印书馆，2007，第 86、89 页。

③ 〔德〕陶安あんど：《秦汉刑罚体系の研究》，第 457 页，注释 73。

［7］君子

整理小组：君子系县司空、署君子省称。

何四维：这不是儒家所谓的"君子"，而是当地基层官员的代称。①

陶安あんど：可理解为是承担"堵"或更大的城墙的建筑、修补或警卫责任的小部队的负责人。②

［8］离（篱）散

整理小组：散，疑读为藩。

刘钊：龙岗秦简的"散离"又见于云梦睡虎地秦简，作"离散"，这与"栅栏"又作"栏栅"情况相同……此一"离散"也应读为"篱栅"，即"栏栅"是也。③

［9］苑吏循之

【按】《龙岗秦简》39 简："禁苑啬夫、吏数循行，垣有坏决兽道出及见兽出在外，亟告县。"可与此对读。

［10］县毋敢擅坏更公舍官府及廷

【按】类似规定可见张家山汉简《二年律令·徭律》410 简："县道官敢擅坏更官府寺舍者，罚金四两，以其费负之。"④

［11］程攻（功）

整理小组：程功，估计工程量。

【按】《九章算术·商功》："冬程人功四百四十四尺。问用徒几何？答曰……术曰：以积尺为实，程功尺数为法。实如法而一，即用徒人数。"意谓"以体积的积尺为实，每人的标准工作量为法，实除以法，就是用工人数"。⑤ 同篇又见春程、夏程、秋程不同的人功标准，故"程功"可理解为"按照标准核算工程量"。《汉书·尹翁归传》"责以员程"注："员，数也，计其人及日数为功程"，可知工程量的核算包括了人数与天数。

---

① A. F. P. Hulsewé：Remnants of Ch'in Law, p. 65.

② 〔德〕陶安あんど：《秦漢刑罰体系の研究》，第 458 页，注释 76。

③ 刘钊：《读〈龙岗秦简〉札记》，载张显成主编《简帛语言文字研究》第 1 辑，巴蜀书社，2002，第 19~20 页。

④ 彭浩、陈伟、〔日〕工藤元男主编《二年律令与奏谳书——张家山二四七号汉墓出土法律文献释读》，第 248 页。

⑤ 郭书春译注《九章算术》，辽宁教育出版社，1998，第 107 页。

[12] 徭徒计

整理小组：计算所需服徭役徒众的数量。（译）

何四维："而以其实为徭徒计"，翻译过来就是"计算服徭役徒众的实际工作量并登记入账"。①

张金光："以其实为徭徒计"，就是说要按实际工役日数为徭徒计徭役账。徭役账是秦户籍附册的一项重要内容，每个人的徭役完成情况都要载入这类册籍的。②

【按】服徭之徒的统计簿籍。徭徒，从事非军事性的各种役作者，服月更之役。③ 计，统计记录。里耶秦简 8 - 480 简"司空曹计录"及 8 - 481 简"仓曹计录"类别中所见的"徒计"，④ 是对本部门管辖之徒的统计记录。"徭徒计"统计的应是实际所用的徭徒人数与工作量，其在本条中相对"程功"、"度功"而言。

【译文】⑤

朝廷征发徭役，懈怠不加征发，罚二甲。迟到三天到五天，训斥；六天到十天，罚一盾；超过十天，罚一甲。已经完成徭役征发任务并前往（服役地点），遇到水雨（不能动工），免除此次征发。〔又：朝廷征发徭役，懈怠不加征发，罚二甲。迟到三天到五天，训斥；六天到十天，罚一盾；超过十天，罚一甲。已经完成徭役征发任务并前往（服役地点），遇到水雨，不处罚。兴〕

征发徒众从事城邑工程，要对所筑的墙担保一年。不满一年筑墙损坏，主持工程的司空和负责该墙的君子有罪，命令原来的施工者重新修筑，不得算入服徭役的时间。

县维修禁苑、公家的马牛范围，要征发徒众为范围建造堑壕、墙垣、栏栅并加以修补，然后由苑吏管理，苑吏加以巡视。如果不满一年即出现损坏，命令该县重新征发徒众修建，并不得算入服徭役的时间。满一年而

---

① A. F. P. Hulsewé: Remnants of Ch'in Law, p. 66.

② 张金光：《秦制研究》，上海古籍出版社，2004，第 226 页。

③ 张金光：《秦制研究》，第 224，233 页。

④ 陈伟主编《里耶秦简牍校释》第 1 卷，第 164 页。

⑤ 由于本条律文较长，为便于理解，以下译文将分款译出。

损坏，墙面超过三方丈的，由维修的县修补；三方丈以下，以及虽未满一年但有人私自破坏并由此出入的，命令该苑自行修补。

县所维修的禁苑不论离山远近，如因土质不好而不能耐雨，到夏季有所毁坏，不必随时修补，到秋季无雨的时候再兴徭修筑。

靠近苑囿的农田，担心有野兽及马牛过来吃禾稼，由县啬夫酌量征发土地在苑囿旁的人，不分贵贱，按田地多少出人修缮苑墙，不得作为服徭役的时间。

县不得擅自损坏、拆改官有的房舍以及衙署，如果需要拆除、改建，必须呈报。需要用城旦舂扩建官有建筑以及修补的，可以行事，无须呈报。

县有经常性的以及经呈报批准的工程，由官吏按照标准核算工程量，如实际施工量超过或不足（估算的）两天以上，这就是不察。县以上的征发，如工程量估算不确，视同县（估算不确）。估算工程量，必须由司空和匠人一起估算，不得单独令匠人（估算）。如估算不实，按律论处估算者，并按确切的工程量统计服徭人数及其工程量。　　徭律

司　空

【题解】

据整理小组整理，《司空律》条文包含简 125 到 152 简，共计 28 简，十三条律文，每条律文后缀"司空"二字，只有 140 简的末尾单缀"司"字。整理小组注："司空，官名，掌管工程，因当时工程多用刑徒，后来逐渐成为主管刑徒的官名。"从里耶秦简来看，司空确实具有管理刑徒的职责。里耶秦简 8-480 简记载的"司空曹计录"，内容包含"船计"、"器计"、"赎计"、"赀责计"、"徒计"，"徒计"是其职责之一。另外从县乡的作徒簿记载的内容来看，县司空管辖的刑徒主要有城旦舂、鬼薪白粲及居赀、债者，而仓主要管隶臣妾。如里耶秦简 8-199+8-688 简："卅年十二月乙卯，畜□□□作徒薄（簿）。·受司空居赀一人。·受仓隶妾三人。·"又 8-1069+8-1434+8-1520："卅二年五月丙子朔庚子，库武作徒簿，受司空城旦九人、鬼薪一人、舂三人；受仓隶臣二人。·凡十

五人。"①

关于《司空律》的性质，整理小组将其视为规范司空职务的法律。大庭脩先生指出，"《司空律》的条文中多有关于服役者及被拘押者服役的规定"。② 李均明先生则认为"《司空律》是关于官府常用物资设施及刑徒劳作管理的规定"。③ 李学勤先生据里耶秦简追债文书，认为"司空是管理刑徒一类事务的官员，也负责居赀赎债"。④ 本篇以"司空"为名，即意味着其规范对象为司空职责所在。《司空律》之名未见于传世文献，出土文献中目前仅见于睡虎地秦简，另岳麓书院藏秦简中又有"四司空共令"、"四司空卒令"等令名。⑤ 长沙五一广场东汉简牍的年代为东汉早中期的和帝至安帝时期，所见处罚有"司空作"，⑥ 唯不知彼时《司空律》的状况如何。

本篇《司空律》主要涉及的内容，包括工程建设（125 – 132 简）及刑徒管理两方面（133 – 152 简）：前者是有关筑墙的模板、横木等建筑材料的损耗，借用官府牛车而私用以及喂养畜力、修缮牛车不当，官有牛车的饲料及用度来源，维护及修缮车辆所用的胶、脂定额，书写材料的蒐集与储存等规定；后者是有关以劳役抵偿赀、赎及债务的折算标准，以及口粮配给、服饰及刑具佩戴、劳役替代、衣食配给等方面的规定。

【简文】

縣都官用貞栽爲倗㯽及載縣鐘虞用輻皆不勝任而折及大車轅不勝任折軹上皆爲用而出之。　司空 125

【释文】

縣、都官用貞（楨）、栽爲倗（棚）㯽，及載縣（懸）鐘虞〈虡〉用輻（輻），皆不勝任而折；及大車轅不勝任，折軹［1］上，皆爲用而出之。　司空 125

① 陈伟主编《里耶秦简牍校释》第 1 卷，第 111、272 页。
② 〔日〕大庭脩：《秦汉法制史研究》，第 52 页。
③ 李均明：《秦汉简牍文书分类辑解》，第 187 页。
④ 李学勤：《初读里耶秦简》，《文物》2003 年第 1 期，第 79 页。
⑤ 陈松长：《岳麓书院所藏秦简综述》，第 87 页。
⑥ 长沙市文物考古研究所：《湖南长沙五一广场东汉简牍发掘报告》，《文物》2013 年第 6 期，第 21 页。

【集释】

［1］轱

整理小组：孙诒让《墨子间诂》认为轱即《周礼·大行人》注引郑众所说的胡。一说，此字应释为轴。

何四维：我认为应该是车轴的一节。①

【按】此字也可识为轴。里耶秦简 8 - 1680 简："木织榎四，少一。木织轱四。木小匵三□□□□·。"校释者校释："轴，原释文作'轱'。战国秦汉文字'由'、'古'二形每相混同，需视文意而释。"②

【译文】

县、都官使用的由木料编联而成的筑墙构架，承载悬钟的支架上的横梁，因不能承受负荷而折断的；以及大车的辕不堪受力使轴折断的，都以文书出账注销。司空

【简文】

官府叚公車牛者□□□叚人所或私用公車牛及叚人食牛不善牛嘼不攻

    閒車＝空失大車軸紴及不芥車＝126

蕃蓋強折列其主車牛者及吏官長皆有皋　　　　司空 127

【释文】

官府叚（假）公車牛者□□□叚（假）人所。或私用公車牛，［1］及叚（假）人食牛不善，牛嘼（豤）；不攻閒［2］車，車空失，［3］大車軸紴（緎）；及不芥（介）車，車 126 蕃（藩）蓋強折列（裂），其主車牛者及吏、官長皆有皋（罪）。　　司空 127

【集释】

［1］或私用公车牛

【按】本条律文共涉及四种违法失职行为，即"私用公车牛"、"叚（假）人食牛不善，牛嘼（豤）"、"不攻间车，车空失，大车軸紴（緎）"以及"不芥（介）车，车蕃（藩）盖强折列（裂）"。"私用公车牛"属于

---

① A. F. P. Hulsewé：Remnants of Ch'in Law, p. 74.

② 陈伟主编《里耶秦简牍校释》第 1 卷，第 377 页。

假公济私，后三种行为则发生于官方的劳作之中，属于喂养、修缮、使用不当，性质不同，故可读作"或私用公车牛；"，以明确其区别。又，"或私用公车牛"或可上读，但因三字无释，文意不明，故暂从整理小组断句。

［2］攻间

整理小组：攻，《小尔雅·广诂》："治也。"间，《尔雅·释诂》："代也。"攻间，意为修缮。

戴世君：本条中的"攻间"作"维护"讲可能更准确。①

陈伟："攻间"当读为"釭、锏"，本句作动词用法，意为安装釭、锏。②

陈送文：间当读为简……简有阅义，即检阅、检视、检查的意思……"简"与"攻"对言，可知"简"是一个与"攻"意义相近的词。③

【按】岳麓书院藏秦简《为吏治官及黔首》21 简："涂溉（塈）陀（阤）隋（堕），牛饥车不攻间。"④"攻间"，整理者从睡虎地秦简整理小组之说，作"修缮"解。关于车辆的修缮可参《金布律》89 简："传车、大车轮，县葆缮参邪，可殹（也）。"

［3］空失

整理小组：疑读为控跌，意为倾覆。

何四维：对牛车疏于管理。⑤

【按】律文中"不攻间车"导致了两个结果，一是"车空失"，二是"大车轱紋（綊）"，前者又是后者的诱因。即不维修车的结果导致车辆操纵失控，而车辆操纵失控导致车轴扭曲损坏。因此文中的"空"可通"控"，意为操纵、控制，如张家山汉简《引书》"两手空（控）累而更蹶之"。"车空失"即"车控有失"，操纵车辆失去控制。"不攻间车……大车轱紋（綊）"句的结构同"叚（假）人食牛不善，牛甚（胔）"，前后句

---

① 戴世君：《云梦秦律注释商兑（续）》，简帛网，http：//www. bsm. org. cn/show_ article. php？id＝822，2008 年 4 月 26 日首发。

② 陈伟：《云梦睡虎地秦律"攻间"试说》，简帛网，http：//www. bsm. org. cn/show_ article. php？id＝1288，2010 年 8 月 30 日首发。

③ 陈送文：《战国秦汉简帛字词补释（五则）》，《宁夏大学学报》（人文社会科学版）2013 年第 1 期，第 23 页。

④ 朱汉民、陈松长主编《岳麓书院藏秦简（壹）》，第 118 页。

⑤ A. F. P. Hulsewé：Remnants of Ch'in Law，p. 75.

皆为因果关系。

【译文】

官府借用官有车牛……借用者的地方。有私用官有车牛；借用者不用心喂养牛，致使牛瘦瘠；不维护车，致使车辆失控，大车轴扭曲损坏；以及不把车盖好，致使车帏和车盖严重损坏撕裂的，主管车的人和吏员及官长都有罪。   司空

【简文】

官長及吏以公車牛稟其月食及公牛乘馬之稟可殹官有金錢者自爲買脂
　　膠毋金錢者乃月爲言脂膠期128
蹼爲鐵攻以攻公大車　　　　　　　　　　　　　　　　司空129

【释文】

官長及吏以公車牛稟其月食及公牛乘馬之稟，可殹（也）。官有金錢者自爲買脂、膠，毋（無）金錢者乃月爲言脂、膠，期128 蹼（足）。爲鐵攻（工），以攻公大車。[1]　　　司空129

【集释】

[1] 官长及吏以公车牛稟其月食……以攻公大车

【按】 关于本条律文，据整理小组的理解可分为三款：一为"官长及吏……可殹（也）"，是关于官吏使用公车牛的补充限制规定，即允许官吏使用公车牛领取其月俸及公牛乘马的饲料；二为"官有金钱……期足"，是关于购买公车牛日常维修材料的资金来源的规定；三为"为铁工，以攻公大车"，规定了公大车铁制部件的制作者。对此，戴世君先生提出了不同见解。他认为本条以"可也"分为两句。其立法意图在于：第一，允许官吏在领取本人口粮及公牛马饲料时，使用官车；第二，"官有金钱者……为言脂、胶"，规定的是私用官车的官吏要自出脂、胶，有钱者自购，无钱者向官府借取并登记；"期足"与"为铁工"连读，"期足……以攻公大车"，是说所购、借的脂、胶要足以维护好车辆铁、木制部件。①

---

① 戴世君：《云梦秦律注译商兑（续）》，简帛网，http：//www.bsm.org.cn/show_article.php？id=822，2008年4月26日首发。

从整体上看，整理小组的理解也无大碍。主要原因是官吏领取月食及马牛饲料并不是日常频繁发生的行为。而且据《金布律》72—75 简可知，法律规定官吏享有使用车牛的待遇，如"都官有秩吏及离官啬夫……十人，车牛一两（辆）……都官之佐、史冗者……十五人，车牛一两（辆）"。尽管《金布律》、《司空律》规范的对象有所不同，但从立法意图看，一方面规定享有使用车牛的权利，一方面又规定要自己承担非常态使用时的维护费用，没有财力的还要每月借取，这似乎不太合理。反之，保证充足的维护、修缮材料，则是使公车牛正常使用的保障，故法律予以规范。"官有金钱者自为买脂、胶"，这里的"官"一般是指官府，非指官吏。下条 130 简的内容，实际也是承上而言，规定了维护车辆所用的脂、胶的用量。所以从律意上看，"官长及吏……可也"一句，实际是对前条"私用公车牛"之罪的补充说明，与下句并无必然联系。

【译文】

官长和吏使用官车牛领取每月的口粮和官车牛马的饲料，可以允许。有钱财的官府自行购买油脂和胶，没有钱财的官府可每月报领油脂和胶，以足够为限度。设立铁工作坊以维护官有大车。　司空

【简文】

一脂攻閒大車一兩用膠一兩脂二錘攻閒其扁解以數分膠以之爲車不勞

　稱議脂之　司空 130

【释文】

一脂、攻閒大車一輛（兩），〔1〕用膠一兩、脂二錘。攻閒其扁解，以數分膠以之。爲車不勞，稱議脂之。〔2〕　司空 130

【集释】

〔1〕大车一辆（两）

魏德胜：大车一辆（两）误；大车一两（辆）正。①

〔2〕以之为车不劳称议脂之

整理小组：劳，读为恌，《方言》十二："疾也。"

---

① 魏德胜：《〈睡虎地秦墓竹简〉词汇研究》，第 241 页。

何四维：以这种方式，车（运行）没有困难；根据情况用油脂润滑。（译）对整理小组将"劳"读为"佻"，释为"疾"的观点不能认同。与整理小组的断句也不同，他们将"以之"断上。①

【按】按何四维先生的理解，"称议脂之"与前文衔接有碍。此从整理小组。《秦律杂抄》29 简"马劳课殿，赀厩啬夫一甲"，"劳"即"疲劳"。"不劳"即"不疲惫"，这里表示车辆运行状态良好。车辆运行状态良好，因此维护时所使用的油脂便可酌情定量。

【译文】

每加油、修缮一辆大车，用一两胶和两锤油脂。修理车辆的开裂之处，按照开裂的数量分胶使用。车辆运行状态良好，则酌情给予油脂。

司空

【简文】

令縣及都官取柳及木㮆可用書者方之以書毋方者乃用版其縣山之多荓
　　者以荓纏書毋荓者以蒲藺以枲 131

藺之各以其槫時多積之　　　　　　　　　　司空 132

【释文】

令縣及都官取柳及木㮆（柔）可用書者，方之以書；毋（無）方者乃用版。其縣山之多荓者，以荓纏書；毋（無）荓者以蒲、藺以枲 131 藺（絭）之。各以其槫（穫）時多積之。　司空 132

【译文】

命令县和都官用柳木或（其他）质地柔软可以书写的木材，制作成木方来书写；没有木方的才可用木版。县中的山上盛产荓的，用荓缠束文书；没有荓的用蒲草、藺草及麻缄束。分别在收获时多储存这些材料。　司空

【简文】

有辠以貲贖及有責於公以其令日問之其弗能入及賞以令日居之日居八
　　錢公食者日居六錢居官府公食者男子參 133

① A. F. P. Hulsewé：Remnants of Ch'in Law, p. 76.

女子駟公士以下居贖刑皋死皋者居于城旦舂毋赤其衣勿枸櫝欙杕鬼薪
白粲羣下吏毋耐者人奴妾居贖貲 134

責于城旦皆赤其衣枸櫝欙杕將司之其或亡之有皋葆子以上居贖刑以上
到贖死居于官府皆勿將司所弗問 135

而久縠之大嗇夫丞及官嗇夫有皋居貲贖責欲代者耆弱相當許之作務及
賈而負責者不得代一室二人以上居 136

貲贖責而莫見其室者出其一人令相爲兼居之居貲贖責者或欲籍人與竝
居之許之毋除繇戍·凡 137

不能自衣者公衣之令居其衣如律然└其日未備而枼入錢者許之以日當
刑而不能自衣食者亦衣食而 138

令居之└官作居貲贖責而遠其計所官者盡八月各以其作日及衣數告其
計所官毋過九月而臡到 139

其官二相紒者盡九月而告其計所官計之其作年百姓有貲贖責而有一臣
若一妾有一馬若一牛而欲居者許司 140

【释文】

有皋（罪）以貲贖及有責（債）於公，[1] 以其令日 [2] 問之，其
弗能入及賞（償），以令日居之，日居八錢；公食者，日居六錢。居官府
公食者，男子參，133 女子駟（四）。公士以下居贖刑皋（罪）、死皋（罪）
者，居於城旦舂，毋赤其衣，勿枸櫝欙杕。鬼薪白粲，羣下吏毋耐者，人
奴妾居贖貲 134 責（債）於城旦，皆赤其衣，枸櫝欙杕，將司之；其或亡
之，有皋（罪）。葆子以上居贖刑以上到贖死 [3]，居於官府，皆勿將司。
所弗問 135 而久縠（繫）之，大嗇夫、丞及官嗇夫有皋（罪）。居貲贖責
（債）欲代者，耆弱相當，許之。作務及賈而負責（債）者，不得代。一
室二人以上居 136 貲贖責（債）而莫見其室者，出其一人，令相爲兼居之。
[4] 居貲贖責（債）者，或欲籍（藉）人與并居之，許之，毋除繇（徭）
戍。·凡 137 不能自衣者，公衣之，令居其衣如律然。[5] 其日未備而枼
入錢者，許之。以日當刑而不能自衣食者，亦衣食而 138 令居之。官作
[6] 居貲贖責（債）而遠其計所官者，盡八月各以其作日及衣數告其計所
官，毋過九月而臡（畢）到 139 其官；官相紒（近）者，盡九月而告其計
所官，計之其作年。百姓有貲贖責（債）而有一臣若一妾，有一馬若一

牛，而欲居者，許。　司140

【集释】

[1] 有罪以赀赎及有责（债）于公

整理小组：有罪应赀赎以及欠官府债务的……（译）

高敏：所谓"赀赎"，即以金钱或财物赎罪。①

刘海年："有罪以赀赎及有债于公"，有罪被判处赀罚和赎刑因而欠公家债务。②

朱绍侯："有罪以赀赎"的"赀"……是指财货。所谓"有罪以赀赎"，便是"赎刑"的另外一种说法，它解释了"赎刑"的内容，即以财货去抵罪。③

张金光：应释作"犯罪而被判为赀或赎"。④

【按】 学者的不同见解，源于对"赀"所具有的"财产"与"赀刑"义项的选择。此作"赀刑"理解，读作"有罪以赀、赎"。"有罪以赀赎及有责（债）于公"，实际涉及三种人，即有罪被判处赀刑，有罪被判处赎刑以及欠公债的人。张金光先生指出：睡虎地秦简《法律答问》多次确切使用了"当赀"、"当赎"、"赀罪"、"赎罪"诸法律概念，可见"赀"与"赎"断非一事。"有罪以赀赎"的"以"也不能释作"用"一类意思……应释作"犯罪而被判为赀或赎"。⑤ 亦可参见《金布律》82 简"赀赏"集释及按语。

[2] 令日

整理小组：判决所规定的日期。

何四维：应指判决被执行的日期。⑥

戴世君："令日"，整理小组注释为"判决所规定的日期"，这即是官府规定的赀赎罚罪犯缴纳罚物、赎金及欠官府债者偿还债务的截止时间。

---

① 高敏：《云梦秦简初探》（增订本），河南人民出版社，1981，第256页。

② 刘海年：《秦代刑罚考析》，载中华书局编辑部编《云梦秦简研究》，第198页。

③ 朱绍侯：《雏飞集》，河南大学出版社，1988，第83页。

④ 张金光：《论出土秦律中的"居赀赎债"制度——兼论赵背户村刑徒墓性质》，载张舜徽主编《中国历史文献研究》（二），华中师范大学出版社，1988，第149页。

⑤ 张金光：《论出土秦律中的"居赀赎债"制度——兼论赵背户村刑徒墓性质》，第149页。

⑥ A. F. P. Hulsewé, *Remnants of Ch'in Law*, p. 69.

而从《金布律》的两处偿债规定所透露出来的信息，又可以推知"令日"包含有"一年"的履行期间。①

【按】判决下达日期与实际支付日期应非同日，因此所谓"以令日问之"，就是到了判决所规定的日期再次询问被处罚者，如果无力支付，即从应当支付之日起开始以劳役抵偿。

［3］居赎刑以上到赎死

【按】整理小组将此句译为"用劳役抵偿赎刑以上到赎死的罪"。张金光先生对秦律中自"赎死"以下的降等序列做了排比，认为有六个等级：赎死→赎宫→（赎劓）→赎黥→赎鬼薪鋈足→赎耐。② 陶安先生指出：赎宫、赎鬼薪鋈足是特殊的赎罪。"赎刑"有可能是总括若干等级的总称。但如果总称这一理解是正确的，"赎刑以上到赎死"，本来应该表现为"赎黥以上到赎死"。理由是作为总称的"刑"，上为"死"，下为"耐"，③ 之间没有可以加入"以上"或"以下"的余地。将"刑"分解为"黥"与"劓"等个别的刑罚名称，"黥以上"这种表现便成为可能。称为"赎刑以上到赎死"的原因，是由于这是总则性的规定，除去通常的赎刑（等于赎黥）外，还必须考虑到如"赎宫"、"赎鬼薪鋈足"等具有变通性的赎罪。因此他认为：六个等级的赎罪体系属于张家山汉简所见之律，在睡虎地秦简时代尚未形成。④

［4］相为兼居之

整理小组：轮流服役。

陶安あんど：《韩非子·二柄》"朋党相为"，《有度》"比周以相为"，"为"当从郑玄《毛诗笺》，读为"助"。⑤

［5］令居其衣如律然

【按】按本条开头"居公食"的规定，即"有罪以赀赎及有责（债）于公，以其令日问之，其弗能入及赏（偿），以令日居之，日居八钱；公

---

① 戴世君：《云梦秦律新解（六则）》，第98页。
② 张金光：《论出土秦律中的"居赀赎债"制度——兼论赵背户村刑徒墓性质》，第152页。
③ 陶安先生认为耐、刑、死是秦律刑罚体系的主要等序，"赎死、刑、耐"是替代正刑的换刑形式，秦律的赎罪有换刑与正刑。见氏著《秦漢刑罰体系の研究》，第111～113页。
④ 〔德〕陶安あんど：《秦漢刑罰体系の研究》，第114～116页。
⑤ 〔德〕陶安あんど：《秦漢刑罰体系の研究》，第528页，注释4。

食者，日居六钱"，公食者每日以劳役折抵赀、赎、债所获得的钱数，将被扣除伙食费用。"居其衣"也是采用这种方式。"如律然"，指律文所规定的折抵衣价数额的办法。

［6］官作

整理小组：在另一官府劳作。（译）

陶安あんど："官作"是"居赀赎责"的主语，是"（平常）作于官"者，在这些官作者们被再科以"居赀赎责"的情况下，除去实施"居赀赎责"的官府，"作所之官（府）"也要掌握其劳动状况，进行适当的会计处理。[①]

【按】官作，此泛指在官府劳作。135简的"葆子以上居赎刑以上到赎死，居于官府"，相对于134简的"公士以下居赎刑罪、死罪者，居于城旦舂"，与此"官作"义不同。"官作居赀赎责（债）"，指在官府管理下进行劳作的居赀赎债者。居赀赎债者自其管理机构到另一距离较远的机构劳役，即为"远其计所官"。"计所官"指服役者原来的统计、管理机构。

【译文】

犯罪被判处赀、赎刑以及负有官方债务者，在规定缴纳之日再次讯问，如果不能缴纳及偿还，从当日开始以劳役抵偿，每日劳役折算为八钱，由官方提供伙食的，每日劳役折算为六钱。在官府中劳役并由官方提供伙食的，男子每日三分之一斗，女子四分之一斗。公士以下以劳役抵偿赎刑罪、赎死罪的，服城旦舂劳役，但不要穿红衣，不要戴木械、绳索、胫钳。鬼薪白粲、群下吏中无耐罪者、居赀赎债的私奴婢服城旦舂劳役，都要穿红衣，戴木械、绳索、胫钳，加以监管。这类人如果逃亡了，（监管者）应受处罚。葆子以上身份的人以劳役折抵赎肉刑以上到赎死刑，在官府内服役，都不要监管。如果不经审问而长期拘禁，大啬夫、丞以及官啬夫都要受到处罚。居赀赎债者希望由他人替代服役，如年龄相当，可以准许。手工业者以及因经商而负债者，不允许替代。一户有两人以上居赀赎债而无人照顾家庭时，可以放出一人，让他们轮流以劳役抵偿。居赀赎

---

① 〔德〕陶安あんど：《秦汉刑罚体系の研究》，第459页，注释80。

债者如果希望借助他人与自己共同服役抵偿，可以准许，但不得免除被借助人的徭役和兵役。

凡是不能自己提供衣服的人，由官府提供衣服，按照法律规定以劳役抵偿衣价。劳役日期未满而以金钱补足尚未缴纳偿还的部分，可以准许。以劳役日期折抵肉刑而又不能自己提供衣食的，由官府提供衣食并让他以劳役补偿。在官府居赀赎债而远离原统计机构的，在八月末前将他们的劳动天数和配给的衣服数量报给原统计机构，到账日期不得超过九月。其劳作的官府（与统计机构）相近的，九月底之前报给原统计机构，计入当年的劳作记录中。百姓有赀赎债，希望用一名男奴或一名女奴，用一匹马或一头牛来折抵劳役，可以准许。　　　司

【简文】

隶臣妾城旦舂之司寇居赀赎责毄城旦舂者勿责衣食其與城旦舂作者衣

　　食之如城旦舂隶臣有妻＝更 141

及有外妻者责衣人奴妾毄城旦舂贰衣食公日未備而死者出其衣食

　　司空 142

【释文】

隶臣妾、城旦舂之司寇〔1〕、居赀赎责（债）毄（繫）城旦舂者，勿责衣食；〔2〕其與城旦舂作者，衣食之如城旦舂。隶臣有妻，妻更 141 及有外妻者，责衣。人奴妾毄（繫）城旦舂，贰（贷）衣食公，日未備而死者，出其衣食。　　司空 142

【集释】

〔1〕城旦舂之司寇

整理小组：据简文应为城旦舂减刑为司寇者，简中有时分称城旦司寇、舂司寇。

王关成、郭淑珍：《司空》律规定：若司寇人数不足时，可以把服城旦役三年以上者免为城旦司寇……"城旦舂之司寇"，从简文看，也是由舂城旦减刑为司寇者，有时亦称"舂司寇"，是从事舂米劳役的女犯人。①

---

① 王关成、郭淑珍编著《秦刑罚概述》，陕西人民教育出版社，1993，第 93 页。

陶安あんど："城旦司寇"、"城旦之司寇"，在为监视城旦而配置于司空的普通司寇的意义上，并无变化。之所以限定于"城旦"，不过是由于在其他场合也配备司寇而已。①

【按】下文《司空律》145 – 146 简："居赀赎责（债）当与城旦舂作者，及城旦傅坚、城旦舂当将司者，廿人，城旦司寇一人将。司寇不蹂，免城旦劳三岁以上者，以为城旦司寇。"律文规定，城旦司寇是在司寇人员不足的情况下，由符合条件的城旦担任。但由城旦转变为城旦司寇未必是"减刑"所致，相关论说可参见《仓律》56 简"舂司寇"的按语。②

［2］隶臣妾……毄（系）城旦舂者，勿责衣食

整理小组：隶臣妾、城旦舂之司寇，或以劳役抵偿赀赎债务而被拘系服城旦舂劳役的人，不收取衣食。（译）

何四维：Bond – servants and bond – women，and robber – guards of the *ch'eng – tan* and grainpounders，who work off fines，redemption fees or debts，and who are detained among the *ch'eng – tan* and grainpounders，must not be charged for clothing and food. ③

陶安あんど：整理小组将"居赀赎债系城旦舂者"视作与"隶臣妾"、"城旦舂之司寇"存在并列关系的名词。但还是应像何四维的译文，以隶臣妾与司寇为主语，而将"居赀赎债系城旦舂"作为隶臣妾与司寇的谓语。如果不是这样，就与自己承担衣食费用的原则（《秦律十八种》133与138 简）发生矛盾。④

于洪涛："勿责衣食"的要求对象是"隶臣妾系城旦舂者"、"城旦舂

---

① 〔德〕陶安あんど：《秦漢刑罰休系の研究》，第71页。

② 中国政法大学中国法制史基础史料研读会：《睡虎地秦简法律文书集释（三）：〈秦律十八种〉（〈仓律〉）》，第82页。

③ 何四维先生的这段表述，或可有三种理解：一是"隶臣妾、城旦舂之司寇居赀赎债者、城旦舂之司寇拘系服城旦舂劳役者，不收衣食之费"；二是"隶臣妾居赀赎债系城旦舂者、城旦舂之司寇居赀赎债系城旦舂者，不收衣食之费"；三是"隶臣妾居赀赎债者、隶臣妾系城旦舂者、城旦舂之司寇居赀赎债者、城旦舂之司寇系城旦舂者，不收衣食之费"。参见 A. F. P. Hulsewé，*Remnants of Ch'in Law*，p. 66。

④ 〔德〕陶安あんど：《秦漢刑罰体系の研究》，第464页，注释99。

之司寇系城旦舂者"和"居赀赎债系城旦舂者"三者。①

【按】"勿责衣食者"为三类人：一是隶臣妾系城旦舂者，二是城旦舂之司寇系城旦舂者，三是居赀赎债系城旦舂者。隶臣妾系城旦舂的例子，可见《法律答问》132 简"隶臣妾毄（系）城旦舂"及里耶秦简 8-145 简"隶妾居赀十一人。隶妾毄（系）舂八人"。② 又《二年律令·亡律》165 简："隶臣妾、收人亡，盈卒岁，毄（系）城旦舂六岁；不盈卒岁，毄（系）三岁。"城旦舂之司寇系城旦舂者，暂未见其他文例。

将居赀赎债系城旦舂者理解为"勿责衣食"的对象，还需要解决两个问题。

第一，如上述里耶秦简所见，"居赀"与"系舂"是分类记录的。如此，律文似也可读为隶臣妾居赀、隶臣妾系舂，这样居赀赎债系城旦舂就不一定是一类人。这里将居赀赎债系城旦舂理解为一类人的理由是：系城旦舂者固然未必皆是居赀赎债者（如逃亡的隶臣妾与收人），但是其中应包含了居赀赎债者。里耶秦简 J1［16］5 正记载："令曰：传送委输，必先悉行城旦舂、隶臣妾、居赀赎责（债），急事不可留，乃兴（徭）。"③可知居赀赎债者与城旦舂、隶臣妾一样，是官方控制下的服役群体，其服役内容也会涉及城旦舂之作。《司空律》145 简"居赀赎责（债）当与城旦舂作者"，表明居赀赎债者中有应当参与城旦舂劳作的人。《司空律》134 简"公士以下居赎刑罪、死罪者，居于城旦舂"，意味着公士—士伍—司寇—隶臣妾这一序列在"居赎刑罪、死罪"时需要服城旦舂劳役。④ 里耶秦简 8-787 简所见贰舂乡作徒簿，言"受司空居责（债）城旦"，可知有居债城旦。另外 8-284 简为一楬，上书："卅一年司空十二月以来，居赀、赎、责薄（簿），尽三月城旦舂。廷。"⑤ 这是秦始皇三十一年十二月到三月底的居赀赎债簿标签，其服役者应与城旦舂劳役相关。由此可知，

---

① 于洪涛：《睡虎地秦简中的"稟衣"范围再考析》，《鲁东大学学报》（哲学社会科学版）2012 年第 4 期，第 79 页。

② 陈伟主编《里耶秦简牍校释》第 1 卷，第 84 页。

③ 湖南省文物考古研究所、湘西土家族苗族自治州文物处：《湘西里耶秦代简牍选释》，第 20 页。"居赀赎责（债）"，原文为"居赀、赎责（债）"，研读会改读。

④ 关于"公士以下"所涉及的对象，参见陶安あんど《秦汉刑罚体系的研究》，第 464 页。

⑤ 陈伟主编《里耶秦简牍校释》第 1 卷，第 128 页。

居赀赎债者的服役内容包含了系城旦舂，故"居赀赎责（债）系城旦舂"可以连读。

第二，居赀赎债系城旦舂"勿责衣食"，意味着公家对这部分人免费提供衣食。而据《司空律》133简"有罪以赀赎及有责（债）于公……其弗能入及赏（偿），以令日居之，日居八钱；公食者，日居六钱"，规定的是公家对居赀赎债者不提供免费伙食。如此，两种规定似乎产生了冲突。但是如果关注到本条规定的特殊性，则可知与133简还是有所不同。即133简规定的是在一般情况下对居赀赎债者不提供伙食，但当居赀赎债者所服为城旦舂劳役时，则根据秦律中对服城旦舂劳役者提供衣食的规定（如《仓律》55－56简、《金布律》94简），对他们不收取衣食费用。所谓"衣食之如城旦舂"即承上而言，指按城旦舂的标准提供衣食。两条律文适用的主体虽然相同，但适用条件不同，因此可以看作一般规定与特别规定的关系。当然，系城旦舂者并非一概"勿责衣食"，依据本条规定，有妻之隶臣妾及人奴妾系城旦舂，就不适用"勿责衣食"的规定。143简所说的"系城旦舂，公食当责者，石卅钱"，即是规定了对这些不适用"勿责衣食"者的"责食"收费标准。

总之，141－142简规定了两款内容：一是明确了对系城旦舂者"勿责衣食"的对象及其提供衣食的标准，二是明确了这部分人中不适用"勿责衣食"规定的对象。

【译文】

隶臣妾被拘系服城旦舂劳役者，城旦舂之司寇被拘系服城旦舂劳役者，以劳役抵偿赀、赎、债务而被拘系服城旦舂劳役者，不收取衣食费用。凡参加城旦舂劳作的，按照城旦舂的标准给予衣食。隶臣有妻，妻是更隶妾及自由人的，收取衣服费用。私家男女奴隶被拘系服城旦舂劳役的，由官府借予衣食，其劳作天数未满而死亡，注销其衣食费用。　　　　司空

【简文】

觳城旦舂公食當責者石卅錢　　　　　　　　司空 143

【释文】

觳（繋）城旦舂，[1]公食當責者，石卅錢。　　　　司空 143

【集释】

[1] 毄（系）城旦春

整理小组：毄（系）城旦春，拘系服城旦春劳役。（译）

张金光："毄城旦春"并非城旦春，是指"居赀赎责"居毄城旦春者，这部分人并非刑徒，口粮是自负的。这部分人是自由民身份（或臣妾代替自由民"居"）。①

【按】《司空律》133 简："有罪以赀赎及有责（债）于公，以其令日问之，其弗能入及赏（偿），以令日居之"，可知在这些居赀赎债者中，至少居"赀"、"赎"者是有罪后被判刑，因无力缴纳钱财而以"居"的方式服役，以此折抵赀、赎之刑的；又如前所述，居赀赎债者的服役内容包含了系城旦春。而另一方面，据 136－137 及 144 简，居赀赎债者可以代居、"兼居"、"并居"、"日未备而被入钱"及"归田农"。由此看来，在一般情况下，他们的身份既不等同于刑徒，也有别于自由民，因此不宜以刑徒或自由民界定。另外，他们的口粮也并非一概自负，如上述 141 简所见，如果他们所服的劳役是"系城旦春"，一般情况下可"勿责衣食"。

【译文】

对拘系服城旦春劳役者，由官府提供伙食并应当收取费用的，每石三十钱。　　司空

【简文】

居赀赎責者歸田農種時治苗時各二旬　　　　司空 144

【释文】

居赀赎責（债）者歸田農，種時、治苗時各二旬。　　司空 144

【译文】

以劳役抵偿赀、赎、债务的人回家种田，播种与管理禾苗的时节各二十天。　　司空

---

① 张金光：《关于秦刑徒的几个问题》，载朱东润、李俊民、罗竹风主编《中华文史论丛》1985 年第 1 辑，上海古籍出版社，1985，第 46 页。

【简文】

毋令居貲贖責將城旦舂城旦司寇不足以將令隸臣妾將居貲贖責當與城

旦舂作者及城旦傅堅 145

城旦舂當將司者廿人城旦司寇一人將司寇不踐免城旦勞三歲以上者以

爲城旦司寇　司空 146

【释文】

毋令居貲贖責（債）將城旦舂。城旦司寇不足以將，令隸臣妾將。居

貲贖責（債）當與城旦舂作者，及城旦傅堅 [1]、145 城旦舂當將司者，

廿人，城旦司寇一人將。司寇不踐，免城旦勞 [2] 三歲以上者，以爲城

旦司寇。　　司空 146 [3]

【集释】

[1] 城旦傅堅

整理小组：可能是专作夯筑一类劳役的城旦。

刘海年：应是城旦刑徒的一种。①

何四维：傅，如《仓律》53 简"小隶臣妾以八月傅为大隶臣妾"所

示，在达到一定高度后，年轻人要傅，即被登记。坚……也意为"强壮"，

这里表明这些年轻人有一定的力气。②

[2] 免城旦劳

免城旦

【按】关于"免"是减刑还是免老，学界见解不一。可参《仓律》56

简"舂司寇"及 59 简"免隶臣妾"的集释与按语。③

劳

整理小组：劳作。（译）

何四维：服役的长度。④

朱红林：居延汉简中常有"劳××岁"表示劳绩的记载，我们怀疑这

---

① 刘海年：《秦律刑罚考析》，《中国法学文集》编辑组编《中国法学文集》第 1 辑，法律
出版社，1984，第 331 页。

② A. F. P. Hulsewé：Remnants of Ch'in Law，p. 71.

③ 中国政法大学中国法制史基础史料研读会：《睡虎地秦简法律文书集释（三）：〈秦律十八
种〉（〈仓律〉）》，第 81~82、84~86 页。

④ A. F. P. Hulsewé：Remnants of Ch'in Law，p. 72.

里的"劳三岁以上"也属于劳绩制度的范畴。①

陶安あんど："劳"，通常指人事评价"劳绩"。即使是城旦舂，也有可能依据功罪而裁量"劳绩"，但由于无法判明详细情况，故……暂且称服役三年以上。②

［3］毋令居赀赎责（债）将城旦舂……以为城旦司寇　司空

何四维：146、147③简无疑相连，但是翻译起来很困难。最简单的解释是，此处可能一整枚简缺失，或者是简文出错，遗漏了一些文字，这些文字涉及146简第二部分所提及的不同群体的监管。147简的第一句看起来非常像一条独立的总括性叙述。④

【按】如果将"当将司者"理解为三类人，即"居赀赎责（债）当与城旦舂作者"、"城旦傅坚"与"城旦舂"，则145、146简的内容接续并无窒碍。此条律文可分为三款：第一款为一、二句，规定了监管城旦舂的主体资格。第二款是"居赀赎债……一人将"句，规定了应被监管的对象、人数及监管者。第三款为"司寇不蹟……以为城旦司寇"句，是对监管者的递补规定。因此从整体内容上看，并无明显的衔接不顺。

【译文】

不得令以劳役抵偿赀、赎、债务的人监管城旦舂。城旦司寇的人数如果不够，可令隶臣妾监管。与城旦舂同样劳作的以劳役抵偿赀、赎、债务者、城旦傅坚、城旦舂应当被监管的，每二十人由城旦司寇一人监管。司寇人数不足，可以免除已经劳作三年以上的城旦的劳役，让他担任城旦司寇。　司空

【简文】

城旦舂衣赤衣冒赤氊枸櫝欘杕之仗城旦勿將司其名將司者將司之舂城
　旦出繇者毋敢之市及留舍闉外當行市 147
　中者回勿行 ⌐城旦舂毀折瓦器鐵器木器爲大車折叕輒治之直一錢治十

---

① 朱红林：《张家山汉简〈二年律令〉研究》，黑龙江人民出版社，2008，第79页。
② 〔德〕陶安あんど：《秦汉刑罚体系的研究》，第464页，注释96。
③ 《睡虎地秦墓竹简》1990年版的编号为145、146。
④ A. F. P. Hulsewé：Remnants of Ch'in Law，p. 71.

直廿錢以上孰治之出其器弗輖148

治吏主者負其半　　　　　　　　　　　　司空 149

【释文】

城旦春衣赤衣，冒赤幝（氈）［1］，拘［2］檔櫺杕之。仗城旦［3］勿將司；其名將司者，將司之。春城旦出繇（徭）者，毋敢之市及留舍闠外；［4］當行市 147 中者，回，勿行。城旦春毀折瓦器、鐵器、木器，爲大車折軬（輮），輒治（笞）之。直（值）一錢，治（笞）十；直（值）廿錢以上，孰（熟）治（笞）之，出其器。弗輖 148 治（笞），吏主者負其半。　司空 149

【集释】

［1］幝

整理小组：幝，氈巾。（译）

何四维：可能是“幘”。①

陶安あんど：从图版辨析墨迹，还是近于“幝”。②

【按】蔡邕《独断》：“幘，古者卑贱执事，不冠者之所服也。”但据图版，字形与“幘”有一定差距。

［2］拘

【按】拘当为“枸”之误植，从图版看当为木字旁，1977、1978 年版正。

［3］仗城旦

整理小组（1976）：伎城旦。③

整理小组（1977）：疑为执兵仗守候的城旦。④

整理小组：年老的城旦。（译）

张世超、张玉春：此仗城旦应指断足城旦者。⑤

何四维：联系上文的 113 简，“伎”似乎意思比较明确，表示“手巧

①　A. F. P. Hulsewé：Remnants of Ch'in Law，p. 72.

②　〔德〕陶安あんど：《秦漢刑罰体系の研究》，第 440 页，注释 2。

③　云梦秦简整理小组：《云梦秦简释文（二）》，第 6 页。

④　睡虎地秦墓竹简整理小组：《睡虎地秦墓竹简》，第 62 页。

⑤　张世超、张玉春：《〈睡虎地秦墓竹简〉校注简记》，《古籍整理研究学刊》1985 年第 4 期，第 32 页。

的，有经验的，灵活的"。①

【按】读为"仗"。里耶秦简中可见仗城旦，如8－1143＋8－1631简："卅年八月贰春乡作徒薄（簿）。城旦、鬼薪积九十人。仗城旦积卅人。春、白粲积六十人。隶妾积百一十二人。·凡积二百九十二人。"② 亦可见丈城旦，如8－686＋8－973简："廿九年八月乙酉，库守悍作徒薄（簿）：受司空城旦四人、丈城旦一人、春五人、受仓隶臣一人。·凡十一人。"③

目前可知的仗城旦情况有三点：第一，如本简所见"仗城旦勿将司"。第二，如上述里耶秦简所见，"仗城旦"与"城旦"分列。第三，其劳作内容有"约车"，如8－686＋8－973简后半部分所载："城旦二人缮甲□□。城旦一人治轮□□。城旦一人约车：登。丈城旦一人约车：缶。"又有"治传舍"，如8－801简："卅年十月辛亥，启陵乡守高受司空仗城旦二人。二人治传舍：它、骨。"④

关于"仗城旦"的含义，诸家有伎城旦、年老城旦、断足城旦之说。从上引"廿九年八月乙酉库守悍作徒薄"内容来看，未见仗城旦与普通刑徒承担日常劳动内容的差异，且字确实作"仗"，故"伎城旦"说不妥。至于仗城旦是否年老城旦，尚存疑问。首先，据"卅年八月贰春乡作徒薄"，仗城旦人数占贰春乡全部城旦、鬼薪作徒人数的三分之一，若仗城旦为老年城旦，比例有些不合常理；其次，仗城旦的劳动内容未见特殊性，如"丈城旦"与"城旦"的工作同为"约车"，难以反映出仗城旦就是老年城旦。关于"断足城旦"说，文章未作详细解释。从睡虎地秦简看，适用"斩左止"刑的有下述行为：《法律答问》1简："五人盗，臧（赃）一钱以上，斩左止，有（又）黥以为城旦。"又126简："·群盗赦为庶人，将盗戒（械）囚刑罪以上，亡，以故罪论，斩左止为城旦……"在汉初律《二年律令》中，斩趾刑也是刑罚序列中的一级。可见在秦及汉初律中，斩趾为城旦是较为稳定的刑名之一。但如果"仗城旦"是因为斩趾城旦而单列，那么黥城旦与刖城旦是否也需要以同样的理由单列？另外

---

① A. F. P. Hulsewé: Remnants of Ch'in Law, p.72.
② 陈伟主编《里耶秦简牍校释》第1卷，第283页。
③ 陈伟主编《里耶秦简牍校释》第1卷，第203页。
④ 陈伟主编《里耶秦简牍校释》第1卷，第203、229页。

若是斩趾城旦，其行动能力与劳动效率必然不同于其他城旦，然而据里耶秦简，并未看出此种差异。

总之，关于"仗城旦"的含义，尚待更多的资料检证各说。

[4] 留舍阓外

整理小组：在市场门外停留休息。（译）

何四维：由于律令禁止罪犯经过市场，因此整理者将"阓"解释为"市的外门"并不合适。并且，此处"阓"由"舍"决定，因此整体表述"舍阓外"只能意为"建筑的外门"。整理小组将"留舍"一起解释为"停留、休息"。①

陶安あんど："舍"当读为动词（住宿）。②

【按】《说文·门部》"阓，市外门也"，整理小组解释无误。但是"留舍"分开解释为"停留、休息"恐不妥。秦汉简牍中的"舍"多为"居止、止宿"之义，如《法律答问》159 简："舍公官（馆），蘪火燔其舍，虽有公器，勿责。"因此"留舍"当一并翻译，解释为"留宿"为宜。

【译文】

城旦舂身穿红色囚服，头戴红色氈巾，施加木械、黑索与胫钳。仗城旦不必监管；有指名需要监管的，加以监管。城旦舂外出服役，不准进入市场及在市场门外留宿；路线经过市场的应绕行，不得通过。城旦舂毁坏了陶器、铁器、木器，制造大车时折断了轮圈，应立即笞打。价值一钱，笞打十下，价值二十钱以上，加以重笞，注销所毁坏的器物。如不立即笞打，主管的吏赔偿其价值的一半。　　司空

【简文】

司寇勿以爲僕養守官府及除有爲殹有上令除之必復請之　　司空 150

【释文】

司寇勿以爲僕、養、守官府及除有爲 [1] 殹（也）。有上令除之，必復請之。　　司空 150

---

① A. F. P. Hulsewé：Remnants of Ch'in Law, p. 72.

② 〔德〕陶安あんど：《秦漢刑罰体系の研究》，第 440 页，注释 5。

【集释】

［1］有为

何四维：整理小组读作"有为"，但是竹简上第二个字在事实上已经消失了。①

陶安あんど：或指一定的职权或具有职能的地位。②

【按】对比图版，第二个字是"为"字无误。《二年律令·置后律》369 简："□□□□为县官有为也，以其故死若伤二旬中死，皆为死事者，令子男袭其爵。""为县官有为也"，研读者译为"为国家而工作"，③ 与此义同。

【译文】

司寇不得用作车夫、伙夫、看守官府以及其他工作。如有上级命令任用他们，一定要重新请示。　司空

【简文】

百姓有母及同牲爲隸妾非適皋殹而欲爲冗邊五歲毋賞興日以免一人爲
　庶人許之·或 151

贖罷欲入錢者日八錢　　　　　　　　司空 152

【释文】

百姓有母及同牲（生）［1］爲隸妾，非適（謫）而欲爲冗邊五歲，毋賞（償）興日，以免一人爲庶人，許之。·或 151 皋（罪）殹（也）贖罷遷［2］欲入錢者，日八錢。　　司空［2］152

【集释】

［1］同牲（生）

整理小组：即同产。

何四维：释文将"同牲"读作"同生"，表示同父之子女。由于该法

---

① A. F. P. Hulsewé：Remnants of Ch'in Law, p. 73.

② 〔德〕陶安あんど：《秦漢刑罰体系的研究》，第 465 页，注释 105。

③ 〔日〕冨谷至编《江陵張家山二四七號墓出土漢律令の研究　譯注篇》，朋友書店，2006，第 239 页。

规针对女性，所以此处指姐妹。①

[2]百姓有母及同牲（生）为隶妾……司空

何四维：整理小组插入 153 简②似乎是正确的。模糊的"或"字后，是一个由墨点引出的新句子。这一法规十分令人费解，因为赎本身就包含了赔偿金。是不是有人希望以钱财赎免已被流放之人，而这与 152 简③的规定相似？另一个可能的解释是，赎的费用一般通过"劳役抵偿"，因实际的支付太少以至于必须增添一项附加规定。每天八钱的规定在 133 – 140 简中也存在。重要的是，法条显示流放并不是永久性的，否则它是不能被赎回的。④

陶安あんど：何四维对简 151 与 152 的接续表示了疑惑。确实，简末的"或"字与下简之文的连接性较弱，将有关"赎迁"的条文插入于此，略感有些唐突。另外，两简如果接续起来读，"迁"就是"冗边五岁"的易言，该史料就成为理解秦代"迁"刑的一个线索。⑤

【译文】

百姓有母亲或亲姊妹为隶妾，本人没有谪罪之罚而希望戍边五年，不算作抵偿军戍的天数，以此赎免一人为庶人，可以允许。·有赎迁之刑，希望交钱的，每天八钱。　　司空

军爵律

【题解】

按整理小组整理，"军爵律"包括 153 简至 156 简，共 4 简，两条律文，律文后分别缀"军爵律"和"军爵"。整理小组认为军爵律是关于军功爵的法律规定，学界的认识也较为一致。大庭脩先生指出现存条文的内容涉及有爵者与刑罚。⑥ 朱绍侯先生认为军爵律就是关于军人在战场上因

---

① A. F. P. Hulsewé：Remnants of Ch'in Law，p. 73.
② 《睡虎地秦墓竹简》1990 年版的编号为 152。
③ 《睡虎地秦墓竹简》1990 年版的编号为 151。
④ A. F. P. Hulsewé：Remnants of Ch'in Law，p. 73.
⑤ 〔德〕陶安あんど：《秦汉刑罚体系の研究》，第 456 页，注释 60。
⑥ 〔日〕大庭脩：《秦汉法制史研究》，第 52 页。

功赐赏，因罪夺爵的法律。① 李均明先生综合本篇军爵律和《二年律令·爵律》，认为军爵律是关于授爵位的规定及对违反相关规定的惩罚。② 《二年律令》有《爵律》篇，内容涉及对受爵者在尚未授予爵位期间犯耐罪的处理规定，对无资格受爵者的爵级折钱标准，对伪造有爵者身份骗取免罪行为的惩罚。从《爵律》有的条文内容与《军爵律》相似来看，二者有一定的继承关系。

本篇《军爵律》涉及两方面的内容：一是"皆不得受其爵及赐"的对象与本人已受爵而未受赐、依旧可以受赐的特殊情况。二是归爵以免除亲父母、妻子的隶臣妾身份，以及工隶臣被免后如何安置的具体规定。

【简文】

從軍當以勞論及賜未拜而死有辠瀗耐棄其後及瀗耐棄者皆不得受其爵
　　及賜其已拜 153

賜未受而死及瀗耐棄者鼠賜　　　　　軍爵律 154

【释文】

從軍當以勞論及賜，［1］未拜而死，有辠（罪）法耐棄（遷）其後；［2］及法耐棄（遷）者，皆不得受其爵及賜。其已拜 153，賜未受而死及法耐棄（遷）者，鼠（予）賜。［3］　　　軍爵律 154

【集释】

［1］以劳论及赐

整理小组：劳，劳绩。论，论功授爵。赐，赏赐财物。

高敏："劳"的内容除斩首外，还包括从军时间的长短在内……"赐"的内容有两样：一是"爵"，二是田宅财物……秦时赐爵的步骤与做法确可分为三个阶段，即摆出功劳、评功议赏和拜爵赐田宅财物，简称为"劳"、"论"、"赐"。③

朱绍侯：这里说明了颁行军功爵的三道手续，即劳、论、赐。"劳"指从军后建立的功劳……"赐"就是评议之后，国家根据功劳与罪过的大

---

① 朱绍侯：《军功爵制考论》，商务印书馆，2008，前言第 2 页。
② 李均明：《秦汉简牍文书分类辑解》，第 168 页。
③ 高敏：《从云梦秦简看秦的赐爵制度》，载氏著《云梦秦简初探》（增订本），第 165 页。

小而颁赐给不同的爵位、土地和财物，或给予一定的处罚。①

【按】按战场上的功绩授爵、赏赐。《商君书·境内》："以战，故暴首三，乃校三日，将军以不疑致士大夫劳爵。"蒋礼鸿先生按："'暴首三'之三字疑衍。谓已战之后使军士暴效所斩之首，而上以三日限校覈……致，使来致也。既来致而校之不疑，然后爵之也。"又："夫劳爵，其县过三日不致士大夫劳爵能。"② 这里的"劳爵"，即凭战场上的功绩授爵，与律文义同。

［2］有罪法耐罢（迁）其后

整理小组：法，《汉书·王温舒传》注："谓行法也。"一说，读为废，罢免永不叙用。

【按】可读为"有罪，法耐罢（迁）其后"，指在受爵者未拜而死时，他的继承人因有罪而依法被判处耐、迁。《二年律令·爵律》392简："当操（拜）爵及赐，未操（拜）而有罪耐者，勿操（拜）赐。""有罪耐者"可与此对读。

［3］从军当以劳论及赐……鼠（予）赐

【按】此条规定了两款内容：第一，"皆不得受其爵及赐"的对象。包含了两种人：一是未拜而死者的继承人，因有罪而依法被判处耐、迁；二是"当以劳论及赐"者，本人依法被判处耐、迁。即继承人与本人若犯有耐、迁之罪，皆不得授爵受赐。第二，本人已授爵而未受赐，依旧可以受赐的特殊情况：第一，已拜爵而死亡；第二，已拜爵而依法判处耐、迁。即在本款中，受赐与否取决于是否已拜爵。上述《二年律令·爵律》之文与第一款意图相同。

【译文】

从军应当按劳绩授爵和赏赐，本人尚未受爵而死亡，他的继承人因犯罪而依法被处以耐、迁的，本人未死而依法被处以耐、迁的，都不能受爵受赐。本人已经受爵，但尚未受赐而死亡，或依法被处以耐、迁的，仍给予赏赐。　　军爵律

---

① 朱绍侯：《军功爵制考论》，第54页。
② 蒋礼鸿：《商君书锥指》，中华书局，1996，第119页。

【简文】

欲歸爵二級以免親父母爲隸臣妾者一人及隸臣斬首爲公士謁歸公士而
　　免故妻隸妾一 155

人者許之免以爲庶人工隸臣斬首及人爲斬首以免者皆令爲工其不完者
　　以爲隱官工　　軍爵 156

【释文】

欲歸爵二級以免親父母爲隸臣妾者一人，及隸臣斬首爲公士，謁歸公
士而免故妻隸妾一 155 人者，許之，免以爲庶人。工隸臣斬首及人爲斬首
以免者，皆令爲工。其不完者，以爲隱官工。[1]　　軍爵 156

【集释】

[1]　隱官工

整理小组：据简文应为在不易被人看见的处所工作的工匠。

马非百：所谓"隐官"，乃是一个收容受过刑，而因立功被赦免的罪
人的机关。处在隐官的罪人，是要从事劳动的，其性质约和后世的劳动教
养所大致相同。[1]

传汉：透露出秦代受肉刑的刑徒，免罪后仍需服劳役，并设有管理的
官府，名为"隐官"。[2]

周晓瑜："隐官"当是"隐宫"……秦代设有"隐宫"机构，它是专
门收容因犯罪受过肉刑，身体不完全，而后又因立功被赦免为庶人的人
的。处于"隐宫"机构中的人，也称"隐宫工"。[3]

刘向明："隐官"不可能是某种机构，而应该是秦汉社会对具有特殊
身份人员的官定称呼。他们均受过肉刑处罚，因特殊原因被官府确认是可
怜悯者，并给予一定的补偿和照顾。但他们既不属黔首或庶人，也不是官
私奴婢，应该是处在两者之间的身份特殊的低贱者。[4]

【按】"隐官"一词相继在睡虎地秦简、张家山汉简《二年律令》、

①　马非百：《云梦秦简中所见的历史新证举例》，《郑州大学学报》（社会科学版）1978 年第
　　2 期，第 67 页。
②　传汉：《"隐宫"与"隐官"》，《辽宁大学学报》1982 年第 2 期，第 18 页。
③　周晓瑜：《秦代"隐官""隐宫""宫某"考辨》，《文献》1998 年第 4 期，第 73～80 页。
④　刘向明：《从出土简牍看秦汉"隐官"的主要来源》，《嘉应学院学报》（哲学社会科学
　　版）2006 年第 5 期，第 110 页。

《奏谳书》、里耶秦简中出现。里耶秦简中的征徭之令"司寇、隐官"并提，[1] 可知秦时"隐官"一词已经由专门处所或机构发展成某种身份的称呼。"隐官工"应是"隐官"当中的一类成员，具有一定的技能。学者已经指出，"隐官"的一个必要条件就是"已刑"，即受过肉刑而身体不全。同时还要满足另一个条件，即"有成为自由身份的可能性存在"。[2] 就现有材料可知，隐官的来源主要有："因官吏'故不直'及误判遭肉刑后经'乞鞫'被平反者；自立军功或他人上缴军功而被赦免之刑徒；因朝廷赦令被赦免之刑徒。"[3] 据《二年律令·傅律》365 简"公卒及士五、司寇、隐官子，皆为士五"，隐官后代可以登记为士伍，可见隐官的身份不具有继承性。

本条中的"其不完者"，指受过肉刑的工隶臣。《法律答问》109－111简："'葆子狱未断而诬告人，其罪当刑为隶臣，勿刑，行其耐又系城旦六岁。'何谓'当刑为隶臣'？……'有收当耐未断，以当刑隶臣罪诬告人，是谓当刑隶臣。'"可知秦律中有刑为隶臣之罪。

另外，马非百先生、陈直先生最早提出《史记·秦始皇本纪》、《蒙恬列传》中的"隐宫"乃"隐官"之讹，[4]

【译文】

希望归还爵两级，用来赎免现为隶臣妾的亲生父母一人，以及隶臣斩获敌首而为公士，希望归还公士之爵，用来赎免现为隶妾的妻一人的，可以允许，将他（她）们都免为庶人。工隶臣斩获敌首和别人斩获敌首来免除工隶臣的，都令作工匠。受过肉刑的，作为隐官工。　　　军爵

置吏律

【题解】

《置吏律》自 157 简至 161 简，共计 5 简，整理小组分别为三条律文，

① 湖南省文物考古研究所编著《里耶发掘报告》，岳麓书社，2007，第 192～193 页。

② 李超：《也谈秦代"隐官"》，《秦汉研究》第 3 辑，2009，第 212 页。

③ 蒋菲菲：《〈史记〉中"隐官徒刑"应为"隐官、徒刑"及"隐官"原义辨》，载中国文物研究所主编《出土文献研究》第 6 辑，上海古籍出版社，2004，第 138 页。

④ 马非百：《云梦秦简中所见的历史新证举例》，第 67 页；陈直：《史记新证》，天津人民出版社，1979，第 24 页。

律文末尾均缀有"置吏律"三字。整理小组认为《置吏律》是"关于任用官吏的法律"，学界的总体认识亦大致相近。睡虎地秦简《秦律杂抄》中又有"除吏律"，关于两者的关系，高恒先生认为"《置吏律》当是一篇任免行政、财务部门官吏的法规，《除吏律》是有关任免军事官吏的法规"，[1] 黄盛璋先生则认为"秦律本身亦有先后，第一种有《置吏律》，第三种又有《除吏律》，显为两个时期所修，故名称稍异，而实为同律"。[2] 张忠炜先生则认为除吏律非律篇之名。[3]

《置吏律》律名初见于睡虎地秦简，又见于岳麓书院藏秦简与《二年律令》。《二年律令·置吏律》的内容，涉及举荐者的连带责任、致事、使用驾传、职责范围、予告、都官除吏的地域范围、修改律令提议的申报层级、诸侯王等设姬的类别及诸侯王之女的称谓等各种规定。《置吏律》之篇未知行用至何时，不过在敦煌汉简中尚有其律之文，如2325简"律曰：诸使而传不名取卒、甲兵、禾稼簿者，皆勿敢擅予"，[4] 据《二年律令·置吏律》216简的同文记载，知其应出自《置吏律》。

本篇《置吏律》的主要内容包括：县、都官、十二郡任免吏、佐及其他官属的法定期间及其破除时限的特殊情形；任职、派遣的程序以及对违反行为的惩处，不得将旧任手下任用至新职的禁令；代理啬夫职权的资格等。

【简文】

縣都官十二郡免除吏及佐羣官屬以十二月朔日免除盡三月而止之其有
　　死亡及故有夬者爲補 157

之毋須時　　　　　　　　　　　　　　置吏律 158

【释文】

縣、都官、十二郡［1］免除吏及佐、羣官屬，以十二月朔日免除，

---

① 高恒：《秦简中与职官有关的几个问题》，载中华书局编辑部编《云梦秦简研究》，第213页。

② 黄盛璋：《云梦秦简辨正》，《考古学报》1979年第1期，第3页。

③ 张忠炜：《秦汉律令法系研究初编》，社会科学文献出版社，2012，第105～106页。

④ 甘肃省文物考古研究所编《敦煌汉简》下册，中华书局，1991，第311页。

盡三月而止之。其有死亡及故有夬（缺）［2］者，爲補 157 之，毋須時。

置吏律 158

【集释】

［1］十二郡

整理小组：秦所设郡数逐步增加，《据史记》，秦只有十二个郡的时期，至少应在秦始皇五年以前。

黄盛璋：从十二郡设立的时间，可证《秦律》年代应在秦昭王晚期。①

大庭脩：十二郡的时代大致在庄王（庄襄王）时期，至少应在始皇帝即位之前。②

王辉：在庄襄王元年时，秦已有……十二郡；至庄襄王三年，又置上党、太原二郡，已超过十二郡之数。《置吏律》只提十二郡，可见其抄写时间在庄襄王元年至三年之间，不会晚至秦王政五年时。③

晏昌贵：秦十二郡形成于昭王三十五年，下一个郡的设置则要晚到庄襄王元年，因此，秦简《置吏律》当制定于秦昭王三十五年之后，庄襄王元年之前。④

［2］故有夬（缺）

整理小组：因故出缺。

【按】从律文看，"死亡"与"故有缺"是分别列举的两种情况，二者并不兼容。因此这里的"故"，可理解为除死亡之外的各类难以列举的不测和意外等情形。

【译文】

县、都官、十二郡任免吏、佐及各官府人员，从十二月一日起任免，到三月底停止。出现死亡以及其他意外情形而缺员的，可进行补充，不必等到规定的时间。　　置吏律

---

① 黄盛璋：《云梦秦简辨正》，第 2 页。

② 〔日〕大庭脩：《秦汉法制史研究》，第 61 页。

③ 王辉：《秦史三题》，《陕西历史博物馆馆刊》第 6 辑，第 17～18 页。

④ 晏昌贵：《秦简"十二郡"考》，载北京大学中国古代史研究中心编《舆地、考古与史学新说——李孝聪教授荣休纪念文集》，中华书局，2012，第 127 页。

【简文】

除吏尉已除之乃令視事及遣之所不當除而敢先見事及相聽以遣之以律
　　論之嗇夫之送 159

見它官者不得除其故官佐吏以之新官置吏律 160

【释文】

除吏、尉，已除之，[1] 乃令視事及遣之；所不當除而敢先見事，及
相聽以遣之，以律論之。嗇夫之送 159 見它官者，不得除其故官佐、吏以
之新官。　　置吏律 160

【集释】

[1] 除吏、尉，已除之

整理小组：任用吏或尉，在已正式任命之后……（译）

何四维：在此处出现"尉"字是令人费解的，因为无论是在郡（他们
掌管军队的事务）还是在县（相当于治安长官）中，他们都是由皇帝所任
命的。或许我们可以假设这里出现了抄写的错误？整理小组在注释中解释
了"尉"的职务，但是忽视了尉从不由地方任命。①

邹水杰：从这条材料上看，则尉有置吏权。②

陶安あんど：如高村武幸基于里耶秦简所指出的，县尉可任命里典等
乡官与邮人，这里……将尉看成任命"佐吏"等下级吏员的县尉，更近于
实情。③

戴世君：简文"除吏、尉，已除之"标点或为"除吏，尉已除之"。
《秦律杂抄·除吏律》简 2–3……该律表明"尉"有"除吏"的权力……
《淮南子·兵略训》……也谈到了尉的除吏的职权。④

杨振红：……"尉"不可能与"吏"并列为"除"的对象，而是由
"尉"来"除"吏，即由尉负责吏的任免工作。⑤

---

① A. F. P. Hulsewé：Remnants of Ch'in Law，p. 77.

② 邹水杰：《秦汉县丞尉设置考》，《南都学坛》（南阳师范学院人文社会科学学报）2006 年
　　第 2 期，第 17 页。

③ 〔德〕陶安あんど：《秦漢刑罰体系の研究》，第 465 页，注释 106。

④ 戴世君：《〈睡虎地秦墓竹简〉注译商榷六则》，第 117 页。

⑤ 杨振红：《秦汉时期的"尉"、"尉律"与"置吏"、"除吏"——兼论"吏"的属性》，
　　载武汉大学简帛研究中心编《简帛》第 8 辑，上海古籍出版社，2013，第 334 页。

【按】 各位先生已指出整理小组的句读不妥。此从。

【译文】

任用吏，经尉任命后，才能让他处理事务和派往就职；不应任用而先让他处理事务，及合谋派往就职的，依照法律论处。调往其他官府的啬夫，不得将原任官府的佐、吏任用到新任官府。　　置吏律

【简文】

官嗇夫節不存令君子毋害者若令史守官毋令官佐史守 置吏律 161

【释文】

官嗇夫節（即）不存，令君子毋（無）害 [1] 者若令史守官，毋令官佐、史守。　　置吏律 161

【集释】

[1] 君子毋（无）害

君子

整理小组：这里疑指有爵位的人。

陶安あんど：君子不是官署里的长官，但在长官"官嗇夫"不在的情况下，能与令史一样代理长官之职，与只负辅佐职责的"佐史"处于同位。推测他们是虽然有一定的管理职责，但是是与令史那样无官位的人。①

【按】 前《徭律》116 简中有"君子主堵者"之语，《秦律杂抄》34 简又见"署君子"。魏德胜先生认为，将君子解释为"有爵位的人"不妥，应当是官员之意。"君子主堵者"，就是负责城墙建设的官员，"署君子"是某个岗位的官员，"君子无害者"是没有过失的官员。建筑城墙、宿卫、守城、留守，睡虎地秦简中负责这些工作的有时没有固定的官职，是按照需要临时指派，所以在秦律中明确他们的职责时，就用一个比较笼统的词"君子"来指称。②

毋（无）害

整理小组：办事没有疵病。

---

① 〔德〕陶安あんど：《秦漢刑罰体系の研究》，第 458 页，注释 76。
② 魏德胜：《〈睡虎地秦墓竹简〉词汇研究》，第 171 页。

【按】学界一般认为"无害"为"文无害"的省略语，如《岳麓书院藏秦简（叁）》整理小组所注释，"无害"又称为"文无害"、"文史无害"。①

关于"无害"与"文无害"的含义，学界见解纷纭。如"无害"有无瑕疵说、② 公平说、③ 无能胜过说；④ "文无害"有精通文书、⑤ 精通律令、⑥ 吏之最能者之说。⑦ 也有认为"文"与"无害"是评价的两个方面，执法平和为"文"，"无害"则指官吏熟悉自己的本职工作，处理公文及办理公务时处事干练，认真负责，不出差错。⑧

依据文献记载及诸家之说，可知"无害"或"文无害"是秦汉时期选拔、评价文吏的常用语，其评价标准具有复合性，包括精通法律、长于文书、通晓掌故、熟悉政事、执法公平、品德无瑕、能力出众等各个方面。

【译文】

官啬夫如果不在位，命令符合"无害"要求的君子或令史代理，不得命令官府的佐、史代理。　　置吏律

---

① 朱汉民、陈松长主编《岳麓书院藏秦简（叁）》，第 183 页。

② 杨树达：《汉书窥管》，上海古籍出版社，2007，第 310 页；张世超：《关于金文"眉寿"之"眉"的说明》，载《中国古文字研究》第 16 辑，上海人民出版社，2012，第 6 页。

③ A. F. P. Hulsewé: Remnants of Ch'in Law, p. 78. 张伯元：《"害"、"文无害"及"毋害都吏"辨》，载陈金全、汪世荣主编《中国传统司法与司法传统》，陕西师范大学出版社，2009，第 116 页。

④ 陈槃：《汉晋遗简识小七种》，上海古籍出版社，2009，第 39 页。

⑤ 杨树达：《汉书窥管》，第 310 页。

⑥ 〔日〕泷川资言：《史记会注考证》，文学古籍刊行社，1955，第 3040 页；陈直：《汉书新证》，第 259 页。

⑦ （清）王先谦：《汉书补注》，中华书局，1983，第 978 页。

⑧ 于振波：《秦汉时期的"文法吏"》，《中国社会科学院研究生院学报》1999 年第 2 期，第 66～67 页。

青川秦牍《为田律》释义及
战国秦土地性质检讨

南玉泉*

摘　要：青川秦牍《为田律》反映了战国时期秦国授田制下的新型田亩规制。秦亩宽 1 步，长 240 步，每亩划分成两个长条形田区——畛，畛间的小路为畷道。百亩为顷，顷间道路为阡陌。顷田边际设有疆界标识——封，整齐的顷间田亩不会设有埒这种疆界标识，广泛使用封埒的应是零星不整之田。战国秦甚至其他各国基本实行授田制，这是各国变法以来典型的国有制土地形式，汉初依然实施，但已入末路。西汉武帝以后，土地完全私有化，进入地主所有的私有制时期。

关键词：青川秦牍　为田律　田亩制度　阡陌　封埒　爰田易居

战国时秦国的田制文献多有记载，但皆零星不全，不能有一个完整的认识。四川青川县出土秦牍《为田律》较为全面地记载了秦武王二年时的田制规划，秦牍发表后，很多学者发表了很有见地的意见，为正确解读律文做出了贡献。为便于论述，全文引述如下：

---

* 中国政法大学法律古籍整理研究所教授。

二年十一月己酉朔朔日，王命丞相戊（茂）、内史匽、取臂更修《为田律》：田广一步，袤八则。为畛，亩二畛，一百（陌）道；百亩为顷，一千（阡）道。道广三步。封高四尺，大称其高。埒（埒）高尺，下厚二尺。以秋八月修封埒（埒），正彊（疆）畔，及登千（阡）百（陌）之大草。九月，大除道及阪险。十月为桥，修波（陂）隄，利津梁，鲜草离。非除道之时而有陷败不可行，辄为之。①

下面对律文中的田亩规划和封埒制度等问题做一疏理，就此请教专家，敬请指正。

一　关于律名问题

关于该律的律名主要有两种意见，一种认为应定名为《田律》，一种认为应定名《为田律》，且这是目前大多数学者的意见。

李学勤先生认为，"为田律"是律名。"为"意为作、治，"为田"的意思是制田。《为田律》是关于农田规划的法律，与云梦秦简《田律》有所区别。由牍文还可知道，秦武王以前已有《为田律》，此时不过进行改订。② 李零先生也认为应定名《为田律》，"为"是动词，"为田"指规划田亩，并引《史记·秦本纪》"为田开阡陌"，《商君列传》"为田开阡陌封疆"，《九章算术·方田》"为田几何"等材料进行论证。③ 张金光先生的观点与此相类，他论述道：《史记·商君列传》言"为田"，银雀山汉墓出土《孙子》佚篇《吴问》云"范中行是（氏）制田"、"韩魏制田"、"赵是（氏）制田"等与"为田"之意相同，即田间土地耕作布置规划之

---

① 四川省博物馆、青川县文化馆：《青川县出土秦更修田律本牍——四川青川县战国墓发掘简报》（以下简称《发掘简报》），《文物》1982年第1期，第11页。本文所隶定的释文，除参考《发掘简报》发表的释文及图版外，亦综合了诸家的考释成果。因本文的研究未涉及不同释字而引起的异议，故与《发掘简报》释文不同之处未一一注明出处，错误之处笔者自行负责，特作如上说明。

② 李学勤：《青川郝家坪木牍研究》，《文物》1982年第10期，第69页。

③ 李零：《论秦田阡陌制度的复原及其形成线索》，《李零自选集》，广西师范大学出版社，1998，第171页。

意。牍文"更修"二字为动词，"为"属下读，秦原应有《为田律》，秦武王二年重新修订而已，故应名为《更修为田律》。①

李昭和先生将其定名为《田律》，他对该律相关部分的释文是："王命左丞相甘茂、内史匽取瓒（秦律），更修为（蜀地）田律。"② 黄盛璋先生1982年发表的《青川新出秦田律木牍及其相关问题》一文，其中还有一级标题为"秦更修田律的意义与来源的考察"，从其论文题目及内中标题可知，他取"田律"之名，认为"'更修为田律'就是再次把旧有的田律写出公布，其中也可能包括修改补充，但并非主要的"。③ 田宜超、刘钊先生1983年在《考古》杂志发表《秦田律考释》一文，将青川秦牍律文称为"木牍《秦田律》"。④ 1987年，黄盛璋先生在《青川秦牍〈田律〉争议问题总议》一文中对这个问题做了专门阐述，他说："牍文此律包括去草、除道、修桥梁陂堤等，并非限于'为田'"，"《田律》所包广，自包'为田'在内。'为田'所包狭，时间亦短暂，不仅古无此名，取为律名与传统律名相违，且与律文规定不能尽合"。"'为'字与上'修'字连读，'修为''更为''创为'……不仅经史常见，且比属下读要通顺得多。"⑤

两种观点的分歧关键在"为"字。从语法、字意分析或在传世文献中寻找证据，称为《为田律》也无懈可击，将其称为《田律》者在语法或字义上也不能说不正确。解决这一问题还需出土材料来证明。张金光先生认为，秦自商鞅变法以来就应有为田律，《为田律》与《田律》虽有联系，但实则根本不同。按云梦秦简所收入的六条《田律》来看，秦《田律》主要是关于土地制度以及建立在一定土地制度基础上的国家剥削制度和农业生产管理制度等方面的立法。《田律》的本质是土地法，《为田律》应是《田律》中土地制度的具体化，是官社的田间布置规划之法。⑥ 张先生的分析不能说没有道理，但江陵张家山汉简《二年律令·田律》却包括《为田

---

① 张金光：《秦律研究》，上海古籍出版社，2004，第115页。

② 李昭和：《青川出土木牍文字简考》，《文物》1982年第1期，第27页。

③ 黄盛璋：《青川新出秦田律木牍及其相关问题》，《文物》1982年第9期，第72页。

④ 田宜超、刘钊：《秦田律考释》，《考古》1983年第6期，第545页。

⑤ 黄盛璋：《青川秦牍〈田律〉争议问题总议》，《农业考古》1987年第2期，第131页。

⑥ 张金光：《秦律研究》，第115页。

律》和云梦秦简《田律》的若干内容。① 根据张家山汉简整理小组的缀合连接，《二年律令·田律》可分为如下五个部分：1. 授田规范；2. 征收租税（刍稁）规范；3. 山林水草生态保护规范；4. 惩处侵害牲畜、稼穑规范；5. 田亩规划规范。其中 2、3、4 部分与云梦睡虎地秦简《田律》或龙岗秦简相关律文都有明显的渊源关系；而 5 部分的内容与青川《为田律》的律文基本相同。这说明，至少在汉初所谓《为田律》的内容是放在《田律》中的，并不存在一篇单独的《为田律》。当然，也有这种可能，即商鞅以至秦武王二年的时候，秦国确实存在过《为田律》，汉初或者秦朝的某一时刻将其合并到《田律》之中了。不过，我们更倾向于将青川秦牍称之为《田律》。这只是一种倾向性的看法，这种解读还涉及"取臂"二字的准确隶定和"为"字的用法，《发掘简报》对此二字未识，只标记为两方框，原牍此处亦不清晰，在未能确定二字的真正释义及没有发现更多的材料之前暂不做肯定的结论。为与云梦睡虎地秦简《田律》相区别，仍沿用《为田律》这一称呼。

二　秦田亩规制

周代实行井田制，八家为私，中田为公，是长方形的九百亩规制。② 《说文·田部》："晦，六尺为步，步百为晦。秦田二百四十步为晦。从田每声。"段注："秦孝公之制也。"③《周礼·封人》："不易之地，家百晦。"郑注："亩本亦作古晦字。"《论语·学而》何晏集解引《司马法》："六尺

---

① 参见彭浩、陈伟、工藤元男主编《二年律令与奏谳书》，上海古籍出版社，2007。本文所引《二年律令》皆自本书，不再出注。
② 《孟子·滕文公章句上》载孟子向滕文公阐述治国方略时讲："方里而井，井九百亩，其中为公田。八家皆私百亩，同养公田；公事毕，然后敢治私事，所以别野人也。"〔（清）阮元《十三经注疏》，中华书局，1980，第 2703 页〕孟子阐述的就是周田制度。《汉书·食货志第四上》所述更为详细一些，但其要旨相同："六尺为步，步百为亩，亩百为夫，夫三为屋，屋三为井，井方一里，是为九夫。八家共之，各受私田百亩，公田十亩，是为八百八十亩，馀二十亩以为庐舍。"引自（汉）班固《汉书》，中华书局，1962，第 1119 页。
③ （汉）许慎撰，（清）段玉裁注《说文解字注》，上海古籍出版社，1988，第 696 页。

为步，步百为亩。"① 即宽一步，长百步为一亩。这些讲的就是周制，后世传统称为小亩者。亩宽六尺是与当时的生产工具与耕作方式有密切关系的，孙诒让《周礼正义》及当代学者李学勤、张金光等都有非常详细的论述，此不赘述。②

田亩面积大小的规制历史上各时期并不一致，春秋战国各诸侯也不相同。这种变化与生产方式、赋税制改革密切相关。春秋以后，三晋地区在诸多领域成为中国历史上改革的先驱，很多变革制度往往最先起源于这个地区。银雀山汉简《吴问》所载三晋田亩规划，就清晰地反映了周制的小亩逐步扩大亩积的过程。

《吴问》残简，"吴王"问晋国的"六将军分守晋国之地，孰先亡？孰固成？"孙子认为亡固与田亩制度密切相关，简文中所述各家的田亩制度是："范、中行是（氏）制田，以八十步为婉（畹），以百六十步为畛，而伍税之。""韩、魏（魏）置田，以百步为婉（畹），以二百步为畛，而伍税〔之〕。""赵是（氏）制田，以百廿步为婉（畹），以二百卅步为畛，公无税焉。"③ 这是说，范、中行、魏、赵氏等在宽一步，长百步的周亩制式基础上，都各自加大亩的纵长，最后固定在亩长 240 步的亩积规制。《风俗通义》佚文："秦孝公以二百四十步为亩，五十亩为畦。"商鞅变法推行的是大亩制，以长 240 步为亩。典籍中多有关于 240 步为亩的记载，《楚辞·离骚》王逸注："二百四十步为亩。"《盐铁论·未通》："制田二百四十步而一亩。"《资治通鉴·秦纪一》胡三省注引杜佑曰："古者百步为亩，自秦汉以降，即二百四十步为亩。"当然，有的记载以为是汉兴以来亩长 240 步，唐颜师古就这样认为，如《急就篇》卷三颜师古注："周制百步为亩，自汉以来二百四十步为亩。"《汉书·食货志上》颜师古注引邓展曰："古百步为亩，汉时二百四十步为亩。"汉承秦制，240 步为亩不应是汉朝初创的制度，这应当不是一个问题。因此，我们可以肯定地说，

---

① 《十三经注疏》，第 2457 页。《周礼·小司徒》注引《司马法》亦云："六尺为步，步百为亩。"

② 李学勤：《青川郝家坪木牍研究》，《文物》1982 年第 10 期，第 70 页；张金光：《战国秦社会经济形态新探》，商务印书馆，2013，第 117 页。

③ 中国人民解放军军事科学院战争理论研究部《孙子》注释小组：《孙子兵法新注》，中华书局，1977，第 162 页。

至少战国初年以来，秦的亩制应该就是宽 1 步，长 240 步的长条形田。

按理说，青川秦牍《为田律》的出土为传统秦亩制提供了坚实证据，事实上却使有些学者对秦传统田亩制的记载产生了疑问，就是汉初《二年律令·田律》的记载也并不能彻底打消人们的疑虑。这其中的关键就是对《为田律》中"则"与"亩二畛"的解读问题。"则"有标准之意，在这里是为量词。骈宇骞、孙常叙先生曾对则字做了精辟详细的分析，[①] 但是，青川牍文的"则"字人们最初却没有往这个方向去理解，一般还是将其释为连词。于琨奇先生推测，秦牍一则为 10 步，八则为 80 步。畛是亩中横的道路，亩二畛，即将长 240 步的秦亩分截成三段。胡澍咸先生据孙常叙《则、法度量则、则誓三事试解》一文中对"则"字的分析，认为于说近于律义，只是苦于训诂上没有根据。但是，胡澍咸不同意畛为田间小道的观点，他据《吴问》认为，范氏、中行氏、韩氏、赵氏的田亩"都是一畛二畹，这正与一亩二畛一样，与赵制更是完全相同。商鞅变法，制定新的田制，盖是仿照赵氏的"。[②] 上述研究，一步步接近秦律田亩制的真谛。胡平生先生据阜阳汉简"步卅为则"断定《为田律》中的"则"为量词，而且"八则"正合 240 步，为解决《为田律》的田亩规制做出了关键性的贡献。[③] 江陵张家山汉简《二年律令·田律》的律文也印证了这个结论。试比较二者的律文句式：

　　1. 田广一步，袤八则。为畛，亩二畛，一百（陌）道。百亩为顷，一千（阡）道，道广三步。（《为田律》）

　　2. 田广一步，袤二百卅步。为畛，亩二畛，一佰（陌）道；百亩为顷，十顷一千（阡）道，道广二丈。（《二年律令·田律》）

① 参见骈宇骞《始皇廿六年诏书"则"字解》，《文史》第 5 辑，中华书局，1978；孙常叙《则、法度量则、则誓三事试解》，《古文字研究》第 7 辑，中华书局，1982。骈宇骞和孙常叙二位皆将则解释为标准器，或含标准之意，这对青川秦牍之"则"的解读应有启发作用，但时人未能从这个角度去考虑。

② 胡澍咸：《四川青川秦墓为田律木牍考释》，《安徽师范大学学报》（哲学社会科学版）1983 年第 3 期，第 58 页。

③ 胡平生：《青川秦墓木牍〈为田律〉所反映的田亩制度》，《文史》第 19 辑，1983；后收入《胡平生简牍文物论集》，兰台出版社，2000。本文所引为后者《论集》。又参见胡平生、韩自强《解读青川秦墓木牍的一把钥匙》，《文史》第 26 辑，1986。

对比 1、2 律文，"袤二百卅步"替代了"袤八则"，证明袤八则就是袤二百卅步。因此，在胡平生先生正确释读"则"字之前对秦田亩制所做的各种解读必然不会正确。

在正确解读律文中的"则"字之后，由于对律文"为畛，亩二畛"的"畛"字的不同解释以及如何断句，学界对秦田亩规制的理解仍存在巨大的差距。罗开玉先生曾归纳先秦之"畛"的含义，计有田间径路；田间陌道；记田地面积的单位；田间小水沟之埂四种。① 我们可以将其分成两类，即一是表述直径线路的陌道或径路，二是表述田亩的一定面积。这两种表述在汉及其之前的典籍中都能找到依据，因此，根据不同的解释会得出截然相反的结论。

黄盛璋先生认为畛是宽一步的田间小径，主要用以隔亩。他将畛置于亩的两端，另两边则为陌道。一顷之田当为纵十亩，横十亩的整齐排列，按他的排列，阡道将无处安置，只能将畛道与阡道并排安置。② 李学勤先生认为，《为田律》所说的"畛"是起分界作用的小道，可能有两种含义。一是包括畸零的农田，耕田只要有宽一步、长八步的面积，也就是秦亩的三十分之一就应修造名为"畛"的小道，作为与其他耕田区分的地界。二是在较大面积的田区划分中，畛是亩与亩之间的田埂，作为小道，通向亩端的陌道。李文并绘了示意图，以宽一步，长二百四十步为一亩，畛是与阡道并行通向两端陌道的小道。畛与陌道相比，自然更窄一些。③ 其第一种推测因为当时并没有正确释读"则"字的含义，自然不免走入歧路。而第二种推测，每亩都要相邻两条畛，虽然比陌要窄，百亩之田中间则有 99 条畛。秦时百亩作为一个区域要同时耕作，中间这么多小道即违反耕作规律，又毫无必要。因此，这样理解畛显然也是不合理的。

李零先生的推测和李学勤的第二种推测相同，即在宽一步，长 240 步的长条形亩的两侧各有一畛，用以同邻亩相隔。但对畛的含义，李零有独特的解释。他通过对《吴问》的分析，认为畛是用来表示亩长，而婉表示

① 罗开玉：《青川秦牍〈为田律〉研究》，《简牍学研究》第 2 辑，甘肃人民出版社，1998，第 36、37 页。
② 黄盛璋：《青川新出秦田律木牍及其相关问题》，第 72 页。
③ 李学勤：《青川郝家坪木牍研究》，第 71 页。

的则是半亩之长。畛、畷的长度是逐渐变化的，但是变化的幅度有一定范围，最后固定在240步这个标准。[①]

田宜超、刘钊先生认为畛是两陌间（田中）之道，他们所复原的秦亩制仍然是二百四十平方步，以为律文"八"下省一"步"字。二畛，一条在亩中，一条在亩端与陌道相交。若此，秦亩是广八步，袤三十二步，包括"亩二畛"的宽度。按他们的理解，《为田律》应这样断句："田：广一步，袤八（步）则为畛；亩二畛，一百（陌）道。百亩为顷，一千（阡）道。"这样秦亩被畛分成两个田区，称为"畷"，畷广八步，袤十五步，一亩两个畷。[②]

胡平生先生正确地解读了"则"字，但是对畛字的解读却使秦的田亩制与典籍的记载差距过甚。胡平生认为，"畛"在律文应释为田区，这在古书中有训，如《周礼正义》、银雀山汉简《吴问》等。青川秦牍的"畛"就是宽一步，长二百四十步计二百四十平方步的田区。因为每亩有二畛，所以秦亩积应是宽二步，长二百四十步，每亩约合914平方米。[③] 按胡平生先生的理解，《为田律》应这样断句："田广一步，袤八则为畛；亩二畛，一百（陌）道。百亩为顷，一千（阡）道。"只是秦亩宽2步，长240步与典籍记载相矛盾。郝进军先生承认商鞅改革推行的亩制为宽1步，长240步，他认为："在商鞅以后的秦国新占领区，也即秦武王前后，在秦国统治的中心区域，仍以宽一步，长二百四十步为亩；在急剧扩张的人少地多的新占领区，如：包括四川青川县在内的巴蜀地区，为了减少反抗的力量，就以宽一步，长四百八十步为'畞'。张家山汉简的出土地域——现今湖北一带，在秦昭王时期被秦国占领，也开始推行宽一步，长四百八十步为'畞'的土地制度。汉朝建立后，在现今的湖北一带继承秦朝的土地制度，一如既往，这就是张家山汉简记录下的实况。"这样，青川秦简所规定的"田广一步，袤八则为畛，畞二畛"的意思，应该是"宽一步，长八则（每则等于三十步）为半

① 李零：《论秦田阡陌制度的复原及其形成线索》，第144～181页。
② 田宜超、刘钊：《秦田律考释》，第546页。
③ 胡平生：《青川秦墓木牍〈为田律〉所反映的田亩制度》，第261～262页。

亩——'畛'，每亩地等于两个半亩"。① 而且，这种规则被汉代所承袭并推向了全国。

祝中熹先生也将畛解释为田区。但是他认同典籍所载秦亩宽1步，长240步的规制，以此为基准，"亩二畛"，即在这个240平方步的长条形田亩内划分两个田区。畛作为田区就是畦，从"圭"之字多含物半之意。"亩二畛"即是长条形田亩中两个半亩。② 本文同意这种田区的划分，并予以补充。畛是田区，从典籍资料和《吴问》所载可知，并没有固定尺寸。一亩二畛，则在百亩之田的两陌间形成一条间隔两块田的小路，这条小路当称为畷，《说文·田部》："畷，两陌间道也。广六尺。"③ 中间的畷一步宽，约合1.38米，为亩间田作往返搬运之用。这田间小路在田作上是必要的，并有很古老的传统，农村常称之为"腰路"。古文"畺"字正是这种形象的描述，西周毛伯簋就有此字。祝中熹先生对畛的解释以及对田区划分合乎田作原理，这样的解释与传统典籍所载由长240步的记载也不矛盾。因此，本文赞成祝中熹先生对秦田亩规制的推测。

正确地解读了"则"与"畛"，阡陌制度就好理解了。

《汉书·食货志》"及秦孝公用商君，坏井田，开阡陌"，颜师古注："阡陌，田间之道也。南北曰阡，东西曰陌。"《汉书·成帝纪》也有类似记载。④《史记·秦本纪》司马贞索隐引《风俗通》曰："南北曰阡，东西曰陌。河东以东西为阡，南北为陌。"可知阡陌是南北东西垂直相交的田间道路。以关中地区为例，参看秦牍与《二年律令》能更为清晰地复原战国秦田亩规制。青川秦牍云："为畛，亩二畛，一百（陌）道。百亩为顷，一千（阡）道。"《二年律令·田律》："为畛，亩二畛，一佰（陌）道；百亩为顷，十顷一千（阡）道。"比较二者律文，显然《二年律令·田律》

---

① 郝进军《银雀山竹简〈吴问〉考辨》，国学网：http：//www.guoxue.com/？p = 540（2009 – 07 – 18 16：48）。

② 祝中熹：《青川秦牍田制考辨》，《秦史求知录》，上海古籍出版社，2012，第224页。原文发表于《简帛研究》第2辑，法律出版社，1996。

③ （汉）许慎：《说文解字》，中华书局，1963，第291页。

④ 《汉书·成帝纪》载阳朔四年诏："其令二千石勉劝农桑，出入阡陌，致劳来之。"颜注："阡陌，田间道也。南北曰阡，东西曰陌，盖秦时商鞅所开也。"（《汉书》，第314、315页）

表述得更为清晰。因阡陌是交叉垂直的，所以《二年律令·田律》说"百亩为顷，十顷一千（阡）道"，即十个百亩纵向排列，其两侧设置阡道。秦牍律文省略了"百亩为顷"四字，但在田亩阡陌的规划上二者是一样的。

秦牍《为田律》言"道广三步"是否包括陌道学者观点不一。有学者认为律文确定阡道宽三步，即十八尺，对陌道和畛道则无规定。清代段玉裁曾提出"陌广六尺"，也许是适当的。[①] 若按此推测，阡道宽三步，陌道宽仅一步。从律文的文意分析，"道广三步"应是陌、阡的概括性规定，若陌道宽度与阡道不同，律文应当明确规定。《二年律令·田律》也只是规定："……为畛，亩二畛，一佰（陌）道；百亩为顷，十顷一千（阡）道，道广二丈。"并未分别规定陌、阡道的宽度，只是这时道广变为"二丈"，比秦律增加了二尺。汉乐府有《陌上桑》，若陌道只有一步宽，植桑对陌道行走往来是很不方便的。据《说文》畷（两畛之间小道）宽6尺，故陌道一定宽于6尺，否则作为亩间腰路的畷与陌就没有区别了。《考工记·匠人》"经涂九轨"郑注："轨，谓辙广，乘车六尺六寸，旁加七寸，凡八尺，是谓辙广。"为了搬运、行走便利，陌道不能仅宽一轨。不能想象，在一片田地中，仅南北方向的阡道宽度适于往来车辆行走，而东西方向则不能行车。在目前没有直接证据证明的情况下，虽然不能绝对肯定陌、阡道同宽，但宽于6尺的畷应是合理的推测。

在此顺便对律文及典籍中的阡陌与阡道、陌道的概念做一补充说明。按一般理解，阡陌就是阡道与陌道的简称，应当说这不是一个问题。但是，袁林先生认为，"阡道陌道与阡陌并非一事"，律文中的"'道'即顷边之阡道陌道。对于阡陌和道，法定的维修时间和内容皆不相同，对阡陌，是在'秋八月''奏阡陌之大草'，对于阡道和陌道则是'九月，大除道'"，在文献中也可看到阡道陌道与阡陌并不相同的踪迹，"阡陌当是分别与阡道、陌道平行的一种比较大的田界设施，其间距离比较远，所包围土地数量比较多。"[②] 将阡陌与阡道、陌道解释成两种不同的设施，在出土

① 李学勤：《青川郝家坪木牍研究》，第71页。
② 袁林：《析"阡陌封埒"——同魏天安同志讨论》，《河南大学学报》（社会科学版）1992年第7期，第26页。

资料与传世文献中都找不到证据。至于袁林先生所举几条阡陌与阡道陌道关系的材料，亦是理解有误；如《汉书·晁错传》"通田作之道，正阡陌之界"，这只是文法上对偶的写作手法，实则"田作之道"与"阡陌之界"在这里是一回事。董仲舒所言"富者田连阡陌"无非是说田亩百顷相连，实言占有田亩数量多而已。《为田律》言"以秋八月修封埒（埒），正彊（疆）畔，及㛮千（阡）百（陌）之大草。九月，大除道及阪险"，也不能证明阡陌与阡道、陌道是两个东西。应当这样理解，八月在农作结束时修整田亩疆界，清理阡陌两侧的杂草；九月修整、清理阡陌道路路面。将阡陌与阡、陌道理解为不同的设施是不妥当的。

综合上述分析，秦亩规制的完整设置是：一亩宽 1 步（6 尺），长 240 步（1440 尺），这是一个长条形田亩。每个长条形田亩又划分为两个田区（畛），两畛之间有一条腰路称为畷，畷宽 6 尺。每百亩的南北两端设一陌道。百亩为顷，以顷为单位的田亩之东西两侧设置阡道。阡、陌道宽 3 步（18 尺）。我们可以将秦田亩的规制作如下图示意：

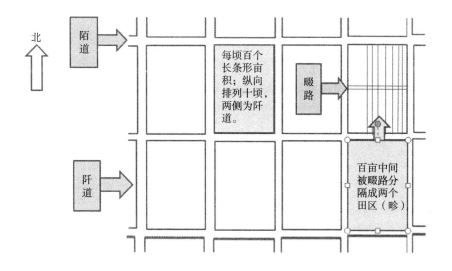

三　阡陌与封埒

秦牍《为田律》除规划了田亩的阡陌制度外，还对田亩的封埒疆畔做了规定："封高四尺，大称其高。寽（埒）高尺，下厚二尺。"所谓"封高四尺，大称其高"，学界一般认为就是长、宽、高相等，都是四尺。问题集中在封安置在何处以及阡陌与封的关系。封埒最初是封国疆域的界标，崔豹《古今注》谓："封疆画界者，封土为台，以表识疆境也；画界者，于二封之间，又为堳埒以画分界域也。"① 《左传·昭公七年》："封略之内，何非君土？"即为国土疆界之封。因国境或以沟渠为界，或以田畔为疆，因此封也用来标识不同所有人田亩的分界。《左传·襄公三十年》"田有封洫"，则为土田界域之封。《急就篇》颜师古注："封，谓聚土以为田之分界也。"《周礼·地官·封人》也有关于封树制度的记载。这些杨宽先生已有详细论述。《为田律》的封埒显然是承袭这种制度而来，是为了区分受田人的田亩疆界而设置的。《为田律》将封埒与田亩阡陌在同一律文中加以规定，因此给人的印象就是封埒制与阡陌制紧密联系，二者不可分割。② 睡虎地秦简《法律答问》对封埒的解释也易使人产生这种认识，《答问》曰："'盗徙封，赎耐。'可（何）如为'封'？'封'即田千佰，顷半（畔）'封'殹（也），且非是？而盗徙之，赎耐，可（何）重也？是，不重。（64）"③ 诸家对这段律说文字的理解不同，其标点也就不同。

　　睡虎地秦简整理小组在"即田千佰"后面加句号；杨宽先生在此标顿号，认为"'田阡陌'就是秦牍所说的阡道和陌道，'顷畔封'就是秦牍所说的'百亩为顷'的'封'和'埒'"。④ 黄盛璋先生将"'封'即田千佰顷半（畔）'封'殹（也）"连读，认为"封筑在阡陌与顷畔的边缘上，但并不是阡陌"。⑤ 李学勤认为封埒虽然不等于阡陌，却与阡陌有着密切的

---

① 崔豹：《古今注》卷上《都邑第二》，《文渊阁四库全书》子部杂家。文献与《为田律》记载用土封，但年代早于《为田律》35 年的秦惠文王四年（前 334）《秦封宗邑瓦书》为瓦封，其铭曰："自桑障之封以东，北到于桑匽之封，一里廿畔。大田佐敔童曰未、史曰初，卜蛰、史羁手，司御心，志是霾（埋）封。"此瓦书说明较为重要的标界如宗邑标界亦有用铭刻瓦石以标识的。参见郭子直《战国秦封宗邑及瓦书铭文新释》，《古文字研究》第 14 辑，中华书局，1986。

② 田宜超、刘钊先生甚至认为阡陌与封为同一物，"'道'与'封'，并总括'千'、'百'而言，语其广则曰'道'，谓其高则曰'封'，两者异名而指同。"参见《秦田律考释》，第 547 页。

③ 睡虎地秦墓竹简整理小组编《睡虎地秦墓竹简》，文物出版社，1990，第 108 页。

④ 杨宽：《释青川秦牍的田亩制度》，《文物》1982 年第 7 期，第 84 页。

⑤ 黄盛璋：《青川新出秦田律木牍及其相关问题》，第 73 页。

联系。因商鞅以后土地的买卖，在同一田主的土地内部，可能只有阡陌而不设封埒。并认为秦昭王以后，可能《为田律》那种封当时已经很少修造了。① 李零先生基本认同黄文意见，认为"阡陌顷畔封"是在阡陌顷畔的内侧各起一道封埒。张金光先生认为："'封'是一个高四尺，底（大）长宽各四尺的土堆，呈四棱锥状。'埒'是高一尺，横断面呈等腰三角形（下底边长为二尺）之状。""'封'是一定点土堆，故言体积；埒岗环周而设，故不言其长，而只述其高和下基之厚广。"阡陌和封埒是两个不同性质的东西，在通常情况下二者无关。但是对于封埒的位置，张金光先生也未能言其详，只是说"若一家田跨连阡陌，其封埒之筑当可穿过阡陌而为之（按，若过道上，则不必起岗），总须于四邻边头启之。其所占土地当两家各半（若今日农家行责任制，分田而耕，于两家田之间起封埒，所占地皆分摊于两家，其岗脊锐顶恰垂直于两家田分界处）"。② 应当说，诸家之论都有某些合理成分。

《为田律》的田亩阡陌与封埒是两种事物，二者很难，或者说没必要在整齐的田顷规制上同时设置。我们先谈埒，埒为封之间矮墙，"寽（埒）高尺，下厚二尺"，若在田亩的阡陌内侧建有连续不断的埒，这种设置实在没有必要，将埒建置在阡陌道中间更是不可能。按百亩阡陌规划的整齐田亩之间是用不着埒的，阡陌完全能够起到埒的作用。至少自周以来，以百亩为单位授田。战国时诸国也基本是以百亩为分配单位，秦当时可以满足百亩授田之数，秦人于自家地中没有疆畔分界的必要，受田各家也不可能在阡陌道上或道旁建埒。后世的材料或许可以佐证这一问题。汉时阡陌道路多有名称，阡陌已成为疆界的标志。阡陌的命名不会是汉代才出现的，应有其历史的传承。试举史料所载阡陌名称：

1.《汉书·匡衡传》："初，衡封僮之安乐乡，乡本田提封三千一百顷，南以闽陌为界。初元元年，郡国误以闽陌为平陵陌。积十余岁，衡封临淮郡，遂封真平陵陌以为界，多四百顷。"

① 李学勤：《青川郝家坪木牍研究》，第71、72页。
② 张金光：《秦律研究》，第133、134页。

2. 《后汉书·光武帝纪》："命有司设坛场于鄗千秋亭五成陌。"

3. 《孙成买地券》："左骏厩官大奴孙成，以雒阳男子张伯始卖所名有广德亭部罗陌田一町……"①

4. 《王未卿买地铅券》："河内怀男子王未卿，从河南街邮部男子袁叔威买皋门亭部什三陌西袁田三亩……"②

5. 《樊利家买地铅券》："平阴男子樊利家，从雒阳男子杜调子子弟口买石梁亭部桓阡东、比是陌北田五亩……田南尽陌北，东自比调子，西比……"③

6. 《王当墓买地铅券》："谷郏亭部三陌西袁田十亩……"④

这些材料表明，迟至两汉很多阡陌的名称仍在，一般是以陌领名。可以推测两汉时其田亩布局也是一百条单亩为顷，南北向排列若干顷。顷旁为阡道。这种以阡陌隔界的田亩是用不着埒的。因此，埒与阡陌没有必然的联系。特别是秦国商鞅变法时期，阡陌道路实际上发挥着封疆分域的作用。

再说封，封长宽高皆一米多，若将封放置在阡陌交会的十字路中心也不适合，路宽4米多，封就要占去将尽1平方米，还要由埒连接起来，这种规制不但设计不合理，其工程量更是不可想象。如果百亩规划的顷田设有封，从可能性来讲，应当如黄盛璋所推测的那样，设置在与田亩相邻的阡陌道下面的某一角落，上面种树或置石以便标识。

《为田律》规定封埒的意义是什么呢？这是因为尽管当时以百亩为单位行田并建置阡陌，但仍会有相当部分的不规则土地。而置封最广泛、最有必要的，应当是设置在零星不整之田以别疆界。因此，田亩阡陌规划以外的地方，也就是说零星不整之田需要封埒划分疆界。东汉《王当墓买地铅券》可以看到这种情况："青骨死人王当，弟伎、偷及父元兴 等，从河

---

① 罗振玉、罗福颐编《贞松堂吉金图》，民国二十四年（1935）墨缘堂珂罗版印本；罗振玉：《贞松堂集古遗文》卷一五。

② 罗振玉：《贞松堂集古遗文》卷一五。

③ 罗振玉：《贞松堂集古遗文》卷一五。

④ 洛阳博物馆：《洛阳东汉光和二年王当墓发掘简报》，《文物》1980年第6期，第55页。

南□□□□□子孙等买谷郏亭部三陌西袁田十亩以为宅，贾直钱万，钱即日毕。田有丈尺，券书明白，故立四角封界。"① 王当弟伎、偷及父元兴等买田四十亩，因不便以阡陌确立界域，"故立四角封界"。

基于上面的分析，我们再来分析睡虎地秦简《法律答问》关于阡陌与封的律文。《法律答问》："'封'即田千佰顷半（畔）'封'殹（也），且非是？而盗徙之，赎耐，可（何）重也？是，不重。"整理小组在"即田千佰"后面加句号，按这种标点则阡陌就等同于封了。阡陌为田间道，与封根本就不是一回事。此句"'封'即田千佰"后面不应断开，应连读。顷畔，顷田之边界。《说文》："畔，田界也。从田半声。"《法律答问》这一段译成今文则是："'封'是田亩按阡陌规划之顷界旁侧的界标，或不是？盗徙这个封界标识判处赎耐重不重呢？不重。"试想，整齐规划的顷亩阡陌是不可能移徙的，而在田顷边角的封才有被移徙的可能。因此，律说的"盗徙"指的是田亩边界标识的封，而非阡陌之道。比其稍晚的龙岗秦简律文讲得更为清楚："侵食道、千（阡）邵（陌），及斩人畴企（畦），赀一甲。"（一二〇）"盗徙封，侵食冢庐，赎耐。"（一二一）② 龙岗秦律将阡陌与封分开规定，可见阡陌本身不是封。综合青川、睡虎地、龙岗秦律相关律条，可以推定，整齐的阡陌规划的顷亩可能存在封，但不会设置埒，而不规则等零星不整之田则封埒俱备。

四　开阡陌与爰田

阡陌源于何时，历来颇有争议。朱熹在《开阡陌辨》中认为，阡陌者即"《周礼》遂上之径，沟上之畛，洫上之涂，浍上之道也。盖陌之言百也，遂洫纵而径涂亦纵，则遂间百亩，洫间百夫，而径涂为陌矣。阡之为言千也，沟浍横而畛道亦横，则沟间千亩，浍间千夫而畛道为阡矣。阡陌之名由此而得"。③ 朱熹认为阡陌名称言千、言百与百夫、千夫的受田制度

---

① 洛阳博物馆：《洛阳东汉光和二年王当墓发掘简报》，《文物》1980年第6期，第55页。
② 中国文物研究所、湖北省文物考古研究所编《龙岗秦简》，中华书局，2001，第111、112页。
③ 《文渊阁四库全书》经部礼类《周礼翼传》卷一。

有渊源是有道理的。清人程瑶田的《沟洫疆理小记》中有一篇《阡陌考》，他以《周礼·地官·遂人》所讲井田制的结构作比较，认为"遂上有径，当百亩之间，故谓之陌"，"畛当千亩之间，故谓之阡"，"阡陌之名，从《遂人》百亩千亩，百夫千夫生义"，阡陌之道乃先王之制。① 李学勤先生也注意到，青川秦牍阡陌作"千百"，云梦秦简作"千佰"。东汉时的《说文》也不见"阡陌"二字。② 可见百、千二字最初是假借，与田亩的数量相关。古代以百亩作为分配单位，村社分配土地以一家一户为分配对象，家有一正夫，分地百亩，故文献有时将百亩称为"夫"。③ 每家（夫，或百亩）之间的路径很自然地就称为"百"，百亩为顷，顷间路自然称为"千"。因按人户以百亩为发授单位，故二字又以人旁。云梦秦简即作"千佰"，此时百已有人旁而千还没有。后阡陌成为道路在人们头脑中成为定式概念，才出现了带阜旁的阡、陌二字。因此，朱熹、程瑶田对阡陌名称由来的分析是正确的。

传统典籍关于商鞅改革田制的用语以及后人的理解都存在较大差异。《史记·蔡泽列传》："决裂阡陌，以静生民之业而一其俗，劝民耕农利土。"《汉书·食货志》："秦孝公用商君，坏井田，开阡陌，急耕战之赏。"《汉书·地理志》"孝公用商鞅制辕田，开仟佰"，师古注："南北曰仟，东西曰佰。皆谓开田之疆亩也。"并引张晏语："商鞅始割列田地，开立阡陌，令民各有常制。"最为明确的记载是《汉书·王莽传》区博的一段话："井田虽圣王法，其废久矣。周道既衰，而民不从。秦知顺民之心，可以获大利也，故灭庐井而置阡陌，遂王诸夏，讫今海内未厌其弊。"汉人明确地以为秦曾"灭庐井而置阡陌"。但是朱熹认为："所谓开者，乃破坏划削之意而非开置建立之名。所谓阡陌乃三代井田之旧而非秦之所置矣。"

---

① 陈冠明等校点《程瑶田全集》，黄山书社，2008，第385页。

② 李学勤：《青川郝家坪木牍研究》，第69页。

③ 《周礼·小司徒》郑注引《司马法》"百亩为夫"，《公羊传》宣公十五年何休注亦云："一夫一妇授田百亩。"（《十三经注疏》，第2287页）《论语》皇疏云："今云亩百为夫，则是方百步也。谓为夫者，古者赋田以百亩地给一农夫也。"（《文渊阁四库全书》经部《论语集解义疏》卷一）到唐代，人们也都是这样认识的，如《新唐书·突厥传上》引杜佑云："周制，步百为亩，亩百给一夫。商鞅佐秦，以为地利不尽，更以二百四十步为亩，百亩给一夫。"〔引自（宋）欧阳修等《新唐书》，中华书局，1975，第6025页〕

他认为，商鞅因阡陌占地太广，为尽地利，于是彻底废除阡陌，听民买卖，自此田畴无余遗并开启了田亩私有之开端。此后元明清的学人大都追随朱熹的意见，并对近代的学术产生着影响。^① 睡虎地秦律及青川秦牍《为田律》等文献的出土，证明了朱熹关于商鞅废阡陌的结论是不能成立的，《为田律》在秦武王二年（前309）颁行，前距商鞅变法只有50年。

现在一些学者对于"开阡陌"的解释采取所谓折中的方法，如杨宽认为："商鞅在秦变法，'为田开阡陌封疆'，就是废除旧的井田制的阡陌封疆，开立新的阡陌封疆。"^② 本文同意这种观点，因为从《史记》、《汉书》等原始典籍并不能片面得出阡陌是废还是建立；因为记载的缺憾，后人往往从个人的理解做出片面的解释。《史记·蔡泽列传》"决裂阡陌"和《汉书·地理志》师古引张晏"开立阡陌"的话表述得还是相当得体的，所谓"决裂"和"开立"当然是破旧立新。破的是爰田制下的阡陌，立的新亩积下的阡陌。表面看起来是用字的区别，实则关系到阡陌之制出现的时间。从目前材料看，千百二字作为田间道路名称是战国中期才见到的，但其渊源当与百夫、千夫的受田制度有关。因此，商鞅变法前阡陌这种田间道路是应当存在的。

爰田易居是按旧亩制轮作，易田而不变动田亩规制，故阡陌之道就没有变动的必要。爰田一般都是按百亩的整数，《周礼·地官·遂人》：

> 遂人掌邦之野……
>
> 辨其野之土：上地、中地、下地、以颁田里。上地，夫一廛，田百亩莱五十亩，余夫亦如之。中地，夫一廛，田百亩，余夫亦如之。下地，夫一廛，田百亩，莱二百亩，余夫亦如之。

《周礼·地官·大司徒》：

> 不易之地家百亩，一易之地家二百亩，再易之地家三百亩。

① 学术界关于阡陌含义的争议请参考李解民《"开阡陌"辨证》，《文史》第11辑，中华书局，1981。

② 杨宽：《释青川秦牍的田亩制度》，第84页。

《汉书·食货志》：

> 民受田，上田夫百亩，中田夫二百亩，下田夫三百亩。

这是因地力不同，故分配莱田数量不同，为的是轮耕休作。《公羊传·宣公十五年》何休注对这种田亩配制的原理解释得相当清楚："司空谨别田之高下善恶，分为三品：上田一岁一垦，中田二岁一垦，下田三岁一垦；肥饶不得独乐，硗埆不得独苦，故三年一换主易居，财均力平，兵车素定，是谓均民力，疆国家。"张晏曰："周制三年一易，以同美恶。"孟康曰："三年爰土易居，古制也。"《公羊解诂》曰："上田一岁一垦，中田二岁一垦，下田三岁一垦，肥饶不得独乐，硗埆不得独苦，故三年一换土易居。"由于地力的原因，农业部族定期徙居垦荒是有传统的，三代众民也不会脱离这种状况，西汉初年《田律》仍然规定"入顷刍稾，顷入刍三石；上郡地恶，顷入二石（240）"。三代田分上中下，各地配备的莱田数量也不尽相同。春秋以后，人口增加，耕地相对减少，爰田的难度增加。从齐国简《吴问》可知，春秋晚期以后，各国变革田制，田不分等差，但扩大受田亩积。商鞅变法后"复立"辕田，"自爰其处"，这是在终身享有使用权的受田亩数内"自爰其处"，但是"无狠（垦）不狠（垦）"，都要照章纳赋。睡虎地秦简《田律》就明确规定"以其受田之数"征收刍稾，"无狠（垦）不狠（垦）"。"自爰其处"，实质意味着爰田制已不存在，但随着新亩积的确定，新设立的阡陌则成为名田的标界，由法律加以保护。汉初的《二年律令》证明，在一定的区域内授田制的田亩是不分等差的，只是"田不可田者，勿行；当受田者欲受，许之。（239）"，但"田不可狠（垦）而欲归，毋受偿者，许之（244）"。受田制下的阡陌田亩只能是一夫一生一次受田，没有爰田的余地。因此，商鞅的"开阡陌"包括破旧立新，阡陌之制并非自商鞅才开始设置，更非商鞅尽除之。

五　阡陌田亩的土地性质

本来阡陌规划制度与土地性质本身没有必然的联系。任何性质的土地都要有一定的亩积、田垅规制，这就如同无论是西方资本主义的国家，还是中国特色的社会主义国家都设置有政府一样，政府的外部形式并不是区分国家性质的标志。土地性质的关键是土地归谁所有，如何使用，收益如何分配。春秋战国时期以及秦汉的土地性质长期以来学界争论不休，主要有两种观点：

一种观点认为战国时期，土地逐步私有化，到秦朝"使黔首自实田"，① 土地性质进入私有化时代。② 秦国则是在商鞅变法后，"开阡陌"，"制辕田"，为土地私有化的开始。这种观点最早是董仲舒提出来的，他向汉武帝上书说："至秦则不然，用商鞅之法，改帝王之制，除井田，民得买卖，富者田连阡陌，贫者亡立锥之地。"③ 董仲舒未用土地私有化这个词，但他所说的土地性质实质上已经是私有化了。林剑民先生曾论述说，商鞅变法后，"复立"爰田，却"自爰其处"，这标志着土地私有权已确立。青川秦牍的封埒制度及云梦秦简《法律答问》对私自移动"封"的处罚，正是土地私有权确立的证明。④ 实际上《为田律》规定的阡陌制是田亩统一规划的法律，云梦秦简《法律答问》"盗徙封"的罪名也与土地性质没有必然的联系。⑤ 当时的行田制本质上是一种土地使用权，阡陌制度规划与盗徙封的处罚规定并不能说明当时土地私有性质的确立。

另一种观点认为，战国时期的土地制度或仍处于农村公社制的晚期阶段，土地的国有性质并没有改变。自春秋以来各国基本上实施的是授田制，即每夫百亩，只是各国根据生产力发展水平或各自的国情亩积有所变

---

① 《史记·秦始皇本纪》集解徐广曰："使黔首自实田也。"引自（汉）司马迁《史记》，中华书局，1972，第251页。

② 张传玺先生认为："从战国到秦统一，是土地私有制在全国范围内形成、确立的时期"，"土地私有制从战国初期即已发展。至其后期，已成为处于主导地位的所有制形式"。"秦统一，促进了社会经济的发展。始皇三十一年，'使黔首自实田'，土地私有制在统一的国家中，获得了合法的地位，这应当是地主土地所有制在全国范围确立的标志。土地兼并也进一步严重起来。"参见氏文《汉以前封建地主土地所有制的发生和确立》，《北京大学学报》（人文科学）1961年第2期。

③ 《汉书·食货志上》，第1137页。

④ 林剑民：《青川秦墓木牍内容探讨》，《考古与文物》1982年第6期，第62页。

⑤ 对于阡陌所反映的地亩性质，张金光先生认为："它（阡陌封疆——引者注）确立的并不是土地私有制与土地买卖，而恰是标志着土地国有制的加强，国设阡陌、顷畔之封疆就是土地国有制的标志。"参见氏文《普遍授田制的终结与私有地权的形成》，《历史研究》2007年第5期，第63页。

化而已。按授田制一要达到一定的年龄，二要向国家交租赋，三是达到一定年龄土地要交回国家。吴荣曾先生认为："战国时各国都推行过授田制，由于各地区经济发展的不平衡，在时间上自然有早晚之别。"云梦秦简抄录有魏《户律》，"律文说：'自今以来，叚门逆旅，赘婿后父，勿令为户，勿鼠田宇。'……表明授田对象主要是平民，而'叚门、逆旅'则被排除在外。"秦国实行授田制，按亩顷征收赋税。战国时各国有时根据情况还授田给外来者，并减免一定的力役。农民受田后，到一定时间还须退还于官。总之，战国时期的授田制在西汉还可看到，是一步步走向衰亡的。①近年，张金光也认为秦国的土地制度是国有制。他认为，秦个人或集体对土地只有使用权，谈不上所有权。直到秦统一之后，也不存在与国有对立的土地私有制。一直到汉初，还实行普遍授田制。②吴荣曾、张金光先生都认为自商鞅以来一直到汉初，授田制在关东、关中都没有本质差别，这种形式的土地所有制形式只能是国有制。当然，不排除其中有个别的私有现象。近年张金光先生还提出了土地性质的二元化问题，从法理上讲，这个问题的本质就是土地的所有权人（法律上的、名义上的）与实际上的占有、使用、收益和处分相分离，即所有权人实际上不享有所有权的权能。从历史上看，"一般地私人所有制底统治以土地占有制开始，土地占有制是私有制底基础"。③这一时期的土地仍然是名义上的国家所有，但实际上是个人占有，最后在国家机器衰落或动荡时达到"合法"的占有，从而完成了土地私有化的最后一道程序。

从土地的所有权、使用权及土地收益的分配形式看，战国秦的土地性质无疑属于典型的国有制的公有。三代到春秋，土地所有权归属领主，封君即国，农众耕作的土地是使用权，贡、助、彻都是租赋的形式。严格来讲，这种土地性质属于封君之公有，而非天子（王）的国有。春秋晚期，争战不断，公卿失位，领土易主；战国以后，各国变法图强，加强君主专制，兴郡县，废井田，国家直接控制土地分配权力，实施新亩积下的授田制。自此以后的土地性质，虽然属于公有，但与此前的领主制不同，而是典型的国有。

---

① 吴荣曾：《战国授田制研究》，《思想战线》1989 年第 3 期。
② 张金光：《秦律研究》，第 85、86 页。
③ 〔德〕马克思：《经济学——哲学手稿》，人民出版社，1957，第 46 页。

《二年律令·户律》推行的按级爵授田乃是土地"国家情怀"的最后挣扎。《户律》规定按级爵授予不同面积的田宅，《置后律》则规定，各级爵位者"疾死置后"，其子孙所袭父爵宅田需降等递减。若干代后，高爵后裔仍然按平民身份享有土地的份额。① 从当时事实的占有及高官高爵大亩积的受田现实看，这种"名田宅"显然是不可能普遍实施的，但其本质上反映了国家享有的，至少是名义上的对土地的所有权。在法律意义上，土地的性质仍为国有，国家主持着土地的分配权力。这就如同当今农村按人头承包土地一样，死后或户口迁出要交回是一个道理。这些土地，农民只有使用权而无所有权。随着可耕地的减少，授田越来越困难，而功臣贵戚受赐的土地与自耕农授田亩积相差悬殊，其结果自然对当时的授田制度造成侵蚀，致使耕者无田，社会出现大量的傭耕者，② 大土地占有者则赚取地租收益。汉初虽然名义上实行授田制，但官僚贵戚多买卖田地，萧何听从客谏"多买田地，赎贳贷以自汙"，③ 说明是时土地买卖、租贷现象已较普遍。土地占有者凭借权力长期占有土地，以及法律允许一部分土地的买卖，使名义上的国有土地开始向私有蜕变。即私有性质的因素在逐步侵蚀着国有土地，使其逐步向私有转化。《二年律令·户律》至少透露了迈向土地私有化的线索，这就是部分土地可以买卖并得到官方的认可，"受田宅，予人若卖宅，不得更受。代户贸卖田宅，乡部、田啬夫、吏留弗为定籍，盈一日，罚金各二两。（三二二）"。土地私有最先是从宅圃，次为田地，最后是坟地。④ 战国时期已见宅圃的买卖，⑤ 武帝

---

① 彭浩、陈伟、工藤元男主编《二年律令与奏谳书》，第 235 ~ 240 页。

② 《史记·陈涉世家》载："陈涉少时，尝与人傭耕，辍耕之垄上"，索隐："《广雅》云：'傭，役也。'按：役力而受雇直也。"（第 1949 页）随着失地农民的增多，傭人的数量也会增加，除从事农耕外，也会从事其他行业。

③ 《史记·萧相国世家》，第 2018 页。

④ 马克思将农村公社的土地分为三类，即庄园（及其毗连地段）、耕地和割草地，并认为"首先导致将田庄土地（包括毗住所的田地等）划归私有，随后又将耕地和割草地划归私有"。参见马克思《科瓦列夫斯基〈公社土地占有制，其解体的原因、进程和结果〉一书摘要》，人民出版社，1965，第 34 页。从中国的历史情况看，基本也是这样。族坟墓制是中国宗法关系的体现，其瓦解是随着宗法制的变化而行进。反过来看，墓地被买卖及其私有化正是土地私有化进程的最后表现。

⑤ 《史记·赵奢列传》："王所赐金帛，归藏于家，而日视便利田宅，可买者买之。"（第 2447 页）从现在史料看，东方各国土地的私有化进程应较秦为先。

时杨量买山则标志着这个过程的完成。① 自此，中国的土地性质进入了地主所有的私有制时期。

结　语

本文对《为田律》的阡陌制度、封埒制度做了分析，基于这种分析，《为田律》应当重新划分段落。张金光先生将全篇律文分为两大部分，自"田广一步"至"下厚二尺"为第一部分，讲的是关于田间土地布置分划制度；自"以秋八月"至"辄为之"为第二部分，讲的是关于封疆道路的维修制度。② 本文认为，全篇律文分为三个部分为宜，即将"田广一步"至"道广三步"划为第一部分，"封高四尺"至"下厚二尺"为第二部分，其余为第三部分。第一部分是秦亩积的规定与田亩规划。秦田亩制为宽1步，长240步的长条形亩积，每亩中间有宽1步的畷路，每亩因畷路而分隔成两个田区（畛）。每顷的长端两侧为陌道，另两侧为阡道。第二部分是封埒制度的规定。封在整齐的顷田规划中可能是存在的，用以记识标志土地占有者，其位置当在田亩顷界的一角，阡陌道自身就起到了疆界的作用；而埒应是对零星不整之田界的规定，与阡陌之制的百亩顷田规制没有直接关系，这种封疆划界方式是对阡陌百亩顷田疆界的一种补充。

秦国长亩制也是在爰田制的基础上一步步形成的，形式上是田亩规划的改变，实则是与税制紧密联系在一起的。战国时期，包括秦国，基本上是以每人户百亩的规制授田，当时虽然处于农村公村解体的最后时刻，但土地乃由国家统一分配，在特定的条件下国家还要收回。这一阶段的土地制度属于典型的国有，田亩在当时仍然禁止买卖。董仲舒所言及诸学者认为商鞅变法以后开启了土地私有买卖之端是不符合实际的。直到汉初，国家名义上还推行着授田制，只是越来越不现实而已。真正的土地自由买卖及土地明确的私有化应当是文景以后的事。

---

① （清）陆增祥撰《八琼室金石补正》，文物出版社，1985，第2页。
② 张金光：《秦制研究》，第115页。

试析秦始皇"于是急法，久者不赦"

邬文玲*

摘　要：云梦睡虎地秦简和岳麓书院藏秦简中的相关资料显示，统一之前秦国的赦免举措似乎是一种常态化的做法，且有相应的制度，秦王政时期亦曾多次颁布赦令。因此《史记·秦始皇本纪》所载秦始皇"于是急法，久者不赦"，意指秦始皇统一六国之后的十余年间未行赦免，并不是说秦始皇在位的三十多年里不曾颁布过任何赦令。秦始皇刻薄寡恩的暴君形象，可能与历史真实并不完全一致，而是包含了历代尤其是汉初"过秦"思潮之下刻意塑造的成分在内。

关键词：秦始皇　急法　赦免　秦简

史籍中未见任何有关秦始皇在位时期（包括统一之前和统一之后）颁行赦令的记载。《史记·秦始皇本纪》系于秦始皇二十六年之下的一段话说："始皇推终始五德之传，以为周得火德，秦代周德，从所不胜。方今水德之始，改年始，朝贺皆自十月朔。衣服旄旌节旗皆上黑。数以六为纪，符、法冠皆六寸，而舆六尺，六尺为步，乘六马。更名河曰德水，以为水德之始。刚毅戾深，事皆决于法，刻削毋仁恩和义，然后合五德之

---

* 中国社会科学院历史研究所研究员。

数。于是急法，久者不赦。"① 其中"刚毅戾深，事皆决于法，刻削毋仁恩和义，然后合五德之数。于是急法，久者不赦"等语，奠定了秦始皇急法不赦、刻削寡恩的暴君形象。自汉初以来的历代"过秦"思潮中，皆将严刑酷法视为导致秦朝迅速走向崩溃的原因之一，而急法不赦、不施仁义则是其刻薄寡恩、严刑峻法的具体表现。由此导致有些学者在解读"于是急法，久者不赦"一段话时，得出秦始皇在位数十年间未曾颁行任何赦令的结论。②

出土简牍中的有关资料则表明，我们有必要重新解读《史记·秦始皇本纪》中关于秦始皇"于是急法，久者不赦"的记载，重新审视秦始皇的君王形象。新近公布的《岳麓书院藏秦简（叁）》③包含十五则秦代司法案例，其中有两则案例涉及秦代赦令。兹分别迻录讨论如下。

一是"猩、敞知盗分赃"案，原文如下：

 ·廿三年四月，江陵丞文敢谳之。廿三（二）年九月庚子，令下，劾：祿（录）江陵狱：上造敞、士五（伍）044 猩智（知）人盗椒冢，分臧（赃）。得。敞当耐鬼薪，猩黥城旦。遝戍午赦，为庶人。鞫 045 审，谳。046 ·今视故狱：廿一年五月丁未，狱史窜诣士五（伍）去疾、号曰：载铜。·去疾、号曰：号乘轺 047 之醴阳，与去疾买铜锡冗募乐一男子所，载欲买（卖）。得。它如窜。048 ·执一男子，男子士五（伍），定名猩。☒ 049 ·猩曰：□□□□□乐，为庸（佣）。取铜草中。得。它如号等。050 ·屏陵狱史民诣士五（伍）达。与猩同狱，将从猩。·达曰：亡，与猩等渔猎。不利，负责（债）。051 冗募上造祿等从达等渔，谓达：祿等亡居葨（夷）道界中，有庐舍，欲毆（驱）从祿。达 052 等从祿。猩独居舍为养。达与仆徒时（蒔）等谋

---

① 《史记》卷六《秦始皇本纪》，中华书局，1959，第 238 页。

② 比如，钱颖的解释是："秦始皇在位三十七年，从未行赦。"见其所著《中国古代大赦问题述论》，载叶孝信、郭建主编《中国法律史研究》，学林出版社，2003，第 96 页；又如，阴建峰、王娜在讨论秦汉时期的赦免制度时说："在战国末年的秦，已屡见赦宥之事了。但是，在秦始皇统治的三十多年中，却未有一赦，即便其统一六国后亦如此。"见其所著《现代赦免制度重构研究》，中国人民公安大学出版社，2011，第 10 页。

③ 朱汉民、陈松长主编《岳麓书院藏秦简（叁）》，上海辞书出版社，2013。

叔冢。不告猩,冢巳(已)劈(彻),分器,乃告 053 猩。葪等不分猩,达独分猩。它如猩。·猩曰:达等叔冢,不与猩谋。分器,葪等不分 054 猩,达独私分猩。猩为乐等庸(佣),取铜草中。它如达及前。·醴阳丞悍曰:冗募上造敞 055……(缺简)叔冢者锡。到舍,达巳(已)分锡。达谓敞:巳(已)到前,不得锡。今冢中尚有器。器巳(已)出,买(卖)敞所。时(葪)056 告达,请与敞出余器,分敞。达曰:发冢一岁矣!今劈(彻),敞乃来,不可与敞。达等相将之水旁,057 有顷,来告敞曰:与敞。敞来后,前者为二面,敞为一面。敞曰:若(诺)。皆行,到冢,得锡。敞买及受分。觉,058 亡,得。它如达等。·达言如敞。·【问】:达等叔冢,不与猩、敞谋,得衣器告;猩、敞受分,臧(赃)过六百六十钱。059【它】如辞。·鞫之:达等叔冢,不与猩、敞谋,【得】衣器告;猩、敞受分,臧(赃)过六百六十钱。得。猩当黥 060 城旦,敞耐鬼薪。逮戊午赦。审。江陵守感、丞暨、史同论赦猩、敞为庶人。达等令(?)别(?)论。敢谳之。061①

从上述简文记载来看,虽然其中有个别地方存在缺简,部分细节不能完全复原,但整个案情和判决结果都比较清楚:上造敞和士伍猩等人知道有人盗掘坟墓,并私分赃物,且赃款超过六百六十钱。最终被抓获。按照法律规定,猩应被处以黥刑且罚为城旦,敞应被处以耐刑且罚为鬼薪。但由于他们赶上戊午赦令,皆被赦免为庶人。简文中涉及的三个年份即廿一年、廿二年和廿三年,分别是秦王政二十一年、二十二年和二十三年。所谓"戊午赦",应是秦王政二十一年或者二十二年所颁布的一次赦令,只是尚不能确定究竟是这两个年份中的哪一年。根据《史记·秦始皇本纪》记载:"二十二年,王贲攻魏,引河沟灌大梁,大梁城坏,其王请降,尽取其地。"可知秦王政二十二年成功攻取魏国,是值得庆贺之事,因此这一年很有可能颁布赦令。无论如何,秦王政在位时期颁布过覆盖全国的赦

---

① 朱汉民、陈松长主编《岳麓书院藏秦简(叁)》,第 119~124 页。简号采用整理编号。

令，当是确凿无疑的事实。而《史记·秦始皇本纪》于此失载。

另一则涉及赦令的案例是"田与市和奸"案，原文如下：

……□隶臣田负斧质气（乞）鞫曰：故……189……（缺简）·
今讯田，田曰：市，田姑姊子，虽与和奸，与叚（假）子□☑190不
奸。毋智捕田，田仁（认）奸，其实未奸。辞丞诏谒更治，诏不许。
它如气（乞）鞫书。191·毋智曰：狱史相□……捕（?）
□□□□□告（?）□□见（?）任（?）智（?），自（?）内（?）
□候（?），旦田来，与市卧，上□上，即（?）192捕诣田、市，服
仁（认）奸。未论，市弟大夫骓、亲走马路后请货毋智钱四千，曰：
更言吏不捕田、市校上。毋智【□】193受钱，恐吏智（知），不敢自
言。环（还）钱。它如故狱。·相曰：主治辬（辨）市，闻田数从市
奸毄（系）所，令毋智捕。弗治（笞）谅（掠），田、市仁（认）194
奸。它如毋智。·骓、路曰：市令歡、路货毋智。以告田，田曰：剸
（专）为之。它如毋智。195【·】田妻曰：□市□……196田。市言
如毋智。197·田曰：毋智不捕田校上。捕田时，田不奸。歡、路以市
言，告田货毋智钱。田幸除毋（无）罪，即弗止。不智（知）市、毋
智198云故。它如骓、路及前。·纍等言如故狱。·诏曰：论坐田，
田谒更治。诏谓：巳（已）服仁（认）奸，今狱夬（决）乃曰不奸。
田尝□199毋智，令转□，且有（又）为（?）罪。田即受令（命）。
它如纍等。·以言不同，诣讯。言各如前。200诘相：令毋智捕田、
市，可（何）解？相曰：怒田、市奸官府。毋（无）它解。201·诘
田：夏阳吏不治（笞）谅（掠），田、市仁（认）奸。今覆吏讯市，
市言如故狱。田云未奸，可（何）解？田曰：未奸，而毋（无）以解
市言。202……（缺简）·问：骓、路以赦前货毋智，以后逪。它如辞。
203·鞫之：田与市和奸，毋智捕校上。田虽不服，而毋（无）以解
歡、路、毋智、市言。田负斧质气（乞）鞫不审，逪己巳赦。204它
为后发觉。皆审。·谓魏（魏）啬夫：重泉隶臣田负斧质气（乞）

鞠曰：不与女子市奸，夏阳论 耐 田为隶 205 臣，不 当 。·覆之：市 仁 （认）与田和奸，隶臣毋智捕校上。田不服，而毋（无）以解市、毋智言。其气（乞）鞠不审。田毄（系）子县。206 当 毄（系）城旦十二岁，遝己巳赦。其赦除田，复为隶臣。腾（？）诣（？）重泉、夏阳。207①

简文同样有不少缺漏，遗失了很多细节，但案件原委基本清楚：田和表妹市通奸，被毋智当场抓获并押送至官府。最初田和市都承认了通奸之事，田被处以耐刑且罚为隶臣。但后来田提起上诉，说自己当时没有跟市通奸，对判决不服，请求重新审理。有关部门重新审核本案之后，认为：市承认跟田通奸，且在通奸时被毋智当场抓获，市和毋智的供辞前后一致，事实清楚。田虽然不服，但无法解释市和毋智的供述。因此他的上诉与事实不符。按照法律规定，田上诉不实应被处以拘系服城旦劳役十二年。因赶上己巳赦令，所以赦免田上诉不实之罪及相应的拘系服城旦劳役十二年的处罚，恢复其隶臣身份。此外，有关部门在重新审理案件的时候，还发现了市的弟弟欢和亲戚路曾经有贿赂毋智的行为，但因为是在赦令之后被发觉的，所以免予追究。

由于没有明确的纪年，简文中所说的"己巳赦"，不能确定是哪一年颁布的赦令。但从岳麓书院藏秦简的年代范围来看，主要属于秦始皇在位时期，比较明确的纪年主要介于十八年至三十五年之间，而奏谳案例所见年代范围主要为十八年至二十八年。据《史记·秦始皇本纪》，秦始皇在二十六年即统一全国之后"于是急法，久者不赦"，因此"己巳赦"应是在二十六年之前所颁布，其年代范围可以定在十八年至二十五年之间。对于此次赦令，《史记·秦始皇本纪》同样失载。

根据简文资料，可知秦始皇在统一全国之前曾经颁行过适用于国境内的赦令，目前可考的至少有戊午赦令和己巳赦令这两次。《史记·秦始皇本纪》于这两次赦令均失载。造成失载的原因，很可能跟秦朝焚书以及秦

---

① 朱汉民、陈松长主编《岳麓书院藏秦简（叁）》，第 205～211 页。简号采用整理编号。

末战乱频仍、图籍档案散乱损毁，史家无由获得全面的资料有关。《史记·六国年表》序云："秦既得意，烧天下《诗》《书》，诸侯史记尤甚，为其有所刺讥也。《诗》《书》所以复见者，多藏人家，而史记独藏周室，以故灭。惜哉，惜哉！独有《秦记》，又不载日月，其文略不具。"①

而重新审视《史记·秦始皇本纪》关于秦始皇"于是急法，久者不赦"等记载，可知将此段话解读为秦始皇从来没有颁行过赦令是有失偏颇、不能成立的。除了前述简牍资料所显示的秦王政时期颁行赦令的事实之外，《史记·秦始皇本纪》的载录方式也可说明此点。实际上，关于秦始皇"于是急法，久者不赦"一段话，《史记·秦始皇本纪》是系在秦始皇二十六年之下的，表明其针对的时段也是秦始皇二十六年之后。具体说来，所谓"久者不赦"之"久者"，即秦始皇二十六年至三十七年这十二年的时间。众所周知，秦始皇统一全国之后，进行了一系列的制度更革。其中之一，即是根据五德终始之说，推衍出周为火德，秦代周德，故为水德，由此从五德终始理论上确立其政权的合法性。不少相关的制度建制也以"水德"为依据展开。"于是急法，久者不赦"的理论根据也可能源自"水德"。对于"刚毅戾深，事皆决于法，刻削毋仁恩和义，然后合五德之数"等语，司马贞《索隐》解释说："水主阴，阴刑杀，故急法刻削，以合五德之数。"这也可能正是秦始皇统一全国之后"于是急法，久者不赦"的因素之一。"久者不赦"也从另一个侧面表明，此前的传统可能恰好与之相对，是"时而有赦"的。

史籍记载表明，统一之前的秦国有多起赦例。比如昭襄王时就有四次赦罪人的记载，据《史记·秦本纪》：

> （昭襄王）二十一年，（司马）错攻魏河内，魏献安邑，秦出其人，募徙河东赐爵，赦罪人迁之。
> 二十六年，赦罪人迁之穰。
> 二十七年，（司马）错攻楚，赦罪人迁之南阳。
> 二十八年，大良造白起攻楚，取鄢邓，赦罪人迁之。

---

① 《史记》卷一五《六国年表序》，第686页。

根据以上记载，针对这些罪人的赦免是以迁徙至指定地区为条件的。换句话说，他们获得赦免之后，皆会被强制性迁徙到指定的边境地区或者新征服地区。这种赦免旨在利用他们来充实边境地区和新征服地区的人力、劳力，达到加强边防、稳定边疆、巩固新征服地区的目的。后来汉代继承和沿袭了秦代的这一制度，经常赦免罪人将其迁徙至边郡地区居住和劳作。这些人虽然表面上看起来是获得了赦免，但他们会被强制迁徙到指定的地区，实际上并没有真正被完全免除刑罚，只不过是换了另一种刑罚方式而已。因此，有学者将这种赦罪人徙边的做法界定为"徙边刑"，认为其本质上是一种"代替刑"。① 所以，严格说来，昭襄王时期的这四次赦罪人的举措跟后来的大赦有别，不能等量齐观。

孝文王和庄襄王即位时皆有赦罪人之举。《史记·秦本纪》载：

> 孝文王元年，赦罪人，修先王功臣，褒厚亲戚，弛苑囿。
> 庄襄王元年，大赦罪人，修先王功臣，施德厚骨肉而布惠于民。

从上述记载来看，孝文王和庄襄王即位时的"赦罪人"、"大赦罪人"举措，一方面对于罪人的赦免没有迁徙等条件，另一方面还有针对先王功臣、亲戚骨肉和吏民百姓的惠政，可谓与后世的"大赦天下"如出一辙。

云梦睡虎地秦简中也有不少资料涉及统一前后秦国的赦免制度形态。比如，《法律答问》云：

> 或以赦前盗千钱，赦后尽用之而得，论何也？毋论。②

意思是"有人在赦令颁布前盗窃一千钱，赦令颁布后将钱全部花费而被拿获，应如何论处？不予论处"。即是说，即使盗赃金额达到一千钱的盗窃重罪，只要遇到赦令，就会获得赦免而免予处罚，即使赦令期限之后被抓获，也不会受到追究。一方面，"赦前"、"赦后"的划分，表明秦代

---

① 〔日〕大庭脩：《秦汉法制史研究》，林剑鸣等译，上海人民出版社，1994，第136页。
② 睡虎地秦墓竹简整理小组：《睡虎地秦墓竹简》，文物出版社，1978，第167页。

赦免制度遵循不追溯既往的原则。这一原则为后世所继承，比如西汉末年的法律规定中明确禁止向官府告发赦前的犯罪。唐代法律则规定了对告发赦前犯罪行为的处罚。《唐律·斗讼律》"以赦前事相告言"条规定："诸以赦前事相告言者，以其罪罪之。"另一方面，赦后发觉的赦前所盗赃物不予追讨。因而有学者认为秦律仅仅将偷窃罪看成是危害社会秩序的公罪而已，只对行为人加以刑罚，而置受害人的利益于不顾，没有发挥法律在保护社会成员的个人利益方面的作用。① 不过此处问答仅涉及账款已经花费光了的情况之下不予追讨，不能确定如果在赃款没有花费光的情况下遇到赦令是不是要进行追讨。这种不追讨赃款的做法，也为汉代所继承。王符《潜夫论·述赦》指出频繁的大赦造成了恶劣的影响，使得"老盗服赃而过门"，"亡主见物而不得取"。

又《法律答问》云：

> 有稟菽、麦，当出未出，即出禾以当菽、麦，菽、麦价贱禾贵，其论何也？当赀一甲。会赦未论，又亡，赦期已尽六月而得，当耐。②

这段文字是由两条内容组成的，前面部分的意思是"发给豆、麦，应发的没有发，而发谷子来顶替豆、麦，豆、麦价贱而谷子价贵，应如何论处？应罚一甲。"后半部分的意思是"由于遇到赦令而没有论罪，又逃亡，赦令限定日期已过六个月才被捕获，应处以耐刑"。所谓"赦期"云云，表明朝廷在颁布赦令时，规定了一定的有效期限，在有效期限结束之后被捕获，则要依法进行论处。

《法律答问》中还有关于群盗赦为庶人的记载：

> "将司人而亡，能自捕及亲所知为捕，除无罪；已刑者处隐官。"
> ●何罪得"处隐官"？●群盗赦为庶人，将盗械囚刑罪以上，亡，以故罪论，斩左止为城旦，后自捕所亡，是谓"处隐官"。●它罪比群

---

① 参看栗劲《秦律通论》，山东人民出版社，1985，第496页。
② 睡虎地秦墓竹简整理小组：《睡虎地秦墓竹简》，第216页。

盗者皆如此。①

这段文字的意思是："监领人犯而将人犯失去，能自己捕获以及亲友代为捕获，可以免罪；已受肉刑的处隐官。"什么罪可"处隐官"？群盗已被赦免为庶人，带领判处肉刑以上罪的戴着刑械的囚徒，将囚徒失去，以过去犯的罪论处，断去左足为城旦，后来自己把失去的囚徒捕获，这样应"处隐官"。其他与群盗同样的罪照此处理。

《封诊式》中的记述则表明，秦律规定在对案件当事人进行调查审讯时，要对当事人从前是否因为某种犯罪获得过赦免的情况进行询问：

> 有鞫　敢告某县主：男子某有鞫，辞曰："士伍，居某里。"可定名事里，所坐论云何，何罪赦，或覆问无有，遣识者以律封守，当腾腾，皆为报，敢告主。②

这段文字的意思是：谨告某县负责人：男子某被审讯，供称："是士伍，住在某里。"请确定其姓名、身份、籍贯，曾犯有何罪，判过什么刑罚或经赦免，再查问还有什么别的问题，要派了解情况的人依法查封看守，应当写录的要确实写录，全部回报，谨告负责人。

> 覆　敢告某县主：男子某辞曰："士伍，居某县某里，去亡。"可定名事里，所坐论云何，何罪赦，［或］覆问无有，几籍亡，亡及捕事各几何日，遣识者，当腾腾，皆为报，敢告主。③

这段文字的意思是：谨告某县负责人：男子某供称："是士伍，住在某县某里，逃亡。"请确定其姓名、身份、籍贯，曾犯有何罪，判过什么刑罚或经赦免，再查问还有什么问题，有几次在簿籍上记录逃亡，逃亡和逋事各多少天，派遣了解情况的人（去调查处理），应当写录的要确实写

---

① 睡虎地秦墓竹简整理小组：《睡虎地秦墓竹简》，第205页。
② 睡虎地秦墓竹简整理小组：《睡虎地秦墓竹简》，第247页。
③ 睡虎地秦墓竹简整理小组：《睡虎地秦墓竹简》，第250页。

录，全部回报，谨告负责人。

根据上述出土秦简中的有关信息来看，统一之前秦国的赦免举措似乎是一种常态化的做法，且有相应的制度，涉及的对象广泛，要求有关部门在审理案件时，要对当事人是否获得过赦免以及赦免何罪等信息进行调查。从群盗可以获得赦免以及赦免之后赃物不用追讨来看，秦国的赦免既可免除刑事责任，也可免除民事责任。同时，还规定了赦免的有效期限。

秦始皇统一全国之后一改以往时常颁赦的传统做法，除了以"合五德之数"证明秦取代周的政治合法性之外，可能也跟当时局势未稳的现实环境有关。

汉人批评秦始皇"久者不赦"，当主要是针对其统一全国之后十余年间未行赦免。这表明，在汉人看来，十余年不行赦免，间隔时间太久，也证明在先秦时期，可能已经形成了在较短的时间间隔内施行赦免的传统，而且这种传统是得到人们普遍认同的。是否按照一定的频率施行赦免，已经被人们视作评价一个皇帝是否宽缓仁德的标准之一。

从后世大赦天下的内容来看，除了赦免罪人之外，还有很重要的惠及广大臣民的福利性赏赐举措，比如赐酺、赐爵等。《史记·秦始皇本纪》虽然失载"赦天下"之举，但却有关于赐酺、赐爵的记载。比如：

> 二十五年，大兴兵，使王贲将，攻燕辽东，得燕王喜。还攻代，虏代王嘉。王翦遂定荆江南地。降越君，置会稽郡。五月，天下大酺。
>
> 二十六年，分天下以为三十六郡，郡置守、尉、监。更名民曰"黔首"。大酺。
>
> 二十七年，赐爵一级。
>
> 三十一年，十二月，更名腊曰"嘉平"。赐黔首里六石米，二羊。

其中二十五年的大酺，应是庆贺攻克燕、楚二国。二十六年的大酺，当是庆贺统一六国，同时宣布改正朔、易服色、设郡县等，标志着一个新时代的到来和开始。二十七年的赐爵一级，当与秦始皇出巡、新宫殿落成、修筑驰道有关，也是对长期攻战的吏民的奖赏。由此看来，秦始皇统一全国之后，虽然摒弃了赦免罪人的传统做法，但对于普遍惠及臣民的赐酺、赐爵、赐米及羊等福利性举措则时有施行。可见，秦始皇刻薄寡恩的暴君形象，可能与历史真实并不完全一致，而是包含了历代尤其是汉初"过秦"思潮之下刻意塑造的成分在内。在"过秦"思潮的主导之下，短祚的秦朝成为批评否定的对象，从而在一定程度上阻碍了对秦始皇以及秦朝历史地位的客观评价。司马迁曾深刻地指出了这一点，他说："秦取天下多暴，然世异变，成功大。传曰'法后王'，何也？以其近己而俗变相类，议卑而易行也。学者牵于所闻，见秦在帝位日浅，不察其终始，因举而笑之，不敢道，此与以耳食无异。"①

附记：本文曾提交中国政法大学法律古籍整理研究所于 2014 年 11 月 21～22 日在京举办的"中国古代法律文献整理研究"学术研讨会交流讨论，承蒙石洋先生点评，多有指正。谨致谢忱！

---

① 《史记》卷一五《六国年表序》，第 686 页。

秦人与它邦人

——新出秦简所见秦代人口身份管理制度一个方面

沈 刚[*]

摘 要：通过《岳麓书院藏秦简（叁）》案例〇二《尸等捕盗疑购案》，可以看出秦代国家从法律角度把人的身份区分为"秦人"和"它邦人"两种，"它邦人"就是不在秦国户籍上的他国人。即使它邦人成为秦国编户，但其身份标识还不能完全等同于秦人。秦施行这一制度是试图通过秦本位政策取向来保证对新占领区的改造和对秦人的控制，以此达到有效实施统治的目的。但受制于客观条件，这一政策效力亦打了折扣。

关键词：秦简 秦人 它邦人

战国以降，随着各诸侯国加强中央集权，政府管理臣民的方式也发生了改变。秦国在商鞅变法后，以爵制来划定人的身份等级，并规定了与之匹配的权利与义务等。此外，为了适应统治的需要，还施行了一些特殊的身份划分方式。新出《岳麓书院藏秦简（叁）》中，有一则关于购赏金额的案例，其中按照罪犯的身份而设定不同额度的赏格，这种身份被界定为"秦人"与"它邦人"。这是秦代国家以国别为标准，将人口划分为不同的

---

* 吉林大学古籍研究所、出土文献与中国古代文明研究协同创新中心教授。

类型，并在管理措施、法律法规等方面皆有区别。这一问题，前贤措意无多，本文拟检讨相关史料，在区分秦人与它邦人的基础上，进一步探讨这一政策实施的原因和效果。

一　秦人与它邦人：以《尸等捕盗疑购案》为中心的分析

《岳麓书院藏秦简（叁）》案例〇二《尸等捕盗疑购案》中明确提出了"秦人""它邦人"概念。为方便叙述，我们先将案例中相关部分的释文移录如下：

尸等产捕诣秦 男 子 治 等 四人、荆男子阆等十人，告群盗盗杀伤好等。●治等曰：秦人，邦亡荆，阆等曰：荆邦人，皆居京州。相与亡，来入秦地，欲归荐（义）。行到州陵界中，未诣吏，悔。谋言曰：治等巳（已）有皋（罪）秦，秦不□归荐（义）。来居山谷以攻盗。即攻盗盗杀伤好等。它如尸等。●诊、问如告、辤（辞）。京州后降为秦。为秦之后，治、阆等乃群盗〖盗〗杀伤好等。律曰：产捕群盗一人，购金十四两。有（又）曰：它邦人□□□盗，非吏所兴，毋（无）什伍将长者捕之，购金二两。●鞫之：尸等产捕治、阆等，告群盗盗杀伤好等。治等秦人，邦亡荆，阆等荆人。亡，来入秦地，欲归荐（义），悔，不诣吏。以京州降为秦后，群【盗盗杀伤好】等。皆审。疑尸等购。它县论。敢谳（谳）之。●吏议：以捕群盗律购尸等。或曰：以捕它邦人【……】廿（二十）五年六月丙辰朔己卯，南郡段（假）守贾报州陵守绾、丞越：子谳（谳）：求盗尸等捕秦男子治等四人、荆男子阆等十人，告群盗盗杀伤好等。治等秦人，邦亡；阆等荆人。来归荐（义），行到州陵，悔□□□□□□攻（?）盗（?），京州降为秦，乃杀好等。疑尺（尸）等购。●谳（谳）固有审矣。治等，审秦人殹（也），尸等当购金七两；阆等，其荆人殹（也），尸等当购金三两。它有〖律〗令。①

---

① 朱汉民、陈松长主编《岳麓书院藏秦简（叁）》，上海辞书出版社，2013，第113~117页。

由这段话可以看出：其一，秦人和它邦人是当时熟知的名词。"秦男子治等四人、荆男子阆等十人"是州陵守绾和丞越奏谳部分，这意味着在政府正式公文里明确以国别区分人的身份。同书其他案例中，还有以爵位界定身份，如案例〇三《猩、敞知盗分赃案》："廿（二十）三年四月，江陵丞文敢谳（谳）之：廿（二十）三［二］年九月庚子，令下，劾：禄（录）江陵狱：上造敞、士五（伍）猩智（知）人盗垖冢，分臧（赃）。得。"① 上造、士伍和秦男子、荆男子在文书中出现的位置相同，说明二者在法律文书中的功能也相同。本案又言"治等曰：秦人，邦亡荆，阆等曰：荆邦人"，是为当事人自陈部分，他们在供述自己身份时，也采用这一区分方式。这说明秦人和其他国家人作为身份的分野，是当时秦国上下皆知的一个事实，并且和爵位一样在法律上都起到界定身份的作用。它邦人，顾名思义就是"其他国家的人"。但是作为身份的它邦人，其制度内涵是什么呢？因为这一名词在这批秦简中第一次出现，我们还是要回到上述简牍内容当中：这个案件之所以成为疑狱，症结在于案发时，阆等所居之京州已经入秦，那么身份是否为它邦人？县和一部分"吏议"意见认为算是群盗，意味着默认了他们的秦人身份；而另一部分"吏议"的意见和最后的结论则认为这一案件不能笼统地归为群盗，原因在于阆等目前的身份还是楚人。这反映了在秦人向东方扩张过程中，面对出现的新情况，官员对制度理解的混乱。我们以最后的回复结果为基础分析"它邦人"的身份。阆等被默认为秦人，是因为京州已经是秦人的地盘，然而他们最终没有获得秦人的身份的关键点在于其没有"归义"。"归义"是指他们置于秦国统治之下，而当时最直接的表现形式入户籍。综上，它邦人就是不在秦国户籍上的他国人，其所居之地是否已经并入秦国并不是判断他们是否为它邦人的前提。

其二，从这一案例看，秦人与它邦人不同身份，国家从法律角度对其关注程度也不同。本案例主要体现在赏格方面："产捕群盗一人，购金十四两。有（又）曰：它邦人□□□盗，非吏所兴，毋（无）什伍将长者捕之，购金二两"，后者购金较少，其中"它邦人"的身份是其中影响因素

---

① 朱汉民、陈松长主编《岳麓书院藏秦简（叁）》，第119页。

之一。最后上级部门回复部分称"治等，审秦人殹（也），尸等当购金七两；闻等，其荆人殹（也），尸等当购金三两"，更明确指出二者的区分。

对于赏金的额度，简牍整理者已经注意到其中出现计算的矛盾。[①] 陈伟先生则结合相关史料做了清理，与本文相关的一个结论是：因为治等四人为秦人，不够五人攻盗的群盗标准，所以赏格较低。尽管还有闻等十人为共犯，但他们的身份是楚人，所以不计算在列。[②] 两者的分野十分明显。秦人购金额度高于它邦人，说明秦国非常重视这个群体，他们被严格地控制着。

其三，它邦人身份可以向秦人转化。如前所言，它邦人通过"归义"的形式成为秦国统治下的百姓。但这种身份和还不能完全等同于秦人，同书另一个案例："● 同曰：归义。就（就－僦）日未尽，为人庸（佣），除芝。"[③]"同"在自述身份时称"归义"，这一语词反映出虽然他已经归附秦人，但是还不能以秦人自称，与秦人身份还有一层隔膜。也就是说尽管已经籍属于秦，但他与本土秦人的身份还不尽相同，尚未完全转化为秦人。这在户籍文书中也有表现。里耶秦简中的户籍文书是先期公布的出土于里耶古城北护城壕终端底部一凹坑中，格式相类，但值得注意的是有的户主位置标示出其荆爵的身份，如：

1（K27）

第一栏：南阳户人荆不更蛮强

第二栏：妻曰嗛

第三栏：子小上造□

第四栏：子小女子驼

第五栏：臣曰聚

　　　　伍长

和荆不更相似，在这批材料中还有荆大夫等"荆＋爵位"的形式，按

---

① 朱汉民、陈松长主编《岳麓书院藏秦简（叁）》，第118页。
② 陈伟：《尸等捕盗购金数试说》，简帛网，2013年9月11日。
③ 朱汉民、陈松长主编《岳麓书院藏秦简（叁）》，案例九《同、显盗杀人案》，第179页。

照张荣强先生的看法，这是秦政府赐予的爵位，户版在这些爵位之前注明
"荆"的用意，"其目的就在说明这些爵位是秦政府在特定时间段授予原楚
地民众的，与秦管理下的其他地区至少是与'故秦'的爵位有别"。[①] 这也
反映出，新占领地区的居民即使已经成为秦国的编户，但其身份标识还不
能完全等同于故秦之人。即使后来环境发生了变化，秦人和它邦人的身份
区分还会持续地发生着影响。

二 秦实施以国别区分身份制度的原因及效果

秦国在人口管理中以国别区分身份，在法律上对待国人和它邦人有双
重标准，究其原因是其一贯的秦本位政策取向。工藤元男先生依据睡虎地
秦简的记载，将秦和占领臣服地区的关系分为内臣、臣邦、外臣邦三个层
次，是一个同心圆，即故秦为核心，第一个层次是属邦、附庸之地、旧六
国之地（郡县），他们可以秦母这种血缘关系转变成核心层（作者称之夏
子和真子的关系），最外层为外臣邦。[②] 内外之间，亲疏有别。也就是说，
秦在与外部交往中，是以秦人为中心的视角看待彼此关系。这样的政策取
向同样也适用于对待中原诸国。

在睡虎地秦简中，也有以国别为标准区分身份的记录，《睡虎地秦墓
竹简·法律答问》：

> "邦客与主人斗，以兵刃、投（殳）梃、拳指伤人，擎以布。"可
> （何）谓"擎"？擎布入公，如赀布，入赀钱如律。[③]

邦客与主人，按照睡虎地秦墓竹简整理小组的意见：邦客，指秦国以
外的人。主人，指秦国人。这里只说了对邦客的处罚，而不清楚相同情况

---

① 张荣强：《湖南里耶所出"秦代迁陵县南阳里户版"研究》，《北京师范大学学报》2008
年第4期。
② 工藤元男：《睡虎地秦简所见秦代国家与社会》，广濑薰雄、曹峰译，上海古籍出版社，
2010，第98页。
③ 睡虎地秦墓竹简整理小组：《睡虎地秦墓竹简》，文物出版社，1990，释文第114页。

对秦人的处罚措施。但邦客所受"擎布入公"只能和"赀布"相比照，体现了邦客所受处罚的特殊性。对秦人与他国人加以区分，还是出于防范的心理。同批简《秦律杂抄》：

> 游士在，亡符，居县赀一甲；卒岁，责之。·有为故秦人出，削籍，上造以上为鬼薪，公士以下刑为城旦。游士律①

游士是专门从事游说列国之人，并且提到"亡符"，他们应非秦人。故这条律文有两方面意义，一是对游士的严格管理和掌控，二是防止他们与秦人交接，帮助其出逃。通过对游士的防范，从一个方面加强了对本土秦人的控制。

如果我们把眼光放远一些，从秦人对新占领区的政策仍然能够看到这种以国别区分身份的影响。除了对新区百姓通过爵位的不同区分身份之外，为了确保秦国能够在行政制度上对新占领区进行有效的改造，还要向这一地区输送官吏，将其同化。里耶秦简记载迁陵县的冗吏，其身份多非籍属于本地（即迁陵县）。②另外，在里耶秦简中还有新地吏：

> 廿六年十二月癸丑朔庚申，迁陵守禄敢言之：沮守瘳言：课廿四年畜息子得钱殿。沮守周主。为新地吏，令县论言史（事）。·问之，周不在迁陵，敢言之。
>
> ·以荆山道丞印行。（正）
>
> 丙寅水下三刻，启陵乘城卒秭归□里士五（伍）顺行旁。壬手。
>
> （背）8-1516③

新地吏的来源估计有一定比例是来源于外地，于振波先生披露了岳麓秦简中关于新地吏的一条资料：

---

① 睡虎地秦墓竹简整理小组：《睡虎地秦墓竹简》，释文第80页。
② 沈刚：《〈里耶秦简【壹】〉中的冗吏》，《湖南省博物馆馆刊》第9辑，岳麓书社，2013。
③ 陈伟主编《里耶秦简牍校释》第1卷，武汉大学出版社，2012，第343页。

以上及唯不盈三一岁病不视事盈三月以上者皆免病有瘳（？）令
为新地吏及戍如吏有谪过废免为新地吏 1865①

将病免等官吏重新起用做新地吏，特别是提到了"戍如吏有谪过废
免"。"戍"、"谪"等字样似乎意味着他们是有由外地贬谪而来，而非籍属
本地。把官吏转移到新地区，是对新占领地施行有效统治的需要，而这些
新地吏当有部分来自秦地。

尽管新地已经成为秦人的领土，但对本是它邦人的原住民，改造成符
合秦政权要求的子民还需要假以时日。因此通过输送秦人出身的官吏，在
以吏为师的传统下，这是最直接、有效的改造方式，消弭秦人与楚人的差
别，使故楚疆土与其上之民真正成为秦国的一部分。

由上述可知，《尸等捕盗疑购案》案中对秦人和它邦人的区分是秦国
国家政策的一种表现形式，那么为什么秦国在施政过程中一直要强调秦本
位呢？归根结底还是为了有效地实施统治。强调敌国之人为它邦人，在统
一之前，出于防范的心理，这容易理解。但占领之后还存在这种身份区分
这种印记，其原因是在秦统治者眼中，新占领地区的原住民还是有着秦与
它邦的这种界隔。比如睡虎地秦简《语书》，对占领不久的南郡，守腾发
了一部文告，晓谕属地吏民：

> 廿年四月丙戌朔丁亥，南郡守腾谓县、道啬夫：古者，民各有乡
> 俗，其所利及好恶不同，或不便于民，害于邦，是以圣王作为法度，
> 以矫端民心，去其邪避（僻），除其恶俗。法律未足，民多诈巧，故
> 后有间令下者。凡法律令者，以教道（导）民，去其淫避（僻），除
> 其恶俗，而使之之于为善殹（也）。今法律令已具矣，而吏民莫用，
> 乡俗淫失（泆）之民不止，是即法（废）主之明法殹（也），而长邪
> 避（僻）淫失（泆）之民，甚害于邦，不便于民。故腾为是而修法
> 令、田令及为间私方而下之，令吏明布，令吏民皆明智（知）之，毋
> 巨（距）于罪。今法律令已布，闻吏民犯法为间私者不止，私好、乡

① 于振波：《秦律令中的"新黔首"与"新地吏"》，《中国史研究》2009 年第 3 期。

俗之心不变，自从令、丞以下智（知）而弗举论，是即明避主之明法殴（也），而养匿邪避（僻）之民。①

南郡本属楚地，此时归秦不久。在这段话中，"乡俗"、"邪避（僻）淫失（泆）之民"字样反复出现，"乡俗"所指自然是楚地之俗，即原楚地固有的风俗民情；而"邪避（僻）淫失（泆）之民"主要指的是楚地的原住民。这反映出秦人在南郡的最高统治者还是将楚人视为不同于秦人的"他者"，因而要督促手下将"圣王作为法度，以矫端民心"，即将秦的一套制度推行到楚地，强化统一。

对待秦人而言，其赏格要重于它邦人，从表面看是对秦人身份的重视。不过，更重要的目的还是从秦国的统治利益出发的。商鞅变法以来秦国就有重视耕战的传统，其中很重要的一点措施就是将秦人固着在土地上，禁止迁徙，《商君书·垦令》：

> 使民无得擅徙，则诛愚乱农之民无所于食而必农。愚心躁欲之民壹意，则农民必静。农静，诛愚乱农之民欲农，则草必垦矣。②

这段话是说只有禁止百姓擅自迁徙，才能使其致力于农业，开垦荒地，为国家提供坚实的物质基础。因此，本文开头案例中对秦人提高赏格，也意味着加强了对秦人的控制，可以更为稳固、持续地为其提供力役、赋税，有效地为其兼并战争服务。

上述说明秦国从国别角度对人口实行管理的方式，是基于现实政治考量的必然结果。除此以外，春秋以来的地域观念也是值得注意的一个原因。东周时期，因为西周分封体制固有的弊端，春秋以来诸侯国之间征战不断，客观上强化了各国分野，以国作为界定人身份的基本单位成为当时通行的做法。甚至西汉前期司马迁描写全国经济区，亦采用这种形式，如"洛阳东贾齐、鲁，南贾梁、楚。故泰山之阳则鲁，其阴则齐"。③ 对不同

---

① 睡虎地秦墓竹简整理小组：《睡虎地秦墓竹简》，释文第13页。
② 高亨：《商君书译注》，中华书局，1974，第25页。
③ 司马迁：《史记·货殖列传》，中华书局，1982，第3265页。

地区间的民风民俗，司马迁也有概括描述，其间差异明显。秦末各支反秦势力仍以战国的国名相称，这些都是战国分域观念根深蒂固的反映。因此谈到秦代法律中"秦人"与"它邦人"区分发生的原因，亦不能忽视当时社会观念的影响。

最后我们再观察强化秦人身份政策实施的效力。如上所述，区分它邦人，是为了便于管理的需要。我们不知道这一政策对它邦人及后来的荆爵者是否发挥了预期的效力。但从现有材料看，还可以看出这一政策在强化秦人方面的限度。

秦国法律中，有一些条款是关于对逃亡者的处理，在睡虎地秦简《封诊式》中就有这样几条关于逃亡案件的审理程序：

> 覆　　敢告某县主：男子某辞曰："士五（伍），居某县某里，去亡。"可定名事里，所坐论云可（何），可（何）罪赦，【或】覆问毋（无）有，几籍亡，亡及逋事各几可（何）日，遣识者当腾，腾皆为报，敢告主。①
>
> □捕　　爰书：男子甲缚诣男子丙，辞曰："甲故士五（伍），居某里，乃四月中盗牛，去亡以命。丙坐贼人□命。自昼甲见丙阴市庸中，而捕以来自出。甲毋（无）它坐。"②

作为官员学习法律的样本，《封诊式》所提供的案例应是当时习见的违法现象，关于逃亡案例程式不止一次出现，说明当时秦人逃亡并非偶发之特例。惩处逃亡的法律条文同样也有发现，如《龙岗秦简》：

> 亡人挟弓、弩、矢居禁中者，弃市。☑
>
> 城旦舂其追盗贼、亡人，追盗贼、亡人出土禁苑奥（？）者得□□☑③

---

① 睡虎地秦墓竹简整理小组：《睡虎地秦墓竹简》，释文第 150 页。
② 睡虎地秦墓竹简整理小组：《睡虎地秦墓竹简》，释文第 150 页。
③ 中国文物研究所、湖北省考古所：《龙岗秦简》，中华书局，2001，第 78 页。

前一条是对逃亡者的惩处，后一条大约是对追捕逃亡者的奖励措施。秦人较早利用户籍控制人口，导致这些逃亡者一个重要的流向是逃入他国，在法律文献中称为邦亡。如睡虎地秦简《法律答问》中有："告人曰邦亡，未出徼阑亡，告不审，论可（何）殹（也）？为告黥城旦不审。"无凭证擅自离开国境即为邦亡，在法律有这样具体的规定，说明这一现象并不鲜见。

对邦亡问题，秦人亦很熟知，《岳麓书院藏秦简》案例〇一《癸、琐移谋购案》：

> 乃四月辛酉，校长癸、求盗上造柳、士五（伍）轿、沃诣男子治等八人、女子二人，告群盗盗杀人……琐等言治等四人邦亡，不智（知）它人何辠（罪）……●士五（伍）琐、渠、乐曰：与士五（伍）得、潘、沛戍。之山材，见治等，共捕。治等四人言秦人，邦亡，其它人不言所坐。[1]

在这个案件中，负责追捕的"琐"和被告"治"，皆知"邦亡"之罪，以此可以看出当时人人了解邦亡的法律，说明邦亡已经是当时社会上经常发生的一种现象。

这种逃亡他国的邦亡，虽然法律明文禁止，但在当时的环境下，具体执行起来很有难度。战国时期，各国人员流动频繁，对人口控制也有难度，不易管理。即使有了户籍制度，但因为技术上的原因，在施行过程中也很难如法律条文规划的那样执行到位。据韩树峰先生研究，在简牍书写的时代，户籍资料只是收藏于县、乡两级，其上的郡和中央只是掌握数字而已。[2] 在这种情况下很难防范在全国范围内发生的逃亡事件，所以在传世史籍中，秦统一之后逃亡的例子也不乏记载：

> 张良行刺秦始皇失败后，"良乃更名姓，亡匿下邳。"[3]
> 张苍，阳武人也，好书律历。秦时为御史，主柱下方书。有罪，

---

[1] 朱汉民、陈松长主编《岳麓书院藏秦简（叁）》，第 95~97 页。
[2] 韩树峰：《论汉魏时期户籍文书的典藏机构的变化》，《人文杂志》2014 年第 4 期。
[3] 班固：《汉书·张良传》，中华书局，1962，第 2023 页。

亡归。①

只要简单地"更名姓",行刺皇帝的重罪,也能逃亡之后安然无恙。张苍作为朝廷官员,有罪逃亡,秦廷似乎也束手无策。因此我们反观在秦统一之前,尚有其统治不及的地方,秦政府对邦亡者的控制能力更可想而知了。因此这也反映出秦国关注秦人,力图从身份角度对其进行控制的政策效力已经打了折扣。

秦人以国别为标准,区分人的身份,只是战国征战历史背景下的产物,当国家完成统一后,这种政策必然会碰到新的问题。我们看之后不久的汉初例子,张家山汉简《奏谳书》:

> 十一年八月甲申朔丙戌,江陵丞骜敢谳(谳)之。三月己巳大夫祿辩(辞)曰:六年二月中买婢媚士五(伍)点所,贾(价)钱万六千,乃三月丁巳亡,求得媚,媚曰:不当为婢。·媚曰:故点婢,楚时去亡,降为汉,不书名数,点得媚,占数复婢媚,卖祿所,自当不当复受婢,即去亡,它如祿。②

这则案例之所以需要奏谳的程序,因为其疑难之处是"媚"的身份问题。导致这一问题的原因是秦楚汉易代,先前奴婢身份是否因为改朝换代而一并取消。以此比况秦的身份政策,若统一后还是一如既往以国别划分人口身份,那么在现实的行政实践中,必然会碰到很多矛盾和麻烦。但秦统一日浅,这种矛盾还未完全暴露出来。并且因为传统观念和现实政治的需要,以国别区分身份的做法在西汉前期仍然延续了下来,除了前言以战国国别分野来做经济区划分外,汉朝中央和分封诸侯国之间的关系同样也是如此,在张家山汉简中的法律条文已有明示。这种问题的解决是随着时间推移,统一日久,在制度、观念等方面才真正消除了战国以来的国别隔膜,形成了全新的一统的地域观念。

---

① 班固:《汉书·张苍传》,第 2093 页。
② 张家山二四七号墓竹简整理小组:《张家山汉墓竹简 [二四七号墓]》(释文修订本),文物出版社,2006,第 92 页。

日本居延汉简研究的回顾与展望[*]

——以古文书学研究为中心

〔日〕籾山　明[**]著　顾其莎[***]译

摘　要：日本的居延汉简研究步入自主之路，以森鹿三于 1960 年在京都大学开办的读书会为契机。与森同具有读书会指导者地位的藤枝晃，提倡将一万枚旧居延汉简的整体加以系统化的"古文书学研究"，永田英正的《居延汉简研究》是其成果的结晶。藤枝提倡古文书学研究的目的，在于以书写格式、样式为线索复原过去人们的生活，而永田的研究超出了藤枝的预想，明确了候官对簿籍简牍的汇集、检查，维系着汉代上计制度的基础这一事实。通过简牍史料的系统化，不被书写格式与样态所表现的情报也呈现出来。据日本古文书学的成果，史料所带来的情报，因其放置场所和与其他史料的关系而发生变化。不囿于史料自身所具备的书写格式与样式，亦留意于史料与外部的关联性，是日本古文书学的研究动向，它与永田的研究成果接轨。动态性地把握史料的"活动"与"变化"，不仅对于居延汉简，对于整个出土文献的研究而言，都是有益的视点。

---

* 本文前半部分的中译本，以同名收入《甘肃省第二届简牍学国际学术研讨会论文集》（上海古籍出版社，2012）。本文为增补、修订该文而成。

** 日本东洋文库研究员。

*** 中国政法大学法律古籍整理研究所。

关键词： 居延汉简　　上计制度　　古文书学　　动态性的把握

随意地挥舞剑，即使得以杀敌也不能说是正规的剑法。只有从根本上反复修习原理，才能掌握真正的剑法……①

序　言

本文的目的，在于回顾日本的居延汉简古文书学研究的发展源流，同时展望今后研究的课题与方法。限定古文书学研究的原因是：第一，它是在日本汉简研究中最具特征且富于独创性的领域；第二，笔者所参加的研究会，旨在继承与发展这一传统。如在正论中所明确的那样，研究会在此前出版的论文集中所提倡的"生态性研究"，将简牍视为"具有多种形态的，活动、形成、消灭的动态史料"的视点与方法，多有赖于古文书学研究的成果。②

本文所说的"古文书学"，是指以历史情报的媒体——史料本身为对象的研究。对于这样的古文书学的定义，下引河音能平（1933～2003）的论述反映了学界的共识：

> 将一件一件的文书作为一个事物＝史料来客观考察，以该文书的制作过程及执笔过程（发送过程）为始，彻底探究该文书通过何人送往何处，由此具有怎样的政治、社会、思想机能，之后如何留传在何处，不正是我们不能忽视的古文书学原有的工作吗？③

---

① 藤枝晃：永田英正著《居延汉简研究》"序"，同朋舍，1989，第2页。
② 籾山明、佐藤信编《文献与遗物的境界——中国出土简牍史料的生态性研究》，六一书房，2011。
③ 河音能平：《历史科学运动与史料学的课题》，载氏著《河音能平著作集》第5卷《中世文书论与史料论》，文理阁，2011，第8页。此处置于河音意识中的是狭义的"文书"，不过即使作为包含账簿与记录在内的言论与理解，也不会产生大的问题。又，依据文书与账簿、记录等范畴而分类的自身，也成为探讨的对象，对此本文将于后半部分讨论。

这是对文献史学者"史料学＝古文书学、书志学这一不科学的学术态度"提出批评的一节。然而这里所表达的"古文书学原有的工作"内容，如果加上"从何处、如何出土"一语，那么像汉简这种出土文字史料就是妥当的。本文的主要对象，即在于对居延汉简这一史料自身的研究，而不是以居延汉简为史料的历史研究。但是其成果以各种形式助益于历史研究，也因本文的追溯而明确。

以下全文分为三节。第一、二节是研究史回顾，第三节提出今后的研究课题与方法。研究史之所以分为两节，是由于这一期间的史料环境，即作为研究对象的史料的质与量、公开发表的形式等条件发生了很大的变化。本文所说的"居延汉简"，在一般情况下指 1930～1931 年发掘的旧居延汉简。1973～1974 年发掘的简牍则称"新居延汉简"，以示区别。

研究史（一）：1947～1957

在日本，最初言及居延汉简的文章，是森鹿三（1906～1980）于 1947 年发表的、以"最近中国学术界的动向"为题的学术展望一文。[①] 该文的目的在于通览在信息隔绝的世界大战末期，尤其是 1943～1945 年期间在中国展开的"国学"研究动向。该文分为两篇连载，第一篇介绍了"在中国国学规模最大，也最具组织化研究的"中央研究院历史语言研究所的活动。诉诸笔端的成就，为劳榦（1907～2003）居延汉简考释的两部成果：由疏散至四川省南溪的中央研究院刊行的石印本《居延汉简考释 释文之部》（1943 年刊，以下略称为《释文之部》）与《居延汉简考释 考证之部》（1944 年刊，以下略称为《考证之部》）。正如大庭脩所评论的，"无论是日本的居延汉简还是森先生的汉简研究，可以说实际起步于该文"。[②] 不过这篇文章的最终目的，还是在于整体介绍学界的动向，并非仅就居延汉简大加笔墨。森当时尚未入手《居延汉简考释》一书，执笔时所参照

---

① 森鹿三：《最近中国学术界的动向》，《东光》第 2 号，1947；《最近中国学术界的动向（续）》，《东光》第 3 号，1948。
② 大庭脩：《森鹿三先生与木简研究》，大庭脩《生于昭和元年的我们》，同朋舍，1997，第 337 页。

的，是刊载在学术情报刊物《图书季刊》上的概要与论考。

1951 年通过在北京的今西春秋（1907～1979）的帮助，石印本《释文之部》与《考证之部》入于森之手。① 同时，1949 年由商务印书馆刊行的铅印本《居延汉简考释 释文之部》也传入日本。获得这一新资料的森，以铅印本《释文之部》为读本，在京都大学人文科学研究所组织了共同研究班"居延汉简研究"。② 研究班在 1952 年获得了文部省科学研究经费的资助，当时居住在关西地区的中国古代史研究者多有参加。这一盛况一直持续到 1957 年。1955 年 7 月，劳榦于访美归途中经过日本，访问了东京、京都，一看当时讲演会的照片，便能感受到现场的热烈气氛。③ 而劳榦本人对日本研究者的热情也颇感意外。其原因将在下文叙述。

《东洋史研究》杂志编辑了两期特刊，登载了研究班的成果。这就是第 12 卷第 3 号（1953 年）的《居延汉简特集号》与第 14 卷第 1～2 号（1955 年）的《汉代综合研究号》。研究班成员米田贤次郎（1919～1990）也连续发表了优秀的概观性论文。④ 在《居延汉简特集号》的总论《居延汉简研究序说》中，森鹿三叙述了"我们的研究概况"。其中值得注意的是这一表述：对于劳榦《释文之部》分类整理的近万枚汉简，"计划再次回到原点，将它们按出土地排列，目前已完成了大约半数简的卡片编录"。⑤ 这是在没有准确的出土地信息的状况下，仅凭借释文所附的原简编号进行的工作，而森正是在此时确立了"按出土地排列，是释读居延汉简关键所在"的观点。

这里所提倡的，当然是作为研究对象的文本的整理。"现在提供的形式"即劳榦《释文之部》的简排列，"还难以充分地利用，因而有必要再

---

① 森鹿三：《居延汉简研究序说》，森鹿三《东洋学研究 居延汉简篇》，同朋舍，1975。

② 不选择石印本而选择铅印本为读本的原因，即在于获取方便。不过据劳榦本人的证言，该铅印本虽然名义上是劳榦的，但并非是自己的著作。大庭脩：《森鹿三先生与木简研究》，第 338 页。

③ 大庭脩：《〈居延汉简考释〉之书与劳榦氏来日》，大庭脩《汉简研究》，同朋舍，1992，第 317 页。

④ 米田贤次郎：《居延汉简与其研究成果》（1）（2），《古代学》第 2 卷第 3 号，1953；第 3 卷第 2 号，1954。

⑤ 森鹿三：《居延汉简研究序说》，第 10 页。

做归纳整理"，这是森鹿三的认识。① "出土地之别"这一标准，也有可能是受到了考古学的影响。众所周知，以研究云冈石窟而著名的考古学者水野清一（1905～1971），与森是自小学时代以来的好友。② 不过产生观点的基础，莫如说是传统的古籍校勘吧。对于汲取汉学之流的森而言，读本的校勘，即"尽量恢复它的面貌……提供接近原稿的善本"这一工作，是开始真正研究的当然前提。③

与森具有同样的研究态度，并进一步揭示出系统整理史料的方法及其有效性的学者，是共同主导研究班的藤枝晃（1911～1998）。藤枝晃题为"守卫长城"的长篇论文，是以全面介绍共同研究成果的形式，描述汉帝国控制边境整体状况的力作。其文首可见下述一段：

> 在目前的研究中，一般都是利用其它文献解释木简中所见的词语，或利用木简解释、证明其它文献的记载……然而仅仅如此，并不是正确利用木简的途径。在这种处理方式下，一万枚断片在任何时候也只是一万枚断片，它不仅无法期待汉简研究的推进，而且最终将或陷入语句的细微末节，或轻率地对比木简与史籍，以至于引起误解。在首先正确地理解每一枚木简断片的基础上，进而将这些断片依据某种基准而系统化，这是木简研究的基础。④

基于此种方法论的自觉性，藤枝以处于边境第一线的烽燧为焦点，以文书格式为基准，将与此相关的简作为一个整体把握。这不仅仅是"按出土地排列"，而且是"以'文书格式'系联，将一万枚木简看成是一个个由若干枚简构成的简束"。⑤ 其结果是明确了由各种文书格式所反映的定型

---

① 森鹿三：《居延汉简研究序说》，第10页。

② 森鹿三在以后追悼水野的文章中述怀："之所以选择京大东洋史，毕竟在很大程度上受到了水野君的感化。"森鹿三：《追忆》，贝塚茂树、日比野丈夫编《水野清一博士追忆集》，《水野清一博士追忆集》刊行会，1973，第4～5页。

③ 倪其心：《校勘学大纲》，北京大学出版社，2004，第5页。

④ 藤枝晃：《守卫长城——河西地区出土的汉代木简的内容概观》，《自然与文化》另编第2号，《游牧民族的研究》，1955，第241～242页。

⑤ 藤枝晃：《守卫长城》，第341页。

了的行动内容，揭示了活动于烽燧的兵卒与官吏们的日常生活。藤枝晃的论文通过将断片的木简"系统化"，重现了承担守卫边境任务人员的具体活动，可以说这是在当时史料制约下的最好成果。

藤枝所说的"断片系统化"，旨在复原史料原有的关联性，这是古文书学的基础研究之一。在不是从史料中直接导引出历史信息，而是首先"客观地观察"史料自身，解明贯穿其中的内在秩序这点上，藤枝在继承了森之后又向前推进了一步。森鹿三、藤枝晃作为居延汉简研究的第一代人物，他们共同提倡并实践的古文书学意义上的研究，决定了日本以后的研究方向。

据永田英正（1933～）回忆，日本的东洋史学者代表宫崎市定（1901～1995）虽然承认新出史料汉简的价值，但他评论道："仅仅以此还未达到改写当时历史的程度。它避免不了是迄今流传下来的历史的辅助性史料这一缺陷。"① "辅助性史料"的定位，大概是基于居延汉简是偶然留存的史料，而且不过是截取了汉代史的一部分的认识。历史的大框架是由《史记》、《汉书》等史书建构的，汉简则是为了考证具体的事实而使用的材料，这无疑是存在于宫崎意识中的研究态度。当然，从今天的历史学来看，对"辅助性"这一认识自身也是有异议的。但是宫崎还谈道："不可忘记尊重原有的文献，应当在此基础上探讨新史料。"对居延汉简的评价，应当参酌宫崎的学风来理解。

颇具意味的是，作为居延汉简研究第一人的劳榦，他的研究路径毋宁说是接近宫崎市定的立场。以《考证之部》一书所见，可知劳榦是为了解明汉代史的具体事实而将汉简作为"辅助性史料"利用的。如前所述，劳榦于1955年访问京都之际，对日本研究者的热情有意外之感。这种感觉与劳榦的研究路径相关。以劳榦所见，为了汉代史而从汉简中挖掘出的信息应已穷尽，因此"觉得居延汉简的研究已经结束"。② 事实上，《东洋史研究特集号》刊载的大部分论文，都未出劳榦《考证之部》所涉及的问题范围。日本的居延汉简研究"以收拾中国研究成果残渣的形式起步"，可以

---

① 永田英正：《居延汉简研究始末记》，《日本秦汉史学会会报》第5号，2004，第217页。
② 永田英正：《续居延汉简研究始末记》，《日本秦汉史研究》第11号，2011，第260页。

说这也是必然的结局。① 另一方面，森与藤枝所倡导的古文书学方法，在居延汉简图版与出土地尚未公布的情况下，也不可能充分展开。始于1951年的共同研究，就这样在不能提出所期待成果的状态下谢幕。②

二 研究史（二）：1958～1989

最初共同研究结束的 1957 年，也是《居延汉简 图版之部》（以下称《图版之部》）的出版之年。两年后的 1959 年，《居延汉简甲编》（以下称《甲编》）刊行，部分简的出土地也得以明了。居延汉简的研究条件因二书的出版而得到大幅度的改善。"在劳榦氏的各种业绩上再加以现在的中国版（指《甲编》——作者注），居延汉简的实质性研究，终于进入了可以开始的阶段"，森鹿三如是说。③

1960 年，英国的迈克尔·鲁惟一（1922～）为在人文科学研究所从事研究而来日。他在读了发表于 1959 年的《居延汉简的集成——关于第二亭食簿》一文后，选择了森作为指导教师。该文以"第二亭长邮"这一人物为线索，集成了与此有关的木简，辨清了原称为"第二亭食簿"的"谷物出入簿"的构成。这是继《图版之部》与《甲编》刊行后的最新研究成果。④ 鲁惟一自身的研究课题，同样在于就居延汉简的整体尝试集成研究。这一课题在到达京都之前选择森为指导教师时就已经决定了。他在前往日本的途中顺道台北，购买了两部《图版之部》，可见他的周到准备之意。集成研究的基础，是剪切该《图版之部》而做成的汉简卡片，而此后的《汉代行政记录》这一大作，正是集成研究结出的果实。⑤

以鲁惟一来日为契机，森鹿三开办了居延汉简轮读会。核心成员除森

---

① 永田英正：《续居延汉简研究始末记》，第 259 页。
② 据永田英正说，不能提出所期待的成果的最大原因，"在于劳榦氏的《释文》是唯一的依据，就连居延汉简的原貌即图版也无法看到"。永田英正：《续居延汉简研究始末记》，第259 页。
③ 森鹿三：《关于〈居延汉简甲编〉》，森鹿三《东洋学研究 居延汉简篇》，同朋舍，1975，第 193 页。
④ 森鹿三：《居延汉简的集成——关于第二亭食簿》，森鹿三《东洋学研究 居延汉简篇》。
⑤ Michael Loewe，*Records of Han Administration*，Cambridge University Press，1967.

与鲁惟一外，还有藤枝晃、米田贤二郎、大庭脩、永田英正等共六人，平冈武夫（1909～1995）与町田章（1939～2011）也阶段性地参加了轮读会。轮读会的读本是《图版之部》及《甲编》，还是研究生的永田，经常得到藤枝的"眼睛不要离开照片，不要依赖已是印刷文字的释文"的教诲。① 藤枝在大战末期的1944年至翌年，曾是设于内蒙古张家口的西北研究所所员。1946年春返回京都，作为由今西锦司（1902～1992）发起的自然史学会的负责人，在"以人文科学与自然科学的接触领域为问题"的过程中，"对于历来以官方正史为主要材料的东洋史的做法……一向不感兴趣"，陷入"很深的萎靡状态"，然而"当汉代木简、敦煌写本等活生生的新史料逐渐呈现于眼前，终于又可以振作起来"。② 将探究"活生生的"史料贯彻终生的藤枝，被原山煌（1945～）恰当地称为"人文科学中立足于实物主义的实地考察工作者"。③ 对于立足于"实物主义"的藤枝而言，释文不只是具有二次、三次的价值是不难想象的。

虽然图版的刊行使条件得到好转，但是参加轮读会的人并不多。也许研究会并不是正式的共同研究班，不过是"私人性的读书会"，但是最主要的原因，还是在于学界的关注点已经离开了居延汉简。据永田英正回忆，当时的风气是"利用居延汉简的研究已经结束，即使持续研究下去也不会有什么成果"。④ 有的教师对参加轮读会的永田忠告道："君应该再早些出生。"⑤ 在外部看来这未必是好事，但是就方法论的深入以及研究的专业性、前沿性而言，参加者不多岂非正是理想的状态？永田正是在轮读会上，"受到了简牍的形状自不待言……文字的大小、书写的场所、笔迹的

---

① 永田英正：《居延汉简的研究》，第612页。
② 藤枝晃：《两个学会》，《今西锦司全集》第7卷月报，讲谈社，1975。
③ 原山煌：《产生于张家口的学术方法——藤枝晃先生的遗产》，藤枝晃先生追悼文集刊行会：《藤枝晃》，自然文化研究会，2000。前注所揭示的藤枝晃随笔之文，据此悼文而知。
④ 永田英正：《续居延汉简研究始末记》，第261页。大庭脩也在评论森鹿三发表于1957年的《居延汉简所见的马》（收入森鹿三《东洋学研究　居延汉简篇》）一文中，讲述了这样的认识："1951年以来利用《居延汉简考释　释文之部》铅印本的研究，大致已到达目的地，就汉简的范围而言，在经验与蓄积上已经达到了界限。"大庭脩：《森鹿三先生与木简研究》，第340～341页。
⑤ 永田英正：《续居延汉简研究始末记》，第262页。

异同，甚至墨色的浓淡等阅读图版的训练"。① 鲁惟一于 1961 年回国，而轮读会一直持续到 1968 年。此后成为汉简研究基础的厚重的成果，即产生于这一阶段。

日本的居延汉简研究，自这一阶段终于步入了自主之路。其代表性的成果是大庭脩的《居延出土的诏书册与诏书断简》之文。众所周知，大庭在此论文中复原了由八枚简构成的元康五年册书，探明了从中央发出的诏令传达到地方的顺序。可以说这是将散乱的汉简恢复到原有状况的生动的研究成果。在出土地点尚有部分不明的情况下，仅仅是以简的前编号为线索，进而证明了八枚简出土于同一地点的手法，无疑是非常出色的。② 如大庭将此复原册书的成果称为"木简学之花"，③ 这确实是汉简古文书学研究进程中达到的一个高峰。

但是从居延汉简的整体来看，可复原为册书的简只是一部分。如果说将上万枚断简尽可能地置于多个系统之中，是森鹿三与藤枝晃所倡导的"汉简古文书学研究"的目标，那么屈指可数的最为典型的研究成果，就是永田英正的《居延汉简研究》（1989）。永田在本书的序章中指出，以往重视简牍记载内容的研究方法，最终会令研究步入穷途。其原因即在于：记载内容能够作为历史研究史料的简牍数量，绝非多数。据永田统计，劳榦《考证之部》引用的居延汉简的数量大约为 700 枚，不过占全部的 7%。④ 换言之，九成以上的汉简尚未作为历史资料发挥作用。为了突破这一局限，永田首先实践的是将万余枚汉简图版做成卡片，在此基础上区分出土地。

尽管屡屡被误解，然而《居延汉简研究》的核心部分第一、二章，并非汉简的简单"分类"。这两章同前述的森鹿三论文一样，是以"居延汉简的集成"为名，这是不可忽视的。"再一次返回"居延汉简，恢复其史料的关联性才是其目的所在。用永田自己的话来说，就是"将简牍按地

---

① 永田英正：《居延汉简研究始末记》，第 221～222 页。
② 在大庭脩执笔该论文的 1961 年，已知出土地的居延汉简在《甲编》所载的 2555 枚中，只是一部分而已。构成大庭脩复原册书的八枚简，包含了 5、10、332 三种前编号，而其中出土地为《甲编》所明确的，只有前编号 10。
③ 大庭脩：《木简学入门》，讲谈社，1984，第 285 页。
④ 永田英正：《续居延汉简研究始末记》，第 268 页。

域、样式类别集成，是由森鹿三创始而为鲁惟一继承发展的，在此基础上更加细致化并广泛化，将更多的断简残片体系化，以此建立科学的古文书学"。① 但是在永田与鲁惟一之间，有一点重要的不同。

鲁惟一在《汉代行政记录》中，以出土地、记载样式、笔迹等一致为集成木简的标准，总共复原了 43 种册书。该书的研究目的，可以说是广义上的"册书复原"。所谓"广义上的"，是因为复原的汉简大半是簿籍简牍。与大庭复原诏书册的情况所不同的是，被集成的简来自哪些册书，如何排列它们的顺序，其判断是困难乃至不可能的。对此，鲁惟一自己也有充分认识，他在提出复原例子前明确说道：

> 主张重构一部册书的妥当性，会因以下尝试的复原而有所不同，而且并不是所有都是可以接受的。然而尽管如此，史料的充分解释，只有通过比较形式与内容相似的简才有可能。因此，以下提示的简牍集成 association，也许并不是完全无价值的。②

关联性的复原涉及对史料的正确解释，就研究方法的意义而言，这一认识也是值得关注的。

另一方面，永田在集成汉简时，从鲁惟一所确立的标准中排除了笔迹相同。理由是"笔迹相同的判断是微妙的，而且还不免受到能够集成的简牍的数量限制"。基于这一认识，永田在"区别简牍的出土地，按记载样式分类，以此集成同种同类的简牍"方面推进研究。③ 放宽鲁惟一的标准，意味着更多居延汉简的关联性有可能得到复原。其结果是集成、分类的居延汉简超过了 2600 枚。这使得数量远远超过既往研究的汉简获得了历史资料的地位。

像鲁惟一与大庭那样，如果以同一出土地、同一记载样式、同一笔迹为标准，那么所复原的简牍是册书原来的面貌。而像永田那样，如果排除同一笔迹的标准而按出土地分类，那么据此所复原的，就是存在于各个组

---

① 永田英正：《居延汉简研究》，第 41~42 页。

② Michael Loewe, *Records of Han Administration*, vol. 1, p. 12.

③ 永田英正：《居延汉简研究》，第 41 页。

织内的文书与簿籍的整体状况。例如以"破城子出土的簿籍简牍"为副题的一章，就是甲渠候官所存的簿籍总览。一般而言，所积存的文书与簿籍的构成，反映了其所在组织的结构，因此如果对所集成的成果再进行书写格式的分类，就可以对该机构的活动获得系统、整体的认识。① 不仅如此，在其研究过程中"还会有完全无预期的发现"。②

Mu – durbeljin 即破城子是汉代甲渠候官遗址，在这里出土的简牍中，含有较多的由候官下级组织部与燧制成的簿籍，而且几乎是未经编集与汇总的"第一手活的记录"。根据集成的结果和传递簿籍时所附的文书木简（永田称此为"簿籍送达文书简"），可以读取以下的事实：部与燧等基层机构每天都制作各种记录，然后将它们原样送往候官，在候官整理汇总后，再以候官报告的形式送往上级机构都尉府。③ 如藤枝晃所评价的那样，"这是了不起的发现"。理由是通过出土简牍这一同时代的史料，"涉及了汉代上计制度的最深层"。④ 永田推测，候官是边境的军政组织，而内地的民政机构县恐怕也具有同样的作用。在汉帝国的中央政府控制着郡国，维系广大领域内的统治的层面上，上计制度所具有的重要性是毋庸赘言的。

永田的研究是按出土地汇集、分类居延汉简，贯彻的是质朴而切实的方法，从而使仅凭单独的一枚一枚简不能获取的历史事实浮现出来。由森鹿三与藤枝晃提倡的汉简古文书学研究，以永田著作的刊行而结束了一个周期。但是与此同时，应在今后的汉简研究中检证、发展的观点也肇端其

---

① 从事档案学的安藤正人，以如下明快的文章论述了两者的关系："记录资料的性质，在于它是作为社会存在的组织或个人在其活动过程中，以特定的目的制成并授受、蓄积的一次性的记录情报。一次性的记录情报，通常并非只是一点单独发生，而是对应特定的活动与功能，作为系列的资料群而发生、蓄积。再进一步，中央政府、地方政府、寺院、企业、团体等作为一定规模组织的情况下，由于其组织功能是由内部机构分担的，因此所发生的记录群的整体或其残存史料的总体，必然反映了该组织职能分配的体系，具备了其内部的体系秩序与有机构造。"（安藤正人：《记录史料学与档案管理员》，《日本通史》别卷3，岩波书店，1995，第360页）这里所说的"记录资料"，指"在已被记录的一次性情报中，具有可成为历史认识基础素材的有价值的资料"，英语的 archives，相当于中文的"档案"（安藤正人：《记录史料学与档案管理员》，《日本通史》别卷3，第356页）。

② 藤枝晃：《序文》，第6页。

③ 永田使用了"候与燧"之语，但是作为燧与候官的中间组织而存在的，不是"候"而是"部"，这是现在的共识，因此本文除直接征引外，将"候"皆改为"部"。

④ 藤枝晃：《序文》，第7~8页。

中。就好像等待永田著作刊行一样，围绕着居延汉简的史料环境发生着很大的变化。面对这种变化，应如何批判、继承此前的古文书学而建立新的方法呢？下节拟将视线转向邻近的研究领域而略加试论。

三　现状与方法论的展望

1. 新居延汉简的发掘与研究方法的检讨

1973 年至 1974 年，甘肃省居延考古队的考古学者在散布于额济纳河流域的汉代烽燧遗址中，选择了肩水金关（A32）、甲渠候官（A8）、第四燧（P1）三处进行了发掘调查。其中甲渠候官出土的 7933 枚简牍，第四燧出土的 195 枚简牍，再加上在遗迹范围内采集的若干残简，在发掘 20 年后的 1994 年出版了释文与图版。① 图版按出土探方（T）与房屋（F）排列，虽然还不充分，但是也增添了建筑物的平面图。森鹿三等曾就旧居延汉简尝试的“按出土地排列”的整理工作，就新居延汉简而言是不需要的。当然，这并不意味着不需要古文书学研究。毋庸赘言，按出土地排列图版，扫除了研究初期的障碍，从而使通往真正的古文书学研究的道路变得更加清楚。

再重新回到研究史上，此前所说的“古文书学研究”，可知是通过“群”、“分类”、“样式”等关键词而赋予其特征的研究。例如永田英正将始于森鹿三的研究方法概括为：“从所有样式的层面上考察简牍，将其族群化并体系化，在把握简牍固有性质的基础上读取简牍的内容”，这才是“真正的简牍的古文书学研究”。② 那么在种种研究方法中，森鹿三与藤枝晃为何提倡并实践“依据样式分类群”呢？根据他们本人的言论，其原因大概有如下两点。

第一，为了避免恣意解释史料。如第一节已引用的内容，藤枝晃很早就对只是比照木简与文献的记载而进行研究的做法，敲响了“或陷入语句的细微末节，或轻率地对比木简与史籍，以至于引起误解”的警钟。简牍

---

① 甘肃省文物考古研究所、甘肃省博物馆、中国文物研究所、中国社会科学院历史研究所：《居延新简　甲渠候官》，中华书局，1994。

② 永田英正：《居延汉简的研究》，第 31 页。

史料的解释，终究应当定位于对简牍史料自身的归纳。达到这一目的的有效方法，就是通过集成、分类即样式而群组化。如果借用鲁惟一的表达，就是"史料的充分解释，只有通过比较形式与内容相似的简才有可能"。

第二，为了思考史料的格式与样态如何表现了人类的活动。如前文所介绍的，藤枝的《守卫长城》尝试着将断片的木简"系统化"，以此重现承担守卫边境任务人员的具体活动。其前提在于这样的认识，"木简……以适当的格式逐一记录着人类的日常行动"。藤枝等之所以无比重视文书的格式，原因即在于"通过一个个的格式考察其中所记录着的行动，由此了解他们既定的工作"。①

在上述两个原因中，前者也就是重视类别的归纳，并非只是古文书学限定的方法。基于广泛意义上的"断章取义之戒"，与其说是古文书学的方法，不如将其视为面对史料之际的基础方法。与此相对的后者，即通过格式、样态而了解人类活动，可以说完全是古文书学的方法。在通过文字记录传达某些人类活动与意志的情况下，其表现形式及其定型的范围，取决于记载内容以及与传达对方的关系。由于是这样的形式与范围即格式与样态，因而解明了分类集成与定型的原则，就能复原表现对象中的制度与人类活动。这可以说是拒绝了古文书学每每所陷入的"形式上的分类之学"，而体现了很好的问题意识。但是通过这样的整理，可以发现在藤枝的视野中尚存在一点缺陷，这就是在围绕史料的情报中，存在着不为格式与样态所表现的内容。

此类情报的存在，为永田英正的著作所证明。如前所述，永田在《居延汉简研究》中所发现的，是部与燧等末端组织将制成的日常记录以原始状态送到候官，候官将其整理汇集后，又以报告的形式提交给上级都尉府的制度。永田通过积聚于候官的簿籍，解明了"汉代上计制度的最深层"，然而直接表示整理汇集与上报情况的信息，并不具备于格式与样态的自身之中。立论的依据，在于部燧制成的"活生生的记录"出土于候官遗址的事实与在簿籍上添加簿籍送达文书简的事实，即在出土地与其他史料间所形成的"关联性"这一要素。对于这种信息的存在，难说既往的汉简古文

---

① 藤枝晃：《守卫长城》，第341页。

书学研究是充分意识到了。但是如果以史料为一定的基准将其群组化，凸显其相互关系中的内在秩序，则是理所当然的。从这样的视点来看，永田"涉及了汉代上计制度的最深层"，并不是"完全无预期的发现"。史料所具有的信息，不仅仅存在于每个文面与形态，也产生于史料与史料、史料与"场"的关联性之中。在汉简古文书学研究向下一阶段发展之际，这一问题是探讨拓展视野方法论的必要前提。

2. 日本古文书学的潮流

在此略占用些篇幅而一瞥日本古文书学的动向，并非无益。日本古文书学至 20 世纪 90 年代后半期，研究趋势出现了一个大的划分。据村井章介（1949~）梳理，其显著的特征，是对以文书、记录、账簿、编纂物等"既成范畴区分书面的方式提出了异议"，因此"捕捉书面（群）在具有某种属性的特定的'场'中，边移动边改变性质（换言之，即突破范畴之壁）的动态意向，随处可见"（着重号原文如此）。① 对此种不拘泥于"范畴之壁"而把握书面（群）性质转移的研究意向，本文姑且称为"动态性的把握"。另外，村井在此所说的"书面"，是表示广义"文书"的措辞，若按山下有美（1963~）的定义，则是"以人类意志为信息，传达给某一对象的物体"。②

石上英一（1946~）的系列论考，尽管重心在于古代史料，但对于这样的古文书学、史料论的新趋势，却是提供了经梳理后的一般理论。石上的论述涉及多个方面，而与动态性把握相关因而值得关注的，是"历史情报传达行动论"，即"在历史情报的过程中，探讨个别情报过程从历史现象到情报的形成与传达的诸要素，以此解明其行动一般构造的理论"。其认识有以下三点，为求准确而直接介绍原文。③

---

① 村井章介：《中世史料论》，村井《与中世史料的对话》，吉川弘文馆，2014，第 34 页。

② 山下有美：《文书与账簿与记录——围绕古文书学定说的诸问题》，《古文书研究》第 47 号，1998，第 10 页。

③ 石上英一：《日本古代史料学》，东京大学出版会，1997，第 119~120 页。据石上，"史料由信息（信息及附加的信息）、附着并承载信息的传输体、信息与传输体的结合样态等三个要素构成"（第 56 页）。关于"史料体"，是石上"为了强调这样的史料要通过传输体实现"而拟定的措辞，在历史情报的传达行动中，它"成为在情报的发送主体与接受主体间移动的核心要素（其他所有要素伴随于它的传递）"。（第 100 页）

第一，作为历史情报体的文书，从在历史情报的发送者所在的机构内生成，到历史情报的接受者予以处理，再到送还、转送处理结果，其传达是连续的、交互发生的复合行动。在此行动中，它所具有的多次移动、多点（多主体）间的移动即复数的移动状态，是它固有的特性。

第二，在较多的场合下，文书的移动与功能伴随着人、物的移动。文书是人、物、意思的传达手段，这是它固有的功能。只是传达意思的文书，不过是文书的一种类型。

第三，文书通过多次、多主体间的移动，多次性的功能附着即功能变化（功能场的变化与功能内容、对象的变化）而成为复合情报体，是它固有的属性。由发送者传达给接受者的、既无情报附加也无功能附加的文书，其情报层序是单一的。

将书面视为"承载情报传达行为的物体"的山下有美，还阐述了这样的见解："书面这一物体处于空间与时间的动态之中，因动态而产生的诸场面、诸过程赋予了它各种功能，这是根本的性质所在。"[①] 书面或"作为历史情报体的文书"——原本就是具有复数移动性的复合情报体，这可以看成是他们的共识吧。

杉本一树（1957 ~ ）的论文，对历来以文书为主体的见解所使用的"'文书'oriented"之名，主张称其为"'工作'oriented"，提倡身临文书"书写、使用的现场"进行观察。[②] 基于这一立场而进入历史的内层，进入文书的生成、功能之"场"时，看到的无非是"'人'使用文书进行'工作'的状况"，文书所具有的多次性功能"作为利用文书而'工作'的多样性"得以体现。基于"文书"oriented 立场的研究，追寻的是文书的移动与功能的变化，而基于"工作"oriented 的立场，"是将'人'区分为单位而观察其在各阶段进行的'工作'"。如杉本所强调的，"工作"oriented立场的长处，在于易于发现完全未在文书上留痕的"人"的行为。"在以保留下来的史料而形成的世界中，保留下来的史料在与迄今未被保留者的

---

① 山下有美：《文书与账簿与记录》，第 12 ~ 13 页。
② 杉本一树：《古代文书与古文书学》，杉本《日本古代文书的研究》，吉川弘文馆，2001，第 21 页以下。

关系中处于怎样的地位"？这一问题的设定，可以说进入了研究视野。杉本提倡这一立场的根本，在于以"最终是人类给予了文书的功能"来警告"文书的物神化"，这也是不应忽视的。①

上述日本古文书学的动向，给居延汉简的古文书学带来了珍贵的启示。"在具有某种属性的特定'场'中，伴随着移动而改变性质"这一现象，即使在汉简世界也是常见的。在此，再次引用永田英正自集成簿籍简牍得出的结论：

> 过去我们只是通过阅读文面，将这些簿籍简牍单纯地理解为账簿即簿籍及其断片。然而它们并非仅仅是簿籍，而是从该下级机构向上级机构，具体就是候燧向候官，候官又向都尉府提出的经汇集整理后的报告书。因此簿籍简牍即使是断简，也都是报告书的断片。即古文书学所说的文书。②

这里明确指出了从簿籍到文书的功能转变。但是如果依据此前的考察，还应该再增补下句，即"如此被送达都尉府的汇总报告，在传达内容结束的瞬间，也就终止了文书的作用"。如果发现报告内容有不详之处，都尉府就会召唤候官的负责人，就报告进行质询。该报告虽然是由候官送来的原件，但在功能上已经不是"文书"，而是为了核对而变为"记录、原簿"。同样的文面，不必说内容与格式，有时就连称呼也不变而多次"突破了范畴之壁"。简牍因时间、空间而处于动态之中，经常因关联性而改变功能。在此所想确认的是：在进一步推进居延汉简的古文书学研究的当下，在与把握动态视角是不可缺少的同时，向以文书、账簿、记录等"既成范畴区分书面的方式提出异议"，也是不可避免的。

3. 面向居延汉简的动态研究

1997 年夏，在参加了以永田英正为团长的居延敦煌考察团访问破城子

---

① 杉本一树：《正仓院文书》，杉本《日本古代文书的研究》，第 52 页。
② 永田英正：《居延汉简研究》，第 386 页。引文中的"古文书学所说的文书"，意思是狭义的"文书"，即"用于第一人向第二人传达其意志的记载"的文献。相田二郎：《日本的古文书》上卷，岩波书店，1949，第 1 页。

遗址时，笔者向永田提出了一直存在的疑问："在集成破城子出土的簿籍
简牍时，甲渠候官是以怎样的情形在头脑中呈现的？"回答是"什么也没
有"。这意味着完全没有描述具体印象的信息。永田1971年着手集成破城
子出土汉简，1974年开始在《东方杂志》上发表成果。① 当时不必说甲渠
候官建筑物的内部结构，就连外观也不清楚。甘肃居延考古队的甲渠候官
发掘简报刊载于《文物》是在1978年，② 而首次明确出土简牍与遗址内部
结构对应关系的，则已是前述的1994年之事了。从森鹿三到永田的研究所
说的"出土地之别"，即使是作为抽象的"机构之别"，也不必提出异议。

但是再重新思考一下，以机构为单位分别简牍的做法，在真正意义上
难言"再次返回原来"。作为出土史料的简牍，到因废弃乃至埋葬而成为
考古遗物的瞬间为止，具有它固有的周期。在此周期中，简牍的时空移动
改变着它的存在之"场"与"形"，同时也承载着多次功能。如果是这样，
只有与当时的"场"与"形"相应的简牍群所呈现的样态，才应该是简牍
的"原来"状况。将各种样态赋予简牍的，毋庸赘言是人类的各种活动，
若借用杉本一树所言就是"工作"，所谓特定的"场"与"形"，不外乎
就是"工作之场"与"工作之形"。因此，真正意义上的将简牍"再次返
回原来"，可以说是返回当时的"工作之场"、"工作之形"。废弃与埋葬自
不待言，像遗失这样的偶发行为也包含在"工作"之中。

新居延汉简的发掘及其图版的公布，终于开启了基于这样视角的简牍
研究的路径。当然如果以今天的水准来看，这还是不充分的发掘，还存在
着与其他遗物的共同关系等出土脉络几乎不明的缺陷，但是判明了遗址内
部的结构，在简牍出土地信息方面提供了探方与房屋单位，应该是很大的
推进。在此以收入前述论文集中的青木俊介（1979~）的论考为例，来展
望一下基于新史料状况的研究动向吧。③

如此前再三言及的，在甲渠候官出土的旧居延汉简中，基层组织部与

---

① 永田英正：《居延汉简的集成一》，《东方学报》（京都）第46册，1974。该文是永田
《居延汉简研究》第一章的原型。

② 甘肃居延考古队：《居延汉代遗址的发掘和新出土的简册文物》，《文物》1978年第1期。

③ 青木俊介：《候官的簿籍保存与废弃——以A8遗址文书库、工作区域出土简牍的状况为
线索》，收入籾山、佐藤编《文献与遗物的境界》。

燧制成的簿籍以未经编集与汇总的"第一手记录"的状态包含其中。这种由部燧制成的簿籍简牍，在新居延汉简中也存在不少，据青木研究，它们几乎都出土于甲渠候官坞内西北的T65、T43、T40探方。根据遗址平面图确认，这一角是排列有用墙壁隔开的办公室区域，簿籍原来是放在被西壁与坞壁相夹的细长的空间之内。青木由此做出如下推测，即产生于部燧的"第一手记录"，在办公室经候官书记们整理汇总后，又被编集为候官的文书而发送上级机关。当此之时，不需要的"第一手记录"便被放置于办公室后面的空间内。对不需要的简牍不是废弃而是实施保管，应是为了别的用途而再次利用。

如青木所明言，"将简牍所具有的文字、信息与出土状况进行比较、分析，目的在于解明机构内部的文书以及人们的活动"，其论考通过追寻简牍的动向、功能的转移，成功地再现了"人"的活动。候官配备有很多书记，在汉代边境的文书行政中发挥着主要的作用，这是既往已经指出过的事实，但是深入到这些书记们在官署中通过简牍而工作的"工作之场"，则是此前所没有的成果。同时还应注意的是，青木的研究所遵循的是被评价为"木简（简牍）研究范本"的坚实路径。[1] 在通过探方位置区分甲渠候官遗址的坞内部分，以出土简牍的倾向性推定各区域性质的基础上，选择具有特征的区域集成出土于此的简牍，不仅通过内容与格式，同时也通过笔迹与简的形状来看出通则，这一方法无疑是在新史料的局面下，对始于森鹿三与藤枝晃的汉简古文书研究的发展。

破城子是被废弃的遗址，因而不能解明候官活动时期的实际状况，这一批评是不恰当的。除去庞贝古城这种稀有的例子，大部分遗迹都是以某种原因被废弃而存留至今。分析它们所遗留下来的痕迹——亦充分留意未被遗留之物，以此复原它们在活动期状况的考古学的研究方法，也适用于以出土简牍为对象的简牍研究。以下引用考古学教科书著作中的一段文字，以作为青木论文方法的代言：

---

[1] 马场基：《资料学与史料学的境界——评籾山明、佐藤信编〈文献与遗物的境界——中国出土简牍史料的生态研究〉》，《木简研究》第34号，2012，第214页。

在遗址内分析方面，中心的分析方法是，附属设施以及遗物的分布是否存在不均匀，如果存在，能否观察到多个遗址间的同样模式等。其主要目的在于：一边合并考虑遗址的性质与在遗址内的人类活动，一边追及遗址内曾有过的生活的现实层面。①

如果说是问题所在，那就是从离开候官建筑遗址的场所中出土的简牍，已达到相当数量的这一事实。自青木论文中称为"坞外部"的 T50 – T60 所出者，就是这样的简牍，包含新、旧在内的甲渠候官出土汉简，约有半数是从坞外出土的。遗址的性质是"垃圾丢弃场"，出土简牍则是"作为垃圾而被废弃之物"。但是，因而断言"不能发现记载内容与出土地点之间的关系"，恐怕操之过急。② 为了避免将大量的简牍作为"不能使用的史料"，为"作为垃圾而被废弃"的简牍建立分析方法是当务之急。对于同样是被视为废弃简牍的长沙走马楼吴简，以出土状况为线索而复原册书原貌的研究，正在进行之中。③ 把握史料的关联性，从一枚一枚的简中读取未知信息，可以评价为出色的古文书学研究。但是如果根据本文到目前为止的论述，在"工作之场"延长的基础上，作为用简牍完成各种工作的最终一环，应在于简牍的废弃吧。这一方法不仅适用于自甲渠候官"垃圾丢弃场"出土的居延汉简，也适用于丢弃于古井中的长沙走马楼吴简与里耶秦简。"废弃简牍的古文书学研究"的方法论探讨，无疑应在中国古文书学领域内得到进一步的推广。④

---

① 藤本强：《考古学的方法——调查与分析》，东京大学出版会，2000，第 140 页。

② 青木俊介：《候官的簿籍保存与废弃——以 A8 遗址文书库、工作区域出土简牍的状况为线索》，第 148 页。

③ 例如，侯旭东《长沙走马楼三国吴简所见给吏与吏子弟——从汉代的"给事"说起》，《中国史研究》2011 年第 3 期；凌文超《走马楼吴简采集简"户籍簿"复原整理与研究——兼论吴简"户籍簿"的类型与功能》，《吴简研究》第 3 辑，中华书局，2011；鹫尾祐子《长沙走马楼吴简连记名式名籍简探讨——关于家族的记录》，《中国古代史论集》第 7 集，2010；鹫尾祐子《示意图简册构成简探讨与户人制度》，《长沙吴简研究报告 2010 年度特刊》，2011 等。

④ 以走马楼吴简的出土状况为线索，尝试解明简牍的废弃过程乃至"当时的保管状况"，是关尾史郎正在进行的研究。关尾的《从出土状况看长沙吴简——以〈长沙走马楼三国吴简 竹简〉［肆］所收的赋税纳入简为中心》（《中国出土资料研究》第 17 号，2013），是先于本文而实践"废弃简牍的古文书学研究"的论考，值得关注。

结　语

1952 年出版的历史辞典"古文书学（二）中国"之目，桥川时雄（1894～1982）如此写道：

> 对于成为过去的文书，在古文书学的范畴内论述并看清它的学术定义与研究方法，在中国尚未尝试。[①]

本文前半部分回顾的居延汉简研究史，是始于 1951 年共同研究的汉简古文书学研究，因此是日本学者确立的"在中国尚未尝试"的古文书学的过程。森鹿三与藤枝晃之所以提倡"科学的古文书学"，重视史料分析的方法，原因即在于通过确立新学问而"看清研究方法"是紧要的课题，而且其必要性至今未减。往往正是被大量新出土史料所迷惑的现状，所以才更需要有志于依据切实路径的分析与发现通则吧。

近年来，在以欧洲中世研究为中心的领域内，将"从史料存在样态的自身读取历史"这一新文本研究称为"史料论"，反映了有别于"历史学辅助之学"的古文书学的倾向。[②] 尽管研究的方向与本文一致，应当学习的见解也不少，但是在古文书学尚缺乏坚实学术基础的中国研究领域内，区别新文本学的必然性尚存不足。应当作为课题的，恐怕还是在于充实古文书学的内容吧。"从史料存在样态的自身读取历史"的研究，也充分具有从中获得地位的可能。[③]

留下的问题还有不少，在此只是选择两个不仅关乎居延汉简，也涉及整个简牍学的问题作结。

第一，简牍名称的问题。如前所述，文书、簿籍、记录等依据既有

---

① 桥川时雄："古文书学（二）中国"，《世界历史事典》第 7 卷，平凡社，1952。

② 例子之一，大黑俊二：《从古文书学到史料论》，斋藤晃编《文本与人文学——解剖知性的基础》，人文书院，2009。

③ "史料论"、"史料学"这一日语，是为了研究包括非文字史料在内的历史学素材自身的特性与其整理、分析、保管等方法的学问而保留下来的。以"史料论"为题的《岩波讲座日本通史》别卷 3（岩波书店，1955），汇集了这方面的论考内容。

类别的命名，与把握书面动态状况的视角并不适应。而在同样的情况下，用来表达简牍形态的称呼则是妥当的。如既有像"检"这种出于传世文献的称谓，也有像"券"这样的简牍自称，以前的这些习惯称谓反映了其特定的功能。然而理所当然的是，表示称谓的简牍不过是所承载的多次功能中的一个方面——情报序列中的某一个层面，它与把握功能转移的立场是不相容的。例如"检"这一名称，意味着是用于"禁闭诸物，使不得开露也"（《释名·释书契》）的简牍，但是这一功能在收件方收到并开启之际就应该消失了。以此称呼作为核对原本而保管的"检"，严格来说是不正确的。如果考虑到这种情况，那么作为表示简牍形态的名称，最好是着意于不含内在功能的无机性的称谓。高村武幸（1972~）所提倡的基于型编号的"简牍形状分类"，在这方面发挥了有效的作用。①

第二，古文书学与简牍学的关系。笔者在前述论文集的"序论"中，强调了简牍作为考古遗物的一面，叙述了"贴近物的精细考察"的必要性。② 对此，马场基（1972~）在书评中提出了"是否有特意强调考古遗物的必要"的疑问，阐述了"如果极端地说，木简与简牍只是在古文书学体系中能够分析"的意见。③ 笔者原则上同意马场的意见。如此前的论述所明确的，所谓"汉简的古文书学研究"主要是"竹与木的古文书学"，这是笔者的基本立场。还有像这样进行自我规定，也为日本与欧洲的古文书学、史料论在同一基础上立论开启了道路。

但是，如果将视野扩展到整个简牍学，简牍是考古遗物仍然还是有强调的必要。像马场所指出的与考古学者的合作调查、研究自不待言，另有不可忽视的一点是，在简牍学领域中，还有尚未纳入古文书学体系的部分。其典型的例子，就是前述论文集中铃木直美（1968~）论考所涉及的

① 高村武幸：《中国古代简牍分类试论》，《木简研究》第 34 号，2012。高村论文中也提到了"简牍功能、内容分类"，但从本文关联性是决定简牍功能所在的立场来看，以"简牍格式、样式分类"为名是贴切的。
② 籾山明：《序论》，籾山明、佐藤信编《文献与遗物的境界——中国出土简牍史料的生态性研究》，第 64 页。
③ 马场基：《资料学与史料学的境界》，第 222 页。

领域：随葬简牍的研究。^①"遗体不能自己埋葬"，这是不分时代、地域的真理，因此以简牍为随葬品的无疑是送葬者。如此，随葬简牍所具有的意义才可以和其他随葬品一样，在葬送这一社会性的脉络中得到揭示。这种方法较之古文书学，不如说与被称为考古学，尤其是"丧葬考古学"的领域是共通的。^② 通往考古学的路径应确保常态性的畅通。所谓简牍学，是存在于古文书学与考古学之间，往来于"文献之物与遗物的境界"的学问，这是笔者不变的认识。

　　译自《文献与遗物的境界》所收《日本居延汉简的研究的回顾与展望》之修订稿

---

① 铃木直美：《马王堆三号墓出土简所见遣策的制作过程与目的》，籾山明、佐藤信编《文献与遗物的境界——中国出土简牍史料的生态性研究》。

② 欧洲中世考古学者霍华德·威廉姆斯与邓肯·赛耶，就近年死亡考古学的研究成果做了如下概括："这些研究虽然提示了具有对比性的研究方法，但在应将葬送痕迹置于社会性的文脉中理解这点上，见解是相同的。葬礼中的全部要素，具有构建同一性的作用。即遗体无论如何处理、装饰，都会给认知当时的生者与死者的同一性带来影响……这种研究，不是将墓葬与其外观只看做是举行葬礼、安置遗体的场所。它被解释为是在中世人的社会性的、象征性的环境中，生者与死者的交流场所。"（Howard Williams and Duncan Sayer, 'Halls of Mirrors': Death and Identity in Medieval Archaeology, Williams & Sayer eds., *Mortuary Practices and Social Identities in the Middle Ages: Essays in Burial Archaeology in Honour of Heinrich Härke.* University of Exeter Press, 2009, pp. 3 - 4.）

略论东汉"直符"及其举劾
犯罪的司法流程

杨小亮*

摘　要：五一广场东汉简牍新见有以"直符"身份举劾犯罪的较为完整的司法记录，反映出东汉行政机构的"直符"具有检举不法、纠察犯罪的职责和义务；同时也反映出东汉诉讼程序在各类诉讼层面的适应性及普遍性。对新见简牍资料从制度和程序层面进行研读，有益于对东汉当值制度的微观认知，也有益于对东汉"特殊"种类司法诉讼程序的具体流程进行梳理和解读。

关键词：五一简　直符　职责　举劾　司法流程

古代当值有"直事"或"直符"等称谓，但因史料或缺，研究者对其也只能进行泛泛的了解。本文拟简单梳理传世文献和出土文献中有关当值制度，尤其是"直符"的材料，窥视东汉当值制度的程序和规定，分析其所反映的直符职责的"变化"；并根据长沙五一广场出土东汉简牍①的新材料，还原以直符身份举劾犯罪的司法流程。

---

　*　中国文化遗产研究院副研究馆员。
　①　以下简称为"五一简"。

一　直符及其职责

传世文献中"直事"或"直符"，最早见于汉代。前者如《周礼·夏官·太仆》"闻鼓声，则速逆御仆与御庶子"，郑玄注："御仆、御庶子，直事鼓所者。"①《汉书·王莽传》："宰衡出，从大车前后各十乘，直事尚书郎、侍御史、谒者、中黄门、期门羽林。"②《太平御览》引《东观汉记·樊梵传》："樊梵，字文高，为尚书郎，每当直事，常晨驻马待漏。"③后者如《汉书·王尊传》"今将辅送狱，直符史诣阁下从太守受其事"，师古注："直符史若今之当直佐史也。"④《后汉书·张禹传》注引《东观汉记》："（戴）闰当从行县，从书佐假车马什物。禹闻知，令直符责问。闰具以实对，禹以宰士惶恐首实，令自致徐狱"，⑤等等，这些都说明当值制度由来已久。但由于史料简略，我们对于该制度的诸多方面都难得详解。

从地下出土资料来看，西北屯戍简中首先发现了涉及汉代"直符"的简文，让我们对当值的程序和规定有了些许深入了解。其较为完整者如：

> 更始二年正月丙午朔庚申令史□敢言之，迺己未直符。谨行视诸臧内户封皆完，时毋水火盗贼发者。即日付令史严。敢言之。（《居延新简》EPT48：132）⑥

> 建平三年七月己酉朔甲戌尉史宗敢言之，迺癸酉直符。一日一夜谨行视钱财物臧内户封皆完，毋盗贼发者。即日平旦付令史宗。敢言之。（《新简》EPT65：398）

这两条简文属"值勤报告"，详细记录了文书上报时间，当值者的职务、姓名、当值时间、时长、职责，财物安全情况，交接班时间，接班人

---

① 《十三经注疏》，中华书局，1980，第851页。
② 《汉书·王莽传》，中华书局，1962，第4068页。
③ 吴树平校注《东观汉记》，中州古籍出版社，1987，第453页。
④ 《汉书·王尊传》，中华书局，1962，第3228页。
⑤ 《后汉书·张禹传》，中华书局，1962，第1498页。
⑥ 甘肃省文物考古研究所等编《居延新简》（以下简称《新简》），文物出版社，1990。

职务、姓名等信息。从中可了解到，当值者需在"一日一夜"即当日平旦至次日平旦的时限内巡视库藏，防范水、火、盗贼，确保财物安全。当值结束后，需上报"执勤报告"。李均明先生已指出，佐史巡视仓库之制亦见于秦律，①《睡虎地秦简·秦律十八种·内史杂》："毋敢以火入藏府、书府中。吏已收藏，官啬夫及吏夜更行官，毋火，乃闭门户。令令史循其廷府。即新为吏舍，毋依藏府、书府。"② 可见汉代的当值制度应是有所继承。

近年来，随着五一简的陆续公布，其中有关"直符"的记录，为我们提供了一些不同以往的新资料。现将有关简文抄录如下：

（一）

直符左户曹史谢宏、书佐烝普符书·☑　　　　　　　　（正面）

永初五年三月庚辰朔四日癸未，直符左户曹史谢宏、书佐烝普敢言之。直月三日，循行寺☑

尽其日夜，无犯法当应举劾者。以符书属户曹史陈就、书佐文武。敢言之。☑　　　（七二　背面　CWJ1③：325－18）③

（二）

直符户曹史宋丰、书佐烝谭符书，直月十七日。　　　（正面）

永初五年七月丁未朔十八日甲子，直符史丰、书佐谭敢言之。直月十七日，循行寺内狱司空、仓、

库，后尽其日夜，无诣告当举劾者。以符书属户曹史陈躬、书佐李宪，敢言之。　　　（九七　背面　J1③：325－1－26）④

上二例简文也是"执勤报告"，将之与《新简》比较，两者组成要素大体相当，但至少有两处明显不同：一是上二例自称"符书"，而《新简》

---

① 李均明：《简牍文书学》，广西教育出版社，1999，第239页。
② 睡虎地秦墓竹简整理小组：《睡虎地秦墓竹简》，文物出版社，1978，第109页。
③ 长沙市文物考古研究所等：《五一广场东汉简牍选释》，中西书局，2015（以下引文出于此书者，不再注出）。
④ 长沙市文物考古研究所：《长沙五一广场东汉简牍发掘简报》，《文物》2013年第6期，第21页，图一四。又见于《五一广场东汉简牍选释》整理号九七。

无此称谓；二是当值者职责的"变化"，具体表现在对当值安全状况的描述上。下文分别讨论。

"**符书**"　当值者肯定是持符的，即凭借特定样式的符信履行职责，前人已多有论述：清人王先谦《汉书补注》引沈钦韩之说，认为直符史应有所持之符，长"尺六寸"。① 薛英群先生认为这种符多见于仓库、邸阁值勤的凭证。② 《中国简牍集成》认为"直符"为"持符执勤警戒巡逻"，③ 汪桂海先生也认为，"执勤者在巡逻守护候官仓库时要佩戴一种符，它是执勤者履行执勤权利的凭证，换班时大约也要合符取信"。④ 汉代边塞已发现另一类执勤用的"迹符"，如《居延新简》EPT44：21-22："第廿三候长迹符左"、"第廿三候长迹符右"。另外蒙胡平生先生示，明代亦有"类似"的实物发现，这枚木牍"正背两面书写，字迹工整，形制和纹饰十分讲究，一面书明月份却留下日期空格，等待填写。这样的木牍比较不像是临时性的代用品，而较可能是依一定的规格制成，供日常差遣和记录夜不收执勤一类的东西"。⑤ 本文初稿后，曾向李均明先生请教，先生认为："直符"经演变，已成为值班的代称。所谓"符书"是"直符书"的省称。"直符书"就是值班报告，它没有"直符"的凭证功能，但法律上具有与"直符"不同的书证功能。

"**符书**"最后将汇总上报，例（一）、（二）"以符书属户曹史某、书佐某"，即将值班报告交给下一个执勤者，说明其上报大约需经历"日成"、"月要"、"岁会"等步骤。从五一简的实况观察，未发现此类简牍有编联成册的迹象。

职责　《新简》和五一简对照，后者职责的描述明显增加了一些成分，除"谨行视诸臧内户封皆完，时毋水火盗贼发者"、"循行寺内狱司空、仓、库，后尽其日夜"外，还要注意有无"诣告当举劾者"。这或

---

① 王先谦：《汉书补注》，中华书局1983年影印本，第1397页。
② 薛英群：《居延汉简通论》，甘肃教育出版社，1991，第140页。
③ 中国简牍集成编辑委员会：《中国简牍集成》第11册，敦煌文艺出版社，2001，第258页。
④ 汪桂海：《汉符余论》，《简牍学研究》第3辑，甘肃人民出版社，2002，第300页。
⑤ 邢义田：《英国国家博物馆藏明代木简试释》，载汪涛、胡平生、吴芳思主编《英国国家图书馆藏斯坦因所获未刊汉文简牍》，上海辞书出版社，2007，第106页。

许反映了"直符"职责的一些变化，也就是说东汉时，当值者除巡行注意防范水、火、盗贼，保证财物安全外，还兼有纠验不法、举劾犯罪等义务。但这些"变化"可能是因当值者机构或区域的不同而引起的，并不一定是真正的变化。如《新简》之"直符"，是在边地的屯戍关隘，其主要职责仅为巡视仓库安全；而五一简的"直符"是在政府行政机构，因所涉事务众多，故当值者的职责可能也较边地有所增加。不同机构当值者的职责有所不同，这也是很容易理解的。前引《后汉书·张禹传》注引《东观汉记》载张禹"令直符责问"，及唐代"有事则直官省之"，都说明行政机构的当值者在当值期间也有处理其他突发事件的职责。

从五一简的叙述可知，直符史的职责即发现违法行为的途径约有三种：首先即是"巡行"，其次是他人"诣告"，另外一种简文无明言，但推测应是检核簿册之类，以查验犯罪。走马楼吴简中曾热烈讨论的"许迪割米案"，应是当值者首先发现并举劾的，而且很可能是通过核对簿册才发现犯罪行为。案件起因为许迪贪污了部分用官盐换回的米，"为廖直事知觉"，遂引起其他司法程序的相继进行。胡平生先生认为此"直事"，就是当值主事官员。① 唐代也有根据值班报告举劾犯罪的实例："窦参字时中，刑部尚书诞四世孙。学律令，为人矜严悍直，果于断。以荫累为万年尉。同舍当夕直者，闻亲疾惶遽，参为代之。会失囚，京兆按直簿劾其人，参曰：'彼以不及谒而往，参当坐。'乃贬江夏尉，人皆义之。"② 唯劾办者为京兆尹而非直符史。

二　直符举劾犯罪的司法流程

五一简的新资料中也发现了当值者以"直符"身份举劾犯罪的实际案例，基本包括从最初举劾到最后决论的全过程，价值尤其珍贵。兹录其简文如下：

① 胡平生：《长沙走马楼三国吴简牍三文书考证》，《文物》1999年第5期，第47页。
② 《新唐书·窦参传》，中华书局，1962，第4730页。

（三）

案：都乡利里大男张雄，南乡匠里舒俊、逢门里朱循、东门里乐竟，中乡泉阳里熊赵皆坐。雄，贼曹掾；俊，循吏；竟，骖驾；赵，驿曹史。驿卒李崇当为屈甫

证。二年十二月廿一日，被府都部书逐召崇，不得。雄、俊、循、竟典主者掾史，知崇当为甫要证，被书召崇，皆不以征逮为意，不承用诏书。

发觉得。

永初三年正月壬辰朔十二日壬寅，直符户曹史盛劾，敢言之。谨移狱，谒以律令从事，敢言之。　　　　　（J1③：281－5）①

（四）

临湘耐罪大男都乡利里张雄，年卅岁。

临湘耐罪大男南乡匠里舒俊，年卅岁。

临湘耐罪大男南乡逢门里朱循，年卅岁。

临湘耐罪大男南乡东门里乐竟，年卅岁。

临湘耐罪大男中乡泉阳里熊赵，年廿六岁。

皆坐吏不以征逮为意，不承用诏书。

发觉得。

永初三年正月十二日系。　　　　　（J1③：201－30）②

（五）

鞫：雄、俊、循、竟、赵，大男，皆坐。雄，贼曹掾；俊、循史；竟，骖驾；赵，驿曹史。驿卒李崇当为屈甫证。二年十二月廿一日，被府都部书，逐召崇，不

得。雄、俊、循、竟、赵典主者掾史，知崇当为甫要证，被书召崇，皆不以征逮为意，不承用诏书。发觉得。直符户曹史盛劾，辞

如劾。案：辞都、南、中乡，未言。雄、俊、循、竟、赵辞皆有名数，爵公士以上。癸酉赦令后以来，无它犯坐罪耐以上，不当请。

---

① 《长沙五一广场东汉简牍发掘简报》，第21页，图一五。
② 《长沙五一广场东汉简牍发掘简报》，第21～22页，图一六。

永初三年正月十四日乙巳，临湘令丹、守丞暟、掾商、狱助史护，以劾律爵减论，雄、俊、循、竟、赵耐为司寇，衣服如法，司空作，计其年。　　　　　　　　　　（正面）

得平。　　　（一四四　背面　CWJ1③：201-1）

关于此举劾案件，由于当时例（五）未发表，所以李均明先生仅对例（三）、（四）部分作了详细论述，①下文拟在此基础上略作补充，并对例（五）简略疏解，以从中复原出东汉"直符"举劾犯罪的司法流程。

举劾　所谓"劾"，讨论甚多，张建国先生通过对《奏谳书》的分析认为，在早期是有关官员代表国家对官吏等公职人员提起的公讼。②例（三）的内容主体即是"举核文书"，是案件得以建立的最基础的起诉部分。前文已述，当值者有"举劾犯罪"的职责，被劾人雄、俊、循、竟、赵等人的身份皆为官吏，所以此劾状是直符史代表国家履行其职责权力的表现。简文中"发觉得"三字尤值得注意，应读为"发觉，得"，"指案情被发觉并拘得当事人"，③这是当值者主动行为的结果，这种主动的行为与诸多"考功"制度及类似的法律奖赏条款相关。按照规定，知不举劾，重者则要受到法律制裁；若能主动发现案情并拘系罪人，则会受到奖赏。《二年律令·捕律》中就有许多奖罚规定，惩罚者如："一岁中盗贼发而令、丞、尉所（？）不觉知，三发以上，皆不为胜任，免之。"直符制度的严格执行，"无疑能最大限度地避免上述律文所述现象的发生"。④奖赏者如："捕盗贼、罪人，及以告劾逮捕人，所捕格斗而杀伤之，及穷之而自杀也，杀伤者除，其当购赏者，半购赏之。"但若"捕罪人弗当"，"以得购赏而移予它人，及诈伪，皆以取购赏者坐赃为盗"。五一简中也有几条简文云："毋拘系无罪、殴击人。"⑤又九四简"拘系无罪、殴击人，如律

---

① 《长沙五一广场出土东汉木牍"直符"文书解析》，第35~37页。
② 张建国：《汉简〈奏谳书〉和秦汉刑事诉讼程序初探》，《中国法学》1997年第2期，第53页。
③ 《长沙五一广场出土东汉木牍"直符"文书解析》，第36页。
④ 《长沙五一广场出土东汉木牍"直符"文书解析》，第36页。
⑤ 《长沙五一广场东汉简牍发掘简报》，第22页，图封二：1〔木牍（J1③：285A）〕。又见于《五一广场东汉简牍选释》，整理号一一七。

令”。

上揭直符史发现犯罪有三种途径，此案非“巡行”，非“诣告”，推测应是检核相关簿册才发觉官吏的“不作为”行为。户曹史盛当在永初三年正月十二日以前（很可能就是在当日）“直符”，通过查阅卷宗发现雄、俊等人应在二年十二月廿一日“被府都部书，逐召祟”，但“未得”，遂因“皆不以征逮为意，不承用诏书”对几人提起书面诉讼。从案件卷宗的完整性考察，例（三）仅是举劾文书的后半部分，其前仍缺部分内容。

系狱及议罪 一般来说，系狱等程序，应在举劾程序启动之后方能进行，如他人诣告，需经举劾后由官府将被举劾人拘系。《新简》中亦见有纠举与拘押几乎同时进行的案件，如 EPT68：29 - 30 简："建武六年四月己巳朔戊子甲渠守候长昌林敢言之：谨移劾状一编。敢言之。"同一劾状的 EPT68：31 - 32 简："建武六年四月己巳朔己丑甲渠守候长昌林劾，将良诣居延狱，以律令从事。"纠举与拘押仅隔一天，而且是公诉人亲自押送被告至监狱。① 例（三）中最末一句"谨移狱，谒以律令从事，敢言之"，表明系狱已经完成。本案从时间上看，该程序与举劾文书为同一天发生，但从"发觉得"的时效性，即发觉犯罪后立即拘系疑犯这一点，及考虑文书运转的周期来判断，本案之系狱似乎是发生在举劾文书上报之前。即发现犯罪，拘系疑犯，上报举劾文书。这可能是"直符史"的职责所致，并不具有普遍性。当然，这一点以及其与它简的关系还可以再讨论。

例（四）详细记录被举劾人县籍、刑罚、身份（性别）、乡里、姓名、年岁、罪名、系狱时间及发现犯罪的途径。其中"耐罪"云云，我们以为非实际裁决刑罚，而是罪犯在未进行正式宣判之前由直符史做出的处理意见，属"议罪"。五一简中也多见由下级官吏议罪的记录，且有固定行文格式，如：

君教诺。

---

① 李均明：《居延汉简诉讼文书二种》，载氏著《简牍法制论稿》，广西师范大学出版社，2011，第 84 页。

> 辞曹助史襄白：女子张罢自言，桑乡佐盱负布钱万九千三百
>
> 五十。械盱。曹下诡盱，今以钱万九千三百五十□雇罢，毕。当处重
>
> 罚，以钱毕，蒙阔略。丞优、兼掾畼，议请解盱械，敕遣归
>
> 乡。

延平元年八月四日己酉白。（四六CWJ1③：325-2-9）

"君"是对长官的尊称，"君教"为佐史所书，"诺"为长官后书，表示同意此意见。因"君教诺"三字常固定出现，故将其当一个词组对待而并不断开。案件的起因是女子张罢告桑乡佐盱欠布钱，官府对盱施加刑具，后盱偿还全部欠款，因此官吏优和畼经过议罪，向"君"请示，应解除盱的刑具，将其敕遣归乡。该例中张雄、舒俊、朱循、乐竟、熊赵五人虽皆坐"耐罪"，但这只是议罪程序的体现，并非最终的司法判决。也就是说，当值者仅有"议罪"权，而无裁决权。

判决 系狱程序之后，案件进入审理阶段。例（五）简文中，有"鞫"、"案"、"论"，整个审理过程比较清楚。所谓鞫，"是审判人员对案件调查的结果，也就是对审理得出的犯罪过程与事实加以简单的归纳总结"。[①] 在例（五）简文中即是"鞫"至"案"间这一段文字，也即案件的最终调查结果和事实认定。"案"以前的内容大体同例（三）举劾文书，这也说明前文所述发觉案件的途径是检核簿籍等文件，而非"诣告"，故而事实清楚，无须繁复调查取证。"案"之下是审判依据的分析和描述。"辟"，推辟，调查取证。《流沙坠简补遗考释》八号简"州下郡推辟"，王国维考证云："推辟者，《魏志·荀攸传》'乃推问，权果杀人亡命'，六朝以后均谓谳狱为推，则推辟谓验治也。"[②] "未言"，未得到证实。审查人员去被举劾人的乡里调查，或当庭听取诸乡证人意见，未得到明确答复。但张雄、舒俊、朱循、乐竟、熊赵自言，在诸乡皆有名籍，爵位在公士以上。本句是对调查取证结果的描述，目的是查明被举劾人的身份是否符合

---

① 《汉简〈奏谳书〉和秦汉刑事诉讼程序初探》，第55页。

② 罗振玉、王国维：《流沙坠简》，中华书局1993年影印本，第260~261页。

刑罚减免的条件。公士为二十等爵位最低者，估计被举劾人中有人身份超出公士，但也不会超出太多，故而用"爵公士以上"表述。汉代对有罪之贵族官僚常给予某些优待，而要享受这些优待需要依靠"上请"程序来完成。如高祖七年诏："令郎中有罪耐以上，请之。"① 宣帝黄龙元年诏："吏六百石位大夫，有罪先请。"② 平帝元始元年令："公、列侯嗣子有罪，耐以上先请。"③ 六百石以上官吏、列侯嫡子犯罪，也可享受上请特权。故而又援引"癸酉赦令"，认为被熊等举劾人自癸酉赦令后，没有另犯其他耐以上的罪行，因此不应当上请，故不应受到减免。所援引的赦令，属干支诏书，楼劲先生认为："魏晋以来干支诏书的干支不是用来标示诏书下达的年、月的，只是用来说明诏书下达之日的。"④ 汉代亦应如此，以目前的情况来看，尚不能坐实"癸酉"的具体日期。

简文"永初三年"句为案件的最终裁决结果，标明审判时间、参审人员、审判依据、审判结果及其他相关事项。从审判人员"临湘令丹"可知，例（三）举劾文书的收文机构应为临湘县，"以劾律爵减论"读为"以劾、律、爵、减论"，即审判时参考"举劾文书"、当时的法律条款、爵位（等级特权）、减免（是否享有年龄、特赦等减免优待特权）等因素。然后再"论"，量刑裁决。"耐为司寇"，耐为耻辱附加刑，司寇为二年徒刑。罪犯依律着赭衣，故称衣服如法。如罪犯不服从判决，当可申请"乞鞫"程序，但从简背所书"得平"二字判断，此案件至此已经完结。

三　小结

例（三）、（四）、（五）从时间上及程序上前后衔接，是一份较为完整的司法文书。直符史盛在永初三年正月十二日当值时，通过查阅卷宗发现雄、俊等人应在二年十二月廿一日"被府都部书，逐召崇"，但"未

① 《汉书·高帝纪》，第 63 页。
② 《汉书·宣帝纪》，第 274 页。
③ 《汉书·平帝纪》，第 349 页。
④ 钱龙：《中国魏晋南北朝史学会第十届年会暨国际学术研讨会会议综述》，载《中国史研究动态》2012 年第 1 期，第 63～64 页。楼劲：《魏晋时期的干支诏书及其编纂问题》，载《中国魏晋南北朝史学会第十届年会暨国际学术研讨会论文集》，北岳文艺出版社，2013。

得"，遂因"皆不以征逮为意，不承用诏书"，对几人提起书面诉讼。同时，又于举劾当日拘系雄等五名被举劾人，认为他们应处耐罪。后经审理，于永初三年正月十四日正式判处雄等五人"耐为司寇"，至此结案。

五一简中以"直符"身份举劾犯罪为起始，经过系、鞫、案、论等较完整的司法文书，在出土简牍中尚属首见，从中不仅能窥见不同机构直符史职权的一些异同，亦能梳理出直符举劾犯罪的司法流程，这一过程与汉代诉讼的司法程序基本相同。"直符"举劾文书的出现，对于研究东汉直符职责的变化及深入了解直符制度有着积极意义，对研究东汉司法制度尤其是举劾犯罪的公诉流程也是有益补充。《新简》中直符史由一人担任，而五一简中目前所见两例均为两人，且分别由户曹史和书佐担任，不确定其是否具有偶然性。

附记：本文一稿之后，得到徐世虹、胡平生、李均明先生的悉心指导，诸先生卓见大部分已在二稿中体现，谨致谢忱。少部分修改意见一时未能消化，故未收入文中。一切错误由作者自行负责。

长沙五一广场东汉木牍
相关法律用语探析

吴雪飞[*]

摘　要：本文就目前公布的长沙五一广场出土部分简牍所涉及的法律用语进行探讨。木牍 J1③：281－5A 为汉代的举劾文书，与居延新简中的"举劾书"比较接近。木牍 J1③：281－5A 的"不承用诏书"为罪名，指不遵守、奉行诏书。木牍 J1③：325－1－140 的"稽留"为犯罪，在简文中指稽留物资而影响征发。木牍 J1③：169 中的"强盗"在简文中意为强行抢夺，而"强盗"是否为罪名有待研究，"格杀"在简文中指罪人拒捕，捕者与罪人格斗而杀之，"谋议"指谋划犯罪，在简文中指谋杀人而未杀。

关键词：五一广场　东汉简牍　不承用诏书　稽留　格杀

长沙市五一广场出土东汉简牍，有大量与司法相关的内容，涉及汉代的罪名、刑罚和司法程序等，对于探讨汉代法律状况有重要价值。长沙市文物考古研究所在《文物》2013 年第 6 期发表《湖南长沙五一广场东汉简

---

* 中国社会科学院历史研究所博士后。

牍发掘简报》一文,① 公布了部分简牍,引发诸多学者的讨论。② 笔者不揣简陋,亦尝试就公布木牍中涉及法律的若干用语进行探讨,不妥之处,祈请方家指正。

一 木牍 J1③: 281－5A 的"举劾书"

木牍 J1③: 281－5A 内容如下:

> 案(?)都乡利里大男张雄,南乡匠里舒俊、逢门里朱循、东门里乐竟,中乡泉阳里熊赵皆坐。雄贼曹掾,俊循史,竟骖驾,赵驿曹史。驿卒李崇当为屈甫证。二年十二月卅一日,被府都部书逐召崇不得。雄、俊、循、竟典主者掾史,知崇当为甫要证,被书召崇,皆不以微逮为意,不承用诏书。发觉得。

> 永初三年正月壬辰朔十二日壬寅,直符户曹史盛劾,敢言之。谨移狱,谒以律令从事,敢言之。③

《简报》将此木牍称为"举劾报告"。④ 按此类文书在居延甲渠侯官遗

---

① 长沙市文物考古研究所:《湖南长沙五一广场东汉简牍发掘简报》,《文物》2013 年第 6 期。

② 《齐鲁学刊》2013 年第 4 期刊登数篇研究论文,如李均明《长沙五一广场出土东汉木牍"直符"文书解析》,赵平安、罗小华《长沙五一广场出土 J1③: 285 号木牍解读》,刘国忠《长沙东汉简所见王皮案件发微》等。此外的研究论文有伊强《湖南长沙五一广场东汉简牍札记》,武汉大学简帛研究中心简帛网, http://www.bsm.org.cn/show_article.php? id＝1867,2013 年 7 月 16 日;陈伟《五一广场东汉简牍校释》,武汉大学简帛研究中心简帛网, http://www.bsm.org.cn/show_article.php? id＝1912,2013 年 9 月 22 日;王子今《长沙五一广场出土待事掾王纯白事木牍考议》,载武汉大学简帛研究中心主办《简帛》第 9 辑,上海古籍出版社,2014;刘乐贤《长沙五一广场所出东汉孙诗供辞不实案再考》,载中国文化遗产研究院编《出土文献研究》第 12 辑,中西书局,2013;侯旭东《湖南长沙五一广场东汉简 J1③: 264~294 考释》,载北京大学中国古代史研究中心编《田余庆先生九十华诞颂寿论文集》,中华书局,2014;徐鹏《长沙五一广场 J1③: 169 号木牍"禹度平后落去"考释》,载梁安和、徐卫民主编《秦汉研究》第 8 辑,陕西人民出版社,2014;等等。

③ 长沙市文物考古研究所:《湖南长沙五一广场东汉简牍发掘简报》,《文物》2013 年第 6 期,第 21 页。释文句读有所调整。

④ 长沙市文物考古研究所:《湖南长沙五一广场东汉简牍发掘简报》,第 21 页。

址破城子六八探方（E·P·T68）中曾出土过数件，高恒先生曾对之集中整理，[①] 兹列举其中两件。

第一件内容为：

> 建武五年五月乙亥朔丁丑，主官令史谭劾。移居延狱，以律令从事。
>
> 甲渠塞百石士吏居延安国里公乘冯匡，年三十二岁，始建国天凤上戌六年三月己亥除署第四部。病咳短气，主亭隧七所吁呼。七月□□除署四（第十）部。士吏□匡软弱不任吏职，以令斥免。
>
> 五月丁丑甲渠守候博移居延，写移如律令
>
> 掾谭
>
> 建武五年五月乙亥朔丁丑，主官令史谭敢言之，谨移劾状一编，敢言之。
>
> ●状辞：公乘，居延鞮汗里，年四九岁，姓夏侯氏，为甲渠候官斗食令史、署主官以主领吏备盗贼为职。士吏冯匡建国天凤上戌六年七月壬辰，除署第十部士吏。案匡软弱不任吏职，以令斥免。

（新简 E·P·T68：1－12）

第二件内容为：

> 建武六年三月庚子朔甲辰，不侵守候长业劾移居延狱，以律令从事。
>
> 乃今月三日壬寅，居延常安亭长王闳、子男同、攻虏亭长赵常，及客民赵阆、范翁等五人俱亡。皆共盗官兵、赃千钱以上，带刀、剑及铍各一，又各持锥、小尺、白刀、箭各一。阑越甲渠当曲隧塞，从河水中天田出。○案常等持禁物儌。逐捕未得，它案验未竟。

[①] 高恒：《汉简牍中所见举、劾、案验文书辑释》，载氏著《秦汉简牍中法制文书辑考》，社会科学文献出版社，2008，第302～307页。

三月己酉，甲渠守候移移居延。写移如律令。

掾谭、令史嘉

建武六年三月庚子朔甲辰，不侵守候长业敢言之，谨移劾状一编敢言之。

● 状辞曰：公乘居延中宿里年五十一岁，姓陈氏。今年正月中，府补守候长署不侵

部，主领吏迹候备寇盗贼为职。乃今月三日壬寅，居延常安亭长王闳、闳子男同、攻虏亭长赵常，及客民赵闳、范翁等五人俱亡。皆共盗官兵、赃千钱以上，带刀、剑及铍各一，又各持锥、小尺、白刀、箆各一。阑越甲渠当曲隧塞，从河水中天田出。案常等持禁物阑越塞于边关徼。逐捕未得，它案验未竟。以此知而劾，无长吏使劾者。状具此。

（新简 E·P·T68：54－76）①

按此类文书当为举劾书，即举劾犯罪的文书，由举劾者呈送司法机关，要求依法对犯罪予以审判。高恒先生和李均明先生对此类文书作过深入研究，他们指出其由劾文（劾章）、劾状和呈文等组成。②"劾状"是举劾者的书面起诉状，其主要内容是"状辞"，即举劾者的自述，包括举劾者的情况、被举劾者的情况和举劾事项等。举劾者将"劾状"呈送上级机关，上级机关对"劾状"进行审核后写成"劾文"，"劾文"的内容和"劾状"比较接近，主要陈述举劾事实，唯独与"劾状"不同的是，其举劾事实主要包括被举劾者和举劾事项，而不包括举劾者的情况。"劾文"再由上级机关呈送司法机关，要求对举劾进行审判。③

五一广场 J1③：281－5A 木牍的内容，与居延新简中举劾文书有相同之处，亦有不同之处。木牍整体由举劾事实和呈文组成，明显是举劾者提

---

① 两件举劾文书参考高恒先生的释文，句读有所调整。参见高恒《汉简牍中所见举、劾、案验文书辑释》，载氏著《秦汉简牍中法制文书辑考》，第 302～305 页。

② 参见高恒《汉简牍中所见举、劾、案验文书辑释》，载氏著《秦汉简牍中法制文书辑考》，第 302～312 页。李均明《秦汉简牍文书分类辑解》，文物出版社，2009，第 7079 页。

③ 高恒：《汉简牍中所见举、劾、案验文书辑释》，载氏著《秦汉简牍中法制文书辑考》，第 309 页。

交司法机关要求对举劾事实进行审判的文书，与居延新简的举劾文书性质当相同。唯木牍中"举劾事实"的部分以"案"字开头，从上举居延新简中第二件举劾文书来看，以"案"字开头的部分属于"劾状"和"劾文"中"按验"部分，不是"劾文"或"劾状"的全部内容。又木牍中"永初三年正月壬辰朔十二日壬寅……敢言之"一句，当为举劾文书的"呈文"，唯这一呈文似将居延新简举劾文书中"劾状"部分和"劾文"部分的两处呈文合在一起。另外，木牍完全没有居延新简举劾文书中"状辞"的部分。因此 J1③：281－5A 木牍确当为举劾文书，但是其格式又与居延新简的举劾文书有所不同。从其"举劾事实"以"案"字开头和缺少"状辞"来看，五一广场 J1③：281－5A 木牍可能是一份不完整的举劾文书。

二　木牍 J1③：281－5A 的"不承用诏书"

木牍 J1③：281－5A 有：

> 雄、俊、循、竟典主者掾史，知崇当为甫要证，被书召崇，皆不以徽逮为意，不承用诏书。

木牍 J1③：201－30 又谓：

> 皆坐吏不以征逮为意，不承用诏书。[①]

按雄、俊、循、竟等人受诏书征召证人崇而不得，举劾书称其"不以徽逮为意"而"不承用诏书"。李均明先生已指出"不承用诏书"为罪名。[②]《晋书·刑法志》："厩律有乏军之兴，及旧典有奉诏不谨，不承用诏书。汉氏施行有小怨之反不如令，辄劾以不承用诏书，乏军要斩。"《汉书·王尊传》："今御史大夫奏尊'伤害阴阳，为国家忧，无承用诏书之

---

① 长沙市文物考古研究所：《湖南长沙五一广场东汉简牍发掘简报》，第 21～22 页。
② 李均明：《长沙五一广场出土东汉木牍"直符"文书解析》，《齐鲁学刊》2013 年第 4 期，第 36 页。

意，靖言庸违，象龚滔天'。"可见汉代存在"不承用诏书"罪。沈家本《汉律摭遗》有"不承用诏书"罪，[1]他搜集了两条汉代与"不承用诏书"有关的事例。第一条材料是《汉书·高惠高后文功臣表》，"曲成嗣侯皇柔""元鼎二年，坐为汝南太守知民不用赤侧钱为赋，为鬼薪"。颜师古注："时并令以充赋，而汝南不遵诏令。"另一条材料是《汉书·外戚恩泽侯表》，"平津嗣侯度""元封四年，坐为山阳太守诏征巨野令史成不遣，完为城旦"。其中第二条材料中，诏书征巨野令史成，而山阳太守不遣，因此为"不承用诏书"，而木牍J1③：281－5A中，诸人被诏书征逮证人而不得，故犯"不承用诏书"罪，两者情形比较接近。从材料看，"不承用诏书"指不遵从诏书、不奉行诏书。

三　木牍J1③：325－1－140 的"稽留"

木牍J1③：325－1－140 有：

> 亭重船稽留有日，不得发，恐宿夜灾异，无谁诡责。[2]

按"稽留"为犯罪。《晋书·刑法志》："兴律有乏徭、稽留。"程树德《汉律考》"兴律"条下有"乏徭、稽留"。[3]沈家本先生《汉律摭遗》"兴律"条下亦有"稽留"。[4]可见汉代存在"稽留"之罪。沈家本先生引《汉书·功臣表》，"成安侯韩延年""坐为太常行大行令事留外国书一月，乏兴，入谷赎，完为城旦"。颜师古注："当有所兴发，因其迟留故阙之。"沈家本先生谓："此实稽留之罪，因稽留而阙乏，即以乏兴科之。"[5]稽留文书构成犯罪，当稽留文书影响官府征发之时，即以"乏兴"之罪论之。《急就篇》："乏兴猥逮诃讙求。"颜师古注："律有乏兴之法，谓官有所兴

---

① 沈家本：《历代刑法考》第 3 册，中华书局，1985，第 1622 页。
② 长沙市文物考古研究所：《湖南长沙五一广场东汉简牍发掘简报》，第 22 页。
③ 程树德：《九朝律考》，中华书局，2006，第 58 页。
④ 沈家本：《历代刑法考》第 3 册，第 1592 页。
⑤ 沈家本：《历代刑法考》第 3 册，第 1592 页。

发，而辄稽留，阙乏其事也。"官府兴发物资或人员而擅自稽留，亦构成"乏兴"之罪。《唐律·擅兴律》："诸征人稽留者，一日杖一百，二日加一等，二十日绞。"① 唐代"征人稽留"亦构成犯罪。从材料看，古代"稽留"包含稽留文书以及稽留物资、人员等。"稽留"为犯罪原因，"稽留"可能导致稽留文书、乏兴等不同种类的犯罪，而《晋书·刑法志》"兴律"之下的"稽留"为罪名，当具有特定的法律意涵，限于材料还难以做出考察。

J1③：325 - 1 - 140 木牍记载"皮船载官米财"、"皮受僦当保载"、"军粮重事，皮受僦米六百卅斛，当保米致屯营"等，即王皮受官府之雇，用船运送军粮至"屯营"，此与军事征发有关。而王皮被亭长拘捕，导致军粮"稽留"而"不得发"，此即颜师古"谓官有所兴发，而辄稽留"，故诸人可能因"稽留"而犯乏兴之罪。因此简文中称"恐宿夜灾异，无谁诡责"，即万一再遇灾害，则不能按期输送军粮，或将承担罪责。

四 木牍 J1③：169 的"强盗"、"格杀"和"谋议"

木牍 J1③：169 有：

> 男子黄衡前贼杀男子左建亡，与杀人宿命贼郭幽等俱强盗女子缚牛，发觉。②

"强盗"，《报告》谓"抢劫"。③ 按汉代的"强盗"是否为罪名，其犯罪形态怎样，殊难考索。汉代传世文献中记载"强盗"甚少，《后汉书·陈忠传》："夫穿窬不禁，则致强盗；强盗不断，则为攻盗；攻盗成群，必生大奸。"这是对于"强盗"的最详细记载。出土材料中有关于"强盗"

---

① 长孙无忌等撰《唐律疏议》，刘俊文点校，中华书局，1983，第 306 页。
② 长沙市文物考古研究所：《湖南长沙五一广场东汉简牍发掘简报》，第 23 页。简文中的"缚"字，《报告》原隶定为"绥"，伊强先生认为其右边从"毒"，因此改释为"缚"，参见伊强《湖南长沙五一广场东汉简牍札记》，武汉大学简帛研究中心简帛网，http：//www. bsm. org. cn/show_ article. php？id＝1867，2013 年 7 月 16 日。
③ 长沙市文物考古研究所：《湖南长沙五一广场东汉简牍发掘简报》，第 23 页。

的材料数条，如：

> 《二年律令·盗律》：群盗及亡从群盗，殴折人肢，肤体，及令跛蹇，若缚守将人而强盗之，及投书、悬人书，恐猲人以求钱财，盗杀伤人，盗发冢，略卖人若已略未卖，矫相以为吏、自以为吏以盗，皆磔。①

> 《二年律令·捕律》：群盗杀伤人、贼杀伤人、强盗，即发县道，县道亟为发吏徒足以追捕之……②

两条律文中均出现"强盗"，唯这里的"强盗"是否为法定罪名，其形态怎样，还难以做出考察。而 J1③：169 木牍出现"强盗女子缚牛"，对于探讨汉代的"强盗"犯罪比较重要。从简文看，"强盗女子缚牛"的"强盗"意为强行抢夺，但是这里的"强盗"可能是表示"强而盗之"的动词，而非作为罪名的"强盗"。因此汉代是否存在"强盗"罪名，其形态是否为强行抢夺财物，还难以做出判断。

唐律的"强盗"为法定罪名，唐律将"盗罪"分为"窃盗"和"强盗"，其"强盗"具有明确的法律意涵。《唐律》"强盗"注："谓以威若力而取其财，先强后盗、先盗后强等。""疏议"解释"谓以威若力"曰："假有以威胁人，不加凶力，或有直用凶力，不作威胁，而劫掠取财者。"③唐律的"强盗"是相对于"窃盗"的罪名，指公然以威胁或暴力强取财物，类似于今天的抢劫犯罪。《晋书·刑法志》亦曰"加威势下手取财为强盗"，对"强盗"的定义与唐律比较接近。而汉代的"强盗"是否为法定的罪名，其形态是否与唐律中的"强盗"相同，学界争议较大。沈家本先生在《汉律摭遗》中列有"强盗"，并将"强盗"归入"劫略"，但是他又谓"汉法强盗罪名无可考"。④ 闫晓君先生注意到出土材料中的"强

---

① 彭浩、陈伟、工藤元男主编《二年律令与奏谳书——张家山二四七号汉墓出土法律文献释读》，上海古籍出版社，2007，第115页。
② 彭浩、陈伟、工藤元男主编《二年律令与奏谳书——张家山二四七号汉墓出土法律文献释读》，第148页。
③ 长孙无忌等撰《唐律疏议》，刘俊文点校，第356～357页。
④ 沈家本：《历代刑法考》第3册，第1400页。

盗"，但是他认为二年律令《盗律》中的"强盗"不是指后世作为罪名的"强盗"，唯两者犯罪情形相似，限于资料，很难进一步明确区分。但是他又认为汉代的"强盗"罪在很大程度上"是一种入室抢劫罪"。① 谢全发先生认为汉代无"强盗"罪，"汉朝'强盗'和'窃盗'的概念还没有廓清，统称盗罪"。② 陈鸣先生亦认为汉代不存在后世意义上的"强盗"，汉代的"强盗"包含于"劫人"罪之中。③ 根据传世和出土的有限材料，对汉代的"强盗"问题还难以做出系统深入的研究。

J1③：169 木牍又有：

> 纯逐捕䎃、幽，䎃、幽不就捕，各拔刀戟□□刺击，纯格杀䎃、幽。④

按"格杀"之本义指相拒而杀。"格"，《说文》："格，长木貌。""格"的本义为"长木"，即树之长枝，引申出"枝格相交之义"，⑤ 故往往有"扞（捍）"、"距"等义。《礼记·学记》："发然后禁，则扞格而不胜。"《春秋公羊传》庄公三十一传注："诸侯交格而战者"，疏："格犹距也。"《史记·李斯列传》："故韩子曰'慈母有败子而严家无格虏'者，何也？"司马贞索隐："格，强扞也。"《荀子·议兵》："服者不禽，格者不舍，奔命者不获。"杨注："格，谓相距捍者。""格"为"距捍"之义。"格"又作"挌"，《说文》："挌，击也。"段玉裁注："凡今用格斗字当作此。"⑥ 朱骏声亦谓此字为"凡格杀格斗字，史书多以格为之"。⑦ "格"、"挌"为拒捍、击斗之义。"格斗"指相拒而斗，"格杀"指相拒而杀，《后汉书·刘盆子传》："大司农杨音按剑骂曰：'诸卿皆老佣也！今日设君

---

① 闫晓君：《秦汉盗罪及其立法沿革》，载《秦汉法律研究》，法律出版社，2012，第214页。

② 谢全发：《汉初盗罪述论——以张家山汉简为中心》，《重庆师范大学学报》2006年第3期，第83页。

③ 陈鸣：《汉代持质的立法、执行与演变》，《史学月刊》2014年第12期，第15页。

④ 长沙市文物考古研究所：《湖南长沙五一广场东汉简牍发掘简报》，第23页。

⑤ 朱骏声：《说文通训定声》，中华书局，1984，第460页。

⑥ 段玉裁：《说文解字注》，上海古籍出版社，1981，第610页。

⑦ 朱骏声：《说文通训定声》，第461页。

臣之礼，反更骇乱，儿戏尚不如此，皆可格杀"，李贤等注："相拒而杀之曰格。""格杀"即"相拒而杀"。

汉代和唐代法律意义上的"格杀"，按照闫晓君先生的研究，主要分为两种：一种是正当防卫类"格杀"，即有人犯罪，被害人与罪犯相拒而杀之。①《周礼·朝士》："凡盗贼军乡邑及家人，杀之无罪。"郑玄注："郑司农云：'谓盗贼群辈若军共攻盗乡邑及家人者，杀之无罪。若今时无故入人室宅庐舍，上人车船，牵引人欲犯法者，其时格杀之，无罪。'"此处郑司农所谓的"格杀"，为"盗贼"欲犯法而被害人拒捍而杀之。另一种是拒捕类"格杀"，即逮捕罪人时，罪人拒捍逮捕，因此捕者与罪人格斗而杀之。②《汉书·武五子传》："征和二年七月壬午，乃使客为使者收捕充等。按道侯说疑使者有诈，不肯受诏，客格杀说。"《汉书·冯野王传》："岁余，而池阳令并素行贪污，轻野王外戚年少，治行不改。野王部督邮掾祋祤赵都案验，得其主守盗十金罪，收捕。并不首吏，都格杀。"颜师古曰："不首吏，谓不伏从收捕也。"两处的"格杀"，为捕者逮捕罪犯，罪犯"不肯受诏"、"不伏从收捕"，因此捕者与罪犯格斗而将罪犯杀死。

汉律有关于拒捕类"格杀"的法律条文，张家山汉简《二年律令·捕律》："捕盗贼、罪人，及以告劾逮捕人，所捕挌斗而杀伤之，及穷之而自杀也，杀伤者除，其当购赏者，半购赏之。"③闫晓君先生指出，"挌斗而杀伤之"即"格杀"。④汉律规定，在逮捕盗贼、罪人和根据告劾逮捕人之时，如被捕之人与捕者"格斗"，则捕者杀伤被捕之人可除其罪。张家山汉简《奏谳书》记载的"视、武格斗案"，印证了汉律的此条规定。张家山汉简《奏谳书》第36、37简记载："士五军告池曰：大奴武亡，见池亭西，西行。池以告，与求盗视追捕武。武格斗，以剑伤视，视亦以剑伤武。"⑤求盗"视"追捕亡罪罪人"武"之时，"武"与"视"格斗而以

<hr />

① 闫晓君：《唐律"格杀勿论"渊流考》，《现代法学》2009年第4期，第145~155页。
② 闫晓君：《唐律"格杀勿论"渊流考》，第145~155页。
③ 彭浩、陈伟、工藤元男主编《二年律令与奏谳书——张家山二四七号汉墓出土法律文献释读》，第151页。
④ 闫晓君：《唐律"格杀勿论"渊流考》，第148页。
⑤ 彭浩、陈伟、工藤元男主编《二年律令与奏谳书——张家山二四七号汉墓出土法律文献释读》，第343页。

剑伤"视","视"亦以剑伤"武"。从此案的下文看,"武"其实不当为罪犯,但因"视"在逮捕前被告知其为罪犯,因此按照"捕盗贼、罪人,及以告劾逮捕人,所捕挌斗而杀伤之,及穷之而自杀也,杀伤者除"的规定,最后对"视"剑伤"武"之行为做出的判决是"除"。①

唐律对逮捕中"格杀"的规定更为详密,《唐律·捕亡律》:"诸捕罪人而罪人持仗拒捍,其捕者格杀之及走逐而杀,若迫窘而自杀者,皆勿论。"注:"走者,持仗、空手等。"疏议曰:

> "捕罪人",谓上条将吏以下捕罪人。而罪人乃持仗拒捍,"仗"谓兵器及杵棒之属。其捕者以其拒捍,因而格杀之;及罪人逃走,捕者逐而杀之,注云"走者,持仗、空手等",虑其走失,故虽空手,亦许杀之;"若迫窘而自杀",谓罪人被捕,逼迫穷窘,或自杀,或落坑阱而死之类:皆悉勿论。②

《唐律·捕亡律》又谓:"即空手拒捍而杀者,徒二年。已就拘执及不拒捍而杀,或折伤之,各以斗杀伤论;用刃者,从故杀伤法。"疏议曰:

> 谓罪人空手,虽相拒捍,不能为害,而格杀之者,徒二年。若罪人已被拘执,及元无拒捍之心,而杀或折伤之,各依《斗讼律》,以斗杀伤论;用刃者,从故杀伤法。③

唐律对逮捕中"格杀"的规定,按照罪犯是否手持武器,以及是否追逐等情况,对"格杀"的量刑予以区分。如罪人持仗(兵器及杵棒之属)拒捕,或罪人逃走而捕者逐而杀之,则"格杀勿论",而如罪人空手拒捕,则"格杀"者须判处徒刑二年。

J1③:169木牍中明确出现了"格杀"。木牍中"纯逐捕罪犯倗、幽",

---

① 参见彭浩、陈伟、工藤元男主编《二年律令与奏谳书——张家山二四七号汉墓出土法律文献释读》,第343页。
② 长孙无忌等撰《唐律疏议》,刘俊文点校,第527页。
③ 长孙无忌等撰《唐律疏议》,刘俊文点校,第527页。

"俪、幽不就捕"而"各拔刀戟刺击",于是"纯格杀俪、幽"。"俪、幽不就捕"相当于文献中的"不伏从收捕",即拒捕,而"各拔刀戟刺击"即指被捕者和捕者相拒而斗的"格斗",而"纯格杀俪、幽"是指在双方格斗中,捕者将被捕者杀死。按照汉律规定,捕者逮捕罪人,罪人与捕者格斗而被杀,捕者之罪可除,因此王纯未负法律责任。从 J1③：169 木牍可更加清楚地看出汉代"格杀"的法律意涵。

J1③：169 木牍又有：

> 严部吏考实宗、禹与二男子,谋议形执。①

"谋议形执",《简报》解释为"分析形势,采取对策"。② 王子今先生认为,"谋议"是考实的对象,不宜分读。"形执"指暴恶之强势。"谋议形执"可以连读,则"形执"也是"宗禹及二男子"之"形执","谋议"与"形执"是都需要司法人员严肃"考实"的案情主体。③ 按王子今先生所言甚是,此处的"谋议"并非指司法机关之"谋议",而是指宗、禹与二男子之"谋议",是"考实"的对象,因此此句应断作"（省）严部吏考实宗、禹与二男子谋议、形执"。

简文中的"谋议"当指"谋贼杀人"。古代法律术语中的"谋"指策划犯罪,《晋书·刑法志》引张斐《律表》："二人对议谓之谋。""谋"往往指"二人""对议"之行为,但是在特殊情况下,"一人"策划犯罪,没有"对议"之行为,亦构成"谋",如《唐律·贼盗》疏议："'谋杀人者',谓二人以上;若事已彰露,欲杀不虚,虽独一人,亦同二人谋法,徒三年。"④ 在 J1③：169 木牍中,宗、禹与二男子等多人共同策划杀人,其"谋"的过程包含了"二人"以上"对议"的内容,因此简文称为"谋议"。此处的"谋议"当指"谋杀人",《二年律令·贼律》："谋贼杀

---

① 长沙市文物考古研究所：《湖南长沙五一广场东汉简牍发掘简报》,第 23 页。
② 长沙市文物考古研究所：《湖南长沙五一广场东汉简牍发掘简报》,第 23 页。
③ 王子今：《长沙五一广场出土待事掾王纯白事木牍考议》,载武汉大学简帛研究中心主办《简帛》第 9 辑,上海古籍出版社,2014,第 198、299 页。
④ 长孙无忌等撰《唐律疏议》,刘俊文点校,第 329 页。

伤人，未杀，黥为城旦舂。"① 《汉书·外戚恩泽侯表》"嗣章武侯窦常生""元狩元年，坐谋杀人，未杀，免"。汉代的"谋贼杀人"之罪指策划杀人而未杀。J1③：169 木牍中，黄宗、黄禹兄弟率二男子数次策划杀死王纯，② 第一次是"二月不处日"，"各操兵，之纯门司候纯"。第二次是"三月不处日"，"宗、禹复之纯门"。第三次是"今月十三日"，"禹于纯对门李平舍，欲徼杀纯"，而"平于道中告语纯"，"纯使弟子便归家取刀矛自持"，于是"禹度平后落去"。宗、禹等人数次策划贼杀王纯，都未予以实施，属于"谋贼杀人，未杀"，已经构成"谋贼杀人"之罪。简文的"谋议"即指宗、禹等数人"谋贼杀人"而"未杀"之行为。由于"宗、禹及二男子"之"谋议"已经构成犯罪，因此王纯要求对"宗、禹及二男子""谋议"之行为予以考实。

附记：两位匿名审稿专家对本文提出宝贵修改意见，谨致谢忱！

---

① 彭浩、陈伟、工藤元男主编《二年律令与奏谳书—张家山二四七号汉墓出土法律文献释读》，第 99 页。
② 简文有"同产兄宗、宗弟禹将二男子不处姓名"，《说文》："将，帅也。""帅"通"率"。简文此处的"将"当训为"率"，指率领。

《晋书·刑法志》校注举隅

周东平[*]

摘　要： 通过集体轮读《晋书·刑法志》的形式，在借鉴先学已有的相关研究、注释成果的基础上，就该志句读中的不妥之处进行辨析，以祛除疑惑；对现存诸注释本中的释义问题，或就歧义之处表明倾向于某种意见并说明理由，或对既有意见加以补充，或提出自己的见解，以求注释的精确。此外，还讨论了一些疑难依旧的存疑问题。

关键词： 晋书刑法志　轮读　句读　注释

《晋书》与前四史有诸家详尽注释的情况不同，在历史上没有什么重要的注释书。目前主要有唐朝何超的《晋书音义》三卷，引用了一些散佚的古书，侧重音义；清末民初吴士鉴、刘承干的《晋书斠注》一百三十卷，汇集前人的校勘成果，旁征博引《汉书》、《宋书》、《资治通鉴》、《世说新语》、《艺文类聚》等传世文献及有关注引材料，并校勘文字讹误，唯对义义理解助益无多。

厦门大学《晋书·刑法志》轮读会发轫于 2012 年 10 月 12 日，至 2013 年 12 月末读毕。读书班有三位老师，其余为法史、法理的博士生、硕士生，一直保持着 12 人至 15 人的规模，轮读时间为每周五下午2：30～

＊ 厦门大学法学院教授。

5：30，共分为 26 个段落，每一个段落需耗时 1～3 次不等的时间段，基本上每位要负责两轮领读。

工作底本的《晋书·刑法志》采用中华书局 1974 年版（全 10 册），排版字体原为竖排繁体，轮读时改为横排简体，页码依旧。

先学已有的许多相关研究、注释该《刑法志》的成果，是我们轮读时的基本参考书籍，主要有：

1. 〔日〕内田智雄编、冨谷至補《譯注　中國歷代刑法志（補）》，創文社，2005（1964 年初版）。底本为武英殿本光绪十年上海同文书局影印。以下引用时简称内田氏：《译注》。

2. 陆心国：《晋书刑法志注释》，群众出版社，1986。底本为中华书局版。以下简称陆氏：《注释》。

3. 高潮、马建石主编《中国历代刑法志注译》（高潮、张大元负责《晋书·刑法志》部分），吉林人民出版社，1994。底本为中华书局版。以下简称高氏：《注译》。

4. 张警：《〈晋书·刑法志〉注释》，成都科技大学出版社，1994。以下简称张氏：《注释》。

5. 谢瑞智注译：《晋书刑法志》，文笙书局，1995。以下简称谢氏：《注译》。

6. 林炳德：《譯注晋書〈刑法志〉（I）～（Ⅲ）》，《中國史研究》第二一辑～二九辑，2002～2004。

常用工具书则主要有（以下引文均用简称）：

1. 沈家本：《历代刑法考》，邓经元、骈宇骞点校，中华书局，1985。

2. 程树德：《九朝律考》，中华书局，1963。

3. 长孙无忌等：《唐律疏议》，刘俊文点校，中华书局，1983。

4. 刘俊文：《唐律疏议笺解》，中华书局，1996。

5. 杜佑：《通典》，王文锦等点校，中华书局，1988。

6. 司马光编著《资治通鉴》，胡三省音注，中华书局，1956。

7. 彭浩、陈伟、工藤元男编《二年律令与奏谳书》，上海古籍出版社，2007。

8. 引用二十四史的相关部分，均据大陆通行的中华书局繁体竖排版。

9. 睡虎地秦墓竹简整理小组编《睡虎地秦墓竹简》，文物出版社，1990。

常用电子数据库：

北京爱如生数字化技术研究中心《中国基本古籍库》全文检索版大型数据库。http：//wenku. baidu. com/link? url = rrH4w_ SQa9M_ T651yeW3yY6hf1Zu4zw-LJf0NW11lHVwTEIXEQeQEmF9HEA_ 7kSxHmluTWHR-m_ BYFNlW1kxX6fwXQTooJzK2edggfhIum3

尽管有这些条件，轮读中还是遇到不少问题。兹列举主要者如下。

一　句读问题

在轮读中，觉得中华书局版晋志至少有三则句读不妥，辨疑如下：

1. "其后遂诏有司，禁绝钻鑽诸酷痛旧制，解祅恶之禁，除<u>文致之请，谳</u>①第五十余事，定著于令。"（第 919 页）

对本句，中华书局版校勘记〔四〕指出："原无'之'字，据《后汉书·陈宠传》增补。"（第 943 页）按：《后汉书·陈宠传》作："除文致之请谳五十余事，定著于令。""请谳"作为一个词，并未破句。

内田氏所据武英殿本光绪十年上海同文书局影印本无"之"字，他句读为"除文致请谳五十余事，定著于令"。并认为结合晋志后文陈忠"略依宠意，奏上三十三条，为《决事比》，以省请谳之弊"来考虑，陈宠也曾为除去请谳之弊而作《决事比》。（内田氏：《译注》，第 79、81 页）王文锦等点校本《通典·刑法一·刑制上》亦作"又除文致之请谳五十余事，著于令"。（第 4200 页）

按：参考《后汉书》、《通典》，在同意内田氏句读的基础上，还可以考虑此段行义的句式是"禁……"、"解……"、"除……"，动词后面都跟着具体改革的内容。而"谳五十余事"则显得突兀。同时，"请谳"作为一个专用术语，也见于《汉书·刑法志》："于是选于定国为廷尉，求明察宽恕黄霸等以为廷平，季秋后请谳。"再参照同志文："诸狱疑，虽文致于法而于人

---

① 按：原文下面加横线处为需注意者。下同。

心不厌者，辄谳之。"故内田氏的句读法应比中华书局版的晋志更合理。

2. "卑与尊斗，皆为贼。斗之加兵刃水火中，不得为戏，戏之重也。"（第 928 ~ 929 页）

此处按中华书局版的句读，"加"即施加、加入，陆氏、高氏、张氏、谢氏均作如是解。（陆氏：《注释》，第 80 页；高氏：《注译》，第 94 页；张氏：《注释》，第 85 页；谢氏：《注译》，第 138 页）与此不同，内田氏认为此处的"加"乃"'斗'的加重"，应句读为："卑与尊斗，皆为贼，斗之加。兵刃水火中，不得为戏，戏之重也。"解释为：卑者与尊者发生"斗"的场合，均视作"贼"，因为是"斗"罪之上的行为……（内田氏：《译注》，第 131 页）

对此，冨谷至申论："'贼'是单方面的恶意侵害，在侵害人与被害人的关系中，意味着被害人原则上没有过错的状态。与此同时，相互间具有敌意而诉诸暴力，结果造成伤害、杀害的场合，属于'斗'。"（内田氏：《译注》，第 268 页）似可认为"贼"之所以比"斗"性质更恶劣的原因之一是被害人原则上不存在过错，侵害人属于无端杀伤被害人；而"斗"是有争执的双方相互斗殴，彼此都实施了侵害行为，都存在过错。一般来说，双方发生争执而互相斗殴，应该属于"斗"，但如果双方的地位有尊卑之差，那么即使过错是相互的，此时也只追究卑者一方，则其行为性质由"斗"上升为"贼"。这是"斗"和"贼"在特殊情况下的变通。内田氏大概立足于此意来句读和阐释的吧。

按：考察"斗之加"与前后文联系的句读法，若与后文连读为"斗之加兵刃水火中，不得为戏，戏之重也"，在逻辑上也难以圆通。因为"斗"本身就是比"戏"要严重的行为，如果再"加兵刃水火"，只会是比"斗"更严重的行为，自然不得为"戏"，其性质也自比"戏"更为严重，不存在疑难之点，张斐也就无须在此特意说明了。故宜采内田氏观点，将句读放在"斗之加"之后，与前句一起表明"卑与尊斗"是"斗"的加重行为，应为"贼"。

3. "贼燔人庐舍积聚，盗赃五匹以上，弃市；即燔官府积聚盗，亦当与同。"（第 930 页）

句读上，前引大陆及台湾诸注释本皆从中华书局本，不妥；内田氏作

"贼燔人庐舍积聚盗，赃五匹以上，弃市"，宜从之。

按：首先，后句"即燔官府积聚盗，亦当与同"句读明晰，若将前句的"盗"附于"贼燔……积聚"之后表示"故意纵火并实施盗取财物的行为"，赃五匹以上，方可处以弃市，与"即燔官府积聚盗"相对应，有一定的道理。其次，从"贼燔"与"燔"来看，湖南张家界古人堤遗址出土的东汉简牍"贼律"残篇有"贼燔烧宫"，指故意纵火焚烧宫室。张家山汉简《二年律令·贼律》："贼燔城、官府及县官积冣（聚），弃市。贼燔寺舍、民室屋庐舍、积冣（聚），黥为城旦春。其失火延燔之，罚金四两，责所燔。"（第4~5号简）贼燔即故意焚烧，若行为对象为城、官府等国家机关，应处弃市；若对象是寺舍、民室等私产，处黥为城旦春；过失焚烧处罚更轻。故此处"贼燔"与"燔"外延不同，前者强调故意纵火，而后者"延燔"即"失火"。即使"贼燔"，其对象为私人的房屋财物与官府的房屋财物，亦区分处罚力度，显然出于对官方财物更加有力保护的法律设计。因此，普通人应该更加小心谨慎，犹如卑幼对尊长应尽更多注意义务一样。联系到《唐律疏议·贼盗律》："诸故烧人舍室及积聚之物而盗者，计所烧价减，并赃以强盗论。"疏议曰："十匹绞。"

综上，此句重新句读后可解释为：故意纵火焚烧私产并且实施盗窃的，赃值五匹以上，弃市；失火焚烧官府财产并且实施盗窃的（不问财产损失多寡），也应当与前面的处罚相同。

此外，如"其轻狡、越城、博戏、借假不廉、淫侈、踰制以为《杂律》一篇，又以《具律》具其加减。"（第922页）中的"借假不廉"之借假、不廉两词分合与否，两说并存，且单独的不廉释义也有差别。

二 释义问题

释义是诸注释本中问题最多的。在轮读中，我们或者对存有歧义处表明倾向于某种意见并说明理由；或者是对既有意见加以补充；或者提出自己的见解，以求注释的精确。以下依志文顺序择要举隅。

1. 取譬琴瑟，不忘衔策，拟阳秋之成化，若尧舜之为心也。（第915页）

拟阳秋之成化，内田智雄认为"是比拟春与秋均完成万物化育的"。

（内田氏：《译注》，第 61 页）林炳德亦认为是"类似于春秋的阳光帮助万物的化育"的意思。[①]谢瑞智也认为阳秋即春秋。（谢氏：《注译》，第 5 页）相对于此，陆心国认为是"仿效《春秋》注重褒贬来实施教化"的意思，晋代因简文帝（司马昱）的郑太后名字叫"春"，这里避讳改"春"为"阳"。（陆氏：《注释》，第 4 页）张警同此意。（张氏：《注释》，第 3 页）但唐人在此是否应该为晋人避讳？殊值得怀疑。而高潮则认为"仿佛秋日骄阳能助长万物"（高氏：《注译》，第 56 页），更属望文生义。

按：这段记载主张为了统治民众，虽然尽量不应用刑罚，但依然需要刑罚。也就是说为了统治民众，需要"不用刑罚"与"用刑罚"的软硬两个方面的政策。此处所说的"春"与"秋"应是借喻这种政策的双面性，即为了化成万物，需要春与秋两个季节，与此一样，为了统治民众，需要这两种政策。再联系到《唐律疏议·名例律》所谓"德礼为政教之本，刑罚为政教之用，由昏晓阳秋相须而成者也"。可以确认内田氏的解释是正确的，此处所说的"阳秋"应指春与秋，而不指《春秋》一书，更不指秋日骄阳。

2. 卫鞅之无所自容，韩非之<u>不胜其虐</u>，与夫《甘棠》流咏，未或同归。（第 916 页）

韩非之不胜其虐：内田氏译为"韩非只得壮烈牺牲"。（内田氏：《译注》，第 63 页）陆氏认为是指秦始皇信奉韩非的学说统一中国，专任刑罚，百姓受不了暴虐的统治。（陆氏：《注释》，第 7 页）相对于此，张氏认为是指韩非不能制止对他的陷害。（张氏：《注释》，第 7 页）

按：《史记·韩非列传》："秦王以为然，下吏治非。李斯使人遗非药，使自杀。韩非欲自陈，不得见。秦王后悔之，使人赦之，非已死矣。""不胜其虐"应指韩非无法忍受冤枉而自杀，与前句"卫鞅之无所自容"对举。张氏意见庶几近之。

3. 而犴逐情迁，科随意往，献琼杯于阙下，徙<u>青衣</u>于蜀路，覆醢裁刑，倾宗致狱。（第 916 页）

徙青衣于蜀路：内田氏认为是指汉高祖时以庶人身份流放梁王彭越到

---

① 林炳德：《譯注晋书〈刑法志〉》，《中國史研究》第 21 辑，2012 年 12 月。

蜀地青衣而言。即事兼地名、身份。（内田氏：《译注》，第65页）高氏同此说。（高氏：《注译》，第55页）张氏认为指彭越流徙到蜀郡青衣（张氏：《注释》，第9页），青衣仅作地名解。相对于此，陆氏认为是指汉文帝时流放淮南王到蜀地，青衣仅指平民服装，地位低贱。（陆氏：《注释》，第9页）谢氏指出有梁王彭越和淮南王两案例，但仍认为是指淮南王刘长。（谢氏：《注译》，第14~15页）

按，内田氏的解释是正确的。第一，"青衣"一词没有见于有关淮南王的记载，而见于有关彭越的记载。《史记·彭越列传》："太仆亡走汉，告梁王与扈辄谋反。于是上使使掩梁王，梁王不觉，捕梁王，囚之雒阳。有司治反形已具，请论如法。上赦以为庶人，传处蜀青衣。"第二，这条词组之下有"覆醢裁刑"。据史料，彭越的尸体被"醢"，而淮南王没有，是辒车中绝食而死。

青衣：《史记·彭越列传》所说的"青衣"是地名，在今四川省名山县北，且有江名青衣江。但本志文中的"青衣"，从语法来看，不能解释为地名。内田氏认为是指将彭越被降低到"青衣"的身份一事，与地名的"青衣"连起来巧妙暗用的。（内田氏：《译注》，第65页）彭越去蜀时穿着青衣一事，尚未见于其他史料。

4. 世祖武皇帝接三统之微，酌千年之范，乃命有司，大明刑宪。于时诏书颁新法于天下，海内同轨，人甚安之。（第916页）

新法：当指泰始四年所颁行之《泰始律》与《泰始令》。陆氏、高氏据《晋书·刑法志》："凡律令合二千九百二十六条，十二万六千三百言，六十卷，故事三十卷……泰始三年，事毕，表上……四年正月，大赦天下，乃班新律。"认为泰始四年所颁行者仅为"律"（分别见陆氏：《注释》，第12页；高氏：《注译》，第57页）。内田氏认为是"新法令"（内田氏：《译注》，第67页）。然而，《晋书·武帝纪》载"又律令既就，班之天下"云云，可知"新法"当包含"律"与"令"二者。

5. 鞭作官刑，扑作教刑者也。（第917页）

扑：从陆氏注："扑，榎楚，即山楸和牡荆两种树木，古代用来作为责打的刑具。"《史记集解》引郑玄云："扑，贾楚也。扑为教官为刑者。"孔颖达疏："夏楚二物，收其威也，学者不勤其业，师则以夏楚二物以笞挞之。所以然者，欲令学者畏之，收敛其威仪也。"蔡沈《书集传》："扑作教刑者，夏楚二物，学校之刑也。"故陆氏及高氏皆认为，"扑作教刑"意指教官对不勤学业的生员的处罚。（陆氏：《注释》，第15页；高氏：《注译》，第59页）张氏、谢氏也以为是作为学校的刑罚。（张氏：《注释》，第14页；谢氏：《注译》，第28页）

然而《唐律疏议·名例律》："笞者，击也，又训为耻。言人有小愆，法须惩诫，故加捶挞以耻之。汉时笞则用竹，今时则用楚。故书云'扑作教刑'，即其义也。"可见，"扑作教刑"只是说轻刑以示惩戒之意，未必仅适用于教官对生员的惩处。内田氏谓"作扑刑以实施教育方面的刑罚"（内田氏：《译注》，第68页），优于前面诸家之注。

6. 犯劓者丹其服，犯膑者墨其体，犯宫者杂其屦。（第917页）

陆氏谓："膑，剔去膝盖骨的刑罚。墨，用墨涂黑，动词。"（陆氏：《注释》，第15页）谢氏同此解。（谢氏：《注译》，第25页）恐不妥。前后文皆言以穿着而区别所受之刑，此处却云"用墨涂黑"，未免格格不入。因此，当从张氏、高氏及内田氏注，释为以黑布裹住膝盖。（张氏：《注释》，第15页；高氏：《注译》，第59页；内田氏：《译注》，第68页）

7. 武皇帝并以为往宪犹疑，不可经国，乃命车骑将军、守尚书令、鲁公征求英俊，刊律定篇云尔。（第917页）

守：张氏认为，守是"暂摄"、"暂时署理"的意思。职位较低的官，署理职位较高的官，叫"守"。（张氏：《注释》，第20页）陆氏、谢氏均同此说。高氏则认为，守指代理职务，与摄同义。（高氏：《注译》，第60页）内田氏注：所谓"守"，唐代指由官阶低而被任命官阶高的职位时，在其官职前冠以"守"字，但六朝时未必如此，毋宁是多以今日之"心得"而作为兼任之意使用；尚书令，《贾充传》作"尚书仆射"，仆射乃尚书令之次官。（内田氏：《译注》，第72页）

按：《晋书·贾充列传》云："转车骑将军、散骑常侍、尚书仆射，更封鲁郡公……（新律既班）后代裴秀为尚书令，常侍、车骑将军如故。"或"转"，或"为"尚书令，无"守"尚书令之说。故内田氏注可从。

8. 汉自王莽篡位之后，旧章不存。（第917页）

旧章不存：诸注释本均作字面意义上的注解今译。（内田氏：旧的法

令已经丧失；张氏：原先的典章法令，已不复存在；高氏：典章已荡然无存；谢氏：旧的典章制度已不复存在）

应该指出，这仅仅是追述王莽改制废绝汉代典章制度的夸张说法，实际上并非荡然无存、了无踪迹可循。如以《后汉书·光武帝纪上》的记载为例：更始帝任命刘秀为行司隶校尉后，"于是置僚属，作文移，从事司察，一如旧章"。至洛阳后，"除王莽苛政，复汉官名"。再如《后汉书·循吏列传序》也记载刘秀"至天下已定，务用安静，解王莽之繁密，还汉世之轻法"。

9. 臣窃见元帝初元五年，轻殊刑三十四事，哀帝建平元年尽四年，轻殊死者刑八十一事，其四十二事，<u>手杀人</u>皆减死罪一等，著为常法。（第918页）

手杀人：诸本解释仅作"亲手（或徒手）杀人"。宜加：是与"手刃杀人"、"兵刃杀人"相对而言的杀人犯罪方法。

《孔子家语·五刑解》："大罪有五，而杀人为下，逆天地者罪及五世，诬文武者罪及四世，逆人伦者罪及三世，谋鬼神者罪及二世，手杀人者罪及其身，故曰大罪有五，而杀人为下矣。"《三国志·魏书·明帝纪》："诸有死罪具狱以定，非谋反及手杀人，亟语其亲治。"《资治通鉴》卷一六六《梁纪二二》"敬皇帝太平元年六月"条：北齐文宣帝"每醉辄手杀人，以为戏乐"。五代和凝《疑狱集》卷八《文规理诬盗》："胡达以手杀人抵罪。"亦作"赤手杀人"。《魏书·源贺传》："臣愚以为，自非大逆、赤手杀人之罪，其坐赃及盗与过误之愆应入死者，皆可原命，谪守边境。"

关于手杀人，有两种不同用法。第一，"手杀人"特指时是与"手刃杀人"、"兵刃杀人"相对而有所区别。常璩《华阳国志》卷七："十六年春正月朔，魏降人郭修因贺会，手刃杀大将军费祎于寿。"《三国志·魏书·庞淯传》裴松之注引皇甫谧《列女传》："（庞娥亲曰）：'李寿，汝莫喜也，终不活汝！……焉知娥亲不手刃杀汝，而自傲幸邪？'阴市名刀，挟长持短，昼夜哀酸，志在杀寿。"《魏书·刑罚志》："按《斗律》，祖父母父母忿怒以兵刃杀子孙者五岁刑，殴杀者四岁刑。"《唐律疏议·斗讼律》："诸斗殴杀人者，绞。以刃及故杀人者，斩。""诸斗殴伤人者，笞四十；伤及以他物殴人者，杖六十。"原注："……即兵不用刃亦是"他物。

"诸斗以兵刃斫射人，不著者，杖一百。"原注："兵刃，谓弓箭、刀稍、矛矟之属。"

第二，"手杀人"泛指时也包括手刃杀人或"兵刃杀人"。如《资治通鉴》卷一六六《梁纪二二》"敬皇帝太平元年六月条"：北齐文宣帝"每醉辄手杀人，以为戏乐"。而《北史·齐本纪中》载文宣帝："每至将醉，辄拔剑挂手，或张弓傅矢，或执持牟矟。游行市鄽，问妇人曰：'天子何如？'答曰：'颠颠痴痴，何成天子。'帝乃杀之。"显然，手杀人包括以兵刃等杀人。而《旧唐书·刘玄佐传》载刘士宁："性忍暴淫乱，或弯弓挺刃，手杀人于杯案间。"

10. 又上除蚕室刑，解赃吏三世禁锢。（第 920 页）

赃：张家山汉简《二年律令·盗律》有"盗臧（赃）直（值）过六百六十钱，黥为城旦春"。（第 56 号简）本志后文张斐《律表》有云"货财之利谓之赃"。高恒认为按此句，凡非法获得的财物，包括盗窃、抢劫、贪污、受贿等方式所得一切财物，即为之"赃"。因"货财之利"而犯的罪，称为"赃罪"。① 此为国内对赃的罗列式的通常见解。

滋贺秀三对唐律"赃"的解释更值得参考："赃是指在财物的夺取或授受而构成犯罪时，成为夺取或授受对象的财物。比起我们所说的赃物仅指盗赃而言，具有更广泛的意义。与赃有关的犯罪，都要与赃的评价额相对应来决定各等级的刑罚的轻重。"② 应吸收滋贺秀三的见解。

11. 魏明帝改士庶罚金之令，男听以罚金，妇人加答还从鞭督之例，以其形体裸露故也。（第 922 页）

鞭：《尚书·舜典》："鞭作官刑。"孔安国传："以鞭为治官事之刑。"《后汉书·刘宽列传》："吏人有过，但用蒲鞭罚之，示辱而已，终不加苦。"沈家本引《古今图书集成·祥刑典·鞭刑部》"魏明帝太和年间，定鞭督之令"，并认为："此事《魏志·明帝本纪》不载，《晋志》云：'明帝改士庶罚金之令，妇人加答还从鞭督之例。'玩其文意，似本有鞭督之例，妇人还从之，非明帝始创也，当再考。"《魏志·明［帝］纪》："青龙二年春二月

---

① 参见高恒《张斐的〈律注要略〉及其法律思想》，《中国法学》1984 年第 3 期。后收入何勤华编《律学考》，商务印书馆，2004，第 135 页。
② 〔日〕滋贺秀三：《唐律疏議譯註篇一》名三二"解说"，東京堂，1979，第 187 頁。

癸酉，诏曰：'鞭作官刑，所以纠慢怠也，而顷多以无辜死。其减鞭杖之制，著为令。'"（沈家本：《历代刑法考·刑法分考十四》，第379页）

督：沈家本引《太平御览·刑法部十六》"《晋律》：诸有所督罚，五十以下，鞭如令。《晋令》：应受杖而体有疮者，督之也。束皙《劝农赋》：'乃有老闲旧狠，挟欺难觉，时虽被考，不过校督，欹对囹圄，笑向桎梏。'"在其下的按语中说："《说文》：'督，察也。'《汉书·王褒传》：'如此，则使离娄督绳。'注师古曰：'督，察视也。'此'督'字之本义也。《丙吉传》：'汝尝坐养皇曾孙不谨督笞，汝安得有功？'注师古曰：'督谓视察之。'视察即察视督笞者，视察而笞之也。《晋律》言'督罚鞭如令'，则鞭督之义似与督笞同矣。然《晋令》云'体有疮者督之'，有疮则不能受杖，又似督则不实鞭者。观束皙之称校督曰'欹对囹圄，笑向桎梏'，如实鞭者岂能如此？《太平御览·刑法部》别立'督'一门，凡录四条，今仍之。"（沈家本：《历代刑法考·刑法分考十四》，第382～383页）

《隋书·刑法志》："梁武帝即位，依周、汉旧律，有罪者赎。其科，凡在官身犯，罚金。鞭杖杖督之罪，悉入赎停罚。"

冨谷至认为：所谓"督"在《尔雅》、《周礼·春官·大祝》"禁督"郑玄注等中被解释为"督，正也"，亦即督察并矫正错误之意。《汉书·丙吉传》中又可见"督笞"二字："汝尝坐养皇曾孙不谨督笞，汝安得有功？"这条史料记载，后宫的奴婢因"养皇曾孙不谨"而被"督笞"，其中的"督"就是指以笞杖来追究。颜师古注曰："督，谓视察之。"因为他对"督"字当作何解并不清楚，所以如《汉书补注》所引"沈钦韩说"一般，此处以"督"为之后的《隋书·刑法志》所载之"杖督"的同义语，意指杖罚。[①]

疑问：《尚书·舜典》的"鞭作官刑"是对官的从轻处罚。而青龙二年春二月癸酉诏："鞭作官刑，所以纠慢怠也，而顷多以无辜死。其减鞭杖之制，著为令"之"鞭"是严厉的实刑。而且，《后汉书·刘宽列传》记载的"吏人有过，但用蒲鞭罚之，示辱而已，终不加苦"，只是刘宽的

---

① 〔日〕冨谷至：《笞杖的变迁——从汉的督笞至唐的笞杖刑》，朱腾译，载周东平、朱腾主编《法律史译评》，北京大学出版社，2013，第52页。

个人做法，并不是东汉的定制。

按：沈家本断定"察"是"督"字之本义。冨谷至认为"督"即督察并矫正错误之意。冨谷至的观点比沈家本更进一步，言之有理。那么，如何督察并矫正错误？采取的措施有"笞"、"鞭"。《汉书·尹翁归传》："不中程，辄笞督。"《汉书·丙吉传》："汝尝坐养皇曾孙不谨督笞，汝安得有功？""鞭"则有此处的"鞭督"。如果单纯的是"督"，应该就是沈家本所说的"《晋令》云'体有疮者督之'，有疮则不能受杖，有似督则不实鞭者"。所以，"督"本身的含义是确定的，只是它和不同的惩罚措施一起，就具有不同的含义。所以颜师古注《汉书·丙吉传》曰"督，谓视察之"是正确的。冨谷至认为颜师古对"督"字当作何解并不清楚，这种怀疑是没有道理的。冨谷至主张"如《汉书补注》所引'沈钦韩说'一般，此处以'督'为之后的《隋书·刑法志》所载之'杖督'的同义语，意指杖罚"是不正确的。综上所述，此处"鞭督"应该作为一个词来解释，即以鞭责罚以督促其改正。

12. 汉承秦制，萧何定律，除参夷连坐之罪，增部主见知之条，益事律《兴》、《厩》、《户》三篇，合为九篇。（第922页）

事律：指汉朝于秦律之外新增以行政管理方面为主的法律，这里应是指户律、兴律、厩律三篇。兴：主要是关于军队的征调、指挥、行军出征和兴建工程不守法等方面的处罚。厩：主要是关于养护公私牲畜、仓库管理、官物出纳方面的律文规定。户：主要是关于户籍、税赋、田宅、婚姻家庭方面的律文规定。

传统观点认为《九章律》中的户、兴、厩三篇系萧何创立。韩国磐指出：《具律》位置的不变，"也反证在修订《九章律》时，连诸律安排次序都原封不动，只将新增三篇续列于六篇之后，则又何暇重撰新法，而舍去旧条呢！……根据睡虎地出土的秦律来看，《九章律》中的《兴》《厩》《户》三篇，也是沿用秦法，不是萧何所增益"，"大概秦朝时既沿用了《法经》六篇，又制订了若干新法，但未将两者合并起来。至萧何定律时，才将《法经》六篇加上秦法的兴、厩、户三律，成为九篇，因以九章为名。后人不明真相，以致误认为兴、厩、户三篇为萧何所增益。实则不然，出土的秦墓竹简足以为证。而《汉书·刑法志》说萧何'捃摭秦法，作律九章'，可谓得其实情"。① 徐世虹也详细论证道：汉志称"作律九章"，说得比较笼统。晋志称"益事律"，明言为"增加事律"，《唐律疏议》则指明《九章律》是萧何在《法经》六篇的基础上，增加户、兴、厩三篇而成。增加不等于新创，这点经出土简牍证实更可以确信。《睡虎地秦简·为吏之道》末尾附抄有《魏户律》，《秦律十八种》有《厩苑律》律名，《内史杂》律文中则称"厩律"。以秦律的细密繁杂推测，想必兴律不会阙如。因此所谓《九章律》实际应是继承、"捃摭"秦律的产物，在律名与结构上均无重大改变。②

13. 又汉时决事，集为《令甲》以下三百余篇，及司徒鲍公撰嫁娶辞讼决为《法比都目》，凡九百六卷。（第 922 页）

令甲：关于令甲、令乙、令丙有两种说法。一种说法是按时间的先后顺序，分为令甲、令乙、令丙。另一种说法是按重要性排列，分为令甲、令乙、令丙。《汉书·宣帝纪》："令甲，死者不可生，刑者不可息。"文颖曰："……天子诏所增损，不在律上者为令。令甲者，前帝第一令也。"如淳曰："令有先后，故有令甲、令乙、令丙。"师古曰："如说是也。甲、乙者，若今之第一、第二篇耳。"

徐世虹在此基础上作了一个梳理。（1）年代先后说。宣帝地节四年注引文颖曰："《令甲》者，前帝第一令也。"（2）篇目次第说。同上如淳曰："令有先后，故有《令甲》、《令乙》、《令丙》。"颜师古评论文颖、如淳之说为："如说是也。甲乙者，若今之第一、第二篇耳。"《后汉书·章帝纪》注亦云："《令丙》为篇之次也。《前书章义》曰：'令有先后，有《令甲》、《令乙》、《令丙》。'"（3）诸令各有甲、乙、丙说。沈家本直指问题的关键："惟令之名可考者尚多，在当时必更多，则所云《令甲》、《令乙》者，诸令皆在甲篇、乙篇中乎？抑各令各有甲篇、乙篇乎？"其后他在为《令丙》所作的按语中述道："《箠令》定于孝景之世，此言《令丙》者，当谓《箠令》之丙篇也。"可见他已经倾向诸令各有甲、乙、丙

① 韩国磐：《萧何九章皆沿秦律而来》，《厦门大学学报》（哲学社会科学版）1990 年第 3 期。
② 徐世虹：《汉代法律载体考述》，载杨一凡总主编《中国法制史考证》甲编第 3 卷《历代法制考·两汉魏晋南北朝法制考》，中国社会科学出版社，2003，第 128～131 页。

篇说。此说亦可获得颜注的支持。《汉书·萧望之传》："……故《金布令甲》曰：'边郡数被兵，离饥寒，夭绝天年，父子相失，令天下共给其费……"颜师古曰："《金布》者，令篇名也。其上有府库金钱布帛之事，因以名篇。令甲者，其篇甲乙之次。"（4）集类为篇说。20世纪60年代，陈梦家先生在分析居延汉简所出甲2551号简时，也考证了《令甲》、《令乙》、《令丙》，并得出结论："令分甲乙丙不是因时代先后相承而分的三集，而是依事类性质不同而分的三集，即《晋书·刑法志》所谓'率皆集类成篇，结事为章'。"①

徐世虹在分析上述观点后认为：汉时，甲乙丙不仅用于篇次序列，也表示等次之分……《令甲》、《令乙》、《令丙》是汉初皇帝的诏令集，所收诏令在内容上不具有同类性质，排列方式采用序列法，按年代顺序列为第一、第二、第三……又根据文帝、景帝不同时期的诏令交叉出现于甲、乙、丙三令之中，可知甲乙丙除表明篇次外，还反映了整理者对诏令非单纯年代划分，而取其重要程度的结果。如此，才可以解释为何同令而不同类，为何不明言令名，为何不同时代的诏令交替出现等疑点。②

14. 旧律所难知者，由于六篇篇少故也。（第924页）

旧律：其一认为旧律指《法经》，但此种解释与稍后的后文"旧律因秦《法经》，就增三篇，而《具律》不移，因在第六"相矛盾。其二认为旧律指《汉律》，但有《汉律》比《法经》多三篇的说法，那么此种解释就与紧接着的后文"由于六篇篇少故也"相矛盾。所以，可以协调文义的一个牵强解释是：此处的旧律指《法经》，下一段稍后的旧律指《九章律》，各有所指。

15. 《盗律》有劫略、恐猲、和卖买人，科有持质，皆非盗事，故分以为《劫略律》。（第924页）

和卖买人：高氏认为是以诱骗等手段买卖人口。（高氏：《注译》，第80页）陆氏认为其与"略人"、"略卖人"有区别，《梁律》称做"诱口"、"诱略人"，《唐律》有"和诱"，"和诱，谓和同相诱，减略一等"。

---

① 陈梦家：《西汉施行诏书目录》，载氏著《汉简缀述》，中华书局，1980，第281页。
② 徐世虹：《汉代法律载体考述》，载杨一凡总主编《中国法制史考证》甲编第3卷《历代法制考·两汉魏晋南北朝法制考》，第153～158页。

（陆氏：《注释》，第 15 页）而谢氏认为是由直系尊属同意，出卖子女为奴婢，而他人知情而买之谓。（谢氏：《注译》，第 97 页）相对于谢氏认为子女同意被卖与否并不重要的意见，内田氏认为是"得到良民自己的儿女或他人的同意，将他们作为奴婢卖给第三者，第三者知其事情而买下"。（内田氏：《译注》，第 101 页）

相对于第三方即买方"知情"而买，冨谷至则以《魏书·刑罚志》所见北魏宣武帝之诏"律称和卖人者，谓两人诈取他财"为据，认为"和卖人"的"和"是指与被卖人有合意的情况，未必需要有与买主的合意。（内田氏：《译注》，第 265 页）按：冨谷至的解释可从。"和"是与"略"对立的概念，《唐律疏议·贼盗律》"略人略卖人"条注云："不和为略。"由此可知，"和卖买人"是与"略卖人"对立的概念。"略卖人"的"略"是指卖主与被卖人之间的"不和"，故"和卖买人"的"和"应是指卖主与被卖人之间有合意的情况。"和卖买人"应相当于《唐律疏议·贼盗律》所说的"和同相卖为奴婢"。

16.《贼律》有欺谩、诈伪、踰封、矫制，《囚律》有诈伪生死，《令丙》有诈自复免，事类众多，故分为《诈律》。（第 924 页）

踰封：沈家本说：李悝《杂律》有"踰制"，一曰"踰封"，当即"踰制"，汉改入《贼律》。惟"踰制"所包者广，"踰封"则限于封域，有无分别，亦不能详。（参见《汉律摭遗·目录》，载沈家本《历代刑法考》，第 1372 页）。内田氏认为是指诸侯超越领地范围或封户定数而不正当取得其外土地。（内田氏：《译注》，第 101 页）陆氏举出两种观点，一种是出界，擅自越过边境，另一种是李悝《法经》的"踰制"。（陆氏：《注释》，第 55 页）

按：古人堤汉简第 29 号简正面为汉律目录，其中有"揄（踰）封"之语，其第二行有"毁封"之语。毁封即毁坏封印之意，故踰封亦应与封印有关系，由此可认为踰封是指超越权限封印。而且根据这段记载，《新律》将踰封编入《诈律》，《诈律》是关于欺骗人的法规，超越权限封印亦属于欺骗人。①

---

① 参见〔日〕水间大辅《秦漢刑法研究》，知泉書館，2007，第 455～457 頁。

古人堤汉简第29号简正面一共有6个栏的记载，"揄（踰）封"之语写在第4栏。发掘简报认为第1栏至第3栏似为《盗律》目录，第4栏至第6栏为《贼律》目录。① 相对于此，《湖南张家界古人堤简牍释文与简注》认为第1栏与第2栏为《盗律》目录，第3栏至第6栏为《贼律》目录。②

17. 以惊事告急，与《兴律》烽燧及科令者，以为《惊事律》。（第925页）

及科令者：沈家本说："令"，疑"合"之误。（沈家本：《历代刑法考·律目考》，第1348页）陆氏同意沈家本的意见，认为，"及科合者"与上文"可用合科者"意义相同。（陆氏：《注释》，第59页）张氏也认为科合者，意即科条中合用的条文。（张氏：《注释》，第64页）相对于此，冨谷至认为，"及科令者"的词组构造与上文"取其可用合科者"有异，而且"科令"一词频见于文献，故不能同意沈家本的解释。（内田氏：《译注》，第281～282页，冨谷补注25）按：冨谷至的观点可从。他又认为，科令是作为科公布的令，或是与"法令"类似的一般用语。且走马楼吴简中亦有"科令"的条文可资证明。

18.《盗律》有还赃畀主，《金布律》有罚、赎、入责以呈黄金为价，科有平庸坐赃事，以为《偿赃律》。（第925页）

呈黄金：沈家本说："呈者程也，以法程定之也。"（沈家本：《历代刑法考》，第1378页）高氏认为，"呈"同"程"，法规；"以呈"即按规定，这句指按规定的黄金折价标准计算应偿数额。（高氏：《注译》，第82页）张氏释"呈"为按标准计算。（张氏：《注释》，第65页）藤田高夫认为，"呈黄金"即符合官方标准的黄金。③

按：张家山汉简《二年律令·钱律》："钱径十分寸八以上，虽缺铄，文章颇可智（知），而非殊折及铅钱也，皆为行钱。金不青赤者，皆行金。

---

① 参见湖南省文物考古研究所、中国文物研究所《湖南张家界古人堤遗址与出土简牍概述》，《中国历史文物》2003年第2期。

② 参见湖南省文物考古研究所、中国文物研究所《湖南张家界古人堤简牍释文与简注》，《中国历史文物》2003年第2期。

③ 参见〔日〕藤田高夫《秦漢罰金考》，载〔日〕梅原郁编《前近代中國の刑罰》，京都大学人文科学研究所，1996。后由杨振红译为中文《秦汉罚金考》，载李学勤、谢桂华主编《简帛研究二〇〇一》，广西师范大学出版社，2001。

敢择不取行钱、金者，罚金四两。"（第 197～198 号简）这条律文规定法定流通黄金的规格，因此藤田高夫的解释似是。

19. 及景帝辅政，是时魏法，犯<u>大逆</u>者诛及已出之女。（第 926 页）

大逆：张建国认为："谋反大逆"与"大逆无道"虽然都有"大逆"一词，但前者强调"谋反"，后者类似于后世的"大逆"……在秦汉魏晋时期两罪的刑罚是完全不同的。谋反大逆对应的是夷三族；大逆无道对应的是夷族，一般说来其亲属范围包括父母妻子同产。考虑到"寿春三叛"的相关人等多是被"夷三族"（如《三国志·魏书·王凌传》："凌至项，饮药死……诸相连者悉夷三族"；《三国志·魏书·毌丘俭传》："夷俭三族"；《三国志·魏书·诸葛诞》："斩诞，传首，夷三族"），将此处的"大逆"理解为"谋反大逆"更能与上文"至于谋反大逆，临时捕之，或汙潴，或枭菹，夷其三族"的记述相照应。

针对中华版第 925 页还有"谓之大逆无道"、"至于谋反大逆"的表述，张建国认为：谋反大逆和大逆无道虽然定性上都有"大逆"的词语，但实际认定罪名时，前者的关键是强调"谋反"，属于大罪之冠，后者更类似于后世的"大逆"，属于次于谋反的第二级大罪，所以谋反大逆和大逆无道是两个完全不同的罪名。并且在秦汉与魏晋时期两罪的刑罚是完全不同的。谋反大逆对应的是夷三族；大逆无道对应的是夷族，一般说来其亲属范围包括父母妻子同产。[①]

20. 一人之身，内外受辟。今女既嫁，则为异姓之妻；如或产育，则为他族之母，<u>此为元恶之所忽</u>。<u>戮无辜之所重</u>，于防则不足惩奸乱之源，于情则伤孝子之心。（第 926 页）

首先，在文字方面，中华书局 1974 年版《晋书·刑法志》作"此为元恶之所忽"，内田氏、谢氏均作"元恶"。高氏注本明言所用底本是中华书局版的《二十四史》，但正文、注释均作"此为元凶之所忽"，（高氏：《注译》，第 86～87 页）不知何据。陆氏虽声称依据中华版，但正文作"此为元凶之所忽"，注释又作"此为元恶之所忽"。张氏同此。（陆氏：

[①] 参见张建国《夷三族解析》，《法学研究》1998 年第 6 期。后收入氏著《帝制时代的中国法》，法律出版社，1999，第 142 页。

《注释》，第 65 ~ 66 页；张氏：《注释》，第 70 ~ 73 页）不知为何有此不一。可知作"元凶"无所本，当是"元恶"之误植，宜以"元恶"为准。

其次，在句读方面，中华书局版作"今女既嫁，则为异姓之妻；如或产育，则为他族之母，此为元恶之所忽。戮无辜之所重，于防……"（第926 页）谢氏句读同此。（谢氏：《注译》，第 118 页）但从译文上可以确认内田氏句读为："今女既嫁，则为异姓之妻，如或产育，则为他族之母。此为元恶之所忽，戮无辜之所重。于防则不足……"（内田氏：《译注》，第 118 ~ 119 页。高氏同此）陆氏则认为："上文的标点，似应在'他族之母'下断句。这里应紧接'戮无辜之所重'。'所忽'下本作句号，今改作逗号；下句'所重'，本作逗号，改作句号。"（陆氏：《注释》，第 66 页）张氏亦同。其句读大体与内田氏不谋而合。

另，本句《艺文类聚·刑法部》作"今女既嫁，则为异姓之妻，如或产育，则为他族之母，此为元恶之所轻忽，戮无辜之所重，于恩则伤孝子之心，而兴嫌怨之路"。《通典·刑法典》作"今女既嫁，则为异姓之妻；如或产育，则为他族之母。无辜受戮，伤孝子之心"。

再次，内容上相对应的，便有两种可能的解释：

第一，中华书局版：现在女儿已经出嫁，是他姓人家的妻子，如果生育后代，则成了别的家族的母亲，这（身份上的转变）是作为首恶的娘家之人所忽视的。过分地杀戮那些无辜的人。这从预防犯罪来说不足以惩戒奸乱的源头，而从情理上讲则有伤孝子之心。

第二，内田氏、陆氏注本：现在女儿已经出嫁，是他姓人家的妻子，如果生育后代，则成了别的家族的母亲。虽与首恶的父母之间关系淡薄了，但竟因这层被父母忽略的关系（指父母不会去勾结已出嫁的女儿去犯罪），却杀死无罪的姻家的妻子、母亲这样重要的人。这从预防犯罪来说不足以惩戒奸乱的源头，而从情理上讲则有伤孝子之心。

综上，赞成第二种解释。（综合内田氏、陆氏的意见。张氏解释不确切，不取）

21. 其余未宜除者，若军事、田农、酤酒，未得皆从人心，<u>权设其法</u>，太平当除，故不入律，悉以为令。（第 927 页）

权设其法：暂行设置这些法令。陆氏认为"律具有较长期适用、比较稳定的性质，不宜常有变更。令是带有权宜性质的规定，适应形势，与时推移，经过一定时间，或者吸收归入律中，或者废除不用"。（陆氏：《注释》，第71页）张建国认为从该句得不出令是暂时性的规定这个普遍性结论，该句根本不是要划分律令之间的界限，而是涉及晋修律令时的一种特殊处理：魏律令中的一些规定带有割据动乱时期出于各种考虑所产生的显著特点，这部分法律可能集中反映在军事、田农、酤酒等有关内容上。由于晋是在曹魏律令的基础上修订律令，所以要有所修正，因此该句原意是：天下尚未太平，由于客观环境需要在法律中规定的军事、田农、酤酒等方面的内容，虽未得皆从人心，但眼下还属未宜除者，暂且在法律中保留这些规定，到太平时再除去。又因为这些规定理当在太平之世不存在于法律中，现在修订之律是想垂之万载的，那么就要采取特殊的处理办法"不入律，悉以为令"。① 此处认同张氏观点。

22. 施行制度，以此设教，<u>违令有罪则入律</u>。（第927页）

违令有罪则入律：违反令的规定犯有罪行的就按律来处罚。《太平御览·刑法部四·律令下》引杜预《律序》："律以正罪名，令以存事制。"内田氏指出："从唐律来类推的话，违令罪大约是被规定于（晋）律中。"（内田氏：《译注》，第124~125页）堀敏一也认为此条言及"违令之罪"，是例如唐律"诸违令者，笞五十；别式，减一等"。（《唐律疏议·杂律》，第521页）条文的起源。在晋以前，令也附有罚则，律令区分不是很明确；晋代，罚则被从令中剔除，而一律归入律，使律与令互相独立，两者的分工变得明确。因此，晋律中自然要设违令罪一条。这就意味着晋代律与令之间具有重要意义的关系的出现。② 但张建国认为晋令并非没有罚则。违令有罪则入律重心是"有罪"二字，是否"入律"，取决于有罪还是无罪，不影响到令的独立性。令是独立的，又是经特殊处理还存在罪与刑的内容。③ 李俊芳赞同张建国观点，认为晋人对律令本质有清醒的认识，在理论上澄清了律令

① 参见张建国《魏晋律令法典比较研究》，《中外法学》1995年第1期，后收入氏著《帝制时代的中国法》，第119~120页。

② 参见〔日〕堀敏一《晋泰始律令的制定》，〔日〕冈野诚卷主编，程维荣等译《日本学者考证中国法制史重要成果选译·魏晋南北朝隋唐卷》，载杨一凡总主编《中国法制史考证》丙编第2卷，第297页。

③ 参见张建国《魏晋律令法典比较研究》，第122页。

关系，但在编纂技术上还存在障碍。令无罚则，晋以后才得以解决。①

总之，晋时律令功能有了明确的划分，此句即言及律令关系问题。

23. 其常事品式章程，各还其府，为**故事**。（第 927 页）

故事：也称旧事、行事等，指往事成例，可为处理现实事情提供参考，在国政运作中起着补充或变通律的作用。故事的这种价值被广泛挖掘是在汉代。汉时故事应用领域非常广泛，包括刑法、政治、经济、礼仪等许多方面。因为故事如此重要，所以渐渐地有了故事的汇编。汉代的故事，汇编成册的据后代史书记载有《汉武帝故事》、《建武律令故事》、《永平故事》。（见《隋书·经籍志》、《旧唐书·经籍志》和《新唐书·艺文志》）这些故事除了有事例，还有典章。② 正是因为故事是可资参考的事例、制度等，而品式章程一般都是某一府署或某一领域的具体法律作为以后行事的参照，所以晋时才将不能归入律、令的"常事品式章程"作为一种习惯法"各还其府"，并赐予其新的称呼"故事"。此时"故事"第一次成为律、令之外的法律形式。正是在这个意义上，《唐六典·尚书刑部》曰："晋贾充等撰律令，兼删定当时制诏之条，为故事三十卷，与律令并行。"守屋美都雄认为晋故事是补充基本法的临时诏敕被定则化。③ 楼劲认为从东汉《建武律令故事》到《魏武故事》，再到《晋故事》，在制诏编纂上是一脉相承的。不过《魏武故事》以编年为纲，而《晋故事》以官府为目。④

24. 减枭斩族诛从坐之条，除谋反适养母出女嫁皆不复还坐父母弃市，省禁固相告之条，去捕亡、亡没为官奴婢之制。（第 927 页）

除谋反适养母出女嫁皆不复还坐父母弃市：高氏认为："指父母犯了

---

① 李俊芳：《晋朝法制研究》，人民出版社，2012，第 60～62 页。

② 汉故事的更详细的探讨参见阎晓君《两汉"故事"论考》，《中国史研究》2000 年第 1 期；吕丽：《汉魏晋"故事"辩析》，《法学研究》2002 年第 6 期；吕丽《汉魏晋的礼仪立法与礼仪故事》，《法制与社会发展》2003 年第 3 期；杨一凡、刘笃才《历代例考》，社会科学文献出版社，2009，第 34～78 页；邢义田《从"如故事"和"便宜从事"看汉代行政中的经常与权变》，载氏著《治国安邦——法制、行政与军事》，中华书局，2011，第 380～449 页。

③ 参见〔日〕守屋美都雄《论"晋故事"》，载氏著《中国古代的家族与国家》，钱杭、杨晓芬译，上海古籍出版社，2010，第 453～461 页。

④ 参见楼劲《魏晋南北朝隋唐立法与法律体系：敕例、法典与唐法系渊源》，中国社会科学出版社，2014，第 6～8 页。

弃市罪，除谋反以外，养子女、改嫁的母亲、出嫁的女儿，都不连带判罪。"（高氏：《注译》，第89页）陆氏认为："是指除了谋反案以外，凡是因别的罪案受牵连的，倘若那个妇女已经'适养母出'（就是已经被别家收养做养女，脱离了亲生父母的家庭），或'女嫁'（就是'既嫁''为异姓之妻'），那么就可以都不再受连累跟父母一起弃市。但如果属于造反案，是不在此例的。"（陆氏：《注释》，第72页）谢氏也释为除了谋反罪以外，对于已离家的嫡母或养母，和已出嫁的女儿，不因其原为其父母之关系而受到弃市的连坐处分。（谢氏：《注译》，第118～119页）

按：此处四句都是动词＋句子的结构，高氏、陆氏、谢氏句读有误；且魏晋之际涉及妇女从坐最多的就是谋反案，如减妇女从坐之刑而排除谋反罪，这种改革就没有意义了。故这三种注释不可取。

祝总斌认为："此句当有脱误，原文似当为'除谋反嫡养母出、女嫁，还坐子、父母弃市之制'。即如儿子谋反，早已被父亲迫令离婚的嫡母（嫡母，父之正妻），养母（似指生母即亲母），不得和未离婚的母亲一样从坐弃市。如父亲谋反，已出嫁的女儿不得和未出嫁的女儿一样从坐弃市。"[1] 正如张建国所言，祝总斌主张删"皆不复"，增"子"、"之制"，并没有确切的证据；且西汉淳于长案件中皇帝已亲自肯定了弃妻不在夷三族的亲属范围内（见《汉书·孔光传》），照此推断，相类似的被父亲迫令离婚的嫡养母也不应从坐儿子谋反夷三族之罪，此处无须再强调。因而，祝总斌解释不可取。张建国主张句读为"除——谋反——適养母出女嫁皆不复，还坐父母弃市"，翻译为"晋修律时，删除了谋反条中原有的（不论是嫡出还是庶出）已出嫁女从坐父母之诛的规定"。[2] 此处张建国论证较有力，基本可从。在这一点上，张警氏的解释前半句与张建国有类似之处，但后半句被出的嫡养母是否依然要强调免除连坐则不同，他认为：这一句"除谋反"之下，疑有脱漏，应当是"除谋反罪出嫁女坐之条，适养母出、女嫁皆不复还坐父母弃市"。不能作"除谋反罪外"讲，因为这里

---

① 参见祝总斌《晋律考论》，载杨一凡总主编《中国法制史考证》甲编第3卷《历代法制考·两汉魏晋南北朝法制考》，第373～375页。

② 参见张建国《再析晋修泰始律时对两项重要法制的省减》，《北京大学学报》1990年第6期。后收入氏著《帝制时代的中国法》，第107～108页。

"减"、"除"、"省"、"去"是一例的句法。（张氏：《注释》，第 79 页）
只是其疑有脱漏而补的"出嫁女坐之条"没有根据而已。内田氏虽然觉得
这句话可能有多种解读法，但解释如下：从谋反条中除去被出的嫡母、养
母和已嫁女，她们都不因为原本有关系的父母之罪而被连坐处以弃市之
刑。其精神与张氏同。

去捕亡、亡没为官奴婢之制：内田氏的意见是围绕追捕逃亡士兵而
言，指出"捕亡亡"在宋明本、朝鲜本作"捕士亡"，可从。故认为是指
除去追捕逃亡士兵时，没入其家人为官奴婢的规定。（内田氏：《译注》，
第 125～126 页）祝总斌的意见是围绕逃亡士兵而展开，认为捕字作追捕
意与"亡"字连用，始见于北魏律，魏晋律中不见，相反魏晋时有不少
逋、亡二字连用之例；晋以前的捕亡法中亡没为官奴婢的规定只涉及军
士，而直接受处罚的仅是军士的妻子。进而认为此句有讹误，原文当作
"去逋亡士（妻子）没为官奴婢之制"。① 张氏围绕追捕逃亡罪人的人员而
申说，范围限定得最小。他句读为"去捕亡亡，没为官奴婢之制"，并释
曰："废除追捕逃亡罪人的人员自己逃亡，没收其妻、子为官奴婢的规
定。"张氏把连坐主体限定在追捕逃亡罪人的人员自己逃亡之妻、子，显
然不适合。

陆氏、张建国氏围绕的范围都较大。陆氏认为捕亡是追捕逃亡的罪
犯，并引用《初学记·人部下》引《风俗通》的用语"臧者，被臧罪没入
为官奴婢；获者，逃亡获得为奴婢也"，认为："这是用汉代的制度解释
'臧获'"，又引《三国志·魏书·高柔传》："[护] 军营士窦礼近出不还，
营以为亡，表言逐捕，没其妻盈及男女为官奴婢"，这说明魏律有"亡没
为官奴婢"。因此，这里是说《晋律》删除《魏律》"捕亡"中的"亡没
为官奴婢"的规定。（陆氏：《注释》，第 72 页）张建国不认同祝总斌的观
点，认为捕亡作为篇名首见于北魏，并未表明此前的魏晋律文中没有此词
语，《唐六典》列举晋令第十三篇就是"捕亡"，说明作为法律用语，至少
在魏末晋初已经出现，出土文献睡虎地秦简中也多次出现捕亡一词；且不
排除涉及其他身份逃亡者（屯田客、囚徒、逃避徭役等的平民、逃避罪责

---

① 参见祝总斌《晋律考论》，第 377～378 页。

的官吏等）的可能性，受处罚亦不限于妻子（可能是被捕获的逃亡者本人或者严重些的还要罪及父母兄弟）。因此，张建国主张翻译为"删去捕亡类法律中的（所有）关于亡没为官奴婢的那些规定"。①

综上，此处采取陆氏、张建国的观点。

25. 轻过误老少女人当罚金杖罚者，皆令半之。（第927页）

内田氏在注中指出两种可能：第一种是从轻处分过误犯罪的老人、小孩和妇女，应该判罚金、杖刑的，都减半处罚；第二种是他赞同的将过误和老小女人并列，作为刑罚减轻的条件。并译为过误犯罪的、老人、小孩和妇女犯罪的，应该判罚金、杖刑的，都减半处罚；内田氏赞同第一种。（内田氏：《译注》，第125、127页。按："老少"内田氏作"老小"，并引《晋书·食货志》："十二以下，六十六以上为老小"予以说明。《通典·刑一·刑制上》亦作"老小"）然而，鉴于老人和小孩一直都是法律哀矜的对象，如《周礼·秋官·司刺》："司刺掌三刺、三宥、三赦之法……一赦曰幼弱，再赦曰老旄，三赦曰蠢愚。"而女人除孕妇之外并未见有减轻处罚的特殊对待。因而此处将"老少女人"并列的理由应是他们都是"过误"犯罪，"过误"是用来修饰"老少女人"，而并非是"老少女人"的并列词。因此，宜取内田氏的第二种解释。高氏、谢氏的译文正同此。

26. 亏礼废节谓之不敬。（第928页）

不敬：即违反了社会的等级制度，以及与此相适应的一套礼节仪式。节：指礼节，汉代凡定为"不敬"、"大不敬"罪的，一般都是冒犯皇帝尊严的严重违礼、失礼行为。② 若江贤三在《汉代的"不敬"罪》③ 一文中认为：第一，汉代不敬罪的实例可分为四种类型：在宫廷中为非礼；关于宗庙等的罪；对宗室与近臣的非礼；作为臣下怠慢或不谨慎。第二，对不敬案件的量刑未必固定。其原因是不敬罪的主要适用对象是身份地位高、近于皇帝的统治阶级。皇帝是礼性秩序的维持者，不敬罪的存在是为了控

---

① 参见张建国《再析晋修泰始律时对两项重要法制的省减》，第102～106页。
② 高恒：《张斐的〈律注要略〉及其法律思想》，第127页。
③ 〔日〕若江賢三：《漢代の「不敬」罪について》，〔日〕野口鉄郎编《中國史における亂の構圖》，雄山閣，1986。

制接近皇帝的人，即统治者阶级内部人员。礼为理想的自律秩序，其愿望是尽量排除强制手段（刑）。因此，不敬罪虽然具有作为法律强制力的刑罚，但统治阶级将其限制在最小限度内的温情作用。

不敬罪名早已有之。《周礼·夏官·祭仆》："既祭，帅群有司而反命，以王命劳之，诛其不敬者。"汉代也有不敬、大不敬的罪名，二者有着不同的内涵却又难以区分。晋代如周嵩、庾敳等亦因"大不敬"弃市论罪。（见《晋书》）《北齐律》"重罪十条"中"七曰不敬"，隋《开皇律》"十恶"中"六曰大不敬"。

关于"不敬"，较早的史料有《汉书·武帝纪》："有司奏：'不举孝，不奉诏，当以不敬论；不察廉，不胜任也，当免。'奏可。"从"当以不敬论"可知，不敬罪原本未包括"不举孝，不奉诏"的行为，此处仅将之按不敬罪处理。又有《汉书·冯野王传》：大将军王凤风御史中丞劾奏："野王赐告养病而私自便，持虎符出界归家，奉诏不敬。"杜钦奏记于凤曰："二千石病，赐告得归，有故事；不得去郡，亡著令。《传》曰：'赏疑从予，'所以广恩劝功也；'罚疑从去，'所以慎刑阙难知也。今释令与故事而假不敬之法，甚违'阙疑从去'之意。"从"假不敬之法"可知，关于不敬罪名在当时很可能与不道同"无正法"，即使有帝王与官员对"不敬"的共同的认定标准，其定罪量刑也是充满主观性与弹性的。此点在下例《汉书·陈汤传》中也可得到证明。另外，《汉书·五行志》中载有"宣帝时，大司马霍禹所居第门自坏。时，禹内不顺，外不敬，见戒不改，卒受灭亡之诛"。又，"哀帝时，大司马董贤第门自坏。时，贤以私爱居大位，赏赐无度，骄嫚不敬，大失臣道，见戒不改。后贤夫妻自杀，家徙合浦"。"十恶"自隋唐以来皆不在"八议"论赎之列，而《汉书·张耳传》载："太初中，（张）昌坐不敬免，国除。"昌坐不敬罪免去诸侯，睢陵侯国被废除。这样看来，似乎汉代不敬之罪要轻于常与"不道"、"无道"、"逆天道"等重罪同列的大不敬罪。或许汉代不敬罪仅涉及一般礼仪与不恭敬之行为，与君王统治及威严无关，而大不敬则是触及宗庙、王朝社稷、君王威信的罪名。然而，《汉书·宣元六王传》中又有"……所言尤恶，悖逆无道，王不举奏，而多与金钱，报以好言，罪至不敬"。又有"不敬"与"悖逆无道"同时出现的情况。这样，张斐所注"亏礼废节谓之不敬"中的不敬，究竟类似于汉律中的不敬罪还是大不敬罪，仍然难以确定。

关于大不敬与不道罪，二者常同时出现，如《汉书·元后传》："案（王）根骨肉至亲……不思报厚恩，亦聘取故掖庭贵人以为妻，皆无人臣礼，大不敬，不道。"又《汉书·鲍宣传》："宣坐距闭使者，亡人臣礼，大不敬，不道。"《汉书·朱博传》："（博）附下罔上，为臣不忠，不道，玄知博所言非法，枉义附从，大不敬。"《汉书·陈汤传》中有这样一则重要史料：丞相御史奏："汤惑众不道，妄称诈归异于上，非所宜言，大不敬。"廷尉（赵）增寿议，以为："不道无正法，以所犯剧易为罪，臣下承用失其中，故移廷尉，无比者先以闻，所以正刑罚，重人命也。明主哀悯百姓，下制书，罢昌陵，勿徙吏民，已早布。汤妄以意相谓且复发徙，虽颇惊动，所流行者少，百姓不为变，不可谓惑众。汤称诈虚设不然之事，非所宜言，大不敬也。"

从上引材料看，有如下几点值得留意：一是非所宜言罪常被认定为大不敬罪，《汉书·律历志》：有司劾太史令"（张）寿王非汉历，逆天道，非所宜言，大不敬。有诏勿劾"。二是"惑众"则被认定为不道罪。然而"非所宜言"与"惑众"作为言论犯罪在认定上具有主观性，量刑也不具有足够的确定性，故常有回旋余地，如上例"有诏勿劾"及赵增寿为陈汤进行辩护，也因此才有"假不敬之法"及"尽诋以不道"等情形。故"不道"、"大不敬"等罪在汉代可能属于概括性罪而没有明确的外延，这样就涉及第三点，即"不道无正法"的含义。大庭脩在《汉律中"不道"的概念》① 一文中，通过探讨汉代被判以"不道"罪的案件，对不道罪的构成要因进行分析，认为，汉代并非没有适用于不道罪的完备的法律定则，其认定是具有"一定的规准"的，至少如下行为常被认定为不道罪：诬罔、罔上、迷国、诽谤、狡猾、惑众、亏恩。"无正法"，指律中未写明不法行为以及应处的刑罚，并不代表在实际适用中毫无准则，且在"无正法"的情况下，还要"无比者先以闻"，即要依前例判决，若无前例则需要依靠天子的判断。由此亦可见对于"无正法"的罪类进行判决的慎重。还有一

---

① 收入〔日〕籾山明卷主编，徐世虹译《日本学者考证中国法制史重要成果选译·通代先秦秦汉卷》，杨一凡总主编《中国法制史考证》丙编第 1 卷。

点值得注意的是，"非所宜言"至唐律已不见于"十恶"；而在汉代常被认定为"大不敬"、"不道"的"无人臣礼"，至唐律则被明确规定于"十恶"之"大不敬"罪。

27. 唱首先言谓之<u>造意</u>。（第 928 页）

唱首先言：首先提出犯罪的主谋，倡导作案。

对于造意，高恒认为"造意"指在共同犯罪中首先提出犯罪意图的行为，虽然现代一般将共犯中的组织者、指挥者、主谋者定为首犯，但古代仅把造意者作为首犯。[①] 谢氏则指出，汉代对造意的主谋有特别的处罚，并征引《汉书·孙宝传》的史料为证。（谢氏：《注译》，第 137 页）水间大辅与之不谋而合，认为造意是指倡导作案的主谋。"史料上一次最古老的用例"出现在《汉书·孙宝传》："鸿嘉中，广汉群盗起。（孙宝）选为益州刺史。广汉太守扈商者，大司马车骑将军王音姊子，软弱不任职。宝到部，亲入山谷，谕告群盗，非本造意。渠率皆得悔过自出，遣归田里。自劾矫制。"[②] 水间氏认为："汉律并没有规定类似首从法的共犯处罚，并且在实施这种处罚时必须要得到皇帝的批准。"这与唐律中对共犯处罚按首从法处罚的规定有所不同。《史记·淮南王安列传》："天子以伍被雅辞多引汉之美，欲勿诛。廷尉汤曰：'被首为王画反谋，被罪无赦。'遂诛被。""在汉代的共犯处罚中，虽然被认定为首犯，但并没有执行像首从法那样的处罚。"[③] 对于"宝到部，亲入山谷，谕告群盗，非本造意。渠率皆得悔过自出，遣归田里"。在这句话的句读上，水间氏的观点与程树德（见程树德《九朝律考·汉律考四》，第 99 页）、中华书局版有异。如中华书局版的标点是"宝到部，亲入山谷，谕告群盗，非本造意。渠率皆得悔过自出，遣归田里"。

陆氏也注意到这一点，在引用《史记·淮南列传》和《汉书·孙宝传》的上述史料的同时，针对《唐律疏议·名例律》的记载："诸共犯罪者，以造意为首，随从者减一等；若家人共犯，止坐尊长。"疏议又载：

---

① 高恒：《张斐的〈律注要略〉及其法律思想》，第 132 页。

② 此处句读参考水间大辅《秦汉刑法研究》，第 271 页。

③ 〔日〕水间大辅：《秦律、汉律中有关共犯的处罚》、李力译，载《日本学者中国法论著选译》，中国政法大学出版社，2012，第 31～68 页。

"共犯罪者，谓二人以上共犯，以先造意为首，余并为从。"（《唐律疏议·名例律》，第115页）认为细看这里张斐的《律表》，下文中有"殴人教令者与同罪"。按"教令"就是"唱首先言"为"造意"，仅作为"同罪"来处理，那么《晋律》似乎还不是普遍地对"造意"的罪犯加以重办。（陆氏：《注释》，第78页）

综上，晋律应是承继汉律的规定，对共犯处罚并没有区分首从法处罚，对造意者有特别的处罚法，或从重，或同罪处罚。

28. 法律中诸不敬，违仪失式，及犯罪为公为私，赃入身不入身，皆随事轻重取法，以例求其名也。（第930页）

入身：一指没入己身，《列女传·齐太仓女》："妾愿入身为官婢，以赎父罪，使得自新。"非本条之义。二指到手，不入身即指未到手，高氏（第98页）、张氏（第149页）均取此义。唐律中赃物有"入己"、"入私"和"不入己"、"入官"的区分，其处刑亦有轻重之差，或渊源于此。唐律："赃重入己者，以枉法论，至死者加役流；入官者，坐赃论。"又："'入私者，以枉法论'，称'入私'，不必入己，但不入官者，即为入私。"（《唐律疏议·职制律》，第251页）入私包括入己、不入己（即入他人）两种情形。据此，"赃入身不入身"句的意思应指：赃物入身即为自己所得，不入身即非为自己而为他人所得。理由如下：一是若意指"入手与否"，则宜表达为"入身未入身"，而非"入身不入身"。二是与前句"为公为私"句相对应，均为职务犯罪时的轻重之分。三是释为"入手与否"仅具有犯罪"既遂"、"未遂"之意，而释为赃物"为己所得"、"非为己而为他人所得"，才与犯罪"为公"、"为私"一样，均指官员犯罪的情况，且处刑上有轻重之差，故才特别提出。后文"皆随事轻重取法"正是对此类情况的总结。

29. 然则看人随时，在大量也，而制其法。（第936页）

这句话的歧异点在于对"大量"一词理解的不同。解释一：大：重要、重大。《三国志·蜀书·诸葛亮传》载诸葛亮《出师表》："故临崩寄臣以大事也。"量：分也。《礼记·礼运》："故圣人作则，必以天地为本……月以为量。"郑玄注："'月以为量'者，量，犹分限也。天之运行，每三十日为一月，而圣人制教，亦随人之才分，是法月为教之限量也。"

陆氏认为为了观察民情，随从时势，需要对各种情形做出重大区分，然后制定相应的法律。（陆氏：《注释》，第 108 页）解释二：大：大量，数量多。为观察百姓情况与顺应时代需要，当君主掌握大量实际情况后，即应制定法律。（谢氏：《注译》，第 186 页）解释三：大量：指极需酌情度量，权衡多寡短长。高氏认为为了观察民情与顺应时势，需要认真度量分析，从而制定出与之相适应的法律。（高氏：《注译》，第 115 ~ 116 页）解释四：张氏将"在大量也"解释为应当做的事务大量存在时。（张氏：《注释》，第 114 页）解释五：内田氏认为所谓看人随时是君主基于宏大的思量来制定法律。（内田氏：《译注》，第 157 ~ 158 页）

按：既然前云"善为政者，看人设教"等，可见"看人随时"是"善为政者"即君主的权力。同时"善为政者"需要"省视万方，观看民之风俗，"还需要"随时之宜"，前三种解释正侧重于君主掌握、分析各种情况而制其法，较可取。第四种解释只客观描述事务大量存在，第五种解释重在强调君主个人应有宽广的胸怀与视野，均不太可取。

30. 今论时敦朴，不及中古，而执平者欲适情之所安，自讬于议事以制。（第 937 页）

中古：陆氏认为，这里的中古，指秦汉时代。《文选》左思《三都赋》："夫蜀都者，盖兆基于上世，开国于中古。"（陆氏：《注释》，第 109 页）而高氏认为此指夏、商、周三代。《韩非子·五蠹》："中古之世，天下之水，而鲧禹决渎。"（高氏：《注译》，第 117 页）谢瑞智也认为中古应指夏、商、周三代。结合前述的上古意为夏、商、周之前的历史更可印证。（谢氏：《注译》，第 188 ~ 189 页）内田氏、张氏同此。故此处的中古应指夏、商、周三代。

31. 今限法曹郎令史，意有不同为驳，唯得论释法律，以正所断，不得援求诸外，论随时之宜，以明法官守局之分。（第 938 页）

法曹：汉代主管邮驿科程事，《后汉书·百官志一》："法曹主邮驿科程之事。"魏、晋改为掌管刑法狱讼事，中央、地方都有设置。《新唐书·百官志四下》记载唐代："法曹司法参军事，掌鞫狱丽法，督盗贼，知赃贿没入。"则是地方的司法官署。陆氏认为这里的法曹"是指中央机关的法曹。晋代的职官，侍御史十三曹中，有法曹"。（陆氏：《注释》，第 113

页）高氏认为此处的法曹并不是此意义的法曹。虽然"法曹作为司法官署，当时侍御史、太子太傅与县令下均有设置。这里实指尚书令所辖二千石曹、三公曹、比部曹，分别主刺举、断狱、辞讼等事"。（高氏：《注译》，第 119 页）张氏的看法则认为比高氏多出"都官曹"。（张氏：《注释》，第 119 页）内田氏指出，《晋书·职官志》可见到法曹之名的是侍御史十三曹中有法曹，以及县令长下的法曹，但这些法曹均非此处所指的法曹。为何如此呢，从"法曹的郎、令史"这一说法可知所属有郎的必然是尚书诸曹。晋代尚书中未见法曹之名，但尚书三公曹主断狱，在此意义上，法曹即指三公曹，郎令史为三公曹下的郎令史。（内田氏：《译注》，第 163 页）内田氏论证详细，意见较可取。郎：各曹长官尚书郎。令史：这里仍指尚书郎下之令史。

按：高氏、张氏和内田氏都认为属于尚书诸曹，可从。但具体指哪个曹，据《晋书·刑法志》，二千石曹主辞讼事，三公曹主断狱，中都官曹主水火盗贼事，这三个都有可能。（而高氏所说的比部曹，目前没查到职责是什么）

32. 古典刑不上大夫，今士人有犯者，谓宜如旧，不在刑例，则进退为允。（第 941 页）

刑例：陆氏解释为法律条例。（陆氏：《注释》，第 126 页）谢氏解释为旧有的刑法案例。（谢氏：《注译》，第 215 页）高氏解释为刑法条例。（高氏：《注译》，第 129 页）宜采高氏注，此处泛指刑法。

三 疑难依旧的存疑问题

除了第二部分的释义问题外，还有一些疑难处。兹仅举以下数例。

1. 永元六年，（陈）宠又代郭躬为廷尉，复校律令，刑法溢于《甫刑》者，奏除之，曰："臣闻礼经三百，威仪三千，故《甫刑》大辟二百，五刑之属三千。礼之所去，刑之所取，失礼即入刑，相为表里者也。今律令，犯罪应死刑者六百一十，耐罪千六百九十八，赎罪以下二千六百八十一，溢于《甫刑》千九百八十九，其四百一十大辟，千五百耐罪，七十九赎罪。（第 920 页）

赎罪：即赎刑。《尚书·舜典》："金作赎刑。"孔安国传："金，黄金，误而入刑，出金以赎罪。"孔颖达疏："古之赎罪者，皆用铜，汉始改用黄金。"张建国认为汉初的赎刑既可以作为实刑的换刑，也可以作为单独的一个刑罚级别。[①] 角谷常子认为汉的赎刑有法定正刑和非法定的替换刑。[②]

冨谷至对汉代赎刑有进一步的划分，认为汉初继承了秦律中作为正刑的赎刑。但汉文帝十三年刑制改革以后，作为正刑的赎刑在刑罚中消失了，赎刑成为由皇帝临时下诏执行的具有时限性的措施。如《汉书·武帝纪》载："天汉四年……秋九月，令死罪入赎钱五十万减死一等。"[③] 冨谷的观点有一定说服力，汉初的赎刑的确法有定制：张家山汉简《二年律令·具律》："赎死，金二斤八两。赎城旦舂、鬼薪白粲，金一斤八两。赎斩、府（腐），金一斤四两。赎劓、黥，金一斤。赎耐，金十二两。赎迁，金八两。"（第119号简）之后的赎刑也确实常常由皇帝下诏变更，如程树德列举了汉武帝时颁布的关于赎罪的诏令，认为"武帝之制，至宣帝时已不行"，且其后又列举了东汉时期各个皇帝颁发的关于赎罪的诏令，如明帝即位，诏天下亡命殊死以下听得赎论，死罪入缣二十匹，右趾至髡钳城旦舂十匹，完城旦舂至司寇作三匹。永平十五年，改赎死罪缣四十匹。章帝建初七年，诏亡命赎死罪缣二十匹，与明帝即位时诏同。和帝至灵帝，俱有赎罪之令，自是遂为定制。（程树德：《九朝律考》，第47页）但是这并不意味着文帝刑制改革之后作为正刑的赎刑消失了，如长沙走马楼西汉简牍（汉武帝时期）中可见正刑的赎刑："案赎罪以下写府辟报爰书。"（第8号简）[④]《后汉书·陈宠列传》载：汉章帝时"今律令死刑六百一十，耐罪千六百九十八，赎罪以下二千六百八十一"。此处陈宠将死刑、耐罪和赎罪并提，可见其中的赎刑也是正刑。

秦和汉初的刑罚体系是死刑、刑罪（肉刑）、徒刑、财产刑这样一种降序刑罚体系，从正刑和换刑的分类来说，作为正刑的赎刑实际上相当于

---

① 参见张建国《西汉初期的赎》，《政法论坛》2002年第5期。

② 参见〔日〕角谷常子著《秦汉时代的赎刑》，陈青、胡平生译，载李学勤、谢桂华主编《简帛研究二〇〇一》下册，广西师范大学出版社，2001，第587～601页。

③ 参见〔日〕冨谷至《秦汉刑罚制度研究》，柴生芳、朱恒晔译，广西师范大学出版社，2006，第125～133页。

④ 参见郑曙斌、张春龙等编著《湖南出土简牍选编》，岳麓书社，2013，第413页。

财产刑。作为换刑的赎刑，秦和汉初主要针对特殊主体存在，而且主要是以爵赎罪。这些都是法定的。但是汉代开始出现了以皇帝诏令形式存在的赎罪制度，入财赎罪，没有用律或"著为令"等法定形式表现出来。如是这样，秦汉、魏晋作为财产刑的赎刑都存在，赎刑历经秦汉律—魏晋律—梁律—北周律而消失，其间一脉相承。收赎却历经梁律（处于非法定刑向法定刑的转变）—北齐律、北周律—隋唐律而不断完善。收赎的法制化和发展，顺应了从爵位制到官僚制的转变，成为新的特权分配方式。

只是在前述史料中，陈宠只提到死刑、耐罪和"赎罪以下二千六百八十一"，"赎罪以下"怎么定义？东汉的刑罚只有这几种吗？疑问暂时未能解答。

2. 汉兴以来，三百二年，宪令稍增，科条无限。又<u>律有三家</u>，说各驳异。刑法繁多，宜令三公、廷尉集平律令，应经合义可施行者，大辟二百、耐罪、赎罪二千八百，合为三千，与礼相应。其余千九白八十九事，悉可详除。（第 920 页）

律有三家，说各驳异：当时对法律的解释有三大家，且各不相同。

此处"三家"所指何人？张氏认为已无可考。（张氏：《注释》，第 33 页）内田氏认为三家已无法确知，但也许指后文的叔孙宣、郭令卿、马融、郑玄等人。（内田氏：《译注》，第 82 页）

俞荣根、龙大轩认为是指郭躬、陈宠、杜林及其各自所代表的律学流派。既然陈宠上疏是在公元 94 年，那么这"律三家"中任何一家都应声名显赫于此时之前。叔孙宣、郭令卿生平事迹不详。马融生卒年为公元 79 至 166 年，此时他才 15 岁，还是"志于学"的年龄，肯定不可能已经成一家之说。郑玄生卒年为公元 127 至 200 年，此时尚未出生。因此叔、郭、马、郑不可能在"律三家"之列。那么，律三家是指哪三家？应包括中田薰所说的郭躬、陈宠两家。至于第三家，本刑法志后面谈到律家有两处：一曰"叔孙宣、郭令卿、马融、郑玄……"二曰"……又叔孙、郭、马、杜诸儒章句……"两相对照，可知后者多了一个"杜"。历代史家均知汉代律学有大杜、小杜之分，撰《晋书》的房玄龄等人不可能不知道这一点。但在本志中言及汉代律家时，却只统言"叔孙、郭、马、杜诸儒章句"，对其中的"杜"氏，既不明言大杜，亦不确指小杜。盖无法下定论说这里的"杜"指大杜或小杜，徐世虹认为"杜氏或为杜林"，颇有见地。不过，徐著重在说明本志所记"叔孙、郭、马、杜诸儒章句"中之"杜"是杜林，指出杜林是"律章句学家"，并未肯定杜林是"律三家"中之一家。① 此分析有一定的说服力。

然而，仅仅以叔孙宣、郭令卿生平不详就认为其不在"律三家"之列，论证并不充分。况且陈宠上疏称"律有三家"，怎好把自家也归列在中？因此，这两点未免不那么令人信服。另外，他们认为此处"杜"是指杜林，杜林在经学方面有一定成就，由治经而兼治律、经律互注。该观点论证翔实。但正如他们所说："徐著重在说明'杜'是杜林，指出杜林是律章句学家，并未肯定杜林是律三家中之一家。"此处同意徐的观点，也同意他们对徐的解读，所以只能说明杜林是律学家，恐怕无法就此说明杜林位列"律三家"。

综上，目前无法确定"三家"所指何人。

3. 臣窃不自揆，辄撰具《律本章句》、《尚书旧事》、《廷尉板令》、《决事比例》、《司徒都目》、《五曹诏书》及《春秋折狱》，凡二百五十篇，蠲去复重，为之节文。（第921页）

《五曹诏书》：大概是尚书五曹分类汇编的诏令。五曹：指尚书台下分职治事的五个官署。"曹"的数量和名称在各时期有所不同。汉成帝时有四曹（常侍曹、二千石曹、民曹、主客曹），后又增为五曹（加三公曹），东汉光武帝为六曹（吏部曹、二千石曹、民曹、客曹、三公曹、中都官曹），自东汉之世不改。（详见《后汉书·应劭列传》、《晋书·职官志》）那么，汉献帝建安元年时的应劭为何不按现行的六曹而只按五曹撰具《五曹诏书》？可能的解释是应劭本传李贤注（《后汉书·应劭列传》李贤注："成帝初置尚书员五人，《汉旧仪》有常侍曹、二千石曹、户曹、主客曹、三公曹也。"）引东汉卫宏《汉旧仪》所记五曹是汉成帝时设置的，而卫宏是光武帝时期的人，撰《汉旧仪》时或许光武帝还没有变革为六曹；或者光武帝已经变革各曹，但卫宏还是沿用旧有的五曹设计，故应劭所撰《五

---

① 参见龙大轩《汉代律章句学考论》，西南政法大学博士学位论文，2006年3月；俞荣根、龙大轩：《东汉"律三家"考析》，《法学研究》2007年第2期。

曹诏书》也沿用西汉传统的五曹。具体原因仍未明。

4. 凡所定增十三篇，<u>就故五篇</u>，合十八篇，于正律九篇为增，于旁章科令为省矣。（第925页）

就故：武英殿本作"故就"，其他版本皆作"就故"。（内田氏：《译注》，第106页，校9）冨谷至举出"就故"的用例。（内田氏：《译注》，第282页，富谷补注26）他又认为，"就"为附加之意，"就故五篇"是"对从前存在的五篇附加"的意思。①

故五篇：东川德治认为是指《盗》、《贼》、《囚》、《捕》、《杂》的五篇。② 内田智雄亦认为，"故"指《法经》六篇而言，"故五篇"指《盗》、《贼》、《囚》、《捕》、《杂》。③ 陶安认为，当时人认为《法经》六篇就是值得参照的法典，所以"故五篇"应指《法经》而言，是指《盗》、《贼》、《囚》、《杂》、《兴》（至少在曹魏时，这五篇与《具》被视为《法经》六篇）。④ 相对于此，村上贞古认为是指《户》、《盗》、《贼》、《杂》、《捕》。⑤ 滋贺秀三亦认为是在汉九章律中留在新律十八篇的五篇，即《盗》、《贼》、《捕》、《杂》、《户》等篇。⑥ 各家说法未必一致。

5. <u>合二十篇</u>，六百二十条，二万七千六百五十七言。（第927页）

二十篇：前文云"就汉九章增十一篇"，汉九章为盗、贼、囚、捕、杂、具、户、兴、厩，将具律改为刑名、法例，已经增加了一篇，再加告劾、系讯、断狱、请赇、诈伪、水火、毁亡、卫宫、违制、诸侯律十篇。如此，晋律中有囚律。这从逻辑上来说是可以成立的。然而，从内容上看，囚律分为告劾、系讯、断狱后还剩下什么内容呢？因此，似乎囚律是不存在的。《唐六典·尚书刑部》中记载晋律篇名无囚律而有关市律，其

---

① 参见〔日〕冨谷至著《通往晋泰始律令之路（Ⅱ）：魏晋的律与令》，朱腾译，《日本学者中国法论著选译》，第164～189页。

② 参见〔日〕東川德治《支那法制史論》，临时台湾旧惯调查会，1915，第221页。

③ 参见〔日〕内田智雄：《魏律「序略」についての二・三の問題（上）（下）——滋賀秀三氏の「曹魏新律十八篇の篇目について」に寄せて——》，《同志社法学》第11卷第3号、第5号，1959、1960。

④ 参见〔德〕陶安《漢魏律目考》，《法制史研究》第52号，2003。

⑤ 参见〔日〕村上贞吉《支那歴代ノ刑法沿革ト現行刑法》，1932，第79～84页。

⑥ 参见〔日〕滋賀秀三《中國法制史論集——法典と刑罰》，創文社，2003，第400、445～447頁。

记载晋律二十篇的篇目为：一《刑名》，二《法例》，三《盗律》，四《贼律》，五《诈伪》，六《请赇》，七《告劾》，八《捕律》，九《系讯》，十《断狱》，十一《杂律》，十二《户律》，十三《擅兴律》，十四《毁亡》，十五《卫宫》，十六《水火》，十七《厩律》，十八《关市》，十九《违制》，二十《诸侯》。沈家本也持此种观点。（沈家本：《历代刑法考·律令考三·晋泰始律》，第 890 页）但此处记载晋修订法典这样的国家大事，其他的篇目都有阐述，如果真的有关市律，此处没有理由一点都不提到。

然而，岳麓秦简中有《关市律》（第 1265 号简），睡虎地秦简《秦律十八种》中有《关市》（第 97 号简），张家山汉简《二年律令》中有《□市律》（第 259～263 号简）（彭浩等认为《□市律》应该是《关市律》，曹旅宁认为岳麓秦简的出土为判断《□市律》是《关市律》提供了更坚实的证据①），闫晓君也认为汉《盗律》中的"盗出黄金边关徼，盗出财物于边关徼，徼外人来入为盗"可能归入晋《关市律》。②《唐六典》注云晋令有《关市》。因此说晋律中存在《关市律》并非捕风捉影。综上，从内容上来说，此处虽倾向于认为晋律中有《关市律》，但到底是有囚律还是有关市律？疑惑目前仍无法解答。

6. 故律制，生罪不过十四等，死刑不过三，徒加不过六，囚加不过五，累作不过十一岁，累笞不过千二百，刑等不过一岁，金等不过四两。（第 929 页）

累笞不过千二百：《太平御览·刑法部八》引张斐《律序》："累笞不过千二百。"注曰："五岁徒加六等，笞一千二百。"按，据《汉书·刑法志》的记载，文帝以笞刑代替肉刑之后，景帝又于公元前 156 年和前 144 年先后下诏："笞五百曰三百，笞三百曰二百"，"减笞三百曰二百，笞二百曰一百"。可见，汉景帝时笞刑最高刑为二百下。若按《太平御览》的记载，笞刑作为髡钳五岁刑的附加刑累加可至一千二百下，则笞刑由汉至晋的过渡未免太大，并且很难想象正常人在被笞千余下之后还能保全性

---

① 参见彭浩、陈伟、〔日〕工藤元男主编《二年律令与奏谳书》，第 194 页；曹旅宁：《岳麓书院所藏秦简丛考》，《华东政法大学学报》2009 年第 6 期，后收入氏著《秦汉魏晋法制探微》，人民出版社，2013，第 92～114 页
② 参见闫晓君《秦汉盗罪及其立法沿革》，《法学研究》2004 年第 6 期。

命。所以这里的"笞"宜作他解。对此，宁汉林的观点是：《律表》中所讲的"累笞不过千二百"，应是讯囚时，以笞作为刑具进行拷讯，累加不能超过一千二百，拷满不承，取保释放。① 但是，即使讯囚之"笞"与笞刑之"笞"标准不同，以唐律"拷囚不得过三度，数总不得过二百"的标准为参照来看，讯囚累笞达一千二百下后囚犯还能生存，也是难以想象的。所以这种观点亦缺乏说服力，此问题暂且存疑。

附记：以上这些见解是轮读会集体的意见，我只是作为代表执笔成文。限于时间、水平等原因，还有很多没有发现、没能列举，或者可能是理解不准确的。仅总结如上，向诸位汇报，恳请方家教正。

---

① 参见李光灿主编，宁汉林著《中国刑法通史》第 4 卷，辽宁大学出版社，1989，第 178 页。

吐蕃的法律文书

——以法国国立图书馆所藏 P. t. 1073 文书为中心

〔日〕大原良通 著 范一楠 译[*]

摘 要: 吐蕃文化在很大程度上受到唐朝的影响。在法律的制定上也有可能借鉴唐律从而发展出自己的法律制度。《纵犬伤人赔偿律》中存在的十分严格的身份制度,可以看作是其具体的表现。此件法律文书中包含着可以了解吐蕃社会构造的重要内容。比如从"将其父子共有之财产、牲畜中分家后属于该人之部分,判为死者一方之份产"中可以知道,男子未另立门户以前就开始准备分家用的财产。从"将其当初从娘家带来的陪嫁物全部赔与死者一方"的内容中可以了解到,女性在结婚以后也持有着自己的财产。这些资料对于了解吐蕃人的家族关系、社会的运营方式有着重要的意义。作为解析吐蕃社会的重要资料,不仅具有法律制度研究上的意义,还有必要从社会史的角度加以研究。

关键词: 吐蕃 法律 P. t. 1073 纵犬伤人赔偿律 社会构造

---

* 大原良通,日本神户学院大学人文学部教授;范一楠,日本神户学院大学地域文化学研究科博士。

一

由法国国立图书馆所保管的敦煌文书中，P. t. 1071、P. t. 1072、P. t. 1073、P. t. 1075 是吐蕃时代的法律文书。这些文书由法国以照片版本（"Choix de documents tibétains conservés à la Bibliothèque nationale", Tome II, Spanien, Ariane and Imaeda, Yoshiro, Bibliothèque nationale, Paris, 1979.）出版。因此得以直接观察文书原文，更可在网络（"Old Tibetan Documents Online" otdo. aa – ken. jp）上阅览。

1983 年王尧、陈践将其翻译为《吐蕃律例文献》。① 在日本，山口瑞风将其中的一部分翻译为《吐蕃时代の法律》以及《IV – 2チベット語文献 七法律文書》② 等。

P. t. 1071 为《狩猎伤人赔偿律》。共有 468 行，分为三个部分。第一部分到第 328 行为止，是关于将发向野兽的箭误射中别人的赔偿办法。第二部分从第 329 行到第 435 行，是关于他人陷于牦牛身下时，对于旁边的人救助或不救助行为的赏罚。第三部分从第 436 行到第 468 行，是关于几个人共同射中一头牦牛时，对那头牦牛分割的办法。

P. t. 1072 与 P. t. 1071 的内容有所重叠。P. t. 1072 的第 1 行与 P. t. 1071 第一部分的第 285 行的内容大致相同。P. t. 1072 的第 54 ~ 173 行与 P. t. 1071 的第二部分（《陷于牦牛身下，视其相互救援与否处置之法》）的第 329 ~ 435 行、P. t. 1072 的第 174 ~ 189 行与 P. t. 1071 的第三部分的第 436 ~ 449 行的内容基本一致。

关于第一部分的"将发向野兽的箭误射中别人的赔偿办法"，笔者曾在《吐蕃的法律文书——以法国国立图书馆藏 P. t. 1071 文书为中心》③ 中

① 王尧、陈践译注《吐蕃律例文献》，《敦煌吐蕃文献选》，四川民族出版社，1983。
② 〔日〕山口瑞鳳：《吐蕃时代の法律》，《吐蕃王国成立史研究》，岩波書店，1983，第 783 ~ 821 頁；〔日〕山口瑞鳳：《IV – 2チベット語文献 七法律文書》，《講座敦煌 6 敦煌胡語文献》，大東出版社，1985，第 523 ~ 532 頁。
③ 〔日〕大原良通：《吐蕃的法律文书——以法国国立图书馆藏 P. t. 1071 文书为中心》，"沈家本与中国法律文化国际学术研讨会"组委会编《沈家本与中国法律文化国际学术研讨会论文集》下册，中国法制出版社，2005，第 797 ~ 807 頁。

进行分析考察。此外，关于第二部分曾以《吐蕃的法律文书——以法国国立图书馆所藏 P. T. 1072 文书为中心》① 为题进行过发表。P. t. 1075 为《盗窃追赔律》的残卷，仅有 41 行。

此次作为分析对象的 P. t. 1073（《纵犬伤人赔偿律》）的残卷也仅有 28 行。从第 4 行后半段到第 22 行前半段为一则条文。此外的内容是上一则条文的数行和下一则条文的数行。内容是关于狗咬伤他人时赔偿的律例。规定着被咬伤的人受伤，以及死亡时饲主所负担的赔偿额和罪的轻重。

　　P. t. 1073《纵犬伤人赔偿律》

男子放狗咬人致伤惩罚，罚骏马一匹，并根据伤情赔偿相应之医药费用。女子放狗咬人致伤，罚母马一匹，根据伤情赔偿医药费用给受害者。

尚论颇罗弥告身者以上本人或与其命价相同者中一人，被银告身以下、铜告身以上之人或与其命价相同者，放狗咬啮致死，或因放狗惊骇骑于牦牛等上之人堕地致死，对放狗者之惩罚为：

无论何种方式伤人致死，将放狗者处死，其妻女赶走，全部财物、牲畜赔偿死者一方，奴户留给其另立门户之子。如无另立门户之子，则交给死者之父，无父，虽有兄弟近亲也不能给。（奴户）愿为何人之民、何人之奴各随己愿。

未另立门户之男子，放狗咬人致死，将其父子共有之财产、牲畜中分家后属于该人之部分，判为死者一方之份产。此份财产、牲畜全部赔与死者一方。

有夫之妇放狗咬人致死，将其当初从娘家带来的陪嫁物全部赔与死者一方。

未婚之女放狗咬人致死，将其全部佣奴、牲畜赔与死者一方。

放狗咬啮尚论受伤未死，放狗惊骇骑于牦牛等上之人致使受惊堕

① 〔日〕大原良通：《吐蕃的法律文书——以法国国立图书馆所藏 P. T. 1072 文书为中心》，载中国政法大学法律古籍整理研究所编《中国古代法律文献研究》第 2 辑，中国政法大学出版社，2004，第 160～176 页。

地受伤未死，将放狗者单身赶走，财物、牲畜之四分之一赔与受伤者。放狗人若为妇女，将其逐出，其财物、牲畜之半数赔与受伤人。

尚论颇罗弥告身者以上者其本人，及与其命价相同之人，被大藏以下、平民以上之人放狗咬死，或放狗惊骇骑于牦牛等上之人堕地身死，对放狗者之惩罚：不论何种方式为致死，

无论何种方式伤人致死，为尚论善后事，须惩治放狗者之罪孽，将其成年以上之男子杀绝，成年以上之女子逐出，财产、牲畜，全部赔与死者尚论一方。

（王尧译）

这个残卷是关于放的狗袭击他人时的律例的一部分。由上一则条文的最后的部分——受害者为尚论颇罗弥告身以上的人，且加害者为银告身以下、铜告身以上的人的完整条文以及下一则条文的一部分构成。

中间的完整的条文可再分为二部分。第一部分是关于被狗所咬，或因被狗惊骇而从牦牛等摔下致死时的规定。第二部分是关于受伤并未致死时的规定。

二

据16世纪的《贤者喜宴》所载，吐蕃的律例制定于松赞干布时代。并且当时已有"赔偿死者命价（gshin‐stong）及赔偿生者（gson‐stong）损失之法"。① 但是，山口瑞凤从敦煌之发现的律例文书是在松赞干布时代之后由桂·墀桑雅拉（mgos‐khri‐bzang‐yab‐lhag）修改订正，使用于8世纪末到9世纪前半期。② 从敦煌发现的《狩猎伤人赔偿律》、《陷于牦牛身卜，视其相互救援与否处置之法》、《纵犬伤人赔偿律》中记载的是对于亡者的性命或受伤者的赔偿额度，被视为吐蕃时代律例文书的特征。

---

① 巴卧·祖拉陈瓦：《贤者喜宴——吐蕃史译注》，黄颢、周润年译，中央民族大学出版社，2010，第52页。
② 〔日〕山口瑞鳳：《吐蕃時代の法律》，第801页；巴卧·祖拉陈瓦：《贤者喜宴——吐蕃史译注》，黄颢、周润年译，第199页。

三

《狩猎伤人赔偿律》规定，向野兽放箭而误杀别人时，射箭的人有可能被以杀人罪论处。而《纵犬伤人赔偿律》与前者不同的是，并非被饲主本人，而是被其放的狗所咬致死时，饲主也以杀人罪论处死刑。

吐蕃人与狗渊源甚深。甚至在都兰吐蕃墓中发现了殉葬的狗骨。许新国先生说："在都兰热水一号大墓南面的组合陪葬遗迹中，我们看到是以殉马置于中部，其东西两面均为殉牛和殉狗，其最南部均为殉狗，换句话说，即将殉狗置于最后的位置上，使我们感到有用狗来护送的意思。"[①] 此外，郭里木乡吐蕃墓葬棺板画上还生动地描绘有与吐蕃人一同狩猎牦牛的猎犬。[②] P. t. 1287《赞普传记》中述，在为传说中最初的赞普报仇而杀罗阿木达孜杀时，"设法将毛上涂有毒物的神犬遣放至罗阿木达孜之近旁，达孜一见好犬，大喜以手抚摩犬毛，犬毛上之毒遂侵染于达孜之手上，罗阿木达孜乃毙命，得以报仇雪恨"。[③]

吐蕃人在狩猎时必定会带狗。游牧时狗也充当着助手的重要作用。由此可以推断，在这样的环境之下，日常中也会发生因狗而起的纠纷。此外，狗的责任由饲主来背负这一点，也体现了吐蕃人与狗的密切的关系。

四

遗憾的是，P. t. 1073 中所载的并非完整的《纵犬伤人赔偿律》，只是

---

① 北京大学考古文博学院、青海省文物考古研究所编著《都兰吐蕃墓》，科学出版社，2005，第 9 页；许新国：《吐蕃丧葬殉性习俗研究》，载氏著《西陲之地与东西方文明》，北京燕山出版社，2006，第 163 页。

② 许新国：《郭里木乡吐蕃墓葬棺板画研究》，载氏著《西陲之地与东西方文明》，第 301 页，图 1，图版十五 - 1。

③ 王尧、陈践译注《P. T. 1287 赞普传记》，《敦煌本吐蕃历史文书》增订本，民族出版社，1992，第 157 页。

其中的一部分。不过，以从 P. t. 1071 和 P. t. 1072 复原的《狩猎伤人赔偿律》、《陷于牦牛身下，视其相互救援与否处置之法》为依据，《纵犬伤人赔偿律》的失去的部分或许也可以得到复原。

《陷于牦牛身下，视其相互救援与否处置之法》中规定，在吐蕃遇到他人陷于牦牛身下的情况时，周围的人有义务对其进行救助，没进行救助的人会被论罪。规定了救助陷于牦牛身下之人的奖赏、没有予以救助并且对方死亡时，以及其自行脱困时的赔偿额度。在加害者并未直接参与加害行为这一点上，《纵犬伤人赔偿律》与其有着共通之处。因此可以说，比起《狩猎伤人赔偿律》，《陷于牦牛身下，视其相互救援与否处置之法》更为接近《纵犬伤人赔偿律》的内容。

P. t. 1071 和 P. t. 1072 复原的《陷于牦牛身下，视其相互救援与否处置之法》中受害者大致上被分为三个等级。在受害者身边的有救助义务的人也分为三个等级。此律例文书也与其他文书一样，以受害者的等级为中心进行了规定。最开始记载的是受害者为尚论颇罗弥告身者以上的人时的规定。其中包括有救助义务者也同样为尚论颇罗弥告身者以上的人、银告身以下铜告身以上的人、大藏以下平民以上的人时的规定。接下来是受害者为银告身以下铜告身以上的人、大藏以下平民以上时的规定（参照表1）。

表 1

↓被害者		救助义务者→	四大尚论以下颇罗弥告身以上	银以上铜以下	大藏以下平民以上
四大尚论以下颇罗弥告身以上	死亡	给死亡者	500 两		家财、家畜、领民和房屋
		救助义务者		戴狐皮饰物	戴狐皮饰物，死刑
	自力脱困	给自行脱困者	250 两	150 两	家财、家畜
		救助义务者		戴狐皮饰物	戴狐皮饰物，本人放逐
		救助的奖赏	女儿或姊妹，或 200 两	女儿或姊妹，或 50 两	50 两

↓被害者	救助义务者→	四大尚论以下颇罗弥告身以上	银以上铜以下	大藏以下平民以上
银以上铜以下	死亡 给死亡者		300 两	家财、家畜、领民和房屋
	死亡 救助义务者			戴狐皮饰物,死刑
	自力脱困 给自行脱困者		150 两	家财、家畜
	自力脱困 救助义务者			戴狐皮饰物,本人放逐
	救助的奖赏		女儿或姊妹,或 100 两	50 两
大藏以下平民以上	死亡 给死亡者	100 两		家财、家畜
	死亡 救助义务者	戴狐皮饰物,本人放逐		
	自力脱困 给自行脱困者	50 两	骑马	
	自力脱困 救助义务者			戴狐皮饰物
	救助的奖赏	女儿或姊妹,或 20 两		女儿或姊妹,或 15 两

P. t. 1073《纵犬伤人赔偿律》中的内容是受害者为尚论颇罗弥告身以上的人,加害者为银告身以下、铜告身以上之人时的规定(参照表2)。若与《陷于牦牛身下,视其相互救援与否处置之法》的记述顺序相同,那其之前的部分应为受害者和加害者都为尚论颇罗弥告身以上的人时的规定。其之后是受害者为尚论颇罗弥告以上的人,加害者为大藏以下、平民以上

表 2

	银告身以下 铜告身以上			大藏以下 平民以上	
本人	未独立的男子	夫人	未婚女性	男性	女性
死刑。妻子放逐。财产、家畜	将来分家时的财产	嫁妆	奴隶、家畜	死刑。财产、家畜	放逐。财产、家畜
财产、家畜的四分之一		放逐。家财、家畜的一半			

之人时的规定。从这一点中也可以看出与《陷于牦牛身下，视其相互救援与否处置之法》的记述方式相同。

关于赔偿额度，《陷于牦牛身下，视其相互救援与否处置之法》中规定尚论颇罗弥告身者死亡时为 500 两，自行脱困时赔偿额为一半——250 两。但在《纵犬伤人赔偿律》中并未出现具体的数字，其赔偿标准有可能与《陷于牦牛身下，视其相互救援与否处置之法》不同。这一点可以作为今后的研究课题。

五

从《纵犬伤人赔偿律》中，可以了解当时吐蕃人对于家庭成员以及财产的观念。从中具体可以看到的是，家庭成员为丈夫、妻子、儿子、女人的四人时，丈夫是所有财产的主要所有者。妻子拥有从娘家带来的财产的所有权，并与丈夫的财产分开管理。男子将来独立时所分到的财产，在其独立之前就开始准备。并且，女儿将来出嫁时所带走的财产有可能也在出嫁前就事先进行准备。概括地来讲，吐蕃人的家庭成员都各自拥有一定的财产权，并由家长进行全面的管理。

此外，从这个律例中可以看到的家庭成员仅有夫妇和未独立的男子、未出嫁的女儿，而没有关于丈夫的兄弟或儿媳的内容。由此可以认为吐蕃的一般的家庭是由夫妇和未婚的孩子所构成的。

如此这般借由详查这些律例文书的内容，可以清楚地了解吐蕃的社会构造。

结　论

当时的吐蕃从唐朝引入了各种各样的物品及知识，毋庸置疑地在很大程度上受到了唐朝文化的影响。此外，唐朝的法律对日本的法律制度亦产生了莫大的影响。并且在当时的东亚范围内是最先进的法律制度。日本以唐朝的法律为基础，迎合自己国家的社会制度加以修改，从而完成了自己的法律制度。吐蕃也有可能同样地从唐朝学习法律并发展了自己的法律制度。其结果就是《狩猎伤人赔偿律》、《纵犬伤人赔偿律》、《盗窃追赔律》中存在着十分严厉的身份制度。

此次以《纵犬伤人赔偿律》为中心对赔偿制度进行考察后发现，根据加害者与受害者的身份，赔偿额和罪的轻重所有不同。关于吐蕃法律中的赔偿制度，《藏族古代法新论》① 和《藏族"赔命价"习惯法研究》② 中有着详细的论述。

众所周知，吐蕃模仿了唐朝的身份制度。从吐蕃按身份的差别决定赔偿额和罪的轻重这一点上，也可以看到唐朝法律所带来的影响。但是，其具体的影响程度在现阶段尚无法明确。今后，通过对于吐蕃与唐朝的法律制度的研究以及两者的比较，可以逐步了解唐朝法律对吐蕃的影响、吐蕃的法律制度的发展过程。

更重要的是，这些法律文书中包含着可以了解吐蕃社会构造的重要内容。比如从"将其父子共有之财产、牲畜中分家后属于该人之部分，判为死者一方之份产"的内容中，可以知道男子在结婚以前就开始准备分家用的财产。从"将其当初从娘家带来的陪嫁物全部赔与死者一方"的内容中，可以了解到女性在结婚以后也持有着自己的财产。这些资料对于了解吐蕃人的家族关系、社会的运营方式有着重要的意义。不只是用于对法律制度的研究，作为解析吐蕃社会的重要资料，有必要从社会史的角度对这些资料进行研究。

---

① 华热·多杰：《藏族古代法新论》，中国政法大学出版社，2010。
② 淡乐蓉：《藏族"赔命价"习惯法研究》，中国政法大学出版社，2014。

《天圣令·关市令》译注稿[*]

中国社会科学院历史研究所《天圣令》读书班[**]

摘　要："关市"为令篇之名始见于晋《泰始令》，列于第12篇；在《唐六典》所见《开元令》篇目中，"关市"列于第22篇；《天圣令》残卷所存《关市令》被标为第25卷，存有宋令18条、唐令9条。本稿以《天圣令·关市令》为译注对象，注释字词、阐释制度、明晰流变、翻译文句，是继《〈天圣令·赋役令〉译注稿》、《〈天圣令·仓库令〉译注稿》、《〈天圣令·厩牧令〉译注稿》之后，中国社会科学院历史研究所《天圣令》读书班所推出的第四种集体研读成果。

关键词：天圣令　关市令　译注

---

* 本稿为2015年度全国高等院校古籍整理研究工作委员会直接资助项目"天一阁藏明钞本《天圣令》补校与译注"（批准编号为1511）的阶段性成果。本稿所引《天圣令》令文"唐×"、"宋×"，以《天一阁藏明钞本天圣令校证附唐令复原研究》（中华书局，2006）之清本为准。至于相关体例，敬请参见中国社会科学院历史研究所《天圣令》读书班《〈天圣令·赋役令〉译注稿》，徐世虹主编《中国古代法律文献研究》第6辑，社会科学文献出版社，2012。

** 初稿分工如下：宋1~6，王怡然（北京大学）；宋7~8，杨丁宇（中国社会科学院）；宋9~13，李凤艳（中国社会科学院）；宋14~18，吴杰华（南开大学）；唐1~5，戴均禄（中央民族大学）；唐6~8，朱丽娜（贵州省委党校）。此后执笔人变更者有：唐1~3，吕学良（中央民族大学）；唐4~5，朱丽娜。本稿经读书班全体成员讨论，吴丽娱、黄正建、牛来颖三位老师审读，由赵晶（中国政法大学）统稿而成。

宋1 诸欲度关者，皆经当处官司请过所，（今日公凭［一］，下皆准此。）具注姓名、年纪及马牛骡驴牝牡、毛色、齿岁，判给。还者，连来文申牒勘给。若于来文外更须附者，验实听之。日别总连为案。若已得过所，有故不去者，连旧过所申纳。若在路有故者，经随近官司申牒改给，具状牒关。若船筏经关过者，亦请过所。

【源流】

《唐六典》卷六《尚书刑部》"司门郎中员外郎"条："凡度关者，先经本部本司请过所，在京，则省给之；在外，州给之。虽非所部，有来文者，所在给之。"①

【注释】

［一］公凭：令文以"今日公凭"注解"过所"，是说唐代的"过所"在宋代就称为"公凭"。此外，宋代的一些其他的证明性文件也被称作公凭。如《续资治通鉴长编》卷一七三"仁宗皇祐四年十月"条："辛巳，内降手诏付狄青：'应避贼在山林者，速招令复业。其乘贼势为盗，但非杀人，亦贼所胁从能逃归者，并释其罪。已尝刺面，令取字，给公凭自便。'"② 这里的公凭相当于免罪证明。由于这些人得到公凭后可以"自便"，当然也就存在回家的情况，因此这个公凭或许还兼有过所的职能。又如《续资治通鉴长编》卷三一〇"神宗元丰三年十二月"条载："以此海南少有牛米之类。今欲立法，使客船须得就泊琼、崖、儋、万四州水口，不用丈尺，止据物货，收税讫，官中出与公凭，方得于管下出卖。"③ 这个公凭应该不是市舶司发给海船用于通关的，而是一种完税证明。再如《燕翼诒谋录》卷一载："先是选人不给印纸，遇任满给公凭，到选以考功过，往往于已给之后，时有更易，不足取信。太平兴国二年（977）正月壬申诏曰：'今后州府录曹、县令、簿、尉，吏部南曹并给印纸、曆子，外给公凭者罢之。'自此奔竞巧求者，不得以公凭营私更易改给矣。"④ 公凭在此处便是选人资历的证明。可见，公凭在宋代只是官府出具的一种证

---

① （唐）李林甫等撰《唐六典》，陈仲夫点校，中华书局，1992，第196页。
② （宋）李焘撰《续资治通鉴长编》，中华书局，1995，第4175页。
③ 《续资治通鉴长编》，第7522页。
④ （宋）王栐撰《燕翼诒谋录》，成剖点校，中华书局，1981，第7页。

明文件，与过所并不能等同。

【翻译】

想要过关的人，都要经由当地部门申请过所，（［过所即］现在［的］公凭，以下都依此［名称来理解］。）详细写明［申请人和随从的］姓名、年龄以及马、牛、骡、驴的牝牡、毛色、年岁，［官府］裁定发给［过所］。返回的人，连同来时的过所［一起］提呈牒文，［当地官府］核查［后］发给［过所］。如果在来时的过所以外还有需要附加的［文书］，查验属实［后可以］允许。［官府要按］日分别［将这些文书］汇集粘连成案卷。如果已经获得过所，因［某些］原因不去的，［应］连同旧过所［一起］提呈交回。如果在路途中因［某些］原因［滞留］的，［应］通过附近的官司提呈牒文，［由官司］加以变更［后重新］发给［过所］，［并］写明情况用牒告知［相应的］关口。如果船筏［需要］经关通过的，也要申请过所。

宋2 诸行人度关者，关司［一］一处勘过，皆以人到为先后，不得停拥。虽废务日［二］，亦不在停限。若津梁阻关须两处勘度者，两处关司覆验听过。其不依过所别向余关者，不得听其出入。

【源流】

《唐律疏议》卷八《卫禁律》"关津留难"条【疏议】：关，谓判过所之处。津，直度人，不判过所者。依令："各依先后而度。"①

【注释】

［一］关司：管理关津的机构，在唐代关司主要官员有令、丞、录事、典事等，执管钥者为关令，被称为城主。宋代之关塞，由禁军或厢军、蕃兵把守。关设有关使、知关和都监关等。有的关塞既有都监关、知关，又有同知关。②

---

① （唐）长孙无忌等撰《唐律疏议》，刘俊文点校，中华书局，1983，第175页。
② 曹家齐：《宋代关津管理制度初探》，《西南师范大学学报》（哲学社会科学版）1993年第2期；后收入氏著《宋代交通管理制度研究》，河南大学出版社，2002，第75～76页。

[二] 废务日：因事停理公务的日子。① 如《宋刑统》卷二六《杂律》"国忌私忌"条载："诸国忌废务日作乐者，杖一百；私忌，减二等。【疏】议曰：国忌，谓在令废务日。若辄有作乐者，杖一百。私家忌日作乐者，减二等，合杖八十。"② 又如《续资治通鉴长编》卷七二"大中祥符二年十月"条载："丁亥，诏宣祖昭武皇帝、昭宪皇后忌前一日不坐，忌日群臣进名行香，禁屠，废务，著于令式。"③

【翻译】

行人过关 [时]，关司 [只需在] 一处 [关口进行] 核查 [、决定其是否能够] 过关 [即可]。都按照 [过关之] 人到达 [的次序] 为先后顺序，不得停滞拥堵。即使是废务日，[行人] 也不受停止 [过关的] 限制。如果 [有] 渡口、桥梁分隔关口，必须 [经由] 两处勘查 [才能] 通过的，两处关司 [应在] 重复检验 [后再] 允许通过。那些不按照过所 [规定的路线而] 另外向其他关 [通过的] 人，不得允许他们出入。

宋3 诸行人赍过所及乘递马出入关者，关司勘过所，④ 案记。其过所、驿券 [一]、递牒 [二] 并付行人自随。

【注释】

[一] 驿券：允许在驿站食宿的证明。《元稹集》卷三八《论转牒事》载："谨检兴元元年（784）闰十月十四日敕：'应缘公事乘驿，一切合给正券，比来或闻诸州诸使妄出食牒，烦扰馆驿，自今已后除门下省东都留

---

① 参见刘俊文《天宝令式表与天宝法制——唐令格式写本残卷研究之一》，《敦煌吐鲁番研究论集》第 3 辑，北京大学出版社，1986，第 181 页。

② （宋）窦仪等撰《宋刑统》，薛梅卿点校，法律出版社，1999，第 480 页。

③ 《续资治通鉴长编》，第 1636 页。

④ 因《养老令》此条作"关司勘过"，并无"所"字，且唐代除过所外，还有"符券"、"递牒"等其他形式的通关文书，过关时，这些文书也需要被勘验，所以李全德认为日令更接近唐令，"所"字不必复原。牛来颖据此思路，进一步论证宋令亦不应有"所"字，但目前因无更直接的宋代证据，故而暂时存疑。参见李全德《〈天圣令〉所见唐代过所的申请与勘验——以"副白"与"录白"为中心》，刘后滨、荣新江主编《唐研究》第 14 卷，北京大学出版社，2008，第 214 页；牛来颖《官司勘过与〈天圣关市令〉唐令复原——以宋 2、宋 3、宋 6 条为例》，黄正建主编《隋唐辽宋金元史论丛》第 4 辑，上海古籍出版社，2014，第 98 页。

守及诸州府给券外，余并不得辄入馆驿'"；① 而《庆元条法事类》卷一〇《职制门·舍驿》引《驿令》："诸驿，品官之家及未入官人，若校尉虽不请券，并听入。"② 这说明唐代规定因公事乘驿，符合条件者，皆给驿券；而宋代则除品官之家、未入官人、校尉以外，其他人必须有驿券才能入住驿站。

[二] 递牒：传送所用文书。《宋刑统》卷八《卫禁律》"私度越度冒度关津给过所"条疏议载："水陆等关，两处各有门禁，行人来往皆有公文，谓驿使验符券，传送据递牒，军防、丁夫有总历，自余各请过所而度。"③

【翻译】

行人带着过所及乘递马④出入关的，关司核查过所，记录在案。那些[核查过的] 过所、驿券、递牒等都交给行人自己随身携带。

宋 4　诸乘递马度关者，关司勘听往还。若送囚度关者，（防援人 [一] 亦准此。）其囚验递移 [二] 听过。

【注释】

[一] 防援人：警备、护卫之人。如《狱官令》宋 6 载："诸决大辟罪皆于市，量囚多少，给人防援至刑所。"⑤ 圆仁在《入唐求法巡礼行记》中记载："其国之风：有防援人，为护官物，至夜打鼓。"⑥ 在圆仁看来，防援人的职责主要是保护官府财产以及夜晚报时巡逻。

[二] 递移：递运犯人时官司之间的移文，从语义上看，是指押送囚犯时使用的一种文书，可能是行移的另一种称呼。宋代行移泛指官司之间

---

① （唐）元稹撰《元稹集》，冀勤点校，中华书局，1982，第 431 页。
② （宋）谢深甫撰《庆元条法事类》，戴建国点校，杨一凡、田涛主编《中国珍稀法律典籍续编》第 1 册，黑龙江人民出版社，2002，第 177 页。
③ 《宋刑统》，第 153 页。
④ 有关"递马"的注释，参见中国社会科学院历史研究所《天圣令》读书班《〈天圣令·厩牧令〉译注稿》，徐世虹主编《中国古代法律文献研究》第 8 辑，社会科学文献出版社，2014，第 308 页。
⑤ 《天圣令校证》，第 328 页。
⑥ 〔日〕圆仁：《入唐求法巡礼行记》，白化文点校，花山文艺出版社，2007，第 14 页。

往来行用的文书，亦称"文移"。①《宋史》卷一六七《职官志七》"宣抚使"条载："凡宰执带三省、枢密院事出使，行移文字札六部，六部行移即具申状。如从官任使、副，合申六部，六部行移即用公牒。"② 可见行移是指上下或平行机构之间不同形式的公文。唐代文书中有"移"，《唐令拾遗》据敦煌《开元公式令残卷》复原。③ 但唐代的移仅是文书的一种，"内外诸司，非相管隶者皆为移"，宋代的行移应是唐代移文的发展。

【翻译】

乘递马过关的，关司核查［后］允许往返。如果［是］送囚犯过关的，（防援人也依此［处理］。）囚犯在检验递移［后］允许通过。

宋5 诸兵马出关者，但得本司连写敕符，即宜勘出。其入关者，据部领兵将文帐检入。若镇戍烽有警急事须告前所者，关司验镇戍烽文牒，即宜听过。

【源流】

《唐律疏议》卷八《卫禁律》"人兵度关妄随度"条疏议："准令：'兵马出关者，依本司连写敕符勘度。入关者，据部领兵将文帐检入。'"④

【翻译】

兵马出关的，只要获得所属部门连写的敕、符，［关司］就应当［在］勘验［后允许其］出关。兵马入关的，根据所率士兵和将领⑤的文书及名册［进行］检查［，之后再允许其］入关。如果镇、戍、烽有危急的情况必须通知前方机构的，关司［在］查验镇、戍、烽的文牒［后］，就应当允许［其］通过。

---

① 龚延明：《宋代官制辞典》，中华书局，1997，第625页。
② 《宋史》，中华书局，1985，第3958页。
③ 〔日〕仁井田陞：《唐令拾遗》，東方文化學院東京研究所，1933，第552~553頁。
④ 《唐律疏议》，第176页。《宋刑统》亦见相同规定，参见《宋刑统》，第156页。
⑤ 此处仅据文意进行直译。然而，《唐律疏议》卷八《卫禁律》"人兵度关妄随度"条载："诸领人兵度关，而别人妄随度者，将领主司以关司论"，其疏议载："而别有人妄随度者，罪在领兵官司，故云'将领主司以关司论'。"（引自《唐律疏议》，第175~176页）可见，唐律将责任者定为"领兵官司"、"将领主司"，而令文此处的"部领兵将"，或许也应该意统兵将领。

宋6 诸蕃客初入京，本发遣州给过所，具姓名、年纪、颜状，牒所入关勘过所。① 有一物以上，关司共蕃客官人具录申所司；入一关以后，更不须检。若无关处，初经州镇亦准此。即出关日，客所得赐物及随身衣物，并申所属官司出过所。

【翻译】

蕃客②第一次前往京城，［由其］本来派遣的州发给过所，写明姓名、年龄、相貌，发送牒文［给］所要进入的关口检勘过所。［携带］有一件物品以上［的］，关司与［管理］蕃客的官员一起［将所携物品］全部写明，申报所属官司；进入一个关口之后，就不再需要检查。如果［是］没有关口的地方，第一次经过的州和镇也依此［办理］。到出关的时候，蕃客得到的赏赐物品和随身衣物，都［应］申报所属官司［并由其］出给过所。

宋7 诸有私将禁物至关，已下过所，关司捉获者，其物没官。已度关及越度为人纠获者，三分其物，二分赏捉人，一分入官。若私共化外人交易，为人纠获，其物悉赏纠人。如不合将至应禁之地，为人纠获者，皆二分其物，一分赏纠人，一分入官。若官司于其所部捉获者，不在赏限，其物没官。如纠人在禁物乡应得赏者，其违禁物准直官酬。其所获物应入官者，年终申所司。（其获物给赏分数，自有别敕者，不拘此限。）

【翻译】

有［人］私自携带违禁物品到关口，已经递交过所，被关司捉获的，该［违禁］物品没收入官。已经［合法］过关以及［违法］翻越度过［关口而］被人举报查获的，将［违禁］物品分成三份，［其中］两份奖赏给举获者，一份没入官府。如果私自同外邦人交易，被人举报抓获［的］，该［违禁］物品全部奖赏给举报者。如果不应该携带［相关物品］

① 榎本淳一断为"牒所入关勘过，所有一物以上"，读书班暂从校证本。参见〔日〕榎本淳一《唐王朝と古代日本》，吉川弘文館，2008，第113页。

② 有关"蕃客"的注释，参见中国社会科学院历史研究所《天圣令》读书班《〈天圣令·仓库令〉译注稿》，徐世虹主编《中国古代法律文献研究》第7辑，社会科学文献出版社，2013，第279～280页。

到［应予］禁止之地，［而］被人举报查获的，都将［违禁］物品分成两份，［其中］一份奖赏给举报者，一份没入官府。如果官司在其统辖［范围内］捉获的，不在奖赏的范围［内］，该［违禁］物品没入官府。如果举报者在禁止［该］物品［流通］的地方应当得到奖赏的，该违禁物品［则］按照［其］价值［折算他物，］由官府支付。查获的物品应当没入官府的，年末申报主管官司。（［有关］查获物品给予奖赏的份数，本来有别敕①［另加规定］的，不受限于［令文规定的］范围。）

宋 8　诸禁物不得出关者，若住在关外因事入关及蕃客入朝别敕赐者，连写正敕，牒关听出。（即蕃客在内赐物，无敕施行者，所司勘当知实，亦给牒听出。）

【翻译】

违禁之物不得带出关，如果［是］住在关外因为有事入关［获得违禁之物］以及蕃客入朝［时皇帝以］别敕赐予［违禁之物］的，［需要主管官司在牒文上］连写正敕，［并发送］牒文至关［司］，［才能］允许［他们］出关。（蕃客在朝廷内［获得的］赐物，［如果］没有［以］敕文［的方式加以］实施的，主管官司核查审定、认为属实，也［要］发给牒文，允许［他们］出关。）

宋 9　诸关门并日出开、日入闭。管钥［一］，关司官长者执之。

【注释】

［一］管钥：关闭或开启城门的工具。《仓库令》宋 24 有"锁钥"一词，意同。学界对"管钥"的具体所指，意见并不统一。如李人鉴认为"管钥"指城郭的启闭工具，也指内室和府库的启闭工具；② 富金壁认为指锁；③ 徐时仪则认为"管钥"既可指锁，又可指钥匙。④

---

① 有关"别敕"，参见中国社会科学院历史研究所《天圣令》读书班《〈天圣令·赋役令〉译注稿》，徐世虹主编《中国古代法律文献研究》第 6 辑，第 336 页。

② 李人鉴：《释"键闭""关键""关籥""管键""管籥"等》，《扬州师范学院学报》1984年第 4 期，第 62 ~ 67 页。

③ 富金壁：《锁，还是钥匙?》，《北方论丛》1987 年第 6 期，第 67 ~ 72 页。

④ 徐时仪：《"钥匙"探源》，《中国典籍与文化》2003 年第 3 期，第 108 ~ 111 页。

【翻译】

关口的门都〔在〕日出〔时〕开启、日落〔时〕关闭。〔开、闭门的〕管钥,〔由〕关司的长官掌管。

宋10 诸市四面不得侵占官道〔一〕以为贾舍,每肆各标行〔二〕名,市司〔三〕每行准平货物时价为三等,旬别一申本司。

【注释】

〔一〕官道:亦称官路,与私路相对,水路、陆路均有官私之分。曹家齐认为,宋代的官路大概有驿路和县路之分。驿路乃邮传和人员往来之剧道,所以不是连通所有州(府)县,而是自京师向全国辐射,连通重要州(府)县。不通驿路之州县,则是依靠县路一类的官路与驿路连接,从而确保与中央的信息往来。官路与私路的区别在于:第一,官路由官方营治,而私路则非;第二,与私路相比,官路更为平坦而宽阔;第三,官路征商税,而私路则非。①

〔二〕肆、行:据加藤繁研究,出售商品的店铺即"肆",同业同区域的所有肆总称"行",这样的行有时也称为"市",但"市"还可指诸多行构成的商业区域。"行"还可指同业商人组织。②

〔三〕市司:市的管理机构。唐代之市司组织,大致可分三类:一是直属太府寺的,即长安、洛阳之诸市署;二是从属于地方都督府、州(郡)、县的;三是属于中央少府和地方共管的,即与外蕃交易设于缘边州府的互市监。市司具有市坊管理、验收货物、监卖官物、颁发市券、掩击奸贼、评定物估等功能。③ 宋代文献中的"市",已成为一个更加广义的市场概念,不再像唐代的市那样是有着一定的空间范围和开放时间的交换场

① 曹家齐:《官路、私路与驿路、县路——宋代州(府)县城周围道路格局新探》,《学术研究》2012 年第 7 期,第 105~110 页。

② 〔日〕加藤繁:《宋代都市的发展》、《宋元时代的市》及《论唐宋时代的商业组织"行"并及清代的会馆》,皆载氏著《中国经济史考证》第 1 卷,吴杰译,商务印书馆,1962,第 239~277、278~303、337~369 页。

③ 卢向前:《唐代前期市估法研究》,中国敦煌吐鲁番学会编《敦煌吐鲁番学研究论文集》,汉语大词典出版社,1990,第 693~714 页;后改题为《唐代市估法研究》,收入氏著《唐代政治经济史综论——甘露之变研究及其他》,商务印书馆,2012,第 363~402 页。

所，而是指广泛分布在城乡的各类市场。随之产生的"务"则成为市场管理和税收机构。^① 宋代仅在王安石变法期间设置过"市司"这一机构。

【翻译】

市的四周不得侵占官道作为商业店铺，每个店肆各自标出［所属行的］行名，市司［督使］各行将货物依据当时的价格评定为三等，每旬呈送主管官司一次。

宋 11 诸官与私交关［一］，以物为价者，准中估价。即约评［二］赃物者亦如之。

【源流】

《唐六典》卷二〇《太府寺》"京都诸市令"条："凡与官交易及悬平赃物，并用中贾。"^②

《唐律疏议》卷四《名例律》"平赃及平功庸"条疏议："赃谓罪人所取之赃，皆平其价直，准犯处当时上绢之价。依令：'每月，旬别三等估。'其赃平所犯旬估，定罪取所犯旬上绢之价。"^③

【注释】

［一］交关：交易。如《宋史》四八七《外国三》载："又以其不通华言，恐规利者私与交关，令所至禁止。"^④

［二］约评："悬平"或"悬评"，因宋太祖赵匡胤始祖名"玄朗"，故与"玄"同音的"悬"字亦属于避讳的范围。悬平是评定赃物并对罪犯量刑定罪的一种方式，即原地获赃，但原赃物已然费损的；或原赃物虽然现存，但获赃之所去犯处远，不便解送的，那么官府须进行"悬平"，即不勘对原赃物，而大致估定其价值。估价之法为：径取所犯之地所犯旬之中等物价为准，估定原赃物之价额，然后再与当旬上绢之价进行折算，得出原赃物应折合上绢之匹数或尺数。^⑤

---

① 吴晓亮：《唐宋国家市场管理模式变化研究——以唐代"市"和宋代"税务"为对象的历史考察》，《中国经济史研究》2007 年第 4 期，第 121～122 页。

② 《唐六典》，第 543 页。

③ 《唐律疏议》，第 91 页。

④ 《宋史》，第 14046 页。

⑤ 参见刘俊文《唐律疏议笺解》，中华书局，1996，第 341 页。

【翻译】

官府与私人交易，用物品折算价钱的，根据物品的中等价格［而定］。对赃物的估价也按照这一标准。

宋12 诸用秤者皆挂于格［一］，用斛斗者皆以概，① 粉面则秤之。

【源流】

《唐六典》卷二〇《太府寺》"京都诸市令"条："以二物平市。（谓秤以格，斗以概。）"②

【注释】

［一］格：横木。《令义解》卷九《关市令》"用称条"注载："格者，横木，所以悬称也。"③

【翻译】

使用秤的，都悬挂在横木［上］，使用斛和斗［称粮食的］的，都要利用［刮平的］木板，粉和面则用秤称量。

宋13 诸卖牛马驼骡驴，皆价定立券［一］，本司朱印给付。若度关者，验过所有实，亦即听卖。

【源流】

《唐六典》卷二〇"京都诸市令"条："凡卖买奴婢、牛马，用本司、本部公验以立券。"④

【注释】

［一］券：市券，是买卖双方在对牛、马、驼、骡、驴等大牲畜议定价格后，官府发给买方的证明契约，以明确所有权的转移。现存市券实物

---

① 关于"概"的解释，参见中国社会科学院历史研究所《天圣令》读书班《〈天圣令·仓库令〉译注稿》，第253页。

② 《唐六典》，第543页。《旧唐书》卷四四《职官三》（中华书局，1975，第1889页）与此略同。

③ 〔日〕黑板胜美编辑《令义解》，《新订增补国史大系》第22卷，吉川弘文馆，2000，第300页。

④ 《唐六典》，第543页。

多见于唐代，如《唐开元十九年（公元七三一年）唐荣买婢市券》① 即为买卖奴婢的市券。

【翻译】

出卖牛、马、驼、骡、驴，都要议定价格并订立市券，主管官司［盖上］朱印［后］交付［买者］。如果［是要］过关的人，［关司］查验过所［确认］属实，也允许［他们将牛、马、驼、骡、驴带出关］卖掉。

宋 14 诸造弓箭、横刀及鞍出卖者，并依官样［一］，各令题凿造者贯属、姓名，州县官司察其行滥［二］。剑及漆器之属，亦题姓名。

【源流】

《唐六典》卷二〇《太府寺》"两京诸市署"条："其造弓矢、长刀，官为立样，仍题工人姓名，然后听鬻之；诸器物亦如之。"②

【注释】

［一］官样：官方规定的样式。古代出于礼仪或者管理等的需要，对一定的物品规定官方的样式，要求相关行业（人员）据此制作。如宋代陆游在《试茶》中云："银瓶铜碾俱官样，恨欠纤纤为捧瓯。"③

［二］行滥：粗恶、伪冒。《宋刑统》卷二六《杂律》"器物绢布行滥短狭"条载："不牢谓之行，不真谓之滥。即造横刀及箭镞，用柔铁者，亦为滥。"④

【翻译】

制造弓箭、横刀及鞍具出售的，一律依照官方的样式，每件［物品都］要求题写、凿刻制造者的籍贯所属、姓名，州县官司查验其［是否］伪劣。剑及漆器之类，也要题刻［制造者的］姓名。

宋 15 诸欲居系官店肆者，皆据本属牒，然后听之。在肆男女别坐。

---

① 国家文物局古文献研究室、新疆维吾尔自治区博物馆、武汉大学历史系编《吐鲁番出土文书（肆）》，文物出版社，1996，第 264～265 页。

② 《唐六典》，第 543 页。

③ （宋）陆游著，钱仲联校注《剑南诗稿校注》卷六《试茶》，上海古籍出版社，1985，第 525 页。

④ 《宋刑统》，第 482～483 页。

【翻译】

想要居住在归属于官府的店肆［中进行交易］的人，都依据［其］属籍所在地的［官府］牒文，然后［才被］允许交易。在店铺［中］男女分开做生意。

宋16 诸以行滥之物交易者没官，短狭［一］不如法者还主。

【源流】

《唐六典》卷二〇《太府寺》"两京诸市署"条："伪滥之物交易者，没官；短狭不中量者，还主。"①

【注释】

［一］短狭：纺织品尺寸短小，幅宽不足。《宋刑统》卷二六《杂律》"器物绢布行滥短狭"条疏议载："短狭谓绢匹不充四十尺，布端不满五十尺，幅阔不充一尺八寸之属。"②

【翻译】

用伪劣物品交易的，［物品］没入官府，［尺寸］短小、狭窄，不符合规定的，归还原主。

宋17 诸缘边与外蕃互市［一］者，皆令互市官司检校，各将货物、畜产等俱赴互市所，官司先共蕃人对定物价，然后交易。非互市官司，不得共蕃人言语。其互市所用及市得物数，每年录帐申三司。其蕃人入朝所将羊马杂物等，若到互市所，即令准例交易，不得在道与官司交关［二］。

【源流】

《白氏六帖事类集》卷二四《市》"关市令"条："诸外蕃与缘边互市，皆令互官司检校。其市四面穿堑及立篱院，遣人守门。市易之日卯后，各将货物畜产俱赴市所。官司先与蕃人对定物价，然后交易也。"③

【注释】

［一］互市：中国历史上中央王朝与外国或异族之间贸易的通称。

---

① 《唐六典》，第543页。
② 《宋刑统》，第483页。
③ （唐）白居易：《白氏六帖事类集》（帖册五），文物出版社，1987，第92页。

唐朝政府在缘边州府设互市监，"各掌诸蕃交易之事"，光宅年间互市监曾一度改称为通市监，不久又予以恢复。①宋朝的互市官司则并不固定，太祖时虽有互市贸易却并未设置官署，太平兴国二年（977）"始令镇、易、雄、霸、沧州各置榷务"，后几经反复，至景德二年（1005）"令雄霸州、安肃军置三榷场"，"又于广信军置场，皆廷臣专掌，通判兼领焉"等。南宋的情况亦如此，绍兴十二年（1142）"盱眙军置榷场官监……淮西、京西、陕西榷场亦如之"，乾道元年（1165）"襄阳邓城镇、寿春花黡镇、光州光山县中渡市皆置榷场，以守臣措置，通判提辖"等。②

【翻译】

沿边与外蕃互市的，都让互市官司［进行］检查、校验，各自携带货物、畜产等一起到互市的场所，［互市］官司先和蕃人当面商定物品的价格，然后交易。不是互市官司的，不得和蕃人交流。互市所用［的钱物］及买来的物品数量，每年记录在帐申报三司。蕃人入朝所带的羊、马、杂物等，如果到了互市的场所，就让［他们］按照规定交易，［蕃人］不得在途中与官司贸易。

宋 18 诸官有所市买，皆就市交易，不得乖违时价。市讫，具注物主户属、姓名，交付其价，不得欠违，仍申所司勘记。

【翻译】

官府有需要购买［的物品］的，都到市场［去］交易，不得违反［物品］当时的价格。购买完毕［后］，详细地注明物主的户籍所属、姓名，交付物品的价钱，不得赊欠、违约，仍然申报主管官司勘验、记录。

右并因旧文，以新制参定。

【翻译】

以上令文均是依据旧文，参考新制度而修定。

---

① 《唐六典》卷二二《少府军器监》"诸互市监"条，第580页。
② 以上皆引自《宋史》卷一八六《食货下》，第4562～4566页。

唐1 诸请过所，并令自录副白［一］，官司勘同，即依署给。其输送官物者，检钞实，付之。

【注释】

［一］副白：未用官府印鉴的文书副件（即附件，如所带物品的来源证明、市券等）。①

【翻译】

申请过所，都要求［申请者］自己抄录副件，官司勘查［后认为与之］相同，就按照［所录］签署发给。那些运送官物的，［官司］检查［记录物品名目的］抄件属实，发给过所。

唐2 诸丁匠上役度关者，皆据本县历名［一］，共所部送纲典勘度。其役了还者，勘朱印钞并元来姓名年纪同，放还。

【注释】

［一］历名：记录姓名年龄、身份等信息的名簿。《令义解》卷九《关市令》"丁匠上役"条注释历名云："此令历名，与律惣历义同也。"② 而"总历"，亦见于《唐律疏议》卷八《卫禁律》"诸私度关者"条疏议："水陆等关，两处各有门禁，行人来往皆有公文，谓驿使验符券，传送据递牒，军防、丁夫有总历，自余各请过所而度。"③

【翻译】

丁匠去服役而要过关的，都依据［他们］所在县［提供］的名簿，同押送［他们］的纲典④一起勘察通过。服役结束回来的，［官司］核查［盖有］朱印的抄件和原来的姓名、年龄相同，［就］放其返回。

---

① 参见孟彦弘《唐代"副过所"及过所的"副白"、"录白案记"辨释——兼论过所的意义》，《文史》2008年第4辑；后收入黄正建主编《〈天圣令〉与唐宋制度研究》，中国社会科学出版社，2011，第190页。不过，李全德认为"自录副白"就是"自己录副、录白，即录于白纸上的副本"。（参见李全德《再谈天一阁藏明钞本〈天圣令·关市令〉之"副白"与"案记"》，《西域研究》2012年第3期，第36~43页）此处暂从孟说。

② 《令义解》，第298页。

③ 《唐律疏议》，第172页。

④ 有关"纲典"的注释，参看中国社会科学院历史研究所《天圣令》读书班《〈天圣令·仓库令〉译注稿》，第277页。

唐3 诸将物应向互市，从京出者，过所司门给，［1］从外州出者，从出物州给，［2］皆具载色数，关司勘过。

【校勘】

［1］据文意，此处宜用分号。

［2］据文意，此处宜用句号。

【新录文】

诸将物应向互市，从京出者，过所司门给；从外州出者，从出物州给。皆具载色数，关司勘过。

【翻译】

携带物品应当前往互市［的人］，从京城出发的，过所［由］司门发给；从［京城］以外的州出发的，由出产物品的州发给。［过所上］都详细记载［物品的］种类和数量，关司核查［后放行］过关。

唐4 诸隔关属州县者，每年正月造簿付关，其须往来，就关司申牒，勘簿判印听过，日收连为案。其州县虽别而输课税之物者，亦据县牒听过，随了即停。

【翻译】

隔着关口［同］在［一个］州县境内的，［州县官司］每年正月制作簿册交给关司。那些需要往来的人，向关司提呈牒文。［关司］核查簿册［后］，［予以］批准［并］盖印，允许［他们］过关，每天［将这些牒文］聚集起来，粘连成案卷。［隔着关口的两地所属］州县虽然有别，但［如果是］运送征收来的赋税的人，也根据［其所属］县的牒文，［被］允许过关，随着［运送］结束就停止［这种过关方式］。

唐5 诸关官司及家口应须出入余处关者，皆从当界请过所。其于任所关入出［1］者，家口造簿籍年纪，勘过。若比县①隔关，百姓欲往市易

---

① 关于"比县"的解释，可参照"比州"的注释，参见中国社会科学院历史研究所《天圣令》读书班《〈天圣令·赋役令〉译注稿》，第366页。

及樵采者，县司给往还牒，限三十日内听往还，过限者依式更翻牒。其兴州人至梁州及凤州人至梁州、岐州 [一] 市易者，虽则比州，亦听用行牒 [二]。

【校勘】

[1] 抄本原文作"入出"，孟彦弘的录文以"疑倒误"改作"出入"。读书班认为"入出"在唐代文献中常见，故予以改回。①

【新录文】

诸关官司及家口应须出入余处关者，皆从当界请过所。其于任所关入出者，家口造簿籍年纪，勘过。若比县隔关，百姓欲往市易及樵采者，县司给往还牒，限三十日内听往还，过限者依式更翻牒。其兴州人至梁州及凤州人至梁州、岐州市易者，虽则比州，亦听用行牒。

【注释】

[一] 兴州、梁州、凤州、岐州：兴州、梁州、凤州属于剑南西道，岐州属于京畿关内道。令文之所以将兴州到梁州、凤州到梁州、岐州交易进行特殊规定，或是出于政治安全和经济需要的双重考虑。岐州、凤州、兴州、梁州是由关中南下、穿越秦岭、通往剑南的交通要道，剑南道对于关中，较之于关东，不仅在地理方面较为密切，更是其政治和军事上的"后院"。同时，剑南是关中物资的重要供给地，二者有着密切的经济联系，"行牒"便利两地的沟通和往来。②

[二] 行牒：出行时用以证明持有者身份的一种公文。③"天下关二十六，有上、中、下之差，度者，本司给过所；出塞逾月者，给行牒。"④ 行牒登记信息类似于过所，但其申领等程序似较过所为简单。

【翻译】

[供职于] 关司机构 [的官员] 以及 [他们的] 家属需要进出其他的关口，都要从关口所在地申请过所。他们从 [自己] 任职所在的关进出，[须为] 家属制作簿册、[登记] 年龄，[关司] 核查 [后放行] 过关。如

---

① 刘馨珺亦曾指出此点。参见刘馨珺《评〈天一阁藏明钞本天圣令校证附唐令复原研究·关市令〉》，刘后滨、荣新江主编《唐研究》第 14 卷，第 531 页。

② 孟彦弘：《唐代"副过所"及过所的"副白"、"录白案记"辨释》，第 208～209 页。

③ 参见孟彦弘《唐代"副过所"及过所的"副白"、"录白案记"辨释》，第 199 页。

④ 欧阳修等撰《新唐书》卷四六《百官志一》，中华书局，1975，第 1200 页。

果邻近的县被关阻隔，百姓想要前往［邻近的另一县进行］交易以及打柴、采集的，［由本］县主管官司发给往返的牒文，限定三十日内听任往返，超过期限的则根据式文［申请官司］重发牒文。兴州人前往梁州以及凤州人前往梁州、岐州交易的，虽然是相邻的州，也允许使用行牒。

唐6　诸锦、绫、罗、縠、绣、织成、绅、丝绢、丝布、犛牛尾、真珠、金、银、铁，并不得与诸蕃互市及将入蕃，（绫［?]① 不在禁限。）所禁之物，亦不得将度西边、北边诸关［一］及至缘边诸州兴易，其锦、绣、织成，亦不得将过岭外［二］，金银不得将过越嶲道［三］。如有缘身衣服，不在禁例。其西边、北边诸关外户口须作衣服者，申牒官司，计其口数斟量，听于内地市取，仍牒关勘过。

【注释】

［一］西边、北边诸关：唐朝西边和北边的关津，分布在陇右道和河北道。西边陇右道有兰州的金城关，河州的河蓝关、凤林关，廓州的故临津关，瓜州的玉门关，沙州（敦煌）的故玉门关与故阳关，安西大都护府的铁门关。北边河北道的有澶州的卢津关（高陵津），镇州的白马关与故井陉关，德州的故张公关与故鹿角关，棣州的故通海关，定州的故安阳关、故八度关、故倒马关、故委粟关，平州的明垞关、临渝关（临间关）、大海关，妫州的永定关、窑子关、铁门关，营州的渝关。②

［二］岭外：又称岭南，是中原地区对于五岭之南地区的地理统称，大致包括今天的广东、海南、广西的大部分以及湖南及江西等省的部分地区。五岭由越城岭、都庞岭（一说揭阳岭）、萌渚岭、骑田岭、大庾岭五座山组成，是长江和珠江二大流域的分水岭。五岭或指穿越南岭的五条重要通道，越城岭道、萌渚岭道、古都庞岭道、骑田岭道、大庾岭道。③

① 在此条中，"绫"既"并不得与诸蕃互市及将入蕃"，又"不在禁限"，所以点校者疑抄录有误，故而标以"（?）"。
② 参见程喜霖《唐代过所研究》，中华书局，2000，第312～315页。
③ 《岭外代答校注》卷一《地理门·五岭》："自秦世有五岭之说，皆指山命之。考之，乃入岭之途五耳，非必山也。自福建之汀，入广东之循、梅，一也；自江西之南安，逾大庾入南雄，二也；自湖南之郴入连，三也；自道入广西之贺，四也；自全人静江，五也。"参见（宋）周去非著，杨武泉校注《岭外代答校注》，中华书局，1999，第11页。

[三] 越巂道：越巂郡，或指越水和巂水连接起来的一条线路。越巂郡地处今四川省西昌市，唐朝时属剑南道。越巂郡"有越水巂水，出生羌界，言越巂者，以彰威德远也，领县十五"。① 因其地处中原与南诏、吐蕃交界处，越巂郡多次变更。至德二载（757）没吐蕃，贞元十三年（797）唐朝收复。大和五年（831）被蛮寇所破，次年（832）徙治台登（今四川冕宁县）。②

【翻译】

锦、绫、罗、縠、绣、织成、绌、丝绢、丝布、氂牛尾、真珠、金、银、铁，都不得与各外蕃 [进行] 互市，以及携带入外蕃，（绫 [?] 不在禁止范围内。）被禁止的物品，也不得被携带穿越西边、北边的各个关口，以及到沿边各州贸易，锦、绣、织成，也不得携带过岭外，金银不得携带过越巂道。如果有随身衣服，[则] 不在禁止范围内。西边、北边各个关口之外的住户人口需要 [使用上述禁物] 制作衣服的，向官司提呈牒文，[官司] 统计申请者的人数，斟酌估计 [所需数量]，允许 [他们] 到内地买取，仍旧 [发送] 牒文给关司，[以便] 勘查过关。

唐 7 诸居在禁铁之乡 [一]，除缘身衣服之外，所须乘具及锅釜农器之类要须者，量给过所，[1] 于不禁乡市者，经本部申牒商量须数，录色目给牒听市。市讫，官司勘元牒无賸，移牒本部知。

【校勘】

[1] 据文意，此处宜用句号。

【新录文】

诸居在禁铁之乡，除缘身衣服之外，所须乘具及锅釜农器之类要须者，量给过所。于不禁乡市者，经本部申牒商量须数，录色目给牒听市。市讫，官司勘元牒无賸，移牒本部知。

【注释】

[一] 禁铁之乡：铁的"应禁之地"。③ 出于国家政治、经济安全的考

① （唐）李吉甫撰《元和郡县图志》，贺次君点校，中华书局，1983，第822页。
② 《新唐书》卷四二《地理志六》，中华书局，1975，第1083页。
③ 关于唐宋时期的"禁物"和"应禁之地"，刘馨珺有详细研究。参见刘馨珺《唐宋的关界——从〈天圣·关市令〉"应禁之地"谈起》，《新史料·新观点·新视角：天圣令论集》（上），元照出版有限公司，2011，第229~230页。

虑，唐朝对西北等边陲地区使用铁多加限制，防止用铁器改铸兵器、钱币等，① 这些地区被称为"禁铁之乡"。

【翻译】

居住在禁铁之乡［的人］，除随身衣服以外，需要乘具和锅、釜、农器等［生活］必需［之物］的，斟酌［情况］发给过所。在不禁［铁］之乡购买［上述物品］的，经［向］所居地官司申请牒文，［官司］商议确定需要的数量，钞录种类和数量，发给牒文，允许［其］购买。买后，［由当地］官司核查原始牒文，［确认］没有超出［规定］，［然后］发送牒文告知所居地的官司。

唐8 诸非州县之所，不得置市。其市当以午时击鼓三百下而众大会，日入前七刻击钲三百下散。其州县领户少之处，欲不设钲鼓［一］者听之。

【注释】

［一］钲鼓：古代行军或歌舞时用以指挥进退、动静的两种乐器。"闻鼓声而进，闻金声而退"，② "钲以静之，鼓以动之"。③ 可见，"钲"用于停止某个动作或事情，而"鼓"则用于开始某个动作或事情。鼓和钲用在市场方面，表示开市和闭市。

【翻译】

不是州县［治所所在］的地方，不得设置市。市应以午时击鼓三百下［作为开市的信号］，众人会集，日落前七刻击钲三百下［作为闭市的信号］，［众人］散去。州县管领户数较少的地方，想不设钲鼓的，［也］允许。

唐9 诸官私斛斗秤尺，每年八月诣太府寺平校。不在京者，诣所在

---

① 冻国栋：《唐代民族贸易与管理杂考》，《中国中古经济与社会史论稿》，武汉大学出版社，2005，第354~355页。

② （清）王先谦撰《荀子集解》卷一〇《议兵篇》，沈啸寰、王星贤点校，中华书局，1988，第278页。

③ 程俊英译注《诗经译注》，上海古籍出版社，1985，第332页。

州县平校，并印署然后听用。

【翻译】

官方、私家的斛、斗、秤、尺，每年八月去太府寺［进行］核平、校准。不在京城的，去所在州县核平、校准，并盖印署名，然后允许使用。

右令不行。

【翻译】

以上令文不再施行。

《天圣令·捕亡令》译注稿[*]

中国社会科学院历史研究所《天圣令》读书班[**]

摘　要："捕亡"为令篇之名始见于晋《泰始令》，列于第13篇；然未见于《唐六典》所载隋《开皇令》、唐《开元令》篇目；《天圣令》残卷所存《捕亡令》被附于《关市令》之后，存有宋令9条、唐令7条。本稿以《天圣令·捕亡令》为译注对象，注释字词、阐释制度、明晰流变、翻译文句，是继《〈天圣令·赋役令〉译注稿》、《〈天圣令·仓库令〉译注稿》、《〈天圣令·厩牧令〉译注稿》、《〈天圣令·关市令〉译注稿》之后，中国社会科学院历史研究所《天圣令》读书班所推出的第五种集体研读成果。

关键词：天圣令　捕亡令　译注

宋1　诸囚及征防、流移人［一］逃亡及欲入寇贼者，经随近官司申

 ＊　本稿为2015年度全国高等院校古籍整理研究工作委员会直接资助项目"天一阁藏明钞本《天圣令》补校与译注"（批准编号为1511）的阶段性成果。本稿所引《天圣令》令文"唐×"、"宋×"，以《天一阁藏明钞本天圣令校证附唐令复原研究》（中华书局，2006）之清本为准。至于相关体例，敬请参见中国社会科学院历史研究所《天圣令》读书班《〈天圣令·赋役令〉译注稿》，徐世虹主编《中国古代法律文献研究》第6辑，社会科学文献出版社，2012。

＊＊　执笔分工如下：宋1～3，蓝贤明（中国社会科学院）；宋4～9，霍斌（山西师范大学）；唐1～7，张维（国家工商行政管理总局中国市场监督管理学会期刊编辑部）。本稿经读书班全体成员讨论，吴丽娱、黄正建、牛来颖三位老师审读，由赵晶（中国政法大学）统稿而成。

牒，即移亡者之家居所属及亡处比州比县追捕。承告之处，下其乡里村保，令加访捉。若未即擒获者，仰本属录亡者年纪、形貌可验之状，更移邻部切访。捉得之日，移送本司科断。其失处、得处并各申所属。若追捕经三年不获者，停。

【源流】

《宋刑统》卷二八《捕亡律》"部内容止逃亡"条附《捕亡令》："诸囚及征、防、流、移人逃亡及入寇贼者，经随近官司申牒，即移亡者之家居所属，及亡处比州比县追捕。承告之处，下其乡里村保，令加访捉。若未即擒获者，仰本属录亡者年纪、形貌可验之状，更移比部切访。捉得之日，移送本司科断。其失处、得处并各申尚书省。若追捕经三年不获者，停。"①

【注释】

［一］移人：移乡人之省称，因犯罪而被强迫迁移至远离家乡之处的人。《宋刑统》卷一八《贼盗律》"杀人移乡"条载："诸杀人应死会赦免者，移乡千里外。"② 移乡的主要原因在于其时有复仇之俗，所以杀人犯在被赦免死罪后，常令移居千里之外，以避仇杀。③

【翻译】

因犯、征人、防人、流人、移乡人逃亡以及［那些］想要加入寇贼的，经由随近官司提呈牒文，［各官司］随即移文至逃亡者的家居［户籍］所在地以及逃亡处的邻近州县追捕。收到通告的官司，［应］通知各乡、里、村、保，令其访查捉拿。如果未能立即擒获的，命［逃亡者］本籍所在地［的官司］记录逃亡者的年龄、外形相貌等可以验证的情况，再移文至邻近的地区切实追访。捉到［逃亡者］的时候，［将其］移送至本司审理断决。［追捕过程中犯人］逃失处和捕获处，一并申报所属官司。如果追捕经过三年还没有捕获的，停止［追捕］。

宋2 诸有贼盗及被伤杀者，即告随近官司、村坊耆保［一］。闻告之

---

① （宋）窦仪等撰《宋刑统》，薛梅卿点校，法律出版社，1999，第526页。
② 《宋刑统》，第325页。
③ 刘俊文：《唐律疏议笺解》卷三"犯流应配"条，中华书局，1996，第260页。

处，率随近军人及捕盗人从发处寻踪，登共追捕。若转入比界，其比界共追捕。若更入它界，须共所界官司对量踪迹，付讫，然后听比界者还。其本发之所，吏人须待踪穷。其踪迹尽处，官司精加推讨。若贼在甲界而伤盗乙界及尸在两界之上者，两界官司对共追捕。如不获状验者，不得即加追考［二］，又不得逼敛人财，令其募贼［三］。即人欲自募者，听之。

【源流】

《唐律疏议》卷二八《捕亡律》"诸邻里被强盗及杀人"条疏议引《捕亡令》："有盗贼及伤杀者，即告随近官司、村坊、屯驿。闻告之处，率随近军人及夫，从发处追捕。"①

【注释】

［一］村坊耆保：宋代乡村区划机构的名称。宋代乡村区划的编排方式较为复杂，除了乡于县之下，地位较为稳固之外，乡以下的区划则有村、里、坊、耆、保、社、都、团等不同称呼。②

［二］追考：徵考，"追"字系宋人避仁宗讳而改。"徵"有"质问、询问"之意，如《左传·僖公四年》载："尔贡包茅不入，王祭不共，无以缩酒，寡人是徵"，杨伯峻注："徵，问罪也。"③"考"同"拷"，"拷打"之意。此处"徵考"当做质问拷打解。《养老令》此句作"懲拷"，注为"拷讯"也。④

［三］募贼：募人捉贼。《资治通鉴》卷一五四梁武帝中大通二年十二月戊申条载："尔朱世隆与兄弟密谋，虑长广王母卫氏干预朝政，伺其出行，遣数十骑如劫盗者于京巷杀之，寻悬榜以千万钱募贼。"⑤

【翻译】

［有］贼盗及［因此而有人］被伤、杀的，［应］立即向附近的官司、村、坊、耆、保举告。收到举告的地方，［应］率领附近的军人以及捕盗人员从案发地点寻找犯人的踪迹，立刻共同追捕。如果［犯人］转而逃入

① （唐）长孙无忌等撰《唐律疏议》，刘俊文点校，中华书局，1983，第531页。《宋刑统》卷二八《捕亡律》同，参见《宋刑统》，第515页。
② 谭景玉：《宋代乡村组织研究》，山东大学出版社，2010，第60页。
③ 杨伯峻：《春秋左传注》，中华书局，2009，第290页。
④ （日）黑板勝美编辑《令义解》，吉川弘文馆，2000，第304页。
⑤ （宋）司马光：《资治通鉴》卷一五四，中华书局，1956，第4793页。

邻界地区，[则]邻界地区[的官司也应]共同追捕。如果[犯]人进一步逃入其他地界，应当与该地区的官司共同核查勘量[犯人逃亡的]踪迹，[将相关资料]交付完毕，然后允许邻界地区[的追捕]者返回。[至于]本案发生之所在，[其捕贼的]吏人须等到[犯人的]踪迹[追索]穷尽[才能返回]。[对于犯人的]踪迹消失之处，官司[需要]详细地加以推敲探讨。如果贼[的本籍]在甲地却在乙地犯伤、盗罪以及尸体位于两地交界处的，两地的官司[要一起]核对[案件]共同追捕。如果不能获得[案情]情状凭据的，不得随即质问拷打，也不得追逼敛收[受害]人的钱财，让他们募人捉贼。假如有人想要自行招募[人丁捉贼]的，允许[他们这么做]。

宋3　诸追捕罪人，合发人兵者，皆随事斟酌用多少堪济。其当界有巡检[一]处，即与相知，随即讨捕。若力不能制者，即告比州比县。得告之处，审知是实，先须发兵相知除剪，仍驰驿申奏。若其迟缓逗留，不赴警急，致使贼得钞掠及追讨不获者，当处录状奏闻。其得贼、不得贼，捕盗之官皆附考。

【注释】

[一]巡检：巡检司的省称，宋代官署名。源于五代后梁巡检使之设，两宋沿置。掌巡逻警察、捕捉盗贼、禁稽走私、烟火公事及训练甲兵等。各路、州（府、军、监）、县、镇、江、河、淮、海、沿边、驿道，以及京师东南西北四面皆设巡检。巡检司所辖之兵卒通常在数十人至一二百人，沿边之巡检司则兵额更多，或领兵万人。①

【翻译】

追捕罪犯，应该出动人力兵士的，都[应]根据事情[轻重]斟酌动用多少[人数才]能够济事。当地有巡检司的地方，即刻通知[该司]，[巡检司]随即[派兵]追捕。如果人力兵力不能制服[犯人]的，立即通

---

① 龚延明：《宋代官制辞典》，中华书局，1997，第451～452页。关于宋代巡检的详细研究，具体可参考苗书梅《宋代巡检初探》、《宋代巡检再探》，分别载于《中国史研究》1989年第3期，第41～54页；邓小南主编《宋史研究论文集》，云南大学出版社，2009，第70～91页。

告邻近州县。收到通告的官司审查确认事情属实，须先发兵共同知会剪灭[犯人]，仍然[派遣人员]驾乘驿马速向[朝廷]申报陈奏。如果[收到通告的官司]延迟逗留，没有赶赴[处理这一]紧急[情况]，导致贼人得以抢夺掠取或追捕不成的，当地[官府]记录事状，奏报[朝廷]。[不论]抓到贼人[抑或]没有抓到贼人，都要[将此]列入捕盗官员的考绩中。

宋4　诸亡失奴婢杂畜货物等，于随近官司申牒案记。若已入蕃境、还卖入国，券证[一]分明，皆还本主，本主酬直。奴婢自还者归主。

【注释】

[一]券证：购买奴婢等的契据和能够直接证明其权利所属的文书。①

【翻译】

丢失奴婢、杂畜、货物等[的人]，向附近的官司提呈牒文，[由官司]登记备案。如果[丢失的奴婢等]已经进入蕃国境内，[又]被返卖入国内，[其中]券证清楚明白[的]，都归还原来的主人，原来的主人偿付[购买者所付出的]费用。奴婢自己返还的，归[原来的]主人。

宋5　诸地分[一]有死人，不知姓名、家属者，经随近官司申牒推究，验其死人。委无冤横者，当界藏埋，立牓于上，书其形状，以访家人。（检尸之条自从别敕。）

【注释】

[一]地分：地界。经检索中国基本古籍库，《唐律疏议》、《唐六典》都无该词。《唐会要》有2条用例，《旧唐书》有6条，其中2条与《唐会要》相同，但这6条记载都是将"地"与"分"分开理解，并非固定词组。而检索《宋会要辑稿》，其有"地分"660条，《庆元条法事类》有57条，《宋史》有57条，大部分都表达地区的含义。由此可见此为宋代文献中的常用词语。

【翻译】

某地界有死人，不知道[其]姓名和家属的，通过附近的官司提呈牒

---

① 参见孟彦弘《唐捕亡令复原研究》，《天圣令校证》下册，第547页。

文，[展开] 推求调查，检验那具死人 [尸体]。确实不是 [蒙受] 冤屈横死的，[在] 当地埋葬，上面树立木牌，书写形象外貌，以便寻访其家人。(检尸的条款，[则] 依照别敕。)

宋6 诸奴婢诉良 [一]，未至官府为人捉送，检究事由，知诉良有实应放者，皆勿坐。

【注释】

[一] 诉良：奴婢诉称自己本是良人，是被胁迫才为奴婢。在奴婢买卖中给市券时，须询问奴婢本人是不是贱人，而且需要有保人证明其身份。吐鲁番文书中的两例唐代市券就证明此点。73TAM509：8/12－1 (a)，8/12－2a《唐开元十九年（公元七三一年）唐荣买婢市券》载："准状勘责，问口承贱不虚。又责得保人石曹主等伍人款，保不是寒良詃诱等色者。"① 73TAM509：8/4－3a《唐开元二十年（公元七三二年）薛十五娘买婢市券》："准状勘责状同，问口承贱不虚。又责得保人陈希演等伍人款，保上件人婢不是寒良詃诱等色者。"②

【翻译】

奴婢诉称自己本是良人，没有到官府就被人捉获送到 [官府]，[官府] 检查问明事情的原委，知道诉称为良是事实，应该放还的，都不判 [奴婢] 有罪。

宋7 诸博戏赌财，在席所有物及句合 [一] 出玖 [二] 得物，为人纠告者，其物悉赏纠人。即输物人及出玖句合容止主人 [三] 能自首者，亦依赏例。官司捉获者，减半赏之，余没官。唯赌得财者自首，不在赏限，其物悉没官。

【注释】

[一] 句合：又作勾合、和合，本义为勾结、撮合，此处指撮合聚赌。《令义解》卷九《捕亡令》"博戏"条载："及句合出九（谓和合两人，令

---

① 中国文物研究所、新疆维吾尔自治区博物馆、武汉大学历史系编《吐鲁番出土文书（肆）》，文物出版社，1996，第264页。
② 《吐鲁番出土文书（肆）》，第266页。

相敌对，是为句合也。举九取利，是为出九，即以九为例，余须准知也。）"①《宋刑统》卷二六《杂律》"博戏赌财物"条载："其停止主人及出玖，若和合者，各如之。赌饮食者，不坐。【议曰】停止主人，谓停止博戏赌物者主人，及'出玖'之人，亦举玖为例，不限取利多少，若和合人令戏者，不得财，杖一百；若得利入己，并计赃，准盗论。众人上得者，亦准上例倍论。"②

［二］出玖：又做出九，"玖"与"九"同，皆指取利之数。具体意指：摊赌者借钱给赌博之人，借其九分，而后者还入十分，以一分为利。九为不定之数，双方可以事前商定，或可借其五分，仍还入十分。由于"出玖"本身就有怂恿赌博的意味，因而为法律所不允许。③

［三］容止主人：又作停止主人，"容"指容纳、容留；"止"指居住、留住。本处指提供赌博场所的人。

【翻译】

［通过］博戏［赢取］财物［的］，在席的所有东西以及聚赌、摊赌所得钱物，被人检举告发的，这些东西都奖赏给检举人。如果输掉钱物的人以及摊赌、聚赌、窝赌者能自首的，也依照奖赏规定［给予奖赏］。［如果是被非职责所在的］官司捉获的，减［所得物］一半奖赏给捉获者，其余没收入官。只有赌博赢得财物的人自首，不在奖赏的范围内，他的钱物都没收入官。

宋8 诸两家奴婢俱逃亡，合生男女，及略盗［一］奴婢，知而故买配奴婢者，所生男女从母。

【注释】

［一］略盗："略"指劫掠。"盗"，据《令义解》的解释当是"和诱"④ 的意思，即指通过诱骗的方式使奴婢脱离主人。奴婢被视为主人的

---

① 《令義解》，第308頁。
② 《宋刑统》，第472页。
③ 霍斌：《〈天圣令·捕亡令〉所见"出玖"考辨》，《中国史研究》2015年第2期，第50页。
④ 《令義解》卷九《捕亡令》"两家奴婢"条载："其略盗奴婢，知而故买配奴婢者，所生男女皆入本主。（谓略盗者，略及盗也。和诱为盗也。）"第308页。

私有资财,《宋刑统》卷六《名例律》"官户奴婢犯罪"条载:"奴婢贱人,律比畜产。"① 因此"和诱"可以被视为窃盗行为。

【翻译】

两家的奴婢都逃亡,结合而生的子女,以及被劫掠或诱骗〔脱离原主人〕的奴婢,〔买者〕知道〔这种情况〕而故意购买〔该奴婢〕婚配给〔自家〕奴婢的,所生的子女跟随母亲。

宋9 诸得阑遗物者,皆送随近官司,封记收掌,录其物色,牓于要路,有主识认者,先责伍保〔一〕及其失物隐细,状验符合者,常官〔1〕随给。其非缄封之物,亦置它所,不得令认者先见,满百日无人识认者,没官附帐。

【校勘】

〔1〕常官:戴建国将"常"校作"当";② 池田温将"常"校作"掌"。③ 读书班暂从戴说。理由如下:第一,《天圣令·关市令》唐8载"其市,常以午时击鼓三百下而众大会",孟彦弘据《唐会要》改"常"为"当",④ 可见在《天圣令》钞本中"当"被抄作"常"者并非孤例;第二,"掌官"和"常官"在宋代文献中使用频率非常低,而"当官"不但常见,且具有特定含义,如"负责此事的官员"。《宋会要辑稿》兵四之二、三载:仁宗天圣七年(1029)十一月,泾原路钤辖兼知镇戎军王仲宝言:"准宣,镇戎军弓箭手,自今抛下地土,逃走避罪,三五日首身者,依格法区分,却给旧地土;逃走一月以上,地土已别招人种蒔,即永不得收录姓名……如刺手背人员、弓箭手年老病患,令儿孙弟侄承替,及逃走首身、捉到,其中亦有年老软弱病患者,当官呈验,委的不任征役,即乞给与公凭,放令逐便";⑤《续资治通鉴长编》卷三四〇"元丰六年十月"

---

① 《宋刑统》,第109页。
② 戴建国:《唐〈捕亡令〉研究复原》,云南大学中国经济史研究所、云南大学历史系编《李埏教授九十华诞纪念文集》,云南大学出版社,2003,第72页。
③ 池田温:《唐令と日本令(三)唐令復原研究の新段階——戴建國氏の天聖令残本発見研究》,《創価大学人文論集》第12號,2000年3月,第136页。
④ 《天圣令校证》,第309页。
⑤ (清)徐松辑《宋会要辑稿》,中华书局,1957,第6821页。

条载："诏：'自今岁赐诸军绵袄，官司为印号。令押赐官所至州军计会长吏兵官验封号，当官给付"，① 皆用此义，且与本条令文的语境相似。其余相关史料繁多，兹不赘引。另外，"当官"或为"当职官"的简称。如《宋史》卷二〇一《刑法志三》载："元祐元年（1086），门下省言：'当官以职事堕旷，虽去官不免，犹可言；至于赦降大恩，与物更始，虽劫盗杀人亦蒙宽宥，岂可以一事差失，负罪终身？今刑部所修不以去官、赦降原减条，请更删改。'"② 同文亦见《续资治通鉴长编》卷三八三"元祐元年七月"条载："门下省言：'刑部删修到不以去官赦降条件，看详当职官以职事堕旷，虽去官不免，犹可言；至于赦降大恩，与物更始，虽劫盗杀人亦蒙宽宥，岂可以一事差失，负罪终身？窃谓不以去官赦降原减条内，所留尚多，所删尚少，今欲更删改存留。'"③ "当职官"的含义也是"负责此事的官员"，《宋史》所载可能不是漏书，而是简称。至于"当职官"和"当官"，在唐以前的文献中几乎不见所载，而频见于宋代文献，这或与宋代使职差遣制的发展有关。

【新录文】

诸得阑遗物者，皆送随近官司，封记收掌，录其物色，牓于要路，有主识认者，先责伍保及其失物隐细，状验符合者，当官随给。其非缄封之物，亦置它所，不得令认者先见，满百日无人识认者，没官附帐。

【注释】

[一] 伍保：唐代伍保制是基层连保体系。五家为保，"五"与"伍"相通。《唐六典》卷三《尚书户部》"户部郎中员外郎"条载："四家为邻，五家为保。保有长，以相禁约。"④ 唐代伍保制的主要功能有：查核户籍、纠告逐捕盗贼、税赋代输、经济管理、司法等。司法功能是指官司在审讯过程中，常需就当事人之陈述，责保人或证人闻讯，以查其所言虚实，而伍保应是重要的征询对象之一。⑤ 本令就是这种功能的体现。如

① （宋）李焘撰《续资治通鉴长编》，中华书局，1985，第 8185 页。

② （元）脱脱等撰《宋史》，中华书局，1977，第 5028 页。

③ 《续资治通鉴长编》，第 9333 页。

④ （唐）李林甫等撰《唐六典》，陈仲夫点校，中华书局，1992，第 73 页。

⑤ 罗彤华：《唐代的伍保制》，《新史学》第 8 卷第 3 期，1997。后收入梁庚尧、刘淑芬主编《城市与乡村》，中国大百科全书出版社，2005，第 88～117 页。

《太平广记》卷一三三《报应部》"王公直"条载：唐咸通时，养蚕人王
公直埋蚕而售桑叶，得钱之后买猪肩肉，结果变成人的肩膀，被抓送官府
询问。然后带到村里调查埋蚕情况，"所由领公直至村，先集邻保，责手
状，皆称实知王公直埋蚕，别无恶迹"。① 漆侠认为北宋前期实行过伍保
法，但是逐渐废弛，到宋仁宗时在局部地区又加以恢复。而王安石变法所
实施的"保甲法"，是将边防上的民兵制度和巩固封建秩序的伍保法合而
为一。② 此令文或可为漆说之脚注。

【翻译】

捡到走丢、遗失之物的人，都［应将其］送到附近的官司，［官司应］
封缄标记、收存掌管，记录［失物的］形状种类，［张贴］牓文于重要道
路。有失主来辨识和认领的，先诘问他的伍保以及［询问失主有关］失物
的隐秘细节，所说情况经验证［与失物］符合的，负责此事的官员随即交
还。［如果］失物是不可以封缄的东西，也［要］放置在其他地方，不可
以让认领人事先见到，满一百天没有人来辨识和认领的，没收归入官府，
记录在账。

右并因旧文，以新制参定。

【翻译】

以上令文均是依据旧文，参考新制度而修定。

唐1 诸追捕盗贼及逃亡，先尽壮马，二日以内，一日一夜马行二百
里，步行一百里；三日以外，一日一夜马行一百五十里，步行八十里。若
人马有代易者，自依初制。如期会［一］须速及力堪进者，不用此数。

【注释】

［一］期会：期限，时限。如《新唐书》卷一二三《李峤传》载：
"每道所察，吏多者二千，少亦千计，要在品核才行而褒贬之。今期会迫
促，奔逐不暇，欲望详究所能，不亦艰哉。"③

---

① （宋）李昉等编《太平广记》，中华书局，1961，第 946 页。
② 漆侠：《王安石变法》（增订本），河北人民出版社，2001，第 65～66 页。
③ （宋）欧阳修撰《新唐书》，中华书局，1975，第 4367 页。

【翻译】

追捕盗贼和逃亡［之人］，先全部使用壮硕的马匹，二日之内，［追捕者］每日每夜骑马行走二百里，步行一百里；第三日以后，每日每夜骑马行走一百五十里，步行八十里。如果人员、马匹有替换的，［新替换的人员或马匹在程限上］自当依照最初的规定。如果［追捕］期限要求紧迫或［人、马的］体力均能够承受行进的，［可以］不遵循这一［程限］的里数。

唐 2 诸纠捉贼盗者，所征倍赃［一］，皆赏纠捉之人。家贫无财可征及依法不合征倍赃者，并计所得正赃［二］准为五分，以二分赏纠捉人。若正赃费尽者，官出一分以赏捉人。即官人非因检校［三］而别纠捉，并共盗及知情主人［四］首告者，亦依赏例。

【注释】

［一］倍赃：强令盗者加倍偿还所盗之赃。如《唐律疏议》卷六《名例律》"诸二罪以上俱发"条载："'盗者，倍备'，谓盗者以其贪财既重，故令倍备，谓盗一尺，征二尺之类。"① 倍赃不问正赃见在与已费用者。倍赃部分，若原赃系代替物，即征代替物，若不是代替物，则估价而征之。倍赃限于真盗，至准盗论者，不在倍赃之列。②

［二］正赃：本赃或原赃。关于正赃的范围，据《唐律疏议》卷四《名例律》"诸以赃入罪"条载："在律'正赃'，唯有六色：强盗、窃盗、枉法、不枉法、受所监临及坐赃。自外诸条皆约此六赃物为罪。转易得它物者，谓本赃是驴，回易得马之类。及生产番息者，谓婢产子，马生驹之类。"③ 因此，《唐律疏议》中"正赃"的概念内容包括：一是性质源出于《唐律疏议》卷二六《杂律》"坐赃"条规定之"六赃"，以及比照"六赃"定罪的其他罪之赃。二是属犯罪标的之财物及其孳息或其转换形式的财物。具体到本条令文所指正赃，系指其中的强盗、窃盗二赃以及其孳息或转换形式的财物。

---

① 《唐律疏议》，第130页。
② 戴炎辉：《唐律通论》，元照出版社，2010，第315页。
③ 《唐律疏议》，第88页。

［三］检校：主管、负责相关事务。① 在唐代的律令中，"检校"一词在不同语境下有不同的含义。一为兼摄他司事务。如《唐律疏议》卷二《名例律》"无官犯罪"条："问曰：依令，内外官敕令摄他司事务，皆为检校。若比司，即为摄判。"② 一为检查、审计、清点、考校。如《唐律疏议》卷二四《斗讼律》"投匿名书告人罪"条："【疏】议曰：匿名之书，不合检校，得者即须焚之，以绝欺诡之路。"③ 本条翻译取第一种意思。

［四］知情主人：知悉犯罪情节的主人。如《唐律疏议》卷二八《捕亡律》"知情藏匿罪人"条疏议载："'知情藏匿'，谓知罪人之情，主人为相藏匿。"④

【翻译】

纠告、捕捉贼盗的，所征缴的倍赃，全部赏与纠告、捕捉［贼盗］之人。［如果贼盗因］家境贫困、无财可供征缴以及依法不应当征缴倍赃的，一并计算所得正赃［并将其］折为五分，以［其中］二分赏与纠告、捉拿［贼盗］之人。如果正赃使用完毕的，官府拿出［相当于正赃价值］五分之一［的钱物］，用以赏与捉拿［贼盗］之人。即便是官府之人，如果不是因为负责［其职事］而另行纠告、捕捉［贼盗］，以及盗罪中的共犯和知悉案情的主人自首告发的，也可依照奖赏规定［给予奖赏］。

唐3 诸奴婢逃亡经三宿及出五十里外，若度关栈捉获者，六分赏一；五百里外，五分赏一；千里外，四分赏一；千五百里外，三分赏一；二千里外，赏半。即官奴婢逃亡，供公廨者［一］，公廨出赏，余并官酬。其年六十以上及残废不合役者，并奴婢走投前主及镇戍关津若禁司［二］之官于部内捉获者，赏各减半。若奴婢不识主，牓召周年无人识认者，判入官，送尚书省，不得外给，其赏直官酬。若有主识认，追赏直还之。私牓［三］者，任依私契。

---

① 参见中国社会科学院历史研究所《天圣令》读书班《〈天圣令·厩牧令〉译注稿》，徐世虹主编《中国古代法律文献研究》第8辑，社会科学文献出版社，2014，第315页。

② 《唐律疏议》，第43页。

③ 《唐律疏议》，第440页。

④ 《唐律疏议》，第541页。

【注释】

［一］供公廨者：在官府衙署供役驱使的官奴婢。如《唐六典》卷六《尚书刑部》"都官郎中员外郎"条载："有疾，太常给其医药。（其分番及供公廨户不在给限。）"①

［二］禁司：镇戍关津之外主防禁之事的治安部门。如《梁书》卷三七《何敬容传》："坐妾弟费慧明为导仓丞，夜盗官米，为禁司所执，送领军府。"②

［三］私牓：个人发布的告示或文书。在本条令文中，具体指私奴婢的主人为抓获逃亡的自家奴婢所发布的悬赏告示。

【翻译】

奴婢逃亡经过三宿及逃出五十里外，或者度过关、栈［以后为人］捉获的，赏以［逃亡奴婢价值的］六分之一；［逃出］五百里外［的］，赏以五分之一；［逃出］一千里外［的］，赏以四分之一；［逃出］二千里外［的］，赏以一半。即使官奴婢逃亡，［如果是］供［某］官司衙署役使的，［则由该］官司衙署给予奖赏，其余［不足部分则］都由国家偿付。［若逃亡奴婢］年龄在六十以上或［因］残疾、废疾不该被役使的，以及奴婢逃走投奔以前的主人［而被以前的主人捉获］或［被］镇、戍、关、津或禁司的官人在其管辖区域内捉获的，奖赏分别减半。如果［被捉获的逃亡］奴婢不记得［原先的］主人，［官司］发布告示招领，经过一年［而］无人识别、认领的，判为国家所有，移送尚书省，不得［擅自］供外面［役使］。那些奖赏［则］由国家偿付。如果有主人识别、认领的，［向该主人］索取奖赏［之后］归还奴婢。［如果］私人发布［悬赏］告示，允许依照私人的约定［处理］。

唐 4 条　诸捉获逃亡奴婢，限五日内送随近官司，案检知实，评价，依令征赏。其捉人欲径送本主者，任之。若送官司，见无本主，其合赏者十日以内且令捉人送食。若捉人不合酬赏及十日外承主不至，并官给衣

---

① 《唐六典》，第194页。
② （唐）姚思廉：《梁书》，中华书局，1973，第532页。

粮，随能锢役［一］。

【注释】

［一］随能锢役：根据奴婢的能力在监禁期间役使劳作。如《令义解》卷九《捕亡令》"捉逃亡"条注曰："谓能者，才能也。言随其才能，禁固役使也。"①

【翻译】

捉获的逃亡奴婢，限定五日之内移送附近的官司，［经］案验、检查［而］确知属实，则评定其价值，依令索取奖赏。捉获［逃亡奴婢的］人想［将奴婢］直接移送原来的主人，允许这样做。若［将逃亡奴婢］移送官司，当下没有原来的主人［前来认领］，符合领赏要求的，在十日之内权且让捉获［奴婢］之人［为被其捉获的逃亡奴婢］送去食物。如果捉获［奴婢］之人不符合［获得］酬赏［的条件］或十日以后主人②没有到来［的］，都［由］官司提供衣食，根据［奴婢的］能力［使其在］监禁期间［承担］劳役。

唐5 诸捉获逃亡奴婢，未及送官，限内［一］致死失者，免罪不赏。其已入官，未付本主而更逃亡，重被捉送者，从远处征赏［二］。若后捉者远，三分以一分赏前捉人，二分赏后捉人，若前捉者远，中分之。若走归主家，征半赏。

【注释】

［一］限内：本令唐4所定移送被捉获逃亡奴婢至随近官司的五日时限之内。

［二］从远处征赏：在前后两次纠捉逃亡奴婢的过程中，以纠捉逃亡奴婢所行距离最远的那次为标准，依照本令唐3的规定计算征赏的比例。

【翻译】

捉获的逃亡奴婢，没有来得及移送官司，于移送期限内导致死亡或走失的，免除捉获之人的罪责［但］不予奖赏。被捉获的逃亡奴婢已被移送

---

① 《令義解》，第306頁。
② 《養老令》此条未见"承"字，颇疑《天聖令》此处为衍文，因无其他佐证而存疑，翻译则暂依衍文处理。参见《令義解》，第306頁。

官司，［还］没交付原来的主人而再次逃亡，［又被］重新捉获移送［到官司］的，以［逃亡距离］最远的［地方作为标准］索取奖赏。如果后面捉获［的那次距离］远，［将奖赏］三分［后］以［其中的］一分赏给前面［那次的］捉获之人，二分赏给后面［那次的］捉获之人。如果前面捉获［的那次距离］远，［则将奖赏］平分。如果［再次逃亡的奴婢］跑回到［逃亡前］的主人家里，［向该主人］索取一半的奖赏。

唐6 诸逃亡奴婢身犯死罪，为人捉送，会恩免死，还官主者，依式征赏。若遂从戮及得免贱从良，不征赏物。

【翻译】

逃亡奴婢犯有死罪，被人捉获送往［官司］，恰逢恩赦而被免除死刑，归还官司、主人的，依式索取奖赏。如果已经被杀或免贱从良的，不得索取奖赏。

唐7 诸评逃亡奴婢价者，皆将奴婢对官司评之，勘捉处市价。如无市者，准送处市价。若经五十日无赏可酬者，令本主与捉人对卖分赏。

【翻译】

评定逃亡奴婢价值的，都［应］将奴婢当着官司进行评定，勘查［奴婢］捉获地的市价。如果［捉获地］没有市的，准用［奴婢］被解送地的市价。如果经过五十日［仍］没有奖赏可供偿付［捉获之人］的，令［逃亡奴婢］的主人与捉获之人一起卖掉奴婢，［然后将价金按照法定比例］分给［捉获之人作为］奖赏。

右令不行。

【翻译】

以上令文不再施行。

地方法的积聚及其法典化

——以五代至宋的特别法为中心

〔日〕青木敦 著 赵 晶 译*

摘 要:在宋代,作为一般法的海行法有律、《建隆编敕》、《元丰敕令格式》等。除此之外,还有《农田敕》、《吏部七司法》、《福建路令》、一路敕等适用于各个地域、部局的个别法典以及针对每项事务的法典,这些都是特别法。"天下土俗不同,事各有异,故敕令格式外,有一路、一州、一县、一司、一务敕式,又别立省、曹、寺、监、库、务等敕凡若干条"(《长编》卷三四四,元丰七年三月乙巳),据此可知,地方的特别法与中央部局(司)的特别法在形式上是相同的。然而,在考察开封、杭州的中央政府与各个地方之间法的关系时,路敕、路令、州敕等地方法典则特别重要。其数量非常之多,从乾道到淳熙,地方的特别法据说有 1200 卷。特别是福建有《福建路令》、"福建路婚葬丰厚等条"等,反映当地习惯的法律不在少数。在这种参酌地方习惯的宋代的立法形式中,有背离传统礼教与律之原则者,如女子分法(男二女一分产法)。虽然明清时各省各部制定了与部局、地方相关的法规,即则例、省例,但反映地方情况的法典编纂,则为宋代所特有。

---

* 青木敦,青山学院大学文学部教授;赵晶,中国政法大学法律古籍整理研究所副教授。

关键词：特别法　海行法　敕令格式　习惯法　一司敕　路敕

绪　言

庞大帝国的各个地方、官僚机构的各个部局以及每个政策课题都存在各种各样的事务，于此需要有可供参照的先例、条文等法的规范，仅有全国单一的法典是不够的。所以，宋朝有"一路一州一县敕令"、"陕西编敕"或"农田敕"等，频繁地对各地域、部局的个别法典和针对每项事务的法典加以编纂并颁布，即所谓"特别法"这一法律形式。相较于元、明、清等王朝依靠集聚过去的命令、先例，宋王朝用格、敕、令等国法对行政进行规范化的制度，可以说是截然不同的。但是，一般来说，在前近代社会，对于作为立法者的中央政府而言，全面掌握现行有效的法律和过去发布的法律，存在技术性的难度。① 尽管如此，当时当地的行政主管官吏还是不得不依赖过去的法、先例，所以它们会被独自地积攒起来。再有一点，如本文最后所述，法当然地具备来源于立法者的权威，正因如此，即使立法者自己已然忘却，但在对其权威加以利用的方面，搬出成文法者不在少数。在各个地方，独特的法与先例的积聚，及其运用法的存在，会对国家法体系的整合性维持构成障碍（这一点，与宋朝相比，元、明、清朝则相对而言不太在乎），而且当时当地的独自判断会引来恣意性解释，所以宋朝在其可能的限度内，在特别法的领域编纂了为各地所适用的法，从而避免地方独自运用法律。"天下土俗不同，事各有异，故敕令格式外，有一路、一州、一县、一司、一务敕式，又别立省、曹、寺、监、库、务

---

① 中央政府未必掌握成文法体系，如在审判中不得不依靠拥有法律知识的"法定技术者"，即便是中央政府"当局也没有以使之随时可以得到使用的形式保存和整理过去的法源"，而且政府一方面"将早日完讼作为首要任务"，另一方面"又不断重复一步也不踏出当事人主义原则的诉讼陈述的反驳"。这种日本中世的诉讼状态（笠松宏至《日本中世法史论》，东京大学出版会，1979，第 5～7 页）也与宋代的司法没有差别。又，在日本和西欧，审判的判决基准并不是成文法、习惯法，而是"为传统所制约的正义感情"（笠松前揭书，第 89 页；世良晃志郎：《西洋中世法的理念与现实》，创文社，1991，第 120～171页），这一点也与中国审判以情理作为判断基准并无二致。

等敕凡若干条"，① 如其所言，在作为一般法的海行法之外，存在着那些由中央单独编纂、合乎各地习惯的地方法典。

而且，中书、六部所颁布的指挥（单行的行政指令），是一种将来很可能原封不动地转变为法律的、强有力的法令上的规范，且在短短的 20 ~ 30 年间膨胀到两万左右的数量。在以前，要对这一数量的单行规范加以整理、再检讨，并将之转化为法典，一般要付出相当大的努力。本文的目的在于表现地方上的法律运用、法习惯，与对此加以掌握并法典化的中央政府之间的关系。在程序、形式方面，应该在同等程度上把握地方和中央部局（司）的特别法、法与例的积累、运用的状况。不过，若是去解明法的制定过程，进而深入到法内容的背景，那么仅因形式上的类似而不加区别地讨论地方之法与中央部局之法，则是不适当的。

另外，迄今为止，通过川村康、② 滋贺秀三、③ 戴建国④ 的研究，包含特别法在内的宋代法典编纂史的大部分情况业已明了。因此，本文所介绍的地方法，大多已为滋贺所介绍，⑤ 此处新补充的内容必然不多。但是，有关未被中央掌握的地方之法究竟如何存在、中央对此加以法典化之际又经历了何种过程等问题的史料从来没有被介绍过，所以本文试图重新回顾宋代地方法的积聚以及朝廷对此的态度。

一　地方法的定位

有关唐末、五代至宋初的法典编纂史，如"律令格式"从定州敕库复活，经后周及宋的刑统编纂等所形成的唐律的传承过程，⑥ 以及在唐代开

---

① 《续资治通鉴长编》（以下作《长编》）卷三四四，元丰七年三月乙巳。
② 川村康：《庆元条法事类与宋代的法典》，滋贺秀三编《中国法制史——基本资料研究》，东京大学出版会，1993；同氏：《宋令演变考》，《法与政治》第 62 卷第 1 号下，2011，第 459 ~ 574 页。
③ 滋贺秀三：《中国法制史论集——法典与刑罚》，创文社，2003。
④ 戴建国：《唐宋变革时期的法律与社会》，上海古籍出版社，2010。
⑤ 滋贺前揭《中国法制史论集》，第 22、110 ~ 114、124 ~ 134 页。此外，有关唐的部分，则在第 80 页。
⑥ 浅井虎夫：《中国法典编纂的沿革》，京都法学会，1911；徐道邻：《中国法制史论集》，志文出版社，1975。

元律令格式制定以后，到调整为宋代编敕、敕令格式的形式，这一敕、格后敕的编纂过程，已得到相当详细的阐明。① 近年来，作为对上述研究欠缺的补足，以下研究得到推进：元丰改革以降的令与敕的关系，② 以及尽管所见宋代史料相当庞大，但仍无法详细掌握的申明、指挥。③ 不过，因为仍然存在若干需要证实之处，笔者一方面对此加以补足，另一方面，则从自身立场出发，重新总结本文叙述所需的有关法典编纂的知识。

首先，在思考法典为何的时候，即使因文脉与作者的思考方法有别而导致定义有所不同，如关心这一问题的编纂刊行物《崇文总目》"刑法类"、《宋会要辑稿》（以下称《宋会要》）"刑法"特别是"格令"虽然所涉甚广，但仍在某种程度范围内理解这一概念。大体而言，法典是由六部、大理寺及其他各个部局以一卷或数卷的方式编纂、雕印、颁行的法律条文的编纂物，与单行的命令有所区别。礼、典章、会要类一般不包含在内。不过，此处的法典既包含有"用例破法"等说法的、须与法进行对比理解的例的编纂物，④ 也包含"格"、"式"这样的细则以及敕书、德音，所以与律、敕、令相比，其涵盖范围相当宽泛。在审判中，被称为"法"而得到引用的条文，以律、敕、令为中心，也有指挥、敕的申明等。这在很大程度上由审判官决定。大体上，律、敕、令是法，如范应铃于"在法"之后并举敕、杂压令、田格、乡原体例，所以我们不知道他对法的外延作何理解。他有可能意识到，即使乡原体例不算作法，那么至格为止的审判依据则是法。⑤

针对这般杂多的法律规范体系，笔者尝试用几种方法加以分类。最广为接受的一个标准是滋贺的分类——"基本法典"、"副法典"、"单行命令"。唐代以降的律、唐令是基本法典。而至北宋仁宗天圣为止的令，与唐令的距离并没有那么大；与此相对，元丰以降的令则与敕有着复杂的关

---

① 滋贺前揭《中国法制史论集》；梅原郁：《宋代司法制度研究》，创文社，2006，第767～774 页。

② 川村前揭《宋令演变考》。

③ 戴前揭《唐宋变革时期的法律与社会》。

④ 川村康：《宋代断例考》，《东京大学东洋文化研究所纪要》第 126 册，1995，特别是第107～160 页。

⑤ 青木敦：《南宋判语所引法的世界》，《东洋史研究》第 70 卷第 3 号，2011。

系，且要迎合现实所需而适时地加以编纂、颁布。考虑到这一过程，那么以"基本"、"副"这种固定的框架对令进行理解，也是有所限制的。这一点确实是宋代的特殊性所在，也不得不说，近年来川村所持的"敕的法领域"、"令的法领域"这一分类是最为妥当的。

除了以律、敕、令这种法律形式进行分类以外，依据该法以之为对象的内容，也可将法律划分为海行法和与之相对的特别法。《宋史》卷二〇四《艺文志·刑法类》（以下称《宋史·艺文志》）列举了宋代所编纂的约 150 部法典，川村言道"其大部分为限于一定的行政机关和地域适用的法典，以及与专卖等一定领域相关的特别法典"。① 有关海行法与特别法的比例，据《建炎以来朝野杂记》（以下称《杂记》）之敕局关系的记载，② 绍兴元年（1131）编纂了海行的《绍兴敕令格式》及《申明看详》合计760 卷，而到绍兴三十年为止则颁布了特别法 1863 卷，在南宋前半期海行敕令格式申明看详与特别法的比例是 1 比 2.5，从乾道六年（1170）开始11 年间的立法情况大致也是如此。③ 在宋代法典编纂的整体历史中，王安石新法等诸项政策是通过编纂每个政策课题的法典，以相关法律加以调整的形式得到推进，从这点可见，特别法不仅仅有数量优势，其地位也相当重要。

有关海行法典，北宋编纂了 13 回，南宋则有 8 回，到北宋前半期为止是编敕，后半期自神宗元丰七年（1084）以后是敕令格式，而自南宋淳熙七年（1180）开始便与条法事类并行编纂，其主要情况大致已经明了。④

---

① 川村康前揭《庆元条法事类与宋代的法典》。

② 《杂记》乙集卷五"炎兴以来敕局废置"。所谓敕局，是与自五代以来担当《刑统》删修的大理寺相对，承担宋代详细立法的详定编敕所、编修诸司敕式所、重修敕令所、详定重修敕令所等立法机关的总称。

③ 前注《杂记》所载《绍兴重修敕令格式》和《乾道敕令格式》的卷数，与其他史料相比存在很大误差，分别应是 760 卷、122 卷。而自绍兴元年（1131）始、三十年秋为止，敕局编纂了 1863 卷法典（此处所注记的卷数，所知仅约 1700 卷），因此合计为 2622 卷之数大致是正确的。自乾道二年（1166）始，至淳熙十一年（1184）为止，编纂了 3125 卷，其中海行敕令格式在乾道 122 卷，在淳熙为 246 卷，加上淳熙的条法事类 422 卷，计为 890 卷左右，因此亦形成 1 比 2.5 的格局，竟然与绍兴的情况一致。不过，乾道、淳熙中"一路别法已修者一千二百余卷不预焉"，而以前一路别法的卷数不明，若是加上所说的 1200 卷，那么海行法的比重就更低了。

④ 最新且妥当的成果，为对川村前揭《宋代的法典》进行订正、扩充的川村前揭《宋令演变考》之"表 1 唐开元二十五年~宋末的主要海行法典"，此处还包括以往法典编纂史中动辄就被遗漏的德音敕书等。

与此相对，以特别法为研究对象的成果相对较少。与海行法不同，很多特别法既琐碎，又小规模，系统性的记载很难被保留下来。而且，有的特别法被冠以三司、吏部、户部、大宗正司这种部局之名或福建路、陕西、黔州等地方之名，是以适应该部局、地方为目的而编纂的；另一方面，《绍圣常平免役敕令》或《诸州县学敕令格式》又是不拘于部局、地方，而是据内容进行编纂的法典；还有如与驿传相关的海行法《马递铺海行法》等，乃是用海行法来命名的法典。笔者以前曾对其条文进行过检讨的《农田敕》，也是一部汇集土地交易等法律的特别法，但同时又是海行法。① 总之，在对象、内容、与海行法的关系等方面，将之称为"特别法"的标准并不明确，这是难以对它进行讨论的要因。根据滋贺对特别法的整理，可进行如下分类：②

1. 每个地域的特别法
2. 每个官厅的特别法
   · 与官厅运营相关的内部规则的编纂物
   · 与某一官厅所主管的国政要务相关的规定集
3. 与特定要务相关的法规集

具体举例而言，《福建路令》、《陕西编敕》等包含在 1 之中，《三司新编敕》、《元丰司农敕令式》等在 2 之中，《绍圣常平免役敕令》、《农田敕》等在 3 之中。依据滋贺的大致分类，可以说已经开始接近绪言对宋代特别法的归纳。本文大致遵循这一分类，即 1、2 不是海行法，限于适用的机关；而与此相对，3 是否作为海行法，端视其政策课题进行分类。要注意的是，1、2 这两类与 3 的分类标准完全不同。

这种特别法的由来，可追溯至五代。详细情况已由滋贺予以交代，③

---

① 青木敦：《宋代抵当法的变迁与〈农田敕〉——要素市场中的司法与习惯》，古田和子编《中国的市场秩序——以 17 世纪至 20 世纪前半期为中心》，庆应义塾大学出版会，2013。（要素指劳动、土地、资本等生产要素——译者注）

② 滋贺前揭《中国法制史论集》，第 12～18 页。

③ 滋贺前揭《中国法制史论集》，第 101、124 页。

在《刑统》等编纂之际，《三司临时条法》、州县的"见今施行"都在编集的对象之外，① 而咸平编敕删定时，在《编敕》、《目录》、《仪制令》、《敕书》以外，"其厘革一州一县一司一务者，各还本司"，另外进行处理。②

这类地方法有两种名称，一种是地名具体、明了，另一种则如《一司一路敕》等，仅被冠以"一路一州一县"等"一"字（暂且称为"一路一州型"）。说到后者，按照滋贺所指出的那样，它从神宗熙宁年间开始编集，而与此同时，详定诸司敕式所（后为详定一司敕令所）等特别法的编集机构也基本成为常设机构了。③ 不过，前者那种冠以地名的法律之名，则出现得相当之早。④

特别是《宋史·艺文志》中载有五代十国的南吴天祚（935～937）中姜虔嗣⑤所撰《江南刑律统类》10卷，该志中接着记载了《江南格令条》80卷、《蜀杂制敕》3卷。⑥ 这些与其说是地方法，还不如说是十国之中南唐、蜀等各个王朝所颁行的"海行法"。另一方面，在考察其后宋代的法

---

① 《旧五代史》卷一四七《刑法志》"律令格式"载："其《刑法统类》、《开成格》、编敕等，采掇既尽，不在法司行使之限，自来有宣命指挥公事及三司临时条法，州县见今施行，不在编集之数。应该京百司公事，逐司各有见行条件，望令本司删集，送中书门下详议闻奏。"《历代名臣奏议》卷二一〇《法令》载：太祖时，"时窦仪进《刑统表》曰……臣等起请总三十二条，其格令宣敕削出，及后来至今续降要用者，凡一百六条，今别编分为四卷，名曰《新编敕》。凡厘革一司一务一州一县之类，非干大例者，不在此数"。《宋会要》刑法一之一《格令》载：建隆四年二月五日，"……别取旧削出格令宣敕及后来续降要用者，凡一百六条，为《编敕》四卷。其厘革一司一务一州一县之类不在焉。至八月二日上之。诏并模印颁行"。

② 《长编》卷四三载：咸平元年十二月，"本条，自有刑名者，依本条，又以续降敕书德音九道，别为一卷，附《淳化敕书》，合为一卷。其厘革一州一县一司一务者，各还本司"。《宋会要》刑法一之二《格令》"咸平元年十二月二十三日"条略同。

③ 而且与此同时，因意识到特别法的存在，"海行"一词也被频繁使用。滋贺前揭《中国法制史论集》，第125页。

④ 在唐穆宗即位前后，就出现"湖州敕"的用例。元和十四年（819）七月，湖州刺史李应奏罢官酤酒，当时存在应将此推广至全国的议论。（《太平御览》卷八二八《酤》）翌年，因浙西观察使窦易直提议，这一湖州的做法被推行于浙西，彼时之敕中云："宜并准湖州敕处分。"（《册府元龟》卷五〇四《邦计部·榷酤》）这也许是一州敕，但也可以解释为仅仅颁给湖州的单行之敕，其性质暂时不明。

⑤ 《崇文总目》卷二《春秋类》云："春秋纂要十卷（阙），伪唐人姜虔嗣撰"，可知姜虔嗣也出仕南唐。《崇文总目》卷四《刑法类》中亦见"江南刑律统类十卷"，未记撰者。《江南格令》虽然情况不明，但自然是与《江南刑律统类》同属国家立法。

⑥ 明代曹学佺《蜀中广记》卷九三载"姜虔嗣蜀杂制敕三卷"，可见此为姜虔嗣所撰。

典源流时，应该留意南唐、蜀存在独自法典的事实。在五代的后周，三司、州县所利用的也是编敕等对象之外的临时条法等，[①] 宋代的特别法正是在这一延长线上展开，此点已为滋贺所阐明。[②] 到了宋朝，如上述这种冠以地名的法律则多见于记载。以下将以《宋史·艺文志》、《宋会要》刑法"格令"为中心，在力所能及的范围内，列举出这些冠以地名的法典。本来，就这种研究而言，其以相关史料作为基础的性质十分重要，所以一旦抽样的范围并不充分，那么只能作为了解地方法如何存在的线索。

地方法以敕为中心，也有敕令格式、赏格、例以及其他各种各样的形式。其中，始见于北宋初期者，依然是与以编敕为中心的海行法相同的敕，管见所及，最早的便是明州的一州敕。至道二年（996）前后，禁止百姓造田于广德湖（明州鄞县），"诏禁民敢田者，至其后，遂著之于一州敕"，明确可知明州一州敕的存在。[③] 有关其他的北宋地方敕，如在当时的腹地——汉蕃关系屡屡出现问题的湖北沅州蛮汉杂居之地，相对于汉人被罚以真刑，归明人仅止于罚赎，沅州通判对这一不公平的现象提出奏请，朝廷对此下令：附近的城寨以及与汉人杂居之地适用法令（律令敕），渠阳寨的归明人、住地离城寨较远的蛮人则依据沅州一州敕，除了由沅州裁断的凶恶之犯外，都由县寨斟酌之后判令罚赎。[④] 由此可知，除了全国法以外，当地还存在裁断蛮民罚赎等的《沅州敕》。这些是以颁布一州敕来处理地方个别问题的事例。另一方面也可以证实元丰时存在地方令，如朝

---

① 《旧五代史》卷一四七《刑法志》"律令格式"，参照第 286 页注①。

② 滋贺前揭《中国法制史论集》，第 102～103 页。

③ 《元丰类稿》卷一九《广德湖记》载："宋兴，淳化二年，民始与州县疆吏盗湖为田，久不能正。至道二年，知州事丘崇元躬按治之，而湖始复。转运使言其事，诏禁民敢田者，至其后，遂著之于一州敕。"

④ 《长编》卷四六二载：元祐六年七月庚午，"三省枢密院言：'通判沅州贺玮奏请：本州岛岛蛮汉杂居相犯，则汉人独被真刑，而归明人止从罚赎，实于人情未便，乞将沅州诚州蛮汉人相犯立定年限，从法律断罪。下本路转运、提刑、钤辖司，相度到沅州归明人，除附近城寨处及与汉人杂居处，若有相犯，或自相侵合，依律令敕外，有渠阳寨归明人并去城寨至远蛮人，依沅州一州敕，除强盗杀人、放火、诱略人以上罪，并其余罪犯情理凶恶者，送本州按治，余并令本县寨斟酌罚赎，仍改凶恶作深重字，其去城寨至远并渠阳寨归明蛮人，更候二三年取旨。'从之"。《宋会要》蕃夷五之七二《南蛮》"七月十三日"条中亦载："除附近城寨及与汉人杂居处，若有相犯，或有相侵合，以法令从事外。"不论法令、还是律令敕，都是海行法。

陵时禁止使臣接待的条文被吸收入《西京令》。①

此外，北宋末年以降，地方法也采用敕令格式的体裁，目前已知的有宣和《两浙福建路敕令格式》、② 绍兴二十一年（1151）《重修江湖淮浙京西路茶盐敕令格式》260 卷③等。本文将重点置于地方法上，而有关特定要务的一司法同样也以敕令格式进行调整，如大观元年（1107）所颁布的集成性的马递铺海行法《大观马递铺敕令格式》100 册，④ 绍兴初年所颁布的由《吏部敕》、《令》、《格》、《式》、《申明》、《目录》、《看详司勋获盗推赏刑部例》、《勋臣职位姓名》构成的《绍兴重修尚书吏部敕令格式并通用敕令格式》188 册。⑤

二 地方法的利用及其法典化

一般说到宋朝的文书行政，其行政性的案牍积聚在中央、地方各处。追溯其本源的话，地方所积攒、利用的法，其相当部分是律、海行的敕令格式、指挥、对该地方颁布的地方法等，这些都是中央能够掌握的法，但不属于这一部分的也不在少数，其原因在于法典、法律条文太多。在前引《杂记》的记载中，从乾道到淳熙十一年（1184），存在过包括《乾道敕令格式》等在内的 3000 余卷法，以及 1200 卷地方别法。而且，在地方行政

---

① 《长编》卷三四五载：元丰七年五月甲辰，"诏，内人朝陵，诸陵使臣毋得差伎乐迎。著西京令"。《宋会要》礼三九之一〇《命公卿巡陵》"元丰七年五月七日"条略同。

② 《宋史·艺文志》载："《两浙福建路敕令格式》一部：宣和初，卷亡。"《通志》同时也有"两浙转运须知一卷"、"元佑广西衙规一卷"的记载，不过具体情况不明。

③ 《建炎以来系年要录》（以下称《要录》）卷一六二载：绍兴二十一年八月，"辛未，太师尚书左仆射提举详定一司敕令秦桧等上《重修江湖淮浙京西路茶盐敕令格式》二百六十卷。上曰：是书纤悉备载，若能遵守，久远之利也"。

④ 《宋会要》刑法一之二二载："大观元年七月二十八日，蔡京言：'伏奉圣旨，令尚书省重修《马递铺海行法》，颁行诸路。臣奉承圣训，删润旧文，编缮成书，共为一法。谨修成《敕令格式》、《申明》、《对修》，总三十卷，并《看详》七十卷，共一百册，计六复，随状上进。如或可行，乞降付三省镂版，颁降施行。仍乞以《大观马递铺敕令格式》为名。'从之。"

⑤ 《宋会要》刑法一之三六《格令》载：绍兴三年九月二十七日，"尚书右仆射、同中书门下平章事朱胜非等上《吏部敕》五册、《令》四十一册、《格》三十二册、《式》八册、《申明》一十七册、《目录》八十一册、《看详司勋获盗推赏刑部例》三册、《勋臣职位姓名》一册，共一百八十八册。诏自绍兴四年正月一日颁行，仍以《绍兴重修尚书吏部敕令格式并通用敕令格式》为名"。

中具有意义的是指挥或是续降指挥。指挥并不是法，而是补充、辅助敕令等编纂法典的单行命令，[①] 也称为"后敕"，南宋前半期尤其多所颁布，在高宗～孝宗时期，其总数从数千到两万以上。[②]

地方上，行政的实施以何为参考？解决这一问题的重要线索是判语。在地方机关中，不仅有司法，也有财政、人事、军事等各种业务的执行。而在认识判断依据时，判语因为可以参考法源，所以也是适于全面了解地方行政的载体。宋代审判的判断依据通常是情与法，若说到法，则明确限定以律、令、敕为主，当仅仅依据法而难以做出判断时，也参考指挥。

在发生某些事态时，中央会把地方贮存的文书、情报收集起来，这是一般性的处理方式。近年，对于熙宁七年（1074）三司火灾中财政文书的丧失以及而后的机构改革，小林隆道进行了详细阐明，并率先进行了文书复原的研究。[③] 在宋朝，更大规模的文书丧失，当然是在靖康之变。

本章以下则以若干具体性的法典为例，对其编纂以及当时如何参照部局、地方的情况等予以考察。围绕茶盐法、《常平免役敕令格式》、《禄秩新书》等，滋贺有如下论述：

> 以上无非是冗繁地抄录了业已散佚、内容不得获见的法书之名，以及目前可知的构成，并酌情予以选择和罗列而已。《宋史·刑法志》云："其余一司、一路、一州、一县《敕》，前后时有增损，不可胜纪。"与这段史料一言以蔽之相比，笔者也没能补充多少有用的具体性知识。但是，如果以"太过复杂"（即"不可胜纪"）这样一句话予以概括，便在真实感上有所缺失，亦即笔者想要把当时立法者如何繁琐地、且以某种一丝不苟的态度加以编纂的实态补苴起来……我感

---

① 有关指挥，参考滋贺前揭《中国法制史论集》，第118～123页。另外，以下论著等也有言及，但都比滋贺之作粗疏，如吕志兴《宋代法制特点研究》（四川大学出版社，2001，第19页）；王侃《宋代指挥考》（杨一凡编《中国法制史考证》甲编第5卷，中国社会科学出版社，2003，第108～133页）；戴前揭《唐宋变革时期的法律与社会》（第92～96页）。

② 《攻瑰集》卷八八《敷文阁学士宣奉大夫致仕赠特进汪公（思）行状》云："建炎以后续降指挥二万余条。"

③ 小林隆道：《北宋前半期的财政文书管理——从对三司火灾所致文书烧失及其复原过程的考察出发》，《早稻田大学大学院文学研究科纪要》第55辑第4分册，2010。

到那里有一种执念：所有行政领域都要有明文之法予以规制。①

事实上，滋贺以《宋会要》刑法《格令》为中心，从各种史料中归纳出宋代的特别法，实在是高明的手法。而且，滋贺所介绍的法典类，可能确实是北宋末年刑部宣称自己所编修的"一路等敕令四万余件"② 这一整体中的一部分，而所谓的"一丝不苟"和将行政予以明文法化的"执念"，可以说是完满的。又，有关司与地方的关系、嘉祐法的重要性、省记与特别法之间的关系等，我们所拥有的知识大体上没能太多地超出这一范围。以下，本文将对这一立法的制定过程进行一些详细的追考，想要借此指出：南宋时，中央的法典编纂不得不依赖于地方于前述北宋时所积攒的案牍，而且其编纂是在中央无法掌握的那部分地方法上进行的。

（一）靖康之变后的法源收集

在进入南宋后仅四年的绍兴元年，以嘉祐、政和法为基础的《绍兴重修敕令格式》（以下称《绍兴新书》）便被修成。因为首都陷落与法令原文散失，朝廷不得不依据胥吏的省记或备忘录。因此如滋贺所言，"特别法典的编纂也是克服省记之弊的过程"在南宋则颇为常见。③ 通过考察南宋初年以省记等来收集法律条文的过程，就可知道，《绍兴新书》中相当部分的内容是依据嘉祐、政和敕令格式而来，而至孝宗朝为止，朝廷一直都从各司各地收集法律。南宋初期，宋朝实际支配的领域极为有限——杭州附近，所能要求者只有中央各司与温州等邻近之州而已，此后则要求各地提交法典，尤其是与吏部相关的法律乃是急求的对象。以下则尝试追寻这一过程。

建炎四年（1130），因担心靖康之变后文书丧失、胥吏据省记舞文，臣僚提议令省部诸司将由省记而来的条例汇编成册，将吏部铨注条例颁下

---

① 滋贺前揭《中国法制史论集》，第133～134页。
② 前引《宋会要》刑法一之二〇载：建中靖国元年八月二十六日，"刑部言：勘会本部编修一路等敕令，缘系四万余件……"
③ 滋贺前揭《中国法制史论集》，第121页。有关省记，也可参见川村前揭《庆元条法事类与宋代的法典》。

越州，雕印出卖；① 章杰也提出命诸路编辑散亡图籍的想法；② 大概与此同时，在依据嘉祐法、政和法进行法典编纂时，敕令所还亲自到邻近诸州——当时实际支配的领域为临安府附近极为有限的范围——收集续降指挥等法律文书。③ 进入绍兴以后，敕令所还是以吏部条法为中心，以省记为基础继续编纂法典，与绍兴元年成书的《绍兴新书》的编纂同步进行，由此呈现出以下状态：中央官厅的胥吏以与吏部相关的法律为中心，急于编纂、刊布条例和能够永久适用的续降指挥。④ 绍兴元年（1131）八月四日后，因所报告的政和以来的续降十分详细，温州都孔目官陈邦材被支赐了绢。⑤ 四年，没有反映在《绍兴新书》中的建炎四年七月一日以后至绍兴三年十二月末为止的海行续降指挥毁失于火灾，于是中央一方面编集、出版从湖州、温州送上来的续降指挥，另一方面则照旧在春秋两季编纂、颁降绍兴四年正月以来的续降指挥。⑥ 此前，章杰提议诸路应该编集散佚的图籍，而其本人遍行广东，"缮写到祖宗以来条令及纂集前后续降指挥，凡一千十八卷，并地图一十面"，其中与户部相关者 109 册、180 卷，于是朝廷下诏，命各部看详与六曹相关者并上奏。⑦

---

① 《宋会要》刑法一之三四《格令》"建炎以来四年八月一日"条。

② 《宋会要》刑法一之三六《格令》载：绍兴四年四月二十四日，"前广南东路转运判官章杰言：'朝廷自渡江以来，图籍散亡，官曹决事，无所稽证。臣为郎时，尝乞下诸路编缉。继而备使岭外，于是遍行所部搜访，缮写到祖宗以来条令及纂集前后续降指挥，凡一千十八卷，并地图一十面。望下有司更加订正，然后颁之列曹。'敕令所看详：'章杰抄录条册内，户部一司计一百九册，共一百八十卷。今将目录勒逐部当行人契勘，已有未有条令名件开坐在前，乞将户部一司降付本部参照见行条令遵守照使。如有相妨窒碍者，即从本部看详施行。'诏：'章杰抄录到条册内，事干六曹，分送逐部看详以闻。'"（《要录》卷七五"绍兴四年四月庚子"亦同）据《要录》卷三司"建炎四年六月己亥"载"尚书祠部员外郎章杰为福建路转运判官"，可知章杰在外放之前所居郎官为尚书祠部员外郎，其建言应在建炎四年（1130）以前。

③ 《宋会要》刑法一之三四《格令》载：建炎四年八月四日，"敕令所言：'奉诏，将嘉祐与政和条制对修录等成书，本所节次往邻近州军抄录续降等文字，未到'……"

④ 《宋会要》刑法一之三四《格令》"建炎四年八月一日"条。

⑤ 《宋会要》刑法一之三五《格令》"绍兴元年八月四日"条载："后诏温州都孔目官陈邦材，令本州岛岛支赐绢一十疋，以本州岛岛供报抄录政和以来续降详备故也。"

⑥ 到政和二年（1112）为止的续降指挥已经得到编纂。《宋会要》刑法一之三六《格令》载：绍兴四年三月二十七日，"刑部言：'政和二年七月一日以后至建炎四年六月终续降，系参酌删修成《绍兴新书》，见今遵用外，其建炎四年七月一日以后至绍兴三年十二月终海行续降指挥，昨缘本部遗火不存，已下湖、温州抄录到续降指挥，见行编类，镂版颁降。其绍兴四年正月一日以后续降指挥，合依旧法，春秋编类，颁降施行。'从之"。

⑦ 前引《宋会要》刑法一之三六《格令》"绍兴四年四月二十四日"条。（参考本页注②）。

又，实际上，自靖康之变以后，州县提供其专法，而与丧失案牍的朝廷之间存在持续不绝的交涉，因此朝廷曾命令监司帅守统一提交相关专法并再行编集。① 从建炎初年开始的十余年间，首先以杭州附近的温州、湖州为开端，依次到广东为止，朝廷命令各地提交既存的法典，这是宋朝急速地再构筑法典的阶段，其中又以人事相关者最为优先。

（二）南宋中期的情况

由于战火以及火灾毁失了文书，宋廷企图全面依靠中央胥吏的省记和地方贮存的案牍进行法律的再构筑，这一局面在南宋初期约十年间告一段落。然而，此后中央所进行的法律编纂仍然继续依赖各地的报告。

与续降指挥的整理相关，如上所述，建炎四年（1130）六月末日为止的续降指挥已反映在《绍兴新书》之中，而由湖州、温州所抄录的自此以后的续降指挥则在此后相当长的时间内都没有被整理完毕。起先，刑部到大理寺、江东江西的提刑等处收集建炎四年七月一日至绍兴十八年（1148）为止约18年间的法律，乾道时皇帝下诏由刑部进行编集。② 此后于乾道六年（1170）颁布的《乾道新书》，参酌删削了建炎四年至乾道四年末为止的续降指挥，据说这一期间积攒的续降指挥达22200余件。③ 而乾道五年以后的续降指挥在此后20年以上的时间内都未被编集，即便是淳熙七年（1180）五月修成的《淳熙重修敕令格式》，也只收录了至乾道四年为止的指挥，到了淳熙十六年八月，朝廷发布令各处条具指挥的命令，而诸路州军为此抄送刑部者仅50余处，编集也花费了2年之久，其结果是到了绍熙二年（1191），从乾道五年至《淳熙新书》修成为止的十数年间，

---

① 《宋会要》刑法一之三七《格令》：绍兴五年三月一日，"诏监司帅守，限一月，条具逐路州县被受专法，修写成册，申尚书省。盖以兵火之后，州县授专法申述朝廷，无所考据，往复诘问，久而不决，因臣僚上言，故有是命"。
② 《宋会要》刑法一之四七《格令》载：乾道三年五月二十八日，"臣僚言：'切见绍兴续降指挥未经编类，前后异同。乞诏有司删修，总为一集，颁示天下。'诏刑部条具。既而刑部言：'绍兴续降指挥已修至建炎四年六月终，自当年七月至绍兴十八年应干申明及冲改法令指挥，已尝下大理寺、江东西提刑等司抄录，见在本所。所有十八年以后至目今续降，伏乞札下诸处缮写赴部，并诸百官司元系省记专法，内有事干海行，并改冲条制，理合一就取索参修。'从之"。
③ 《宋会要》刑法一之四八《格令》"乾道六年八月二十八日"、《宋会要》刑法一之四八《格令》"乾道六年十月十五日"，两处记载皆是尚书右仆射虞允文言。

再加上此后的十数年间，即 22 年间的申明、续降并未得到编集。① 由此可见，刑部、大理寺、敕令所这些中央当局对此无能为力，而在编集中，最麻烦的法令可以说是续降指挥。从政和二年（1112）开始到建炎四年六月末为止的法令、从建炎四年开始到乾道四年末为止的法令分别反映在《绍兴新书》、《乾道新书》中，而淳熙时，朝廷在与地方交涉中，最终没能编纂完成与《新书》并行的续降指挥。乾道五年开始至庆元二年（1196）为止的数万件续降指挥的编纂，不得不等到庆元四年的《庆元敕令格式》。②

从中可以看到，在拥有独自法律的地方与想要对此加以确认并进行法律再编纂的中央之间存在着张力。例如，《淳熙一州一路酬赏法》是对各处的专降指挥进行调查、修改后由中央编集而成，其内容如表 1 所示。

表 1

整体的法典名称	淳熙一州一路酬赏法
所包含的法典与卷数	诸路州军赏法　139 卷　目录 17 卷 诸路监司酬赏法　47 卷　目录 5 卷 通用赏法　13 卷　目录 1 卷 西北州军旧赏〔法〕　1 卷

出典：《宋会要》刑法一之五二《格令》"淳熙六年七月六日"条。

其颁布的经过是，吏部先提出"本选近据诸路州军或监司申奏到小使臣、校尉陈乞任赏，其间有格所不载。本处检引一司一路专降指挥条法，皆是川广边远城寨等处，并系熙宁、元丰、大观以前所降指挥。本部推寻酬赏体例，又多案牍不存。乞下诸路州军监司抄录一司一路专降指挥，著为成法"；四年后，左司员外郎言"见修赏法止是四川、二广、两浙、京襄、湖南北、江东西、福建、两浙州军，并诸司计一百八十余处外，其余见今在北界路未通州军并不该

---

① 《宋会要》刑法一之五六《格令》载：绍熙二年五月六日，"臣僚言：'淳熙所修《新书》，止乾道四年而已，自乾道五年至书成之日凡十有余年，自书成以迄于今又十有余年矣，则是二十二年之间，申明、续降未经修纂也。比因臣僚有请，令诸处各条具修书以后，凡经引用续降指挥，并行置册编录，供申刑部，候齐足日，缴申朝廷，委官参订。此淳熙十六年八月所降指挥也。今诸路州军抄录到部者，才五十余处。且朝廷法令不可一日而不齐，诸处编录不过数日而可办，顾乃经涉二年之久，而供申有未足乎。官吏玩习，无乃已甚。乞下刑部立限催督，蚤与参订颁行。'从之"。

② 有关《庆元敕令格式》的修成，参见滋贺前揭《中国法制史论集》，第 122 页。

载"，于是皇帝下诏编纂涵盖被占领地区的法律。其结果便是包含《西北州军旧赏》在内的《淳熙一州一路酬赏法》的编纂、颁布。① 在"一州一路"的书名之下，原来各地的赏法被分卷编入，而与西北州军相关者则被作为一卷。后来到了庆元四年（1198），当时中央各司补授迁转之法并不完备，负责者不知道应该以何为参考，朝廷下令收集可用的格法、续降指挥，并仿照《淳熙一州一路酬赏法》的体例进行编纂。② 赏法与吏部的人事关系一样紧迫，中央以比较巧妙的方法完成了法典化。又，茶盐也是在政策上相当棘手的问题，从北宋开始，经过大中祥符的《茶法条贯》、③ 天圣的茶法、盐法修整④等，到南宋绍兴二十一年（1151），由秦桧完成了茶盐法的编纂。当时，与茶盐相关的事项是通过都省批送、陈献、海行法等随时予以处理，建炎以后则并未对这些规定进行编集，处于"往往州县所引专法，间是一时省记，因此黠吏舞文"⑤ 的状态，于是朝廷以从各处抄得的《元丰江湖淮浙路盐法》、"元丰修书后来应干茶盐续降指挥"为基础，编纂了《绍兴编类江湖淮浙京西路盐法》、《绍兴编类江湖淮浙福建广南京西路茶法》。而且，吏兵的俸禄、驿料的费用等，习惯上都是由市场所决定，并不能进入法律，但在绍兴年间也将它们分别编纂、修订为《禄令》、《驿令》。⑥

（三）地方的习惯与法

作为宋代法制特殊性的一个方面，中央所进行的法律再编纂并非完全

---

① 以上参见《宋会要》刑法一之五二《格令》"淳熙六年七月六日"条。

② 《宋会要》刑法一之五八《格令》"庆元四年十二月四日"条。

③ 《长编》卷七一"大中祥符二年五月乙亥"条、《玉海》卷一八一《食货·祥符茶法》同日条等。

④ 《玉海》卷一八一《天圣详定盐法》、《天圣茶法》等。

⑤ 《宋会要》刑法一之四二《格令》"绍兴二十一年七月二十八日"条。

⑥ 《玉海》卷六六《嘉祐禄令》载："二年十月甲辰朔，三司使张方平上《新修禄令》十卷，名曰《嘉祐禄令》。先是元年九月枢密使韩琦言：'内外文武官俸入添支并将校请受，虽有品式，（上自皇太子下至群校本俸添支则例）而每遇迁徙，须由有司按勘申覆，至有待报岁时不下者。请命近臣就三司编定。'甲辰，乃命知制诰吴奎等六人，即三司类次为《禄令》。至是，方平上之，诏颁行。《志》：嘉祐初，韩琦言，内外吏兵俸禄，虽有等差，而无著令。乃命官即三司类次为《禄令》。又以驿料名数著为《驿令》。《稽古录》：二年十月甲辰朔，初颁《禄令》；绍兴六年九月，张浚等上《禄秩新书》；八年十月，又上《禄秩敕令格》。"据《宋会要》刑法一之三七《格令》"绍兴六年九月二十一日"条可知以此为基础的《禄秩新书》的内容：《海行敕》一卷，《海行令》二卷，《海行格》一一卷，《在京敕》一卷，《在京令》一卷，《在京格》一二卷，《申明》一五卷，《目录》一三卷，《修书指挥》一卷，《看详》一四七卷。

坚持从法律条文到其背后思想的一致性，而是存在将地方独自的文化、习惯修入法律的事例。因此不能说相比于"地方的逻辑"，"中央的逻辑"最终还是处于优越的地位。

《要录》记载，绍兴八年，"敕令所请，福建路人户，以子孙或同居缌麻以上亲与人，虽异姓，及不因饥贫，并听收养，即从其姓，不在取认之限。著为本路令，其江浙湖广州县有不举子风俗处，令宪臣体究申明，依此立法。从之"，① 即特别许可那些非因饥贫而让异姓收养其子的行为，并制定为《福建路令》。在绍兴时期，在浙江、湖广也模仿福建进行立法，"异姓三岁以下，并听收养，即从其姓，听养子之家申官附籍，依亲子孙法。虽不经除附，而官司勘验得实者，依除附法"，② 即不以遗弃、不举子作为条件，便允许异姓养子。这一《福建路令》未见于其他中国王朝，乃是宋代独特的法律源流的一部分。

又，反对宋朝儒教性价值观的福建习惯被吸收入政策、法令，进而逐渐全国化的事例，还包括溺子（薅子、不举子）问题。③ 以下再简单地确认下与此相关的立法过程。首先，《宋会要》刑法二之四九《禁约》记载，在大观三年（1109），曾对立法禁止福建的薅子予以探讨。④ 三年后的政和二年（1112），臣僚上言"福建愚俗，溺子不育，已立禁赏"，可见立法已经实际推行。对此，刑部提议，在福建禁止溺子的新法之后，修改禁止江东、江西、湖南、湖北路溺子的大观四年四月敕"生子而杀刑名告赏"；而礼部建议，已有"福建路婚葬丰厚等条"，应另外拟定以下之法"诸父母存，非本宗及内外有服亲而辄凶服送丧，（受顾行丧人非）若遇父母丧而过百日无故不殡者，各杖六十"。⑤ 福建禁止溺子之法大概制定于大观三年（1109），此后在江东、江西、湖南、湖北路禁止溺子的大观四年四月

---

① 包括先行研究，可参考青木前揭《南宋判语所引法的世界》。
② 在《清明集》卷七《立继有据不为户绝》中司法所拟的"法"。
③ 参考小川快之《清代江西、福建的"溺女"习俗与法》，收入山本英史编《中国近世的规范与秩序》，公益财团法人东洋文库，2014。与其类似的还有曾我部静雄《溺女考》（《支那政治习俗论考》，筑摩书房，1943）、刘静贞《不举子——宋人的生育问题》（稻乡出版社，1998）等。松元かおる也赐予教示。
④ 《宋会要》刑法二之四九《禁约》"大观三年五月十九日"条。
⑤ 《宋会要》刑法二之五七《禁约》"政和二年四月十二日"条。

敕与赏格一起颁布。又，据"礼部看详，福建路婚葬丰厚等条，已有海行外，今重别拟定下项"来看，这是否就是大观三年的新法本身，并不明了。总之，福建路存在"婚葬丰厚等条"以及同类的海行法，不过因为它有所欠缺，所以在"福建路婚葬丰厚等条"之上增加了这一"诸……杖六十"的敕。福建的习惯究竟为何能够成为这些法律的摇篮地呢？虽然属于推测，但至少在当时，江西、湖南、福建是人口激增的大开发地区，同时也是科举合格者急速增加的地区，对于拘泥于法令准据主义的宋朝而言，不能无视该地区的原住民和开拓者等各个集团独自的、个别性的习惯吧。

还有一个事件，即各地所保持的独自的礼制歪曲了《假宁令》服制之根本。三十卷《天圣令》取唐令为本，并参以新制，于天圣七年（1029）五月奏上。① 此前在天圣五年，太常礼院以及刑法司、外州各执一本《丧服制度》，将之编入《假宁令》，其结果是"颠倒服纪，鄙俚言词，外祖卑于舅姨，大功加于嫂叔，其余谬妄，难可遽言"。为此，翰林侍讲学士孙奭从《开宝正礼》中录出一卷《五服年月》，和《丧服制度》一起编附入《假宁令》。但是，这虽然合乎服制，却难以通行于世俗，翰林学士承旨刘筠等予以简易化，从《假宁令》中节取内容附于《五服敕》后，于天圣五年十月定制，印刷后颁行天下。② 虽然与《元丰令》相比，《天圣令》相

---

① 《玉海》卷六六《天圣新修令编敕》"天圣七年五月己巳"注；浅井前揭《中国法典编纂的沿革》，第267页等。

② 《宋会要》礼三六之一四《缌麻服》"天圣五年四月二十三日"条载："天圣五年四月二十三日，翰林侍读学士孙奭言：'伏见礼院及刑法司、外州各执守一本《丧服制度》编附入《假宁令》者，颠倒服纪，鄙俚言词，外祖卑于舅姨，大功加于嫂叔，其余谬妄，难可遽言。臣于《开宝正礼》录出五服年月，并见行《丧服制度》，编附《假宁令》。伏乞详择，雕印颁行。又礼文作齐衰"期"，唐避明皇讳，改"周"，圣朝不可仍避，伏请改"周"为"期"，用合经礼。'诏送两制与太常礼院详定闻奏。翰林学士承旨刘筠等言：'奭所上五服年月别无误错，皆合经礼，其"齐衰期"字，却合改"周"为"期"，以从经典。又节取《假宁》合用条件，各附五服之后，以便有司检讨，并以修正。望下崇文院雕印，颁下中外，所有旧本更不得行用，其印板仍付国子监印造出卖。'从之。"还可参考《长编》卷一〇五"天圣五年十月乙酉、己丑"条、《宋史》卷一二五《礼志·丁父母忧》"天圣五年"、《宋史》卷九《仁宗本纪》"天圣五年十月己丑"等。其中，有关外州的《丧服制度》编附入《假宁令》的叙述，仅见于《宋会要》礼。在天圣《假宁令》的制定过程中，先以太常礼院、刑法司、各州的《丧服制度》为基础，因其不合服制，孙奭录出《开宝正礼》，编附入当时处于编纂中的天圣《假宁令》，进而刘筠等又将《假宁令》的一部分附于《五服敕》，这是整备服制的整个过程。

当接近唐令，但不能忽略它也有对之前现行制度进行重新评价的程序。

这种部局、地方独自的礼法对王朝应有的法律体系造成了混乱。高桥芳郎的近论对此加以综合考察时，就以女子分法问题作为考察的一个线索。高桥检讨了黄榦《勉斋先生黄文肃公文集》卷四《郭氏刘拱礼诉刘仁谦等冒占田产》中带走吉州妆奁的案件，到黄榦的判断为止，由知县、提刑司金厅、司法参军、按抚使等分别断定分给妻之子、妻妾之子的各种判决，都保留在这一判语中，高桥借此批评滋贺高估了黄榦之判所具有的严格主义的儒教性解释。① 著名的女子分法，因其认定女子也能分得男子之半这一高比例的家产，而被作为不符合宗之原则的法律，成为长期讨论的焦点。分给妆奁和女子分产的立法化，丝毫没有奇特之处。现实中存在各种各样的价值观，更何况还有"颠倒服纪"的丧服制度编入《假宁令》之事，在这样的宋代法律编纂的情况之下，不得不说，如女子分法这样的违反礼教的地域性制度被编入法典体系，是有充足的余地的。

宋朝为适应各个时期的需要而颁布各种各样的命令，所颁布的法令只是一次性适用，迅即便被废弃，无法被普遍适用。② 又，笔者最近指出，以《名公书判清明集》为首的宋代裁判记录偏向于多用未见于现存法典的若干民事性法律，而这种被常用的一条法律，本来却是两条法律，被"世人"合为一个条文。在地方，存在着某种程度上与中央有别的、独自的法的世界。

结　论

宋朝如此不断地更新、编集所有地方、部局的行政法，持续努力地公布新法典，在这一背景下，它意识到应以明确具有整合性的法律、制度作为统治基础，而非例与续降指挥。南宋的臣僚言："文昌，政事之本。今户部之婚、田，礼部之科举，兵部之御军，工部之营缮，以至诸寺监一司专法之外，窃意无条而用例者尚多有之。欲望深诏大臣董正治官，悉令有

① 高桥芳郎：《妆奁是谁的？——以南宋时期为基点》，《史朋》第 40 号，2007。
② 笔者以前检讨过一个事例，即南宋的考课制度等是一种不论中央如何努力、地方官都不会遵守的法律。参考青木敦《淳熙臧否及其失败——南宋地方监察制度的两种类型》。（《东京大学东洋文化研究所纪要》第 132 册，1997）

司子细编类，条具合用之例，修入见行之法。一有隐匿之弊，重寘典宪。"① 一般而言，"文昌"意味着普天之下，文治兴隆，而在这一语境中，实际是说为防止例的乱用而昌明现行法。对于数量过剩且屡屡相互矛盾的命令与法律，如果政府不负起责任加以整理、再法典化，那么其结局便是委诸依靠先例的当场判断，如此则会导致用法深刻的胥吏舞文、形成混乱，所以无论如何都必须要不断地编纂法典。对于所增加的续降指挥之间互为矛盾，以及听任胥吏舞文的情况，当时有着强烈的批判，特别是在使用都省批状指挥的南宋秦桧时期以后，还有对此加以整理的活动。② 后法优于前法，特别法优于一般法，这是普遍性的原则，而敕优于律、一司一路的别制优于敕，也为法律所明定。③ 实际上，北宋末年有四万件地方法，④ 南宋初期有两万件续降指挥，⑤ 政和以来至绍兴三十年（1160）为止，海行法为两

---

① 《宋会要》刑法一之四三《格令》"绍兴二十六年闰十月一日"条。

② 《宋史》卷一九九《刑法志》载："至乾道时，臣僚言：'绍兴以来，续降指挥无虑数千，牴牾难以考据。'"《要录》卷一七三"绍兴二十六年七月"载："丙寅，上谕宰执曰：昨卿等奏，近年有司申明续降指挥，多有与祖宗成法违戾，已令看详改正，至今不曾具到。沈该曰：六部以谓，若一顿更改，恐致纷纭，欲每因一事，便与改正一项。上曰：此固善，然恐吏辈临时得以舞文，不若督责与一番改正。该等奉命而退。"（亦见于《宋会要》刑法一之四三《格令》"绍兴二十六年七月二十七日"）周麟之《海陵集》卷四《论革续降之弊》载："臣窃见，吏部诸选，引用续降指挥，前后不一，或臣僚建明，或有司申请，皆经取旨，然后施行，尚虑牴牾之多，承用者驳，舞文之吏并缘为奸，不可稽考。今以续降申明条册观之，乃有顷年都省批状指挥参列于其间，见今引用，亦谓之续降。"（亦见于《要录》卷一八五"绍兴三十年七月乙未"条。《文献通考》卷一六七《刑制》之"绍兴二十六年"则误）彭龟年《止堂集》卷二《论续降指挥之弊疏（绍熙三年）》载："今所谓续降者，殆不胜纪录，曾不知言非其人，法亦徒设，奸吏舞弄，出此入彼，适足以乱吾法耳。"

③ 《宋会要》刑法一之二八《格令》载：政和四年七月五日，"中书省言：'检会《政和名例敕》：诸律、《刑统疏议》及建隆以来敕降与《敕令格式》兼行，文意相妨者从《敕令格式》。其一司、（学制、常平、免役、将官在京通用法之类同。）一路、一州、一县有别制者，从别制。其诸处有被受专降指挥，即与一司、一路、一州、一县别制事理一同，亦合各行遵守。'专降指挥缘未有明文该载，诏令刑部申明行下"。

④ 前引《宋会要》刑法一之二○《格令》载：建中靖国元年八月二十六日，"刑部言：勘会本部编修一路等敕令，缘系四万余件……"

⑤ 《宋会要》刑法一之四八《格令》载：乾道六年十月十五日，"尚书右仆射虞允文言：'伏见敕令所见修《乾道新书》，系将诸处到续降指挥计二万二千二百余件，除合删去外，今于旧法有增损元文五百七十四条，带修创立三百六十一条，全删旧文八十三条，存留指挥一百二十八件，已成书颁行。欲望明诏诸路，候颁到《新书》，其间如有疑惑事件，许限两月，各条具申本所，以凭检照元修因依，分明指说行下。'从之"。

千六百二十卷，① 这一数量比例前已述及，在这一背景下，若是仅就前述法律原则而言并无问题，只是无论如何都无法知道行政是如何执行的。

通过将相关诸法予以法典化，并付加书名、印刷发行，这一政策便被赋予了权威性，法典编纂也是政治上的重要手段。其中一个例子就是，王安石的役法改革主要依据《元丰令》等元丰年间的法而展开，经过元祐旧法党时期，到了绍圣年间，朝廷又大幅度地推进法典编纂，设立看详役法所，在整理与役相关的地方法的同时，编纂了广为人知的《绍圣常平免役敕令格式》。为了拥护这一新法，户部侍郎兼详定一司敕令陈彦文上奏："乞明著刑典，应常平免役成法，不许辄议改更。"对此，皇帝下诏称："常平免役自熙宁以来，讲究奉行，纤悉具备。自今应有辄议改更者，以大不恭论。余并依动摇学校法施行。"② 即禁止更改作为新法的常平免役法，在此时提出论法，将被修改后的刑典定为不恭。又，当时也非无原则地追认后法的优先性，乖离律的行为也会被法律课以重罪，从而回归于律。③ 一旦成法被朝令夕改，确实会造成行政上的不便，这也是实情，因此尊重律与敕还是被认为是一种常识。也因如此，在宋朝，新法等朝廷的各项政策与政治情况相表里，是以整备相关之法、相关法典的形式获得推进。

在政策的实行过程中，单行的制敕和续降指挥等各种各样的特别法被颁布。然而，作为颁布者的朝廷将之忘得一干二净，而作为接受者的各个地方、部局则把它们积攒起来。在地方，那些明显反映当地地方习惯的规范、法律条文被继承、贮藏下来，哪怕它们存在反对传统礼教之处。于是，这种朝廷与地方之间的乖离导致了地方胥吏的舞文与法律整合性问题的发生，因此朝廷通过与地方的交涉，试图进行再度整理与编纂。尤其是在朝廷丧失文书达到最大化的南宋初期，朝廷不得不严重依赖地方所积聚的案牍——最初数年充其量限于湖州与温州，很快就扩展到了广东。各

---

① 《玉海》卷六七《宋朝敕局》载："绍兴元年八月戊辰，上重修敕令格式及申明看详等。自是迄于三十年秋，敕局所修书又一千八百六十三卷，通海行法为二千六百二十卷有奇。（政和元年十二月十七日，始颁海行敕令）"

② 《宋会要》食货一四之一六《免役下》"政和五年十一月三日"条。

③ 《宋会要》刑法一之八《格令》"熙宁十年十一月二十一日"条载："本法重于造印，则今之用法，甚异律文……欲乞检详自五代以来于本朝见用刑名重于旧律，如伪造印之比者，以敕律参详，裁定其当，所冀圣朝协用中典。"

司、各地积攒、利用并不为中央掌握的法律，这种状态本身存在于文书管理、情报通信技术不发达的前近代，并不能说是中国特有的现象。今后应予考察者，乃是不得不进行这种连续性法典编纂的宋朝与以下两个时段的差异所在：与其有制度源流关系的唐末、五代诸王朝，以及同样在庞大的帝国内部承担大量的行政案件、却没有进行与之相匹敌的法典编纂的元、明、清朝。本文以下仅限于叙述今后的课题：例如积聚在部局、地方的清代省例、吏部与户部则例等，如果是在宋朝，中央对此加以抄录之后，仅会留下应该成为永格的条文，而将其他部分都遗弃掉。在明清朝，立法的数量很少，继受了偏重刑法领域的律及其条例，对法典化事业缺乏热情。这种律＝条例的形式，若追溯其根本的渊源，则决不在明太祖一人，而应是可以称为法典编纂空白期的元朝。如果在宋朝，《元典章》铁定也是应该消失的地方法书。然而结局是，明朝继受的是唐、金、元的行政体系，而非五代后周－宋朝的系统。因为宋朝继受的是唐朝那种觉得能够以立法的方式实行行政的态度，加上要统治实现了经济、社会急剧发展的各个地方，所以其政策的法律化、法典化当然是必要的。有一个例子可以进行说明：同样被称为改革，张居正的财政改革，其主要目标是通过丈量和对主管官吏的考课来增加收入，其取向是结果主义的；而神宗、王安石的改革可将免役法视为代表，它提供了各种法律，系统而有序地对财政、社会性问题给予具体性解决，二者的方法有很大不同。若从是否符合实际的角度来看，因为行政密度逐渐降低——具体上说大概以县级人员为切入点，所以明代以降虽然也以法律的整备来推行政治，但越发具有现实感；而宋朝所面对的是扩大的社会经济规模，这就走到了法治性行政的一个极限。

译自山本英史编《中国近世の規範と秩序》，東洋文庫，2014 年 2 月。

译者附记：本译文完成于译者担任浙江大学人文高等研究院 2015 年夏季驻访学者期间，其中两处翻译承魏敏、石洋两位学友不吝指教，谨此一并致谢。

南宋判语所见的地方
权势者、豪民

〔日〕大泽正昭 著 吴承翰 译*

摘　要：在南宋判语中看到的地方权势者和豪民，以自己的经济基础为本，对基层社会行使司法领域的影响力。权势者主要的经济基础是土地经营，即作为地主，其中大部分应该是城居地主。在此之上，他们涉足流通关联产业，而且还从事包括"恶事"在内的各种"资本"运用。据此认识，笔者先前提起的"阿米巴型复合经营体"的概念，以及他们在基层社会中的本质，应该也能够重新得到理解。他们的目标是创造出和国家"相互依存的构造"并利用其权威。因此，他们的活动一旦越过统治规范的界线时，就会受到处罚。而这条界线的基准，很大程度上取决于负责官员的判断，难以明确。一旦看出以上这些权势者、豪民的本质，那么也就能看出宋代社会的日常性特征了。他们对于官方的业务执行、日常性的治安维持而言是有用的（必要之恶）。另一方面，豪民对于民众来说，是负担相应的公共业务的存在，在一定程度上也能得到支持。换言之，在宋代的"二者间关系"社会（"法共同体"不存在的社会）中，正是由权势者、豪民来代为执行"共同体"的任务。那正是维持基层社会的再生产所不可

---

* 大泽正昭，日本上智大学文学部教授；吴承翰，台湾政治大学历史学系博士候选人。

或缺的活动。当然，必须确认的是判语史料的界限。毋庸赘言，没有得到裁判的案件，或者不被认定为违法的事实是不会被记录下来的。又，判语是从统治者的角度所进行的单方面的断罪。暂且不论财产之争或立继之争等调停性的裁判，在关于刑事的案例中，犯罪者一方的主张几乎没有被保留下来。对于被断罪的豪民们，他们的主张及其行动的原动力，即使发现了《清明集》，也还仍有许多难以掌握的侧面。今后仍有必要参考其他史料，持续进行更深入的检讨。

关键词：特别法　海行法　敕令格式　习惯法　一司敕　路敕

前　言

唐宋变革期的中间阶层究竟产生了何种变化？迄今为止，笔者基于这个问题意识，研究了地方权势者的活动。① 这里所谓中间阶层，指的是介于皇帝、高级官僚和基层社会中间位置的阶层，是士人、寄居官、胥吏、地主、地方权势者、豪民等的总称。此一范畴虽也包含县级的地方官，但很难划出一条明确的界线，这仍有待今后的研究。总之，中间阶层对基层社会具有很大的影响力，对基层社会的维持、再生产发挥了莫大作用。唐宋变革期的下部构造，特别是以农业生产为首的经济再生产构造的变化，正是思考社会构造的历史性变化时绝对必须研究的对象。

在中间阶层里，第一个应该得到注意的是地方权势者、豪民阶层。他们因为和一般小农民、都市民直接接触，故影响力特别大。尽管历来皆知其活动散见于各处史料，但详细的实态并不十分明确。然而，自从20世纪

---

① 关于中间阶层，参照大泽正昭《对于中间层论与人间关系论的一个视点》，中村哲编《东亚专制国家与社会·经济》，青木书店，1993。笔者最近则对唐末至五代的地主，以流通业者等作为焦点，研究其复合性经营体的活动。特别注意考察他们和国家的关系这一部分，参照大泽正昭《唐五代的"影庇"问题及其周边》，《唐宋变革研究通讯》第 2 辑，2011，以及《唐代的"本钱"运用》，《上智史学》第 56 号，2011。

80 年代前半期明版《名公书判清明集》14 卷完本（以下简称《清明集》）发现以后，他们的实像就开始变得明确，研究自此进入了新的阶段。具体而言，明版的写真版由高桥芳郎携至日本，以及 1987 年标点本刊行（北京：中华书局）前后，解读与研究逐步进展，如后所述，发表了数个重要的成果。话虽如此，现阶段全面活用以《清明集》为首的判语史料的研究，可说尚未出现。再者，中间阶层的社会位置也还留下未解明的部分。

本稿是从以上问题意识出发，检讨南宋的地方权势者。此际，希望全面性地观察《清明集》等南宋判语，考察其中所记载的地方权势者实态及其历史性格。这是为了把握经过唐宋变革后的中间阶层的本质，首先不得不展开的工作。又，笔者曾经试着对豪民的本质提出粗略的展望。[1] 本文在确认其方向性的同时，更加仔细地以史料加以论证。

一　先行学说与史料研究

首先回顾一下目前为止主要的学说。希望确认这些论点后，进而确认研究的到达点与留下来的课题。

（一）官户、形势户与豪民的研究

最初提出此一问题的是周藤吉之。有关唐代后半期到宋代大土地所有者的成长，乃至地主—佃户制的成立与展开，周藤发表了详细而庞大的研究，其中一个主题就是官户·形势户。[2] 据此，宋代的大土地所有者虽多半构成官户、形势户，实体则是三等以上的上等户，他们是地方的豪族。此处所谓的形势户，按《庆元条法事类》（以下简称《事类》）的规定，即"谓见充州县及按察司吏人、书手、保正、耆户长之类并品官之家非贫弱者"。亦即就大土地所有者这点，形势户、官户、豪族是等值的概念，且前二者是和国家机构具有很深关系的阶层。只是，这里所关心的问题仅限定于新兴大土地所有者以及地主—佃户制的研究。再者，使用豪族这样

---

① 大泽正昭：《中国社会史研究与〈清明集〉》，《Sophia》第 160 号，1991。
② 周藤吉之：《宋代官僚制与大土地所有》，《社会构成史体系》（8），日本评论社，1950。

的普通名词，与官户、形势户这样的史料用语并列，使得对他们在基层社会的存在型态与活动的理解变得暧昧。

继承周藤研究并加以深化的是柳田节子。[①] 柳田以解明宋代支配层的本质作为问题意识来研究形势户。其结果是，他们作为大土地所有者这点没有动摇，而在史料上表现为"豪民"等，是构成宋朝官僚母胎的阶层。进而，她又指出当时的支配阶层是由形势·官户、吏人、豪民所构成，他们彼此具有相互寄生的关系。这里所说的寄生关系，若以明确地意识到国家权力的存在来表现的话，则谓为"相互依存的构造"[②] 比较容易理解。只不过在那个时候明版的《清明集》尚未公开刊行，自然也无法涉及其中登场的豪民的实态。

补充这点，并使议论进一步深化的是梅原郁。[③] 就"豪民＝形势＝官户"这点而言，梅原和柳田的认识是一致的。在此基础上，他深入检讨了"形势"的意味，借此提示了"猾吏、豪强"与"暴发户"的形象。另外，他也指出"形势"用语的多义性，还包含了唐代后半期以降的新兴支配者阶层，诸如官员、胥吏、地方豪民、职役户等等。亦即"形势"这个概念所指涉的，正是于唐宋变革期的流动性世界之中所登场的新兴阶层。这个见解和对于当时中间阶层的理解，具有很大的共通之处。

草野靖对这些研究提出了异议。[④] 草野以《事类》中对形势户的明确定义，指出它们不是"豪民"。也就是说，所谓形势户，即"在官，并利用官的身份威压百姓，以此图谋私利者"。其议论的梗概虽然可以理解，但也有不能同意的部分。其中之一即对"形势"的理解。众所周知，宋代史料上的用语概念并无十分严密的规定，关于"形势"也不例外。像草野这样以《事类》的概念规定作为基本指标，意图解释所有的史料，不得不说这是窒碍难行的。这就如同即便像《事类》这种法制史料所使用的用语，也难以用现代概念下的法制性规定加以理解，是同样的道理。例如只要一检讨《清明集》中的用语，就会屡屡发现这个概念的暧昧之处。此

---

① 柳田节子：《宋代形势户的构成》，收于《宋元乡村制研究》，创文社，1988。
② 关于这点，参照大泽正昭编著《主张的"愚民"们》，角川书店，1996。
③ 梅原郁：《宋代的形势与官户》，《东方学报（京都）》第 60 册，1988。
④ 草野靖：《宋代的形势户》，《福冈大学人文论丛》第 25 卷 1 号，1993。

外，有关"豪民"和国家无关这点，如后所述，从史料上来看也无法同意。从而草野的研究结果是难以接受的。

梁庚尧与草野在同一时期，发表了官户、士人的研究。[①] 梁将南宋的官户、士人区分为豪横型（以"武断乡曲"为特征）与长者型（以"施财济人"为特征）。此一区分对官户、士人以外的势力也能够适用，特别是注目于豪横型势力的活动并加以分析时。结果显示，他们是在政府统治能力不足，不得不依赖地方势力以处理行政实务的背景下进行活动，因而具有不可或缺的作用。在梁的研究中，所谓宋朝统治能力的不足，若置于南宋现实下来思考，确实是具有说服力的主张。而提出官户、士人阶层方面的二类型区别是很重要的，故这应是今后研究中必须多加利用的成果。

除了上述研究之外，最近在中国出现了试图超越历来的地主制论、关于中间阶层的活泼议论。例如林文勋、谷更有提出的"富民"论，[②] 或最近如廖寅的"基层控制力量"论等，[③] 这股动向似乎益发热烈。其中，林文勋以"契约租佃制"的地主阶级来理解富民，认为这个阶层正是于唐宋变革之中逐渐站稳脚跟。[④] 廖寅则以"民间强势力量"说明中间阶层，指出他们包括了"富族"、"士族"、"寺观"等在内，对"平民百姓"拥有影响力，是一种根据自己的势力给予基层社会很大影响的存在。但是无论何者，这些研究或新的主张总给人一种过于急躁之感，在理论、实证部分皆留下应该更深入的课题。附带一提，作为这些研究的先驱，王善军等人已经提出了相关问题。[⑤]

如以上这样，继续深入对官户、形势户、士人、豪民的研究，可以预料今后也会出现相应的研究。但从前述简单的学说整理中也可知，究竟该关注中间阶层的哪个部分？这是随研究者不同而各自相异的。虽然将他们

---

① 梁庚尧：《豪横与长者：南宋官户与士人居乡的两种形象》，《新史学》第 4 卷第 4 期，1993。后收于梁庚尧《宋代社会经济史论集》，允晨文化实业股份公司，1997。

② 林文勋、谷更有：《唐宋乡村社会力量与基层控制》，云南大学出版社，2005。

③ 廖寅：《宋代两湖地区民间强势力量与地域秩序》，人民出版社，2011。关于本书，有小林义广发表的书评，从学说史的位置给予了确实的批判。书评收于《名古屋大学东洋史研究报告》第 37 号，2013。

④ 参照林、谷前揭《唐宋乡村社会力量与基层控制》之上篇《唐宋"富民"阶层的崛起》。

⑤ 参照王善军《强宗豪族与宋代基层社会》，《河北大学学报》1998 年第 3 期，等等。虽也有其他研究，但在日本无法取得的论文颇多。

视为大土地所有者、地主这点基本上一致，但究竟是要注意官户、形势户、士人的部分，还是要注意豪民之中的"豪横"性格，产生了各种见解上的差异。本稿虽希望在这些研究成果之上，进一步找到探究基层社会再生产构造的本质以及社会构造变化的线索，但目前拟聚焦在南宋时代的判语中所登场的全体地方权势者，由此展开研究。亦即不是以官户、形势户这些史料上的称呼，或者地主、豪民这类生产关系上的规定来加以把握，而是想要首先提出这群领导基层社会的阶层全体，探究其影响力的实态与特质。

（二）史料及豪民的研究

本稿使用的史料是南宋的判语。判语研究在这二十余年间有飞跃性的进展。最具代表性的研究者之一是高桥芳郎。可称之为其遗产的《清明集》研究，以及《黄勉斋集》、《刘后村集》、《文文山集》（皆为略称）的判语研究，是对学界带来莫大裨益的业绩。[①] 此外如梅原郁对《清明集》的译注，属于先驱性的业绩；[②] 又如我们清明集研究会也发表了译注稿。[③]

利用这些成果，虽然为解明许多论点提供了条件，但首先不可或忘的，是厘清各文集类所收的判语的性格，因为这是作为研究出发点的史料批判之基础。总之，一方面补足笔者迄今为止的研究，一方面则简单触及判语的特征，[④] 并以此为基础，稍微详细地考察一下豪民研究的内容。

首先是判语的特征，在《黄勉斋集》、《刘后村集》的判语中，显著地展现出了作者的个性。前者引人注意之处是对寄居官的批判，至于后者的重点，则是对辖下地域在职的现役官僚的批判。另外，在《清明集》所收的判语中，也可以明显看出每位作者的个性。例如，在滋贺秀三所谓的三

---

① 高桥芳郎：《黄勉斋与刘后村》，北海道大学出版会，2011。
② 梅原郁：《译注名公书判清明集》，同朋舍，1986。
③ 清明集研究会自1991年以来，已发表了惩恶门、人品门、人伦门、官吏门的译注稿。
④ 笔者迄今有如下的研究：《〈清明集〉的世界——试以定量分析》，《上智史学》42，1997；《胡石璧的"人情"——尝试定性分析〈清明集〉》，收于大岛立子编《宋——清代的法与地域社会》，财团法人东洋文库，2006；《刘后村的判语——〈名公书判清明集〉与〈后村先生大全集〉》，《中国史研究》（韩国）第54辑，2008。

个法源之中，^① 他们对"天理"、"王法"的各自坚持，等等，表现出不同的偏好。因此，无论其中何种史料，抑或随着特定作者的不同，进行实证工作时自然也会产生相应的偏见，对此做好心理准备自不待言。但是，由于《清明集》是以复数作者书写的判语集合而成，因此就全体而言，这些个性或偏见可以得到一定程度上的修正吧。

那么，在判语之中又该注意哪些焦点呢？若按本稿的问题意识来看，关心的是从各种意义上对社会具有影响力的势力。但是，一旦注意到所谓判语的史料性格，就不得不将其视为处于宋朝统治方针之外的地方权势者了。在此史料界限的大前提下，对于他们的身份、称呼以及活动的形态究竟为何，就可以有相当程度的把握了。接着就想从关注这些重点来进行学说史的回顾。

因为对于地方权势者中被称为"豪横"的势力的研究一直盛行，所以最先看一下这个部分。注意到这点，并首先检讨了《清明集》的是陈智超。^② 陈取出其中登场的、具有代表性的二十户"豪横"进行分析〔即后面"表1"中的（1）到（20）的部分〕。结果他指出了以下几点。

首先是"豪民"与"豪横"的不同："……宋代的豪民……他们取得财富的手段及剥削的份额，超过了当时舆论允许的范围。至于本文所要探讨的'豪横'，与一般的豪民又有不同。他们触犯了封建国家的刑律，因此受到封建国家的惩罚。一言以蔽之，宋代的豪横是豪民中的一部分，豪民则又是田主中的一部分。"进而"豪横"具有"侵夺国课"与"擅作威福"的两个侧面。前者"侵夺"的是两税、盐课与货币铸造，后者则举出如"私设牢狱、诈欺官司、伪造官府文书、侮辱长官"的行为。另一方面，他又指出"豪民"和"豪横"的共通点，在于两者都是地主阶级，都以获得更多的地租作为目标。他们具体的活动则有土地兼并、高利贷、占据水利和学田，从而"武断乡曲"。

陈的研究是关于"豪横"、"豪民"的初步整理，故具有很大的意义。但是也存在问题。首先，真的能够区别"豪民"与"豪横"吗？这是有疑

① 滋贺秀三：《清代中国的法与裁判》，创文社，1984。
② 陈智超：《南宋二十户豪横的分析》，《宋史研究论文集：1984年年会编刊》，浙江人民出版社，1987。

问的。进一步阅读史料即可发现，要划出两者之间的分界线是相当困难的问题。到底该以什么样的基准来区分他们呢？设定基准变成了问题。其次，以陈为首的中国研究者，将其理解为地主阶级（庶民地主），这个大前提真的是不可动摇的吗？这与最近的"富民"论之间的关系，是令人感兴趣之处。最后想指出的是分析对象的范围太过狭窄这点。陈所举出的"豪横"史料，仅有以《惩恶门》为主体的二十个例子。不用说，他们当然是具有代表性的豪民，但即便是《惩恶门》中也还有很多例子，其他分门中也有值得注意的史料。因此有必要将这些史料包含在内，进行全体性的检讨。

另外，梅原郁也在前述论文中以《清明集》为题材进行研究，分析了代表性的官户、形势和豪民。该文指出"豪民"的共通之处有以下四点：

1. 成为制置司、总领所等官厅的承包商，从事盐、谷物的买卖，具有官方的关系；
2. 在地方上作为揽户承包征税，或经营酒坊，擅自设立商税场等；
3. 私置牢狱、狱具等，握有警察权与裁判权；
4. 使用有前科的州县胥吏，作为部下的核心。

进而，他理解"豪民"的方式是，虽然"与官户、形势户具有重迭的部分"，"不如说是在其之下，占据一地，暗中扶植其力量"的人。大体来说，这是可以理解的认识。但是，该文也并未对判语作全体的分析，仅止于检讨具有代表性的一部分而已。以下，就依据具体的史料进行考察。

二　南宋时代判语所见的地方权势者

在此，基于前述的问题意识，整体地检视目前所介绍的判语类、文集类史料，试着接近其全体图像。首先要从这些史料之中拣选出相关记事，此时就必然要先设定史料选择的基准。亦即在这么多记事之中，必须找出最能反映他们活动实态的记事。在判语里头，固然也有仅只记载官户、揽户等用语的史料，但只要是不能够把握其活动实态的，就不能成为分析的对象。以此选择的判语，即构成后附"表1"至"表4"的内容。整体来看，地方权势者登场的判语全部共有一百一十道，其中也有同族重复登场的情形，对此加以整理后，可得到《清明集》约九十例，《黄勉斋集》十一例，《刘后村集》二例，《文文山集》一例，合计一百余例的地方权势者，可将其视为豪民。以下即以此为基础进行考察。又，稍后引用时，如《清明集》的判语就以"清 No. O"、《黄勉斋集》判语就以"黄 No. O"的形式表现之。

（一）身份、称呼

首先确认一下选出的记事中登场的人物。这些汇整成"表"中的身份、称呼栏，一如以下明细所示。

身份：现役官僚、胥吏、典押、都吏、宗室、寄居官、士人、形势之家、制属、乡司、隅官（隅总）、揽户、上户、茶食人、书铺户、牙侩等；

称呼：豪民、豪富、豪横、豪强等地方权势者，健讼、哗徒、奸民、顽户等背叛统治的人，其他（异民族首领、新兴宗教教祖等）。

以这些记事为主，可举出他们具有如下的特征。

1. 就身份而言，可分为国家机构的构成员（官、吏、制属）、准构成员（寄居官、宗室、士人、职役人）、辅助裁判业务的职业（茶食人、书铺户），这部分占了绝大多数。反过来说，不包含在内的诸如牙侩等，数量很少。可知他们多半都和国家具有很深的关系。

2. "形势"在《清明集》中只有两例，《黄勉斋集》中则有谢知府、曾运干、陈家等四例，这反映了前述的史料特征，亦即黄榦的问题意识。如此，在这些史料中所谓"形势"的用语，是以抽象的"有势力者"，或者以寄居官的意义来使用。后者主要是《黄勉斋集》中的用法。总之，为《事类》所定义的"形势"，在实际的判语中也不太被使用。《事类》的规定，不也可以说是在颁布相关法令之际，因某种需要而制定的特例吗？

3. "官户"只有一例。如就其实际的数量之多、影响力之大而论，这显得很不自然。有几个可以考虑的可能性，由于很难想象他们在诉讼案件中都没有登场，因此，可能即便案中登场的人物是官户，但也刻意不使用官户的用语，又或者是地方官有所顾虑，因而隐藏了他们的姓名，等等。但是，这没有留下可资判断的材料。

4. 比较这些例子，则"豪民"与"豪横"的区别不明确。因此，陈智超的论点只能视为他个人独自的定义，无法作为一般论。

附带一提，《册府元龟》（始撰于1005年）的"将帅部"有"豪横"的项目，在其序言中，以当时的概念做出关于这个词语的记述。由此可推测宋代有关"豪横"一语的概念。但是，这篇文章为了配合修辞法整齐之故，使其真意难以掌握。以下举出原文：

> 夫作福作威，凶于而国，败礼败度，戾于厥躬，皆圣训之格言，寔人臣之明戒，况乃总握兵要，肃将天威，慎固封陲，诘诛暴慢，诚当议以先众，惠以感人，用宣戒诏，克贞师律，若其不恤危难，废乱典尝，戕害生民，图报仇怨，负固滋横，崇侈无厌，贪黩之心，踰于溪壑，凶忍之性，甚于豺狼，以至诬害良臣，轻侮王室，虽膏斧钺，污鼎镬，盖有余戮矣。（卷454，"将帅部"115）

（如上文字据明版，旧字改为新字）。依此记述，所谓"豪横"就是拥有武力的势力，是比"豺狼"还要凶恶的势力。他们甚至轻蔑皇帝、官僚，若放置不理则会使"生民"、"良臣"、"王室"受害，亦即他们是会伤害到权威的势力。

若进一步看看其中所举之例，"豪横"的用例可以追溯到很久以前。但是构成问题的，应该还是从时间较近的唐代后半期以降，那些反抗中央的节度使，以及行动横暴、引人注意的武将们的记述吧。此时期可举出的人物及对其行动的评价摘记如下：宣武军刘玄佐的"豪侈轻财"，襄阳节度使于頔的"凌上威下"，昭义军卢从史的"狂恣不道"，邢州刺史王士则的"兵卫自严"，浮阳牙将卢彦威的抗命行动，凤翔李茂贞的"恣横擅兵"，魏博节度使杨师厚"矜功恃众，骤萌不轨之意"的行动，荆门军成汭"性本豪暴，事皆臆断"的态度，晋侍卫亲军使景延广的擅自指挥军事，灵武军张从宾的"凶傲"，邓州节度使皇甫遇"所至苛暴，以诛敛为务"的行动，彰义军张万进的"凶恣"，以及汉青州都部属李守贞的横暴举动，以上共十三例。这些事例正是序文内容的具体表现，特别是在军事、政治方面，不遵从中央、上级命令的人物的行动。

那么，南宋判语中所见的"豪横"究竟又是如何呢？从前揭"表"中可知，构成"豪横"的是包括寄居官等，几乎都是国家构成员或具有准构成员身份者，犯下各式各样"恶事"的势力。他们固然使"生民"受害，然而几乎不见以武力违逆国家的势力，也找不到任何在军事行动中反抗命令的事例。又，从外侧对宋朝统治加以反抗的事例也几乎没有，至于暂时性地反抗宋朝的，如以"表"中来讲也仅有清 No. 8、55、84 和黄 No. 16 而已。大体来说，在豪民之中没有强烈反抗宋朝统治的势力，而这些行动可视为"豪横"的表现。也就是说，这和《册府元龟》中的"豪横"概念多少有点龃龉。因此，宋代"豪横"的用语，应该解释为更加广泛的、抽象的表现。以南宋来看，在国家裁判的判语中构成问题的势力，其中大多正是"豪横"式的豪民。

（二）地域

从判语中登场的地名来看，可知地方权势者活跃的舞台，是在从临安到江西的路线上（浙东、江苏），以及福建、湖南的大部分地域。对于并非遍布南宋支配地域全体，而是相当集中于若干地区这点，可以认为其背景潜藏着某种历史性的特征。这在前述问题提起时也有提到过。[①] 例如对临安存在十分发达的物流可说是一个原因，而湖南周边地区的民族问题也和地方权势者的活动有所关联吧。但是，仅此无法说明为何福建地域的地名如此之多。想来这或许与福建出身的《清明集》编纂者的意图有所关联，[②] 又或者是受到在福建北部地区活动的朱熹的影响吧。这仍有待今后的研究。

---

① 参照大泽前揭书《主张的"愚民"们》。此后，围绕这点又出现了若干论考。例如青木敦《健讼的地域性景象：围绕 11·13 世纪江西社会的法文化与人口移动》，《社会经济史学》第 65 卷 3 号，等等。另外，小川快之对此问题做了总括性的整理。参照小川快之《传统中国的法与秩序》，汲古书院，2009。

② 参照陈智超《宋史研究的珍奇史料》，标点本《名公书判清明集》附录七，中华书局，1987。

（三）组织

如观察地方权势者的组织，不用说其核心是个人，但是与其联系的子孙、兄弟或者儿子的妻族等家族、姻族，也发挥了彼此相应的作用。其他方面，和别的权势者组成二人组、三人组的情况虽然也有，但比例上只占了一成多。再者，有作为手下为之工作的干人、仆人，也有作为人力等的雇用人。另外，还可举出他们能够动员的佃户、"恶少"等，即以利害关系结合的集团。由此性格而言，他们不是家庭经营，而是"家庭公社"经营。①

另一方面，在此欲注意的是权势者彼此之间的竞争。试举出相关记事：

No.73：……王松龙之豪，与王元方之哗，金厅所拟，已得其情，不待重说偈言，何况二人自是同族而相攻，亦坏风俗。②

如上所述，乃同族的王松龙与王元方之争。又：

No.74：郑天惠依凭而狡，朱元光暴富而横，天道亏盈，使两强而不相下，自斗自败。

这是郑天惠与朱元光二豪民相争双败之事。再者，还有如王氏的骨肉之争。像这样记载豪民之间直接争斗的判语很少，不过，在同一地域内存在着复数权势者的事实，以清No.33的"十虎害民"为首，可以找出数个判语。因此，颇能推测其中应该存在着权势者彼此之间的势力之争。官方借由他们的竞争可以坐收渔翁之利，使宋朝能够维持在该地域内的权威。

---

① 有关这种家族和世带的差异，参照大泽正昭《唐宋时代的家族・婚姻・女性》之终章，明石书店，2005。

② 以下史料的现代语翻译，参考前揭高桥芳郎、梅原郁和清明集研究会的译注。原文则附于注中。（译者注：今已参照中华书局2002年版《名公书判清明集》，将所有日文引文还原为中文。）

这种对立关系的存在，正是压抑所谓领主性支配的志向性——即地方权势者在一定地域内意图实现一元化的支配——的一个重要因素。这与前述"家庭公社"经营性格合起来看，是思考豪民势力的性格之际应当留意之处。

（四）活动内容

地方权势者的活动形形色色，以下整理判语中所表现出来的特征：

  a. 与裁判密切关连者："健讼"等；

  b. 与国家业务密切关连者：贿赂、请托官吏，介入征税、纲运、贩盐等；

  c. 独自的地域支配：私设监狱，拷问，裁判，处罚，征收通行税等；

  d. 钱与物的操作：特别是高利贷，以及与盐相关的"犯罪"；

  e. 露骨的暴力：暴行、杀人，恐吓、胁迫，强盗，诱拐等；

  f. 地方社会的民众动员：动员县民向地方官施压；

  g. 其他：诈欺，赌博，伪造公文书等。

这些活动的特征在于，并非一个势力采取一种活动，而是各个势力同时出现好几种活动。若进一步整理这些活动的共通特征，可得以下四点：

  1. 采取胁迫、诈欺、暴力等一切手段来积累土地和财产；

  2. 自己成为国家机构的构成员、准构成员，或者与这类人物建立关系；

  3. 利用公的、私的裁判或诉讼。此点和宋代以降"诉讼社会"的登场有关，于次项再做详细检讨；

  4. 操作钱、物或与之相关的活动。其特征是除高利贷、盐政相关业务之外，还有利用纲运、铸造伪币、设置税场等。

如此一来，可以厘清地方权势者的整体面貌。接着要进一步详细检讨的是他们活动的历史性特征。

三 "豪民"特征的活动

在前述的地方权势者中，有总称为"豪民"的势力（豪民、豪富、豪横、豪强、哗徒、奸民、顽户等）在许多判语中登场。这里尝试分析他们的活动。对此目前所能检讨的是第一点"裁判与诉讼的利用"，以及第四点"钱和物的操作"。有关第二点"国家机构及其关连"，尽管也是令人甚感兴趣的问题，但论此则尚需相应的准备工作，例如对更广泛的史料进行检讨，等等，故只能暂待其他机会。本稿只限定于检讨第三、第四点两个要素。他们以暴力为背景，以司法的分野和经济的分业这两项要素作为两大支柱，进行其活动。

（一）司法的分野——私的裁判

首先是第三点的裁判、诉讼活动。关于豪民私人性的裁判，如同清 No. 21 所记的一般，在湖南"豪富之家率多不法，私置牢狱，擅用威刑，习以成风"，豪民私自设置牢狱和私刑，亦即私的裁判变得相当平常。这样的事例不仅是在湖南，在其他地域也可看到很多。以下举出他们在各地活动的样子，试着看一下各自的记述内容：

> 清 No. 8：……忽于本路（江西）在任官员脚色籍中见有凶雏扶如雷者，依然正统部内巡检职事……节节据人户有状论其不法，或讼其受人户白词……
>
> 清 No. 48：……方震霆豪横自若……承干酒坊，（对于密造、密卖）俨如官司，接受白状，私置牢房，杖直枷锁，色色而有，坐厅书判，捉人吊打。
>
> 清 No. 54：……（张）景荣乃敢以揽户而行官称，辄行书判，以简锁讯决而加于乡人，其被害者非一。
>
> 清 No. 60：王东家于溪洞之旁，既为揽户，又充隅总……自其充隅总也，则两都之狱讼遂专决于私家矣。
>
> 清 No. 61：……两孙（？）官千三……私置牢狱，造惨酷狱具，

如蒺藜、楂棒、狱仗、铜锤索、手足锁之类，色色有之……最惨酷者，取细砂炒令红赤，灌入平民何大二……廖六乙耳内，使之立见聋瞆。

清 No. 8 是江西，清 No. 48 在信州，清 No. 61 在福建·南剑州（清 No. 54 不明，清 No. 60 或许在湖南？）。由此，私的裁判不仅限于湖南，而是相当普遍的豪民活动形态。其中，清 No. 61 "……是以三十年间，民知有官氏之强，而不知有官府，乡民有争，不敢闻公，必听命其家。"此点引人注目。此处如"不敢闻公，必听命其家"所示，记载了豪民无理地强制执行裁判的情形。但是，这当然也有判语表现上的问题，亦即这是站在官方立场的单方面记述。若暂时将官方主张置于一旁，客观地检视这个事案，则在该地域发生了民间的争执，这是首先可以确定的事。这无疑正是"诉讼社会"之一例。如按此思之，则只不过是民间的纷争究竟是由官方裁决，还是由民间裁决的差异而已。也就是说，这条判语的背景，可知是以该地域民间纷争的频繁发生为前提，而由豪民来裁判、代行调停的情形。尽管偶尔也有豪民为了自肥而强制执行的裁判，但就诉讼解决的意义来说，也可认为它发挥了一定的公共性职能吧。若转换一下视角，则豪民正是将裁判行为作为基层社会自己的任务，这代表了民间在一定程度上予以支持的结果。唐宋变革以降所谓"诉讼社会"的显著化，[1] 就是变得更加需要裁判担当者或调停者的存在了。豪民代行的就是所谓裁判、调停这样的公共业务。换句话说，对于民间的纷争究竟是由宋朝政府作为裁决者，还是由豪民发挥其功能，在两者之间存在着主导权之争，且可以认为豪民亦有获胜的时候。

尽管可以判断这种私的裁判是以农村地区为主，但其实都市地区的豪民也有同样性质的活动。在那种场合，他们并非亲自主持裁判，而是采取暗中操纵宋朝裁判的形式。象征性地表现其本质的例子，是设"局"以操控裁判的活动。试举出判语的事例：

---

[1] 关于这点，辻正博进行了重要的研究。根据辻正博《隋唐时代相州的司法与社会》一文的内容，至唐代为止，在相州的"健讼"问题尚未变得显著化。该文收于夫马进编《中国诉讼社会史研究》，京都大学学术出版会，2011。

清 No. 25：赵若陋者，专置哗局，把持饶州一州公事。

清 No. 36：惟程伟一名……改职为都辖，以避典押之名，则又三人中之最黠者也……创起月敷局，监纳无名钱，白纳三千石……

清 No. 49：饶、信两州，顽讼最繁，奸豪最甚……如鄱阳之骆省乙者……而又健于公讼，巧于鬻狱……方且分遣爪牙，多赍银器，置局州城，赂公吏。

清 No. 66：成百四，特间巷小夫耳。始充茶食人，接受词讼，乃敢兜揽教唆，出入官府，与吏为市，专一打话公事，过度赃贿。小民未有讼意，则诱之使讼；则胁使行赇。置局招引，威成势立，七邑之民，靡然趋之。

如上所引，清 No. 25 的宗室置"局"以操控一州的裁判、行政，清 No. 36 的胥吏创设"月敷局"用以敛财，清 No. 49 中的豪民于州置"局"以左右裁判的结果。又，清 No. 66 中的茶食人置"局"，以各种和裁判有关的手段在州中活动着。

这里所谓"局"的设置，如宋代史料经常见到的那样，是政府为处理事务而设置的临时部署。在这种情况下所谓的"局"，乃是办公桌或部署、事务所的意思。豪民与政府一样，在都市中设有自己私人的派出机关——"局"，并以此为根据地对州、县官吏进行暗中的工作。这种地方权势者的行动，自然是以诉讼、裁判的请托为主体。唯有清 No. 36 没有直接言及关于裁判之事。但是，由于程伟是胥吏，故推测他的"恶事"涉及裁判，也是不难想见之事。而"局"正是当时的据点吧。

由此来看，地方权势者同时存在于农村和都市地区的活动，就逐渐浮上了台面。也就是说，他们在农村地区进行直接的裁判、调停，而在宋朝支配力强的都市地区，则借着操纵权威来左右裁判。换句话说，这可视为都市地区的权势者间接地进行了私的裁判吧。像这样子，对应于农村、都市地区各自的状况，采取诉讼的处理或对裁判的间接操作，也是地方权势者们所担负的重要公共业务吧。以此活动为核心，他们实现了对一定地域的支配。这也可看成是支配人们意志的活动，且在农村地区具有更大的影响力。都市地区因为有不特定的人们出入其中的情况，无法发挥像在农村地区一般的影响力。但是，对于居住在都市的人来说，应该还是具有相应的影响力。这里借着所谓裁判、私刑的司法性方法，展示了一种支配基层社会的样貌。豪民在代为解决频繁的诉讼之际，同时也借机中饱私囊。当然，限于司法领域的活动中，尚有其他健讼之徒等人，得以在基层社会发挥影响力，但还是以能够确保经济基础的豪民占了多数。这可以从判语的记载中得知，接着就检讨这点。

（二）经济的分野——与物流的关系

接着看第四点与钱和物的操作相关的活动。有关高利贷活动，迄今有关大土地所有和地主制的研究已屡屡提及，故此处不再列举。值得注意的是关于物流的活动。首先是与盐政相关的活动，这个问题至今已累积了庞大的研究成果，这里也没有必要赘述。确认一下判语中所记载的部分，已十分足够了吧。

> 清 No.3：所有部内有一等豪猾，将钱生放，多作盐钱名色扰民，合与禁约。
> 清 No.47：徐安奸黠小吏……徐安进说，谓当俵卖诸吏，责限纳钱，其意以为请出官盐，可盗妄费，藉此为由，钳制徒党……徐安抗拒官司，辄号召秤子等人，不得包裹零盐，欲为沮抑卖盐之计，秤子畏其凶焰，辄皆听命，遂使官司失信买盐之人……
> 清 No.57：王元吉，亦奸民之尤也……旁缘制司名色，增长私贩盐价，锁缚抑勒铺户，取偿者，则又执私约以欺骗……
> 清 No.58：谭一夔，豪民之倾险者……或高抬制司盐价，诱人赎买，逼迫捉缚，准折其田宅……
> 清 No.61：而其家造两盐库，专一停塌私盐，搬贩货卖，坐夺国课……又私置税场，拦截纸、铁、石灰等货，收钱各有定例，赃以万计。

清 No.3 是豪民关于盐钱征收方面的不法行为。在清 No.47 中，触及了身为胥吏的豪民担当盐政实务的实态。他们拥有能独断地执行实务的力量，而且能借着官盐获得利益。清 No. 57 显示豪民交结胥吏等人，骗取官盐又抬高私盐价格贩卖的事实。进而，在清 No. 58 中抬高官盐价格，并私吞代价借以自肥。至于清 No. 61 的豪民则拥有两座仓库，进行着大规模的私盐贩卖。像这样子利用官盐、私盐的流通，构成了地方权势者重要的收入来源。历史上与盐相关的事件不胜枚举，自不在话下。豪民的活动即可说是处在这类事例的延长线上。

换个角度来看，在唐代后半期以降的物流问题中，值得注意之处正是这群新兴地方权势者的活动，他们利用以盐为主的物流，扩大了自身的势力。他们极尽所能地利用可以利用的物资，借以培养经济实力。这种活动的实态表现于判语之中。以下，试举出这些关于盐以外的物流。

首先是宋朝政府组织的物流，即有关纲运的部分：

> 清 No. 35：照得，杨宜、彭信为恶最甚，民怨滋多……近者弋阳管下南渡港，自有陈府恰造大船，通济往来，忽被杨宜、彭信以纲运名色，占载行李。五月十七日，大水泛涨，渡子只以小船撑渡，致死者三十余人。本县百端遮掩，必不令本司知之。

据此可知负责纲运实务之胥吏的实态。由于县的业务被他们牢牢掌控，知县也只能"隐蔽"他们的横暴吧。从判语中可以描绘出这种实务的结构。又如：

> 黄 No. 3：……然后知曾适者真豪横健讼之人也。方曾儒林侵盗官纲之时，朝旨行下，抄估家产，急如星火。

这里叙述了寄居官曾适犯下盗取纲运物资的恶事。宋朝主宰的纲运对地方权势者而言，成了他们盈利的场所之一。

其次是伴随物流而来的是伪造货币，关于制造伪币有如下的案例：

> 清 No. 57：检法书拟……又况遣子商贩，往来江右。动以官钱易砂毛私铸，搬入摄夹杂行用，以求厚利，遂使私钱流入湖湘贩者众。

清 No. 57：断罪……铜于法禁最重。公然剪凿私铸，搬贩砂毛，莫敢谁何。遂使江西三角破钱，尽入湖南一路界内。

如上所述，豪民在自己的商业活动中铸造伪币，并于其贩卖路线中使用质量恶劣的钱，使恶钱从江西广布至湖南地区。这等于是无视宋朝的铸钱业务，铸造伪币用以自肥。他们恐怕是取得了浙东路周边开采的矿产物，借此来铸造伪币吧。他们的经济力之强大，可说是达到了完全无视国家权威的程度。

此外，有关豪民设置税场以征收金钱的现实，已如前揭清 No. 61 的例子所述。这是于顺昌县对纸、铁、石灰的流通加以课税，且对应不同项目征收钱额之事。在此对于这些物资，试着稍作检讨。

有关铁的部分，可以认为是对应于当时铜的需要，进行铁的流通。根据王菱菱等人的研究，铁与铜的生产具有以下的关系。[1] 在福建路和浙东路的边境地区，特别是铅山县周边，自古以来就是矿产物的主要产地，这里会涌出胆水（硫酸铜溶液）。借此胆水以浸铜法采集铜的过程中，铁是必要之物。关于浸铜法的详细内容予以省略，在此仅举出如下一例有关的史料：

> 浸铜之法，先取生铁，打成薄片，目为锅铁，入胆水槽，排次如鱼鳞，浸渍数日，铁片为胆水所薄，上生赤煤，取出刮洗钱煤，入炉烹练，凡三练方成铜……[2]

这种采集铜的方法，自北宋哲宗时期以降即十分盛行，因此到了南宋时期，也有大量的铁通过顺昌县，输送到铅山县吧。官氏的目标就是瞄准这点。

石灰的用途很多。作为建筑材料的涂料自不待言。与前述麻沙本的关

---

[1] 小川快之对矿业的研究做出了总括。参照小川前揭书第一章《宋代信州的矿业与"健讼"》等。关于铜的精炼，参照王菱菱《宋代矿冶业研究》，河北大学出版社，2005，等等。

[2] 收于《宋会要辑稿》食货 11～3。

系方面，如竹纸一样，当粗纤维的材料在制成纸张之际，石灰也是必要品。① 或者用于铁的精炼，又如在两浙地区，对于将浊酒酿造为清酒的酿酒业而言，也是必要的物资。②

如上所见，官氏一族设置税场课税的对象，都是当时重要的流通物资。无论何者，皆可见到在该地区周边存在着相当规模的流通。豪民正是着眼于这种流通，拥有这种极具历史性格的物资流通；而与此物流相关的"恶事"，就是豪民活动的一大特征。

如本项所见，豪民于经济分野的特征性活动之一，就是以当时物流的发展为基础的。他们积累土地进行地主经营，同时还经营高利贷，并展开有关物流的事业。这些收益就构成了豪民的经济性基础。

结　语

以上看到的地方权势者和豪民，是以自己的经济基础为本，对基层社会行使司法分野方面的影响力。最后，关于他们的历史性特征，如重新整理并据以展开的话，有如下的内容。

1. 在南宋判语中，对宋朝展开全面性反抗的权势者几乎没有，大体上都采取和宋朝权力、权威结合的态度。也就是说，他们的目标是创造出和国家"相互依存的构造"并利用其权威。因此，他们的活动一旦越过统治规范的界线时，就会受到处罚。而这条界线的基准，很大程度上取决于负责官员的判断，难以明确。③

2. 在判语记述中，引人注目之处在于暴力性掠夺，亦即"实力的世界"的存在。这点高桥芳郎已经注意到了。④ 何以这种暴力会如此横行？目前虽然还无法充分地说明，但是，地方权势者的活动是以财力加上暴力两者密切联系的事实，这是可以确认的。

---

① 关于这点虽有许多研究，现阶段敬请参照我们于福建北部的调查记录中，由小岛浩之执笔的部分。大泽、小岛等：《福建北部历史调查报告：〈清明集〉的世界之地理环境与文化背景（建宁府篇）》，《上智史学》第57号，2012。

② 《泊宅编》（三卷本）卷上："二浙造酒，皆用石灰，云无之则不清……"

③ 关于这点有大泽前揭《胡石壁的"人情"》等研究。

④ 参照高桥前揭书。

3. 他们一方面寄生于国家，一方面具有支配地域的志向性，此点无须多论。农村中的私人性裁判就是这种志向性的表面化。但是，那在许多场合也不得不遭到挫折。理由固然很多，但其中可以举出的一点，正是由于他们组织的"家庭公社"经营，使得他们很难形成血缘关系以外的人脉。而与此互为表里关系的，就是与其他权势者之间无止境的斗争的存在。在一个特定的基层社会中，权势者的地位绝非安定。更有甚者，还可举出如《清明集》中登场的那样，真正耿直的地方官在地方活跃着。他们将教化"愚民"设定为自身的任务，是十分忠实于职务的官僚。当然，地方官也并非全都是同样遵循理念的行动者，在《清明集》官吏门等判语中，也可窥见许多堕落的地方官。但即便如此，耿直的地方官发挥了很大的影响力，这是毋庸置疑的，他们无法放任那些做出"恶事"的权势者与豪民。尽管如判语中经常可见的"从轻"一般，也有减轻处分的时候，但也应该存在着对权势者相应的打击。如此一来，权势者持续地对地域进行的支配，也就不得不受到挫折了。

4. 一旦看出以上这些权势者、豪民的本质，那么也就能看出宋代社会的日常性特征了。他们对于官方的业务执行，对日常性的治安维持而言是有用的（必要之恶）。一方面，豪民对于民众来说，是负担相应的公共业务的存在，在一定程度上得到支持。换言之，在宋代的"二者间关系"社会（"法共同体"不存在的社会）中，① 正是由权势者、豪民来代为执行"共同体"的任务。那正是为了维持基层社会的再生产所不可或缺的活动。梁庚尧所谓的"长者"型权势者，就从这个侧面明确地表现了出来。②

这种情况若从整体上来看，南宋社会的大小权势者，透过各式各样的利害关系，与小农民或都市民结成个别性的关系。地方权势者与民众的关系，不限于诉讼问题，在地主经营方面的劳动力雇用，这种经济性关系也构成了其中的一部分。在社会再生产所必需的各种各样的联结中，具有影响力的权势者和豪民割据着地方社会。

---

① 关于"二者间关系社会"，参照足立启二《专制国家史论》，柏书房，1998。

② 参照梁庚尧前揭论文。

5. 重新确认的话，权势者主要的经济基础是土地经营，即作为地主，其中大部分正如梅原郁所说，应该是城居地主吧。在此之上，他们与流通关联产业相关，而且还从事包括"恶事"在内的各种"资本"运用。若据此认识，则笔者先前提起的"阿米巴型复合经营体"的规定，① 以及他们在基层社会中的本质，应该也能够重新得到理解吧。

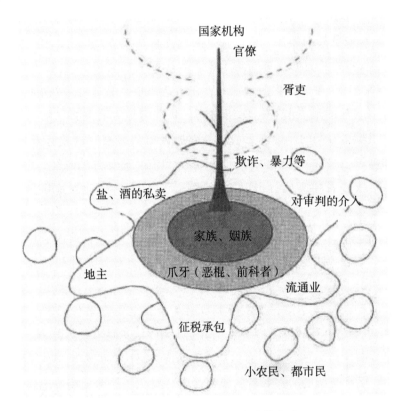

图1 阿米巴型复合经营体的模式图

6. 最后必须确认的是判语史料的界限。毋庸赘言，没有得到裁判的案件，或者不被认定为违法的事实是不会被记录下来的。也就是说，梁庚尧所说的"长者型"豪民，在判语中既不会登场，而他们日常性的公共性任务，也几乎不会被记录下来，这是要辅以其他史料而于今后必须加以检讨

---

① 参照大泽前揭《中国社会史研究与〈清明集〉》。

的课题。①

又，判语是从统治者的角度所进行的单方面的断罪。如财产之争或立继之争等调停性的裁判暂置不论，在关于刑事的案例中，犯罪者一方的主张几乎都没有被保留下来。被断罪的豪民们，他们的主张及其行动的原动力，即使发现了《清明集》，也还仍有许多难以掌握的侧面。今后仍有必要参考其他史料，持续进行更深入的检讨。

表1 《清明集》中登场之地方权势者

序号	卷	判语题名	著者	权势者姓名	身份、称呼等	地域	组织	活动	备注
1	1	惩戒子侄生事扰人	—	黄百七	裁判官从侄之仆	湘阴县	—	"嚣讼"、"挟持"、妄兴诉讼	
2		不许县官寨官擅自押人下寨	吴雨岩	韩逢泰、韩顺孙	豪家	玉山县柳都寨	引知县、寨官为己方（或纳入掌握中）	寨＝豪家之土牢、县＝豪家之杖直	
3		禁戢摊盐监租差专人之扰	—	—	豪猾	饶州	—	以盐钱之名目借钱	
4		禁戢部民举扬知县德政	沧洲	范文、吴钤	寄官员、士人、上户	—	—	"举扬"知县	
5	2	县尉受词	马裕斋	黄松（孙亚七、杜万二等）	牙侩不良子弟	严州	县尉默认	开设柜坊、"停着赌博"	
6		冒立官户以他人之祖为祖	—	李克义	名家之后、官户			砍伐祖墓松柏、"聚凶徒鼓噪街市"	

---

① 附带一提，记载豪民的公共性活动的史料，有如下的例子，希望以此作为今后的研究课题。朱熹《晦庵集》卷100《龙岩县劝谕榜》："……右今榜龙岩县管下，遍行晓谕。上户豪民，各仰知悉。其有细民不识文字，未能通晓，即请乡曲长上，详此曲折，常切训诲。"真德秀《西山先生真文忠公文集》卷3《直前奏事札子甲戌七月二十五日》："……其齐民则天性健斗，每易视房兵，其豪民则气概相先，能鸠集壮勇。使范蠡、诸葛亮辈得而用之。"魏了翁《重校鹤山先生大全文集》卷14《安癸仲抚谕四川官吏军民诏》："……爰命太府卿安癸仲，兼四川抚谕使。奉将朕指，劳问将士，抚绥黎元，招辑流散，纠合骁武。其有监司牧守，旄将勇夫，巨室豪民，忠臣义士，凡以靖难敌忾，为吾制臣之助者，姓名来上。"

续表

序号	卷	判语题名	著者	权势者姓名	身份、称呼等	地域	组织	活动	备注
7		贪酷	蔡久轩	黄权簿	—	—	—	"霸一县之权"、要求贿赂	
8		巡检因究实取乞	宋自牧	扶友嵩、如雷	巡检	衡州攸县	父子、僧、恶少	胁取会子、取乞、不当取得官位、受理"白词"等	
9	3	顽户抵负税赋	胡石壁	赵桂等	上户、奸民、顽户	—	拥有的"奴仆"	未纳国税、数年不纳	
10	4	妄诉田业	胡石壁	刘纬	奸猾者	—		健讼、兴起田地诉讼	
11		干涉不明合行拘毁	刘后村	(17) 潜彝父子	士人、"纳粟"、"小使臣"、"监酒户"	贵溪县	父子、干人	"武断豪霸"、骗取田产	
12		已卖之田不应舍入县学	翁浩堂	孔主簿、吴八	形势	—	投托吴八、干人	吴八违法占种田土	
13	5	争山妄指界至	刘后村	(18) 俞行父、定固兄弟、祖主簿	寄居官（祖主簿）、豪富（愈兄弟）	建阳县	兄弟、表亲、干人、保司、结托寄居官·豪民	"武断乡曲"、争山	
14	6	不肯还赁退屋	叶岩峰	黄清道	顽民、十王	—	联合狱吏	不还赁钱、对僮仆施以暴行	
15	8	侵用已检校财产论如擅支朝廷封椿物法	胡石壁	曾仕珍父子	好讼、险健	邵阳县	父子	对府、转运、提刑、安抚司越诉、"犯义犯刑"	
16	9	母在与兄弟有分	刘后村	丘汝砺	豪民	—	联合危文谟	土地违法交易	
17		典买田业合照当来交易或见钱或钱会中半收赎	胡石壁	李边	健讼、"老奸巨猾"、"好行凶德之人"	—	—	土地违法交易、强请典主等	
18		典主迁延入务	胡石壁	赵端	豪民、富者	—	—	不法取得土地	

续表

序号	卷	判语题名	著者	权势者姓名	身份、称呼等	地域	组织	活动	备注
19		盗葬	一	古六十	健讼人	一	一	协助土地诉讼原告	
20		争墓木致死	蔡久轩	（19）胡小七	买官人、豪强	一	悍仆·群佃百余人、干甲、联合提干	砍伐墓山之木	
21		背主赖库本钱	一	区元鼎	豪富之家	湖湘	奴仆	不法行为、"私置牢狱、擅用威刑"	
22		女家已回定帖而翻悔	刘后村	一	形势	一	一	介入裁判	
23	10	母子兄弟之讼当平心处断	吴雨岩	一	哗徒	一	一	介入兄弟间诉讼	
24		恃富凌族长	蔡久轩	范宽	富豪、士人	一	一	独占水利	
25	11	宗室作过押送外司拘管爪牙并从编配	吴雨岩	赵若陋	宗室	饶州	"恶少"、联合胥吏	设置哗局、介入裁判、于赌场施暴等	
26		假宗室冒官爵	金厅	赵假意	伪宗室	处州、金华县	一共六名	伪造公文书·官印、诈称官职、介入裁判、强夺伤人等	
27		引试	蔡久轩	胡大发	豪横、隔官、士人	信州	士友叹愿、人力	胁取财物	
28		士人充揽户	蔡久轩	操舜卿	揽户、士人	一	结托犯罪者	不上纳官物、对县官无礼	
29		士人以诡嘱受财	吴雨岩	余子能	士人、哗徒	一	一	"诡嘱受财"（巧辩）	
30		僧为宗室诬赖	蔡久轩	赵时霭	宗室	一	小婢	诬赖骗挟藉以胁迫	
31		罪恶贯盈	蔡久轩	黄德	州吏	饶州鄱阳县	一	恐吓诉讼、不当秤提、强夺人妻·娼妓、破坏店·市场等	

续表

序号	卷	判语题名	著者	权势者姓名	身份、称呼等	地域	组织	活动	备注
32		违法害民	蔡久轩	孙迥、万八兄弟、余信	胥吏、"立地知县"、"八王"	信州弋阳县	兄弟、配吏、乡司、弓手、保正、一共计六名	暴行、恐吓、诈取等	
33		十虎害民	蔡久轩	周鳞、陈明、徐涛等十名	胥吏	信州铅山县	联合势家干人	强夺资产、横领他人行李	
34		籍配	蔡久轩	王晋	猾吏、副吏、"小提刑"	江东路	联合提刑	收贿、不当取得金、银、绢、土地、宅邸等	
35		慢令	蔡久轩	杨宜、彭信	县吏	信州弋阳县	引知县为己方（或纳入掌握中）	执纲运牛耳、死者三十人	
36		铅山赃吏	蔡久轩	徐浩、张谨、周厚、程伟	配吏、典押、"烧热大王"	信州铅山县	—	设置"月敷局"、乞取、取受、霸役、贿赂等	
37		受赃	蔡久轩	郑臻、金彬、吴恭	配吏	—	买收寄居官之干人	恐吓	
38		二十状论诉	—	詹春、张庆	乡司	信州铅山县	—	收夺、反复胁迫	
39		假作批朱	—	杨璋、赵澄、胡寿	书铺户	—	—	伪造批朱	
40		乡司卖弄产税	—	邵远、郑兴、郑富、徐侁	乡司、罪犯吏	贵溪县	—	违法强取产税钱	
41		恣乡胥之奸	吴雨岩	周森	乡胥	—	—	户籍不正	
42		应经徒配及罢役人合尽行逐去	胡石壁	—	"经徒配及罢役人"	邵州	—	乱用法律、教唆诉讼等	
43		去把握县权之吏	吴雨岩	周侪、周仁、周森	奸吏、配吏、乡司	信州玉山县	—	受领贿赂、占有官妓、耕地	
44		都吏辅助贪守罪恶滔天	宋自牧	郑俊、胡杰	都吏	—	联合知军	不法行为、取乞	

续表

序号	卷	判语题名	著者	权势者姓名	身份、称呼等	地域	组织	活动	备注
45		都吏潘宗道违法交易五罪	刘后村	潘宗道	都吏	饶州	凭恃势家	违法买强买田产	
46		南康军前都吏樊铨冒受朝廷爵命等事	刘后村	樊铨	前都吏、"税院"、巨蠹	南康军	凭恃豪富	横领官钱、冒称进士、伪造公文书等	
47		黠吏为公私之蠹者合行徒配以警其余	—	徐安	奸黠小吏、押录	建阳县	结托徒配	教唆诉讼、坐欠借款、屠杀耕牛、妨碍盐政	
48	12	豪横	蔡久轩	(1)方震霆（阎啰、百六官）	豪横、豪强、名士子孙	信州弋阳县	"罢吏凶恶"	"私置牢房"、胁取财物、诈取田畑、杀人、暴行等	
49		为恶贯盈	蔡久轩	(2)骆省乙	豪民、修武郎之孙	饶州鄱阳县	父子、凶徒	胁取财物、田土、教唆诉讼、强请、赠贿等、置局	
50		豪强	蔡久轩	(3)李锉、(4)李麟	豪强	—	—	"横行"、引发诉讼纷纭、连篇累牍	
51		豪横	蔡久轩	(5)齐振叔（千四）、万四	"家富而横"	—	父子	暴行、遗弃尸体	
52		押人下郡	蔡久轩	(6)胡一鸣	多赀	饶州鄱阳县	—	"力可移山"	
53		豪民越经台部控扼监司	吴雨岩	(7)留又一	豪民	饶州	役使胥吏	伪造契约书、教唆	
54		诈官作威追人于死	吴雨岩	(8)张景荣、景贤兄弟	揽户	—	兄弟	伪造判决书、拷问、检死不正、诈称官名	
55		治豪横惩吏奸自是两事	吴雨岩	(9)骆一飞父子	豪横	—	父、长男、次男	强夺财物、宣传妖教、暴行	

续表

序号	卷	判语题名	著者	权势者姓名	身份、称呼等	地域	组织	活动	备注
56		与贪令据攘乡里私事用配军为爪牙丰殖归己	宋自牧	(10) 陈瑛	豪强	湖南	结托县官、贿赂狱吏、以配隶为手下	骗取钱、土地等	
57		结托州县蓄养罢吏配军夺人	宋自牧	(11) 杨子高、(12) 王元吉	豪民、奸民、制属	湖湘	结托州县官吏、以罢吏配军为手下、与陈氏相争、联合王元吉	杀人、强夺土地、诈称官名、私盐、制造伪币、诉讼胥吏	
58		举人豪横虐民取财	宋自牧	(13) 谭一夔、谭三俊、陈节等	举人、豪民、制属、"三(十)将军"	湖南	干仆、人力、以无赖为手下、县吏三人组	介入诉讼以强取土地、私盐、高利贷	
59		何贵无礼邑令事	马裕斋	何贵、(14) 金四三	豪右、一武夫	分阳(?)	狠仆	侮辱县令、捕捉胥吏	
60		不纳租赋擅作威福停藏通逃胁持官司	胡石壁	(15) 王东	揽户、隅总	湖南(?)	—	未纳租税、私家专决狱讼、隐匿杀人犯	
61		母子不法同恶相济	刘寺承	(16) 官八七嫂母子	次男为县尉	南剑州顺昌县	母子三人、以"恶少"为手下	"私置牢狱"、私盐、税场、夺取田宅、诱拐、以祈愿、修桥为口实强夺财物等	
62		讼师官鬼	蔡久轩	项元明	讼师官鬼、士人	—	—	借钱给胥吏、弓兵(以把持公事)	
63		专事把持欺公冒法	翁浩堂	郑应龙	把持人、朝奉郎	西安县	买收承人	操作裁判、纵放犯人	
64		把持公事赶打吏人	翁浩堂	刘必先兄弟	士类	—	兄弟、三人组	殴打公吏、强取地租	
65		先治依凭声势人以为把持县道者之警	胡石壁	赵添监	"假儒衣冠"	邵州新化县	仰赖僧三人	把持诉讼	

序号	卷	判语题名	著者	权势者姓名	身份、称呼等	地域	组织	活动	备注
66		教唆与吏为市	蔡久轩	成百四	茶食人、朝奉郎、哗徒	—	凶徒	请托、赠贿、教唆诉讼、置局	
67		士人教唆词讼把持县官	胡石壁	刘涛	士人、学校奉职	邵州新化县	手下多数	教唆诉讼、执县官牛耳、请托	
68		先治教唆之人	胡石壁	鲜再举	—	—	—	教唆诉讼	
69		惩教讼	方秋崖	易百四郎	书铺户	袁州	—	教唆诉讼	
70	13	哗鬼讼师	蔡久轩	金千二、钟炎	势家干仆之子、州吏之子、举人、"哗徒之师"	婺州	二人组、与吏交结、士友叹愿	介入诉讼、贿赂、请托、恐吓、教唆、强取圩田	
71		撰造公事	蔡久轩	张梦高	哗徒渠魁、吏人之子	婺州武义县	无赖	教唆诉讼、诈欺、赠贿、请托、使人无辜破家	
72		哗徒反复变诈纵横捭阖	马裕斋	娄元英	无赖子弟、哗徒、势家、豪右	浙右	兄弟	教唆诉讼、榨取土地财产	
73		豪与哗均为民害	蔡久轩	王松龙、王元方	豪民、哗徒	—	—	为民之害、与（同族）豪民相争	
74		资给告讦	吴雨岩	郑天惠、朱元光	"依凭而狡"、"暴富而横"	—	—	夺取土地、出资使人诬告、与豪民同类相争	
75		资给诬告人以杀人之罪	—	王祥父子	富民	婺州	父子	出资兴讼诬告	
76		资给人诬告	—	（20）蒋元广	豪民	婺州东阳县	"恶少"三十名、结托胥吏	出资兴讼诬告	
77		教令诬诉致死公事	—	江谦亭	—	—	—	"家饶于财、武断乡曲"、教唆诬告	
78		钉脚	婺州	方明子	"嚣讼之人"	婺州	—	妄诉冤罪	

续表

序号	卷	判语题名	著者	权势者姓名	身份、称呼等	地域	组织	活动	备注
79		峒民负险拒追	胡石壁	樊如彬	峒民	—	省民手下	冒渎官司、占据没官田	
80		以累经结断明白六事诬罔脱判昏赖田业	刑提干	黄清仲父子	豪猾健讼、凶徒	—	父子三代、手下	胁取土地、诬罔判决	
81		假为弟命继为词欲诬赖其堂弟财物	主簿拟	王方、用之父子	"哗徒之渠魁、宦族之后"	鄂州崇阳县	父子	宗族内的捏造诉讼	
82		王方再经提刑司钉锢押下县	天水	同上	同上	同上	同上	同上	
83		骗乞	—	王文甫	奸民、豪民、势家族党	—	结托巡检、胥吏	捏造诉讼	
84	14	元恶	—	卜元一	"行凶偶赦恩不偿命之囚"	—	亡命等手下多数	杀人、隐蔽盗贼、亡命、制造武器、强盗、反抗巡检、知县等	
85		捕放生池鱼倒祝圣亭	蔡久轩	赵时涧/叶森	宗子/顽狡民户	—	二人组、凶徒四名、僧	收贿、劫取放生池鱼、拽倒放生亭	
86		把持公事欺骗良民过恶山	宋自牧	唐黑八、蒋黑念二	"两虎分霸"	衡州衡阳县	—	把持诉讼	
87		检法书拟、断	宋自牧	唐梓	"小人中之狼虎"	同上	与州县公吏=亲故、蛮连手	赌博诈欺、结托胥吏、受理诉状	
88		因赌博自缢	潘司理、蔡久轩	余济	贩盐恶少、买官、一州巨蠹	—	包含士人、胥吏一共九名	藉由赌博强收借款	
89		莲堂传习妖教	蔡久轩	张大用	—	饶州？	与官府、军组织相同	散播妖教	
90		痛治传习事魔等人	吴雨岩	祝千五	道主	饶·信州	一共五名	散播妖教吃菜事魔	

备注：底线注记者为陈智超所举出的"二十户豪横"。

表2　黄勉斋判语之权势者

序号	卷	判语题名	权势者姓名	身份、称呼等	地域	组织	活动	备注
1	38	危教授论熊祥停盗	熊祥危教授	豪横寄居官、官人	临川县	兄弟、甥使用弓手	"停盗"？诬告	
2		曾知府论黄国材停盗	曾知府父子	寄居官、豪横	乐安县	干人、阿曾（买收）	"停盗"与诬告亲戚	
3		曾适张潜争地	曾适	豪横健讼之人	金溪县	干人（周成、陈先、朱端、熊富）	捏造土地所有以诉讼、盗取纲运品目	
4	39	窑户杨三十四等论谢知府强买砖瓦	谢知府	寄居之家、形势之家、豪强	新淦县	干人（邹彦、王明）、使用弓手、保正	骗取砖瓦	
5		彭念七论谢知府宅追扰	谢知府	形势之家、寄居官、形势	同上	干人（郭胜、睦晟）、甲头	藉甲头逃亡而诉讼	
6		邹宗逸诉谢八官人违法刑害	谢八官人	大家	同上	干人（邹宗逸）、使用弓手	接续序号4	
7		徐少十论谢知府宅九官人及人力胡先强奸	谢九官人	形势	同上	人力（胡先）	强奸？	
8		宋有论谢知府宅侵占坟地	谢知府	形势、豪强	同上	干人	占据园地	
9		王显论谢知府占庙地	谢知府	形势	同上	干人	占据庙地	
10		张凯夫诉谢知府宅贪并田产	谢知府、谢八官人	豪横	同上	干人	夺取田产	
11		徐莘首赌及邑民列状论徐莘	徐莘	奸豪、寄居、士人	—	寄居官	赌博、为民之害	
12		郝神保论曾运干赎田	曾运干	形势之家、形势	—	干人（宋六一）	白夺田产	
13	40	陈安节论陈安国盗卖田地事	曾金紫等邹司户	形势之家、富家、富豪、健讼	—	—	违法典买田产同上	

续表

序号	卷	判语题名	权势者姓名	身份、称呼等	地域	组织	活动	备注
14		陈希点帅文先争田	陈子国、希点父子	形势、士人	—	干仆、人力	诬告官会、夺取田产	
15		聂士元论陈希点占学租	同	积代豪强、豪强	—	干人	夺取学田租	
16		龚仪久追不出	龚仪	豪民、豪户、士人	—	—	侵占墓地，夺取牛、山、家屋，不纳税	
17		谢文学诉嫂黎立继	谢文学	豪横、健讼	赣州宁都县	干人（谢卓）	诉不当立继	

表 3　刘后村判语之权势者

序号	卷	判语题名	权势者姓名	身份、称呼等	地域	组织	活动
1	192	户案呈委官检踏旱伤事	—	豪富人、富强有力之家、豪强		—	结托官吏、减免赋税
2		饶州州院申徐云二自刎身死事	王叔安	豪家、豪强	乐平县	干人（朱荣）、县吏、寨卒	捏造诉讼、夺取田产

表 4　文文山判语之权势者

序号	卷	判语题名	权势者姓名	身份、称呼等	地域	组织	活动
1	12	门示茶陵周上舍为诉刘权县事判	周监税父子	豪强	衡州茶陵县	—	执县政牛耳

试析清律中"故勘平人"条

王志强[*]

摘 要: 根据清律"故勘平人"条的立法意旨,当时承审官员可对涉案证人和案犯本人实施刑讯;对前者,用刑没有明确的其他前提要求,但只能适用较轻的刑讯手段;对后者,特别是重罪案犯,则要求"赃仗证佐明白",可施用重刑逼供。但是,在刑科题本等文献所反映在司法实践中,证据"明白"的这一刑讯前提,实际上只需达到合理怀疑的标准,具有较大的灵活性。

关键词: 清律 刑讯 故勘平人

通过刑讯而获取涉案相关人员的供述,无论是作为正当合法的形式,还是作为非刑取供的手段,在世界许多地区、不同时代都曾经存在,在当代社会也未曾绝迹。对中国帝制时代有关刑讯的制度和现象,海内外学者已有丰富的论述。[①]

---

* 复旦大学法学院教授。

① Judy Feldman Harrison, "Wrongful Treatment of Prisoners: A Case Study of Ch´ing Legal Practice," 23 *J. of Asian Stud.* 227, 234 (1964). Alison W. Conner, "True Confessions? Chinese Confessions Then and Now," in *The Limits of the Rule of Law in China*, Karen G. Turner, James V. Feinerman, and R. Kent Guy eds. , Seattle: University of Washington Press, 2000, pp. 132, 136 – 37; Alison W. Conner, "Chinese Confessions and the Use of Torture," in *La Torture Judiciaire: Approches Historiques et Juridiques*, Bernard Durand et al. eds. , Lille: Centre d' histoire judiciaire e? diteur, Universite Montpelier, 2002, pp. 63 – 91; Nancy Park, "Imperial Chinese Justice and the Law of Torture," 29 *Late Imperial China* (No. 2) 37, 49 – 52 (2008);徐忠明、杜金:《唐明律例刑讯规定之异同》,《北京大学学报》2009 年第 4 期;蒋铁初:《清代的疑罪处理》,《南京大学法律评论》2011 年秋季卷。

不过，对清代律例中与刑讯相关的规则及其实际运用状况，目前的认知中还不乏存疑之处。

本文针对《大清律例》中"故勘平人"的规定，利用明清律例文本、律学著作、官箴以及档案等文献，进行文义、学理和实践角度的论析，以求加深对清代刑讯问题和证据制度的相关认识。

一　"勘"及其施用范围

关于刑讯的律文规定，较重要的是《大清律例》卷三六"刑律·断狱·故禁故勘平人"条的后半部分，即本文所探讨的"故勘平人"律文：

> 若（官吏怀挟私仇）故勘平人者（虽无伤），杖八十。折伤以上，依凡斗伤论。因而致死者，斩（监候）。同僚官及狱卒知情，（而与之）共勘者，与同罪，至死者减一等。不知情（而共勘）及（虽共勘而但）依法拷讯者（虽至死伤），不坐。若因公事干连平人在官，事须鞫问，及（正犯）罪人赃仗证佐明白，（而干连之人独为之相助匿非）不服招承，明立文案，依法拷讯，邂逅致死者，勿论。①

对于这一条文及其标题的解读，有多处需要探究。首先，标题及正文中的"勘"，字面上都仅表示调查询问，② 本身并没有刑讯的意思。但由于首句的律注中提到"无伤"，因此在时人的认识中，显然对"勘"的通常用法，作了扩张解释，将其作为刑讯拷打的代称。针对律文"（官吏怀挟私仇）故勘平人者（虽无伤），杖八十"部分，沈之奇疏解律义时指出："官吏怀挟私仇，将无罪平人故行拷讯者，杖八十；无伤亦坐，有伤亦同。"③其

---

① 《大清律例》，田涛、郑秦点校，法律出版社，1999，第 561 页。
② 《康熙字典》引《集韵》："鞫囚也。"《康熙字典》，上海古籍出版社，1985，第 155 页。
③ （清）沈之奇：《大清律辑注》（下），怀效锋等点校，法律出版社，2000，第 987 ~ 988 页。关于沈之奇这一著述在当时法律实践中的影响，参见 Fu-mei Chang Chen, "The Influence of Shen Chih - Ch'i's Chi - Chu Commentary upon Ch'ing Judicial Decisions," in *Essays on China's Legal Tradition*, Jerome Alan Cohen et al. eds., Princeton: Princeton University Press, 1980, pp. 170 - 221。

理解的"故勘",就是"故行拷讯"。明代雷梦麟对该条文也作了类似的疏解。① 另一部明代律学著作中,则曾更明确地定义:"故勘,谓故意拷打也。"② 由于清承明律,因此明代的律学见解,亦可辅证此说。

那么,这种拷讯勘问的对象,制度上所允许的范围涵盖哪些人?根据沈之奇的解释:

> 按:平人与罪人是两项,观"及"字可见。"明立文案,依法拷讯",谓文案内注明。干连者虽是平人,有当用刑推勘之事;及犯罪之人既有赃、杖可凭,又有证佐可质,明白无疑,犹恃强不服招承,必须用刑。此证佐即干连之人也。因故勘平人,连及应勘之平人,并及应勘之罪人。服者,输服罪情;招者,招承罪名。平人无招,前文已言之,此"不服招承",是指罪人言,非指干连人言,其义甚明。注曰"干连人云云",谓干连之人为犯罪人相助匿非,则与不服招承之罪人俱当用刑。此"相助匿非",亦"事须鞠问"中只一端也。③

对于刑讯对象,明代的王肯堂也持同样观点:"'因公事干连平人在官,事须鞠问'是一项,'罪人赃仗证佐明白,不服招承'是一项,'明立文案,依法拷讯,邂逅致死者,勿论',此乃承上两项而言也。"④ 其他明代律学家看法亦基本类似:"若因见问公事,干连证佐平人在官,不肯说出真情,须要推鞠勘问;及犯人受赃之情状、及证佐之人所供之情词俱已明白,而正犯不肯招承服罪,将赃状证佐缘由明立文案,依法拷讯,而邂逅致死者,皆勿论。"⑤

据此,则拷讯的对象包括两类人。一是作为"干连之人"的"平人",

---

① "若官吏怀挟私仇,故意拷打勘问平人者,杖八十。"(明)雷梦麟:《读律琐言》,怀效锋、李俊点校,法律出版社,2000,第477页。

② 佚名:《大明律直引》卷六,《中国律学文献》第3辑第1册,嘉靖五年刊本,黑龙江人民出版社2006年影印本,第553页。

③ (清)沈之奇:《大清律辑注》(下),怀效锋等点校,第988页。

④ (明)王肯堂:《王仪部先生笺释》卷二八,第2辑第5册,康熙三十年顾鼎重编本,黑龙江人民出版社2005年影印本,第307页。

⑤ (明)张楷:《律条疏议》卷二八,《中国律学文献》第1辑第3册,嘉靖二十三年黄岩符验重刊本,黑龙江人民出版社2004年影印本,第615~616页。

即涉案的证人。如果讯问官认为其存在"为犯罪人相助匿非"、"不肯说出实情"等各种"事须鞫问"的情形、有必要对其用刑时，就可以进行刑讯。二是现代意义上的犯罪嫌疑人。当作为犯罪证据的"赃仗证佐明白"，而案犯本人又不肯招供吐实时，就"必须用刑"。

这里需要特别注意的是，沈之奇特别强调，对于这些原本无罪的"干连之人"进行刑讯，前提条件是非常原则性的"事须鞫问"，而律注中提到的"相助匿非"，即包庇隐匿不法行为，只是符合这项"事须鞫问"原则的一例，并不仅限于此。通观清代律例，并未在其他篇章对"事须鞫问"这一原则做出更详细和具体的规定。如果沈之奇等人所论不谬，则对于涉案人的刑讯条件是非常灵活的，几乎完全取决于承审官员的自由裁量。这也在一定程度上否定了此前学者们的理解，即至少在当时的制度上而言，所有合法的刑讯都必须建立在"罪人赃仗证佐明白"且"不服招承"的前提下。①

二　两种标准和刑讯方式

如果确如当时律学家们所论，对干连之人进行刑讯的条件并不严格，律文中关于证据等相关明确要求仅适用于案犯本人，那么进一步问题是：为什么对证人的刑讯条件如此宽松，而反倒对案犯本人的刑讯前提如此严苛，即需要"罪人赃仗证佐明白"且"不服招承"？承审官员可以较随意地刑讯证人，反而在拷问案犯时束手束脚，这种制度安排显然有悖于一般的逻辑和常理。

这一看似自相矛盾的现象，或许可以通过考察明清相关条例的表述及其流变，从刑讯方式的角度进行解释。

明代条例中，有两条规定值得注意：

> ……奈何在外司府州卫等衙门有特残酷官员，但是捉获强窃盗贼

---

① 参见徐忠明、杜金《唐明律例刑讯规定之异同》，第41页；蒋铁初《清代的疑罪处理》，第149页。

到官，不辨赃之真伪，不察情之虚实，止据巡捕人员取具供词，辄加淫刑，极其惨刻，多有因伤致死，却乃捏招补案，申呈上司，死者□冤，致伤和气。合无通行各处巡抚等官，严加禁约：之后捉获强盗，务要详辨赃仗情节明白，问招监候，会审呈详……①

内外问刑衙门，一应该问死罪，并窃盗、抢夺重犯，须用严刑拷讯。其余止用鞭朴常刑……②

从前一条例来看，当时在实践中的要求，作为刑讯前提的"赃仗明白"，强调针对的是强盗案件。这里的字句表述，与律文用词也大体一致，某种意义上可以视为对律文理解及适用要求的一种表现。同时，后一条例则强调，在刑讯方式上，对死罪等各种重罪嫌犯，应采用"严刑"，而其他刑讯对象，都应采用较温和的常规刑讯方式。如果从例以辅律的角度，来理解明代人对相关律文的认识，或许可以对律文做这样的解释：律文中所要求的"赃仗证佐明白"，针对的是强盗等重大犯罪；设定这样较高标准的理由，可能是对这些案犯应适用较严厉的刑讯手段。而对于其他一般案犯以及律文中提到的应予刑讯的"干连之人"，并无这样严格的前提要求，而是可以较自由地裁量决定，因为对他们应该仅适用一般的刑讯手段。

上述对刑讯方式做出区别性规定的第二项明代条例，在清代前期被沿用，直至雍正三年（1725）才被正式废止。③ 但对刑讯方式及其适用的案件类型做出区别，这一观念和制度在清代同样始终存在。清代条例规定：

强、窃盗、人命，及情罪重大案件正犯，及干连有罪人犯，或证据已明，再三详究，不吐实情，或先已招认明白，后竟改供者，准夹讯外，其别项小事，概不许滥用夹棍。若将案内不应夹讯之人，滥用夹棍，即虽系应夹之人，因夹致死，并恣意叠夹致死者，将问刑官题

---

① 黄彰健：《明代律例汇编》（下），中研院历史语言研究所，1979，第977页。
② 黄彰健：《明代律例汇编》（下），第979页。
③ 参见（清）吴坛著，马建石等校注《大清律例通考》，中国政法大学出版社，1992，第1042页。

参治罪。（薛允升按语：此条专言夹棍，下条兼及拶指，均刑之极重者。）①

……如有将干连人犯，不应拷讯，误执己见，刑讯致毙者，依决人不如法因而致死律，杖一百。其有将干连人犯，不应拷讯，任意叠夹致毙者，照非法殴打致死律，杖一百、徒三年。②

同时，清初《吏部处分则例》曾规定："审问小事，不准用夹棍。内外审事官员，若将应夹案内不致于死干连之人，被夹即死，罚俸一年；不应夹案内之人行夹，降一级留任；被夹之人即死，降三级调用……"③ 清末的《吏部处分则例》则规定：

承审命盗抢窃及一切要案，如实系有罪之人，证据明确，而犯供狡展，或用拧耳、跪錬、压膝等刑者，免其置议。若系案内干连人犯，或被扳无罪之人，以及审理寻常事件，辄用跪錬等刑者，降一级调用。因而致死者，仍照擅用非刑例革职。④

上述条例和则例，都进一步传达出时人这样的认识：一方面，"证据已明"、"证据明确"等刑讯的前提要求，都针对重罪案件而言；而对这些"有罪人犯"，可以施用重刑。另一方面，对一般案件以及无罪的涉案人，则不能施用重刑，也就没有必要设定特别明确和严格的前提条件。如果对明显不应刑讯的"干连人犯"施加刑讯、造成死亡后果，要区别使用的是何种刑讯方式，对官员的处罚结果也明显不同。

清代前期基层官员的描述，也证实了当时在实践中，重案才能施用夹棍等重刑以逼取口供，也才需要旁证作为用刑的前提。明末清初的李渔指出："夹棍扛子，于法为极重，万不得已而用之，非常刑也，惟强盗、人

---

① （清）薛允升著，黄静嘉编校《读例存疑》第 5 册，成文出版社，1970，第 1202 ~ 1203 页。

② 《大清律例》，第 562 ~ 563 页。

③ 《钦定吏部处分则例》卷四三"用刑·擅用非刑"，海南出版社（影印雍正三年刻本），2000，第 382 页。

④ （清）薛允升著，黄静嘉编校《读例存疑》第 5 册，第 1205 页。

命，众口咸证为实，即司谳者原情度理，亦信其真，而本犯坚不承招，不得不用此法，然以是威之非以是杀之也。① 康熙间名吏黄六鸿也认为："至于夹棍，惟人命、强盗重犯不招，则用之，原欲其畏痛楚而吐真情，非惨毒之以惩恶。盖自有其应得之罪在也。舍此则擅用有禁。其桚指，虽轻于夹棍，非重犯亦不可用。"②

当然，由于数百年间制度的变化，不同时代的规则下，对重刑和一般刑讯方式的区别，也有明显的时代差异。明代的夹棍属于法外非刑，③ 但清代则列为法定刑讯方式的正刑之一，与桚指同为分别针对男女重犯的重刑。其他如拧耳、跪链、压膝、掌责等，则作为相对较轻的刑讯方式，也获得立法正式认可。④ 这种轻重的区别标准，特别是对夹棍地位的强调，在上文引述的两条例文中，有清晰的反映。⑤ 因此，对夹棍的使用限制，也就格外严格。⑥ 这使夹棍实际的使用率明显降低，无怪乎到清末，薛允升会感慨："从前夹讯之案颇多，自严定例文以来，非有重大案件，不肯轻用，近则全无有夹讯者矣。"⑦ 随着夹棍在实践中销声匿迹，其他次等严厉的刑讯手段自然会浮出水面、受到关注。这恐怕也可以解释，到了清后期的《处分则例》中，会将拧耳、跪链和压膝等此前严重程度次于夹棍的刑讯手段，作为重刑来对待和规范。⑧

三 "赃仗证佐明白"

如果重罪案件才需要满足特定前提、也才能进行重刑逼供，那么随之

---

① （清）李渔：《祥刑末议·论刑具》，《清经世文编》卷九四《刑政五》，中华书局，1992，第 2313 页。

② （清）黄六鸿：《福惠全书》卷一一"刑名部"，康熙三十八年濂溪书屋本，第 27 页上。

③ 黄彰健：《明代律例汇编》（下），第 977 页。

④ Park, *supra* note 1, pp. 41, 43. 又参见《大清律例》，第 562 页；（清）薛允升著，黄静嘉编校《读例存疑》第 5 册，第 1205 页。

⑤ 参见（清）薛允升著，黄静嘉编校《读例存疑》第 5 册，第 1202～1203 页；《大清律例》，第 562～563 页；以及其相应正文。

⑥ 除前引条例和则例条款外，还有不少相关规定，参见《大清律例》，第 561～563 页；（清）薛允升著，黄静嘉编校《读例存疑》第 5 册，第 1203、1206 页。

⑦ （清）薛允升著，黄静嘉编校《读例存疑》第 5 册，第 1204 页。

⑧ （清）薛允升著，黄静嘉编校《读例存疑》第 5 册，第 1205 页；以及其相应正文。

而来的问题就与这些特定前提有关：既然"罪人赃仗证佐明白"，为何还需要采取刑讯手段逼取口供？换言之，当时律文设定的"罪人赃仗证佐明白"，这种"明白"，在实践中到底是何种程度的要求？

要理解时人概念中的"明白"这一标准，就要探究当时刑讯的目的以及其所指向的证据证明标准，即需要何种证据、达到何种程度的要求，来判定案件事实。显然，"明白"并不意味着证据充分，也不能据以定案，因此才需要通过刑讯获得更多的证据，即口供。用时人的话来说："夹棍一物，原有不得不用之时，不过欲取确供耳。"①乾隆二十三年（1758）条例："犯妇怀孕，律应凌迟、斩决者，除初审证据未确，案涉疑似，必须拷讯者，仍俟产后百日限满审鞫。"②可见，获得"确供"是刑讯的目的；否则，就会被作为"证据未确"的案件。在上引乾隆条例中，作为重罪案犯的孕妇在产后将被拷讯，原则上显然应该已满足前文所论及的"罪人赃仗证佐明白"的刑讯条件，但仍被认为"证据未确"，可见"明白"在时人看来，应该只是较低的一个标准；用现代的话语来说，大致相当于其他证据清晰、足以产生充分怀疑这样的程度。因此，在李渔看来，施加重刑进行讯问的前提是"众口咸证为实，即司谳者原情度理，亦信其真"。③而当时制度所接受的"确证"，则是更高的标准，即要达到包括口供在内的各类证据齐备、诸证一致，而且符合情理的程度。④在制度安排上，如果有其他清晰的证据（"赃仗证佐明白"）支持合理的"亦信其真"，则官员就可以重刑逼供，然后逐步满足实践中诸证一致和符合情理的证明标准，以最终建构案件事实。

司法档案中反映的情况，实证了对刑讯条件的这种理解。乾隆二年（1737）龙方案中，案犯本为捕役，曾被派往传唤被害人到官。由于其间发生的诸多纠葛，被害人到庭上被知县责罚，事后怀愤，与案犯发生冲

---

① （清）陈庆门：《仕学一贯录》，《清经世文编》卷二二"吏政八"，第564～565页；又见（清）陈弘谋：《学仕遗规补编》卷三《仕学一贯录抄》，光绪十九年振华堂刻本，7上～下。

② （清）薛允升著，黄静嘉编校《读例存疑》第5册，第1282页。

③ （清）李渔：《祥刑末议·论刑具》，第2313页。

④ *See* Zhiqiang Wang, *Judicial Reasoning and Political Legitimacy in Early Eighteenth - Century Criminal Justice：China，England and France*, pp. 19 - 44, JSD Dissertation, Yale University, 2014.

突，结果被打身亡。根据案卷记载，被害人的兄弟指控另一名曹姓捕役也参与了殴打被害人，于是该名捕役被夹讯。但至少档案中并没有提供其他的证据，只提到知县听取该项指控后，就想当然地责问被刑讯人：尸体上的两处伤痕"明是你们锁殴的"。① 当然，这应该只是一种诱供的说辞。这种武断的推测，很快就被证明并不成立。刑讯无果而终，其他证人也证明事实并非如此。② 此事遂置不议。对本案其他案犯的问拟意见，连同包括上述刑讯过程的案卷报告，最后顺利通过各级审转程序，并被皇帝认可。没有任何官员对本案中的上述刑讯及其合法性产生怀疑。

在乾隆六年（1741）的另一起命案中，董傻瓜与马氏通奸，与其本夫发生冲突，将后者杀死。为掩盖实情，马氏开始时谎称其夫系自尽。知县认为这与尸检的伤痕状况不符，威胁马氏要用刑逼供："本县细看咽喉伤有六寸长，额上、颔颊、处口都有带伤，断不是自抹的。你不实供，就要严审了！"③ 马氏遂供认其夫是争斗中被害身亡，而并非此前所谎报的自尽。但知县怀疑马氏曾参与其事，甚至共谋杀夫，因此对马氏施用拶指、逼认招供。在初次刑讯无果后，知县又再度施刑，逼问其何以未及时施救、事后也未报官，不过也没有取得实质口供。知县又转而夹讯和诱供董傻瓜："要将你与马氏如何商谋起意杀害、马氏如何帮你杀的实情，明白供招！"④ 但档案的记载显示，董的供词与马氏描述的情形并无二致，与知县的怀疑并不相符。于是，董又受到第二轮夹讯，问题依然是围绕马氏何以未及时报案。可以看出，本案中对两名案犯施加刑讯的理由，是马氏经追问后承认谎报、供述其夫的被杀经过；而这一供述，引起知县新的怀疑，即存在因奸情谋害其夫的可能性。最后，由于董、马二人都没有做出新的供述，知县在简单传讯了几名其他涉案人后，就结束了调查和讯问，根据这些信息认定了本案事实。如前案一样，本案的拟议也顺利通过了审转，并经御批定案。⑤

---

① 刑科题本 2 - 1 - 7 - 4300 - 2，第 544 页。
② 刑科题本 2 - 1 - 7 - 4300 - 2，第 564 ~ 565 页。
③ 刑科题本 2 - 1 - 7 - 136 - 10，第 3041 页。
④ 刑科题本 2 - 1 - 7 - 136 - 10，第 3054 页。
⑤ 刑科题本 2 - 1 - 7 - 136 - 10，第 3072 ~ 3074、3079 页。

在这两起命案中，都明确记载了刑讯的经过和手段，也都使用了当时认定为合法、但严厉的刑讯手段——夹棍和拶指。两起案件都顺利审转和定案，可以推断，案卷中反映的刑讯理由和方式，在当时各级司法官员乃至最高统治者看来，都符合当时的制度规定。按照前述的标准，一方面，就案件性质而言，刑讯手段符合要求；另一方面，就刑讯的理由而言，应该也大体反映了当时所理解的"赃仗证佐明白"的标准。

两起案件中，作为刑讯理由的共同之处，是出现了对被刑讯人可能犯罪的充分怀疑。在前一案件中，这种怀疑来自尸亲的指控；在后一案件中，则来自其中一名案犯（马氏）此前的不实供述。三名受刑人实际上存在明显的区别：前案中的曹姓捕役最后被认定完全无辜，后案中的马氏和董傻瓜则都是有罪之人，只是被怀疑犯有更严重的罪行；后案的两人，马氏曾作谎供，而根据案卷记载，董傻瓜则到案后未经刑讯，就已供述了争斗杀人的过程，并没有抵赖等行为。但这些区别，在当时的制度执行者看来，对刑讯的合法性而言都并不重要。当时的理解恐怕是，只要存在足以怀疑有罪或罪重的证据，无论这种怀疑是基于第三方的证据（如尸亲指控），还是案犯本人的行为（如谎供），都可以构成进行刑讯的理由。因此，作为刑讯理由的"赃仗证佐明白"这一标准，完全不同于证据充分。对于司法官而言，这种或可称之为"合理怀疑"的标准，实际上具有相当大的灵活性和自由裁量余地。

附带值得一提的是，刑讯的结果，在这两起案件中，都并非获得了受刑人有罪的口供，而是排除了上述的这种有罪或罪重的怀疑，最终将受刑人确定为无罪或犯有较轻的罪行。刑讯的过程在某种程度上说，是为了证明"案无遁词"，即展现基层官员对于事实调查的审慎态度和周密考虑。

围绕刑讯制度及实践，以上略论对清律中"故勘平人"条相关问题的理解。综论之，在该条律文的制度框架下，承审官员可以刑讯涉案的证人和案犯本人；区别在于，对前者，用刑没有很明确的其他前提要求，但只能适用较轻的刑讯手段；对后者、特别是重罪案犯，则要求"赃仗证佐明白"，可施用重刑逼供。不过，在司法实践中，这种证据"明白"的刑讯前提，实际上只需达到合理怀疑的标准，具有较大的灵活性。

关于清初坊刻则例集的考察

——以嵇永仁辑《集政备考》为中心

〔日〕高远拓儿 著 石洋 译*

摘 要：本文以清初生员、幕友嵇永仁所编《集政备考》为线索，提示了清代则例研究的新知。《集政备考》是现存最早的清代坊刻则例集，收录了清初约 1600 件则例，于康熙九年成书。首先梳理了该书编者嵇永仁的经历及全书结构，也一并介绍了同时期付梓的坊刻则例集《六部题定新例》。其次探讨了《集政备考》和《六部题定新例》成书背景中康熙七年的则例编纂事业。这项事业被作为康熙朝体制从辅政向亲政转型的一环而推进开来，也影响到后世官刻则例集的编纂。而且，此时期的则例编纂事业不仅给中央官僚，也给地方上参与行政的吏民们以巨大刺激，成为他们对则例加深关注的契机。《集政备考》和《六部题定新例》就是在这个历史背景下编纂刊行的。

关键词：则例 坊刻 康熙 幕友

前 言

自清廷入关到平定三藩之乱及郑氏统辖的台湾，大约四十年的岁月，

---

* 高远拓儿，日本中京大学国际教养学部准教授；石洋，中国政法大学法律古籍整理研究所讲师。

是清廷对华统治框架逐步形成的重要时期。特别是学者们从制度史视角来观察时，当会就以下过程产生浓厚兴趣：清廷对入关前既有制度的因循、对明代制度的继承以及新制度的创造这三个要素，是怎样混合在一起而被后代延续的？尽管如此，相当于顺治到康熙前期的这一时段，有关中央行政枢要的六部的记载并不如后代那样丰富，一直以来，通行的做法是：把《康熙会典》及《实录》当作综合性史料源，在此基础上补苴以各个学者采辑的官员文集、政书、档案等进行研究。

而另一方面，在清代，汇集六部及其周边官署制定的行政规则和先例的书籍却屡屡问世。① 特别是为地方官及幕友等实务担任者提供参考而刊印的坊刻则例集，在康熙四十至五十年代开始大量出版，《本朝则例类编》（康熙四十三年序，康熙五十二年刊行续编）、《定例成案合镌》（康熙四十六年序）、《定例全编》（康熙五十四年刊）、《六部则例全书》（康熙五十五年序）等都在这一时期相继付梓。② 虽则这些书因其为坊刻之故难免带有二手史料的性质，但它们仍然是补充《康熙会典》、《雍正会典》等有价值的制度史史料群。只是上举诸书所收例皆集中在距成书不远的康熙中叶以后，关于顺治至康熙前期的例，应该还有其他的情报源可供蒐集。

于是，仅存的一些早于上举诸书的则例集就值得关注了。特别是康熙九年（1670）成书的《集政备考》和《六部题定新例》，因其中收录了比《本朝则例类编》更早的例而能够寄予较大的期待。③

近年有关则例集的研究中，谷井阳子《清代则例省例考》是对清代例

---

① 近年对清代则例集进行全面探讨的研究，有谷井阳子《清代则例省例考》（《东方学报（京都）》六七册，1995）、杨一凡《清代则例纂修要略》（同氏主编《中国古代法律形式研究》，北京，社会科学文献出版社，2011）、李永贞《清朝则例编纂研究》（上海世界图书出版公司，2012）。又，关于规则、先例在清朝行政中的功能，也可参考滋贺秀三《法典编纂的历史》（同氏《中国法制史论集——法典与刑罚》，创文社，2003 年），第251～258 页。另外，在清代，表示行政上规则、先例的语词有"则例"、"条例"、"定例"等多种，本文为行文方便，统称这类规则、先例集为则例集。

② 这些成书于康熙四十至五十年代的则例集的诸版本，请参考谷井前揭论文、杨前揭论文、岸本美绪《关于清代前期定例集的利用》（收入本书）。（译者注："本书"为山本英史编《中国近世的规范与秩序》，公益财团东洋文库，2014，下同。该文中译收入《中国古代法律文献研究》第 8 辑。）

③ 山本英史《光棍例的成立与其背景》（收入本书）在观察清初法令的变迁时，以具体例证提示了《集政备考》和《六部题定新例》的史料价值。

的综合性论著，其中虽触及了早期坊刻则例集《集政备考》和《六部题定新例》，但比较细致的讨论集中于《六部题定新例》，而《集政备考》则停留在极简要的介绍层面。① 此外，以中国为中心调查了四十家藏书机构的杨一凡在其《清代则例纂修要略》里，也是只提到《六部题定新例》有几种传本存世，② 未对《集政备考》多加错意。概言之，近年作为早期坊刻则例集而吸引学者目光的是《六部题定新例》，但两书各有不同特征，《集政备考》的史料价值也决不能低估。因此，本文拟对研究价值堪与《六部题定新例》比肩的《集政备考》加以若干考察，介绍其编者的经历及本书概要，并探索为何在康熙九年（1670）这一时点有两种则例集问世的原因。

另外，把《集政备考》等则例集作为清朝国制史研究素材而加以利用的早期论著，是荻生北溪（北溪为号，名观）的《集政备考则例类编则例全书考》与《明朝清朝异同》两书。北溪是以编写《明律国字解》闻名的荻生徂徕的胞弟，曾经作为幕府寄合儒者效力于八代将军德川吉宗。《集政备考则例类编则例全书考》和《明朝清朝异同》是他以康熙朝坊刻则例集为主要材料编写的一种调查报告书，学者推测这是在吉宗的授意下所为。③ 其中，《集政备考则例类编则例全书考》主要取材于《集政备考》《本朝则例类编》《六部则例全书》，列记其目录上的各项并加以诠释，④ 是一部对清朝制度用语进行注解的著作。至于《明朝清朝异同》，顾名思义，是讨论明清两朝异同（特别是国制上的相异点）的著作，该书的主要素材来源，于明代制度是《大明律》、《问刑条例》、《大明会典》（大概是《万历会典》），于清制则是上举的《集政备考》、《本朝则例类编》、《六部

---

① 谷井前揭论文，第 205～206 页。

② 杨前揭论文，第 529 页。

③ 大庭脩《〈名家丛书〉解题》，《国立公文书馆内阁文库藏·名家丛书》（下），关西大学东西学术研究所资料集刊一二·三、关西大学东西学术研究所，1995，第 544～545 页；大庭脩编著《享保时代的日中关系资料》三·荻生北溪集，关西大学东西学术研究所资料集刊九·四，关西大学东西学术研究所，1995，第 18 页。

④ 即《集政备考则例类编则例全书考》，关于荻生北溪在撰写此书时参考的则例集，请见高远拓儿《荻生北溪与清朝的则例集》，《东洋法制史研究会通信》二一号，2011。当前，即 2013 年 1 月，可以登录寺田浩明的中国法制史研究主页，进入"《东洋法制史研究会通信》选编"http：//www.terada.law.kyoto-u.ac.jp/21_tkt.htm 阅览此文。

则例全书》三书。① 这些著作可能是为满足吉宗对中国官制、法律的强烈兴趣而编写的，同时也是窥察享保时期幕府中枢如何分析、评价清王朝的珍贵史料。不仅如此，获生北溪的这部著作，恐怕还是外国人利用清代则例集的最早成果，它点饰着包括《集政备考》在内的清代则例研究的起始页，在此特书一笔。

一　稽永仁的经历②

（一）《集政备考》之前

《集政备考》的编者稽永仁（字留山，号抱犊山农等）是明末清初的生员、幕友，生于明末崇祯十年（1637），卒于三藩之乱高潮期的康熙十五年（1676）。③ 他原是苏州府常熟人，当父亲稽廷用出任南明福王政权（1644~1645）的中书舍人时，曾一度举家迁往南京，之后又迁往常州府的无锡。不过，永仁在顺治九年（1652）即虚龄十六岁时以长洲属籍成为苏州府学的生员，大概从南京一度移居长洲，后来才迁到无锡。

总之，永仁虽在少年时代就获得生员的地位，却始终没能科举及第，由于要赡养父母及弟弟，遂以出任幕僚为生。根据康熙九年（1670）亦即他虚龄三十四岁所写的《集政备考·凡例》说，他花费了"十余年"从公牍邸报中搜罗奏疏，借此推知，早在顺治后期已开始这类文书的收集工作。④ 然则他踏入幕僚一职，应该也是这个时期的事情

---

① 注意到《明朝清朝异同》的先行研究有川胜守《从鞑靼国顺治大王到大清康熙大帝》（同氏《日本近世与东亚世界》，吉川弘文馆，2000），楠木贤道《江户时代知识人所理解的清朝》（冈田英弘《何谓清朝》别册环一六，藤原书店，2009）。

② 稽永仁的传记见于《清史稿》卷四八八、《清史列传》卷六五、《国朝耆献类征初编》卷三四二、《碑传集》卷一一九、《留溪外传》卷一、光绪《无锡金匮县志》卷二九等。另外，稽永仁的族兄中还有一位曾经担任严州府推官、后又成为蔡毓荣幕僚的稽永福（光绪《无锡金匮县志》卷二〇。关于稽永福与稽永仁的关系得到了岸本美绪的指教）。

③ 对卒年的记载诸传一致。至于生年，本文依据《国朝耆献类征初编》卷三四二及《碑传集》卷一一九引录秦松龄所撰《墓表》"死时年四十"的说法。秦松龄是康熙四十一年（1701）受稽永仁遗子筠笃的委托而写此墓表的。

④ 《集政备考·凡例》："是集皆奉部咨案验及阅邸报中章疏，费十余年，心思汇辑成书。"

了。但是，嵇永仁并非一直做幕僚，有记载显示，他曾在此间行医，[①] 也曾中断幕僚之业。[②] 而且，根据以后成为其同事的幕友王龙光的《次和泪谱》记载，[③]"当世知其具经济才，或聘治河，或谘荒政，历有成效"，[④] 这一阶段的嵇永仁还参与治河及灾荒救济。因此，嵇永仁的入幕，恐怕不是系身刑名钱谷诸事务的常年雇用，而是官员为应对河患及灾害之需临时招聘的。

（二）《集政备考》出版之后

如前所述，嵇永仁以十余年的蒐集积累为基础，在康熙九年编成了《集政备考》。该书的《凡例》署时同年四月，而书中收载的例截止于同年六月，因之完稿必在其后。另据本书署时为同年八月的杨雍建序说，"今秋"嵇永仁以《集政备考》一书索序，[⑤] 故将此书的撰成定在七月前后比较妥当。

《集政备考》出版成为嵇永仁扬名的契机，此后，他便接到来自各方各面的入幕延聘。[⑥] 在这些邀请中，他选择了福建总督范承谟的幕府作为新岗位。[⑦] 范承谟在担任浙江巡抚期间（康熙七年至十一年）曾与嵇永仁会面，因而知晓他的才能，待到转任福建总督之际，便将他招进麾下。嵇

---

① 《四库全书》本《抱犊山房集》附载姜垲的嵇永仁传说"尤精于医，所至活人无算"。又，《清史稿》卷四八八本传称"永仁知医，著有《东田医补》"，说明他曾撰写医书。

② 《集政备考·龚士稹序》："吾友嵇子留山（永仁），以家贫不能养亲，弃皋比寒凉之席去就幕府，稍裨菽水。既见二三同学奎璧腾骧，则又奋袂励志，弃去幕府。"

③ 王龙光，浙江会稽人，系历任浙江巡抚、福建总督之范承谟的幕友。三藩之乱时与范承谟、嵇永仁一起被耿精忠收捕，于康熙十五年（1676）自杀。《清史稿》卷四八八《嵇永仁传》有其附传。

④ 《抱犊山房文集》卷六。又，与此相同，《国朝耆献类征初编》卷三四二所收钱仪吉《嵇永仁传》中也谈到他主持"治河、拯荒"。

⑤ 《集政备考·杨雍建序》："今秋复遇之于西泠，出《集政备考》一书属余序。"杨雍建，浙江海宁人，康熙初年历任吏科给事中、刑科都给事中等职。《清史稿》卷二七四有传。

⑥ 《国朝耆献类征初编》卷三四二及《碑传集》卷一一九所收秦松龄撰《墓表》说，《集政备考》编成后，"诸监司闻先生（嵇永仁）名，争折节下之"。考虑到墓表共通的特点，其记载内容的可靠性当打折扣，不过，从嵇永仁日后被招入总督衙门来看，《集政备考》的出版确实给他带来了作为幕友的更高资望。

⑦ 范承谟，汉军镶黄旗人，传见《清史稿》卷二五二等。

永仁来到福建后，为筹防三藩之一的靖南王耿精忠而竭力奔走，可是当地官员既已被耿精忠笼络，永仁的努力没有达到预期效果。康熙十二年（1673）末三藩之乱爆发，翌年范承谟及其幕僚遭耿精忠收捕，永仁遂变成狱囚。至康熙十五年（1676）九月，悉闻范承谟被杀的噩耗后，嵇永仁和同僚王龙光等失声痛哭，终以自刭殉难。① 永仁拘狱中时，曾用炭渣作笔，在墙面上书写诗文。目睹这些文字的闽人将其内容抄写存世，后来经永仁之子嵇曾筠编为一书，即《抱犊山房集》。该书后被收进《四库全书》中，是目前嵇永仁知名度最高的著作。

如以上所述，永仁终生不曾为官，而到殁后的康熙四十七年（1708），广东巡抚范时崇（范承谟之子）上奏朝廷请封，遂得追赠国子监助教。至雍正年间，永仁入昭忠祠，更尊以光禄大夫太子太保文华殿大学士兼吏部尚书之荣。永仁之子嵇曾筠、孙嵇璜皆以进士及第，官至大学士。②

二 《集政备考》

（一）整体构架

顺康年间幕友嵇永仁编著的《集政备考》一书，在《清史稿·嵇永仁传》中赫然有名，③ 是永仁一生中值得特笔的代表作，不过时至今日却已成了希觏文献。管见所及，日本国内主要汉籍收藏单位中仅有国立公文书馆内阁文库有藏。④ 此外，曾对中国主要研究机构进行调查的杨一凡的前

---

① 不过，国史馆系统的传记则说"见戕"，《清史列传》卷六五、《国朝耆献类征初编》卷三四二、国史馆本传。

② 嵇曾筠、嵇璜父子的传见《清史稿》卷三一〇等。又，关于嵇曾筠其人，还请参考山本英史《地方志的编纂与地域社会》（同氏《清代中国的地域支配》，庆应义塾大学出版会，2007），第320页。

③ 《清史稿》卷四八八《嵇永仁传》："六曹章奏条分件系，著有《集政备考》一书。"

④ 比如，东亚人情报学研究中心主页内的"全国汉籍数据库"http：//kanji. zinbun. kyoto - u. ac. jp/kanseki 中，《集政备考》的收藏地只见到内阁文库一处（2013 年 1 月当前情况）。

揭论文里也未对此书的传存、收藏情况稍加言及。① 目下，虽不能断定内阁文库本是天下仅存的孤本，但也应该说它能留存至今并遗泽后人实在是侥幸了。

这里先将内阁文库本《集政备考》全十八册的内容略记于下。

一册，序、凡例、吏例卷一。二册，吏例卷二至四。三册，吏例卷五至八。

四册，户例卷一、二。五册，户例卷三、四。六册，户例卷五、六。

七册，礼例卷一至四。八册，礼例卷五至九。

九册，兵例卷一。一〇册，兵例卷二至四。一一册，兵例卷五、六。一二册，兵例卷七本。一三册，兵例卷七末。

一四册，刑例卷一。一五册，刑例卷二至四。一六册，刑例卷五至八。一七册，刑例卷九。

一八册，工例卷一、二。

由此可见，本书依循六部的组织将诸例以吏例、户例、礼例、兵例、刑例、工例排列。吏例之下的各编，又分别细分为下示多种名目：

吏例　选法、陞补、举劾、降罚、离任、封荫、限期、杂条。
户例　考成、兵饷、漕项、田土、户役、盐政、榷政、钦追、钱法、钱债、婚姻、市廛、仓库、捐赈、私敛、察解。
礼例　特典、仪制、祭祀、学政、科场、等威、四译、授官、宗人府。
兵例　官职、功次、兵马、投诚、邮政、规式、逃人。
刑例　盗贼、窃盗、抢夺、籍没、人命、诉讼、受赃、诈欺、犯

---

① 除此之外，马奉琛编《清代行政制度研究参考书目》（台北，文史哲出版社 1974 年影印）、张伟仁主编《中国法制史书目》（台北，中研院历史语言研究所，1976）、中国政法大学图书馆编《中国法律图书总目》（北京，中国政法大学出版社，1991）等书目中也没有收录《集政备考》。

奸、杂犯、捕亡、断狱。

　　工例　营造、河防。

其中，吏例的选法里还分设"更定选法"、"更定科员"等凡十七个小目，各小目下收录一至数件例。全书的小目总数约 800 个，所收例约 1600 件。文末附表 3 "《集政备考》总目"中罗列了各个小目的名称，请一并参考。

（二）本书所收之例

将《集政备考》所收例按年次整理，即如下表。最早的例为顺治五年（1648），大多数则集中于顺治十五年（1658）到康熙九年（1670）之间，与上一章推测的编者入幕时间大致相符。而且，例的年代分布颇不均匀，这也很可能是前述编者经历的流动性所致。此外，下表中康熙七年（1668）的例格外多，关于该问题则准备在其他章节讨论。

附表 1　《集政备考》所收例的年代分布

顺治五年	八年	九年	十年	十一年	十二年	十三年	十四年	十五年
1 件	2 件	3 件	3 件	10 件	23 件	37 件	21 件	55 件
顺治十六年	十七年	十八年	康熙元年	二年	三年	四年	五年	六年
46 件	96 件	98 件	71 件	154 件	163 件	100 件	21 件	36 件
康熙七年	八年	九年	年代不明	合计				
342 件	167 件	90 件	42 件	1583 件				

本书所收之例大多是以六部等题奏为基础编辑而成的，此外也散见一些采自六部咨文、皇帝谕旨诏敕、单行规定（康熙二年的逃人事宜等）的摘引集萃。不仅如此，都察院、宗人府等六部以外的题奏主体也有所显现。

在这部书中，收录那些依据题奏编辑的例时，比如开篇吏例"更定选法"的第一条，采取以下格式：

> 康熙二年吏部覆。吏科于可託条议内称……等语。查臣部……相
> 应仍照旧例。六月十五日奉旨……着照于可人托所奏行。

吏科给事中于可托的条奏→吏部的议覆→皇帝圣旨，这里仅最低限度地将能够把握该议论所涉及人物、机构和流程的信息编辑在了一起。①

另外，作为本书凡例中开列的重要编辑方针，以下两项特别值得注意：

> 一、新例系熙朝一代令典，因时制宜，每奉庙谟更定。故此集，有前例已载而后例从略者，有前例未载而备入后例者，有停止不行仍分条开列者。期无纤毫遗漏，用备稽考，庶悉始末。②
> 一、是集内，有旧例，有新例。一事始末，摘其初定以及见行，总叙一项。引者须认见行为主，勿止看初定之条自贻错误。③

就这样，嵇永仁刻意把与例相关的议论"始末"缀连，编成本书。他并非专收录"现行"之例，而是想在传抄从旧例到新例的议论中发现其意义。在当时，由于各种例泛滥，胥吏等巧乘其弊，常会选择比较适手的例行事，招致舆论许多批评。身具幕僚经历的嵇永仁将旧例新例搜罗一编，正是为了应对上述弊害。总之，本书所收之例并不能全部适用于康熙九年（1670）这一时点，敬请读者多加留意。

作为一种将六部等题奏类文件集要且系统整理的著作，本书条理周备，因此也获得了一定好评。但是不得不说，嵇永仁的编纂方针多少乖离了只求简明把握现行新例的实务家的需要。如他在书中呼吁的那样，"引者须认见行为主，勿止看初定之条自贻错误"，就从侧面表达了本书编纂

---

① 当然，若是吏部发议的题奏，则不会包含相当于于可託条议的部分。而且，本书凡例也曾特别预告，书中存在原文适当省略以及将一件题奏根据内容分割为数条的情况，并非把各条议论原样收载。
② 《集政备考·凡例》。
③ 《集政备考·凡例》。

不以经纶实务为初衷。对比后文提到的《六部题定新例》在康熙二十年代已被重版，《集政备考》却没有再刊的迹象，恐怕使用的不方便也是它受到冷落的原因之一。尽管如此，《集政备考》重视议论的"始末"，又积极收录旧例、前例，给今日的历史学者留下了许多有价值的材料。

（三）同时期成书的另一种则例集——《六部题定新例》

这里想简单介绍一下与《集政备考》大约同时期付梓的另一部坊刻则例集——《六部题定新例》。这部书中，有潘敬（生平不详）所撰、标有康熙九年（1670）纪年的《读例八则》，以及署时康熙十二年（1673）的礼部尚书龚鼎孳的序。① 正如谷井前揭论文所说，② 这部《六部题定新例》是由潘敬在康熙九年编成初稿，康熙十二年再版，之后又不断被增补、重刊的成果。东京大学东洋文化研究所大木文库藏十六册本的收例截止于康熙二十四年（1685），可知初稿完成后至少又经过了十五年的持续增修。而且，该书除大木文库本外，还有下述几种版本传存，比起已成稀觏的《集政备考》而言，它的流布相对较广。

> 国立国会图书馆藏《六部题定新例》，不分卷，二册（康熙刊）。③
> 中国社会科学院法学研究所图书馆藏《六部题定新例》，不分卷，二五册（康熙九年刻本）。
> 中国科学院国家科学图书馆藏《六部题定新例》，六卷，册数不明（康熙九年增修本）。④

这里一并把大木文库本的全体结构列出，从中可见，它同《集政备

---

① 另外，为《集政备考》作序的龚士稹是龚鼎孳之子（《碑传集补》卷四四严正矩《大宗伯龚端毅公传》）。
② 谷井前揭论文，第 205～206 页。
③ 本书是《六部题定新例》督捕则例部分（相当于大木文库本第一〇、一一册的内容）的残卷。
④ 中国社会科学院法学研究所图书馆藏本及中国科学院国家科学图书馆藏本的册数、出版信息据杨前揭论文，第 529 页。

考》一样，也采取了依六部框架类分诸例的形式。

> 一册，卷一吏部上。二册，卷二吏部中。三册，吏部下（无卷次）。
>
> 四册，卷三户部上。五册，卷四户部中。六册，户部下（无卷次）。
>
> 七册，卷五礼部上。八册，卷六礼部下。
>
> 九册，卷七兵部全函。一〇册，卷八督捕全函。一一册，附卷八督捕新改附·中。一二册，附卷八下兵部督捕则例·现行下。
>
> 一三册，卷九刑部上。一四册，卷一〇刑部中。一五册，刑部下（无卷次）。
>
> 一六册，卷一一工部全函。

总体看，既有不标卷次的册，也有卷八、附卷八、附卷八下那样以弥补形式添加的卷次，如实地反映了该书体例未获统一却又反复增补的痕迹。或许它的续编者认为，时时追加最新材料并尽快印行要比统一体例更加重要。

下面试将大木文库本《六部题定新例》卷一所收例的年代分布罗列，即如附表2。① 相对于有意广泛辑录顺治以来诸例的《集政备考》，本书收例（这里仅指年代明确者而言）止限于康熙朝。究竟是刻意采用新例，抑或缘自潘敬所得材料的限制，其背景无法判定。不过有一点明确，本书着重呈现了进入康熙朝以后的诸例。而且，对比内阁文库本《集政备考》的无所增补，本书中则可以追考康熙九年（1670）七月以后的例，也是它的一大特征。

附表2　《六部题定新例》收录例的年代分布（卷一部分）

康熙二年	三年	四年	五年	六年	七年	八年	九年	十年
1件	2件	3件	4件	8件	19件	4件	9件	3件

康熙十一年	年代不明	合计
2件	34件	89件

---

① 附表2中康熙十年、十一年的例在卷首目录中标记为"附目录"，表明它是初稿完成后追补上的。

另外，上表显示年代不明的例非常多，在《六部题定新例》中，常见删除年代、议论涉及人物等信息的情况。如果从嵇永仁所谓考究议论之"始末"的角度看，这样做显然带来困扰，可是若单以捕捉例的要点为目的，则是一个方便的选择。概言之，《六部题定新例》比《集政备考》更注重实用性，它在康熙二十年代即被重版，就有因实用而受到当时实务家欢迎的影响。

三　康熙七年"酌复旧章"

前文已述，《集政备考》收录了不少康熙七年的例。而且，从附表2可见，《六部题定新例》也有收载该年之例较多的倾向。既然如此，这一年到底发生了什么事件呢？实际上，在康熙七年中，出现了康熙朝则例编纂史上划时期的重大改革。

改革直接发端于同年五月的上谕。这是为应对华北地区大范围旱情以及观测到的星变而颁布的，在条列几个政治上的弊害后，敦促科道官提出建议。该上谕指出的问题之一，就包含"则例繁多，任意轻重，以致属员胥吏乘机作弊者甚多"。① 奉接此谕，有数名言官上覆了奏章，② 其中就"则例繁多"之弊提出具体对策的是都察院左都御史王熙。他的奏疏以"酌复旧章疏"为题，后收进其个人文集中：

> 伏念世祖章皇帝（顺治帝）御极有年，忧勤图治，各部院应行事宜皆经宸衷详定，尽善无遗。兹者数年以来，有因言官条奏改易者，有因各部院题请更张者，有会议兴革者。在当日不过已善而益求其善，而日久议繁，法经屡变以致则例繁多，反启各衙门任意轻重、乘机作弊之端。③

---

① 《清圣祖实录》康熙七年五月乙卯（十八日）条。
② 除王熙之外，贵州道御史田六善、云南道御史黄敬玑也曾上奏（《清圣祖实录》康熙七年五月乙卯条），但他们均未讨论则例的问题。
③ 《王文靖公集》卷一《奏疏·酌复旧章疏》。

　　他认为，造成当时则例"繁多"的要因是"兹者数年以来"，即进入康熙朝以后法制的改变，从此展开分析，并提出了以下调整改善的方法：

> 　　臣请敕下部院各衙门，将见行事务逐一详查，有应更改仍遵世祖皇帝（顺治帝）时典制者，开列具题，改正施行。即比年以来因时定例，实有便于今日国计民生者，亦须详察始末，将所以不得不然之故条晰具陈。统候睿裁定夺，画一永遵，庶则例不繁。①

　　王熙主张，应命令六部等机构将"见行事务"仔细查考，须要恢复顺治朝旧制的则予以恢复，应照原样因循使用的则须究明原委并条陈上奏。他还说，这些内容只有附以圣裁的权威性，"画一永遵"，才能打破则例日渐繁杂的困局。王熙的奏疏并非抽象地请求整理则例，而是有特色地提示了具体操作程序：把现行例与顺治朝例对照，使各机构在今后的事务处理中选择应该采用的条项。这也是它名之为"酌复旧章疏"的缘由。

　　另外，进呈这篇奏疏的康熙七年是康熙朝政治史上重要的转折时期。众所周知，康熙帝于顺治十八年（1661）以虚龄仅八岁的幼年登基，当时有四位顾命大臣辅佐朝政。这种体制延续到康熙六年（1667）七月玄烨亲政基本告一段落。不过，在亲政伊始，辅政大臣之一的鳌拜继续专权，直到康熙八年（1669）五月被皇帝收捕后，亲政才名实兼备。因此，康熙六至八年正当清廷从大臣辅政向皇帝亲政过渡的阶段。康熙八年因朝廷中枢的权力关系调整，其重要性毋庸赘言，而甫具亲政之"形"的康熙六年，也是令朝野多数臣民感到从顺治君国向康熙御宇迈进的关键之秋。同年，《清世祖实录》也开始编纂，② 清廷中央正式对顺治一朝进行总结。将顺治朝"旧章"与辅政时期的"事务"对照，以俾日后择善遵循的"酌复旧章疏"，正是为了清点整理先朝与过渡时期的行政制度，以筹备新时代的体制。因之皇帝批复该上疏说："这本称则例繁多说的是，各部院将本内事

---

① 《王文靖公集》卷一《奏疏·酌复旧章疏》。
② 《清圣祖实录》康熙六年（1667）九月丙午（五日）条。

情确议具奏"，① 不假删改，裁准实施。至于六部方面对这道圣旨的回应，仅从《清圣祖实录》中就能见到如下数条记载：

> 六月辛巳（十四日）"户部遵更定事例……"
>
> 六月甲申（十七日）"吏部遵旨更定事例……"
>
> 六月乙酉（十八日）"兵部遵旨更定事例……"
>
> 六月甲午（二十七日）"工部议覆。左都御史王熙疏言，部院见行事务，请酌复旧章……"
>
> 八月癸未（十七日）"命刑部酌定见行则例，详晰分款，陆续进览"。②
>
> 九月丁酉（一日）"兵部议覆。左都御史王熙疏言……"

《清圣祖实录》传达了这时中央的多个机构落实清点、整理现行之例（见行事务、见行则例、事例）的情况，然而这些记载也仅是冰山一角。有关康熙七年"酌复旧章"更丰富的史料，不外乎保存在《集政备考》中。③ 前文附表1显示，《集政备考》所收康熙七年形成的例多达340件，其中约250件里见到了"酌复旧章"字样。在那里，上举《实录》中未见其名的礼部自不必说，之外还有宗人府的例，所以这时与"酌复旧章"相涉的机构就不止六部了。而且，书中还留下了某一机构历时数月、反复多次呈报的痕迹。④ 面对王熙的奏疏及皇帝圣旨，六部等官府并没有采取敷衍了事的态度，毋宁说是积极地利用机会而一举推进诸例的整合。应

---

① 《王文靖公集》卷一《奏疏·酌复旧章疏》。

② 《清圣祖实录》康熙七年八月癸未条一直被研究者看作刑部条例编纂事业的一环而加以介绍。（岛田正郎《清律的成立》，同氏《清朝蒙古例之研究》，创文社，1982，第37页；郑秦《康熙现行则例考》，同氏《清代法律制度研究》，北京，中国政法大学出版社，2000，第25页）在那些研究里提示了一条脉络，即顺治末年以来开展的条例编纂经过康熙七年"酌定现行则例"，直接与康熙十九年（1680）的《刑部现行则例》联结，但是到目前为止，还未有学者指出其背景是广泛牵涉刑部以外中央多个机构的"酌复旧章"。

③ 此外，《清史稿》卷二五〇《王熙传》云："上命各部院条议，遵旧制，删繁例，凡数十事"，也传达出该事件的反响之大。

④ 《集政备考》所收与"酌复旧章"相关的例中，吏部呈报者在七至九月间，户部者在七至八月间，兵部者在七至十月间，刑部者在七至八月间，皆历时数月，可见各部都分多次进行报告。另外，各部之中，刑部（90余件）、吏部（50余件）、户部（50余件）呈报的事例相对较多。

该认为，在则例繁多这个问题上，不论是借一系列议论最先发难的皇帝，还是建言具体对策的左都御史王熙，抑或认真执行圣裁的六部官僚，至少在朝廷中央层面已达成广泛共识。此外，朝廷这次清理则例、使之整齐划一的举动，为之后康熙一十年代展开的官修则例集的编纂，①以及康熙二十年代的伟业——《康熙会典》的修纂埋下了伏笔。这里提议"酌复旧章"的王熙，也在康熙二十三年（1684）开设会典馆时被委以总裁之任。②

却说康熙七年六月以后，六部等条奏"酌复旧章"的成果经由皇帝敕裁而"画一永遵"，传达给全国各地，也充斥了邸报等刊物。这些不断传来的信息，当然会引起地方官员及幕友对例的兴趣。可是在当时，并无迹象显示"酌复旧章"的成果被哪种书捃集到一编，而且经整理之例的大部分也只是对举"旧章"和"现行事务"而已。③ 笔者认为，或许正因为这个现状，世间要求编纂更为综合性的例集的呼声日渐高扬，乘此东风，《集政备考》和《六部题定新例》就于康熙九年应运而生了。特别值得一提，常年蒐集诸例且对朝议"始末"颇感兴趣的嵇永仁，也无法掩饰自己曾受到康熙七年一系列朝议的巨大刺激。他在《集政备考》的凡例中特设一项，表明要把有关"酌复旧章"的诸例尽可能收录：

　　一、康熙七年酌复旧章，始于王子雍先生一疏，从前条例大半汇定。是集凡系酌复旧章悉行载入。④

康熙七年的"酌复旧章"被从前的则例研究等闲视之，而通过上文考察可见，它是一次规模宏大的事业，是清朝则例编纂史上值得注意的一举。它的影响不单止于中央六部周围，而且波及地方行政末端的吏民对则

---

① 康熙十一年（1672）的《中枢政考》，康熙十五年的《督捕则例》、《钦定处分则例》，康熙十九年的《刑部现行则例》等。

② 山根幸夫《明清的会典》（滋贺秀三编《中国法制史——基本资料之研究》，东京大学出版会，1993），第487页。

③ 《集政备考》中有关"酌复旧章"的诸例很多是以顺治朝例与康熙朝例对举的，不过也有不提顺治朝例而仅说现行之例以及把入关前之例与现行之例对照的情况。

④ 《集政备考·凡例》。子雍为王熙之字。

例的意识。至于这个"酌复旧章"给当时中央行政的运行方式是否带来某些变化，以及这一工作如何与日后官刻则例集、会典或刑部条例的编纂联系起来等问题，则俟其他机会再加考究。

结　语

上文以介绍嵇永仁辑《集政备考》为重点，一并考察了该书成立前夜朝廷推行"酌复旧章"的经纬。

《集政备考》的编者嵇永仁是生于明末、活动于清初的知识分子，在明末清初的动乱中，因家境贫寒而被迫放弃了科举及第的希望。之后，他以出任幕友或行医勉强糊口，并开始了从公牍邸报中收集先例的工作。康熙七年，他受到"酌复旧章"的刺激，将长年积攒的诸例汇为一编，名以《集政备考》行世。这部书在播扬嵇永仁作为幕友的令名方面起到了一定效果，但似乎没能长期、大范围流布。究其背景，首先应想到该书出版不久爆发的三藩之乱的影响，编者永仁也殒身其中；不过动乱之外的要因，恐怕还是本书旧例新例混载的编纂方针稍稍偏离了实务家的需要，遂未出现为之增补、续编的后继人。然而，嵇永仁保存旧例，并集中收录与"酌复旧章"相关的例，为我们留传下顺治后期到康熙前期清廷中央行政的丰富知识，也使本书成为十分宝贵的史料。

附记：本文根据 2012 年 8 月 22 日第 31 次东洋法制史研究会发言稿《关于清初的坊刻则例集》和 2013 年 5 月 26 日东北中国学会第 62 次大会发言稿《清初则例编纂考》的一部分修订而成。两会席间，得到了与会诸位先生的宝贵赐教，谨表谢意。

附表3 《集政备考》总目

吏例卷 1"选法"	边俸腹俸	还职官通理前俸
更定选法	文职俸禄照满官品级	陈奏生民疾告
裁留照投供之员均选	司道内陞	降革官妄行辨冤代为详题处分
各行拟取按定年分选授	布按二司论俸陞转	降革官辨冤及禁止保留
大选急选	道官论俸陞转	原任内因事降调罚俸
点卯取印结限期	补授学道	官员原任内因事罚俸
举人栋选及贡监考授	守巡道缺照项陞补	**吏例卷 5"离任"**
贡监授职	佐贰杂职照俸陞转	陞任官未完案处分
廷试举贡	陞用陪祀圣裔	汉军官员终养
进士不准改教及教职一体腹俸	咨送才能考选科道	终养继母
考取中书及陞授员缺	**吏例卷 3"举劾"**	文武官员告病验看
汉军满洲蒙古举人选补员缺	官员考满	裁缺老病丁忧降调等官未完案处分
裁留教缺铨选	八法处分	
选用序班	朝觐计典定期	官员老疾致仕查明盗案钱粮
考试吏员授职	代觐官员	官员丁忧
吏员照考试年分签选	朝觐造册	督抚丁忧互题
改授告降各官	官员革职计册注明应去字样	丁忧官员离任
降选官员食俸陞转	计典参註	候补官员丁忧照前文补授
吏例卷 2"陞补"	停止拾遗	遴举署官
更定科员	滥举卓异处分	查各官接任离任月日
江浙五府人仍补户部	甄别暂停陞转	隔属就近兼摄
吏部司官简补陞转	大计摘参	藩司粮道被参署人署理
司官陞转	随表贤否文册	查催革职解任官回籍归旗
在差陞任假满起服各官仍补本衙门序陞	查核科道章奏督抚造兴革举劾册甄别	年老解任官员给俸
盐差选择转授	督抚荐举数目	旗下废官
品级从减更改	盐院荐举	在籍候选候补各官事故
即陞应陞官分月推陞	举劾不公处分	**吏例卷 6"封荫"**
陞转官原任内加级纪荐分别销带	揭报不实届廉为贪	世职承袭
京官三品以上会推	查参不职徇庇处分	覃恩封赠
陞补小四品京官	**吏例卷 4"降罚"**	阵亡封赠给荫
更定旗下官名	降调官员对品缺用	汉人一品荫生缺
汉军汉人一体补授	补授降级官员	补荫
陞补御史	降官定缺	荫生自行送监
御史部郎补授外缺	提举卫径历告降	恩留荫监
各部司官互转	虚降虚革留任各官开复	**吏例卷 7"限期"**
内外官陞授主事	加级抵销降级	文武到任定限
司务陞转	犯赃抵对降罚	赴部投文路程定限
各部掌印	钱粮参复全完开复	请假亲回籍
钦天监满汉员缺	钱粮处分不准抵销	假满起用违限
笔贴式外郎除授	降革辩复官前任纪荐	事件限期
督抚加衔加级	留任降级贤能官员	**吏例卷 8"杂条"**

续表

更定文武职掌	屯粮完欠处分	漕粮不许囤贮私家
督抚巡历	采办本色物料	征银买兑不行详明处分
题奏事件朦混	裁扣缺官住俸等银处分	**户例卷4"田土"**
指陈地方利弊	督抚完粮垦地捐助停止议叙	编审造册
禁选官干谒	带征覆参年限	丈量遵式
文职回避	赦前赦后覆参分数处分	夏秋征收钱粮
领缴敕书	带征钱粮限二年全完	开垦荒田
禁止远接新官	陞任官未完钱粮处分	官兵垦荒预支粮饷
责成道官严察侵欺	老病丁忧裁考官未完钱粮处分	诡寄田粮
通蓟道改为守道总辖钱谷事务	署印官钱粮处分	朦隐地土处分
顺天府属刑名钱粮分隶二道	交盘钱粮限期处分	更名废藩钦赐自置等地
属官拜认门生	钱粮各项处分	满洲变卖土地
江防同知移驻江干	**户例卷2"兵饷"**	停止藩产变价
文武停写钦命钦差	兵饷考成	估变田房家产
纠驳科道参章	兵饷限期完拨	由单到部限期款项
禁保举贤能才能	迟悟兵饷总兵呈报	会计册式岁终填报
荐举山林隐逸	协饷议叙	绅衿抗粮
乡绅废官保城破敌题叙	督运粮饷议叙	衙役抗粮
乡绅干预词讼	填给粮单	议蠲灾伤
揭报恶棍劣衿	支应驻劄兵丁米豆草束	漕项钱粮蠲免
辽东改为盛京	供应兵马粮料销算	**户例卷4"户役"**
不行安置垦荒官兵	驻防官兵马匹支给豆料	隔属立户
禁党同徇私	驻防满官家口马疋	禁绅仆及棍徒冒充衙役
本官赃无染指	解部钱粮预先报部	禁收投充田产为仆
官员擅责旗下人	**户例卷3"漕项"**	禁官员收买良民
称颂见任官长德政	仓粮考成	陵丁准免差徭
上官券借属官银两	漕粮考成	戒饬游民
职官私蓄优伶	白粮考成	官员子孙留寓
司官定稿不诈假手吏胥	轻赍行月等银考成	一产三男
失火焚熮札付	漕船过淮限期	**户例卷5"盐政"**
赴任落水失凭	白粮过关免纳料银	盐课考核处分
禁革官舍民舍	追比漕粮旧欠	盐课归山东司
稽查书办	盘诘禁止粮船诸弊	盐差选择贤能
清汰冗役	监兑押运及漕粮便兑	安宁等四井并入径征
户例卷1"考成"	管仓差员	**户例卷5"榷政"**
钱粮归并户部	催偿漕舡停滞	征税考核
钱粮照省归本司总理	运官纵容屯丁揽载	榷关收税差员
地丁钱粮考核	金丁造船	鱼课商税等银处分
户兵二部原定考核　备查	**各省漕截加赠**	官员包揽夹带强占贸易
礼工二部原定考核　备查	漕粮过灾改折分征	芦课考核
南粮完欠处分	南粮批回停止送部	**户例卷5"钦追"**
南秋等米抚司无考成	**揭报漕蠹**	赃罚未完考核

续表

赃罚责成官员	徇庇敲扑累民有司	擅自祭天
罚俸照除荒征熟扣解	禁营将借名籴买米豆	喇嘛班弟
官俸住支	禁私派里民办买豆草	喇嘛
户例卷5"钱法"	禁指称科派	**礼例卷4"学政"**
铸钱并收放搭钱	私征被灾蠲免钱粮	学政考核
钱本过限不完	解本色物料禁科派使费	取士文章
私钱挽和处分	禁官员取办货物	春秋删去脱母等题
户例卷5"钱债"	**户例卷6"察解"**	科岁并考
官员借债	稽察解饷官役	考取岁贡
旗下控告债务	起解粮饷选差委官	选用贡监生及给月米
放债与贫棍奴仆及在外官民	领解官役不许投歇滥费	廪生米粮
违禁取利	争告田房产业等项部提限期	分给科举生员花红盘费
户例卷5"婚姻"	胥役经收管解连名互结	奉天府武生一体录试
婚聘违制	**礼例卷1"特典"**	捐修学宫
嫁适奴妇	贺临太学赏赐	安设圣贤遗像
家仆私自嫁女	御赐祭葬	滥刻选文窗稿处分
户例卷5"市廛"	旌表孝义节烈	禁私刻淫邪诸书
禁尺斗等秤违制	请谥	禁饬举进生员
严禁私立牙行	升祔太庙	禁有司扑责生员
禁贩人马	**礼例卷2"仪制"**	徇庇劣生处分
塘兵私抽货物失察处分	名讳回避	禁蠹役应试
户例卷6"仓库"	庆贺冬至	生员渎告
觉察钱粮侵欺	迎送诏书	题参劣生
承追侵冒钱粮	解荐新芽茶定限	册报在籍举贡监生事故
捏报钱粮有司惧受参罚	本章奏疏体式	更定考取童生入学额数
钱粮奏销限期	题奏本章用印	**礼例卷5"科场"**
奏销造册禁科派使费	汇齎庆贺表文	科场事宜
赔补烧煰仓粮	迟悮表文	点差乡试主考
仓谷出陈易新并禁支借捏报	邪教惑众	仍行筵晏揭晓各官事宜
孤贫口粮	禁革溺女	会试到部限期
有司违禁催征	收养孤独并瘗埋枯骨	刊刻题名录
户例卷6"捐赈"	严查僧道	殿试传胪及进表
捐输助饷赈饥	女子裹足	旗下考成
停止吏承纳银	禁送锦屏轴帐	举人教职会试
捐赈火灾居民	给示创建庙宇处分	援例俊秀乡试
捐赈投诚人口	端公私自跳神	裁去副榜
全活流民	**礼例卷3"祭祀"**	考试关节治罪
招回流民纪叙	郊祭庆贺礼仪	场前禁举人干谒
煮赈饥民	配祭礼仪	武场事宜
户例卷6"私敛"	祭奠圣庙世裔行礼	诬首科场弊端
加派私征处分	释奠礼仪	殿试传胪
府官不许下县征粮	遣祭历代陵寝	**礼例卷6"等威"**

续表

文武执事	世职官员註卫	操赏银两
官员执事人役	选委保举处分	兵丁较射
补服定制	举劾调正将领	辞粮兵丁押发原籍为民
服饰定制	保举将材	禁营将家人充数食粮
四品以上许挂数珠	提镇出京定限	训练汉兵
服饰违制	赴任违限	印铃营兵号衣
禁戴绒帽	陞任营将分别赴任候代	操练衙役
礼例卷7"四译"	查缴旧劄	招补兵丁
外国岁贡	查缴限票	招募水师
贡使病故	武职丁忧	动支水师朋扣修造塘汛虎舡
禁外国送边藩督抚礼物	武职回避	**兵例卷4"投诚"**
贡使偷带违禁货物	禁武官冒呈委用文职	查叙功高赏薄投诚各官
进贡遭风飘溺	年老解任效力官员给俸	投诚给劄官有病回籍
外彝遭风飘至差送归国	告病武职	议叙招抚投诚
礼例卷8"授官"	裁抚道标官	确查投诚功效题报
阴阳医学僧纲道纪输纳	禁中军干预政事	察叙故明投诚宗室
承袭博士	查参不法武职	推用投诚各官
孝子授官	废斥武弁回旗归籍	议叙投诚文武先后
礼例卷9"宗人府"	禁私劄委用及私立名色	安插投诚
归并觉罗官员事件	禁武举武生充书办办武	投诚官督兵开垦
觉罗官员事务	直隶河南总兵该管	投诚官逃走
袭封郡王	无冤枉代题处分	移驻垦荒兵丁逃脱
查点上朝	**兵例卷2"巧次"**	**兵例卷5"邮政"**
散宗室另记档案	题报议叙功次	裁定驿递应付夫马船只
庶妃另室姜媵子袭封	进勤跳船功次	征勤留用官搬取家口
庶妃另室姜媵所出子	拿蘖先进功次	赴任后搬接家眷俗给勘合
宗室犯罪	优叙越境勦贼坚守城	应用纤夫日给食米
穿孝礼宜	武臣狗难录用子弟	禁驿马越站需索
题请谥号	临阵落马将已马与骑	禁驿马回途揽驮行客
兵例卷1"官职"	勦灭地方土寇	禁私牌扰害驿递
更定武职陞转选法	纪录抵销降罚	赍奏员役背包不许过重
更定武职陞转品级	卹赏伤亡	按月稽查夫马
满官品级	勦抚叛兵	驿道查点马疋
坐名题补营将	**兵例卷3"兵马"**	奏销邮符
武职陞转	岁报兵马数目册	兜轿代马不许私役民夫
武职荐举	查造粮饷奏销滑册	禁封拿商民船只
军政考选	岁终奏报马政	抚提镇赴任不给粮单
选委千把总拔补效用官	巡抚护卫兵丁	不准给用勘合照验
京卫武生	密点兵马	违悮大兵夫船
移给佐领	赔椿年限	违悮应什处分
流官兼带世职不准替袭	捐马议叙	填马定数
山海关外员缺子弟补授	就近买马岁终报部	禁值驿站夫马考成

续表

驿递支用正项钱粮	**兵例卷 7"逃人"**	差章京笔贴式查拿逃人
禁私派驿马草豆解银	文职官员逃人功过	查拿逃人勾引仆妇赌博歇宿
需索逼死印官	武职官员逃人功过	寺庙
拨兵护送禁多索派折	臬司不叙功过	解逃条例
驿递借用营马倒毙	造册报部限期失察处分	解逃沿途抢诈照光棍例
禁民间乘养马疋	审逃疏忽及违例保释	疏脱逃人
禁僧道骑养马疋	地方匿该管未经查出	议给逃人口粮
禁文举贡监生骑养马疋	获逃足额即陞之官	疏放逃人未经脱去处分
拉车马疋	官员举贡监生员隐匿逃人	疏脱递解无主识认逃人
首告拿获骑养马疋	在外藩王及藩下官兵窝隐逃人	逃人监禁沈滞
兵例卷 6"规式"	驻防隐匿逃人	谎逃月日互异取地方官口供
禁顶带僭越	满洲家人庄头隐匿逃人	县官打死逃人
蠹色定制	喇嘛隐匿逃人	满洲家人不准票探亲
文武职官佩带腰刀	运军等船隐匿逃人	拷打平民认作逃人解官
改造弓箭	僧道隐匿逃人	自称逃人行诈及将民作逃人
竟过下马牌	营伍隐匿逃人	起解处分
箭上不写姓名	蒙古逃人	首逃及谎告
满洲拨防换班起行	三藩下逃人	收买新人及用印晓谕
泄漏机密事情	逃人窝家地方两邻十家长	地方官唆逃指扳富户
禁塘报铺张虚词	部提逃人窝主	禁革应捕指东诈民
瞭望报警	起解窝逃各犯及人口房地册	罪犯谎称逃人及逃人犯罪
兵民出界处分	逃人逃回原籍妻子窝隐	假逃诈民照光棍例治罪
禁笞辱卫守屯千	逃人所娶妇女	闲人擅入衙门窥探
禁擅受民词酷刑弱卒	违例给旗下人路引	逃人遇赦
禁投营充役	所窝逃人转保与人为婚	未报册之先拿获逃人
禁侵扣月粮	所窝逃人转送别处藏隐	逃人扳指窝家
禁将弁剥兵馈送	窝隐逃妇为娼	无主认识人官逃人
州县迟惧客兵军需	窝隐逃妇转卖与人为妻	逃人干连分审
分别兵民居址	雇逃人做工及赁房与逃人住	**刑例卷 1"盗贼"**
营兵盘债害民离汛扰害	从出征驻防逃走	同城属邑失守处分
兵丁离汛扰害	出征抢人逃走	大盗入城劫伤官民处分
禁捕鹰鹞	面上有字逃人	镇店路途劫失饷销处分
禁福建粤西兵棍害民	无主逃人保释	强盗劫杀道路村庄处分
纵兵杀良抢掠	不准给主逃人	武职失事处分附营兵为盗
禁过往官兵骚扰	逃人拐带财物	讳盗处分
查缉逃兵	逃人借称欠债生理不准告追	盗案委勘行查迟悞处分
禁私买进贡马疋	逃人自回不销逃档	拿获隔属劫掠盗贼
禁分防扰害州县村落	逃人自首	贼住地方协缉处分
兵逃兵哗朦隐处分	递逃牌	交界盗贼
防弁规避险要及滥委扰民	本主报逃不明	仇杀不议武职
出征打猎处失火	逃人鞭刺正法不满十日免刺	道路劫失钱粮文武分赔
军机籍没家产	拿逃犒例	获盗纪录给赏附窝主擒盗出首

被盗迟报及穷追不力	人命遇宥不能给银情愿为奴	侵粮比照盗漕
审明盗数及诬盗至死	过失杀伤人	侵粮追赃无完入官
报盗限期获贼月日	执持器械伤人追给赏价及擒获赏银	追赃分别入官给主
鞫审盗夥盗赃	误拔铲箭伤人	以财行求说事过钱
窝隐盗属	打猎伤人	未得行贿处分
诬良私拷致毙人命	瞽目人杀伤妻子	侵盗钱粮
减报盗数谎报盗犯	邪术害人	隐匿籍没赃物
旗下投充人为盗及追赔赃物	被打之人不拟助殴	隐匿叛犯人口
兵捕通盗	主人打死奴仆	禁私派滥罚
盗线揆情拟罪	打死奴仆赔追搌给	衙役犯赃本官揭报
赦前盗案判案註销停陞	卑幼殴杀本宗缌麻尊属	蠹役犯罪复入衙门
赦前盗案停止逐案题参	尊长谋杀缌麻卑幼	**刑例卷5"诈伪"**
陞任官盗案罚俸	故杀弟妹	私铸
盗犯投首	斗殴杀人	假冒干谒诈骗
听用投诚窝盗纵劫	有故斗殴杀审出元谋	**刑例卷6"犯奸"**
禁止营弁会讯盗案	捕役误戕身死给银	职官军民犯奸处分
饥民为盗	**刑例卷3"诉讼"**	因妻有奸致杀
抚盗执留原抢妇女	叩阍	因奸谋杀旁人
盗赃变价	御状原告递解收审	纵奸以致奸夫杀夫
刑例卷1"窃盗"	首告赦前事	停责奸妇本夫
偷盗牲畜财物	蠹役匿名诬害官长	处决产后奸妇
旗下奴仆窃盗	刁告捏唆告越告	奸缌麻以上亲之妾
窃盗援宥	诬告	因奸打死逃人
窃盗赔赃	投匿张揭	本妇打死强奸之夫
刑例卷1"抢夺"	告词不准粘单列款	**刑例卷7"杂犯"**
白昼抢夺	被证定数原告限期	稽查京城无籍光棍
抢夺迷拐人口	告词开列犯事年月	光棍分主首
刑例卷1"籍没"	投旗人代告及控未投旗以前事	奸恶串同市棍害人
查解叛属人口	瞽目人诬告	文职责缉光棍
叛案家属财产查明入疏	禁滥准词状差役骚扰	武职责缉光棍
通缉叛犯不必照限取结	不准词状批明情由	衙役番役隐匿光棍
纵逃叛属处分	亲属訐讼	赌博处分
叛属不许卖赎	农忙止讼	军流徒犯收管
缉拿年久叛案查销停陞	原告出户	妇人犯军改拟
妖言不籍没家产	反噬问官	随送续解流犯妻子及禁押解
刑例卷2"人命"	满洲与民人訐告	扰害
自尽人命图赖	**刑例卷4"受赃"**	起解关外军犯
威逼致死	官员犯赃	图妻谋害徒犯
故杀子孙	衙役犯赃	军流徒人妻子及罪犯养亲
奴仆踢伤主母	衙役扳累完赃	军犯已故妻免遣
失手致死孙童	县总里书犯赃	旗下人犯罪
戏伤人命免死	保歇照衙役拟罪	旗下人配所身故家属解京

续表

盛京招民犯罪	恤刑年暂停秋决	城堡自行修筑
太监犯罪	重犯毙狱题报	捐修城垣议叙
异姓结拜兄弟	滥禁久禁致毙监犯	修造工程限内塌坏
倾销器皿	慎选守监禁卒	造作不坚固
衙役设立顶首	禁饥毙罪犯及纵狱卒凌囚	修理边墙
被掳投归免罪	禁用重板	岁报军器火药册
欺压佃户	禁妄用夹棍	题造军器火药拨给钱粮
犯赃身故妻免入官	禁设匣床木笼	停捐造军器
刑例卷8"捕防"	禁用重枷	捐造营房
罪犯越狱处分	番役私刑该管失察	赔造烧燬器械兵房
监犯送出遵法投监	私取病呈	捐造船只
遣犯定限起解	犯妇分别监保	停止进士题名石碑
差役情解贿放及地方官处分	重案军流徒杖牵连人犯援宥	携家驻防官兵不给槽锅剃刀
监犯越狱不议巡城巡街官丁	入官人犯到部遇赦	旗牌式样
火灾越狱处分	题奏重案亲审删招	复栖流所
勾摄重案逃犯	驳审改批	供用柴炭
照提人犯限满不获题参	重罪法司会审	违禁采参
禁单应捕	三院互勘	**工例卷2"河防"**
刑例卷9"断狱"	重案自理定限完结	禁骚扰河道及私带货船
禁罚稻谷	司道枉纵	差遣查阅河道官员马疋
折赎	随案处分	由闸银两按季造报部科
查造赎册	舛错处分次数	河银考成
折赎无完仍照的决	承问事件未完	河银全完限期
妇女许令代审	审结积案分别矜疑	速完河工议叙
正六两月停刑	臬司岁报大狱	修筑黄运两河年分参处
内外审结限期	议结官民牵连告案	年终造报提岸有无冲决
辟案册结随疏并送三法司	题定不准援宥	管修五闸提岸
题案先释无辜	大臣合死自裁	禁官役草率修筑
热审	检官仵作验伤徇私	禁苟派河夫
炎天清理刑狱	不行检看尸首	差遣官员踏勘河工
秋审	有功子孙死罪拟定题请	河差添设满司
恤刑考核	禁拿民访	黄运两河栽柳授职
隐庇威逼人命	失出失入及引律拟罪未协	河工暂添同知主簿
分别秋决	**工例卷1"营造"**	河工纳银准监

注：各卷卷首所附目录与正文目次内容有出入的情况下，依据正文目次。（但是，兵例卷5邮政的最后两条，正文中没有目次，故采用卷首目录）

本文译自高遠拓児"清初の坊刻则例集について－稽永仁辑'集政備考'を中心に－"，收入山本英史编《中国近世の規範と秩序》，公益财团法人東洋文庫，2014年。

新喻漕案与包世臣罢官

——探究文献背后的真相[*]

林　乾[**]

摘　要：发生在道光十八、十九两年的新喻漕案，是因征漕而引发的重案，官府兴大狱且以用兵而告结。而该案留下数十件档案乃至判决，属于官方的"表达"。而新喻民众五次京控留下的"呈词"，与官方档案形成截然对比。作为署理县令，包世臣是新喻漕案最直接的当事人，他在个人文集中留下了诸多前两种"版本"所不载，但能够与之相互证伪或证实的重要文献。特别是他的"密禀清折"，不但文献价值极高，而且最难得的是，它将新喻自嘉庆以来至道光二十年近半个世纪，官府是如何逐渐加重纳粮户的负担，以至民众从温和而合法的上告进而发展到聚众反抗。与绝大多数州县官的做法不同，包世臣力图减轻民众的负担，这也注定了他的悲剧结局。新喻漕案是嘉道社会危机总爆发的前奏。该案对于解析清代中叶官民冲突具有典型意义，也是少有的"文献互异"的标本。

关键词：新喻　漕案　包世臣　激变良民　抗漕

---

[*]　本文是北京市社会科学基金重点项目"清代官民冲突研究"（项目编号14FXA001）的阶段性研究成果。
[**]　中国政法大学法律史研究院教授。

包世臣是 19 世纪中国著名的思想家，他积极倡导的改革思想对嘉道时期治政的影响，近年愈发受到学界的重视。① 他"以布衣遨游公卿间，东南大吏每遇兵、荒、河、漕、盐诸巨政，无不屈节咨询，世臣亦慷慨言之"。② 道光十九年（1839），时年六十五岁的包世臣结束了"久为诸侯客"的幕僚生涯，第一次也是唯一一次出仕做官，署理江西新喻县令。本来对"民间及衙前情伪已悉"③ 的他，却到任一年，即被罢官解职。

包世臣何以被罢官？相关记载多一笔带过，④ 他本人虽有记述，但也不得其详。现存清代数十件档案为我们完整揭开这一谜底。要言之，包世臣罢官的表面原因是道光时期已至极弊的漕务，而背后深层次的原因则是官民冲突已达到不可调解的地步。换言之，它是 19 世纪社会危机的体现。

一　加征由来及"闹漕"案发

清代在江苏、浙江、江西等八省征收漕粮四百万石以输京师，久之而成漕务之弊，其弊"始于乾隆中，甚于嘉庆，极于道光"。⑤

包世臣称他"少小见官民相争必于漕，而无以已之"。⑥ 因新喻漕案罢

_____

① 童慧：《包世臣的官治思想》，《重庆科技学院学报》（社会科学版）2010 年第 6 期；周邦君：《包世臣笔下的林业技术与社会文化》，《北京林业大学》（社会科学版）2010 年第 2 期；张岩：《包世臣与近代前夜的"海运南漕"改革》，《近代史研究》2000 年第 1 期；郑大华：《包世臣与嘉道年间的学风转变》，《安徽史学》2006 年第 4 期；郑大华：《论包世臣的吏治思想》，《安徽史学》2009 年第 3 期；郑大华：《论包世臣在嘉道经世思潮中的历史地位——兼与龚自珍、魏源之比较》，近代中国研究，http://jds.cass.cn/Item/1592.aspx，2005 年 10 月 29 日；罗威廉：《包世臣与 19 世纪早期中国的农业改革》，《文汇报》2013 年 12 月 23 日；李国祁：《由安吴四种论包世臣的经世思想》，台北中研院近代史所编《近代中国初期历史研讨会论文集》下册，1989。
② 《清史稿》卷四八六《包世臣传》，中华书局，1977，第 13417 页。
③ 胡韫玉：《清包慎伯先生世臣年谱》，台湾商务印书馆，1986，第 48 页。（以下简称《包世臣年谱》）
④ 《清史稿》卷四八六《包世臣传》载："一权新喻，被劾去。"《清史列传》卷七三《包世臣传》载："因劾去官。"光绪《续修江宁县志》载："中丞忮之，甫到省，即使署某县，即借公文字句劾罢之。"
⑤ （清）金安清：《水窗春呓》卷下，中华书局，1984，第 75 页。
⑥ （清）包世臣撰《中衢一勺》"附录序言"，《包世臣全集》本，李星点校，黄山书社，1993，第 3 页。

官后，他更是大胆预言："东南大患，终必在此。"① 稍晚的冯桂芬进而于咸丰二年引用当时谚语云："江南必反于漕。浮收勒折，天怒人怨，将来患生不测。"② 太平军起，江南人认为这缘于道光朝养痈遗患："道光朝似宽厚，养成积习，小人竞进，贤人退隐，州县官不以民瘼为心，皆以苟敛为事，有司失德于民，封疆吏苟且于国，其德渐薄，民心渐离，天下如是，遂酿成大祸也。"③

新喻漕案就发生在道光十八年。

此案起于"漕规"，即征收漕粮时各种名目繁多的"陋规"，其中以勒折、浮收为主。因各地转储漕粮的仓厫有限，官府开仓收漕往往在旬日之间，遂通过提前关闭仓厫而逼迫纳粮户将实物兑换成银两交纳，否则即诬以抗粮名目严加惩治。而上漕皆在收粮旺季，易银价本已低，加之时限局迫，故往往易银只是平时之半，甚者每石折色五六千文，此即勒折。浮收是在原有法定交纳数额外，议定加征数目，各地多少颇有差别。通常说来，加征多在百分之三十以上，而淋尖、踢斛尚不包括在内。④ 这两项都无疑加重了纳粮户的负担。乾隆时期，虽有浮收、勒折，但承平日久，力田者家有盖藏，又浮勒不多，故纳粮户不甚以为苦。嘉道时期特别是道光一朝，江南连年灾害，即便无浮勒，纳粮户也所剩无几，而浮勒日甚一日，在银价日昂的背景下，故因漕而兴大案者接踵而至。⑤

勒折、浮收之由来，颇为繁杂，已成不解之结。要言之，可以归结为三：一是州县。清代州县无财政可言，更无办公经费，而摊赔、礼请幕友等项均出自州县官个人私囊。在公私皆形拮据的窘况下，只好通过征收漕粮上下其手。二是管漕衙门。总理有漕运总督，分辖有粮储道，监兑押运有同知、通判，趱运有沿河镇道将领等官，大小衙署十数记，又皆有陋规。三是旗丁水手。清代为保证漕运，本有屯田以补旗丁，但由于屯田民

① 《清史稿》卷四八六《包世臣传》；《清史列传》卷七三，中华书局，1987，第6014页。
② （清）冯桂芬：《均富说劝绅》，《显志堂稿》卷九。
③ （清）柯悟迟：《漏网喁鱼集》，中华书局，1959，第71页。
④ （清）辛从益：《奏明遵旨查办情形并陈管见事》，朱批奏折，道光七年正月初六日。
⑤ （清）魏源：《魏源集》上册，中华书局，1976，第340页。

田化，旗丁不堪，遂借米色为由，要求州县官找补运费，否则即不受兑。旗丁雇水手，水手又以地域分为各帮，专事重运谋生，大帮水手往往挟制旗丁。道光时期发生多起水手集体罢运事件。以上三者互相纠葛，"积重难返，而漕政日坏"。"东南办漕之民"，"肌髓已尽，控告无门"。①

那么，征漕规费是如何分配的？据冯桂芬说："漕务之利，丁胥差役百之，官十之，绅二三之，衿特一之耳，甚有不及一者。"②

在这种新的利益格局中，衿"获利最微也，撄祸最易也，贻误又最大也"。衿因为人数众多，是个非常大的群体，因此在基层有很强的动员能力。在衿的背后，是普通的纳粮小户。在捐纳盛行的清代，只要稍有资财，无不以捐身份为务。衿在乡里属于知识群体的最下层，主要包括生员、捐纳监生，他们熟悉国家法律，对于州县官的非法加征，他们也是受害者，也有少数人从中分得一杯羹，或者借此挟制官府，这就是陶澍所说的"包漕抗粮，勒索白规"者。在许多"抗粮（漕）"案中，他们往往是带头者。道光七年，在漕额最重从而也是漕弊最严重的江苏，巡抚陶澍与学政辛从益在关于"闹漕"的认识和做法上发生激烈争辩。陶澍认为"控漕之人即包漕之人"，上疏清廷对控漕者严加打压，道光帝谕允，而辛从益上疏明确表示不同意见，并极言地方官浮勒之甚，不但淳谨小民受害，即淳良生监也受其累。辛从益于当年底病逝。③陶澍也于道光十年升授两江总督。此种人事更迭对道光朝漕政影响甚大。"府道藩臬督抚，无不护州县"，生监"所恃者学政，然近年学政有如万载辛从益者乎？无有也。褫一生斥一监，朝上牍夕报可矣"，"折辱摧伤之，惟力是视"。④换言之，自辛从益后，生监合理的抗争因得不到学政的保护而普遍受到惩治，致使府县官员的浮勒更加肆无忌惮。

发生在新喻的漕案也与之相仿。不同的是，新喻漕案因各种文献的记述差异，出现多个"罗生门"。案件的最后判决以及在此过程中形成的数

---

① 《清史稿》卷一二二《食货志·漕运》。
② （清）冯桂芬：《均赋说劝衿》，《显志堂稿》卷九。
③ （清）辛从益：《寄思斋藏稿》附《辛筠谷年谱》，《清代诗文集汇编》，上海古籍出版社，2010，第755页。
④ （清）冯桂芬：《均赋说劝衿》，《显志堂稿》卷九。

十件档案无疑代表官方的"表达",似乎也最具"权威",因而传播得也最广泛。道光二十七年六月,刚升任军机大臣不久的江西新城人陈孚恩,写信给包世臣谈及新喻漕案,但内容与包世臣亲身经历的有很大不同,包世臣为此专门回信,称"来书述新喻已事,奖掖鄙人,既多逾分,且有传闻未实之处,故略陈其始末"。① 此时新喻漕案已结案六年。作为主要当事人,包世臣的个人记述构成新喻漕案的第二个"版本"。② 与官方文献截然不同,包世臣否定新喻有"闹漕"者,并向巡抚密陈新喻"漕规"及所谓"闹漕"的由来,为我们留下了最珍贵的一份"密禀清折"。而至少五次赴京控告的"闹漕""主犯"之一胡尚友留下的"呈词"可以说是第三个"版本"。"呈词"所控与包世臣个人文集所叙述的新喻案存在高度吻合。此外,钦差麟魁虽然也代表官方,但他的审结报告又与江西巡抚、学政多次上奏的奏报存在较大差异。

正是这些文献的差异,为我们还原新喻漕案的真相提供了可能,对揭示隐藏在"漕案"背后的官民冲突,具有重要的标识意义。

道光十九年三月,包世臣以举人大挑后正式署理新喻县令。③ 此时新喻漕案尚未结案,因为"闹漕""主犯"万帼彩尚未抓获。

新喻属临江府管辖,道光初年,已成大邑,有男丁十七万五千有余,妇丁十三万一千多,熟田山塘八千六百余顷,实征银三万七千三百余两,丁银四千余两。承担实征漕粮两万五千九百余石。④ 县境有五坊十区二十都五十五图(见图1)。

时任县令陆尧春称其履任以来(道光四年任),见新喻讼少风淳,输将踊跃。⑤

新喻漕案也是因为无限制的浮勒而发,其数目几达正额的一倍,而论其由来,又经嘉、道两朝数十年层垒而上。上纳钱粮乃升斗小民第一要

---

① (清)包世臣撰《复陈枢密书》,《齐民四术》卷二,《包世臣全集》本,李星点校。
② 包世臣除在前引书中叙述新喻漕案外,另在其《中衢一勺》"附录序言"等篇章中亦有论列。
③ 《包世臣年谱》误为十八年,见第50页。据包世臣《齐民四术》、《密禀清折》(详后)以及吴增逵等纂《新喻县志》卷七,同治十二年刊本。
④ (清)陆尧春修辑《新喻县志》卷六,道光五年刊本。
⑤ (清)陆尧春修辑《新喻县志》卷首《序》。

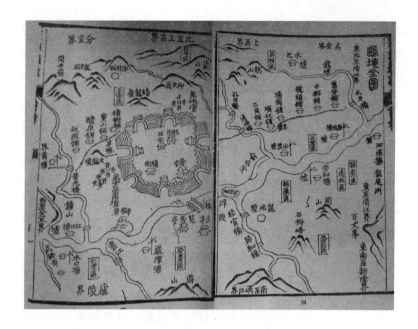

图1　新喻县五坊十区二十都五十五图

资料来源：（清）陆尧春修辑《新喻县志》卷首《图说》。

事，又成为各级官员虎狼视之的所在。俗称州县官开门两件事：钱谷与刑名。与刑名涉及人户很少不同，缴纳钱粮自雍正时期基本废止士绅的优免权后，几乎涉及所在地所有人户，因而多征民间一粒米，官府多收几万石。这也不难理解钱粮征收与缴纳，何以成为各方利益博弈的关键所在。本来，征发赋役，有《赋役全书》、《漕运则例》之类法定规制，但无奈实践总是与法律有冲突，并使得二者渐相背离，久之法律也成具文。包世臣罢官后一再为自己辩护，称他按律法办事，却以"擅变旧章"而罢官。这个"旧章"就是背离法定征收的浮勒。

包世臣的"密禀清折"透露了浮勒"漕规"是如何一步步加给新喻县纳粮户的。

新喻县额征漕米两万四千余石（与前引县志所记略有差别），上纳粮米原来只有一仓，颇为不便，后来另外增建两仓，而新喻四境士民纳粮，采取就近办法，这也成为后来承担"漕规"苦乐不均的原因。其演变过程如下：嘉庆时，县里大姓胡莘将自家东门内的宅地低价售出，遂将漕仓迁到此处，以供上粮，这就是东仓。① 新喻漕米皆经罗霄江，自县雇船行走五十里到罗坊，水流甚浅，自罗坊再行九十里进入临江治，水畅变深，再下三十里水更深，可行方舟大船，抵达南昌兑军（交旗丁）。因此新喻运漕以罗坊最为便利，而该县西、南、北部接近袁州，纳米多顺流。县东附临江，溯流至县，远者数百里，挽运甚以为苦，故县东纳米也以罗坊为便利。嘉庆八年，士民公请在罗坊建仓。时任县令恽敬，江苏阳湖人，乃著名学者、古文大家、阳湖派开山鼻祖，他上请临江府、布政使得允。大概全县三分之一漕米减运五十里，故当年十月罗坊仓建成，十一月征漕即告完毕。② 此后，东乡额征漕米六千八百余石，即在罗坊仓完纳。平斛米一石加四斗外，每石收水脚银九分零八毫。

当时，省仓安置旗丁及各管漕衙门规费仅有五千两，这个负担粮户尚能承受，故“官民相安”。以后省仓费用逐渐增加，而东仓收米减除罗坊仓近七千石后，仍有一万七千余石，故每当上粮，日形拥挤。北乡士民因援引罗坊之例，另于北门内建仓，名曰北仓（见图2）。北仓收米只有四千余石，公议交平斛米一石，将外加之四斗，无论米价高下，改折水脚制钱一千二百六十四文。这时，省仓费用已增加至七千，加县仓规费三千，办漕一届，大体不超过白银一万两。而当时银价虽涨，不过百分之三十，故办漕之外，仍有盈余，以资县署办公。

设立罗坊仓、北仓后，两仓征漕几占新喻全数之半，但因加征的部分已经固定，故州县官无法在此两仓打主意。相反，东仓收米扣减前述两仓后，仍多达一万二千余石，是新喻县上纳漕粮的最大部分，且没有官民“公议”加征数额，故后来的勒折、浮收等各项加征，全部要摊派到东仓。东仓纳粮户亦试图照罗坊之例，将加征的部分固定下来，但如此一来，浮勒就无所出，因此收米谷时只开仓数日，随即封仓开折，每年收折色多则五千余石，少则三四千石不等。其时钱粮每两征钱一千七百文。这就是说，仅东仓一仓所收折色，已使得纳粮户多交数千两银子，加之其他两仓

---

① （清）恽敬著，万陆、谢珊珊、林振岳标校《新喻东门漕仓记》，《恽敬集》上册，上海古籍出版社，2013，第156页。

② （清）恽敬著，万陆、谢珊珊、林振岳标校《新喻罗坊漕仓壁记》，《恽敬集》上册，第157页。包世臣记为嘉庆六年。

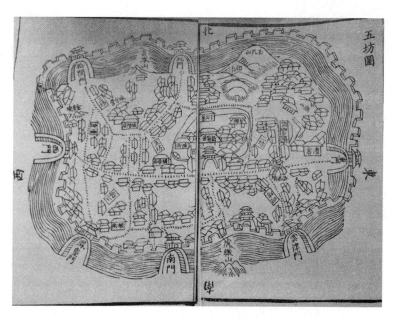

图 2　新喻县五坊图

资料来源：（清）陆尧春修辑《新喻县志》卷首《图说》。

的固定加征，扣除近万两的漕费，仍有剩余，由于"平余丰厚"，新喻县一缺列于简优。

但这种平衡在道光年间被打破，且有不可遏止之势。道光七年，县令陆尧春以米色发变，加银二千两，以后相沿成例。十年，福裕任新喻县令期间，又增加到四千，遂使省仓费用达到一万三千两，以后有增无减，至十八、十九年，省仓费用达到惊人的两万四千两。在不到二十年间，费用增加两倍半。再加上县仓连船价四千，办漕一次共需银两万八千两。此外，还有临江府衙署应酬费用两千，新喻县衙修脯供给三千，摊捐银两千，办案递送及往来差使两千，即便不带征因灾缓征的钱粮，仅办漕而言，共需银两万八千五百两。

这些费用从哪里出？除钱粮平余约千两、税契典规约三百两，及北仓水脚银三千五百两，其余两万三千七百两全部出自东仓。花户完本色（粮）与上折色（银）价值悬殊，因此每当开仓之日，争前恐后，拥挤更甚。道光十七年，县令姚振启收漕，开仓之后，阴雨连日，花户蜂拥上米，米皆着雨，不得不挑掣改换，以致践踏立毙者有五人之多，花户怔惧保命，故当年折色独多，折价尤重。

以上可知，历经多年，新喻征漕的近三万两费用，百分之八十落到东仓的纳粮户。在东仓上米者是西南两乡，故此两乡积年苦累，实有不甘。①

尽管新喻西南两乡的花户承担了比额定漕粮高出一倍有余的负担，且有花户因纳粮而被挤踏毙命之事，但查阅地方文献和官府档案，没有发现这里有抗粮聚众滋事等事。显然，民众的不满正等待爆发的时机。

道光十四年，江西大旱，按照救灾机制，清廷于次年正月为新喻等二十六县遭受严重灾害的百姓借贷籽种。② 八月又将新喻等四十厅县被旱灾区新旧额赋及借欠银谷，展缓征收。③

大灾之年缓征钱漕，本是恤灾之举，但如此一来，不但知县无所取给，书役们更一无所事。新喻曾受鱼肉的纳粮户，借机报复，有的进入衙署抓捕头人，在大堂之上殴辱，且每日数次，各役四处逃散。而官吏通过征漕大发一笔的意愿更为强烈。

道光十八年秋，史致祥署理新喻县令。他是顺天府大兴人，祖籍浙江山阴，捐纳监生。时年三十六岁。④ 一个没有功名的捐纳监生且年仅三十六岁，何以能到简优之缺的新喻任县令？问题就出在这里。据包世臣讲，新喻县属于"简优缺"，藩臬"因颠倒班次，以厚妾戚"，史某人"倚上游有连，摧折庠序，以预为加漕地，致兴大狱"。⑤

或者说，史致祥署任新喻县，目的就是为了在即将开始的收漕上大捞一笔。而前提是先把新喻县监生这些"衿"震慑住，百姓方不敢闹事，官吏才能放胆浮勒。收漕八月开始，而九月、十月为最忙，史县令到任伊始，在没有公示征漕日期的情况下，先禀临江府，开列新喻县知名生监，请知府访拿。临江府随即贴出告示，首列万帼彩、胡尚友、严帮誉三人为"闹漕"的"漕棍"。其实，据包世臣向巡抚密禀，"新喻向无吃漕规事，而列示三人，于（闹）漕皆无案据，实为凭空取闹，迫成京控"。

---

① 以上未注明者，均据包世臣《呈为新喻县漕案真实原委事》，收录于录副奏折，道光十九年三月十四日。
② 《清宣宗实录》卷二六二。
③ 《清宣宗实录》卷二七〇。
④ 录副奏折，江西巡抚陆应穀奏，咸丰元年八月初二日，时四十九岁。
⑤ （清）包世臣撰《中衢一勺》，《包世臣全集》本，李星点校，第9页。

胡尚友等何以被列为闹漕的"漕棍"？

按照惯例，新喻县各区皆以轮充之地保主办钱漕。这一惯例至迟在嘉庆时期即如此。据县令恽敬称：新喻附城为五坊，坊有坊长；乡有五十七图，图有地保。坊长、地保如保正。坊、图皆有十甲，甲有管首，管首如户长。其轮差之年，则管首迭为坊长、地保，狱讼、盗贼、赋税皆督之。征收赋税时，坊长、地保以酒食召管首，管首召户丁，为期皆纳之坊长、地保，坊长、地保纳之官，故赋税无后时者。① 这种办法类似基层自治，虽与国家定例不相符合，但官民两便，也就相沿成俗。这也表明，基层社会组织的权力在嘉道时期已出现扩张。

道光十八年八月，西南两乡花户公议，援照罗坊、北仓之例，挨图上米，又知平斛一石加四斗不敷兑军，因此仿照北仓之例，将外加四斗折为水脚银，每石完水脚钱一千两百六十四文。当时有"公局"，并无倡议主谋之人，而史县令莅任才及旬日，办漕胥役虑及水清无鱼，遂以挨图上米则无折色可征之说相恫吓，史县令于是向临江府上"风闻敛钱设局把持漕务"之禀，临江府接到县禀，即发告示严禁饬拿。

凑巧的是，九月十八日，发生皂隶严安在集市揪扭义学首士、生员张亨发辫赴县之事，激起在城绅士公愤，当即有六十余人齐赴学宫请教官为他们做主。教谕王运恒年老积学，每天论说诗文，学中公事多委训导刘筠，训导诘取诸生禀词，始偕王运恒赴县衙请史县令责革县役，以平众怒，史县令虽表面含混答应，但训导等一出衙署，即掌讯此案。

新喻县义学经费本来不敷，每年轮派绅士充当首士，不敷之项皆须赔垫，故一般不愿承充。胡氏在新喻是大姓，胡尚友是十七年首士，次年换届他力劝张亨接办。张亨受此侮辱，胡尚友义不容辞，是以上堂作证，史县令却偏听书役之言，呵斥胡、张两生不留余地，并有收禁详办之谕，新喻绅衿愈发愤怒。

数日后，临江府以迎藩司按临为由，令新喻县传齐县役，谕以定例逾限不完钱粮者，无论举贡生监，即行拘拿。书役们得此宪谕，如获至宝，

---

① （清）恽敬著，万陆、谢珊珊、林振岳标校《新喻东门漕仓记》，《恽敬集》上册，第155页。

更加肆无忌惮。胡尚友遂与万帼彩等商谋，只有上控。严帮誉其人本不在学宫，始终也没有参与此事，书役们欲乘机报复，口禀县令，县令遂上"访闻胡尚友、万帼彩、严帮誉聚众把持"之禀，临江府没有核实真伪，立即下发严拿三人告示。城乡士民更加不服，在城诸生以义学向来年清年款，此次终究系上忙未完，公凑钱文完纳，而柜书以钱粮既完，则无以制服生监，遂不肯收钱掣串。诸生无奈，又至学宫禀明刘训导，训导带同诸生至县署交柜书，取具收条。①

但事情并没有平息。

县令史致祥通过书役凌辱士林，并借助临江府打压绅衿的做法遭到强力反弹。其在任七月有余，新喻"士民竟无一纸入衙署，而粮、捕两厅，至不能容讼者"。清代沿袭明制，在有漕省份设置督粮道，职掌监察兑粮、督押运艘，而治其政令。捕厅特指有缉捕之责的典史衙署，此指包括县丞、典史、吏目在内的州县官的辅助官。换言之，由于临江府与新喻县沆瀣一气，民众的冤枉之情无法在府、县申诉，只能到另外衙署去告状。由于事态继续发展，藩、臬只好将史致祥撤任，而以包世臣接署。此时是道光十九年三月。

二　新喻"换班"，包世臣解任

新喻漕案正在发酵之时，包世臣走马上任是需要勇气的，也蕴含极大风险。因为新喻县、临江府已将刚刚发生的事件定性为绅衿把持闹漕案，且得到江西省署的支持，一时间，"省垣悉谓其民为比户可诛。需次无肯往者，不得已而及仆"。

包世臣受命于艰危之际，他星驰而往，距新喻境十五里时，居民夹道相迎，私下劝告他"新喻城必不能入。仆从闻之，皆欲少留"。②

包世臣是于三月初五日从临江府起程的，初八日在上高县交界处，与卸任知县史致祥进行交接盘验。尔后他一路上明察暗访，当地父老告诉他

---

① （清）包世臣：《新喻漕案原委》，收录于中国第一历史档案馆"录副奏折"中，道光十九年三月十四日。

② （清）包世臣撰《中衢一勺》"附录序言"，《包世臣全集》本，李星点校，第9页。

当地的收成情况：上田一熟不过三挑，每挑重八十斤，下田有至一挑者；上田价值七八千，下田二三千不等。他的结论是"政繁赋重，民力难堪，公赔私累，官力难继"。

包世臣上任之始，有两件相互关联而又非常棘手的事情亟待处理：一是缉拿"闹漕"主犯归案，二是征漕。而这两件事情的处理，包世臣都没有按照既往"旧章"行事，从而引发更大的波澜，包世臣也因"擅变旧章"被罢官解职。

自雍正时期开始，钱粮一年分上下两期征收，称为上忙、下忙。上忙自二月开始，五月结束。下忙自八月开始，十一月完成。一般而言，即便是署任，也要经过一个忙。① 包世臣上任伊始，正好是上忙。他于三月十三日夜里到达新喻县衙，但等待这位新县令的却是书吏的"下马威"。次日早晨升堂任事，他发现"吏役逃散略尽"，而让他感到欣慰的是，"父老督子弟催科，勤于粮差"。于是他发告示，定于当月二十一日征漕粮（漕折银）。而如何征收，包世臣似乎早已成竹在胸。多少年来，征漕既是官吏们攫取民财的最好机会，也是民怨沸腾、激变良民的主要所在。魏源称其"弱肉强食，如圜无端"。②

法久弊生，征漕同样如此。本来，《漕运则例》等征漕的法定依据，早已无从遵守，而勒折浮收却习以为常。嘉庆时期乃至道光之初，清廷曾试图整顿弊端重重的漕政，但都不了了之。

包世臣采取了"量出为入"的办法，概言之，就是"集新喻县之民力，了新喻县之公事"。他找来全县绅耆，与户书、粮书公同商酌，开出一年必须之用账。经绅耆与户书公算三日，漕费须库纹一万九千三百余两。由于比往届征漕，减少近万两，故全县纳粮户，不分大小，皆踊跃输将。"米既干洁，而费用毕集。兑军时丁验米色，谓为生平所未见，一切规费皆如向例，而兑付加早。"

三月十四日，即绅耆与户粮书吏共同议定必不可少之数额，包世臣公布征漕日期办法后，他通过南昌府向江西巡抚上了一道密禀。这份几千言

① 齐如山：《中国的科名》，辽宁教育出版社，2006，第173页。
② （清）魏源：《魏源集》上册，第340页。

的密禀是我们了解新喻加征漕费的珍贵材料，对解剖全国浮勒之由来，特别是嘉道时期漕粮问题何以至"极弊"，有典型的标本意义。包世臣颇为自得，密禀称"借各宪德威，喻民翻然从化，则奏销尚可敷衍"，即省中六千三百之借款，也可筹足。密禀还称，新喻虽有"公局"，但无主持谋议之人，暗含为闹漕者"开脱"。

包世臣的这份密禀是承巡抚面谕，令他到任后细访新喻漕案真实原委，及该处真实情形所上。但却成为包世臣日后罢官的"口实"。

在清代中叶几乎所有因浮勒而激起的所谓"闹漕"或抗漕案中，基本有"规律"可循，即对立的双方结成"两条战线"：书役加征背后有州县官做后盾，此时地方绅衿联合普通民众与之"抗争"，州县官及书役力所难敌；但州县官背后有督抚大吏撑腰，此时绅衿会向他们的上级学政寻求支持，但大多以失败告终。特别是自道光七年江苏学政辛从益故后，学政大多依顺巡抚，因此才有冯桂芬所说的"褫一生斥一监，朝上牍夕报可矣"。但与一般县令的做法不同，抱有强烈救世情怀的包世臣，站在了民众一边。这也注定了他被罢官的结局。

包世臣到任时，前任县令史致祥上禀临江府出示的三名"闹漕"主犯中，胡尚友因京控被押，万帼彩因知臬司祖护史致祥，避不投审。包世臣经过明察暗访，得知新喻并无包漕之事，在呈给巡抚的密禀中，进而将新喻历年加征及胡尚友等三人如何被构害之事娓娓道来。但此案既经临江府发文，包世臣不拿"主犯"的做法显然"不识时务"。由于"臬司护戚益挚"，包世臣"奉文之日，即委心腹驻新喻县严提"。因包世臣礼待绅衿，久之，万帼彩亦来拜访，包世臣告诉他，你是原告，毋庸避匿，请随其进省，万帼彩应诺。恰在此时，在省城管押一年有余的胡尚友逃归，万帼彩遂不赴案。包世臣因缉拿"重犯"不获，先被摘去顶戴，旋被罢官解职。而"包漕案"也演变为"抗漕案"，最后调重兵平息，成为道光年间影响最大的重案之一。而新喻案逐渐发酵、升级的过程，又因江西大吏的更替乃至对案件的认识、做法之不同，呈现一波三折之势。

据包世臣讲，史致祥署理新喻县，是其戚属臬司通过布政使"颠倒班次"得来。而此时江西按察使为管通群，江苏人，道光三年进士，十七年正月由长芦盐运使迁任，五月到任，与饶州知府方传穆是儿女姻亲，多次署理江西布政使，十九年十二月迁安徽布政使。接任者刘体重，由彰卫怀道迁，二十年十二月迁湖北布政使。同时期的布政使赵炳言，道光十八年六月由广西按察使迁，到二十一年八月，升授湖北巡抚。此间两江总督正是主张强力弹压绅衿的陶澍（道光十年起到十九年三月病免）。江西巡抚钱宝琛，道光十八年九月由湖南巡抚调任。

从包世臣所称"兼藩臬使颠倒班次"一语，可以推判管通群是史致祥的亲戚。而在包世臣到任前，胡尚友已遣抱京控新喻县征漕勒折。

早在十八年十一月，临江府知府熊我向江西巡抚禀报，新喻县监生胡尚友、万帼彩与已革生员严帮誉等设局敛钱，把持漕务，率众滋闹，经拿获胡尚友、严帮誉二名，尚有万帼彩等未获，当即饬令勒拘，一并解省严审。胡尚友当即遣抱告以保全赋命等词赴京控告。清廷对京控案的处理，在道光时期发生重大变化，即便事涉官吏徇私舞弊之案，也多不派钦差驰审，且由乾嘉时期的"奏交"改为"咨交"，因此胡尚友第一次京控，于十九年二月二十六日，由都察院咨交江西省审办。经巡抚钱宝琛行司委提人卷解讯。

此为胡尚友第一次京控。因胡尚友京控内，有万帼彩之名，需要对质，而万帼彩知臬司袒护新喻知县史致祥，遂拒不投审。史致祥旋即解任。巡抚饬令署县令包世臣勒提全案人证解省，随后将胡尚友、严帮誉以及户书黄舜高等解到，发往南昌府审办。

胡尚友复又遣抱，以新喻收漕勒折第二次京控，四月初十日仍由都察院咨解回江西。后经南昌府提讯，胡尚友与黄舜高各执一词，必须提到列名京控之万鹏程即万帼彩、生员张亨、李恒春并被告李春等到案质究，方能水落石出。而包世臣也因不能解到万帼彩而于次年三月被解任。

包世臣不认为新喻有闹漕之事，不仅他持此种认识，新喻教官也持同样看法。因此，必须将县令与教官全部撤换，才能将"闹漕"案"坐实"，并把"主犯"绳之以法。而包世臣的"密禀清折"成为新喻民众京控的重要"依据"，自然也使得包世臣异常被动。而从临江府到巡抚、学政，之所以极力查办"闹漕"案，背后隐藏利益之争，唯有如此，才能一如往常，遂其浮勒之征。

发动新喻"换班"的是巡抚钱宝琛、学政吴其濬。钱宝琛是江苏太仓人，吴越王钱镠的第二十九世孙，嘉庆二十四年进士，道光十七年擢湖南巡抚，次年八月交卸。入觐蒙道光帝七次召见，调补江西巡抚，十一月抵任。①

由于包世臣在半年多的时间里，未能将万帼彩等解到，巡抚钱宝琛于道光十九年十一月二十四日奏请将包世臣摘顶：查万帼彩、张亨、李恒春，俱与胡尚友初次列名京控，其万帼彩一名，与胡尚友、严帮誉图谋设局敛钱，把持漕务，尤为案内紧要之人，其余被告李春等均系在官人役，更不难迅速获解，乃该署县包世臣并不上紧拘提，一任避匿不到，以致案悬日久，无凭质审。臣查胡尚友等两次京控之后，现在又有新喻县民人胡凤仪、彭好古等赴刑部、都察院先后具控，咨回审办，难保非万帼彩等主唆帮讼，急应从严惩办。请将署新喻县知县包世臣先行摘去顶戴，勒限一个月严拘万帼彩等，按名务获解省，以便归案质讯。如限满仍不获解，再行严参。十二月十五日奉朱批：钦此。②

其后事态的发展又有出人意料者。不但包世臣没有在一个月期限内将万帼彩等解到，且新喻京控者将包世臣的密禀"清折"张贴在京城各处，以作为新喻县浮勒的"证据"。

本来，包世臣的密禀"清折"是通过南昌府知府倪良耀转呈给巡抚的，时间是道光十九年三月十四日。倪良耀是安徽望江县人，时年四十六岁，嘉庆拔贡，由南安府升转。据后来包世臣向钦差交代，这份"清折"是因在县署的胡姓传出。新喻京控者将"清折"抄写数百份，粘连呈状在京城各处张贴。在包世臣的"清折"之前，还有"合邑士民请出印稿，永为案据"字样。全文刊刻包世臣的"清折"后，文字洗练，堪称字字珠玑。以下是百姓的呈状：

> 告状人江西省临江府新喻县东仓花户。为乞奏救民事。喻邑漕仓有三，而剥削尽在于东仓，现今东仓之田，每亩一二千文，尚无人买，是东仓民力堪与不堪，大概可悲矣。署县包爷本救民之心，为直

---

① （清）钱宝琛：《颐寿老人年谱》，《存素堂集续编》，《清代诗文集汇编》本，第823页。
② 录副奏折，钱宝琛奏，道光十九年十一月二十四日。

道之事，呈抚宪清折一纸，言喻邑地瘠民贫情形，历历如绘。县之浮收勒折，有加无已者，实由兑军及各衙规费有增无减故也。所增若干，自嘉庆六年于兹，军丁五千两增至一万九千五百两。官出于民者有增，民出于土者岂有增耶？官不减于民，已疲之民何以生？军不减于官，清操之官何以处？官民两劫，官不得不言，民不得不告，叠次京控，壅于上闻，爰刊清折千张，遍贴京城，恳祈皋陶圣主，剔清漕弊以救万民，哀哀上告。道光　年月日告。

我们无法确切判断胡尚友第二次京控是否也以"清折"为据，但可以肯定的是，此后新喻京控以及省控者均张贴"清折"作为新喻县浮勒之据。

值得注意的是，在密禀"清折"中，包世臣肯定了新喻县教谕、训导公正对待绅衿的做法并无不妥，而教谕在回复学政时也一再否认新喻有生监闹漕之事，当然他们随即受到学政的参奏。

包世臣被摘顶一个月后，学政吴其濬上奏生员闹漕滋事，请将教官王运恒等勒休，并同时参奏包世臣。学政"掌一省学校、士习、文风之政令"。[①] 吴其濬是河南固始人，嘉庆二十二年状元，道光十八年擢兵部侍郎，督江西学政。[②]

据吴上奏，他于道光十八年冬路过临江，访闻新喻县有生监闹漕之事，即札饬该学教官确细查核，随据该学详称：生员胡思泮、欧阳廉不守学规，请以劣行注册。吴其濬复饬令再行确查。又据该学详称："生员张亨与隶役争殴，生员李恒春不遵约束，此外实无闹漕确据。"可以肯定，学政在临江的"访闻"无疑是受到临江府的影响，他宁愿相信"访闻"，也不肯相信新喻教谕的两次正式回复，为此奏请将新喻两学官罢任：

> 查该县闹漕本系监生万帼彩倡首，讵该生等以该县未将万帼彩拿获，无从质对，益无忌惮。嗣据民人曹家盼等以欧阳濂纠众杀毙二命，

---

① 《清朝文献通考》卷八五，浙江古籍出版社，2000，第5617页。
② 《清史稿》卷三八一《吴其濬传》。

该县不行严讯，赴臣（学政）衙门具控，而张亨、李恒春又以皂隶严升堂扁有"苇禄尔康"字样赴臣衙门首控，已属事不干己，复敢执署县包世臣致南昌府密函，粘禀求奏。臣检阅所粘禀稿，尽系密呈兑漕情事，如果该生等并未在场滋事，何以抄有漕务禀稿。且稿内有该县于此案只以"逍遥紫胡汤治之"等语。该署县纵意存消弭，而此等鄙衰轻浮之词，岂遽形诸简牍，径禀上官，当即交南昌府归案审讯，并将禀稿发交核对虚实，尚未据该府讯报。该学教官既不能约束于前，迨至叠次滋事，并不据实详惩，似此袒徇，何以约束士子。教谕王运恒年已衰老，训导刘筠性情浮动，请旨将二人勒令休致。生员胡思泮、欧阳濂、张亨、李恒春褫革衣顶。①

教谕王运恒是江西万年人，拔贡出身，道光十六年出任。训导刘筠是南昌人，举人出身，道光十四年任。② 而据学政此奏，包世臣的"密禀"成为生监上告的"依据"，而用"逍遥紫胡汤"处理所谓闹漕案，表明包世臣不认同有"闹漕"之事。

由于包世臣未能在一个月内将万帼彩拿获，钱宝琛随后片奏，将包世臣撤任，调靖安县知县王兰接署，包世臣仍留该处协缉。③ 三月二十一日，道光帝谕内阁：钱宝琛奏请将获解人证迟延之知县撤任等语。江西署新喻县知县包世臣，前因京控要证延不拘解，当经降旨摘去顶戴，勒限拘解，今限满仍未解省，实属任意迟延，包世臣着即撤任，留于该处协缉万帼彩等务获解审，如再迟延，即着严行参处。其已革生员胡思泮等闹漕滋事，所控各案，亦着一并归案讯办。④

三 包世臣"擅改旧章"

新喻县包括署县令包世臣、教谕王运恒、训导刘筠等经过调查，明确

---

① 录副奏折，吴其濬奏，道光十九年十二月二十日。
② （清）符执桓撰修《新喻县志》，台北，成文出版社，1989。
③ 朱批奏折，钱宝琛片，道光二十年三月二十一日奉朱批。
④ 《清宣宗实录》卷三三二。

上报没有闹漕，但因为临江府、学政、巡抚认定是"闹漕"，因而必须把他们全部撤任，才能坐实所谓的"闹漕案"。而包世臣撤任恰好发生在完成一年的上下两忙之后，其后等待他的将是"罪"与"罚"，而"擅改旧章"即是"罪名"之一。

包世臣撤任后，巡抚与学政接连上奏。巡抚钱宝琛于道光帝通过内阁"明发"上谕的八天后，即三月二十九日，上奏将包世臣"革审"，这是通常查办有罪官员的第一步。巡抚给包世臣加了三项互有关联的罪名，即玩视漕务、擅改旧章、迹涉科敛。[①] 钱奏称：

> 州县征收漕米，历有旧章，固不容稍有浮勒，尤不得轻议更张，借名巧取，致花户得以借口挟制。臣于去冬各属征漕之始，即经通饬遵照妥办。嗣据署新喻县知县包世臣禀陈办漕情形，据称新喻漕务赔累，邀请绅士集诚公议，东北两仓按粮每石帮贴制钱二百文，罗仓并有帮贴上下忙银水钱文，拨入办漕等情。臣以借漕科费，有干例禁，当即严行批饬。兹复据藩司赵炳言、臬司刘体重会详，该臬司于三月十六日，据新喻县已革监生胡尚友，遣抱粘呈刊刻包世臣禀呈南昌府清折一纸，内开列该县漕务积弊，并有"合邑士民请出禀稿，永为案据"等语。先经南昌府倪良耀禀称：包世臣前呈收漕清折，内开有兑运规费等项，札询包世臣所禀各款有无实在凭证，则又含混具复，未能指实，云俟漕务完竣方可禀复，现仍未据禀到等情。臣查胡尚友等京控收漕勒折一案，该署县包世臣并不将原告监生万鹏程即万帼彩等获解，经臣两次奏参摘顶、撤任。兹胡尚友等复敢以该署县所呈南昌府禀稿，赴臬司衙门粘呈具控，是该署县以无据浮词率行禀陈，致胡尚友等借口叠控，愈长习风，殊属荒谬。并所禀邀请绅士公议帮贴钱文，显系擅改旧章，更难保无任听劣衿把持，借漕分肥情事。请旨将前署新喻县知县包世臣革职，以便提同全案人证确审究办。

该折最后特别声明："再上年漕米已据该署县全数缴完，交帮兑开，

合并陈明。"显然对包世臣"留有余地",因为毕竟包世臣没有误了"天庾正供"。

包世臣在其个人文集中,对其"擅改旧章"的指控,颇为不平。漕费比往常减少近一万两,故新喻民"踊跃输将,米皆干洁,而费用毕集。兑军时丁验米色,谓为生平所未见,一切规费皆如向例,而兑付加早。及军船开行后,乃蒙擅变旧章、迹涉科敛之严劾,去官待办。《漕运则例》世莫遵行,以浮收勒折为旧章久矣,考曰擅变,夫复何辞?"① 包世臣还对他的同乡友人桂超万强调说:"世臣在新喻办漕,恪遵《漕运则例》,禁绝浮勒。"②

包世臣罢官七年后,即道光二十七年,他给陈孚恩写信,专门谈及他被参的缘由:"参案之源,以粮道既收漕规,而细察世臣漕政,为遵例禁绝浮勒,阅四日退出,小价不肯领回。粮道即拨归应解漕项,而心中快快。学使与之姻戚,恐他处亦以不夺人为法,则粮道为空做,出头明暗叠劾。中丞畏学使甚,遂先期严参,本意于定案时开复。"③

漕规减少,粮道这个"肥缺"空做,粮道的姻戚学政遂明暗叠参包世臣。为此,"时时与当路论说民间疾苦,为补救之方"的包世臣,颇为感慨地说:"积久然后知上利国下利民,则中必不利于蚕蠹渔牟者,故百言而百不用;上病国而下病民,中必大利于蚕蠹渔牟者,故说一出而万口传播,终得达于大有力者。以是知仍关人事。"④

包世臣以上所讲,是他脱然无累后专门纠正陈孚恩得自京师的传闻而发,证之档案文献,确实是学政在主导这个案子。此时粮道徐广缙,籍隶河南归德府鹿邑县,祖籍安徽太和县,嘉庆进士,道光十六年升任安徽宁池太广道员,因回避祖籍,与江西粮道王兆琛对调。在江西粮道任内,因押运漕船三次无误,引见后于十九年九月,仍获回任粮道。⑤ 可知徐广缙与吴其濬都是河南人。

① （清）包世臣撰《中衢一勺》"附录序言",《包世臣全集》本,李星点校,第 10 页。
② （清）包世臣撰《中衢一勺》,《包世臣全集》本,李星点校,第 203 页。
③ （清）包世臣撰《齐民四术》,《包世臣全集》本,李星点校,第 241 页。
④ （清）包世臣撰《中衢一勺》"附录序言",《包世臣全集》本,李星点校,第 9 页。
⑤ 朱批奏折,徐广缙《奉旨回任江西粮道谢恩折》,道光十九年九月二十日。

吴其濬第一次针对教谕的参奏是暗劾包世臣，第二次就变成明参了，且先于巡抚将新喻"闹漕"案坐实。二十年四月初六日，吴其濬奏请《将撤任令包世臣等交枭提由》，① 此次上奏将前此"访闻"闹漕的来源说出：

> 臣考试临江府，据该府熊莪禀称，道光十八年新喻收漕之先，胡尚友、万帼彩等即出帖，邀同地保向各花户敛钱设局，声言如不依伊等章程，即行抢夺，将浮桥抽去底板，使各花户不便行走。及收漕时，胡姓挑运丑米赴仓捱交，经前署县史致祥验明饬换，即时抗违滋闹，该前署县因人数众多，差役畏惧不前，只得停斛禀报，伊即分禀司道，会营前往弹压，并讯得地保等金供：胡尚友等遍向花户，每粮一石派钱一百文，构讼闹漕不讳，将首先滋事二人解省审办。此新喻闹漕之实情也。

据此，在包世臣到新喻任前，已有用兵弹压"闹漕"事件。但在钱宝琛等上奏及官方档案中未见记载。

以下是对包世臣的密禀"清折"如何"荒谬"并为京控者利用，以及有与主犯万帼彩伙同科敛之嫌的参控：

> 又据该府学教官详称：该署县包世臣移知生员廖堃，保释万帼彩，请行斥革，勒令交出。臣以该犯如果拿获，即应解省，何以听其保释，显系徇情纵脱，交南昌府提讯。及臣路过新喻，接收廖堃诉呈，称伊与万帼彩姻亲，包令将伊认为师弟，命召万帼彩入署帮办公事，及收漕毕，包令又包其投案无事，同程进省。适胡尚友自省逃回，万帼彩遂不赴案，伊并无保状等语。又接民人周一得等，将所刻包世臣清折投递，并呈称伊等要赴京粘贴。臣细阅呈词，与张亨等供无异，显系该革生监等捏造姓名，情同鬼蜮。臣查此案系十八年九月该府熊莪亲往查拿通禀之事，该署县包世臣于十九年三月甫任接印，何以禀称未便指为闹漕，是其有意消弭，已属显然。其清折所开兑费

多至二万八千余两，府署酬应亦多至二千两。及札饬禀复，则又称前任兑漕旧账，未准移交，该府酬应则以工食摊捐，扣廉解库等款搪塞，而前任收漕踏毙五命等情，则又以未有报案声复。种种冒昧，妄行禀讦，复将清折给与刁生劣监，使为上控之据，尤为乖谬。至万恒彩系闹漕京控要犯，业经奏明勒限缉拿，乃敢邀入署中，帮办公事，虽系廖堃一面之词，而该署县清折内已有万恒彩来城谒见之语，即难保无商同科派情事。至休致训导刘筠，身任学官，乃带同生监多人赴县科房交柜掣串，已属卑鄙，更恐有调唆包揽情弊。至万恒彩、胡尚友等借张亨等与差役口角之嫌，胆敢设局闹漕，目无法纪，复敢刊刻该署县清折，到处张贴，煽惑乡愚，叠经委员缉拿，该犯等若罔闻知，并风闻该县书差系其党羽，即畏其凶横，该署县曾于夜间往捕，闻胡姓宗祠聚众击鼓，即行逃回，似此不法，若不严行惩办，实于漕政、学校大有关系。唯包世臣清折，业饬临江府知府熊荛、南昌府知府倪良耀详复，未便仍令讯办此案，致有含糊。查现任臬司刘体重甫经到任，无所用其回护。可否请旨将撤任署县包世臣、休致训导刘筠，交臬司刘体重亲提严讯，并严拿各犯务获，照例问拟，以肃漕政。除将该生监等所刻清折并该府原禀及该署县登复原禀，呈送军机处备查外，所有臣遵旨饬讯情形，理合据实奏闻。

四　是闹漕拒捕，还是草菅民命

吴其濬此次上奏，除详细奏报闹漕的经过外，还有许多细节值得关注，特别是包世臣访拿书差，胡姓宗祠聚众击鼓一节，不见他处记载。可见案情确比我们能够查阅到的官私记载更为复杂。吴其濬提出此案应该由刚到任的臬司刘体重审理。

而由于不认同新喻有闹漕之事的县令、教谕、训导全部撤任，官府开始强力追捕"闹漕"者，致使案件性质升级，由"闹漕"案走向抗官拒捕案，而官府调动兵力剿捕又引发江西高层的意见分歧。是官兵草菅人命，还是抗官拒捕？又出现官民截然对立的两种说法。

学政上奏近两个月后，抓捕"闹漕"者也有了重大进展。钱宝琛于五月二十一日奏报：

据报查拿万帼彩时，其纠约多人，意图抗拒，并有持械拒捕及殴毙购线孙堂、抢夺伤人之事，复饬臬司刘体重驰往查办，臬司行抵新喻，万帼彩等先已焚巢逃避，经该司会同袁州协副将李长寿督率员弁四路追缉，拿获伙党刘光高等十四名解省。随提同先经发解之张亨、李恒春等逐加研讯，据供万帼彩等因包漕不遂，起意同胡尚友设局把持，倡言道光十八年以前民欠漕米官已垫完，无须交纳，令张亨等向各花户敛钱，自一百文至数百文不等，复节次纠令彭好古等出名遣抱京控，希图抵制，后闻查拿严紧，该犯等雇募素习拳棒之涂云凤等防身拒捕。本年四月初九日，万帼彩因袁玠不允给钱，令万建沅等截抢多赃，将袁玠父子殴伤，并用急公堂封条拦封袁玠谷石。四月十七日，万帼彩知委员到县查拿，舟抵河干，即令胡好六等上船阻闹，当被拿获胡好六、黄发盛、黄德盛三名，万帼彩等复于是夜在县城浮桥对岸，带同涂云凤、刘光高等，各执竹枪、木棍，抗官拒捕，经兵丁吓放鸟枪，一面赶过浮桥，格伤数人，各犯始行逃散。嗣后府县悬赏购线跟捕，万帼彩令人将购线之万照贤殴毙，自与胡尚友分投逃避，嘱令其家妇女，遇有兵役到时，即自焚房屋架陷，并倩胡洪发代做呈词，捏告官烧民房为挟制之计，现在不知逃往何处。[1]

六月十三日奉朱批：严拿未获匪犯，按律惩治。

按照钱宝琛的奏报，官兵追捕过程中，万帼彩等嘱令妇女自焚房屋，以作为挟制之计。但事情果真如此吗？胡尚友等京控者却讲出完全不同的情形。

当年八月，胡尚友遣抱告李心正到京城，在都察院控告，题为"愈控愈虐、兵劫火焚，应奏不奏，奏又增减，非据实奏，民万无生事"。[2] 让我

---

[1] 录副奏折，《奏拿获新喻县闹漕人犯由》，道光二十年五月二十一日。

[2] 录副奏折，《都察院奏江西监生胡尚友遣抱京控案由》，道光二十年八月三十日。

们看到闹漕案的又一个"版本"。

此次都察院没有采取"咨回"方式，而是摘由上奏：事情源于道光十七年，本县西南两乡赴东仓上米，彼此拥挤，踩毙五人，次年因议挨图上米，以免拥挤，差役人等恐挨图上米不能折色，遂怂恿前任史知县，以设局把持捏禀本府（临江府）。适有皂役揪辱生员张亨之事，胡尚友等不平，公同上控，即被门丁、差役押入班馆。各役复思趁此报仇，向本县捏称胡尚友等把持漕务，本县复禀本府，本府即带兵赴县捉拿地保，重刑勒折。又在学台前禀称，胡尚友等把持漕务，遂将胡尚友押在班馆，竟至三年之久。本年正月，胡因家有老母，买脱归家。四月初，熊本府与候补府姓文者联衔遍贴"奉旨会营围屋"告示。十七日会袁州协带兵二十二船，泊城北岸，逢人即拿，旋即带兵过河，焚烧胡尚友同族一百余家，又烧周、李二姓一百余家，复烧万姓九十余家，凡仇役指为把持漕务之家，或焚或毁，不一而足。逃避不及者，被炮伤毙七人。臬司闻知赴县，不准焚烧而止。前闻学台早奏，方谓民冤可伸，不意学台听信本府捏禀，不究皂役揪辱绅衿之案，反奏生监闹漕。本府复借学台增减情节之奏，因大肆荼毒。至后任包知县目击情形，据实呈禀，抚台因其有碍府县，反行奏参，而于本年四月间熊知府带兵烧毁各姓数百家，炮毙七命，臬司目睹又不奏闻，似此民不聊生，是以来京沥诉等语。

都察院奏称：查道光十八、十九两年，新喻县民人曾赴都察院具控，前后咨交江西巡抚提办，至今并未接准该抚咨结，惟于邸抄内见该抚并该学政奏称生监闹漕等因。至本年四月间，如该知府果有会营带兵烧毁民房等事，既系臬司目睹，何以该省并未奏参？如另有别故，何以未行具奏？谨抄录原呈，恭呈御览。伏候皇上训示。

如前所述，按照京控案的处理程序，告官告吏之重情，须奏请皇帝，由皇帝或派钦差大臣驰审，或交案发省督抚审理，此为"奏交"；其他一般控告，都察院、步军统领将案件用平行文书，交所在省督抚审理，此即"咨交"。而无论奏交还是咨交，都在规定期限审结，如有延期，奏报理由并对相关官吏予以处分。但道光时期，奏交之案虽不少，但派钦差大臣驰审者越来越少，而即便驰审，也多草草结案，往往不能查出真相，平反者更属寥寥。这也是道光时期社会危机加深的制度性原因。

发生在十八年的新喻漕案，究竟是绅衿闹漕在先，还是官吏勒折加征在先？对立的双方有全然不同的"版本"。案件演化的中间，作为县令的包世臣站在民众一方，这使得包世臣很"另类"，也就注定了他的结局。而胡尚友几次京控的内容，与包世臣的"密禀"及他个人文集的著述，存在高度吻合。"密禀"是包世臣"调查"所得，而收入包世臣文集的多篇记载，经过他本人几次考订，这些与官府档案也即钱宝琛、吴其濬等人上奏形成几乎截然相反的另一个"事实"。

同时，十八、十九两年新喻民众京控，地方督抚并没有按照规定奏报，更没有奏结。其中的缘故，就是对是否存在闹漕案，高层官员同样存在很大分歧。

胡尚友长达数千言的六页"呈状"，远比都察院所奏详细。其中，在是否存在闹漕，还是调军勒折在先，是官兵焚毁民屋，还是民众自焚以抵制官府，包世臣"清折"所述是否事实等几个重点提出很多令官府难以辩解的证据。关于新喻并无闹漕，呈状称：

> 十八年花户、地保议挨图上米，以免如上年拥挤踩死，生监并未与闻。九月，监生因受役辱，同严帮誉赴省控役，仓尚未开，状未及进，即被府县差拘，监于省垣。十月十六，县已开仓数日，府始调军往新喻，捉拿地保，重刑勒折，逼各地保供监生设局敛钱闹漕。又在学宪前禀称，新喻未收漕之先，胡尚友、万恒彩即出帖邀地保，向各花户敛钱设局、把持漕务。监生所在一都二图，自编甲以来，钱漕年清年款，毫无拖欠，又从无一字入公，何以即禀监生有敛钱闹漕之事？各花户凑钱买仓前章家园，修造急公堂棚屋，以为上米时遮蔽风雨，便于守候，便于按图，免如上年拥挤上米，米皆着雨，挑掣改换，践踏立毙五人，诚美举也。十九年四月已落成，工程不下六千金，此各宪所共见共闻。监生身押班馆，未曾与场，此而谓之敛钱闹漕乎？

关于调军勒折部分，呈状称：

临江府调军勒折，十月十六日事，新喻突遭兵劫，袁州协镇委派徐都司来新喻退兵安民，都司到喻退兵后，即禀报袁协，民在协衙抄得其禀内云：察得地方并无滋事，谆欲挨图上米，稍遭折耗，闻得各衙已具禀词，原因史令禀请临江府带刘千总拨兵来喻，以致人心惶惶。又云：今各乡地保均具甘结，遵循完纳，所有上米及折色暨新完带征各张本，容回辕之日面陈宪听。又马把总禀协云：卑职遵谕随同大人中军徐竭力开导，本月二十四日坊民具结，二十五日地保具结，遵循十五年带征米纳半折半，每石价四千文，本年正供上米加四钱，折每四斗价一千二百六十四文。此调军勒折之确据也。协宪接此禀，随即通禀各大宪，抚、藩、臬接袁协禀，十一月初旬即各来札，申饬临江府，札内均有云：甫经开仓即有闹漕滋事之人，该府县何以并不禀报？殊属不解。新喻一县新旧两漕俱清，是新喻更无把持漕务之人。此案即无包爷呈抚清折，与徐都司各禀确据，官虐民良已显然矣。然民言不足信，官笔实可证。

关于官兵焚毁民屋，呈状在叙述数百家遭焚、多人被害后称：

若非臬宪按临新喻，不准焚烧，一邑俱成灰烬矣。监纵有罪，监家何罪？监族何罪？周、李、万（姓）更何罪？焚监一家不足，并合族而皆焚之，且并周、李、万三姓而皆焚之，诚数百年未有之奇虐也。五次京控，各大人不奏，岂谓事小？想因案重据确，有碍官府耳！抚宪自先不奏，亦此意也。欣闻学宪早奏，谓民冤可伸，执意置监二次京控，民人教凤仪等三次京控于不言，置各大人五批五咨于不问，但以案外生员胡思泮、欧阳濂（涟）、张亨、李恒春闹漕奏闻，不奏役案，独奏漕案，奏抹各据，浑称闹漕，致府得以大肆其荼毒。

关于包世臣密禀"清折"是否事实，呈状称：

今岁四月知包爷清折难掩，始据府十八年捏禀，奏监生闹漕，竟言包爷清折是妄行禀讦，而巡抚四月奏折也奏清折是无据浮词，率行具禀。包爷清折是十九年三月初上任所呈抚宪者也，本救民之心，直道之事，遂不觉有碍各大宪耳。十九年九月，民人敎凤仪等早已黏呈清折在都察院与九门提督衙门，咨抚查办，其清折论呈抚宪一年有余，论咨抚查办半年有余，抚宪何以并未言及？且今岁正月、三月两奏，也只奏其提解人证迟延之咎，并未奏其清折是无据浮词、率行具禀，何四月始奏及耶？总因清折有碍府县，有碍各大宪，始则欲匿而不奏，继知难掩，故避重就轻，归过包爷一人，以宽免众官耳。同是十八年事，学宪十九年奏生员闹漕，二十年奏监生闹漕，两奏已不相符，府本十月调军勒折，经抚藩枭申饬之后，十一月始补禀。抚宪正月奏折亦详称此案是十一月内据临江府熊莪禀报，学宪独奏此案是熊莪九月通禀之事，抚、学两奏更不相符。且徐都司各禀，岂亦无据浮词？何又置而不奏耶？今岁四月，府带兵焚烧各屋数百余家，炮伤多命，此枭宪所目睹而遏止，何又置而不奏耶？异日又将揑情而奏耳。六次奔叩，大人若再不据实奏，一邑绝无生理。

胡尚友的京控呈状如历如绘，堪称有理有据，且以官府之矛攻官府之盾，让人难以不信。这或许是都察院最终不得已"奏交"的原因所在。更令人惊异的是，呈状不但一再反驳新喻史县令、临江府的闹漕揑禀，还把学政、巡抚几次上奏的相关内容叙入其中，而且，还能把包括协镇等武职衙门在内的有关批示抄出为据，说明胡尚友等所代表的生监能够从官府获得充分的资讯。

如果说，呈状代表的是新喻"闹漕"者的意见，个人利害相关，而包世臣在纠正陈孚恩等京城传闻时明确说："世臣旋即卸事，回省月余，竟至用兵，毁民房至三百余家。万、胡二人逃至邻邑，邻邑令侦知所匿村庄，饬令交出，否即请兵焚庄。万帼彩闻信夜逃，追至二十里外，由旧匿之庄擒献。"[①] 据钱宝琛所上万帼彩被拿情形，包世臣所言得到一一证实。故包世臣所言官兵焚毁民房三百余家，与胡尚友京控内容，得到互相印证，可以肯定为真。

---

① （清）包世臣撰《齐民四术》，《包世臣全集》本，李星点校，第240页。

五　江西高层的分歧

都察院于八月三十日"奏交"胡尚友京控案，官方《实录》中没有查阅到道光帝对此案的意见。而此间一直主导重办"闹漕"案的吴其濬的调任，成为新喻漕案发生转折的重要枢机。

学政通常三年一任。吴其濬于道光十七年十二月以户部侍郎提督江西学政，二十年八月初二日卸任，九月初七日有湖北审案之命。就正常而言，"闹漕"属于重案，又处于如此关键时刻，而吴其濬又是反复上奏、推动"闹漕案"的关键人物，此时置本重案不审而调任他处审案，似乎不合情理。但或许是因为吴其濬调任，胡尚友等"闹漕"者看到希望，遂有八月三十日京控。

九月初七日，道光帝降旨派吴其濬、麟魁前往湖北查办李嘉祥案。上谕特别强调：吴其濬接奉此旨，如新任江西学政尚未到任，即将学政关防送交钱宝琛暂护，迅即驰赴湖北省城，俟麟魁驰抵该省后将李嘉祥一案，提集人证卷宗，秉公研鞫，务得确情，以成信谳。①

经查核档案，李嘉祥因在湖北郧阳知府任上被控派买常平仓谷时，听任书役诈赃，并有勒折浮收情弊，经署理湖广总督周天爵等审理，李嘉祥被拟杖徒。其妻随即在都察院控告。清廷遂派吴其濬等前往审理。后经吴其濬等审理，科派属实，在原审基础上，拟发新疆效力，充当苦差。②

那么，吴其濬的驰往湖北审案以及随后的调任，是否另有隐情？据包世臣对陈孚恩讲：吴其濬"出参折后，采访舆论，惧有后患，访得新喻有诸生五，向以讼为生，自世臣视事，即闭门搁笔，学使意必深憾，遣亲信以千金啖之，授词稿使至其衙门投递。五生以雷神不可当拒之。数日后，中夜有叩门来谒者，具言前事，欲诬其词稿及银，禀请直揭，世臣谢罢之。学使闻之尤惭感，嘱其门生与世臣同官者，委曲解说。适戴师相薨逝，学使力言于其嗣君，谓老师墓碑，非求包君大手笔不足垂示百世，意

---

① 《清宣宗实录》卷三三九。
② 录副奏折，麟魁、吴其濬奏，道光二十年十二月初七日。

盖世臣必以此为荣幸也。未几学使以谳楚狱去"。①

包世臣所记,吴其濬开始意识到参劾不妥,担心此案将来"翻案",派亲信赍千金给以讼为生者,并写好词稿,揭包世臣"阴事",以使此案无法转圜。但为诸生所坚拒。包世臣的"大度"又使得吴其濬感到惭愧,通过其门生向包世臣"委曲解说",又请包世臣为刚逝去的原大学士戴均元写墓志铭以缓颊。

戴均元是江西大庾(今大余县)人。原籍安徽休宁,包世臣早年童生试,获其激赏,后过从甚多。道光八年因宝华峪地宫渗水,家产被查抄,革职后住居江西省城。据钱宝琛二十年九月初八日奏报,戴均元于初七日在籍病逝,享年95岁。② 包世臣确作有《戴公墓志铭》③,且写于道光二十年,即戴均元病逝当年。

以上可证包世臣所记为实。又据包世臣所记,吴其濬自八月初二日卸任学政后,仍逗留在江西,直到一个月后谕令其驰往湖北,且有新任学政如未到任,将关防交钱宝琛护理之命。

吴其濬改调后,江西高层对于闹漕案的意见分歧才逐渐为清廷所知悉。其间钱宝琛于九月片奏,临江府续获从犯刘腾高等二十二名;首犯万帼彩于八月十五日由上高县在分宜县将其拿获,押解抵省,行司督饬南昌府提同各犯证严审确情,录供详解,遵旨按律惩治。④ 对"闹漕"首犯万帼彩的抓获,道光帝并没有给予任何"鼓励",于九月十四日朱批"知道了"。此时道光帝关注的重点是江西高层何以对案件的态度有分歧,特别是主管一省刑名的臬司刘体重何以不愿重办。

刘体重是山西赵城人,乾隆五十四年举人,道光十四年补授河南河北道。他深得河道总督栗毓美赏识,几次密保,称其"宅心公正,办事结实"。十九年十二月初一日他接替管通群,升任江西按察使,道光帝对其颇为赏识,在刘体重谢恩折上亲批"老练"二字。⑤ 二十年正月二十四日,

① (清)包世臣撰《齐民四术》,《包世臣全集》本,李星点校,第241页。
② (清)钱宝琛:《存素堂集续编》奏疏卷四,《清代诗文集汇编》本,第792页。
③ (清)包世臣撰《中衢一勺》,《包世臣全集》本,李星点校,第459~462页。
④ 录副奏折,钱宝琛片,道光二十年九月十四日奉朱批。
⑤ 朱批奏折,刘体重谢恩折,道光十九年十二月初三日。

他到达江西省城，布政使兼按察使赵炳言将印信、文卷移交。①

刘体重到任后，正是"闹漕"案在高层发酵并向对抗性发展之时。胡尚友的京控"呈状"，已反映他的态度与钱宝琛不同：刘体重制止临江府带兵焚掠，呈状又指其"应奏不奏"。都察院据此奏称："该知府果有会营带兵烧毁民房等事，既系臬司目睹，何以该省并未奏参？如另有别故，何以未行具奏？"

最早向清廷明确奏报闹漕案存有"异情"以及江西高层有不同意见的是麟魁。他自称是满洲世仆，道光六年二甲一名进士。因其有任职刑部经历，多次被派往各地查案。二十年十二月，麟魁被派与吴其濬一道审理湖北李嘉祥案。奏审后又奉旨前往广东、福建等地查办鸦片烟案。

麟魁自湖南赶往江西，二十一年正月十二日舟次新喻县境，有多人环跪岸上呼冤，他接收呈词二十纸，摘叙词由向清廷奏报：其中高仰瞻、万洪恩一纸，声叙新喻东仓于道光十七年姚县令收漕，拥挤踩毙多命，十八年求史县令挨图上米，以免拥挤。适皂役严安等殴辱生员胡亨（应为张亨，原档错误），经胡尚友不平具控，县令护役，捏情禀府，陷入于漕，胡尚友被押，激成京案。是年花户因无歇宿屯米之所，不便上米，凑钱买地造急公堂屯米，挨图候上。去年四月，临江府熊我委员文（某）会营带兵，焚烧潭口各村百余家，臬司来县饬止。六月又督兵焚烧百余家。署县包令到任开折，直言漕弊，学政、巡抚反以玩漕奏参。王（兰）县令到任，浮勒更甚等情。并据粘呈刊刷前令包姓（包世臣）清折一纸，均系历叙节年漕弊。又万李氏、胡章氏二纸，以伊翁万鹏程（万帼彩）、伊子胡尚友在省被羁，上年十二月，经万赉尧、刘拳送钱赴省，被县役扭获送府，于舟中拾获私书二函，抄录呈阅。查一系该县王兰致府幕朱姓，书内叙拿获刘拳等解府，言省中办理此案不能应手，欲由府中羁縻，俟结案后再行发落，并称得有省中郑姓书，抄录寄阅等语。一系省中郑姓致该县书，内有中翁、西翁字样，系指巡抚及升任臬司刘体重而言，大意总以臬司不肯重办，委员亦为所动，与巡抚意见不合。又傅邓氏一纸，称伊子傅新万于上年四月十七日被官兵炮伤，越日殒命。其余各词或称房屋被烧，

① 录副奏折，刘体重《到任日期由》，道光二十年正月二十七日。

或称因案拖毙各情。查该民人等借称完漕不便，辄行聚众敛钱，私造急公堂，把持滋事，亟应严行惩创。若该地方官实有纵兵焚抢之事，亦应从严参办，方足以服民心而靖地方。

麟魁奏报还说，现闻该民人等复于正月十三四等日聚集多人，将各差役家肆行抢掠，似此愍不畏法，若再延不结案，诚恐别滋事端。查此案已叠经京控，奏奉谕旨饬交该抚审办在案，现在起意联谋、设局把持之万帼彩、胡尚友均已到案，相应请旨饬令该抚速即秉公审讯，分别从严惩办，不得消弭回护。除将收到呈词先行咨送该抚归案核办外，理合据实陈明。

麟魁于二月初一日以专折形式将此奏报。①

从麟魁接收的二十纸呈词而言，我们无法判断他是否有选择性地接收，还是随意而为。但呈词与包世臣个人文集所记极为吻合，也是新喻案的核心。麟魁奏报揭露出的问题惊动了清廷，特别是江西巡抚与臬司意见不同，乃至百姓欲再次聚集，是清廷关注的重点所在。

麟魁上奏第一次使得清廷感到新喻漕案事态严重，从而引发闹漕案发后的第一次转机，即改换主审官；同时查核钱宝琛是否胜任巡抚之职，隐喻钱宝琛处理不当，以及刘体重何以不肯重办。

道光帝此次反应非常迅速，二十一年二月初七日谕军机大臣等：既据该民妇等呈获私书，牵涉臬司不肯重办，巡抚意见不合等语，未便仍交该抚审办。麟魁着于接奉谕旨后，无论行抵何处，即折回江西，提集全案人证，秉公审讯，分别从严惩办，毋任消弭回护。至此案升任臬司刘体重，因何不肯重办，钱宝琛是否能胜江西巡抚之任，并着悉心查访，据实先行奏闻。②

通过军机处"廷寄"发出的二月初七日谕旨，麟魁接到时已是二月二十日，此时麟魁一行已抵安徽凤阳县途次。

此间最重要的官场"换班"，是不主张重办的刘体重的突然被调任。而钱宝琛是如何通过朝中大佬把刘体重调离，不得而知。刘体重是于二十一年正月初八日交卸印篆，并立即赶赴湖北新任的。此种变化颇不寻常。

---

① 朱批奏折，麟魁《奏为途次接收呈词事关闹漕京控据实奏闻事》，道光二十一年二月初一日。

② 《清宣宗实录》卷三四六。

不但刘体重在任甫满一年，且其接到咨文当天，即被要求交卸臬篆。经查，道光二十年十二月二十三日，道光帝下旨：刘体重升授湖北布政使。次年正月初八日，刘体重从巡抚钱宝琛接到吏部咨文，当天即交卸臬篆。刘在写给皇帝的奏报中称："现经抚臣委员接署，臣交卸后遵旨前赴新任。"①

更为诧异的是，钱宝琛将吏部咨文转交刘体重的前一天，已派盐法道叶名琛署理臬司。据叶名琛二十一年正月初八日奏报：他于初七日奉巡抚钱宝琛札知，以臬司刘体重升任湖北布政使，应即交卸起程，奉委臣暂行兼署臬篆。即于正月初八日准升任湖北布政使刘体重，将印信、文卷移交前来。②

钱宝琛一切安排妥当后，来个先斩后奏，于正月初八日上奏称：刘体重应即起程赴任，查新任臬司存兴由直隶来江，计程尚不甚远，所遗臬篆查有盐法道叶名琛才具明干，堪以暂行兼署。③

查存兴于闰三月二十四日到达江西省城，次日接任臬司。由此可以肯定，钱宝琛急不可待，甚至违反组织程序，提前做好人事安排后，令刘体重当日交卸离任，非同寻常，而其目的就是让不肯重办漕案的刘体重即速离开，以便按照他的意图审结此案。据此，闹漕案由钱宝琛督同署臬司叶名琛审结，结果不审已明。

六　巡抚结案，刘辇传帖

更巧的是，道光帝下给麟魁速回江西审案的谕旨，军机处廷寄的前一天，即二月十二日，巡抚钱宝琛已经把胡尚友等闹漕京控案审结。也就是说，皇帝重审在后，巡抚审结奏报在前，这种谕旨与巡抚的审结奏折隔空交汇的情形，绝非偶合。这一次，钱宝琛显然抢占了先机。

麟魁接到谕旨后，立即率同随带司员折回江西，于三月初九日驰抵省城。此时，万帼彩等闹漕京控一案，已经钱宝琛审明具奏。为此，麟魁除

---

① 录副奏折，刘体重折，道光二十一年正月初八日。
② 录副奏折，叶名琛折，道光二十一年正月初八日。
③ 录副奏折，钱宝琛折，道光二十一年正月初八日。

摘要奏报巡抚审拟结果外，着重奏报钱宝琛才具，以及何以与臬司意见不同。麟魁奏称：钱宝琛虽不甚优长，惟人素廉谨，办理一切公事，尚未闻有贻误，系属循分供职之员，现在别无不能胜任实据。

关于巡抚与臬司意见不同一节，麟魁奏报：升任臬司刘体重不肯重办此案，缘钱宝琛以地方刁徒把持公事，藐法抗官，自应严行惩办，刘体重以究系漕务之案，不欲问拟大辟，相持不决，承审委员无所适从，且首犯万帼彩虽已就获，尚有同谋济恶之胡尚友屡拿未到，致未定案。迨上年十二月初，胡尚友穷蹙自首，本年正月初，刘体重亦升任卸事，始经该抚督催委员审拟具奏。此该抚与升任臬司意见不合之实情。至该抚审拟是否允协，并有无不实不尽，现在详核案卷，亲提犯证，确切研讯，俟查明另行具奏。①

尽管麟魁试图淡化，但上奏还是将江西高层有关此案的分歧以及承审委员无所适从的境况揭露出来。可见，刘体重坚持不肯重办，是他认为这毕竟是漕务之案，而刘在江西臬司任上仅一年就升调，是否清廷有意安排？而钱宝琛于刘调离后何以急于结案，是否另有隐情？可以肯定的是，当麟魁把他接收的二十纸呈词转给钱宝琛时，熟悉国家奏章制度的钱宝琛无疑感受到了压力，也会清楚麟魁会将接收呈词情形具奏的。不主张重办的臬司刘体重调离在先，钦差移交呈词在后，前者使得钱宝琛能够按照聚众罪为"闹漕"者定案，后者促使案件尽早审结，以免节外生枝。

二十一年二月十二日，钱宝琛同日连上二折一片，分别对闹漕案及包世臣征漕"擅改旧章"做出地方最高层面的拟判。

关于闹漕案，钱宝琛奏文开始以"万帼彩、胡尚友等把持漕务，设局敛钱，并以该县勒折浮收等词，节次京控，经官查拿，复纠众抗拒一案"作为总括，这既是对新喻漕案性质的概括，也是其铺叙案情的逻辑顺序。

关于建造"急公堂"闹漕一节，是全案的关键节点，其缘起与纳粮户、包世臣所记完全不同。钱宝琛奏称：

> 新喻县征收漕粮，向系随到随收，十八年九月间，该前署县史致

---

① 朱批奏折，麟魁《遵旨访查先行奏闻事》，道光二十一年三月十五日。

祥示期开漕，万帼彩、胡尚友冀图包漕渔利，倡言向来花户上米，常有拥挤，勒要经管漕粮之地保，禀请挨图完纳，并须由伊等派定先后完交，不准花户自行上仓，经该署县闻知饬禁。十月初二日开仓，万帼彩、胡尚友仍商同设局把持，并主使花户将丑米揌交，史致祥恐滋事端，禀经临江府知府熊莪，会营督带兵役，亲赴弹压查拿，万帼彩等各逃逸，各花户自行换米交纳，将漕收竣兑运。十九年二月，万帼彩复借词为各花户建设完漕公局，妄立急公堂名目，声称以后漕务总须由局主持，令已获之许立荣、在逃之万瑞来等在局管事，已获之万春龄等随时差遣，复令已获病故之地保周德和，并在逃之万登程等先后向花户敛钱三次，自一百文至三百文不等，共敛钱七千余串，已获之张亨、李恒春、胡思泮，并在逃之欧阳涟，同已获病故之涂老三等各帮同敛钱一次。万帼彩复自行作词，捏砌该县勒折漕米各情，开列胡尚友、张亨、李复春名字，令冯吉祥作抱赴都察院具控，咨解回江。署县史致祥因查拿案犯不力撤任。

胡尚友京控呈词称，所筹集七千余钱购置土地，建造急公堂是为避免漕粮着雨，而挨图上米是为避免拥挤踏毙悲剧重演。而地保参与上米，已为前引县令恽敬的文集所证实。但在钱宝琛奏文中，变成绅衿把持漕务、借端科派的证据。这也是本案所着重透视出的，征漕即便有百倍弊害，也不能操之在民；即便有数倍加征，也只能操之在官。也可以说，本案的实质之争是由官府来完全主导征漕，还是由民众来"公议"。

关于抗官拒捕一节，钱宝琛奏称：

二十年四月，万帼彩令人抢剥县差李金、萧喜衣服，使差役畏惧不敢捕拿。初九日，万帼彩因向职员袁玠敛钱不允，用急公堂封条擅封袁贮仓谷石，并商同胡尚友令涂云凤等将袁玠拦殴并搬抢衣物等件。嗣万帼彩听闻委员文海同临江府营带有兵役，到县拘拿，起意纠众抗拒，即于十七日先写闭市溜帖二纸，令素不识字之严尊二持交城乡店铺，一面与胡尚友并涂云凤商允，复主令胡尚友纠雇已获之刘腾高等一共四十九人帮拒，每人许给钱五百。是日午后，该委员文海、临江府熊莪等督带兵役坐船抵县，万帼彩令胡好六等上船詈骂，被拿获后，万帼彩即于是晚与胡尚友喊集涂云凤等多人，各执竹枪木棍，赴县城浮桥对岸喊拒。该府等饬令兵役过桥捕拿，将傅大苟等格伤。万帼彩逃到未获之万禹畴家藏匿。该府县因县书万启贤与万帼彩同族，令其悬贴赏格，万帼彩主使已获病故之万柏林与在逃之万玉乐等殴打殒命。万帼彩又逃至分宜县地方，经上高县会同委员及各县兵役拿获。胡尚友于逃匿后旋赴臬司投到。

关于胡尚友京控并万李氏等在钦差麟魁处投递呈词内官兵放火伤人一节，钱宝琛完全予以否认，称是万帼彩等为逃避官兵追捕，令妇女自烧房屋，他奏称：

> 经查明，该县潭口地方胡、万、李等姓于道光二十年四月二十日焚屋九十余间，又园下地方万姓于是月二十一日焚屋三十余间，实系万帼彩于拒捕逃散后各处藏匿，经印委各员探知踪迹前往追捕时，该犯闻信一面逃窜，一面即嘱令妇女将住屋放火焚烧，该妇女等声喊官烧民房以图抵制，使官兵不敢近前，并非官兵焚烧房屋。至黄屯地方有住屋十余间，是万帼彩与其党李、周等姓聚谋敛钱之所，该县知县王兰前往查拿，万帼彩等俱已逃避，该县恐其仍行潜回，聚众滋事，当经饬役将屋拆毁属实。又万帼彩聚众抗拒时，官兵放枪伤傅大苟八人内，傅大苟越五日身死，傅孔才于七月内因病身死。其余伤俱平复。

房屋是升斗小民赖以安生之所，也是除田土外所有资产的所在。小民为掩护"闹漕犯"，竟然把自家房屋焚毁，且整村如此，数百家焚毁，此种"奏文"明显为官府的肆虐荼毒百姓予以开脱。这与十年前即道光八年发生在江苏武进的庄午可案非常相仿。[①] 本来是勒折加征激变良民，官员

---

① 参见林乾《清代聚众行为的法律控制——以讼师庄午可聚众抗法案为核心》，台湾地区"中国法制史学会"、"中央研究院历史语言研究所"主编《法制史研究》第 12 期，2007。

却逍遥法外，民众则要承受激变良民罪的法律制裁。这在道光时期几成惯常。

此外，钱宝琛还否定新喻县十七年收漕时曾有踏毙人命事件发生，以及历年征漕均无勒折浮收等情。最后，万幅彩依直省刁民借地方公事出头例，拟斩立决。胡尚友等照为从例绞监候，胡尚友自行投首，减一等，流三千里，从重发新疆当差。其他数十人拟徒流等罪。临江府熊羢并非擅调官军，亦无纵兵扰害，应毋庸议。前署新喻县现任乐安县知县史致祥失察差役，按例处分。①

钱宝琛同日另片所奏内容，表面是对胡尚友节次京控的审结，实际是对麟魁有关万幅彩戚党刘搴传帖聚众上奏的呼应和强调，以便让朝中感到新喻局势威迫，必须严厉弹压，这是典型的先声夺人。片奏称"所有胡尚友京控各情，业经委员查明，提同万幅彩等质讯明确，未便悬案以待，自应先行奏结"。刘搴传帖聚众案获犯后另行审结。②

钱宝琛审理认定，胡尚友等京控官兵焚毁民房为虚，而闹漕拒捕为实，因而包世臣收漕时"擅改旧章"也就有了定论。

包世臣认为漕政"关系国脉，盖无有大于此者。仆之败也以漕"，③ 他还说，钱宝琛"本意于定案时开复，而庚子（1840）科场，中丞以谕词忤众，士子万人，齐上至公堂肆骂，大指皆以新喻参案为说。中丞愤甚，乃定见不与开复"。联系到钱宝琛请将包世臣撤任的上奏中，特别强调"上年漕米已据该署县全数缴完，交帮兑开，合并陈明"的话，包世臣作为当事人，所言不虚。由于士子在公众场合指责钱宝琛所办参案不公，致使巡抚无法转圜。因此二月十二日一折一片后，同日又上《审明包世臣擅改漕务旧章事》一折。④

折中首先奏明：包世臣参案与万幅彩、胡尚友等闹漕京控一案，互相牵涉。臬司刘体重因升任湖北藩司卸事，未及随同讯结。

以下主要集中在包世臣密禀"清折"所开办漕积弊是否属实，以及收

---

① 朱批奏折，钱宝琛《奏为遵旨审明定拟具奏事》，道光二十一年二月十二日。
② 朱批奏折，钱宝琛片，道光二十一年二月十二日。
③ （清）包世臣撰《中衢一勺》，《包世臣全集》本，李星点校，第209页。
④ 朱批奏折，钱宝琛奏，道光二十一年二月十二日。

漕时如何"擅改旧章"二项展开。

关于"清折"所开办漕积弊，特别是折开兑费多至两万八千两，府署酬应多至两千两一节，钱宝琛奏称：

> 据包世臣供称：新喻县有东、北、罗仓三处，征收各乡漕米，伊到任时向县书胡荣升询及万帼彩、胡尚友闹漕、京控原委，据该书回称，道光十七年冬间，东仓收漕，遇雨人多拥挤，致有踏伤。十八年署县史致祥任内，万帼彩、胡尚友欲借此票请挨图上米，希冀从中把持包揽，因史致祥不准，万帼彩遂商同京控。伊又问以办理漕务，约须费用若干，该书答称：有兑运规费二万八千及府署酬应二千，伊当时信以为实，随具票南昌府，实在并无凭据等语。臣诘以该革员所开清折内言之凿凿，且十九年漕务系该革员一手经理，果有规费酬应，断不得诿为不知。据称：前接南昌府札询，其时胡荣升已故，无从再问，惟解府书役工食、摊捐、考费等项，每年约及二千两，有案可稽，前因未及详查，误列酬应，当即据实票复。新喻办漕，向有帮贴水脚钱文，为雇备船只，委员运米到省，一应价值、饭食并津贴漕船兑费之用，此外实无别项规费，不敢混指。

关于包世臣涉嫌科敛，并"清折"如何为控漕者抄写利用一节，钱宝琛奏称：

> 臣复诘以所开清折既属无据浮言，不应存案，何以被胡尚友等抄去刊刻，经张亨、李恒春等赴学政衙门控告，且该县收漕既有帮贴水脚，何以绅士公议又有按粮每石加贴钱二百文，并有帮贴银水钱文名目？据（包世臣）供：伊之清折系令县书胡荣升誊写，胡荣升与胡尚友同族，私将清折抄给，伊系事后查知。至加贴钱文，因闻胡荣升所说兑漕费用较多，兼之银价腾贵，恐致赔累，因令绅士公议。据绅耆等票复，各仓花户情愿按粮一石帮钱二百文，作为兑漕费用，并赔补银水，委非自行科派。迨票蒙批驳，始知办理错误，当即晓谕停止。计陆续已收钱二千串，因花户四散，无可退还，又不敢擅自挪用，是

以禀明本府，立案存贮县库，以备地方紧要公用，卸事时移交后任，并无丝毫染指。质之胡尚友等，供亦相同。

以下钱宝琛又就学政奏参包世臣召万帼彩入署办公，迹涉科敛；训导刘筠带同生监赴柜掣串，有调唆包揽之嫌，查明并无其事上奏。钱宝琛最后奏称：

查办理漕务，总宜循照旧章，即随时情形不同，欲有变通之处，亦宜斟酌尽善，妥为经理，庶小民无所借口。该革员包世臣率听县书胡荣升无据浮词，遽行禀呈，致被胡尚友等将清折抄去刊刻，得以控告挟制，复于办漕之际令绅士公议帮贴钱文，虽讯系出于花户情愿，并无科敛情事，究属擅改旧章。且万帼彩系奏明缉拿要犯，该革员始终不能弋获，种种办理不善，咎无可辞，业已奏请革职，应毋庸议。训导刘筠已奏准勒休，亦毋庸议。

对于钱宝琛同日上奏的二折一片，道光帝也于三月初四日同一天朱批，但内容不尽相同。对闹漕拒捕案一折，朱批"该部速议具奏"；对胡尚友京控及刘奉传帖聚众一片，朱批"另有旨"；而包世臣等"擅改旧章"一折，朱批"该部议奏"。

本来，道光帝在钱宝琛的闹漕拒捕案审结奏报上已朱批"该部速议具奏"，这就意味着除非遭到"部驳"发回重审，地方审理程序已经完成，该案的性质已无法改变。因此，道光帝发给麟魁接审此案的谕旨，就没有更大意义了。天颜难觐，但视钦差如同救命神一样的新喻民众，仍然在做最后的努力。

当得知钦差麟魁即将从袁州前往广东，经过新喻时，遭受官兵毁屋破家的人们仿佛看到了希望。据包世臣讲，正月十二日，麟魁一行进入新喻境，"有数千人环船递呈，星使收呈，谕以明早去验火场，半夜鼓栧去，至省以呈词二十张咨交中丞，而摘词由入奏"。[①] 包世臣所记与麟魁所奏非

---

① （清）包世臣撰《齐民四术》，《包世臣全集》本，李星点校，第242页。

常吻合。只是麟魁所奏是"多人环跪岸上呼冤"，包世臣所记是"数千人"。如果是多人，麟魁没有必要欺骗民众"明早去验火场"，即查验数百家民屋被毁，到底是官兵所为，还是百姓为救万帼彩、胡尚友等人自焚。如果是"数千人"，足证百姓遭受家破人亡之灾，而麟魁承受极大压力，才有半夜乘船而去，马上离开是非之地的举动。

麟魁刚离开，新喻知县王兰禀报，万帼彩戚党、生员刘犇等于正月十三、十四等日纠约多人，抢夺职官袁玠所开庆豫号盐店赃物并殴抢县差李金等家。又查获刘犇传单一纸，单内称钦差来江西系查办新喻一案，并捏造谕言，按村流布，煽惑乡愚，勒派讼费。为此，钱宝琛于二月十二日片奏称：刘犇等若不严加惩治，何以安良善而儆凶顽。俟拿获刘犇等犯另行照例拟办。①而钦差麟魁早于钱宝琛向清廷奏报刘犇等传帖聚众之事。

姑且不论官府所存相关档案的真实性如何，即便从钱宝琛离任，接任江西巡抚吴文镕的审结奏报而言，钱宝琛当初无疑夸大了刘犇等抢掠的事实。因为后来将刘犇等十余人全部抓获，但核实他们得赃仅数十两，与事主袁玠原报赃数五百余两差得很远。据奏：

> 刘犇籍隶新喻，道光六年考取府学生员，后因不守学规，经学详报注劣，与另案获办之万帼彩、胡尚友均系戚好，道光二十一年正月十二日，钦差麟魁来江西查办闽广烟匪案件，经过新喻地方，刘犇闻知，起意向各花户勒派钱文，帮作讼费，为万帼彩等翻告，既可见好戚友，又可从中渔利，当与素好在逃之万赓尧、王心商允，刘犇等遂妄称，钦差来江系查办新喻一案，捏造吩咐照案公办谕言，写立传单，按村散布，令各花户凑钱交收，以作讼费。职员袁玠知系哄骗，不肯出钱。十四日，刘犇因挟袁玠不允出钱之嫌，起意纠抢袁玠店内钱物，复商允万赓尧、王心分头纠允万贯群等共十余人，徒手将袁玠与其弟袁理合开豫庆号店内铜钱、盐、棉花、白布等抢夺。经事主袁玠报官验明，将刘犇革去生员。经审明，王心等抢掠时，有多人赴店观看，各自乘间攫取钱物，并非听从刘犇同伙往抢。刘犇依凶恶棍徒

屡次生事行凶，无故扰害民人例，发极边足四千里。其他人流徒有差。①

旋经刑部核准，一如新抚奏拟。②

七　钦差复审，减轻判处

如前所述，当麟魁折回江西时，钱宝琛已经将新喻漕案及京控案审结上奏。一般而言，除非有重大"突破"，即便钦差审案，也难以推翻地方大吏的结论。更何况闹漕案由学政吴其濬主导，而吴其濬与麟魁一同审理湖北案后，即接任湖北巡抚。

耐人寻味的是，道光帝于三月初四日在钱宝琛奏拟闹漕案朱批"刑部速议具奏"后，于三月二十七日谕麟魁：新喻县革监万帼彩等闹漕京控一案，该抚审拟罪名是否允协，并有无不实不尽之处，着该侍郎亲提全案人证卷宗，覆加详核，确切研讯，务期水落石出，毋许稍有枉纵。但此谕旨，麟魁于闰三月十五日在安徽途次方接到，而五天前即闰三月初十日，麟魁按照道光帝二月初七日谕旨，将复讯该案审结上奏。

麟魁复审，包世臣称"一切无所更动"，实际与钱宝琛原审，还是有所减轻，特别是对"首犯"万帼彩聚众抗官、主使人将眼线殴死二个死刑条款的认定上，予以改判；同时对焚烧村庄究竟是官兵所为，还是万帼彩、胡尚友指使妇女所为，尽管用了含糊用语，但仍能从中反映官兵加害的部分事实。这份奏折，③首先明确是复讯，因而也就难以出现"颠覆性"判拟：

> 如万帼彩等把持漕务，创造急公堂一节：道光十八年九月，万帼

---

① 录副奏折，江西巡抚吴文镕《奏审拟刘奉等煽惑勒派案》，道光二十一年十一月二十九日。
② 《清宣宗实录》卷三四八。
③ 朱批奏折，麟魁《奏为奉旨交审闹漕京控重案，先经该抚审拟具奏，复讯核拟复奏事》，道光二十一年闰三月初十日。引用时略有删节。

彩、胡尚友借十七年东仓花户完漕遇雨拥挤，倡议挨图上米，令各地保向各花户，每粮一石敛钱一百文，作为设局费用。万帼彩又借盖造公所以避风雨为名，令地保人等向各花户每粮一石，两次共敛钱五百文，建造急公堂公局，勒令完粮花户先将米石挑送局内，听候派定图分，由局汇交，不许自行陆续完仓。伊等先后代其敛钱是实。据革生张亨、李恒春、胡思泮供认，代为敛钱一次。胡尚友供认与万帼彩伙谋设局敛钱，万帼彩亦供认起意敛钱，盖造急公堂，把持漕务不讳。

又万帼彩等聚众抗官一节：据参与者供，上年四月十七日，官兵到县查拿，胡尚友令涂云凤等纠雇众人守住浮桥，一面拆散浮桥，断绝官兵来路。是日并未见万帼彩走出，其与胡尚友如何商谋聚众，实未听闻。前蒙本省审讯，因胡尚友供系万帼彩主使，伊等因万帼彩系起意盖造急公堂之人，又在胡尚友家藏匿，亦疑有主使情事，是以照依供述。今蒙复讯，伊等实不能确指。讯据严尊二供认，是日官兵到县，伊路遇刘洸高等执持溜帖一纸，称系万帼彩等局内所发，刘洸高邀伊一同传知各店铺关闭店门，甫传过十余户，伊当即转回，各铺只关闭七八户，实无全行罢市之事。据胡尚友供认，万帼彩因官兵将到，令伊纠雇多人，作为拒敌之状，吓退官兵以便逃走。提讯万帼彩，供认与胡尚友商谋，写给闭市溜帖属实。其原审主使胡尚友纠众抗官一层，万帼彩坚供仅令胡尚友着人撑开浮桥，断绝官兵来路，以便搬运逃匿，胡尚友如何分派多人前往吓阻官兵，实不知悉。详核该抚原奏，胡尚友纠集抗官人犯共四十九名，大半在逃，所有已获之刘腾高等，均系临时纠雇乌合之众，于万帼彩如何主令胡尚友聚众抗拒，未能确指。涂云凤等十四名，其中四人已故，胡中兆等十名均在逃未获，无可质证。

又原审万帼彩逃后，主使万柏林、万玉乐将悬贴赏格之万启贤殴毙一节，复讯万帼彩坚不承认，现在万柏林业已监毙，万玉乐在逃未获，亦属无可质证。

又原审万帼彩主使胡好六等赴官船詈骂一节，讯据胡好六等供，伊等与万帼彩素不认识，当日官兵船只到县，伊等因人多嘈杂，随口混骂，即被兵役拿获，经临江府审讯，疑伊等系万帼彩伙党，严行追究，伊等畏刑混供万帼彩主使等语。提讯万帼彩，亦坚供实无主使情事。

至胡尚友京控官兵放火焚烧房屋一节：提讯全案人证，据刘腾高等供，闻系万帼彩逃匿各处，因闻官兵跟捕，主使妇女放火脱逃。其余人证均推不知。万帼彩坚供，伊逃后连日在潭口、园下各处藏匿属实，并无主使放火图赖之事。经查阅该抚原卷，复据当日带兵会拿之袁州协副将李长寿禀复，复查胡尚友京控焚毁房屋等词，该地方官并未纵兵焚毁，尚属可信。

最后予以改判：原审万帼彩主令胡尚友纠众抗官，人数已在四五十人以上，罪应斩决；并主使万柏林等将万启贤殴毙，亦罪应斩候，该犯既已翻异，所有原获下手殴毙万启贤之凶犯万柏林业已监毙，余人万玉乐在逃未获，别无质证，其听商抗拒官兵各犯，或已监毙，或被官兵枪毙，其胡中兆等多名亦均未就获。应将万帼彩照例暂行监禁，饬缉各逸犯务获，另行严讯究办。胡尚友、涂云凤、刘洸高照为从例绞监候。胡尚友投首减等，发新疆当差。涂云凤、刘洸高已病故，应毋庸议。其他判拟徒流杖有差。

已革知县包世臣，经该抚另案奏结，无庸再议。临江府熊莪、景德镇同知文海交部议处。

麟魁复审上奏后，道光帝于闰三月二十三日朱批：刑部议奏。

清廷最后采纳了麟魁的轻拟判决。官方《实录》在道光二十一年三月二十七日谕麟魁"亲提全案人证卷宗，覆加详核"后记载：寻奏：万帼彩主令胡尚友纠众抗官，按罪应斩，惟伙党在逃，人数众多，应暂行监禁，俟逸犯缉获，另行究办。胡尚友闻拿投首，应于为从绞监候律上减一等，杖一百，流三千里。余分别问拟徒流。下部议，从之。①

包世臣写给陈孚恩的回信也证实"首犯"万帼彩当时尚未判刑，他并

---

① 《清宣宗实录》卷三四九。

强调说："来书称几于纵囚故事，而以世臣为实有感乎，为不得其实也。至来书所称首畔者，想必出贵省官常之口，其人固非善类，然加此二字则已甚。世臣以壬寅（道光二十二年）五月买舟还山，万犯在监内，痛哭不止，再三央狱卒至舟中，叩首代谢。"① 包世臣于道光二十年三月罢官，"回省月余"，恰在四月中旬，也就是四月十七日抓捕万帼彩、胡尚友，进而"抗官拒捕"、"毁民房屋"的时间。罢官后的包世臣以待罪之身，继续留在江西省城，直到此案尘埃落定后，其间有一年之久。又过了一年，包世臣已脱然无累，遂离开江西。越一年，包世臣将旧刻《中衢一勺》、《艺舟双楫》重加整理，连同其《管情三义》、《齐民四术》一并印行，名为"安吴四种"，"备有心世道者采览"，其中包括对新喻案的记载，以及为自己乃至民众所做的"辩护"。

新喻漕案虽然改轻判处，但无法掩饰舆论的力量。包世臣对陈孚恩曰："新喻兵火之后，新臬以曾任临江守，特驻新喻，下学讲书，欲以感召万、胡，使投案。正讲时，有人在明伦堂下桂花台，弹月琴唱门词被捕。臬使饬随员赴县会审，而月琴已打破。其人名刘得祖，不识字，只能弹唱，因假三弦授之弹唱，乃新喻新事，名曰《万岁牌楼记》，共十六回，第九至十三，皆唱世臣在任所办各件。随员回省说新闻，省中官幕，乃知世臣在彼之捬循整饬，毫无错谬也。刘得祖带省收禁，中丞过堂，曾叫彼弹了数回。"后麟魁"折回江西讞此狱，一切无所更动，惟提刘得祖唱了三日而开释之。临行，谓其同年东乡令铭东屏曰：包君我竟未敢识其面，然《万岁牌楼记》已听完，中有大小文武官十八员，包君以一青天，居十七狗子之间，而得免于刑戮，幸矣！中丞心究不自安，为世臣了公私事，得以脱然无累。今已六年，并无咨追到南。以上所述，乃是真实，想阁下所闻与此互异也。"②

《万岁牌楼记》，如果能够查阅到，会是新喻案的最详尽"版本"，可能也是最接近事实真相的版本。而其中"大小文武官十八员，包君以一青天，居十七狗子之间，而得免于刑戮，幸矣！"的钦差感叹，虽然只是包

---

① （清）包世臣撰《齐民四术》，《包世臣全集》本，李星点校，第240～241页。
② （清）包世臣撰《齐民四术》，《包世臣全集》本，李星点校，第242页。

世臣的"一面之词",但官官相护,上下勾连,欺凌民众,而使正派官员难以容身的官场风气,却堪称实录。

包世臣上文所说的东乡县令铭东屏,即铭岳,道光五年进士。包世臣摘顶前后,钱宝琛为取悦麟魁,以部选新喻县令佛尔国春"人地未宜",奏请将麟魁的同年、东乡县令铭岳与之对调,奏称:新喻县系繁难中缺,该县民刁俗悍,近年征收漕粮,每有棍徒把持抗欠,必须精明熟谙之员,方足以资整顿。查新选知县佛尔国春系镶黄旗满洲监生,由部领凭于道光十九年九月二十五日到省,臣屡次接见,察看该员年力正壮,心地明白,惟初膺民社,于新喻县人地不甚相宜,自应拣员对调,俾资治理。查有东乡县知县铭岳年四十岁,正白旗汉军何裕鲁佐领下人,由进士引见以知县即用,十八年八月到任。该员年壮才明,勤于有为,以之调补新喻县知县,可期办理裕如。所遗东乡县系简缺,即以佛尔国春对调,实于治理有裨。①

对钱宝琛的奏请,道光帝本已准奏,但吏部查核与定例不符,奏请撤回,行令另拣合例人员对调。钱宝琛遂以浙江仁和人、靖安县知县王兰与佛尔国春对调。②

八 余论

清廷最后采纳钦差麟魁的奏拟,审结新喻漕案后,钱宝琛于二十一年五月二十九日与湖北巡抚吴文镕对调。吴文镕刚于四月六日交卸福建巡抚,五月二十八日赴京觐见,次日改任江西巡抚,七月八日到任,与钱宝琛交卸。在道光帝的谕旨中,明令吴文镕抵达江西省城后,钱宝琛再赴湖北新任,而钱宝琛因肝病复发,先于六月初九日奏请赏假一个月,旋即奏请开缺。吴文镕接任后,承道光帝密旨,到省城前往钱的寓所"查病",密报说钱"实因血虚肝旺,以致寝食大减,察其精神,殊为疲惫"。③ 随后,道光帝准钱宝琛回籍调理。

---

① 录副奏折,钱宝琛《奏请对调知县折》,道光十九年十一月初六日。
② 录副奏折,钱宝琛折,道光二十年三月初三日。
③ 录副奏折,吴文镕折,道光二十一年八月初一日。

钱宝琛回到家乡江苏太仓时，年仅五十七岁。这是出任封疆大吏的最佳年龄。但其后直到谢世的近二十年间，除咸丰三年短暂出办团练外，他一直在籍赋闲。如此盛年何以未再出仕？据钱宝琛的后学为《存素堂诗集》所写序称，"自林文忠被议以后，即不复出"。① 把自己的不再出仕与林则徐被发配新疆联系在一起，很能为老师"增价"，但事实究竟如何，难以探知。这或许是受到军机大臣王鼎"死谏"的"启发"附会而言。② 钱宝琛之孙钱溯耆说，"移江右不及四载，乞归后优游林下，文史自娱者十八年。"③

钱宝琛的家乡更是漕弊已极之地，而伴随愈演愈烈的漕务积弊，钱宝琛也未能幸免。道光二十六年，江苏不少地方发生绅民拆毁衙署之事。正月，昭文县衙被毁，漕书家亦复一空。常熟人柯悟迟感叹道："勒折浮收，日甚一日，下蠹百姓脂膏。况漕乃天下之大政，一浇莫挽，竟至于斯，日后情形，不知伊于胡底？"七月初，镇洋县署被扫，"漕书家尽毁，又到告病假归里前任江西巡抚钱宝琛家，损伤甚大。因渠筑坝刘河，良田不利故也。"④ 七月十四日，巡抚李星沅"闻镇洋有二匪借报荒为名，纠抢钱百渝家，甚可骇。"⑤ 这无疑是大变乱之前的征兆。

> 国家大政食与戎，漕穷肇兵相激舂。豪民豪胥维蠹同，蚌鹬相持乃相攻。
>
> 崇阳未已耒阳从，大刑屡修谁剂穷！法穷匪变云胡通，鸣呼漕赋安所终！⑥

这是魏源为在崇阳抗漕案中死去的县令师长治所写墓志铭的诗文。思想家的忧患几年后即成为现实。

---

① （清）钱宝琛：《存素堂诗集》，《清代诗文集汇编》第 550 册，第 552 页。
② 卜键：《国之大臣——王鼎与嘉道两朝政治》，陕西人民出版社，2015，第 492 页。
③ （清）钱宝琛：《存素堂集续编》，《清代诗文集汇编》本，第 809 页。
④ （清）柯悟迟：《漏网喁鱼集》，第 7~8 页。
⑤ 袁英光、董浩整理《李星沅日记》下册，中华书局，1987，第 663 页。
⑥ （清）魏源：《魏源集》上册，第 340 页。中间有删节。

清代女性被抑勒卖奸简析

——以丈夫抑勒妻妾与人通奸为视野

郭瑞卿*

摘　要：清代国家法律与司法中对家长权与夫权的不断扩充，变相鼓励了民间社会中丈夫对妻子权利的自我扩张。他们根据自己的需要建构了一套权利话语体系，并将之贯彻于日常的夫妻生活中。在夫妻利益发生冲突、矛盾激化到难以自我控制时，经过官府的司法活动，夫权或得以扩张，或被限制与制约。法律与道德是监督夫权的两个有效手段，只有在它们有效实施时才能够发挥作用，否则夫权将因无以制约而任性滥施。夫权的任性加重了女性贞节维护的责任与义务。

关键词：丈夫　妻子　抑勒　卖奸　赋权

中国社会由于经济原因强迫妻女卖奸获利的现象，自古有之。历代王朝对于卖良为娼都有相关的法律规定。明清时期，针对此种愈加普遍的现象，对丈夫的权利进行了法律上的限制。但以妻子卖奸获利的情形依然大量存在，这在清代的司法档案中随处可见。丈夫纵容、抑勒妻妾卖奸，[①]

---

* 中国政法大学法律古籍整理研究所副教授。

① "抑勒卖奸"，"抑勒"，具有压制、强逼之义；"卖奸"，指以获利为目的与他人发生性关系。"抑勒卖奸"意味着丈夫图利逼逼妻子与他人发生性关系，是明清时期司法官员的一种简称，有时亦称"逼勒卖奸"等，明清律典称之为"抑勒妻妾与人通奸"。"抑勒"一词表明了丈夫对妻子卖奸的主导与控制，女性并无卖奸意愿，因抑勒而强从。

已成为他们舒缓生活窘境的重要谋生方式。"抑勒卖奸"意味着妻子在丈夫的强逼下，违背意愿地与他人发生关系。这其实是一种变相的卖淫，对于深受正统婚姻价值熏陶的女性来说，打击深重。于她们而言，婚姻是庇佑其远离丈夫以外的其他男性侵犯的安全所在，是可靠的依赖。她们在婚姻里忠贞如一、始终不渝。然而丈夫的"抑勒卖奸"，打破了她们对婚姻的这种认知，丈夫成为其贞节维护的威胁，婚姻不再是她们贞节的安全庇佑。对此，她们应如何抉择？目前的研究大多认为女性是丈夫权利行使的客体，顺从于丈夫的决策。① 亦有学者，如黄宗智认为，对此问题，她们在一定程度上具有主体性，进行"消极的反抗"。他在《清代法律下妇女婚姻奸情的抉择》中指出，清代法律对女性反抗丈夫逼令卖奸作了设置，如果妻子不情愿，可以通过官府离异归宗，从而使她们避免沦落卖奸的境地。② 但现有的档案资料显示，事实并非如此，极少有女性通过官府离异归宗，反而是不离不弃，甚至以自己的谋略方式应对丈夫的威逼，显示出了她们的婚姻态度。对于她们的自我救济，国家司法又是如何评判的呢？本文试以清代女性被逼勒卖奸的现象对上述问题进行探讨。

一　抑勒妻妾卖奸的法律规定及生活中夫权的任性

抑勒妻妾卖奸的现象很早就出现了，但正式被写入法典，是在元朝时期。薛允升在其《唐明律合编》中指出元律"户婚门"与"奸匪门"都对丈夫受财"勒妻妾为娼"做了规定："诸受财纵妻、妾为娼者，本夫、奸妇、奸夫，各杖八十七。离之。其妻、妾随时自首者，不坐。勒妻、妾为娼者，杖八十七。以乞养良家女为人歌舞给宴乐，及勒为娼者，杖七十

---

① 如苏成捷《作为生存策略的清代一妻多夫现象》，黄东兰主编《身体·心性·权力》，浙江人民出版社，2005，第 236～262 页；〔日〕岸本美绪《妻可卖否——明清时代的卖妻、典妻习俗》，李季桦译，陈秋坤、洪丽完主编《契约文书与社会生活（1600～1900）》，中研院台湾史研究所筹备处，2001，第 225～264 页；吴佩林《南部档案所见民间社会的嫁卖生妻》，《清史研究》2010 年第 3 期；张晓霞《清代巴县档案中的"休妻"与"嫁卖生妻"》，《甘肃社会科学》2014 年第 2 期。

② 黄宗智：《法典、习俗与司法实践：清代与民国的比较》，上海书店出版社，2007，第 144～168 页。

七。妇女并归宗。"① 明朝时期，在继承元律的基础上有所改变，"凡纵容妻、妾与人通奸，本夫、奸夫、奸妇，各杖九十。抑勒妻、妾及乞养女与人通奸者，本夫、义父，各杖一百，奸夫杖八十，妇女不坐；并离异归宗"。② 将抑勒妻妾为娼改为"与人通奸"，由"娼"到"通奸"，已不仅是字词的改变，其内涵也发生了变化："娼"是相对于良家妇女而言的贱民（籍），是具有道德评价的社会身份的称呼。元律以"娼"表述丈夫强迫妻子与其他男性发生关系从而获利的事实，直接揭示了这一行为的卖淫本质，但模糊了女性的社会身份。"通奸"则一方面明确了丈夫对妻子的权利，另一方面亦说明了妇女的非"娼"身份。明律的变化，不仅将丈夫逼使妻子与其他男性发生关系的行为，同娼妓卖奸明确区分开来，且意在强调丈夫在抑勒妻妾与人通奸这一犯罪中的过错责任。清律沿袭了明律的内容："凡纵容妻、妾与人通奸，本夫、奸夫、奸妇各杖九十。抑勒妻、妾及乞养女与人通奸者，本夫、义父各杖一百，奸夫杖八十，妇女不坐，并离异归宗。"③ 从上述的立法内容来看，其目的是为了限制丈夫对妻子权利的滥施，保护妻子的贞节不受丈夫的侵害。但国家的立法是否能够有效地施行？

中国传统婚姻中的夫权范畴非常大，在民间的习俗中，丈夫可以任意处置妻子，除了任意打骂，甚至杀死外，他们还可以在特殊时期，将妻女典雇或嫁卖，以应对生活贫困，严重违背了婚姻道德人伦。历代王朝厉行严禁。东汉光武帝建武二年（公元26年）曾下诏："民有嫁卖妻子，欲归父母者，恣听之。敢拘执，论如律。"④ 唐朝时期，则明确规定："和娶人妻及嫁之者，各徒两年。妾，减二等。各离之。夫自嫁者，亦同。"⑤ 强化丈夫对婚姻维护的责任与义务，如果将妻妾嫁与他人，则受徒刑之罚。元代时期，进一步强调丈夫不得因受财而将妻妾典雇、嫁卖，"诸受钱典雇

① （清）薛允升《唐明律合编》，怀效锋、李鸣点校，法律出版社，1999，第706页。
② （明）雷梦麟《读律琐言》，怀效锋、李俊点校，法律出版社，2000，第448页。
③ （清）薛允升：《读例存疑》卷四三《刑律》之一九"纵容妻妾犯奸"，光绪三十一年京师刊本。
④ （南朝宋）范晔：《后汉书》卷一上《光武帝纪上》，中华书局，1965，第30页。
⑤ （唐）长孙无忌等：《唐律疏议》"和娶人妻"条，刘俊文点校，中华书局，1983，第266页。

妻妾者，禁之。诸受财以妻转嫁者，杖六十七，追还聘财。娶者不知情不坐。妇人归宗"。① 任何形式的将妻妾嫁卖、典雇而受财者，皆被处以杖责之刑。这表明，丈夫以受财为目的处置妻子的嫁卖、典雇行为非法。清律沿袭明律，规定："凡将妻妾受财［立约出］，典［验日暂］雇与人为妻妾者，［本夫］杖八十。典雇女者，［父］杖六十。妇女不坐。若将妻妾妄作姊妹嫁人者，杖一百，妻妾杖八十。"② 但民间典卖妻女、嫁卖妻妾的现象依然盛行不衰，在某些地域已成为一种习俗，这不能不说民间社会自有其权利认知体系。在清代的司法实践中，司法官员迫于民间此种"陋习"的强大，也不得不认可丈夫典、嫁卖妻子的事实，实际上，又将丈夫被限制的法律权利，通过司法过程重新赋权。民间社会，在日常的生活中，常常肆意地施用夫权，甚至置人伦道德于不顾。如他们以生计艰难为由，强迫妻子卖奸，已超越了正常的婚姻秩序与道德，尽管常常背负法律及舆论的批判，依然无所顾忌、一意孤行。清代丈夫抑勒妻子卖奸主要有以下几种情形：

（一）身体有病，无力劳作

由于传统的"男外女内"家庭模式，清代时期，男性仍然因体力体能的优势主要从事于田地耕种等体力劳动，承担着挣钱养家的职能。妇女则主要辅助丈夫，承担治理家务、养老育幼等职能。然而这是生活常态情形下的两性分工模式。若丈夫因身体缘故，没有能力从事体力劳动，担负起养家的重任，家庭生计陷入困境之时，勒令妻子卖奸则成为一些丈夫的选择。如杨王氏与杨士礼结婚多年，素相和睦。杨士礼向患羊癫疯病，虚弱不能工作，嘉庆六年（1801）间，因穷苦难度，逼令王氏卖娼度日。③

（二）好吃懒做或不务正业

丈夫好吃懒做，不务正业，不仅不能承担养家之责，还常常给家庭尤其是给妻子带来灾难性的影响。他们有的将妻子嫁卖，有的强迫妻子卖

---

① （清）薛允升：《唐明律合编》，怀效锋、李鸣点校，第229页。
② （清）薛允升：《读例存疑》卷一一《户婚》之三"典雇妻女"。
③ 中国第一历史档案馆藏，军机处录副奏折，档号：03－2284－034。

奸，以获取日常所需。如廖宗专因好吃懒做，将家产卖尽，又欠下了许多债务，无力偿还。在债主通元和尚及张云山索讨钱银时，他不仅逼令妻子刘氏与二人通奸，以代还所欠，并希冀通过妻子与通元、张云山的通奸，获得二人对他们的帮食。① 再如，李张氏之夫李东海整日游荡，不务正业，将家中祖遗财产败尽后与妻子乞讨度日，因生活贫困，几次向赵三借贷，令妻子与赵三奸宿为抵偿。在迫使妻子与赵三通奸时，遭到张氏的激烈反对。②

（三）谋生艰难

清代时期，由于自然灾害等因素，人们不得不外出，以求得更多生存机会。然而他乡谋生并非容易，在生存困难的情形下，一些男性为改变困境，试图以妻子卖奸换取家庭的生机，减缓养家的压力。如袁三因家乡汶上县遭水灾，生活贫困难过，偕妻子马氏及四岁的幼女小二姐外出谋食。行至滋阳县高吴桥时，住歇在许文正店内，"因穷逼不得"，令妻子马氏卖奸"接客"。③

（四）家庭贫困

生活贫困，希望通过妻子身体使用的让渡来获取其他男性的资助，是清代男性逼迫妻子卖奸的重要原因。张世英平日以挑草为生，收入不多，糊口艰难，其母亲韩氏见生活艰辛，不能度活，逼其令妻子卖奸。张世英也希望妻子卖奸可以"觅钱帮过日子"。他向王九借二钱银子，并许其与妻子通奸。王九应允，至他家吃酒，张世英令妻子顾氏陪着吃酒，顾氏将酒倒掉，啼哭不止。王九因此走掉，张世英的目的未能达成。其后，由于天气渐冷，张世英打算赎衣过冬，再次起意令顾氏卖奸帮衬，被其拒绝。于是，他准备向朱四借二百钱以赎当，许他与妻子通奸。朱四让其先问明顾氏，再来拿钱。张世英回家告诉妻子，顾氏坚执不依。朱四知道后，没

---

① 中国第一历史档案馆藏，内阁刑科题本"婚姻奸情类"，档号：02 - 01 - 0805 - 011。
② （清）全士潮等撰《驳案汇编》，何勤华等点校，法律出版社，2009，第271页。
③ 中国第一历史档案馆藏，内阁刑科题本"婚姻奸情类"，档号：02 - 01 - 2345 - 001。

有借钱给他。①

招徕生意，亦是丈夫勒逼妻子卖奸的原因之一。如张正祥开有饭铺，因生意平常，为招徕顾客，增加收入，乃逼令妻子胡氏卖奸。②

上述的丈夫抑勒妻子卖奸，虽然不能涵盖清代的所有情形，但反映了丈夫对妻子权利行使的任意性，已经突破了法律与道德的限制与制约。他们常常不顾周围家人、亲戚等的劝阻，坚持抑勒妻子卖奸。如张世英在经过了姐夫、坊正、保正、保长及妻子娘家亲戚的一再劝阻，甚至州县官的杖责后，仍然坚持逼勒妻子顾氏卖奸帮衬。③ 李东海在族叔李添禄对其进行训诲后，依然不改。④ 如此不顾人伦道德与法律禁止的行为，缘何在清代时期成为一种较为常见的现象？原因大致如下。

首先，清代时期，国家对于奸罪的惩治虽然有相关的法律规定，但对奸罪的实际处理更依赖于家庭或家族自身。一般而言，奸罪是民不告、官不理。奸罪如果不涉及杀伤命盗重案，在国家制度层面仅是有伤风化的行为。抑勒妻子卖奸，民间社会大多认为是夫妻之间或家庭的私事，对于这样的事情，通常适用当事人的自我调解。如上述的张世英逼迫妻子卖奸案。张世英让王九至其家中吃酒，令妻子顾氏陪酒的意图被顾氏破坏掉后，与母亲韩氏十分生气，将顾氏咽喉搳伤。顾氏将此事告知了保正孙魁，孙魁向张世英调查确证后，与袁文龙一起将顾氏送到了其母舅杨添贵家。后来，张世英搬到别处居住，再次试图令顾氏卖奸弄钱，以赎棉衣过冬，顾氏不允，二人发生争吵，致顾氏喝卤自尽被救。杨添贵将此事告知了保长与保正，经居中调解，张世英母子不得不同意杨添贵将顾氏接回家去过几天。⑤ 显然，从张世英两次强迫妻子卖奸而发生的夫妻冲突来看，作为负责基层地方社会秩序的坊正、保长、保正，皆视为一般性的家庭纠纷事件，此事亦未被告知地方衙门。这样的处理暂缓了矛盾冲突，但无疑对丈夫权力的制约不具有效力。国家的法律规范亦无以发挥其效力，因此

① 中国第一历史档案馆藏，内阁刑科题本"婚姻奸情类"，档号：02 - 01 - 0502 - 007。
② 中国第一历史档案馆藏，内阁刑科题本"婚姻奸情类"，档号：02 - 01 - 2239 - 09。
③ 中国第一历史档案馆藏，内阁刑科题本"婚姻奸情类"，档号：02 - 01 - 0502 - 007。
④ 中国第一历史档案馆藏，内阁刑科题本"婚姻奸情类"，档号：02 - 01 - 1678 - 006。
⑤ 中国第一历史档案馆藏，内阁刑科题本"婚姻奸情类"，档号：02 - 01 - 0502 - 007。

对于此类犯罪起不到震慑作用。

其次,清代时期,国家不仅将奸罪治理下放于地方基层社会,且在由于丈夫行使夫权而导致妻子失节的犯罪中,于司法过程中呈现出宽容的趋向,也变相地纵容夫权的任性。在《大清律例》的设置中,丈夫行使夫权而令妻子失节的犯罪主要有以下四个方面:典雇妻子,嫁卖妻子,纵容、抑勒妻妾与人通奸,以及将妻子卖休,法律对上述犯罪都做出了惩罚性的规定,以保护妻子贞节。但在具体的司法实践中,地方司法官员却采用灵活变通的方式处理丈夫典雇妻女、嫁卖妻子及卖休妻子案件,实际在很大程度上认可了丈夫的这些犯罪行为。如清代作为司法机关审理案件直接援用或引证指南的《清律辑注》,则将《大清律例》中相关"典雇妻女"之规定延伸扩展为:"必立契受财,典雇与人为妻妾者,方坐此律。今之贫民将妻女典雇与人服役者甚多,不在此限。"① 通过这一解释,将丈夫典雇妻子的行为转换为雇佣服役,使法律原本对夫权的禁止成为司法中对夫权的赋权。有清一代,民间社会嫁卖生妻、买休卖休现象一直盛行,清代地方官员也不得不认为这些"风俗日偷难免违犯,如无人控告,官长断不能挨户稽查"。有很多情况地方官不得不将卖妻、典妻的"陋习"置于不顾,亦从而导致了民间对卖妻、典妻契约的违法性意识淡薄。② 故此,在保留合法婚姻形式下的纵容抑勒妻妾卖奸,虽然有悖人伦道德,但在"生计艰难"的理由下,仍能够在一定程度上被民间社会所理解与容忍。

二 妻子对被抑勒卖奸的应对

丈夫威逼卖奸,不仅挑战了婚姻秩序与人伦道德,更严重地影响了妻子的婚姻观念。在贞节盛行的清代,女子从一而终,夫主妻从的价值观念在遭遇丈夫逼奸时也不得不发生变化。对于丈夫的抑勒卖奸要求,妻子的选择无外乎两种情形:一是屈从于丈夫的威逼卖奸,一是拒绝服从夫命卖奸;无论她们选择何种情形,她们都在一定意义上对夫权进行了质疑与挑

---

① (清)沈之奇:《大清律辑注》,李俊等点校,法律出版社,1998,第257页。
② 〔日〕岸本美绪:《妻可卖否——明清时代的卖妻、典妻习俗》,李季桦译,第246页。

战。妻子屈从于丈夫的暴力而被迫卖奸，并非表明她们完全服从了夫命，而是将夫妻间的张力隐匿在了屈从的背后。在笔者所掌握的50多个丈夫抑勒妻子与人通奸的案件中，丈夫的命令都遭到了妻子不同程度的对抗。有的是以宁愿忍受丈夫的折磨，亦不愿服从卖奸。她们常常运用自己的生活常识来对抗丈夫的逼勒卖奸行为。如钟顾氏在丈夫张世英与婆婆逼其卖奸时，以倒掉酒杯啼哭赶走了企图奸宿的王九，婆婆与丈夫辱骂殴打，顾氏将此事禀告了坊正孙魁，在其干预下，被送到了母舅杨添贵家，使丈夫的抑勒卖奸得以暂缓。在其后丈夫再强迫卖奸时，顾氏甚至不惜自杀，抗拒夫命。①

有的妻子在无法忍受丈夫的辱骂殴打后，被迫同意卖奸。如廖刘氏在丈夫廖宗专令其与通元及张云山通奸抵债时，先不同意，被打骂不过，从了。② 张胡氏丈夫张正祥因饭铺生意一般，逼令妻子卖奸招留过客，被胡氏拒绝，因此怀恨在心，常对其打骂，胡氏被凌逼不过，允从与过客奸宿。③ 她们在丈夫暴力胁迫下的卖奸，是否说明她们对丈夫的完全顺从呢？下面我们试以马氏的供词为例加以分析说明。

> 小的今年二十四岁多，小的二十岁嫁与袁三做老婆，小的向来不是娼妇。因雍正八年被了水，雍正九年春间过不的日子，三月里自家起身出外求食。四月十二日到了高吴桥许家店里住下，男人因穷不过叫小的接客。小的不依，他再三逼着，小的没奈何，依了。就是十三日店里有一个客是过路的，姓张，不知他是那里人，要嫖了小的宿……十四、十五日又接了两个客……十六日……到郭大能家，十七日夜小的男人叫小的合郭大能睡就有了奸。过了几天又到许文正店里接了两次客……后来，郭大能合小的情密了，就不叫小的接客。男人因没钱使，就常打骂小的……郭大能向小的说袁三动不动就打骂你，不如早打发了他，我同你做长久夫妻，小的说任凭你怎么着罢。④

---

① 中国第一历史档案馆藏，内阁刑科题本"婚姻奸情类"，档号：02 - 01 - 0502 - 007。
② 中国第一历史档案馆藏，内阁刑科题本"婚姻奸情类"，档号：02 - 01 - 2345 - 009。
③ 中国第一历史档案馆藏，内阁刑科题本"婚姻奸情类"，档号：02 - 01 - 2239 - 009。
④ 中国第一历史档案馆藏，内阁刑科题本"婚姻奸情类"，档号：02 - 01 - 2345 - 001。

从上述材料中，可以看出：其一，马氏一再强调自己的卖奸行为，非自己情愿，而是为丈夫所逼，无论是在店里开始接客，还是与郭大能合睡，都是听从于丈夫的。其二，尽管被迫卖奸，沦为娼妇，但依然强调自己的良家妇女本性，反映了她对自己被迫卖奸的介怀以及背后隐含的对丈夫的怨恨。其三，反映了她对摆脱卖奸生涯的潜在渴望："郭大能合小的情密了，就不叫小的接客。男人因没钱使，就常打骂小的……郭大能向小的说袁三动不动就打骂你，不如早打发了他，我同你做长久夫妻，小的说任凭你怎么着罢"，这些话语无一不揭示了马氏内心真实的深层渴望。不接客、不被打骂、长久夫妻，这些字眼应该是马氏接受郭大能的真实缘由。此段供述亦揭示了马氏在短暂的卖奸生涯中对丈夫袁三生恨的心路历程以及在卖奸与良家妇女身份中的挣扎。她自己在依靠自身力量不能阻止丈夫对她的打骂、逼勒行为时，只能依靠情夫郭大能，借以摆脱卖奸生活。

其实，她们有的虽然在丈夫的威逼下，不得不同意卖奸，但大多是暂时的应对策略。在丈夫逼迫卖奸的案件中，大多数女性都或多或少地经历了对丈夫不满或生恨的变化。如张胡氏在丈夫张正祥的凌逼下接客，并被迫与胡常谟通奸，以抵偿工钱，"心里原都不是情愿的"。此后，丈夫收了徐正月三十文钱，令胡氏与之奸宿时，胡氏消极以抗，以身体有病推拒，在丈夫因此与其吵骂时，忍无可忍，与之对吵。夫妻二人发生对打，挣扎中，将丈夫抓伤致死。[1]

有的妻子因被丈夫抑勒卖奸，感觉生活无望，产生报复杀死丈夫之念。如据廖刘氏供述：

> 小妇人自幼许配廖宗专为妻。丈夫廖宗专因好吃懒做，把家产卖尽欠下许多债……通元与丈夫是表亲，曾借过一两银子……通元屡次来讨，丈夫无银还，他就要小妇人与通元通奸抵债。小妇人先不肯依，被丈夫打骂不过，无奈允从……通元常拿些钱帮贴……丈夫又陆续借过张云山五两银子，屡讨没还……张云山来讨银子，丈夫留他住

---

[1] 中国第一历史档案馆藏，内阁刑科题本"婚姻奸情类"，档号：02-01-2345-001。

宿，此夜丈夫又逼勒小妇人与张云山通奸……被房主廖民清看破，屡催出屋，丈夫延挨不去，被廖民清恶言辱骂。小妇人心想丈夫懒惰，害小妇人失身受辱，没脸见人，又常要小妇人向通元、张云山们求帮食，不如意就与小妇人吵闹……常吃一餐，饥一餐，丈夫反疑小妇人只顾自饱不挣钱养他，更加打骂。小妇人受他磨折不过，想到嫁了这样没情义的人，终无出头日子。要自寻死，又想被丈夫害了终身，竟放他不过，就蓄心与他同死。①

　　从上述的文字中，廖刘氏的无奈与无望一览无遗。丈夫不正干，依赖她卖奸养活，即使如此，糊口依然艰难，食粮难以保证。房东辱骂、催搬出去，丈夫的打骂吵闹，无不令其绝望。刘氏与马氏一样，也十分在意自己的良家妇女本性。其在供述中亦曾提及自己"从前并无不端的事，实因家贫丈夫逼勒不堪，无奈与僧通奸抵债"，反映了她在卖奸后对自身失贞处境的认知。

　　由上可知，被丈夫逼勒卖奸，使得女性对自身的生活处境有了更多的反思与思考，打破了她们对丈夫挣钱养家的依赖，丈夫不再是其终身的依靠。妻子坚持拒绝卖奸，是否能够最终打消丈夫的念头，更改他们的主张呢？

　　众多的案件表明，女性的拒绝在夫权面前很难有转圜的余地，丈夫在抑勒妻子卖奸这一问题上没有妥协。妻子拒绝丈夫的卖奸要求，破坏了夫妻间夫主女从的婚姻秩序，可能导致丈夫对其权力的进一步强化。如上述的张世英逼迫妻子顾氏卖奸案，张世英强迫顾氏卖奸的提议与试图，被顾氏一再地拒绝，令张世英十分恼怒。在顾氏第一次拒绝王九宿奸后，顾氏也因被殴伤，有坊正介入，被送至母舅家暂住。张世英以其母舅杨添贵揞留不归为由，将之诉至官衙。经地方官审明张世英强迫卖奸实情，将其责打，仍令将顾氏领回。张世英并未因此改变令顾氏卖奸弄钱的念头。此后，再次主张顾氏卖奸以赎棉衣过冬，两人由是发生争吵，顾氏不惜服卤自尽，被救。顾氏的反抗，愈加激怒了张世英，母舅杨添贵再次前来接顾

---

① 中国第一历史档案馆藏，内阁刑科题本"婚姻奸情类"，档号：02-01-0805-011。

氏回家时，被张世英拒绝。无奈之下，杨添贵请求地方保长、保正介入调解，张世英不得不同意令顾氏次日随其回去。当晚，张世英在顾氏睡熟之际，思及明日顾氏就要随外婆母舅回家去，而自家生活贫苦，天气渐冷，尚无棉衣盖被，妻子又不从卖奸，愤恨之下，将其搦死。① 顾氏的一再拒绝，令张世英颜面大失，所以在顾氏母舅面前，几次态度强硬，以至于因顾氏即将被母舅接回，亦可能担心她最终摆脱控制，将其搦死。这未尝不是伸张夫权的一再体现。

妻子对卖奸的拒绝，常常被丈夫无视；丈夫的一意孤行，常常加剧夫妻间的冲突。如李张氏丈夫李东海因家庭贫困，与妻子乞讨为生。为改变生存现状，欲令妻子卖奸维生，乃向赵三借钱，许以与妻子通奸。赵三同意，随其回家后，为张氏所斥。其后，李东海再次向赵三借钱，并假称已与妻子商定。赵三前往奸宿，被张氏喊骂惊走。丈夫的两次试图逼奸，令张氏明白了丈夫的意图，坚持拒绝卖奸。经丈夫叔叔李添禄干预，回娘家暂住。李添禄对李东海进行训诲，将张氏接回家。然而李东海并未打消令妻子卖奸的念头，以家贫难过，劝张氏听他的，张氏与其吵闹，则声言"将来令与人睡还不及知"。丈夫的坚持令张氏担心丈夫"领人图奸"，防备加强。最终导致过失致丈夫死亡。②

在重视贞节的清代社会，女性承担了更多的道德责任与义务，通奸不仅意味着女性的失贞，还意味着失节，须背负道德骂名，亦是清代国家法律认定女性是否为良家妇女的标志。因此，她们在面临顺从夫权与失节的两难选择时，贞节是其第一考量的因素。这也反映了清代女性的贞节已不仅表现为对丈夫的忠贞，且贞节已内化为她们的信仰，成为她们的道德价值追求。

三　离婚——妻子被抑勒通奸的选择？

《大清律例》规定："凡纵容妻妾与人通奸，本夫、奸夫、奸妇各杖九

---

① 中国第一历史档案馆藏，内阁刑科题本"婚姻奸情类"，档号：02 - 01 - 0502 - 007。
② （清）全士潮等：《驳案汇编》，第 273 ~ 274 页。

十。抑勒妻妾及乞养女与人通奸者，本夫、义父各杖一百，奸夫杖八十，妇女不坐，并离异归宗"。① 据此，丈夫抑勒妻子与人通奸，妻子可以离异归宗。但司法资料显示，此种情形下，极少有女性选择离异，其原因大致如下。

其一，女性不愿背负失节的污名。在丈夫逼迫卖奸时，妻子主要是从保护自身贞节的视角反对卖奸，并非为了反对丈夫。如果她们选择到官府诉讼，则须承担离异的后果，这有悖于她们维护自身的初衷。据王跃生的考察，清代丈夫逼妻卖奸者数量虽然不少，但妇女离婚极少的原因有两方面：其一是女性对这种法律规定并不知悉，其二是对离婚后的处境心存恐惧。因此她们宁愿维持原有婚姻之形。② 归宗是法律给予女性起诉丈夫"抑勒"其通奸后的归属，通常情况下，女性可以回到娘家，但其归宗之后的归属问题，可能亦是女性需要考量是否离婚的重要原因。通常而言，被丈夫抑勒通奸，即是为了应对生活贫困，他们本身不具备自我养赡的条件与能力，只能依附于其他男性或亲属，再嫁可能是女性离异后的唯一出路，她们再嫁则意味着失贞。且女性娘家不愿接纳，或无"宗"可归，她们的命运将会如何？我们试以黎永怀、王仕围"买休卖休"案加以说明：

> 此案黎永柱即黎永怀知情卖休，王仕围买娶生妻均有不合。彭老三、彭大彦知情为媒均干例禁。姑念二比家族恩恩，王氏（即雍氏）准令王仕围领回管束，黎永柱不准再行诬拉。并二人情义已绝，更无破镜重圆之理。雍氏又无娘族，官卖（按：即交保嫁卖）反致流落。③

该案中，王氏被前夫黎永柱卖休，王仕围买娶其为妻，按照清律规定，王氏应离异归宗。但由于王氏已无娘家人，归宗无属。因此，地方官将其判归后夫王仕围。否则，她只能由官府嫁卖。娘家是清代已婚女性最

---

① （清）吴坛：《大清律例通考校注》，马建石、杨育棠点校，中国政法大学出版社，1992，第955页。

② 王跃生：《清代中期婚姻冲突透析》，社会科学文献出版社，2003，第23页。

③ 转引自赵尾妮《"阴鸷"观与清代的案件裁断》，四川省法学会主编《四川法学文集》2009年第2辑，四川人民出版社，2009，第142页。

主要的社会关系，也是她们最大的依靠，婚姻一旦出现问题，她们一般都是求助于娘家。许多丈夫抑勒妻子与人通奸的案件中，都可以看到女性背后娘家人或亲戚活动的影子，但极大部分都没有提出离婚，可见在离婚方面，她们更为慎重，在未能把握未来的情况下，轻易不敢跨出婚姻的藩篱。

其二，女性能否出入公堂，到官府告发丈夫抑勒与人通奸的行为？尽管从法律的角度来看，清律对她们的诉讼权利作了相应的规定："其年八十以上，十岁以下，及笃疾者，若妇人，除谋反、叛逆、子孙不孝，或己身及同居之内为人盗诈，侵夺财产及杀伤之类，听告，余并不得告。"[1] 女性告诉，只有事关切己，官府方予以受理。丈夫逼勒卖奸，事关妇女名节，可以喊告，但需要承担一定的风险。根据清律，妻妾告夫者，虽得实亦杖一百、徒三年。如若不实，则以"干名犯义"律拟罪。如李张氏在郝庆宝的挑唆下，喊告丈夫李骡子诱伊卖奸，经衙门调查清楚，张氏是听从他人捏告丈夫，属于干名犯义，按律应拟以绞刑监候。因其受人愚弄，且到官即将实情供明，其夫并未受累，亦未酿成别项事端，情有可原，于本律上量从末减，判以流刑。[2] 此外，起诉丈夫逼奸，须人证确凿，或邻里咸知，有被逼卖奸情节，必须属实，不得增加情节，否则亦依干名犯义治罪。如赵贾氏因丈夫逼其上街唱曲卖奸，情急之下，至官府告诉丈夫逼奸。她在喊告丈夫逼奸时，亦将丈夫犯奸之事据实说出，结果导致地方官府在审办此案时，不得不对其首告丈夫应如何治罪问题咨询刑部。终因其非有心告发丈夫阴私，且不愿卖奸，情愿随夫苦度，而将其免于追议。[3] 贾氏喊告，意在阻止丈夫逼其卖奸，并非要求离异。

清代司法对女性诉讼还制定了诸多严格限制性规定，令女性对亲自通过法律途径解决问题产生畏惧。清代徽州休宁《词讼条约》即有这样的规定：妇女必真正孀妇无嗣，或子幼而事不容缓待者，方许出名告状，仍令亲族弟侄一人抱告；如有夫男之妇，擅自出头者，定拿夫男重责。[4] 方大

---

① （清）薛允升：《读例存疑》卷四〇《刑律》之一六"诉讼"之二。
② （清）祝庆祺等编《刑案汇览三编》第 3 编，北京古籍出版社，2004，第 1798 页。
③ （清）祝庆祺等编《刑案汇览三编》第 3 编，第 1794 页。
④ 转引自胡震《诉讼与性别——晚清京控中的妇女诉讼》，李贵连主编《近代法研究》第 1 辑，北京大学出版社，2007，第 110 页。

湜在《平平言》中也有类似的记载：禁妇女出头告状，家有夫男，不亲身具控，而令妇女出头告状，明系捏词图诈，为将来审虚地步，无论有理无理，一概不准，仍将妇女掌责以儆；凡有夫男之家，自不敢令妇女轻于尝试。[①]

此外，官府与社会亦通过各种方式灌输女性不要出入公堂，否则有毁其形象与颜面。如汪辉祖曾于《佐治药言》中言道："提人不可不慎，固已。事涉妇女，尤宜详审，非万不得已，断断不宜轻传对簿。妇人犯罪则坐男夫，具词则用抱告，律意何等谨严、何等矜恤。盖幽娴之女全其颜面，即以保其贞操；而妒悍之妇存其廉耻，亦可杜其泼横。"[②] 黄六鸿亦在《福惠全书》中说道："年少妇女非身自犯奸，亦令僻处静待，不可与众人同跪点名，养其廉耻。至于闺女，断不可轻拘听审。已字者，出身露面，辱及夫家；未字者，逐众经官，谁为求聘。亦所以敦风化、存忠厚也。"[③] "幽娴之女"出现在公堂之上，对其名誉是极大的伤害。大多数女性认为打官司告状应是男人之事，她们更习惯隐身于男性的身后。

即使有女性离婚归宗，亦通常是由娘家人出面起诉。如李禹氏起诉女婿陈开才案，李禹氏的女婿陈开才屡次逼迫女儿李幺姑卖娼，被李禹氏查知告到官府，官府断令李幺姑和陈开才离异。[④] 亦有个别女性不愿意忍受丈夫"抑勒"其卖奸，至官衙起诉。如刘何氏诉丈夫刘仕义案，刘何氏因丈夫刘仕义由于家贫而逼其弹唱为娼，刘何氏不愿，起诉刘仕义与其离异。[⑤]

其三，清代时期，离婚的污名化，应是制约绝大部分女性离异的重要原因。离婚是男性的专权，从法定的"七出"来看，皆是由于女性的过错而致被休情形，故此，女子一旦离异，无论是何种理由，她都要背负骂

① （清）方大湜：《平平言》"禁妇女出头告状"，《官箴书集成》第 7 册，黄山书社，1997，第 677 页。
② （清）汪辉祖：《佐治药言》"妇女不可轻唤"条，清乾隆五十四年（1789）双节堂刻本，第 11～12 页。
③ （清）黄六鸿：《福惠全书》卷一一，清康熙三十三（1694）年刻本，第 26 页。
④ 转引自高钊《咸丰朝巴县地区婚姻离异现象研究》，《乐山师范学院学报》，2014 年第 6 期，第 69 页。
⑤ 转引自高钊《咸丰朝巴县地区婚姻离异现象研究》，第 69 页。

名。在贞节盛行的清代，"舆论市场"非常发达，而这样的舆论通常是"批判"的、反面的，女性害怕被负面评价，如果离婚，她们就可能成为道德舆论评价中的"失贞"者，"失贞"不仅令其丧失人格尊严，且其存在的价值意义亦可能被否定。反过来，如果她具有"贞节"，就可以拥有傲视他人及自傲的资本。所以，即使被丈夫抑勒卖奸，妻子在通常情形下，也不会选择离异。

不离异归宗，虽然表明了妻子对婚姻的态度及丈夫的忠诚，但存在于夫妻之间的卖奸问题并未解决，两人之间由此而产生的冲突，绝大部分是以杀夫而告终。

四　女性因被抑勒卖奸而杀夫的司法判决考量

清代因丈夫抑勒妻子与人通奸而发生的凶杀案中，女性杀夫的比例偏高。由于此类案件涉及婚姻道德、夫妻伦理秩序、女子贞节等因素，在司法实践中亦呈现出了与一般性女子杀夫案不同的特点，那么此类案件的最终裁决会具有怎样的价值取向？

妻子被丈夫逼勒卖奸，由是而发生争执，导致丈夫死亡者，妻子可否具有较一般性杀夫案的减刑因素？下面试以几个案例进行分析。

案例 1

杨王氏与丈夫杨士礼结婚多年，因丈夫患羊癫疯病，虚弱不能工作，穷苦难度，逼令王氏卖奸度日，邻里咸知。八年春间，有庄邻刘汝全时往杨士礼家奸宿，每次给与京钱一千文，俱经王氏转交杨士礼买粜柴米，与父杨坤、母杨李氏公同食用。十年七月二十日夜，刘汝全复与王氏续奸，并未带有钱文，许俟迟日付给而去。二十一日早，杨士礼向王氏索钱，王氏答以未给。杨士礼当向斥詈，王氏分辨，杨士礼揪住王氏头发，欲行殴打。王氏情急揪住杨士礼胸衣，杨士礼随势用头向撞，王氏站立不稳仰跌倒地，致将杨士礼带压王氏身上，杨士礼因跌痰壅，旋即气闭殒命。

该案中，杨王氏因为丈夫逼索卖奸钱文争扭，带跌杨士礼，致其痰壅身死。山东巡抚长龄认为杨王氏与寻常妻殴夫致死案件存在不同：

> 若因有争斗情形，竟将杨王氏依妻殴夫至死律问拟斩决，核与谋
> 杀抑勒卖奸之本夫罪名无所区别，而例内又无作何治罪专条，应比引
> 酌减问拟，杨王氏请照妻殴夫至死斩决律量减为斩监候，据实案问。①

根据清代律例规定，妻殴夫至死者斩决。本夫纵容抑勒妻妾与人通奸，审有确据，人所共知，或被妻妾起意谋杀，奸妇拟斩立决。本案中，杨士礼的死亡是王氏带跌痰壅而致，故此，长龄认为杨王氏的犯罪情节较之上述两种情形为轻，刑罚亦应减等处理。因例无专条，长龄上奏嘉庆，嘉庆皇帝有将其转批刑部审办。刑部意见如下：

> 查办理有关服制之案，该督抚系按律定拟，法司照拟核覆。其情
> 有可矜悯者，只准夹签声明，应否准其末减，均系出自上裁。至妻之
> 于夫，与子孙之于祖父母，除过失杀外，例无夹签。若情节实可矜悯
> 者，该督抚于疏内声明，法司按律定拟，恭候钦定。诚以恩自上出，
> 非臣下所敢擅拟，从无随案声明量减之例。此案杨王氏被夫杨士礼抑
> 勒卖奸，嗣因杨士礼逼索卖奸钱文互相揪扭，被撞跌地，致杨士礼带
> 跌痰壅毙命。是死者系抑勒卖奸之夫，且殴情尚轻，核与寻常殴夫致
> 死者，情稍有间。惟究系伦纪攸关，自应仍按妻殴死夫本律定拟。其
> 情可矜悯之处，只应于疏内叙明，恭候圣裁。今该抚将该氏随案量减
> 为斩监候，殊属错误。杨王氏合依妻殴夫致死者斩立决，请旨定夺。②

在指责长龄未能按照法定程序审理的同时，刑部认为尽管该案的一些情节与寻常殴夫致死案有所不同，夫系抑勒卖奸者，且殴情较轻，但"名分攸关"，因此，不能减轻处罚，主张将杨王氏依妻殴夫致死处以斩决。刑部的建议不乏暗含与长龄的博弈，长龄认为的应该减轻处罚的因素，被

---

① 中国第一历史档案馆藏，朱批奏折，档号：04-01-26-0019-065。
② 中国第一历史档案馆藏，军机处录副奏折，档号：03-2284-034。

一句"名分攸关"给完全否决。长龄在该案中的意见与疑问,并非唯一,其他一些地方督抚在审理此类案件时,也常常具有同样的疑惑。如在审理王阿菊杀夫案时,贵州巡抚亦对丈夫逼迫妻子卖奸是否构成王阿菊减轻处罚而不得不上书刑部咨询。

案例 2

此案王阿菊因伊夫罗小么贫苦难度,令该氏卖奸,该氏不允,罗小么时常打骂,该氏无允从罗小么,即令安阿二与该犯奸宿。嗣罗小么与安阿二索钱争吵,将安阿二驱逐,罗小么因无食用,欲另寻奸夫,复令该氏卖奸,该氏不允,罗小么辱骂,该氏出言顶撞,罗小么拾棒扑殴,该氏虑被殴伤,顺拿沙锅滚水吓泼,冀其退避,不期泼伤罗小么胸膛等处身死。该抚将该氏依律拟斩立决,并声明该氏因伊夫复令卖奸不允,争殴致毙,较谋杀纵奸之夫为轻,可否酌减等因。臣等核其情节,死者逼令卖奸,无耻已极,该氏被殴吓泼适伤致毙,尚非无故逞凶干犯,惟死系伊夫,名分攸关,仍应按律问拟,应如该抚所题,王阿菊合依妻殴夫至死者斩律,拟斩立决。①

此案中,贵州巡抚认为王阿菊系因丈夫复令卖奸不从,而导致二人殴斗致丈夫死亡的,相较于谋杀纵奸之夫的犯罪情节为轻。即在他的"酌减"疑问中,丈夫复令王阿菊卖奸是这场凶案发生的起因,因此,应该被考虑进王阿菊的量刑中去。而刑部的回答与案例 1 如出一辙,"核其情节,死者逼令卖奸,无耻已极,该氏被殴吓泼适伤致毙,尚非无故逞凶干犯,惟死系伊夫,名分攸关,仍应按律问拟,应如该抚所题,王阿菊合依妻殴夫至死者斩律,拟斩立决"。这表示,在刑部的裁决意见中,认为虽然丈夫的"逼令卖奸,无耻至极",但相对于王阿菊的"殴夫至死,名分攸关",可以忽略不计。

上述两案,刑部皆以名分为重,再次强调了夫妻关系中的秩序伦理。那么,在妻子因丈夫抑勒卖奸的杀夫案中,夫妻名分应该是判决妻子刑罚

① (清)祝庆祺等编《刑案汇览三编》第 2 编,第 1466 页。

的第一考量因素。事实是否如此呢？

案例3

　　林王氏因何景星向其调奸，忿激拾柴掷殴，何景星闪避，不期伊夫林阿梅踵至，致被误掷伤其左额角等处殒命。名分攸关，自应按律问拟，应如该镇道等所奏林王氏合依妻殴夫死者斩立决律拟斩立决。惟查妻误杀夫之案，臣部向俱依律拟斩立决奉旨改斩监候。该氏用柴向何景星掷殴，其误伤伊夫林阿梅身死，事出不虞，并非有心干犯，自应量为宽贷。且林阿梅贪利无耻，欲令该氏与何景星通奸，夫妇之义已绝，该氏守正不污，用柴向图奸罪人何景星掷杀，不期误伤林阿梅致毙，较之寻常与人斗殴，误毙夫命之案情节尤为可悯。例内虽无治罪明文，衡情酌理，林王氏与林阿梅夫妇之义既绝，可否即照寻常因斗误杀旁人之律拟以绞监候，秋审缓决一次后，即予减等之处，恭候钦此。①

　　该案中，地方因林王氏误伤丈夫林阿梅致死，以"名分攸关"，将林王氏依妻殴夫致死律拟判为斩立决。此判上至刑部，刑部认为不妥，对其进行了改判。从刑部的意见看来，林王氏具有几个减轻刑罚的因素：其一，林王氏致夫身亡，是误杀，而非殴夫致死。误杀是"事出不虞，并非有心干犯"，因此应"量为宽贷"。其二，林王氏的丈夫林阿梅具有过错，贪利而逼令妻子与何景星通奸，夫妻情义已绝。其三，林王氏"守正不污"，为不失身而误伤林阿梅，因此，相较于一般性的斗殴而误杀夫，更具可悯之处。所以，刑部建议应衡情酌理，将林王氏照寻常因斗误杀旁人律拟为绞监候。

　　经过刑部的批驳，林王氏成为不失身、维护自身贞节的道德典范。这暗合了清代政府倡导与推行的旌表女性贞节的主流价值取向。

　　下面的李张氏杀夫案，刑部的裁决推理，与林王氏杀夫案有异曲同工之处。

---

　　① （清）祝庆祺等编《刑案汇览三编》第 2 编，第 1465 页。

案例 4

　　李张氏因丈夫李东海意欲逼其卖奸，曾几次领人至家中，试图造成既成事实。张氏恐其领人图奸，提防愈密。一日夜晚，张氏睡梦中听得有人开门，门外有人说话，以为是图奸之人，取纺车排插防身，丈夫李东海来至床前，以手掩张氏口，张氏以插殴打，致夫受伤而死。①

　　河南巡抚审理认为："李东海逼妻卖奸，李张氏拒奸误殴伊夫身死……虽系犯时不知，但名分攸关。自应按律问拟。将李张氏依妻殴夫致死律拟斩立决。"亦是以夫妻名分至重为判决的理由。该判上至刑部后，刑部认为：张氏之夫李东海因受赵三钱，屡次抑勒伊妻与赵三通奸。张氏坚执不从，并将赵三詈骂。李东海恬不知耻，辄称将来令与人睡还来不及知。张氏提防愈密。嗣伊夫夜间潜起开门，与人低语，张氏窃听有"你尽管进去之言"，随即喊叫。不料伊夫李东海进房闪至床前，手掩氏口。该氏疑系图奸之人，随取纺车排插拒殴，致伤额角殒命。是张氏黑夜拒殴之时，专为拒奸起见。其误伤伊夫身死之处，委系犯时不知，自应依拒奸殴毙图奸之人拟断，始与律意符合。②

　　河南巡抚判决的依据是这样两个事实：一是李东海与李张氏的夫妻关系；二是李东海是被李张氏误伤而死。然而刑部在批驳他的审判意见时，完全回避了上述的考量要素，他们的逻辑推理是，张氏夜间提防的是图奸人进屋图奸，那么夜间进入房内的则是图奸者。丈夫李东海进入房内，以手掩住张氏之口，而被张氏视为图奸者，因此，她拒殴的不是丈夫李东海，而是图奸人。据此，将李东海定为图奸人，那么张氏拒殴而致伤的，亦即为图奸之人。这从逻辑上否定了张氏与被误伤者的夫妻关系，为张氏的轻判找到了依据。

　　此案中，河南巡抚的判决，首重的是夫妻名分，关注的是伦理秩序。刑部所重的是妇女的贞节，正如其在批驳河南巡抚的裁决意见时所言：

---

① 上述内容仅为案情简介。全案可参阅中国第一历史档案馆：内阁刑科题本"婚姻奸情类"，档号：02 - 01 - 07 - 1678 - 006 的全案宗及全士潮等编的《驳案汇编》，第 271 ~ 272 页。

② （清）全士潮等编《驳案汇编》，第 271 ~ 272 页。

"该抚未详绎律义，致将拒奸贞节之妇竟与寻常殴毙本夫者一例科罪。揆诸情理，实未允协。"① 同一案件，因判决的关注点不同而导致刑罚的巨大差异。

从上述来看，四个案件虽然都是由于妻子被丈夫逼勒卖奸而导致的凶杀案，但在审理的过程中，判决的原则不同，依据的法律不同，所体现出来的法律价值取向亦因此产生偏差。案例 1 与案例 2 的刑罚判决表明法律维护夫权，严禁妻子以下犯上，强调夫尊妻卑的伦理秩序。案例 3 与案例 4 的判决则截然相反。夫妻伦理在遭遇女性贞节时，贞节原则重于伦理秩序，这是案 3 与案 4 所表达的法律价值取向。为什么会出现这样的差异呢？

我们试通过对案例 2 与案例 3 的比较来寻求答案。这两个案件均发生于道光年间，王阿菊之案是在道光九年（1829），林王氏之案是在道光十二年（1832）。王阿菊在丈夫的抑勒下，曾与安阿二通奸，因丈夫赶走阿二，再次安排与他人通奸时，因拒绝而与丈夫争殴。林王氏在丈夫令其与何景星通奸时，愤起掷殴何景星而误伤丈夫。王阿菊屈从夫命，已失身于人。林王氏"守正不污"，护住了自己的贞节。失贞与否，成为她们刑罚差异的根本原因。所以，上述四个案件，案 3 与案 4 的轻判，主要是在于林王氏与李张氏守护了她们的贞节。而案 1 与案 2 中的杨王氏与王阿菊都是失贞之妇，对于她们的判决则以妻犯夫的秩序伦理而论。由此可知，清代国家对贞节的推崇与重视。清代的法律在夫权遭遇贞节时，以贞节取胜，明确女性贞节保护的原则。

五　结语

清代时期，国家政府非常重视家庭秩序建设，提倡家庭对社会治理的积极作用，从顺治开始，经康熙、雍正至乾隆时期，颁布了许多政策与法律，强化家庭治理，对于家长权与夫权不断进行扩充。体现在夫权方面，在家庭范围内，从法律上将夫权扩张到最大。如对奸罪的治理。妻子犯奸，清律允许本夫有捉奸的权利，且丈夫于奸所获奸时，登时将奸夫、奸

---

① （清）全士潮等编《驳案汇编》，第 272 页。

妇杀死不受惩罚。通过这样的法律规定，操诸国家的生杀大权在这一情况下被赋予了丈夫，这不能不说是夫权扩张的一个极致。《大清律例·刑律·人命》"杀死奸夫"律条规定："凡妻妾与人奸通，而（本夫）于奸所亲获奸夫、奸妇，登时杀死者，勿论。"丈夫于奸所获奸登时将奸妇杀死勿论，"是杀奸各例重在'登时'，原其忿激之情，仓猝之际，刻不容缓，故本夫得予勿论"。法律的赋权，变相地鼓励了民间丈夫的杀奸行为，不仅将杀死犯奸妻子视为理所应当的管教行为，而且报复奸夫亦是理之当然之事，因此常置法律于不顾，一吐愤恨之气，杀之为快。杀死奸夫、奸妇大多发生在捉奸之后。又对此进行了自己的扩权，这也是清代社会奸情案件中杀奸现象非常普遍的重要原因。再如，典卖妻妾、嫁卖妻子、卖休妻子，丈夫的行为，无一不突破了法律的禁止，她们将典卖、嫁卖、卖休妻子视为其对妻子的当然处置权，法律的规定于其而言并不重要。大量的案件表明，丈夫在典卖、嫁卖、卖休妻子时，根本未曾考虑到其行为的违法性，亦不认为自己的行为是违法的。甚至当由此而引发诉讼时，他们并不担心法律的惩治，而是忧虑由于官府介入致其处置妻子行为的无效。因此，进入司法程序后，他们以其自己的话语对处置妻子的行为进行辩护性的阐释，使得国家官员亦不得不认可其扩张权利的合法性。同样，丈夫抑勒妻子卖奸也是如此，他可以无视周围人对他权利的阻滞，坚持夫权行使，夫命妻从是婚姻赋予他的合法权利，只要婚姻关系存在，他即具有命令妻子使之顺从的权力。在夫妻关系中，夫权重于其他家庭权力，这亦是清代时期丈夫逼令妻子卖奸而置家人、亲戚于不顾，一意孤行的主要原因。在面对丈夫强令卖奸的违背人伦道德的无理行径时，妻子的不离不弃、忠贞不渝，亦变相地鼓励了丈夫的任意妄为，导致民间社会夫权行使监督效力减弱，甚至连最后的道德监督也难以发挥作用。

清政府对女性贞节的旌表与鼓励，其本身与夫权的维护并无相悖，且其通过女性贞节价值的大力推行，进一步巩固夫权，维护丈夫的权益。但当遭遇夫权对妻子贞节的侵害时，国家维护忠贞于丈夫一人的贞节目标则可能面临被破坏。清代国家政府在贞节旌表与鼓励设置时，没有对丈夫危害妻子的贞节，损害自身的权益进行预想。因此，当夫权遇到贞节时，只能采取贞节优先。

法律碑刻之分类探讨[*]

中国政法大学石刻法律文献研读班

摘　要：历代碑石数量众多。哪些碑石属于法律碑刻，如何对其定性与分类，是石刻法律文献研究的基础。法律碑刻较石刻法律文献的涵义更广，其研究对象不仅局限于文献层面，还包括文物和制度层面。石刻文献指以石为载体、用雕刻方式形成的文献；法律碑刻指经过一定程序，刻载内容具有一定法律效力和约束力的碑刻。本文在对传统及当代碑石整理范式及分类进行总结、检讨的基础上，根据法律碑刻的特性，阐明将其分为公文碑、示禁碑、契证碑、讼案碑等类别的依据和归属原则，并以此作为法律碑刻规范性整理和研究的基础。

关键词：法律碑刻　制度属性　分类原则　公文碑

一　法律碑刻分类举要

（一）碑志之分类编纂

1. 传统金石志分类尝试

中国石刻文献著录源自汉魏，兴盛于两宋，完备于清，正如朱剑心所

---

* 本文为北京市社会科学基金重大项目《古代石刻法律文献分类集释与研究》（编号15ZDA06）的阶段性研究成果。参与本文研讨和撰写者有李雪梅、沈成宝、孙斌、王志敏、安洋、刘海军、王浩、袁航、黄东海、张京凯等。全文由李雪梅统稿。

言：“金石之学，肇于汉，盛于宋，而中衰于元、明。入清以后，百年之间，海内渐定，群治朴学，而斯学乃复兴焉。”① 现传世的宋代以来的石刻文献著录，计有上千种。② 加上遗佚不传者，共 2200 余种。③

传统金石著录以按朝代分卷、按时间先后编排为主导，宋代赵明诚《金石录》，清代王昶《金石萃编》、陆增祥《八琼室金石补正》，以及地方专志如《山左金石志》、《山右石刻丛编》、《江苏金石志》等均是如此。

对碑志进行分类编纂者，较典型之例，一是南宋佚名撰《宝刻类编》，将所录碑目分为帝王、太子诸王、国主、名臣、释氏、道士、妇人、姓名残缺等八类，每类“以人名为纲，而载所书碑目，其下各系以时月地名”；④ 二是明陈暐撰《吴中金石新编》，将所收碑刻分为学校、官宇（附仓驿）、水利、桥梁、祠庙、寺观、杂纪等七类，凡一百余篇。该书独选明初诸碑，内容皆取“有关郡中利弊者。而于颂德之文、诔墓之作，并削而不登”，⑤ 在传统金石志中，可谓特立独行。

古代碑志分类著录后继乏陈，往往成为孤例，对后世碑志著录影响甚微。清代叶昌炽将载录石刻文献的方式总括为“厥例有六”：一曰存目，一曰录文，一曰跋尾，一曰分代，一曰分人，一曰分地。⑥ 清人匡源曾对历代金石著录评论道：“体例各殊，繁简不一，从未有分门别类勒为一书者。”⑦ 民国学者朱剑心对分类之事进行探讨言：

---

① 朱剑心：《金石学》，浙江人民美术出版社，2015，第 35 页。
② 黄立猷《金石书目》（民国十五年活字本）著录 878 种，补遗 47 种，总计 925 种。林钧《石庐金石志》（民国十七年自刊本）著录 970 种。容媛《金石书录目》收尚存之书上千种。参见容媛《金石书录目》“容庚序”和“分类目”，民国十九年刊本，第 5～10、17～19 页。
③ 据宣哲之《金石学著述考》，引自朱剑心《金石学》，第 61 页。
④ 《宝刻类编》不著撰人名氏。《宋史·艺文志》不载其名，诸家书目亦未著录，世无传本，仅见于《永乐大典》中。《名臣类》十三之三，《永乐大典》原阙，故自唐天宝迄肃、代两朝碑目未全。详见《钦定四库全书·宝刻类编提要》，载林荣华校编《石刻史料新编》第 1 辑第 24 册，台北，新文丰出版公司，1982，第 18404 页。
⑤ 《钦定四库全书提要》，载林荣华校编《石刻史料新编》第 3 辑第 5 册，台北，新文丰出版公司，1986，第 361 页。
⑥ （清）叶昌炽撰，柯昌泗评《语石·语石异同评》，陈公柔等点校，中华书局，1994，第 559～560 页。
⑦ （清）匡源：《汉石例序》，载（清）朱记荣辑《金石全例》（上），北京图书馆出版社，2008，第 645 页。

　　昔人著录石刻，从无分类，亦罕有专录一类者。名称尤不注重，任意标举，往往失实。近世以来，始有考订名称、专录一类之作，而分类以著录者，仍未尝有。颇病宋、清两代著录之书，各类杂出，泛滥无归：碑版与瓦砖并列，墓志与造像纷陈，此言其制也；亦有典章与诗文杂录，题名与画像同流，此言其刻也。今宜将历代石刻分类录出，作一统计，庶使读者开卷厘然，不致瞀瞀，此亦我辈之事也。

　　朱氏进而提出石刻的分类之法，"以石刻之形制为经，而以所刻文字之性质为纬……或为经，或为颂，或为诗文，或为题名，更分列若干子目以系之"。[①] 但遗憾的是，朱剑心60多年前的主张，尚未完全付诸实践。

　　其实此前，金石学家也颇为重视对碑石分类的总括探讨。元代潘昂霄在所撰《金石例》中曾梳理德政碑、墓碑、神道碑、家庙碑、先庙碑、先茔先德等碑之源流和体例，并已注意到不同用途之碑志有不同的发展路径和表达方式。[②] 在清代金石义例学发达之时，分类探讨碑志文例也为一时风气。刘宝楠著《汉石例》将所甄选的东汉碑石分为"墓碑例百五十，庙碑例二十九，德政碑例十三，墓阙例十一，杂例三十二，总例四十八，为文之体，略备于斯"；[③] 梁廷楠著《金石称例》及《续金石称例》则将碑志分为国制、官属、姻族、丧葬、文义、时日、二氏等七类，[④] 均为有益的尝试。虽然金石义例学派对碑志分类多从文体学视角，但已注意到德政碑、墓碑、神道碑等的相对独立性，对后来的碑石分类有一定影响。

　　清末民国学者对碑石分类的探索较为积极。叶昌炽《语石》将碑文分为述德、名功、纪事、纂言四大类，强调："立碑之例，厥有四端……此外石刻为碣、为表、为志、为莂、为石阙、为浮图、为幢、为柱、为摩崖、为造像、为井栏、为柱础，其制为方、为圆，或横而广，或直而修，

---

① 朱剑心：《中国金石著录法》，原刊1941年10月《世界文化》第3卷第3、4辑，现收入朱剑心著《金石学研究法》，浙江人民美术出版社，2015，第25~50页。
② （元）潘昂霄：《金石例》卷二，载（清）朱记荣辑《金石全例》（上），第54~63页。
③ （清）刘宝楠：《汉石例·序》，载《金石全例》（上），第653页。
④ （清）梁廷楠：《金石称例》，载《金石全例》（中），第707~761页；（清）梁廷楠：《续金石称例》，载《金石全例》（中），第763~778页。

或觚棱，或莘确，皆非碑也。"① 即将碑文与其他形制和功能的石刻文字做了区分，再将碑文细分为石经、字书小学、封禅、诏敕、符牒、书札、格论、典章、谱系、界至等 41 小类。朱剑心对《语石》的分类进行"循名核实"，指出"凡形制之别有十，刻辞之别二十又六，而碑与志又兼为文体之名，实二十又八"。为避免《语石》中的分类杂乱，朱氏提出以形制为基础，分为刻石、碑碣、墓志、塔铭、浮图、经幢、造像、石阙、摩崖、地莂等 10 类；按刻辞性质，分为六经、佛经、道经、封禅、诅盟、诏敕、符牒、投龙、典章、谱系、界至、医方、书目、题名、诗文、书札、字书、格言、吉语、题榜、楹联、符篆、玺押、画像、地图、礼图等 26 类，并对易混淆的类别列出界定标准的说明。②

总体而言，从宋代至清代、民国，对石刻进行分类著录研究者为数不多，成果不过十数种，在存世的上千种金石著录中，所占份额几可忽略不计。之所以出现这种分类势弱状况，推测其原因有二。

一是传统志书载录碑石多截止到金元而不及明清。就石刻数量、种类的丰富度而言，汉唐宋金元与明清，均有较大差距。以山西为例。清光绪十八年（1892）官修《山西通志·金石记》（单行本称《山右金石记》）收录汉以来碑刻 1550 通；清光绪二十五年（1899）胡聘之纂修《山右石刻丛编》辑录从北魏至元代碑刻资料 712 篇。而当代张正明、科大卫主编的《明清山西碑刻资料选》三辑（山西人民出版社，2005、山西古籍出版社，2007、山西经济出版社，2009）所收录的明清碑文有 1364 篇，仍不过是山西明清碑刻资料的冰山一角。③

二是传统金石志注重考据，注重于铭刻的历史文献和书法价值，广泛存在于民间的碑刻未受到应有的重视，所载碑志内容相对简单，无分类整理之必要。

而当代社会，由于学科分化和地方史志研究的需要，大量长期被忽视

---

① 《语石·语石异同评》，第 180 ~ 181 页。
② 朱剑心：《金石学研究法》，第 43 ~ 47 页。
③ 新中国成立后，经过文物部分的多次调查和普查，认为山西现存各类碑碣大约 2 万通。至 2006 年，山西有 9 个市出版了《三晋石刻总目》，共收录存碑 11878 通，佚碑 4168 通，合计 16046 通。参见李玉明《三晋石刻大全·临汾市洪洞县卷》"总序"，三晋出版社，2009。

的碑石被重新视为有待挖掘的"史料宝库",简单地按年代编排,无法展现碑石的多重价值,分类整理和研究遂成为一个新的课题。

2. 当代碑石分类特色

从实践层面,当代碑志按年代顺序编排和分地或分类系年仍是主流,但各种分类尝试明显增多。与传统金石志中仅存偶例不同,当代以分类形式出版的碑志著述(包括文物志)已不下百种。各书采取的分类标准不一,或以形制、内容,或按性质、功能,均不失为一种有益的尝试。在当代碑石分类整理中,已出现以下特点。

(1)墓志、寺庙碑、教育碑等的独立成类。当代一些地区性石刻分类著述采取兼顾普遍性和个别性的分类原则。《北京市石景山区历代碑志选》分为墓碑石刻、墓志铭、寺庙碑刻和石经艺文四类。① 《怀柔碑刻选》从现存和已知的100多种碑刻中辑录寺庙、长城、城垣廨宇、墓志、艺文五类碑刻共42种。② 《辽南碑刻》按寺庙碑、德政碑、墓碑、贞节碑、墓志铭、纪念碑、石经幢、桥碑、日本碑、俄文碑、其他等进行分类。③ 上述分类中,墓碑、墓志、寺庙碑等属于各地常见的石刻类别,具普遍性;石经、长城碑、日本碑、俄文碑等具明显的地域性。

有些碑志分类较细,但在编排时也有意将功能相近的碑刻进行归并。《黑龙江碑刻考录》共收碑265通(含牌坊3个),分为记事碑,界碑、告示碑、建置碑(附遗址碑),德政碑、纪功碑,墓碑、神道碑、生圹志铭、祠堂碑、庙碑,节孝碑,总计六章。④ 其分类特色是将形制、功能近似的小类合组为大类,如将与丧葬有关的墓碑、神道碑、生圹志铭并为一组;界碑、告示碑、建置碑多与行政管理有关,也并为一大类。《吉林碑刻考录》列有记事碑、寺庙碑、纪功碑、墓碑、祠堂碑、其他等六章,实即为六大类,大类下包涵功能相近的小类,如记事碑包括界碑、摩崖石刻、纪念碑、告示碑,寺庙碑包括宗教碑、文庙碑,纪功碑包括德政碑、去思碑、遗爱碑,墓碑包括神道碑、墓志铭、节孝碑,祠堂碑包括御赐祭文

① 中共石景山区委宣传部等编《北京市石景山区历代碑志选》,同心出版社,2003。
② 政协北京市怀柔区文史资料委员会编《怀柔碑刻选》,内部资料,2007。
③ 崔世浩编著《辽南碑刻》,大连出版社,2007。
④ 王竞、滕瑞云编著《黑龙江碑刻考录》,黑龙江教育出版社,1996。

碑、上谕碑，其他类包括日文碑及刻石等。①

在各种分类中，有些碑志类别呈现出明显的独立性，墓碑墓志即是一例。无论是文物志还是碑志辑录，墓志多单独成类。有些碑刻集将墓志归为人物类。《丽江历代碑刻辑录与研究》将所录 102 通碑按内容分为宗教、人物、历史事件、桥梁、教育、法律法规和其他七类。其中人物类碑记数量最多，有 37 通，以墓碑和诰封碑为主；其次为宗教类碑记，有 17 通。②《宜良碑刻》收录 147 份碑文，分为水利、文教、宗教、社俗、人物、交通、宗族等，其中人物类也以墓志为主。③

寺观、教育、水利等碑刻因数量较多，单独设类也较常见。《嘉定碑刻集》将碑石按内容，分为社会政治、经济赋税、文化教育、营建修缮、沟洫水利、寺观祠宇、功德传记、园宅艺文、墓志墓表和佚碑存目十大类，为数较多者依次为墓志墓表（293）、寺观祠宇（133）、文化教育（110）类。④《宁波现存碑刻碑文所见录》共收录碑刻 2671 种，分七大类。其中教育科举学校类收自北宋到民国碑目 381 种，水利类收自南朝至民国碑目 167 种，城垣桥梁建筑类收碑目 401 种，军事类收碑目 41 种，寺观祠庙会馆类收自唐朝至民国碑目 889 种，墓志铭类收自汉代至民国碑目 511 种，其他类收自晋代至民国碑目碑目 281 种。墓志、寺观、文教、水利类碑石不仅数目多，而且历时相对久远。⑤

综之，尽管上述诸书对碑石分类采用不同标准，但墓志、宗教（寺庙）、文教（学校）、水利等独立成类的趋势较为明显。

（2）专业碑志分类细化，类目并举。专题专业碑文汇编多以类系年，但细目化趋势较之综合性碑志更为明显，往往以类聚文，类目并举。以工商经济类碑刻为例。基于 20 世纪五六十年代关注"阶级斗争"的特殊社会背景，对工商业碑刻的整理多按地区行业分类。《江苏省明清以来碑刻资料选集》收录苏州碑刻 253 通，按行业分为丝织、绛业、绸缎类，染

---

① 皮福生编著《吉林碑刻考录》，吉林文史出版社，2006。
② 杨林军编著《丽江历代碑刻辑录与研究》，云南民族出版社，2011，第 4~6 页，凡例，第 217~233。
③ 周恩福主编《宜良碑刻》，云南民族出版社，2006。
④ 嘉定区地方志办公室、嘉定博物馆编《嘉定碑刻集》（3 册），上海古籍出版社，2012。
⑤ 龚烈沸：《宁波现存碑刻碑文所见录》，宁波人民出版社，2006。

坊、踹坊、布坊类，赋税、扰民类，会馆事务类等 17 类。① 《明清苏州工商业碑刻集》分为丝绸刺绣业、棉布洋布业等 20 目。② 《清代工商行业碑文集粹》将北京、上海、苏州、杭州四地的工商碑文，依据地区特色，分为数行至二十余行不等，其中北京分冶行、木瓦作行、药行、颜料行等 18 行，上海分水木业、典业等 14 行，苏州分布染踹业等 27 行，杭州分丝织业等 7 行，共收录碑文 179 通。③

当然，出于不同的研究目的，分类的标准也不尽一致。《上海碑刻资料选辑》为"上海史资料丛刊"之一，选编目的是为上海的地方历史研究提供第一手史料，特依碑石内容、性质分类编排，计有沿革和名胜古迹、社会经济、会馆公所、社会治安、学校、其他六大类，社会经济类下又分港口码头和航运、城镇商业和手工业、农业赋税和漕粮、水利等目。④

社会史研究者多按研究对象对碑刻进行分类。《明清以来苏州社会史碑刻集》按照社会史的内容，分为社会角色与社会群体、社会生活与社会合作、社会信仰与社会心态、社会问题与社会管理四大类，32 个子目。如社会角色与社会群体类主要是对墓志的设类，下设妇女儿童、农民、商贾、塾师郎中、粮长富户、士宦乡绅、将官、其他等 11 目；社会生活与社会合作类下设宗族生活与互济、行业生活与互济、公共生活与公益事业、其他 4 目；社会信仰与社会心态下设道教、佛教、回教、基督教、民间神祇、先贤祠祀、祖先崇拜、行业神灵、劝世劝善、其他 10 目；社会问题与社会管理类下细分为社会问题、赋役管理、商业管理、宗族管理、寺观管理、环境城市管理、其他 7 个子目，学科的专业特色颇为鲜明。⑤

当代对水利碑文的分类具有明显的行业特色，且套用现代水利管理模式。《渭南地区水利碑碣集注》将收录的 104 通碑石分为水利工程类（15通）、水利管理类（9 通）、治河工程类（11 通）、水旱灾害类（15 通）、水土保持类（3 通）、濬泉类（10 通）、水井建设类（5 通）、水利纠纷类

---

① 江苏省博物馆编《江苏省明清以来碑刻资料选集》，三联书店，1959。
② 苏州历史博物馆等合编《明清苏州工商业碑刻集》，江苏人民出版社，1981。
③ 彭泽益选编《清代工商行业碑文集粹》，中州古籍出版社，1997。
④ 上海博物馆图书资料室编《上海碑刻资料选辑》，上海人民出版社，1980。
⑤ 王国平等主编《明清以来苏州社会史碑刻集》，苏州大学出版社，1998。

（15 通）、治水人物类（9 通）、其他类（12 通）。① 《豫西水碑钩沉》将1949 年以前的碑文分为大禹治水（8 通）、旱灾儆戒与赈济（41 通）、水灾赈济（34 通）、水利工程与管理（40 通）、官府断结水案勒石（9 通）、乐善好施等碑记（25 通）等六类。② 《中州百县水碑文献》将河南省110个县市的 1786 通水利石刻按内容分为水信仰、旱灾与赈济、水灾与抗洪、工程与管理、人物纪事、景观作品六卷，其中水信仰类再细分为颂禹、水崇拜、祈雨三目，工程与管理类下分蓄水工程、供水灌溉工程、桥津、工程管理等目。③ 《河东水利石刻》辑录古河东（今运城）境内有关水利石刻 200 通，按内容分为禹功（20 通）、德政（16 通）、河水（27 通）、泉湖（14 通）、井池（30 通）、堤桥（18 通）、水规（18 通）、争讼（16通）、灾异（14 通）、醮海（11 通）、祷雨（16 通）等 11 类。④

由文物部门编辑的专题碑刻集，如《河北省明代长城碑刻辑录》，根据石刻的形式、内涵，划分为城工碑，阅视、鼎建碑，纪年记事刻石，门额、台铭刻石，相关碑刻，墓碑、墓志铭，佚碑录文等八类，并对每一类别的形式和内容特征均有简要说明，属于较为规范的专项碑志分类。

（3）采用交叉分类标准。由于历代碑石数目庞大，内容繁杂，采取单一标准进行分类往往无法应对，故多采取以一种标准为主而兼顾其他，或者是数种并用。《石上墨韵：连云港石刻拓片精选》兼用年代和内容两种分类法，分为史前文明、两汉雄风、唐宋胜迹、明清弥珍、民国遗踪、抗日烽火、民俗风情、功德纪念碑等类。⑤

大类和类目并列，也是许多碑刻集常用的分类法。《北京道教石刻》将 271 种石刻按内容进行分类，分为御制碑和敕建碑（20 种）、兴建碑（18 种）、重修碑（49 种）、人物碑（27 种）、香会碑（112 种）、诸事碑（38 种）、墓志志文（7 种）七个部分。⑥ 其对道观修建碑的分类采取按事

---

① 渭南地区水利志编纂办公室编《渭南地区水利碑碣集注》，内部发行，1988。

② 范天平等编注《豫西水碑钩沉》，陕西人民出版社，2001。

③ 范天平整理《中州百县水碑文献》（上下册），陕西人民出版社，2010。

④ 张学会主编《河东水利石刻》，山西人民出版社，2004。

⑤ 连云港市重点文物保护研究所编《石上墨韵：连云港石刻拓片精选》，上海古籍出版社，2013。

⑥ 孙勐、罗飞编著《北京道教石刻》，宗教文化出版社，2011。

由的标准，但对香会碑却未作进一步的细分。这种分类层次不一的现象在当代碑志分类中并不少见。

《首都图书馆馆藏北京金石拓片目录初编》（铅印本，1959）采用碑石归属地加内容的双重标准。该书将北京城区和部分郊区的 1414 件碑石钟铭，按庙宇、官署、陵墓、行会会馆、题咏、其他进行分类编排，前四类均以单位名称按笔画多少顺序排列，单位内再依年代排列。为检索方便，特附编年索引，其分类法明显受到图书馆书目分类检索法的影响。

兼收古今碑文的《三晋石刻大全》，其分类标准尤有探讨的必要。该系列石刻资料集按县（市、区）分卷，全卷分现存石刻与佚失石刻，分别按时代顺序排列。附录中有"分类统计表"，分碑碣、造像碑、摩崖题刻、名人题记、经幢、墓志铭、画像石、其他八类，即按碑石形制分类统计现存和佚失石刻数目。这些内容均尚属规范。问题较多的是附录中的索引分类，少者七八类，多者十余类，类别、次序各卷不尽相同。《长治市黎城县卷》（三晋出版社，2012）分为乡规民约、题名题刻题诗、记事、烈士碑、墓志铭祭文、造像等、匾额、其他等八类；《临汾市浮山县卷》（三晋出版社，2012）分名碑、施政、教育、灾荒、乡规民约及家训、诗咏及题名、义行、记事、烈士及纪念碑、诰命墓碑及墓志铭、经幢牌坊造像及摩崖题刻、匾额楹联、书法、其他等 14 类。其分类，将碑石的形制类别如造像、摩崖、石幢、匾额，与内容上的分类如施政、教育、灾荒、乡规民约等并列，更有墓志、记事等大类与诰命、祭文等细目的同序。最要害的是，对许多具体碑目的归类并不妥当（详见后文）。这些问题，当是设类随意、缺乏规范的分类标准造成。

（二）碑志中显见的法律碑刻分类及问题

在当代的碑石资料辑录中，有些类别名称与法律碑刻关系密切，主题集中，较常见者有如下十类。

1. 法律法规类

《丽江历代碑刻辑录与研究》将碑文按内容分为七类，分别是宗教、人物、历史事件、桥梁、教育、法律法规和其他类。从数量上看，人物类最多，有 37 通，以墓碑和诰封碑为主；其次为宗教类，有 17 通；再次为法律法规类，有 14 通碑，包括《执照》碑，以及地方官府告示、公文及村规民约碑等。此处的"法律法规类"非指法律典章规范，而是比较宽泛的法律碑刻的概念。但该书实际所载法律碑刻不止归入此类的 14 通，在宗教类和历史事件类中还均有。另该书附录"丽江历代碑刻补记"载有 63 通碑刻，也包括法律碑刻 9 通。①

2. 圣旨敕谕类

《中国少数民族古籍总目提要·藏族卷·铭刻类》收录 172 条，其中石刻 135 条。全书按内容分为圣旨敕谕碑、盟约记事碑、功德记事碑、建寺建塔碑、墓志墓地碑、捐资布施碑、石刻、铭文、牌匾楹联、其他等十大类。前两类，即圣旨敕谕碑有 29 条，盟约记事碑 15 条，多属于法律碑刻。② 另《北京道教石刻》设有御制碑和敕建碑，《分水访碑录》中有敕赐碑类别，且均位居全书之首，是传统地方志、艺文志的通行编纂规则。

3. 告示、示谕类

在一些地方碑志集录中，告示碑往往与墓碑、记事碑等并列成类，如《青浦碑刻》将所选 53 通碑文分为墓志类（15 种）、记事类（25 种）、告示类（7 种）、艺术类（6 种），其中告示碑均为清代。③《阿坝州文库·历代碑刻契文族谱》将碑刻分为墓冢碑、祠庙碑、功德碑、记事碑、告示碑、其他六类，其中告示碑 20 通，数量仅次于记事碑 29 通。告示碑中也包括乡规民约碑和结案碑。④

依据通常的理解，告示碑上的内容应特指政府告示。《东莞历代碑刻选集》在对 200 通历代碑刻进行分类统计时，也特别列出"政府告示"碑 8 通。⑤ 但在不少分类中，告示碑和乡约碑往往错杂一处，这种状况在《三晋石刻大全》各卷中尤为明显。有的专类碑集虽未标以"告示"类目，

① 杨林军编著《丽江历代碑刻辑录与研究》，云南民族出版社，2011。
② 国家民族事务委员会全国少数民族古籍整理研究室编写《中国少数民族古籍总目提要·藏族卷·铭刻类》，中国大百科全书出版社，2014，第 3~25 页。
③ 青浦碑刻编纂委员会编《青浦碑刻》，上海青浦博物馆，1998。
④ 《阿坝州文库》编委会编《阿坝州文库·历代碑刻契文族谱》，四川民族出版社，2013，第 66~84 页。
⑤ 东莞市文化广电新闻出版局编《东莞历代碑刻选集》，杨宝霖"前言"，上海古籍出版社，2014。

但内容多以告示为主，如《绿色史料札记——巴山林木碑碣文集》将林木碑文分为风水古木、寺庙林木、墓冢林木、经济林木、林木采伐等，而告示禁碑遍布于各个类别。① 也有在记事类中设有告示碑细目，如《吉林碑刻考录》中的记事碑类包括界碑、摩崖石刻、纪念碑、告示碑。另《黑龙江碑刻考录》、《分水访碑录》等书均有告示碑的专类。

台湾诸碑刻集多设有"示谕类"、"示禁类"。《台湾南部碑文集成》将收录的 511 件碑文分为记、示谕、其他三类，并对各类之范围有简明之界定："记：凡记叙文属之，计 209 件。示谕：凡官禁示禁及谕告、执照之类属之，计 141 件。其他：各种捐题及不属以上二类者属之，计 141 件。"各类均按年代先后排列。② 《台南古碑志》将 112 通碑石分为建置、示禁、其他三类，分别有 51、35、26 种，并在大类下设小类，示禁类下分抚恤民番、恶习陋规、农田水利，并制成"台南县古碑类别统计表"，③ 可见禁碑在清代台湾碑刻中的重要性。

4. 乡规民约类

《三晋石刻大全》大多数卷册的分类检索均列有乡规民约，所列位序及数目多寡不一。《阳泉市盂县卷》、《临汾市洪洞县卷》、《临汾市侯马市卷》、《长治市黎城县卷》、《长治市长治县卷》、《长治市屯留县卷》分别列有 19、10、1、14、7、7 通乡规民约碑。《晋中市寿阳县卷》标为"乡约碑"，似对乡规民约的简化，计有 7 通碑，排位居首，下面依次为记事碑、诗文碑、庙宇碑、经文碑、标志碑、烈士碑、教育碑、墓碑、楹联碑、题名碑、摩崖碑，总计 12 类。但从归入乡约类的碑文内容看，其中既有官方的告示禁令，也有民间公议规则。《长治市黎城县卷》"乡规民约类"收入 14 通碑，前 4 通即明代《涉县为禁约事通知》、《莅官总要》、《兵巡道禁约》和清代《奉宪饬禁碑》，归入"乡规民约类"明显不妥，当归于施政类，但该卷未像其他卷一样设"施政类"，仅列乡规民约、题名等、记事、烈士碑、墓志铭祭文、造像等、匾额、其他等八类，此或是

---

① 张浩良编著《绿色史料札记——巴山林木碑碣文集》，云南大学出版社，1990。

② 台湾银行经济研究室编印《台湾南部碑文集成》，黄典权"弁言"，《石刻史料新编》第 3 辑 18 册，第 365 页。

③ 吴新荣纂《台南古碑志》，《石刻史料新编》第 3 辑第 20 册，第 152 页。

造成归类不准的原因之一。① 而《阳泉市盂县卷》设有"施政类",却将带有官府示谕内容的万历四十八年（1620）《柏泉村神山禁谕碑记》归入乡规民约类，很难找出令人信服的理由。② 另《安康碑版钩沉》有"乡规与民俗篇"的分类，其内容也是官方禁令和民间规约并存。③ 此类碑文中存在的诸多问题，首要当是对"乡规民约"概念的界定。

5. 禁令乡约类

《高平金石志》将碑文内容相同或大体相近的资料归并为 16 类，与法律关系较密切者有田土钱粮类、纪荒息诉类、禁令乡约类。④ 其中的禁令乡约收录碑石 51 通，包括有元明令旨及明清官府告示、乡约，文体有公文和记事，法律碑刻的特征鲜明，设类合理，归类也基本准确。《中国少数民族古籍总目提要·侗族卷》收录贵州、湖南、广西、湖北等侗族分布集中地区的 46 种"款碑"，也为乡规民约和官方禁令的合并。编者特别强调侗族汉语款碑的特色是多为基层组织所立，内容比较简单；数量以乾隆年间以后所立为多，王朝统治已经深入侗乡，款约中对重罪处以极刑的很多条款被限制刻录；多数碑文均渗入了地方官府的旨意，为地方官府所利用；等等。⑤ 反映了在基层社会，官方告示禁令与乡规民约的融合。而前述告示碑、乡规民约碑虽单独设类，却难免归类冲突的一个重要原因，就是忽视了清代官禁碑与乡约碑的相融共生。

6. 施政类

《三晋石刻大全》中"施政类"的设置是碑石分类的一个积极尝试。从字面理解，当为实施政务类的碑刻。与施政类并列者有教育类、科技类、灾荒类、乡规民约类、义行类等。但《大全》各卷施政类所收碑目，一个明显的问题是真正的施政碑为数有限，而散见于其他类中的施政碑却比比皆是。《临汾市洪洞县卷》设 14 类，收录 1098 通碑石，其中施政碑有 158 种，数目仅次于记事碑（430 通），再次为科技、义行、教育，分别

① 王苏陵主编《三晋石刻大全·长治市黎城县卷》，三晋出版社，2012，第 647 页。

② 李晶明主编《三晋石刻大全·阳泉市盂县卷》，三晋出版社，2010，第 126、799 页。

③ 李启良等编著《安康碑版钩沉》，陕西人民出版社，1998。

④ 王树新主编《高平金石志》，中华书局，2004。

⑤ 国家民族事务委员会全国少数民族古籍整理研究室编写《中国少数民族古籍总目提要·侗族卷》"序言"，中国大百科全书出版社，2010，第 4 页。

为91、75、64通。在该卷的分类编排中，施政碑的数目相当可观。但观其内容，有御制祭文119通，当代文物保护标志碑11通，箴铭6通，功德碑5通，圣旨诏书碑6通，官府告示碑2通，讼案碑4通，其他御制御书碑文3通，纪念碑2通。真正属于施政内容的仅有圣旨诏书、官府告示和讼案碑等12通。① 该类中为数最多的祭文碑是一种表示祷祝的文体。虽然祭祀典礼与国家政治有关，但将祭祝文归入此类，明显不妥。

《临汾市侯马市卷》收施政碑30通，当代文物保护标志碑有21通，诰命碑2通，属于施政类的为古代敕牒、告示、断案碑6通及当代环保碑1通。② 由于《三晋石刻大全》各卷均是古今碑石并收，而同处一类中的古今碑文的面貌却大相径庭。这是因为古今碑文在文体、文风以及作用、功能等方面都有明显不同。施之于一个类别，加上归纳的偏颇、失误，也造成同类碑石之间的不和谐感异常明显。

《嘉定碑刻集》将"社会政治"列为十类之首，所收34通碑文以整顿社会秩序和申办义庄者为多，文体表现为告示、章程、纪事等，较之《三晋石刻大全》诸卷，此书"社会政治"类似更符合施政碑的内涵。③

7. 税赋类

此类较为常见，内容以减赋免役为主。《江苏省明清以来碑刻资料选集》设"赋税扰民类"，收碑9通；《安康碑版钩沉》"税赋与商贸"收碑32通；《嘉定碑刻集》"经济赋税"收碑24通。《浦东碑刻资料选辑》的"经济类"、苏州碑刻博物馆的《农业经济碑刻》（苏州古吴轩出版社，2012）等，均可证税赋类碑石的普遍性。此类多以纪事形式表述，以告示碑形式出现者也占一定比例。

8. 科技与工程管理类

此类多指水利碑刻。《三晋石刻大全》诸卷多设科技类，除收录水利碑外，也有少量医药和植树等方面的碑文。但在《临汾市洪洞县卷》"科技类"中看到金代《都总管镇国定两县水碑》、明代《察院定北霍渠水利碑记》、清代《建霍泉分水铁栅详》等水利讼案、告示和公文碑，会有

---

① 汪学文主编《三晋石刻大全·临汾市洪洞县卷》，三晋出版社，2009，第1146～1157页。
② 高青山主编《三晋石刻大全·临汾市侯马市卷》，三晋出版社，2011。
③ 《嘉定碑刻集》，第3～90页。

"文不对题"之感;① 《临汾市安泽县卷》"科技类"中所列嘉庆十七年（1812）《送瘟神碑》只能反映民众信仰，看不出科技内涵;② 《忻州市宁武县卷》"科技类"收录19通碑，多为修建龙神庙、修桥护桥、禁伐等碑记。③ 综观归入"科技类"的碑文，反不如标为"水利类"、"林木类"合适。

《中州百县水碑文献》设"工程与管理"大类，下分蓄水工程、供水灌溉工程、桥津、工程管理小类，其内容既有水利规章、圣旨、奏议、民间水规，也有判词、告示、讼案纪事、租课、施渠等。④ 其分类采取以当代水利管理模式套换传统水利管理方法，难免"削足适履"。

9. 讼案类

《安康碑版钩沉》一书所设九大类别中，税赋与商贸、乡规与民俗、讼案与契约三类与法律的关系较为密切。其中讼案与契约篇收录碑文32通，讼案类有7通，以田土水利争讼为主，文体兼有公文、告示、纪事多种。《高平金石志》纪荒息诉类收有16通碑，纪荒内容有5通，11通讼案碑涉及水利、寺产、林木等纷争，文体有判词、告示、合同、纪事等多种。《渭南地区水利碑碣集注》有水利纠纷类15通，《豫西水碑钩沉》有官府断结水案勒石9通，《河东水利石刻》有争讼碑16通，可证古代晋、陕、豫地区水利讼案的多发性。

10. 契约类

此类碑石在寺观中较常见。《中国回族金石录》选编全国有代表性的回族碑记440篇，内容包括创建维修清真寺碑记（107份）、圣旨教育碑记（7份）、教义教旨教理教史碑记（9份）、功德纪念碑记（77份）、捐资助学碑记（24份）、禁约议约契约告示碑记（44份）、建立社团及述事抒怀碑记（18份）、人物碑记（99份）、族规教争教案碑记（8份）、回民墓地碑记（46份）等十个方面。⑤ 除"禁约议约契约告示碑记"类中有大量契

---

① 《三晋石刻大全·临汾市洪洞县卷》下册，第1151～1153页。
② 高剑峰主编《三晋石刻大全·临汾市安泽县卷》，三晋出版社，2010，第93、332页。
③ 任宁虎、郭宝厚主编《三晋石刻大全·忻州市宁武县卷》，三晋出版社，2010，第339页。
④ 范天平整理《中州百县水碑文献》，陕西人民出版社，2010。
⑤ 余振贵等主编《中国回族金石录》，宁夏人民出版社，2001。

约内容外，在"功德纪念碑"类中，也有不少关于施产、舍产、捐产等寺产议约、契约的内容。① 《安康碑版钩沉》"讼案与契约篇"类中收录契约碑 25 通。尽管此类碑石数目多，但分散性强，从分类的总体情况看，对契约碑单独设类尚不普遍。

（三）碑志中隐性的法律碑刻分类及问题

隐性的分类指法律碑刻存数较多但无明显的提示性，通常指包容宽泛的类别，如记事类、其他类、杂类、应用类等。这些类别往往与其他类别并列，而无法归入与之并列类别的碑石，多会归入该类。

1. 记事类

记事和纪事两者通用，本意指记叙事实。明宋濂《文原》载："世之论文者有二，曰载道，曰纪事。纪事之文当本之司马迁、班固。"② 但在碑文中，记事多指以记述事实经过为主的文体名，碑名多带"记"字，如唐光化三年（900）《招提净院施田记》、北宋太平兴国六年（981）《石堂院石刻记》、金大定九年（1169）《宝山寺地界记》等。叶昌炽《语石》将碑文分为述德、名功、纪事、纂言四大类，其中对"纪事"的解释是："灵台经始，斯干落成，自庙、学营缮，以逮二氏之宫，是也。"③ 意指有关宫殿、学宫、寺观等营造修建之事。柯昌泗指出叶氏对"纪事"类的界定过于狭窄，特补充道："纪事一例，亦不当专就营缮为言。若《隶释》汉'金广延母纪产碑'、《金石录》唐'五太守小洞庭宴游记'，及见存唐'寻菖蒲涧记'、宋'武连种松碑'、金'亢泉更名碑'，均以纪事之体立碑者。"④

记事碑应主要表现为以记述事实经过为主的文体名，与之相对应的当是公文碑、契约碑等并列的文种类别。但记事碑适用广泛，事关寺庙、教育、水利等事，均可以记事的形式表现。《崇明历代碑文译注》将传世碑文分为记事、纪功、祠庙、墓志四个类别。其对记事碑的解释是："指反

① 《中国回族金石录》，第 1、225 页。
② （明）宋濂：《文宪集》卷二五《文原》，文渊阁《四库全书》本。
③ 《语石·语石异同评》，第 180 ~ 181 页。
④ 《语石·语石异同评》，第 182 页。

映崇明历史上各类事情的起因、经过、变化的碑文，如城池的变迁、学宫的修建、田赋的征收、河道的疏浚等。"① 其内容可谓无所不包，因为任何碑刻文字都具有记事作用，故在该书"记事类"中看到明代《兵道禁约碑》、清代《详拨学田香火育婴恤孤田碑记》等公文碑，② 也就不足为奇了。《平谷文物志》所列 5 通记事碑中，有 2 通明显是公文碑。万历十五年（1587）《征编赋役规则碑》，碑阳载征收赋役规则及数量，碑阴载官簿式样和由票式样；乾隆四十五年（1780）《训饬士子谕旨碑》主体为皇帝谕旨，谕旨前为礼部交工部刊碑的奏请及御批公文。③ 而《吉林碑刻考录》在记事碑大类中，设界碑、摩崖石刻、纪念碑、告示碑小类，④ 其中既有碑和摩崖的载体不同，也有界址、纪念、告示等功能和文体的差异，是取广义之记事，而非文体意义上的记事。

至于《三晋石刻大全》各卷的记事类，所表现的主要问题有二：一是记事类比例过大，有的占全书总碑数的三分之一以上。如《临汾市洪洞县卷》碑石总数为 1098 种，记事类为 430 种，占 39%；《长治市长治县卷》碑石总数为 253 种，记事类为 98 种，占 38.7%；《长治市屯留县卷》碑石总数为 103 种，记事类为 58 种，比例高达 56.3%。而与记事类并列的其他类别，有些仅有碑石一两通，数目畸重畸轻。二是有些明显应归入施政类、教育类的碑文仍在记事类，使与记事类并列的其他类别的设置形同虚设。

从目前诸多著录采取将无法归入寺庙碑、教育碑等单列类别者归入记事类的做法看，记事类实际为综合类。类似者还有《杭州孔庙》中设立的"史实类"，⑤ 也属于过于宽泛的类别。

2. 其他、杂刻类

《台南古碑志》将 112 通碑石分为建置、示禁、其他三类，"其他"类中设公约书契、去思颂德、墓碑界址小类，分别有 7、8、11 种。⑥ 《宁波

① 周惠斌主编《崇明历代碑文译注》"前言"，上海文化发展基金会，2009，第 2 页。
② 《崇明历代碑文译注》，第 36、67 页。
③ 北京市平谷区文化委员会编《平谷文物志》，民族出版社，2005，第 141 页。
④ 皮福生编著《吉林碑刻考录》，吉林文史出版社，2006。
⑤ 杜正贤主编《杭州孔庙》，西泠印社出版社，2009。
⑥ 吴新荣：《台南古碑志》，《石刻史料新编》第 3 辑 20 册，第 152 页。

现存碑刻碑文所见录》分教育科举学校、水利、城垣桥梁建筑、军事、寺观祠庙会馆、墓志铭及其他等七大类，其他类碑目 281 种，初步统计其中有法律碑刻 149 种，内容包括圣旨、赋役规则、告示、除弊示禁、断案、民间禁赌、规约等，尤以地方官颁刻的示禁碑为数最多。①《福州市郊区文物志》将石刻分为摩崖石刻，墓志、墓碣、买地契、神道铭，神道碑、墓碑、其他重要碑刻，造像，石槽等题刻五类。其中"其他重要碑刻"包括敕命碑、告示碑、祭文碑等。②《三晋石刻大全》各卷也设有"其他类"，举凡诏书、讼案、判词、乡规、文契、箴言、塔铭等，均能见之。

民国杨殿珣撰《石刻题跋索引》将元以前的历代石刻分为墓碑（墓碣、墓幢、塔铭、纪德碑俱属之）、墓志、刻经（石经、经幢俱属之）、造像（画像附之）、题名题字（题名碑、神位题字、食堂题字、石人题字、石盆题字等俱属之）、诗词与杂刻（砖瓦、法帖附之）七类，各类条目按刻石年代排序，年代不详者分附某朝或某一时期后，条理清晰，便于使用。就各类篇幅而言，不算附属之画像、砖瓦、法帖，杂刻类最多，占191 页，其余依次为墓碑、题名题字、墓志、造像、诗词、刻经，分别占128、112、102、67、36、32 页。③ 我们所关注的法律碑刻，多集中在杂刻类中。

3. 应用类

此类为学理上探讨的分类。王立军认为碑刻具有文物和文献两大属性，分类也当按属性确定。按照文物的属性，可分为摩崖、碑碣、墓志、石经、经幢、造像、柱础、井栏等类型；按文献属性，可分为志墓碑、记事碑、经籍碑、诗文碑、图像碑、应用碑、书法碑等 7 种类型。④ 毛远明与王立军的分类大体相近，也是兼及碑刻的形制和内容，从形制上分为碑碣、石阙、摩崖、墓志、经幢石柱铭刻、造像题记、石刻画像题字七类，从内容上分为记事赞颂、哀诔纪念、祠庙寺观、诗歌散文、图文、应用

---

① 龚烈沸：《宁波现存碑刻碑文所见录》，宁波人民出版社，2006。

② 黄荣春编著《福州市郊区文物志》，福建人民出版社，2009。

③ 杨殿珣：《石刻题跋索引》，商务印书馆 1941 年初版，1990 年重印。

④ 王立军：《谈碑刻的文献性质分类法》，《河北大学学报》（哲学社会科学版）2005 年第 1 期。

文、石经、题名题记、其他等类。其中应用文碑刻，毛远明将其分为文书、簿册契券、地界、医药方剂、规约、地震、道路交通、环保、水利等目，属于法律碑刻的细目为数不少。① 郭瑞将 1525 种魏晋南北朝石刻文献，分成记事颂德、造物行善、名物题记、社会应用、诗词文章、佛家经典、保存书法七类，其中前两类最多，分别有 865、532 种，社会应用类有 13 种，大体反映了唐代以前碑石内容的分布情况。②

另叶昌炽《语石》所主张的"纂言类"，主要指"官私文书，古今格论，自朝廷涣号，以逮词人之作是也"，③ 也属于包涵广泛的类目，其中的官私文书多属法律碑刻。

从上述列举的各种分类可以看出，有些法律碑刻的类别已趋于定型，如禁令乡约类、讼案类、契约类；有些表现出一定的独立成类趋向，但不够完善，如施政类；有些类别受到特别关注，如水利讼案类。但上述分类中也存在许多问题，主要是设类随意，缺乏分类标准，如《三晋石刻大全》各卷分类索引中多设有"名碑"一类，但缺乏对"名碑"的界定标准；有些类别包容性不强，并列类别收录碑石数目相差悬殊；以及碑文归类不合理、归类冲突明显等等。

指明问题的所在，正是为了解决问题，以期建立符合古代碑石自身发展规律，同时又能满足古代社会主要法律需求的分类体系，而这也正是本文的撰写主旨所在。

二　碑志中的法律碑刻辨析

传统碑志虽没有对法律碑刻的分类，但我们可以依据碑刻之名称和内容大致能判断出哪些可能与法律有关，再经过研读，进一步确定其类别属性。

（一）石刻通目中的法律碑刻

传统碑志载录碑石一般截止于金元，而少及明清。欲了解元代以前法

---

① 毛远明：《碑刻文献学通论》，中华书局，2009，第 248~278 页。
② 郭瑞：《魏晋南北朝石刻文字》，南方日报出版社，2010，第 11 页。
③ 《语石·语石异同评》，第 181 页。

律碑刻的总体面貌，应首选收录信息全面、碑石数目多的金石目志。清代王昶《金石萃编》和《金石萃编未刊稿》、陆增祥《八琼室金石补正》固然是非常好的选择，但这些集成之作往往篇幅巨大，考证琐细，通览全书需要相当的古文功底，更适合作断代或专题法律碑刻整理研究的首选。而选用民国时期学者编纂的碑志著录，往往可以事半功倍。其原因，一是民国时期学者对文献辑录整理的规范性和目标性更强；二是收录的文献时间跨度更长，至少截止到元，有些也包括明清；三是特色鲜明，或重包容之全，或求考证之细。

以缪荃孙所撰《艺风堂金石文字目》18 卷和《续目》3 卷为例。该目载录缪氏自藏金石碑版万余种，截止于元。[①] 而《金石萃编》收录 1500 余种，截止到金。《艺风堂金石文字目》的编纂特色是内容简练扼要，碑石撰写人、书体、格式、刻时、所在地等关键性要素俱全，提示性强，命名合理。根据初步研读，特将该书收载的法律碑石按卷统计如下（见表1、表2）。

表1 《艺风堂金石文字目》所载法律碑刻统计

卷数	朝代名及法律碑刻条数	法律碑刻之文体或内容
卷1	周、秦（3）、汉（9）、魏（2）、吴、晋、蜀、前秦、后秦、宋、齐、梁、陈	秦：诏书 3 汉：公文 5、界址 2、契券 2 魏：奏 1、表 1
卷2	魏（1）、西魏、东魏、北齐、北周、隋（2）	北魏：造像（神判）1 隋：疏 1、界碑 1
卷3	唐、后唐、梁、宋	
卷4	唐（5）	诏 1、手敕 1、诏表 1、记 1、造像记（神判）1
卷5	唐（10）	敕 5、批制 1、批答 1、诫 1、界至 1、记 1
卷6	唐（15）	四至 3、敕 2、批答 1、批敕 1、敕牒 1、使牒 1、状 1、表 1、疏 1、盟 1、界碑 1、施山田 1
卷7	梁、唐（2）、晋（1）、汉、周（4）、吴、南唐、前蜀（1）、后蜀、闽、吴越、北汉、南诏（1）	后唐：敕 1、牒 1 后晋：牒 1 后周：屏盗 2、敕 1、神判（记幢）1 前蜀：记（施田）1 南诏：记 1

---

① 缪荃孙撰《艺风堂金石文字目》、《艺风堂金石文字续目》，均载张廷银、泉玉麒主编《缪荃孙全集·金石》第 1 册，凤凰出版社，2014。

续表

卷数	朝代名及法律碑刻条数	法律碑刻之文体或内容
卷8	宋(15)	牒7、诏3、敕2、帖1、四至1、记(买田)1
卷9	宋(9)	牒3、敕2、使帖1、敕札1、札子1、公堂铭1
卷10	宋(13)	牒8、敕黄牒1、帖1、学规1、铭1、田亩数1
卷11	宋(61)、西夏	牒21、学规14、铭8、记事4、敕2、公据2、札子2、神禁2、敕书1、诏1、圣旨1、御押1、院帖1、四至1
卷12	南宋(58)	田亩10、田籍8、牒6、公据6、敕5、约3、告敕2、手诏2、疏2、铭2、帖1、院帖1、使帖1、省札使帖1、诰1、公牒1、敕黄1、制敕1、府据1、指挥1、榜1、党籍1
卷13	辽(2)	四至1、帐1
卷14	金(71),伪齐(2)	金:牒48、地界四至8、公据4、疏3、禁令2、田亩2、公据并牒1、札付1、帖1、遗嘱1 伪齐:牒1、执照1
卷15	元(81)	制诏21、圣旨17、田产四至13、诏书4、加封号记4、牒4、公据3、榜2、疏2、神禁2、令旨1、手诏1、谕旨1、玺书1、敕1、给付1、札付1、执照1、遗言1
卷16	元(59)	制诏13、田产四至10、圣旨6、敕3、制诰4、诏3、制正2、制词2、懿旨2、牒2、札付2、榜2、疏2、谕诏1、诏旨及札付1、执照1、公据1、追封1、加封1
卷17	元(31)	田亩7、制诏2、制诰2、制2、敕2、疏2、加封2、诏书1、诏1、圣旨1、令旨1、制词1、封赠1、札子1、户计公文1、榜1、戒1、乐户1、归田(讼案)1
卷18	墓志	

注：因该书各卷收录大量造像碑或题刻诗文，表中未对各朝代碑石总数进行统计。第二栏中"( )"内的数字，表示该朝代法律碑刻的数目，如"秦(3)、汉(9)"，指该卷收录秦代法律碑石3通、汉代法律碑石9通；第三栏中文体或内容后面的数字，如"汉：公文5、界址2、契券2"，表示此卷收录汉代公文碑5通、界址刻石2通、契券刻石2通。表1、表2相同。

表2 《艺风堂金石文字续目》所载法律碑刻统计

卷数	朝代名及法律碑刻条数	法律碑刻之文体或内容
卷1	汉、魏、晋、宋、梁、魏、北魏、西魏、东魏、齐、隋	

卷数	朝代名及法律碑刻条数	法律碑刻之文体或内容
卷2	唐(1)、梁(1)、后唐、晋、周、南唐、吴越、宋(13)、南宋(11)、辽、金(4)、西夏、元(29)	唐:敕1 梁:敕1 宋:学规4、田土地界4、牒2、敕诰1、敕1、手诏1 南宋:敕3、牒3、敕牒1、训1、文据1、堰规1、舍田1 金:牒4 元:制诏5、诏书4、加封制3、田粮田租3、圣旨4、懿旨2、制诏1、敕1、令旨1、法旨1、诏告1、执照1、界碑1、复田(讼案)1
卷3	墓志	

表1、表2总计有法律碑刻515种，其中秦汉12种，魏晋南北朝3种，隋唐33种，五代十国和南诏10种，两宋180种（北宋111种、南宋69种），金75种，辽、伪齐4种，元代200种。

从纵向发展看，公文和私约（契券）类的碑石始自秦汉，历史悠久。在后来的发展中，公文碑渐成为法律碑刻的主导内容。私约内容虽也不断发展演进，但在元代以前，因刻石数量有限，其社会影响远不如公文碑强烈。

唐、宋、金、元的法律碑刻数目相对较多。这一阶段法律碑石的共同特点是公文碑占绝对多数。合并两表进行统计，唐代法律碑石31种，其中公文碑21种，约占67%，其余为界至碑5种，记事碑4种，诫言碑1种。从碑刻名称所反映的文体，可以看到御制公文碑的多样性，如诏、手敕、批答等，有些可以体现公文上行下达的程序性，如诏表、批制、批答等。

对两宋，可以采用分别与合并两种统计模式。前者便于看出南宋较北宋的公文碑和其他类碑刻的增减情况，后者适宜比较两宋与唐和金元法律碑刻的区别。

据表1、表2，总计北宋法律碑刻111种，包括公文68种、学规19种、田土地界8种、铭10种、记事6种；南宋总计69种，包括公文42种、田亩田籍19种、约3种、铭2种以及记事、堰规、训各1种。分别看，北宋法律碑刻数目多，大类少。两者公文碑所占比重分别为61%和58.6%，相差不多，但公文的种类有一定区别。

北宋碑石上的公文名称有 15 种。按见之于碑石上的多寡依次为：牒 41、敕 7、诏 4、札子 3、帖 2、公据 2 以及敕札、敕书、敕诰、敕黄牒、圣旨、御押、使帖、院帖、手诏等；南宋碑石上的公文名称近 20 种，依次为牒 9、敕 8、公据 6、告敕 2、手诏 2、疏 2 以及敕牒、公牒、敕黄、制敕、诰、榜、帖、院帖、使帖、省札使帖、指挥、府据、文据等。其中既有一石刻一牒或数牒的单一文体，也有省札、使帖或牒、记并刻一石者。至于上列十数种公文形式的异同演化，尚有待进一步研究。

将两宋合并统计，计法律碑刻 180 种，其中公文碑 110 种，占 61%，较唐代比例略为降低。需要考虑的因素是，北宋学规碑单独计类，南宋田籍碑中也包括敕牒等公文，但在公文碑类别中，未将田籍碑中的公文统计在内。宋代御制学规刻石普遍，存留较多，但内容单一雷同。增幅明显的是田籍地界类碑石，有 27 种，比例高达 24%。此类碑石实用性强，目的是为永久存档公示，是当时及后世断案息讼的可靠凭证。

金代法律碑刻 75 种，其中公文碑 62 种，占 82.6%，为历朝比例最高者，但公文种类不如宋、元丰富，主要有敕牒、公据、疏、公据并牒、札付、帖等。其中敕牒碑有 52 通，占公文碑的 85%，亦为金代法律碑刻之特色。其余有田亩界至碑 10 种、禁令碑 2 种、遗嘱碑 1 种。

表 1、表 2 共收录元代法律碑刻 200 种，包括公文碑 155 种，约占 77.5%。公文文种形式多样，但多可进行归并，如"制类"（64 种）包括制诏、制、制诰、制正、制词、加封制、追封制、封赠等，其中以"制诏"为名者有 44 种；"旨类"（37 种），包括圣旨、懿旨、令旨、法旨、谕旨等，其中圣旨数目最多，有 28 种；"诏类"（16 种）包括诏书 9 种、诏 4 种以及手诏、谕诏、诏告各一；"札类"有札付、札子；其余尚有玺书、榜、疏、公据、执照、给付、户计公文等多种名称。值得注意的现象是，宋、金常见的"敕牒"类在元代数目锐减，仅有敕 7 种、牒 6 种，而制、诏、圣旨类碑显著增多，并形成圣旨碑多见于北方、制诏碑南北并见的地域分布特色。

另元代田亩界至类碑石有 34 种，占元代法律碑石总数的 18.5%，也是颇值得关注的类别。宋、元田籍田租类碑刻的增加，与当时的学田、寺田管理制度有关。这类碑刻在宋、金、元时期渐成为一种广泛的存在，使碑石保存、公示档案的功能得到积极发挥，也为具有同样功能的碑刻——契证类的设立，奠定了基础。

总体来看，元代以前的法律碑刻，公文碑数量最多，文体形式多样，专属性强，适用范围广，反映了唐宋金元法律碑刻具有明显的"碑以载政"的特色。① 这一特色是否具有普遍适用性，还需要通过下述地区性碑志的载录情况进行验证。

（二）地方碑志中的法律碑刻

1. 中州地区的法律碑刻

《中州金石考》、《中州金石记》、《中州金石目录》是清代中后期出现的三部金石著作，开河南地区金石专志之先河。黄叔璥撰《中州金石考》八卷成书于乾隆六年（1741），所录金石自商周至元明，按河南省十府三州分目，府州以下以县系之，每一州县又以时代前后为序，著录名称、书者、字体、文献记载、位置、立石年月，考证议论附缀其下。由于此书是据金石旧志或郡县志所编，未注金石存亡，考证失之简略。但较其他金石志所录多截止于金元，是书收录明代碑石也为难得。该书著录铭刻1424份，粗略统计，法律碑刻有43通。从各县分布情况看，登封有8通、济源3通，其余各县1、2通不等；从时代分布看，唐、宋、元时期法律碑刻数目相对较多，分别有13、7、10通，金代碑刻偏少，其原因待考。②

《中州金石记》为毕沅（1730～1797）巡抚河南时（乾隆五十年）所撰，共五卷，按时代编排，著录铭刻338份（含四则关于碑阴的考证）。是书以考证见长。粗略统计，书中收录法律碑刻26通，约占碑石总数的7.7%。就地域分布情况看，济源9通，其余州县一两通不等。从时间看，数量最多的依次为元代（9通）、宋代（8通）、唐代（4通）。

《中州金石考》和《中州金石记》均成书于乾隆时期，各有优长与不足。前者"收采极博而现存者未免太略"，后者"访葺尤勤而已佚者概未

---

① 参见李雪梅《法制"镂之金石"传统与明清碑禁体系》，中华书局，2015，第88～108页。
② （清）黄叔璥：《中州金石考》，载《石刻史料新编》第1辑第18册，第13665～13748页。

编入"。①

成书稍晚的《中州金石目录》，杨铎（1810～1880）撰，八卷，自夏讫元，总计收录2719份（含碑阴），其中法律碑刻95通，地域分布较集中的为登封（12通）、济源（10通）、偃师（6通）、安阳（5通）、鲁山（5通），时代主要集中于唐、宋、金、元，分别为14、24、12、36通。

以上三书重复收录的唐宋金元法律碑刻有49种。通过对比可以发现，有的碑两书或三书命名一致，如黄初元年（220）《受禅碑》、大历二年（767）《会善寺戒坛敕牒》、崇宁三年（1104）《敕赐静应庙牒》、祥兴二年（至元十六年，1279）《赐邱神仙手诏碣》；有的名称存在差异（见表3）。

表3　登封县法律碑刻载录对比

	中州金石考（7）	中州金石记（2）	中州金石目录（10）	嵩阳石刻集记（4）	少林寺志（3）
武德四年（621）	唐秦王告少林寺主教		秦王告少林寺主教	秦王告少林寺主教	告柏谷坞少林寺上座书
天册万岁二年（696）	少林敕文		少林敕文		赐少林寺书（宸翰，未属时间）
开元十一年（723）	少林寺赐田牒		太宗赐少林寺柏谷坞庄碑	少林寺牒	
开元十六年（728）			少林寺赐田敕	少林寺碑·皇唐嵩岳少林寺碑	少林寺碑
天宝十四年（755）	少林寺还天王师子记	少林寺还天王师子记	少林寺还神王师子敕		
大历二年（767）	会善寺戒坛敕牒	会善寺戒坛敕牒	嵩岳会善寺戒坛敕牒	会善寺戒坛碑	
北宋政和五年（1115）			少林寺免诸般科役记		
北宋政和五年			重摹唐李元礼戒杀生文		

---

① （清）杨铎：《中州金石目录》"序"，载林荣华校编《石刻史料新编》第2辑第20册，台北，新文丰出版公司，1979，第14685页。

	中州金石考 (7)	中州金石记 (2)	中州金石目录 (10)	嵩阳石刻集记 (4)	少林寺志(3)
金承安三年 (1199)			会善寺请宝公 长老疏		
元延祐元年 (1314)	圣旨碑		少林寺圣旨碑		
明洪武年间 (1368～1398)	明釐正神号碑				

一碑多名现象在传统金石志和当代碑志集录中都甚为普遍。累积下来，有的碑石如汉代《乙瑛碑》、《史晨碑》，计有十数种称谓，给碑石著录、研究造成诸多困扰。

可与上述三志进行参照性研究的还有《嵩阳石刻集记》和《少林寺志》。两书均为叶封（1624～1687）主持编撰。《嵩阳石刻集记》于康熙十二年（1673）辑成，二卷，收录东汉至明代碑石55通，其中唐、宋最多，分别为23、16通，多著录碑文。另有《嵩阳石刻集记纪遗》一卷，收录自汉至唐碑石28通（其中唐21通），仅罗列碑目。此书的编纂特色是以诗文、书法之善以及撰者"名世"为要，① 属于金石学派中的书艺派，② 一定程度上弱化了对法律碑刻的收录。但作者对重要碑石的考证，颇值得参阅。

《少林寺志》为叶封、焦钦宠辑，施奕簪、焦如蘅补，于乾隆十二年（1747）定稿，次年刊行。③ 全书分为序、绘图、形胜、营建、古迹、祥异、艺林、题咏八目。其中"艺林"中列有宸翰、藩王文翰、碑记、僧

---

① （清）余汝言：《嵩阳石刻集记序》，载（清）叶封《嵩阳石刻集记》，《石刻史料新编》第2辑第14册，第10183～10184页。
② 梁启超将清代金石学中的石学研究，细分为以顾炎武、钱大昕为代表的"专务以金石为考证经史之资料"的考据派，以黄宗羲等为代表的"从此中研究文史义例"的义例派，以翁方纲、黄易为代表的"专讲鉴别，则其考证非以助经史"的鉴藏派，以包世臣为代表的"专讲书势"的书艺派，以及以叶昌炽为代表的"集诸派之长"的综合派。详见梁启超著《清代学术概论》，东方出版社，1996，第52～52页。
③ （清）叶封等辑《少林寺志》，张学林"序文"，乾隆十三年（1748）刊本，哈佛大学汉和图书馆藏，1948年影印。

碑、僧传等内容。"宸翰"中有皇帝御制碑文,如唐太宗《告柏谷坞少林寺上座书》、武后《赐少林寺书》,以及一些未勒石的圣旨公文。23篇碑记之中,有唐碑5种、元碑2种、明碑11种、清碑5种。

将《少林寺志》和《嵩阳石刻集记》所记碑目合并,除去重复,共计石刻90余种,包括唐以前的10种,唐代45种,宋、金、元、明、清分别为16、2、3、18、5种,其中的法律碑刻数目有限,但仍具有"点面比较"的研究价值。

《少林寺志》和《嵩阳石刻集记》与前述中州三志的交集点在登封和少林寺,适可将5部志书所载登封和少林寺的法律碑刻名目进行对比研究(见表3)。

从表3可看出,对元代以前登封县法律碑刻的载录,《中州金石目》收录较全。各书收录的同样碑石,其名称有的相近,有的差异较大。而少林寺中的武德四年、开元十一年和开元十六年各碑之间的关系,颇为错乱。清王昶《金石萃编》在卷41中载录武德四年《秦王告少林寺主教》,卷74中载录开元十一年《少林寺柏谷坞庄碑》和《少林寺赐田敕》,卷77中载录开元十六年《少林寺碑》。从碑名和年代看,似为数通碑刻。但详读碑石内容及相关跋语,却发现它们载于同一碑石。《嵩阳石刻集记》对《少林寺牒》有考释跋语:

> 右《少林寺牒》,无书人姓名,在裴漼《少林寺碑》阴,盖当时寺僧录赐田牒由上石者也。书法修整,故自可观。其上方刻太宗为秦王时教并武德年、月、官名,因已录原教,不复存之。[1]

而缪荃孙《艺风堂金石文字目》载录的情况是:

> 《少林寺碑》,裴漼撰并行书,开元十六年七月十五日。在河南登封。
>
> 碑额《秦王告少林寺主教》,行书。武德四年四月卅日。

---

① (清)叶封:《嵩阳石刻集记》,《石刻史料新编》第2辑第14册,第10208页。

碑阴《柏谷坞庄碑》，玄宗御书。正书。开元十一年十一月四日。

碑额阴《少林寺赐田敕》，正书。贞观六年六月廿九日。①

此牵涉两个问题：一是一碑数名，哪个名称更合理规范；二是一碑载数文时，当如何统计和命名。相较而言，缪荃孙采取的著录方式是值得借鉴的。但缪氏对《少林寺碑》的记载并不全面。经实地考察核实，发现此碑碑阳额书"太宗文皇帝御书"，上截载唐武德四年《秦王赐少林寺教》，下截刻开元十六年《皇唐嵩岳少林寺》，裴漼撰文。"少林寺碑"的命名多源于裴漼之文。碑阴额题"太宗文皇帝御书"和"开元神武皇"。碑阴上、下载唐王朝从武德到开元时赐封少林寺田地的各种文书。上截有武德四年《皇唐太宗文皇帝赐少林寺柏谷坞御书碑》、武德八年（625）《赐少林寺田书》、武德八年《赐田咨文》、八年《依咨》、八年《尚书省牒》、八年《司户少林寺田牒》、开元十一年《陈忠牒》，下截载贞观六年（632）《少林寺牒》、《丽正殿牒》、武德四年立功僧名。严格来说，此碑所载数文均不当单独立名，立碑时间应按诸文之最后的年代。故缪荃孙对此碑的定名——《少林寺碑》，以及立碑的时间——开元十六年，较之表中所列 5 部书和《金石萃编》的载录，均更为妥当的。（另文考证，此略）

另表 3 中天宝十四年的碑，《中州金石考》和《中州金石记》命名为"少林寺还天王师子记"，较难看出与法律的关联；《中州金石目录》定名为《少林寺还神王师子敕》，能反映出一些公文信息，但内容难以明了。细读《中州金石记》对此碑的介绍，文曰"碑载久视元年僧义奖等状，及武后口敕。顾炎武始见之"，② 方能了解碑文之大概。

2. 山东地区的法律碑刻

《山左金石志》由毕沅、阮元主持撰修，乾隆五十九年（1794）始修，嘉庆二年（1797）刊行。③ 全书 24 卷，收录自商周迄金元铭刻 1210 种。前六卷为金文，与碑石无关。卷 7 至 24 为刻石，收录碑石 1096 种。

---

① 《缪荃孙全集·金石》第 1 册，第 142 页。
② 《中州金石记》卷三，《石刻史料新编》第 2 辑第 18 册，第 13778 页。
③ （清）张鉴等：《阮元年谱》，黄爱平点校，中华书局，1995，第 13～14 页。《山左金石志》，载《石刻史料新编》第 1 辑第 19 册，第 14325～14802 页。

志中所载法律碑刻主要集中于秦、汉、唐、宋、金、元，其内容及数目见表4。

表4 《山左金石志》收录法律碑刻统计

卷数	材质品类	朝代及收录条目数量	法律碑刻内容及数目
卷7	刻石	秦2，西汉3，东汉13	秦：诏书2。东汉：公文3
卷8		东汉43，魏3，西晋1	
卷9		北魏15，东魏8	
卷10		北齐29，北周4，隋23	
卷11		唐23	
卷12		唐27	
卷13		唐44	
卷14		后梁2，后唐6，后晋6，后汉1，后周7	后周：屏盗碑
卷15		宋37	赐物敕牒2
卷16		宋49	敕牒3
卷17		宋68	大观圣作6，封敕2，加封敕牒1，修庙牒1，赐辟雍诏1，御书手诏1
卷18		宋57	诏书1，御书手诏1，敕牒1，奖谕敕书1，御押石刻1，咒语1
卷19		金59	敕牒9，界址图1
卷20		金61	敕牒4，公据1，禁约碑1，田园1
卷21		元118	公据2，摹刻元圣旨1，重刻秦诏1，加封制词1，令旨1，界址1，四至1，神禁2
卷22		元124＋7*	制诏23，地亩四至3，圣旨1，多旨并刻（免粮）1，懿旨1，令旨1，给俸牒1，记事1
卷23		元125	制诏9，圣旨1，重刻敕牒1，执照1，家训1，庙田1
卷24		元132	制诏2，法旨1，学田四至1

* 《山左金石志》卷二二载"东华洞五华碑八种"条，因将8通碑合并一条，故特用"1＋7"形式处理，并统计为8种。载国家图书馆善本金石组编《辽金元石刻文献全编》（一），北京图书馆出版社，2003，第703页。

表4反映出山东地区法律碑刻，主要集中于秦、汉及宋、金、元。宋代法律碑刻23通，公文16通，占69.6%，另有御制学规6通、咒语1通；

金代法律碑刻 17 通，其中公文 14 通，比例高达 82.3%，主要为敕牒碑，公文形制单一，另有田亩界至 2 通，禁约碑 1 通；元代法律碑刻 60 通中，公文有 46 通（有 3 通重刻前朝碑未计），占 76.6%，其中制诏的比重大于圣旨，另有田亩四至 7 通，纪事 3 通，家训 1 通。

全书总体收录法律碑刻数量较多，几占志书所载石刻总数的 10%，公文碑与各朝代法律碑刻中的数量比，与表 1 的数据接近。另秦汉公文碑的存在，说明山东尤其是曲阜，是公文碑的发源地。不仅如此，山东宋以后的公文碑发展序列完整，碑文中所载的行政程序、施政环节较为清晰，公文与禁约、记事等文体的并存现象也比较普遍，是研究古代公文碑发展流变及特色的重点区域。

3. 湖北地区的法律碑刻

民国李权撰《钟祥金石考》8 卷，收录碑石 222 通，历时从周唐至民国二十年，其中较为典型的法律碑文有 14 通，约占总篇数的 6.3%。全书碑文以明清为主，计明碑 44 通，清碑 136 通。法律碑刻也集中于明、清，分别为 5、9 通，内容主要是圣旨公文与契证记事。

值得注意的是，钟祥的明代公文碑具有明显的"特权"属性，且与明朝兴王朱祐杬与其子朱厚熜有密切关联。兴王朱祐杬的封地在安陆州，即今钟祥市。兴王于正德十四年（1519）六月十七日薨，明武宗赐谥"献"，故有正德十四年的《御赐兴献王谥册文》与《御赐兴献王祭文》两碑。兴王次子朱厚熜继皇帝位后，追谥其父为"知天守道洪德渊仁宽穆纯圣恭俭敬文献皇帝"，庙号睿宗，并于正德十五年（1520）四月初三日葬于显陵。出于对前朝陵寝的保护，清顺治十八年（1661）立《谕道人陈贞一保护显陵碑》。由于嘉靖皇帝出生于钟祥，对于故土有特殊感情，特于嘉靖十八年（1539）颁赐《嘉靖宣谕百姓碑》的白话碑。在这通白话碑文中，朱厚熜一方面以纲常名教对百姓进行劝谕，一方面通过施与粮米、酒肉等方式回报家乡父老。①

嘉靖三十七年（1558）《敕谕碑》碑立于元祐宫。据《钟祥县志》

---

① 李权：《钟祥金石考》卷二，载国家图书馆善本金石组编《明清石刻文献全编》（三），北京图书馆出版社，2003，第 352 页。

载：明正德年间，兴王朱祐杬次子朱厚熜被传是玄妙观道长纯一道人（道号元祐）的化身。朱厚熜继皇帝位后，为报答纯一道长的转世之恩，敕建此宫，题名元祐宫，并直接颁布敕谕，对元祐宫道士养赡、庙户免役、禁约保护等事亲自安排。元祐宫据《敕谕碑》的特别授权，而享有一般寺观所不具备的权益。

湖北《武当山金石录》明清各类碑文的数目增减，也能提示武当山"特权"的消长。该书分摩崖、圣旨、记事、功德碑文、墓志铭、诗歌、印章七卷。① "圣旨"卷总计收碑文 74 份，其中公文 28 份，集中于宋、元、明，分别为 3、3、22 份。明代公文碑均为圣旨、敕书、敕谕，明显受到皇室的特别关照。"记事"卷中，法律碑刻集中于清代，有 14 份，分别是禁碑 7 份、契证碑 4 份、公文碑 2 份、规章碑 1 份。而清代禁碑、契证碑的增多，也预示武当山已由明代的皇家禁地转为百姓的朝拜圣地。

类似钟祥、武当山明代公文碑的"特权化"现象，在南京、北京尤为明显。而在明清苏州、杭州、佛山、景德镇等工商业发展较快的地方，以及在清代武当山、泰山、普陀山等百姓热衷的信仰圣地，公文碑、禁碑的"平民化"特色异常鲜明。（另文详述）

4. 南京地区的法律碑刻

南京元代以前的法律碑刻，可借助清严观撰《江宁金石记》了解梗概。该书八卷，乾隆四十二年（1777）纂成，收录碑石 101 种，法律碑刻集中于宋元两代：宋代有元祐八年（1093）《栖霞寺牒》、绍兴十七年（1147）《敕广惠侯诰》、皇庆改元（1312）《敕赐嘉惠庙额牒》（录绍兴二年十一月牒）3 通，元代有加封制诏 6 通，田籍碑 3 通，总计 9 通。

南京明代的碑石情况，作为同时代人纂辑的作品，葛寅亮撰《金陵梵刹志》为我们提供了难得的观察视角。② 该书 53 卷，编撰体例是以大寺为纲，下分中（次大寺）、小寺。各大、中寺名下列文、传、诗等目，"文"目多载录历代碑文，如卷三《钟山灵谷寺》"文"目下有梁《开善寺碑铭》、唐《修志公堂石柱记》、元《钟山太平兴国寺碑记》、明《奉敕撰灵

---

① 张华鹏等编著《武当山金石录》第 1 册，内部印本，1990。
② （明）葛寅亮：《金陵梵刹志》（上下），何孝荣点校，天津人民出版社，2007。

谷寺碑记》等。但"文"目下的碑文除个别者外，多与法律无关。与法律内容相关者，集中在卷一《御制集》、卷二《钦录集》，均属"王章"之作；以及卷四十九至五十三的《条例寺规》，内容兼收文献、档案、碑石。该书的最值得关注之处，其实就是公文档案与公文碑并存。初步比较可知，万历年间的《高淳县奉本部定租勒碑文》、《本部付管绝僧寺产帖文》等公文碑毕竟是少数，大部分公文仍以档案、文本形式存在。这也引起笔者的好奇，古人有选择性地将公文勒于碑石，其选择的标准和刊石动因到底是什么？（另文探讨）

与南京地区碑石辑录有承继关系的为《南京历代碑刻集成》。[1] 该书收录自汉晋至民国碑石 236 种，其中法律碑刻 49 种，计元代 2 种、明代 6 种、清代 39 种、民国 2 种。在明清法律碑刻中，禁碑和契证碑占有较大比重，与宋、金、元以公文碑为主导的面貌，迥然不同。而《金陵梵刹志》中收录的明代公文碑，在《南京历代碑刻集成》中并未见载。古代碑石的佚失，也是不可忽视的现象。

系统对古今石刻进行探究，分析其中法律碑刻载录情况，需要相当的时日。择选以上碑志进行考察，为我们分析统计历代法律碑刻的类别、数目等提供了一些数据支撑。有些志书我们也做了初步统计，如清王昶《金石萃编》、阮元《两浙金石志》、赵绍祖《安徽金石略》、胡聘之《山右石刻丛编》、缪荃孙《江苏金石记》等，但由于复核工作尚未完成，暂未列为本文的分析样本，但在进行数据统计分析时会加以参照。根据这些统计数据（见表5），我们能发现、总结出一些有规律性的内容。如宋金元公文碑的普遍性，明代公文碑的"特权"性，清代示禁碑的普适性，等等。同时在统计数据中，我们发现宋元法律碑刻的数目有南北差异。北方如山东以及中原地区，元代法律碑石数量多于宋代，而南方正好相反，江苏、两浙均是两宋法律碑刻多于元代。这与宋、元统治版图和时间长短有关。而《艺风堂金石文字目》收录的元代法律碑刻多于两宋，可以推测，书中对北方地区碑石的收录量，明显大于南方地区。

---

[1] 南京市文化广电新闻出版局（文物局）编著《南京历代碑刻集成》，上海书画出版社，2011。

表5 传统金石志中的宋金元公文碑数目与比例

	碑石总数和法律碑刻数之比	两宋法律碑刻和公文碑之比	金代法律碑刻和公文碑之比	元代法律碑刻和公文碑之比
艺风堂金石文字目、续目	10800：515 5.15%	180：110 61%	75：62 82.6%	200：155 77.5%
中州金石考、金石记、金石目录	1494：55 3.7%	13：11.6 89%	5：3 60%	18.3：16 87.4%
山左金石志	金石1210 （碑石1096）：106 8.7%（9.7%）	23：16 69.6%	17：14 82.3%	60：49 81.6%
江苏金石记	541：81 15%	46：28 61%		35：23 65.7%
两浙金石志	658：58 8.8%	41：34 82.9%		17：9 53%
平均数	8.47%	72.7%	82.45	73%

虽然这些数据尚不够全面、系统，但每一部碑志著录，对我们梳理、总结古代法律碑刻，都有其独特的贡献。

三 法律碑刻之分类与归属原则

（一） 法律碑刻的分类依据

古代刻石载文运用广泛。与法律相关的刻石，偏向于对日常政治秩序和法治常态的纪录。载于碑石上的古代公文、禁令、规章、契约、讼案等，自秦汉至明清绵延不断，数量可观。在传统金石志和当代碑志辑录中，上述内容的碑石均占有相当比重。

前述两节，本文分别就当代碑志所见法律碑刻的分类尝试和历代碑志著录中法律碑刻的表现形式作了初步归纳分析。两节内容均聚焦于法律碑刻，但我们却发现，当代的分类探索与传统录文载目难于契合。表现之一是，在传统碑志著录中，公文碑占有相当高的比例，尤其在宋、金、元时期，公文碑更是法律碑刻的主体，占三分之二以上的比重（见表5），但我们在当代与法律相关的碑石分类中，却不见"公文碑"的身影。在学术探讨层面，公文碑淹没于众多"应用类"碑石中；在地区碑刻辑录中，公文碑或归入"施政类"与当代文物保护标志碑同处，或分散于灾害、科技等充满现代学科意义的类别中，或散处于记事、杂类中而失去独立性。其原因是未看到公文碑在古代社会中广泛存在的实际功用，同时也未注意到包括公文碑在内的古代法律碑刻的特殊制度性功能。

长期以来，金石学家在铭刻文字的训释、名物制度的考订等方面做了大量工作，石刻证史的文献价值得到充分认同。但作为一种独特的文字载体和较严格的刻石过程，公文碑以及法律碑刻所蕴含的制度功能尚缺乏系统研究。法律碑刻的特殊性就在于它具有鲜明的制度属性。[①]

法律碑刻具有文献、文物和制度三重属性。从文献属性看，指法律碑刻的内容能传递法律信息并具有客观性、真实性；从文物的外观角度看，具有公开性和社会性等特征，此多指其刻立的场所和地点；从制度层面看，法律碑刻的刻立往往要经过公议或审批等特定的程序，并具有明显的约束性和法律效力。

兼具三种属性的法律碑刻不仅具有丰富的文献史料价值，更带有明显的实用功效。对社会而言，它们往往是典章制度运行的范例，是法律制度落实、政令执行的最终环节；对寺观、书院、宗族、会馆等社会个体而言，法律碑刻也是一种宣示权利、保障权益的方式。故对法律碑刻的分类，需要考虑政府社会治理和民众法律需求的双向性。基于其制度属性及在社会中的实际功用，法律碑刻所采用的分类法应是基于古代社会人们的实际法律需求和碑文效力，同时兼顾碑文的类型化和存世数量。

而现有的分类探讨尝试，或从碑刻的形制、功用，或兼及文献的形式和内容，多属通识性和列举性的归类，并未顾及法律碑刻的制度属性。尽管在前述分类探讨中，诸如施政、工程管理、息讼、告示等类别的设立，已考虑到一些制度的因素，但这些类别的传统性和包容性不够强，也缺乏对法律碑刻自身发展规律的总结及类型化分析。

---

① 法律碑刻与一般碑刻的不同之处即在于它有明显的制度属性。碑石文字是一种静态的史料记载，但立碑纪事却是一种动态的制度创设过程，"演戏立碑"、"立碑为例"、"奉官示禁"等仪式和程序，均赋予碑文特别的效力。参见李雪梅《法律碑刻：一种独立的存在》，载《法制"镂之金石"传统与明清碑禁体系》，第319~320。

基于法律碑刻的特殊性，对其分类既不能脱离其赖以生长壮大的根基和传统，也要顾及法律史、法律文献等学科和专业研究的需求。除了充分考虑法律碑刻的三重属性外，以下内容也是确定其分类的重要依据。

第一，铭刻法律纪事的共性与类别的稳定性。以碑石铭刻法律事项，是中国古代法制"镂之金石"传统的重要组成部分，也是以青铜铭刻法律事项的延续。无论"铭金"还是"刻石"法律纪事，总有一些共性内容，如契证、讼案、盟誓、诅咒之文等，均累见于金石。以金石铭刻契证、讼案、盟约，不单纯是为了记事，而更具有永久保存证据、备档核实的功能。在法律碑刻的发展过程中，契证碑和公文碑相伴始终，齐头并进。而且从宋代开始，公文和契证类碑石在法律碑刻中的数量比均有显著提高。讼案碑的数量虽不如公文、契证等类别，但其内容翔实丰富，诉求多样。而且将讼案勒于金石的目的、理念和实效，无论是基于文献还是侧重于制度研究，均是法律碑刻中颇具经典意义的类别。

第二，法律碑刻的自身发展规律及特色。"碑以明礼"、"碑以载政"和"碑以示禁"，是中国古代法律碑刻在唐以前、唐宋金元和明清三大时段的基本特色。[①]"碑以载政"的形式多样，内容以君言刻石和公文碑刻为主，用现在的眼光看，多属行政规范，展示出碑石在国家机器运转和社会治理中的重要作用。以敕牒、公据、榜示等政务实践为主的公文碑的大量存世，也表明法律碑刻具有政务公开和有案可稽的档案属性。明清"碑以示禁"的基础，是由中央、地方、民间等不同层次的禁碑所构筑的"碑禁体系"，各类禁碑遍布城乡，较之公文碑更加普及。是故，公文碑和示禁碑也当是法律碑刻中不可或缺的类别。

虽然禁碑在明代以前数目不多，而且严格说，官府颁发的禁令告示也属于公文的一种。但由于示禁碑在明清的迅速增加，尤其是在清代，官府禁令与民间禁约的融合日趋紧密。许多经过官府审核认同的乡规乡禁，很难截然分清是官府禁令还是乡规民约。在当代碑石分类中，我们已看到大量官府禁令与乡规民约在归类上的两难，故有"禁令乡约类"的合并妥协。而设立"禁碑"大类，其下分设敕禁、官禁、乡禁（民禁）等不同层

---

① 详见李雪梅《法制"镂之金石"传统与明清碑禁体系》，第66~140页。

级，也是化解现实分类冲突的一种方法。

第三，法律碑刻的实用和规范功能。法律碑刻的刻立有较强的目的性，所期望达到的效果，无外乎规范、秩序和权益保障。契证碑、讼案碑都具有明显的权益属性和利益格局。学规、水规、乡约等规范性章程以及箴铭训诫，在规范社会秩序方面都发挥着积极效用。禁碑的针对性强，多涉及社会治安、官员腐败、衙役贪弊以及恶风劣俗等社会顽疾，是化解社会矛盾、平衡社会冲突的重要措施。即使是有关神禁、冥判等内容的纪事碑，在社会治理方面，也能发挥法律所不及的功效。①

（二）法律碑刻之类别与归属原则

传统金石著录和当代文献学家对碑文的分类，为我们明确法律碑刻的分类提供了诸多借鉴。法律碑刻的分类需兼顾许多方面：从社会应用或满足社会需求的角度，可分为现世石刻和冥用石刻（哀册、买地券、告地状、敕告文等）等。其中现世石刻又可分为公文碑（诏书、圣旨、敕牒、告身等）、私约碑（契约、遗嘱、捐施财产声明、乡规等）、纪事碑、图示碑等。从碑石存世数量与内容的角度，可分为官箴、赋役、学规、水规、讼案、契约等类；从效力级别及类型化的角度，可分为神禁碑（包括盟诅类刻石）、圣旨碑（敕禁碑）、官禁碑、乡禁碑、规章碑、公约碑、契证碑和法律纪事碑等。

不同的分类标准，反映了法律碑刻分类的复杂性，这也取决于现实生活中法律问题的多样烦琐。基于法律碑刻的特性和前述分类依据，我们初步确定将法律碑刻分为公文碑、示禁碑、规章碑、讼案碑、契证碑、法律纪事碑六大类。至于分类中常见的重合、交叉，可从文体格式、主体内容、主要诉求及功能等角度进行判定，以尽量避免一碑两属、三属等分类上的冲突。

1. 公文碑及文体优先原则

从传统金石著录对公文碑的命名，可以看出公文碑重视文体的特色。

---

① 参见李雪梅《明清信仰碑刻中的"禁"与"罚"》，台湾《法制史研究》第 27 期，2015年 6 月。

宋、元公文碑的种类繁多，见之于碑名者，有二三十种之多（参见表1），诸如诏书、圣旨、敕牒、公据、札付等，均成为碑石命名的依据。其命名方式，或以寺观名、学校名等加通用文体。如《山左金石志》载大定二年（1162）《广岩院敕牒碑》，"广岩院"为寺名，"敕牒"为文体。另如《地藏院公据碑》、《灵岩寺下院圣旨碑》等也均是如此。这些寺观名称经过官府的"赐额"授权，是一种合法性的存在。而专用性的公文，多强调给发公文者的身份和与其身份相应的公文体，如元贞四年（1298）《炳灵王庙八不沙令旨碑》、至大元年（1308）曲阜孔庙的《皇妹大长公主懿旨碑》等；或强调公文中的特殊内容，如大德四年（1300）曲阜孔庙《衍圣公给俸牒碑》等。但无一例外，均标明敕牒、公据、圣旨、令旨等文体。

从碑石外观上看，公文碑均保留公文格式，公文上常见的敬空、提行、印章、画押，在碑石上多原样保留。这也是区别公文碑与其他类别碑刻的重要依据。

易于产生分类冲突的是带有公文的记事碑。如记事碑中的公文记述保留了原公文格式，像天会五年（1127）《鹿苑寺记》中刻有公文格式的敕牒和使帖，应当归入公文碑。如仅记述公文内容而丧失了公文格式，当归于法律纪事碑。

2. 示禁碑及罚则优先原则

广义的禁碑指刻载于石碑上的官府禁令。狭义的"示禁碑"应具备两个要件：一是有明确的禁止性规定，二是有较明确的违禁罚则即处罚措施。明清禁碑依效力级别大致可分为敕谕禁碑（皇禁碑）、官禁碑和民禁碑（民间自治禁碑）。敕禁碑是指圣旨、敕谕碑中带有禁止性规定的碑刻；官禁碑指各级官员颁布的带有禁令内容及罚则的碑刻；民禁碑指民众共同议定的族规、乡约和行规等民间规范中带有禁止性规定及罚则的碑刻。它们的共性是均有明确的违禁罚则，这是区别示禁碑与公文碑和规章碑的关键。①

3. 讼案碑及注重结果的原则

讼案碑是对官府审判案件过程与结果的记述，一般由讼案胜诉方或权

---

① 参见李雪梅《明清碑禁体系及其特征》，《南京大学法律评论》（2012年秋季号），法律出版社，2012。

益被侵害者刻立，旨在昭示判决结果或息讼过程，保护正当权益，防范类似纠纷再起。讼案碑在宋金时期已经出现，内容多围绕寺庙道观产业、学田和水利纠纷。明清时期讼案碑的数量剧增，涉及寺产、族产、学产和会馆产业等的"公产"纠纷的比例明显高于家庭或个人等"私产"纠纷，同时水利、林木纠纷也颇为常见，且地域特色鲜明。《安康碑版钩沉》在"讼案与契约篇"中收录有7通讼案碑，以田土水利争讼为主；《高平金石志》"纪荒息诉类"收有11通讼案碑，内容涉及水利、寺产、林木等纷争。

综观明清各地的讼案碑，文体有纪事、示禁、公文、判词、规章合同等多种形式，但以示禁碑和纪事碑的形式为常见。清代台湾法律碑刻的一个重要特点，是示禁与讼案与的合一。① 对这类极易产生一碑两属的刻石，我们倾向将争讼内容完整、处理结果明确的归为讼案碑。如示禁的内容是判语的附加成分，应归入讼案碑；相反的情况，则归入示禁碑。

此外，契证碑、规章碑、法律纪事碑也各有归纳原则。或强调功能，如契证类的买契、施契、舍契、界碑、四至、田籍租额等碑石，其内容千差万别，但都具有凭证作用和法律证据效力。或形式和功能并重，如规章碑多以条目形式出现，无论是宋代的《大观圣作之碑》、清代的《卧碑》，还是义学规条以及族规、寺规、行规，都具有类似的形式，以及同样的规范社会的功能。

任何分类均难免重合、交叉。解决分类冲突的方法，还是要突出法律碑刻的主体功用。法律碑刻的主要功能是满足社会需要、稳定社会秩序、化解社会矛盾。即法律碑刻有别于墓碑、题名碑和一般纪事碑等的重要标志是，它具有社会管理性（公文碑）、行为规范性（规章碑）、违禁处罚性（禁令禁约碑）、财产和权益保护性（契证类碑刻）、争讼化解性（讼案碑）、自觉遵守性（神禁、冥判等法律纪事碑），这是解决分类冲突的根本，也是法律碑刻的分类基础。

当然，确保上述分类原则能落到实处还有一个重要基础，那就是碑刻

---

① 参见李雪梅《清代台湾碑刻法律史料初析》，《出土文献研究》第 8 辑，上海古籍社，2007，第 318～348 页。

的命名要准确、规范，从碑名上能够大致判断出碑石的类属和内容。这一点，传统金石志对宋、金、元公文碑的命名树立了较好的范例。而对传统志书失载的明清法律碑刻的命名，对一碑多名现象的合理规范，是较碑刻分类更为烦琐和艰巨的任务。

附记： 2014 年 9 月 26 日，"石刻法律文献研读班"在中国政法大学法律古籍整理研究所开班。研读班由李雪梅教授主持，古籍所的青年教师以及历史文献学、专门史（社会史）、法制史等专业的博士、硕士研究生等十余人参加了首次活动。研读班的成立是为有志于石刻法律文献研究的师生提供一个开放性的学术交流平台，并借此促进石刻法律文献研究的深入。

石刻法律文献是石刻文献的重要类别，也是法律史研究的基础史料。载于碑石上的古代公文、讼案、契约和法令规章，自秦汉至明清绵延不断，数量可观，熟悉史料和研读文献是研读班的基础工作。"研读班"以李雪梅教授主持的"中国政法大学优秀中青年教师培养支持计划"（A 计划）为平台，通过史料研读和学术考察等方式，培养、凝聚学术力量，提升石刻法律文献整理研究水平。近一年来，"研读班"已举办碑刻史料研读 30 次，主要围绕传统金石志中的法律和公文碑刻；集体赴河北、山西、山东、河南、陕西、辽宁及北京郊区等地进行访碑学术考察 9 次，重点是对各地法律碑刻的遗存情况进行核实调查。未来一年除继续关注公文碑外，还将对古代讼案碑和契约碑进行重点整理和调查。

评高明士《中国中古礼律综论——
法文化的定型》

范予晨[*]

在中国古代，礼与律是统治国家、治理社会的两种基本方式，关乎国家政治与社会伦理的种种面相。因此，礼律关系及其演进过程始终受到学界的重视，前人在这一研究领域成绩突出。就中古时代的礼律关系而言，不仅有陈寅恪、程树德、钱穆等学者撰写的通论性论著，专题研究的成果更多。特别是集中在《唐律疏议》与礼关系的讨论上，其中比较值得关注的有刘俊文《唐律与礼的关系试析》、《唐律与礼的密切关系例述》等论文。他们对礼律的发展过程、唐律与礼的关系等问题做出了较为深入的研究，但如何具体地说明礼、律之内涵及其相互关系，探讨礼律发展在中古时期特质内容的相关研究成果较少。新近出版的高明士《中国中古礼律综论——法文化的定型》（台北，元照出版有限公司，2014），就是在对中古礼、律的成就进行讨论的基础上，考察礼律关系、礼律发展特质的史学专著。作者将自己多年来对中古礼制与法制的研究成果加以整合，是对上述未解决问题做出解答的一次有力尝试。

高明士先生早年的研究主要集中在教育史、礼制史上，之后转向了法制史研究。在他看来，"传统中华文化的核心价值在于礼、律两大要素；其具体呈现方式，若就学术研究领域而言，则为教育与法制"（"自序"，

---

　* 复旦大学文史研究院 2014 级硕士研究生。

第1页），这也是他多年来持续研究教育、礼制和法律的原因所在。如此的学术关怀和研究经历，使其成为探讨中古中国礼律问题的不二人选。在此前出版的《律令法与天下法》①一书中，他就专门设章节讨论礼律关系。与前书相比，本书基本的关注点仍是礼律的互动，但更加重视中古礼、律与国家、社会、儒学关系的探讨。

礼、律是如何完成政治上的法制化的？礼、律的发展又如何体现儒学的实践？中古时期礼、律如何与社会互动？作者在本书的前三章"中古时期的礼制"、"法文化的定型"、"东亚传统法文化的理想境界——平"中对这些问题进行了论述，并构建起"礼律、社会、儒学"的完整框架。

其一，作者向读者交代了礼、律发展的动态过程：将礼的要素融入法典，始于汉代；具体实施德礼为主、政刑为辅的立法思想，则初见于西晋的泰始律令；至隋唐，进而确立了"一准乎礼"的立法原则。所以，传统法文化的定型，关键时期即在晋唐间的立法。定型之后法文化的特质主要可以归纳为以下几点：律典的形式、法律的自然主义论、伦理化的立法观念、对民族和谐法理化的关注、"治平"的理想境界，以及东亚法文化圈的视野。其中，前五条也可以理解为整个中华法系的特质，《律令法与天下法》一书对此已有关注，此处可说是对前书内容的进一步阐发和补充。

其二，作者认为，儒学是最高意识形态，礼、律作为其具体的实践，对中古社会产生规范作用。在他看来，讨论儒学不能只由思想史角度入手，更重要的是探讨其实践，也就是修齐治平的理论。所谓儒学的实践，指礼律既是中华传统文化最基本的因素，也是控制政治社会的手段与方式。而儒学在中古时期的具体实践表现为：以礼建立差序，循礼制定律、令条文，并以此设教，使固有法伦理化、道德化；立法设刑，须则天应时。

其三，作者指出，由中国传统法文化定型化的趋势看来，表面上可以理解为法制与政治息息相关，但深入探讨其立法意旨，可了解其与人间社会、自然法则更是密不可分，有必要对法文化的进展与人间社会的关系作一整体性思考。

---

① 高明士：《律令法与天下法》，五南图书出版股份有限公司，2012。

在完成全书理论框架的建构后，作者进行了两个具体个案的分析。第四章首先从礼的层面探讨了中古宗庙的庙数和祭礼问题，又从法的层面考察了国家对宗庙的保护和皇帝对宗庙的责任，通过这两个层面的探讨，对中国古代宗庙祭祀中亲亲尊尊的含义和公、私两种属性加以深入的阐发。第五章以武则天的身份为标准，对其政治生命进行分期，并由礼、律的规范入手，来检讨武周政权对妇女地位的建树。作者认为，作为皇帝的武则天，并未从礼、律制度方面，对当时存在的良贱制社会作全面的导正，她只是利用礼法原则为其政治服务，并不曾撼动其根本，这也在一定程度上促进了法文化的定型。此二章通过实证研究得出结论，是对首先进行的宏观原理归纳研究做出的有益提醒。

中编以时间为经，对隋唐两代的制礼作乐进行了检讨，并对《新唐书》中"秦汉以来，治出于二，而礼乐为虚名"的论断作了进一步思考。第七章"隋文帝时代的制礼作乐"、第八章"隋炀帝时期的制礼作乐"、第九章"从唐武德到贞观礼的成立"，均从立国政策、文化认同方面对隋文帝、炀帝以及李唐王朝的制礼作乐加以分析，并得出了"文帝、炀帝制定礼乐律令，正是从制度上具体落实文化认同政策"、"李唐礼乐政策近取开皇，远祖周礼，并树立了以皇帝为顶点的中央集权体制"的结论。作者在第七章探讨文帝的教育以及礼乐政策时，不赞同《隋书》对文帝"不悦学"、"不知乐"的评判，理由是文帝时期教育已达到"中州儒雅之盛，自汉、魏以来，一时而已"的境地，在礼乐方面也有"始分雅、俗二部"的贡献，所以，评判文帝是否悦学、知乐，必须放在立国政策中去考察。第十章"唐代敦煌的官方祭祀礼仪"通过检讨敦煌文书中记载的藉田、社稷、雨师、雷神、释奠等祭祀礼仪，揭示了礼乐律令在文本规定与实际运作相吻合的若干侧面，是对当前学界过于强调隋唐礼乐律令的规定与其实践背离的纠偏。

下编是对唐律的专题探讨。第十一章"唐律研究及其问题"提出了唐律研究的五个重点问题，即唐律的渊源、唐律是否为罪刑法定、《唐律疏议》的制作年代、唐律及令格式等篇目研究、特定法制问题研究以及法律思想的研究。第十二章"唐律中的家与家庭责任"在法典伦理化的主题之下论述血缘关系，通过重点论述家长责任，得出了"传统中国的家长权力只能说是相对性，而非绝对性"的看法，并提示了家父长制所具有的政治意涵。第十三章"《贞观律》中的捕亡、断狱两律问题"围绕《贞观律》究竟有无捕亡、断狱两律而展开，分析了《旧唐书·刑法志》太宗朝纪事和敦煌文书中的唐律捕亡律残卷，从而探讨《捕亡律》、《断狱律》两律究竟是始于隋《开皇律》、《武德律》还是《贞观律》这一问题。第十四章"唐永徽东宫诸府职员令残卷若干问题"对《永徽东宫诸府职员令残卷》的定名进行了商榷，且对 S.3375 的读经规定进行了释读，进而对贞观至开元令典的渊源关系提出了看法，即后令除继承前令之外，《贞观令》与《开元七年令》具有相近性，《永徽令》与《开元二十五令》具有相近性。第十五章"天圣令学与唐宋变革"总结了黄正建和冈野诚对《天圣令》价值的说明，并在此基础上借由《天圣令》的材料，更深入地围绕"唐宋变革"的下限进行了探讨，有填补学术空白的贡献。第十六章"唐代《法例》书"，作者针对钱大群先生在《唐律与唐代法制考辨》中的观点，并在池田温《唐代〈法例〉小考》一文的基础上，对《法例》的特征及类别，《法例》著书作者、著书时间与行用时间，高宗废《法例》书等内容做了进一步的补充说明。

全书通过对礼、律与国家、社会、儒学关系的理论框架的构建以及礼、律相关具体问题的分析，得出了"隋唐时期，礼律在君主专制政体之下，其成果是国家与社会对儒学的具体实践；与此同时，法文化也在此时成为定型"的结论（第456页）。作者对本书的定位是"二十多年来论文的集结"，但笔者更愿意将之视为"对礼、律互动关系探讨的努力尝试"。本书对于我们深入了解礼律关系、探讨礼律发展在中古时期的特质等提供了非常好的借鉴，并对研究理路做出了积极探索，值得肯定。

从研究方法上看，本书采用的研究方法既包含理论框架的基本构建，即由大处着眼；又借由文献整理与考证的基础研究，即通过个案研究，最终升华为综合性的理论分析。作者以对礼、律单独问题的扎实分析为支撑，向读者传达礼律融合的文化样态。比如第十一章"唐律研究及其问题"主要解决的是唐律研究的五个重点问题，但作者更关注礼律关系研究的新方向，提出了以礼律融合的角度来思考问题的新路径，也就是从礼制（尤其是服制差序的身份制社会）来思考隋唐法制的特质，进而探讨家、家父长制、天下国家的特质。在作者看来，法典的伦理化也是值得重点关注的一个问题。作者专门设置第六章"义合与义绝——兼论唐朝律令的非血缘法制秩序"和第十二章"唐律中的家与家长责任"进行阐释，并认为，传统法对于人间秩序的规范，都是以伦理化作为准则，可区别为亲属关系与义合关系，因此这两章概括来说，所关注者为法典伦理化主题之下血缘关系和非血缘关系的秩序问题。

研究的进步，离不开史料的拓展。在这一方面，作者提供了不少有价值的启示。比如第十章"唐代敦煌官方的祭祀礼仪"通过对敦煌文书P. 2765、P. 2005（《沙洲图经》卷三）、P. 5034（《沙洲图经》卷五）、S. 1725V 等文书的讨论，来考察敦煌地区的祭祀礼仪。在现存文献中，有关地方政府实施这些礼仪的资料极少，敦煌文献在这方面提供的一手资料弥足珍贵。其中，作者通过对 S. 1725 三种祝文以及 P. 3896 后稷祝文的分析，看到其与《开元礼》所规定的州县祭社稷吻合。此外，他认为："郑玄以社稷神为超人神，王泾则以社稷为人鬼神，所以超人神说与人鬼神说之对立，与汉以来之今文学、古文学之争有关。在礼制上，唐制建二社一稷，始于魏、晋；而社、稷以二月、八月戊日祭祀，且以句龙配社、周弃配稷，或始于北魏。"（第 288 页）所以，从社稷之礼看来，北朝至隋唐都采用郑学，敦煌亦然。一般以为隋及唐统一中国，在经学方面，北学并入南学，"北学从此绝矣"，经过作者的研究，这一说法实有再考的必要。

在总体上肯定本书价值的同时，笔者也想提出一点建议、两点期待，向作者请教。

第一，作者试图把礼律、国家、社会、儒学纳入到一起进行考察，并且在叙述的过程中对宏观原理首先进行归纳，之后再用具体实例的探讨加以佐证，这就难免会造成一些具体章节的安排欠妥。从大的章节设置来看：首先，作者可以考虑将全书的前三章作为理论框架，单独设置为一编；其次，第四章"中古皇家宗庙的祭祀礼仪"、第十章"唐代敦煌官方的祭祀礼仪"，同样作为祭祀礼仪，一个是皇家、一个是地方，可以以对比的形式从礼律的角度加以讨论；再次，第六章"义合与义绝——兼论唐朝律令的非血缘法制秩序"，是以义和、义绝关系的法制化及其意义告诉读者，不论义和还是义绝，皆是传统法在道德律方面的典型代表，其中论及非血缘关系的人伦秩序、家庭秩序，是否可考虑与第十二章法典伦理化的主题之下的血缘关系秩序安排在一起讨论？另外，中篇主要按照时间顺序依次叙述隋唐礼制的建立，第十章"唐代敦煌官方的祭祀礼仪"的安排在其中稍显突兀。从小的章节安排来看，第五章第一节"武则天对提高妇女地位的作为"，通过对《旧唐书》中"则天之后，帷帽大行，羃䍦渐息"和《大唐新语》中提到的"神龙之末，羃䍦始绝"加以比较分析，认为这是武则天改革服饰政策中最为显著的部分，同时提出："妇女服饰，羃䍦、帷帽的式微，胡帽的盛行，与武则天干政以及妇女意识抬头有无关联，不敢确定。"（第153页）作者把并不能体现武则天提高妇女地位的举措作为"其他礼仪"的内容，安排在"武则天对妇女地位的提高"篇幅下，似乎稍有不妥。

第二，从《中国中古礼律综论——法文化的定型》书名来看，我们会发现此书的关注重点主要在于中古礼、律的探讨。其中，作者对"律"的界定为广义的"律、令、格、式法典，兼及诏敕"，比如作者在第十一章"唐律研究及其问题"，对以唐律为中心的唐代法制研究作了概括和梳理，其中涉及唐令、唐式、唐判、唐例的研究。然而在其论述过程中，明显偏重于狭义"唐律"的讨论，特别是在一些具体内容的分析上，如对《唐律》渊源的梳理、对《唐律》是否为罪刑法定的再讨论、对《唐律疏议》制作年代的分析、对《贞观律》中捕亡与断狱问题的考察等等。虽然书中也涉及对广义上的"律"的探讨，比如有关《永徽·职员令》残卷内容的检讨、天圣令学与唐宋变革论的分析，但是在书中这方面内容所占的比重偏少，难免会让读者有意犹未尽之感。礼律关系固然是中国古代礼法关系的一个重要方面，也是过去礼法关系研究中的重心所在，却绝不是礼法关系的全部，令、格、式、判、例与礼的关系，都有必要得到深入的考察。所以，我们期待作者以及其他学人能够立足于此，进一步探讨其他法源与礼的关系。

第三，此书的副标题为"法文化的定型"，围绕这一副标题，作者主要在第二章以"礼主刑辅"的礼法原理为指向，针对法文化的定型展开具体论述："传统法文化的定型，初见于西晋的泰始律令，经南北朝到隋唐而完备。其基本的立法原理，就是礼主刑辅。在这个原理的运作下，到隋唐时，其特质，成为后代乃至东亚地区国家立法的蓝本。"（第33页）笔者从中感受到其"法文化"的内涵主要针对的是"礼、刑关系"，且作者将法文化的定型时期判定在隋唐。然而，张伟仁先生曾对"法文化"有过更为丰富的内涵界定，即包括"法律以外的许多社会规范；施行这些规范的制度和实践；思想家有关各种社会规范和社会权威的理论；一般民众的是非善恶观念；他们对规范和权威的看法和态度；产生这些法律、制度、理论、观念、态度和实践的社会情势及其变迁；社会中各色人等希望利用这些规范和制度去追寻的目标"。① 无独有偶，柳立言先生也就"法律文化"提出过一个较为宏阔的定义："构成法律的各个部分，如法律条文、立法制度、司法制度、教育、考试、知识、思想、语言（含行话 jargon）、参与者（含官吏、当事人和讼棍等）、习惯、仪式（含服饰）和建筑（如法院和监狱）等，令人们对法律产生的某种'认知'和'态度'，诸如价值观和信念，包括对公平和正义的迷思（myth）以至迷惑（qualm）等。"② 唐代法制的成就确实引人瞩目，对周边地区也有巨大影响，若不局限于对礼刑关系的"法文化"探讨，而是在更为广阔的维度去探讨唐代是否是法文化定型期这一问题，或许会另有发现。

---

① 张伟仁：《中国法文化的起源、发展和特点》（上），《中外法学》2010 年第 6 期，第 805 页。

② 柳立言：《宋代的社会流动与法律文化：中产之家的法律?》，《唐研究》第 11 卷，北京大学出版社，2005，第 122 页。

评吴丽娱著《敦煌书仪与礼法》[*]

〔日〕山本孝子^{**}

一

吴丽娱先生著《敦煌书仪与礼法》为《敦煌讲座》书系（共 21 册）之一，于 2013 年由甘肃教育出版社出版。本书书首有荣新江先生的《总序》，用以讲述本丛书的缘起，其后是篇章目录，全书篇幅共计 516 页，除十章正文外，还有"引言"、"后论"、"参考文献"以及"后记"四个部分。以下本文将依照章节顺序，对其内容略作介绍。

引言《敦煌书仪的礼书内涵及研究现状》，从 20 世纪初敦煌文献的发现谈起，接着回顾敦煌书仪的研究概况，并叙述书仪的定义、辑校整理及概念等。由于本章注重书仪作为礼书的功能，所以此处的研究回顾并未全面涉及近年来书仪研究的所有领域。

第一章《三种世俗书仪的概观及时代特色》共分为三节，分别是"《朋友书仪》的存世和来源"、"吉凶书仪的文献记载与存世状况"及"表状笺启书仪文集的不同形态"。该章针对现存的写本书仪进行分别及归类，基本上是目前学界认同的成果之总结，进而展开概括性的论述。

* 本文为中国国家社科基金青年项目"新出中、日藏敦煌吐鲁番法制文献与唐代律令秩序研究"（项目号为：14CFX056）的阶段性成果。
** 日本学术振兴会特别研究员（PD）。

第二章《书仪的类型递变及制作传播》分为"书仪内容格局的渐变与转型"、"书仪的制作和流传"两节，除从书仪的制作背景、流传及演变等方面加以论述外，也针对《朋友书仪》、吉凶书仪及表状笺启书仪之间的交互关系或其个别特征——罗列并加以说明。

第三章《正礼时俗的结合与吉凶书仪的礼仪来源》分为"古礼、朝仪和家法的并行与兼收"及"礼俗的并存及沟通"两部分。因为"吉凶书仪在三种书仪中是最典型的礼书"（第100页），所以本章特别针对吉凶书仪的形成制作，从公领域到私领域、从朝廷到民间、从北朝到南朝、从正礼到时俗——加以论述。此外，该章也提及古礼、国家正礼、世家家礼等在书仪中的结合、发展脉络及继承关系。

第四章《礼书的写作规范与尊卑秩序》分为两节："吉凶书仪书写程式的等级化特征"和"吉凶语词称谓的使用和表达"。本章集中讨论书仪的语言表现或书信格式中所能体现出的尊卑长幼、上下亲疏等秩序与礼教观念，并论及收信人与发信人的等级关系。

第五章《官称行第与唐朝社会》分为"官称与敬称"和"行第的称用及意义"两节，主要探讨官称与行第这两种礼仪性称呼的各种使用状况。

第六章《复书和别纸的中古创作》是由"吉凶复书的应用形式与兴衰变革"和"别纸和重叠别纸的官场普及"两个部分所构成。该章对吉仪、凶仪中的单书及复书之别加以说明。其中特别分析了复书的使用范围由于受到限制而被单书所代替的礼仪简化过程，对晚唐五代别纸的出现也进行了分析讨论，并延伸讨论唐五代时期社会变化所带来的影响。

第七章和第八章分别讨论吉仪、凶仪中最隆重、郑重的部分——婚礼及丧礼。第七章《传统与现实结合的婚礼程序》分为"通婚函书与六礼改造"和"成婚仪式和礼俗变迁"两节；第八章《丧礼与吊祭的人世悲情》则分为"丧礼与吊祭之仪"与"丧服服制与衣制"两节。书仪不仅收录了婚丧礼仪的相关范文，还保留了婚丧仪典的相关程序，因此这两章的讨论展现了婚丧礼仪诸多面向。

无论是地方或中央官僚，必要的祝贺、道谢及问候起居等重要的礼仪，都是表状笺启书仪的主要内容。因此，第九章《贺谢、起居书仪缔造的官场仪规》即针对官场礼仪，分成"贺谢之仪从中央向地方的延伸"、

"从起居仪看官场礼仪的普及和下僭"及"唐后期五代中央地方的礼仪交接"三节来进行分析讨论。

第十章《礼物的赠送与礼帖特征》着眼于礼物的赠送及交换，共分为"书仪中的礼帖与送礼之风的演化"和"礼品的地域特色及归义军的朝贡往还"两节。其内容主要是官人之间的送礼方式或向皇帝的贡献、藩镇进献等具有政治性的内容，但并未涉及敦煌书札实物中常见的亲戚故旧、僧尼师弟之间的私交送礼达意之风。

后论《关于书仪礼仪特色的一点总结》，则"对于书仪的礼书内涵"作了概括，从"书仪在礼仪内容的丰富性/在礼仪传播对象的广泛性/在教化方式的通俗性"（第 481 页）等方面，论述了书仪的种种实用功能及使用面向，为本书做了完善的总结。

二

吴丽娱先生是当代著名的隋唐五代史及敦煌学专家，近十几年来亦从事敦煌书仪和唐五代礼仪社会文化史方面的研究，并着眼于书仪的发展演变，探究书仪与正礼、法规、时俗之间的相互影响，相关专著有《唐礼摭遗——中古书仪研究》（北京，商务出版社，2002），并有专论多篇，发表于《敦煌吐鲁番研究》、《敦煌研究》、《中国史研究》等刊物。本书《敦煌书仪与礼法》呈现了吴先生书仪研究的特点、学术意义及贡献，以下拟分三点略加总结。

首先，本书的用意很清楚，其立场、观点及方法也非常明确。敦煌书仪的数量及种类不在少数，其内容亦丰富多样，因此，必须选择一个切入点、着力点来深入研究。因为作者认为"礼仪则正是渗透于世俗书仪中最核心的成分"（第 2 页），所以正如书名所示，其着眼点在"礼法"——"礼仪的支配"、"礼仪教化"、"礼仪传播"（第 2 页），认为"书仪的内容本身即是古礼、国家正礼和民间世俗之礼三个层次的结合品"（第 3 页），全书在宏观且完整的架构下设置了各种细目，由此展开全面而系统性的分析与论述，并进一步阐释敦煌写本书仪和礼仪法度的基本情况、起源脉络以及与唐五代时期社会互动的相关背景等内容。

其次，本书视野广阔、论证绵密，行文用词精准并通晓明白，加上书中配有相关插图，让读者更容易了解敦煌写本书仪的真实情况，给书仪的初学者或不同领域的研究者提供了很大的帮助。其"后记"云："本书立意在传世史料和敦煌文献的结合方面下功夫，且努力以多方面的礼仪知识和研究内容填补书仪认识的空白。"评者以为，本书的确达成了这一目的。其正文引证了许多传世文献或出土文献，将书仪与相关记载密切联系，并且尽可能地以可见的材料来立论。如第180页对于图4-4所揭"河南蔚县所见村民谢吊帖"，注释1云："帖下方署名丧家致谢的成员，根据与死者的关系和丧服的不同有'孤子（丧父）'或'哀子（丧母）'，以及'期服孙''期服侄''功服侄'等称……说明不但古礼规定的丧服制度在今天的民间仍有遗存，而且书仪中的用语规范也仍被遵守。"从这里就能看出作者的用心与追求真实的毅力。

最后，作者强调社会的官僚化使得礼仪主体产生了变化，这一观点贯穿本书之始终，如朋友书仪、吉凶书仪、表状笺启书仪三种书仪的时代分布、吉凶书仪的内容比例（第一章、第二章等）、书仪所体现的尊卑秩序（第四章，第154页提到"从世族社会到官僚社会的某些礼仪要素"）、官称及行第等称呼方式（第五章）、书札格式的变迁等。（第六章，第238页云："中唐以后又出现了大量用于官员上状上事的别纸和重叠别纸。"）此外，作者提出儒家三纲五常已经贯彻于书仪中，"书仪作为中古时代儒家礼仪的忠实宣传工具始终坚守阵地"（第482页），即将书仪视为宣传儒家礼仪的最佳工具。

三

《敦煌讲座书系》的用意在于"希望利用集体的力量，来撰写一套敦煌学各个分支领域的通论性著作，体现百年来国内外敦煌学各个学科的研究成果，代表中国敦煌学研究的整体水平"，因此，这套丛书的"每本著作既是作者对某一领域研究的代表作，又是能够让敦煌学领域外的人阅读、参考的读物，可以引导读者进入敦煌学的相关领域"（《总序》），提供了展现百年中国敦煌学相关学术成果的平台。在本书的"后记"中，作者提及："尽可能参考新的研究论著"，"此本书的写成，对过去一段时间的总结"。但是，由于主观、客观的因素，本书在对既有成果的吸收与回应方面还是留下了些许遗憾。作为一部"通论性著作"、"某一个领域的代表作"或"总结"性作品，除了陈述作者的意见或引进最新研究成果之外，或许还应该在篇幅容许的范围内再多介绍一些不同的观点，对于各种学说也应尽可能地加以评析，并以此为基础表达作者的个人意见。若能如此，这些多方面的知识将有益于非专攻敦煌书仪的学人参看，也可以让读者更清楚学术争论的焦点所在，从而有效地推进敦煌写本书仪研究的纵深性发展。

书末所罗列的参考文献，并没有全部为正文所引注，亦偶见引述不妥当之处。书中提到前辈学者的观点时往往只述人名，却没有注明出处，如"赵和平指出"（第117页）、"周一良先生"、"陈祚龙和赵和平先生"（第425页）等。这样的注解方式对于读者而言颇为不便，特别是想要参看原文的时候，无法实现按图索骥。

在书仪研究方面，或许是因为不易觅得，有一些重要的日文论著至今仍未引起中国学者的关注，本书其实可以更加详细地予以注解或是引用，从而便于读者了解。作者在本书的第14~16页讨论朋友书仪的版本问题，其中第16页根据丸山裕美子先生的论文[①]介绍日本静冈县矶部武男氏藏《朋友书仪》残片，而丸山先生的论文曾提到，据池田温先生的见解，这件断简很可能是吐鲁番所出。然而，本书的作者并没有提到这一点，这样的书写方式容易使读者将此理解为敦煌书仪。

本书第22页涉及朱法满《要修科仪戒律钞》卷十五、十六《道士吉凶仪并序》，其主要论断引自王三庆先生的文章，[②] 作者认为朱法满为北宋人，但实际上王三庆先生并没有论断具体成书年代。除了王文之外，尚有

---

① 丸山裕美子：《静冈县矶部武男氏所藏敦煌·吐鲁番资料管见》，《唐代史研究》第2号，1999，第16~20页。

② 王三庆：《三洞道士朱法满编〈道士吉凶仪并序〉初探》，中国唐代学会等编《第五届唐代学术研讨会论文集》，丽文文化事业有限公司，2001，第17~43页。吴书第22页注释2、第490页参考文献所示的王文出处各有谬误，在此改正。

小幡みちる先生的专论，① 小幡先生认为此书应是唐代之人所著，评者也赞同成书于唐代时期的看法，如果作者对其成书年代有不同的见解，也应该给读者提供证据并加以说明。另外，该段文章末尾有"今存世惟有司马光书仪，五代以前的吉凶书仪除保存在敦煌文献（个别在吐鲁番文献）者外皆已不见"的说法，从中可知，作者似乎没有把《道士吉凶仪并序》放在书仪的范畴之内。

又，对于一些学界仍有疑虑的问题，作者似乎已做定论。如第255页引用司马光《书仪》卷九《慰人父母亡疏状》"刘仪短疏覆疏长疏三幅，书凡六纸"，并将这段语句解释为"刘岳却用三幅六纸"、"刘岳却显然是更上一层楼，不但恢复复书，且用多纸"。实际上，刘岳书仪早已散佚，目前无法得知其短疏、覆疏、长疏的形式或内容，况且这三者与敦煌写本书仪中所见单、复书之间的关系尚不明了，若将短疏、覆疏、长疏算为三幅六纸，并且由此认为刘岳重新启用早已作废的复书形式，恐怕令人不安。

而某些辨正之处，也可予以商榷。如第114页注释3关于P. 3442《僧尼道士吉书仪七首》云："按据原卷，僧尼道士吉书仪实尽四首。除《与和尚阇梨书》，余三首失名，此处据文意补，与赵和平《敦煌写本书仪研究》（第177～179页）定名微有不同。"其实，P. 3442原卷除了本书所说的《与和尚阇梨书》以及失名的三首书札之外，还有抄写为《与祖父母父母书》、《与伯叔书》及《与兄姊书》的三首。这三首之后有"右题书并依俗人，其外族卑幼亦依俗人，唯除再拜。举其宏网，更……（以下残缺）"之语，提醒僧尼道士如何写题书，若是此三首是为俗人提供的范文，便不会出现"依俗人"这样的话。由此可知，《与祖父母父母书》、《与伯叔书》及《与兄姊书》，② 无疑是《僧尼道士吉书仪七首》的一部分，前四首以及后三首加起来确实收录有七首，原卷标题无误。

---

① 小幡みちる：《〈要修科儀戒律鈔〉にみえる書儀について》，《史滴》33，2011，第91～110页。

② P. 3442卷首残缺，现存部分从《与子侄孙书》开始，应是内族吉书仪的最后一部分，如此可推断亦与该书卷下凶仪的目录内容相对应（目录内容的复原，请参看王三庆《敦煌书仪文献と东アジア文化》，高田时雄编《汉字文化三千年》，临川书店，2009，第185～220页）。所以，此《与祖父母父母书》、《与伯叔书》、《与兄姊书》三首不会是内族吉书仪，肯定是僧尼道士吉书仪。

　　至于上述三首失名者的定名，评者也有疑问。赵和平先生在《敦煌写本书仪研究》中将此三首分别定名为①《僧尼道士与俗人书》、②《与僧尼道士书》、③《僧尼道士与俗人书》；现在本书改成①《和尚阇梨①书与俗人书》、②《与道士书》及③答书。两位学者都认为书札《与和尚阇梨书》与①、②与③分别为一对，这一点与书札内容相符合。问题是赵书的定名①和③完全一样；而本书认为一半书札是和尚的，另一半为道士的。其实，各书札的题书分别为①"和尚阇梨名告^{道士云师名告}某乙省"、②"谨弟子姓名和南^{道士云白书封}谨通某法师^{道士云姓先生}，姓法师座前^{亦称禅前}"、③"谨释名白书^{道士云姓名白书}封谨通姓某官公左右^{亦云侍者亦云檀越}"，其收信人、发信人的身份或两者之间的关系很明确，因此各范文的拟题定为①《和尚阇梨道士与弟子书》、②《俗人与僧尼道士书》、③《僧尼道士与俗人书》应该更为妥当。②

　　此外，全书论述偶有矛盾之处。如第 415～416 页引 73TAM509：23/1－1 (a)，文书定名依照《吐鲁番出土文书（肆）》使用《唐开元二十二年（734）西州高昌县申西州都督府牒为差人夫修堤堰事》的名称，但后文中作者又认为"这是最典型的申状"。如果是申状，文书题目也应该改为相应的名称。③

　　本书主题为"礼法"，特别注重书仪的典礼仪注功能，加上研究对象偏重于吉凶书仪，因此对其他类型的书仪着墨较少，而对于想要借由本书进一步了解敦煌写本书仪全貌的读者，则有稍嫌不足之感。例如：对于第 27 页所揭《新定书仪镜》，本书只说"有多个写本"，读者无法具体知道有多少残卷。虽然有关朋友书仪、吉凶书仪、表状笺启书仪的存世状况、

---

①　吴书原写"阇黎"，是错字，此处引文据写本原卷改。全书在文字编校上还有一些不严谨之处，如：P. 2967 定名据《英藏敦煌文献》（第 34 页），应是"法藏"之误；写本原写"阁下"之处皆录成"阁下"（第 201 页等多处）等。凡此种种，恕不一一列出。

②　关于 P. 3442《书仪·僧尼道士吉书仪七首》定名问题，请参看山本孝子《有关敦煌僧尼书仪的几个问题——以吉凶书仪为中心》，中共高台县委等编《高台魏晋墓与河西历史文化研究》，甘肃教育出版社，2012，第 228～246 页；山本孝子《僧尼书仪に関する二、三の问题－敦煌発见の吉凶书仪を中心として－》，《敦煌写本研究年报》第 5 号，2011，第 225～244 页。

③　关于唐代公文的运用情况，可以参看赤木崇敏〈唐代前半期の地方文书行政——トゥルファン文书の检讨を通じて——〉《史学杂志》117～11，2008，第 75～102 页。该文复原各种公文的格式并详细地说明其分别。

文本特征及时代分布等状况分别在本书的第一章第一、二、三节已加以论述，但若能整理成表格，想必更能方便读者了解现存书仪到底有哪些、写本的数量及种类为何等。制作表格既能使这些信息一目了然，同时亦可以作为敦煌写本书仪在搜集整理方面的总结。作者所著《唐礼摭遗——中古书仪研究》、张小艳所著《敦煌书仪语言研究》等书，其书末皆附有一览表，若能将二者及最新成果结合起来，进一步加以完善，这将为今后对于写本书仪的查阅与运用提供更为方便的途径。

以上是评者对本书的一些不成熟的看法，在此提出一孔之见，还请作者与学界先进不吝指正。

四

总体而言，本书虽然存在些许文书释读、编校质量方面的瑕疵，① 但对于阐释敦煌写本书仪丰富多彩的内容，可以说是做出了重大贡献。《敦煌书仪与礼法》是书仪研究的里程碑，具有重要的示范价值，有助于研究者对既往研究的局限性进行相应的反思，进而重新思考那些尚未得到解决的疑难问题，由此将敦煌书仪研究推向新的高度。

---

① 如正文、注释、参考文献不相对应（如第48页正文中提到森安孝夫先生，但注释3所列著作或书末参考文献中均不见其作）；又如文书编号有误（如第394页 P. 4950 当是 P. 4050）等。

《中国近世的规范与秩序》书评

凌　鹏[*]

　　本书出版于 2014 年 2 月 28 日，版权页上记载有"编著者：东洋文库前近代中国民事法令的变迁山本英史"，"发行者：公益财团法人东洋文库槇原稔"，"制作者：研文出版（山本书店出版部）"。由此可以清楚地知道，这是一本由日本东京东洋文库出版发行的著作，编著者为山本英史。但是，该书的首页上未有"东洋文库论丛"字样，表明该著作未放入东洋文库论丛之中。

　　该书一开始有山本英史所写的"《中国近世的规范与秩序》序言"，其后是该书的目录，一共收录有九篇文章，篇目如下。

　　第一，地方法的积蓄及其法典化——围绕五代至宋的特别法（青木敦）

　　第二，南宋判语中所见在地有力者、豪民（大泽正昭）

　　第三，元代时期儒学理念的浸透与教育（大岛立子）

　　第四，明代江南是"宗族社会"吗（滨岛敦俊）

　　第五，关于清初的坊刻则例集——以嵇永仁编《集政备考》为中心（高远拓儿）

　　第六，关于清代前期定例集的利用（岸本美绪）

　　第七，"光棍例"的成立及其背景（山本英史）

　　第八，清代江西、福建的"溺女"习俗和法——围绕与"厚嫁"、"童

＊　日本京都大学文学研究科博士后期课程在读。

养媳"等习俗之间的关系（小川快之）

第九，清末至中华民国民法为止的立法过程的初步探讨——以夫妇财产制为例（西英昭）

最后，该书还附录了各文的"中文要旨"和"执笔者介绍"。

下面，本文将从该书的著者群、各篇文章要旨以及该书所展现的重要的研究动向与问题三个方面来进行论述。

一　研究班与本书著者群

首先，值得注意的是，该书虽然不属于著名的东洋文库论丛中的一本，但与文库有着极为紧密的联系，是东洋文库研究部研究班的集体成果。编者山本英史在序言中明确说道："本书是财团法人东洋文库研究部东亚研究部'前近代中国研究班（前近代中国民事法令之变迁研究班）'的研究成果。本研究组自 2003 年成立以来，已经出版了《宋—清代的法与地域社会》（大岛立子编，财团法人东洋文库，2006），以及《前近代中国的法与社会——成果与课题》（同编，财团法人东洋文库，2009）两书。本研究组通过历史的方法来努力解明中国的法及其社会的存在状态。"

这本《中国近世的规范与秩序》，正是该研究组第三期研究活动的成果集合。[①] 对于这一研究班，在东洋文库的网页上，可以找到该研究班2012 年的简要说明[②]，其中称："（本研究班）通过分析宋代以后与户婚、田土、钱谷等相关的'民事'法令，试图理清其变迁的过程。近二十年来，在对中国各个时代各种类型法律的研究之中，呈现了一个重要的特征，即通过对判牍文以及契约文件的研究，来探讨法令的有效性和严格性。这些研究得益于诸多契约文书以及条例、判牍文书的发现，同时还得益于能方便地利用到中国国内的收藏。在过去的五年间，本研究班一直在从事这方向的工作。通过这五年的研究，我们认识到：必须重新确立法令研究的视角。本研究的对象限于民事法令的原因在于：民事法令能更容易

---

① 对于该书的书评，目前可见的有龟山冈敦子发表于《史学》杂志上的《书评山本英史编『中国近世の規範と秩序』》一文（《史學》83～4，2015 年 1 月，第 459～469 页）。

② http：//www. toyo－bunko. or. jp/research/yearbook2012. pdf#page＝1

地反映出社会的状况，适于用来分析社会实态的变迁。某一时期确立的法令往往会随时间流逝变得不能适应现实社会，而通过对于多个时代的长期考察，我们可以抓住汉族社会的大变动。"

而且，在该网页上还介绍了研究班成员（2012 年），包括（总括）山本英史，（南宋）大泽正昭、青木敦，（元代）铃木立子，[①]（明代）鹤见尚弘，（明清代）岸本美绪、滨岛敦俊、寺田浩明、西英昭、高远拓儿，一共十名成员。其中除去鹤见尚弘与寺田浩明在本书中没有文章之外，其余各位研究班成员的文章都有收录。其实，由于东洋文库研究班有六年一期的规定，因此该研究班的第一期应该是自 2003 年至 2009 年截止。在 2003 年的成立初期，该研究班的名称稍有不同，叫作"前近代中国的法与社会"研究班。参加成员亦稍有不同，其中有已故的柳田节子，而研究班负责人为大岛立子。在这一研究班时期内，出版了《宋—清代的法与地域社会》以及《前近代中国的法与社会——成果与课题》两书。[②] 自 2010 年开始，便进入了新一期的研究班，名称改为"前近代中国民事法令之变迁"，成员亦稍有调整，负责人为山本英史，同时还加入了明清史研究的高远拓儿与近代史研究的西英昭。若按照六年一期的时间计算，则这本《中国近世的规范与秩序》一书，应该是该研究班的中期成果。我们还可以期待该研究班的下一本成果集。

若将该书与 2006 年出版的《宋—清代的法与地域社会》，2009 年《前近代中国的法与社会——成果与课题》两书进行比较的话，我们首先可以注意到在书名上所发生的一些微妙变化。首先，2006 年的书名是"宋—清"，2009 年使用的了"前近代"，而 2014 年的本书，则使用了"近世"一词。"前近代"（premodern）一词，没有明确的系统，所表达的含义是在"近代之前"与"近代"之间做出区分，更倾向于强调中国前近代与（西方式）近代之间的差异和断裂、例如东京大学沟口雄三所著《中国前近代思想的屈折与展开》。而"近世"一词，则与由内藤湖南、宫崎市定等所开创发展的京都学派中国古史分期法有关，属于"古代—中古—近

---

① 即大岛立子。

② 为了能够更好地理解该研究班的研究取向与成果，现将两书的目录附于本文末。

世—近代"这一系统，例如宫崎市定便有著名的《东洋的近世》一书。在这一系统中，比较关注的中国近世与近代之间的内在延续性。在学术交流频繁、派别混同的当下虽然不能强调这一差别，但是若结合山本英史的序言，以及近代史研究者西英昭的加入，则可以看出研究班的定位有了微妙的改变，更加强调中国历史研究的延续性。而且，更有意思的是，该书的作者，其出身大部分都是东京派，而非京都派。下面简单地介绍一下各位著者的出身以及主要著作。

山本英史，1950 年生，东京大学博士课程单位取得退学。著作：《清代中国的地域支配》（庆应义塾大学出版会，2007），《传统中国的地域像》（编著，庆应义塾大学出版会，2000）等。

青木敦，1964 年生，东京大学博士课程单位取得退学。著作：《宋代民事法的世界》（庆应义塾大学出版会，2014）等。

大泽正昭，1948 年生，京都大学博士。著作：《唐宋变革期农业社会史研究》（汲古丛书之九，1996），《唐宋时代的家族、婚姻与女性》（明石书店，2005）等。

大岛立子，1944 年生，东京教育大学博士课程终了。著作：《蒙古的征服王朝》（大东出版社，1992），《宋—清代的法与地域社会》（编著，财团法人东洋文库，2006）等。

滨岛敦俊，1937 年生，东京大学博士。著作：《明代江南农村社会的研究》（东京大学出版会，1982）。《总管信仰：近世江南农村社会与民间信仰》（研文出版社，2001）等。

高远拓儿，中央大学修士课程修了。著作："清代秋审制度与秋审条款"（《东洋学报》第 81 卷第 2 号，1999），"清代秋审制度的机能及其实际"（《东洋史研究》第 63 编第 1 号，2004）等。

岸本美绪，1952 年生，东京大学博士课程中退。著作：《清代中国的物价与经济变动》（研文出版，1997）、《明清交替与江南社会：17 世纪中国的秩序问题》（东京大学出版会，1999）等。

小川快之，1968 年生，东京大学博士课程修了。著作：《传统中国的法与秩序—地域社会的视角》（汲古书院，2009）等。

西英昭，1974 年生，东京大学修士课程修了。著作：《〈台湾私法〉

的成立过程》（九州大学出版会，2009）等。

可以看到九位著者之中，东京大学出身的有六位，另外一位是京都大学出身，一位是东京教育大学（今筑波大学）出身，一位是中央大学出身。

二　各篇章的主要内容

我们首先对该书诸篇论文的内容做一个简单介绍。

《中国近世的规范与秩序》序言（山本英史）

在该序言中，山本英史从他自身所经历的一个非常有意思的现象切入。在 20 世纪 80 年代的中国大陆，有所谓"外国人特别价格"，即购买同样的物品与服务，外国人往往需要比中国人付出高数倍的价格。若询问其原因，售货员往往会说这是"规定"，但是又找不出确实的规定条文。山本英史由此想到内山完造在散文中写过的一个故事：民国时期，上海的卖油郎往往会根据买主的经济状况来确定给油的多少，贫穷的人就多给些，富裕的人便少给些。山本氏由此想到，"外国人特别价格"（即让有钱人多出些）是否也是这样一种"商业人情"在现代的体现呢。进而他指出，自古以来，中国确实有"法"的存在，但是若不理解超越"法"并且构成其背景的不成文的"规范"与"秩序"，则不可能理解中国"法"的真正意义。而这本研究的整体，正是试图以历史的方式来研究前近代中国的超越了"法"的规范与秩序构造。

第一章：地方法的积蓄及其法典化——围绕五代至宋的特别法（青木敦）

在该文中，青木敦首先指出，与依靠过去的命令、前例的积累等来处理地方事务的元、明、清相比，宋代的法律制度有一个很大的不同。即使是针对地方、部局的事务，也必须由中央通过格、敕、令等国法来进行明确的规范化与"法典化"，这便是宋代的"特别法"。但青木氏指出，在实际的行政过程中，其实还有一些中央政府无法把握的，各个地方独自积累的律、敕、格式、指挥等。而这些法、例与指挥等的积累，在某些时候往往会再经由中央而重新得到法典化。

第一节中，青木氏首先就"地方法的位置"展开论述，指出对于由唐到宋代的杂多的法律规范进行分类时，有多重分类方式，其中之一是依照法律的对象而区分为"海行法"与"特别法"。根据滋贺秀三的区分，特别法又分为"地域特别法"、"官厅特别法"以及"与特殊事务相关的法规集"三类，不过青木氏认为前两种与第三种的层次不同。青木氏在本文中所论述的，主要是第一种。此外，他还指出，宋代的地方特别法，其源流应该追溯到五代时期南唐、蜀国等各自制定的"国法"，带有一定的"海行法"特征。其种类虽然是以敕为中心，但还包括了敕令格式、赏格、例等多种形式。

其后，青木氏开始论述地方法的利用以及法典化。他指出，首先由于宋代中央政府所颁布的律、敕令格式、指挥等与地方相关的法典条文太多，中央政府在技术上很难完全掌握。因此，若中央政府由于某种原因造成文书损失的话，便不得不求助于地方的法律积累。而这种损失，最严重的当属靖康之变。靖康之变后，由于南迁的南宋朝廷丧失了绝大部分法典文书，因此，中央政府只能依据胥吏所记载的备忘录，以及管辖区域内各地方所积累的地方法典，以此为基础才能重新构筑南宋的法典体系，如《绍兴新书》等。这一阶段大概持续了十年时间。不过在十年之后，南宋中央的法律编撰，依旧还要依赖于各个地方的报告。

然而，在这一由地方到中央的法典编撰过程之中，发生了一些重要的例外。即并非所有的法令在法典化的时候都会被中央的逻辑所整合和统一。相反，地方独特的文化与习惯也会进入到中央所制定的法典之中。在此，青木氏重点分析了几个例子，例如在福建的地方法《福建路令》中，有允许即使不饥贫的时候也可以令异姓收养其子的规定，这原本是福建地方的习惯。但是在南宋，却通过中央的再法典化被扩展到了江浙湖广等地区。又如，原本针对福建地区的溺子禁令，也被编入海行法而扩展到了江东、江西、湖南、湖北等路。

最后，青木氏指出，宋代试图将所有的地方法以及部门行政法都收集起来加以编订成正式法典的努力，是源于试图以法和制度作为整个社会统治基础的意识。例如王安石的役法改革这一涉及政治与社会的整体改革，便是以全面性的元丰令等法令的颁布来进行的。而与此相比，元、明、清时期不再试图以法令来实施全部政治，例如明代张居正的财政改革，其主要目标是通过丈量（土地）和对主管官吏的考课来增加收入，其取向是结果主义的。青木氏最后总结道：对于近世以来不断扩大的社会经济规模，宋朝所实行法治行政，其实已经达到了最终的界限。

第二章：南宋判语中所见在地有力者、豪民（大泽正昭）

在该文中，大泽正昭首先指出，他所要研究的是唐宋变革之后中间阶层在社会中的位置问题。他首先对现行研究与史料进行说明，介绍了周藤吉之、梅原郁、草野靖、梁庚尧等氏的研究，分析了官户、形势户与豪民等概念的含义，指出其中有重视官户、形势户、士人的形象，以及重视豪民的"豪横"性格这样两种倾向。而大泽氏的研究，则是要通过探讨南宋判语集之中出现的在地有力者的全面形象，来推进这一研究。其后，他对于自己所使用的《清明集》、《黄勉斋集》、《刘后村集》、《文文山集》等史料以及先行研究进行了说明，并对陈智超与梅原郁的"豪民"研究进行了综述。

在第二节"南宋时代判语中所见的在地有力者"之中，大泽氏对于《清明集》等史料中出现的所有与在地有力者相关的案例（100例），从（1）"身份、称呼"，（2）"地域"，（3）"组织"，（4）"活动内容"这四个方面进行分析。通过对身份称呼的分析，可以知道南宋判词之中的在地有力者，大都被叫作"豪民"。因此大泽氏便利用判词中的案例，对"豪民"进行深入分析，特别分析了两方面的内容：第一，司法领域的行为——私的裁判。在农村地区，豪民往往私设牢狱，私下进行审判和裁断；而在城市之中，豪民虽然无法私行裁判，但往往会通过各种手段操纵官府的诉讼和审判。第二，经济领域的行为——参与商品流通。在流通领域，豪民往往会参与官盐、私盐的流通，政府组织的物流，货币铸造，以及纸、铁、石灰等物资的流通之中，以此来获取经济利益。在大泽氏看来，豪民在这两个领域的行为，正是构成豪民作为在地有力者发挥影响力的社会和经济基础。

最后，大泽氏针对宋代的在地有力者总结出以下几个特点：第一，在地有力者大都与国家的权力和权威相结合，构成了"相互依赖的构造"，而不是全面反抗宋朝的统治。第二，豪民的活动是与暴力行为紧密联系在一起的，是一个"依靠实力的世界"。第三，豪民在寄生于国家的同时，又有着支配地域社会的意欲。因此，在农村地区往往表现为私设法庭，在都市则表现为操纵诉讼。不过，这样一种意欲往往也会遭到地方官的打击。第四，南宋的在地有力者与豪民的存在，展现了宋代日常生活的一个重要特征：对于官府来说，他们其实是执行日常事务与维持治安不可缺少的"恶势力"；对于人民来说，他们担当了相关的公共事务，维持着地方社会的再生产。第五，在地有力者们虽然大都是地主，主要经济基础是土地经营，但他们同样与商业流通紧密结合在一起。大泽氏将之称为"阿米巴形复合经营体"。

不过在最后，大泽氏还指出，由于所使用的判语史料的局限性，豪民等在日常社会中发挥的公共作用，有很多无法进行研究。今后有必要参照其他史料，展开进一步的研究。

第三章：元代时期儒学理念的浸透与教育（大岛立子）

大岛立子首先从一个宋代与元代的对比来引出问题。在宋代的判牍之中，往往会有"由于不是读书人，所以给予宽容"，以及"读书人所应当做的"这样一些语句，从而区分出必须懂得礼以及律的读书人阶层以及其下的普通百姓阶层。但是在元代的判词之中，却很少出现这类言语，由此可知儒教的家族法在元代得到了强化。

在第一节"忽必烈与汉民族的法"中，大岛氏首先论述汉族读书人在制定元代法律时候的重要影响。虽然元代的汉族知识分子在仕途上是处于"不遇"的境地，但是作为政府制定政策时候的重要顾问，例如姚枢、许衡、赵复等，都在元代的法典制定过程中发挥了重要的作用。因此，在元代的法律规定中可以看到很多儒教之礼与家族法的内容，例如同姓不婚，婚礼、丧礼的礼制等。此外，在农村支配的方面，最重要的还是沿着朱熹、吕祖谦等的思想，设立了"社制"。

在第二节"社学的设置"之中，大岛氏论述道：由于"社制"的确立，社学也随之得以推广，而在社学中所教授的恰恰正是儒家的道德伦理。同时，汉族知识分子由于在仕途上的"不遇"，因此为了维系儒学理念，便倾力于通过社学等而开展的庶民儒学教育。

正是在这样一个法律与教育双管齐下的背景中，元代时期儒学理念得以对社会展开了全面的浸透。其中，社制的社长不仅仅承担劝农的责任，而且更广泛地承担了依据儒教道德对乡村各种纠纷与矛盾实施调解与教化的职责。大岛氏还利用了《元典章》中的一个案例进行分析，以说明在家族内的纠纷上，社长是如何以儒教家族法的理念而不是当地习惯来进行调解。这正是儒教家族法浸透入乡村的最充分证明。

最终，大岛氏总结道：作为儒教理想社会形式的"社制"，以及随之而来的社学教育，切实地将儒教的礼带到了非知识人的庶民身边，由此，成了儒教家族法理念普遍渗透的重要契机。

第四章："明代江南是"宗族社会"吗（滨岛敦俊）

首先，滨岛敦俊提出，他的研究课题是要探究江南社会中有着怎么样的"共同性"，支撑这一"共同性"的基础是什么，并且发生着怎样的变动。同时，他提到自己曾将江南地区的社会类型总结为"非宗族性乡绅社会"，将华北地区称为"非宗族性庶民社会"，将华南地区称为"宗族性乡绅社会"。本文便是要专门探讨在江南地区社会中"宗族"的意义，时间放在明代后期。随后，滨岛氏对"江南"和"宗族"两个概念进行了严格定义。"江南"限制在太湖周边的江南五府（苏、松、常、嘉、湖）范围内，而"宗族"则是指包含了多个家庭与世代的父系血缘社会组织或者社会集团。其内部有着强制力与凝聚力，最被重视的秩序原理是"尊卑之分"，此外还有"男女之别"、"长幼之分"等；在外则有祖先祭祀的祠堂，以及祠产、族产、族谱等。

在第一节中，滨岛氏首先就《云间谳略》中的一个松江府富家女背德乱伦的案件，来考订"粮差"、"抱血嗣"等词语的准确含义，同时指出：在处理抱养的异姓婴儿是否有继承家产的权利问题时，这一本应与"宗族"密切相关的案件中，却完全没有见到宗族的参与和出场，而是诉诸官府等公权力。在第二节中，滨岛氏分析了江南地区的五种重要史料：（1）嘉兴李氏——李日华《味水轩日记》，（2）南浔庄氏——庄元臣《庄忠甫杂著》，（3）嘉善支氏——支大纶《支华平集》，（4）拓林何氏——何良俊《四友斋丛说》，（5）鲁迅《社戏》，并且指出：在这些史料中，完全没有出现同族宗族组织的痕迹（特指以"尊卑之分"为秩序原理之骨干的宗族）。因此，他认为宗族组织并没有普遍存在于江南地区，并非江南社会结构中的重要部分。在第三节中，滨岛氏开始追问：为何在江南地区宗族不能普遍存在，且不是社会结构的重要部分呢？他引入了广东沙田地区的案例进行对比。在他看来，由于广东的沙田地区开发晚，国家的权力一直没有进入，在沙田耕种的农民必须要预防水贼等的骚扰，因此便发展出了强有力的"宗族组织"。与此相反，江南地区早经开发，在南宋的时候便已形成了稳定的乡村社会，而且国家的权力早已覆盖了这一地区，不需再担心治安问题。同时，该地区也没有强烈的族群、语言矛盾。因此，便没有必要形成真正的宗族血缘组织。

不过，滨岛氏又指出，虽然江南地区没有真正的父系血缘社会集团，但是却有着"假想的宗族组织"。他以《味水轩日记》和《支华平集》为例，分析了其中出现的所谓"宗族"，指出这些所谓的"宗族"都是李日华和支大纶在成为士人之后，为了联络当地的著名家族，或者为了掩盖自己的出身，通过与其他同姓的士大夫家族进行通谱而创造出来的"想象的共同体"，滨岛氏将其称作"拟制宗族"。此外，滨岛氏还对于范金明在2006年所提出的不同意见进行了解释。范金明以自己的经验指出，近现代的无锡便有同族组织的存在。滨岛氏则引用田仲一成的研究指出，清代中期之后宗族组织在中国又有了进一步的扩展，在特定地域，特定条件下便有可能会出现宗族组织。因此，对于近现代无锡的同族组织，还需要进一步的研究。最后，滨岛氏强调，宗族结合的根基并不在于对儒教的理解，而更应该在于社会经济条件的基础。

第五章：关于清初的坊刻则例集——以嵇永仁编《集政备考》为中心（高远拓儿）

高远拓儿一开首便指出，自顺治到康熙时期，除去会典、实录以及不多的官员文集、政书、档案之外，有关朝廷六部的史料并不多见，特别是有关顺治至康熙前半期的情况，史料更少。幸好，现存有两种康熙时期的坊刻则例集，都是康熙九年刊刻。一种是《六部题定新例》，另一种则是《集政备考》。对于前者，已经有了谷井阳子的详细说明，① 而对于《集政备考》，还没有详细的介绍。因此，高远氏首先对该书的编者嵇永仁以及

---

① 谷井陽子：《清代則例省例考》，《東方學報》（京都）第 67 册，1995，第 137~239 页。

编撰该书的过程进行了较详细的说明。

随后，高远氏对于《集政备考》一书本身进行了详尽介绍，列出了其细目，并且统计了该书所收各年则例的数量和分布情况，从中可以发现康熙七年的例数量众多。他指出《集政备考》与《六部题定新例》的一大不同便是：不仅收入了当时现行的则例，而且还收入了之前颁布而当时已经废除的则例。之后，高远氏对《六部题定新例》也进行了简单说明，指出其中亦多收康熙七年的则例。

针对《集政备考》中康熙七年之例众多的现象，高远氏开始探究其原因，指出这一则例编撰事业起因于康熙七年御史王熙的"酌复旧章疏"。同时，作为由大臣辅政到自己亲政环节中的重要一环，康熙帝要通过"酌复（顺治时期的）旧章"的方式开启自己亲政的新时代。因此在康熙七年，朝廷开始了对于则例的整理和颁行工作。同时，中央政府的这一行为，又刺激了地方上对于则例集编撰的兴趣，由此才出现《集政备考》和《六部题定新例》这些早期的坊刻则例集。

第六章：关于清代前期定例集的利用（岸本美绪）

岸本美绪在开篇就指出，对于明清时期关系到国家运行的各种规定，有着数量极多的官刻以及私刻定例集。那么，对于这些数量众多，性格多样的定例集，如何能够方便而准确地加以把握和利用，便成了一个重要问题。岸本氏明确表示，本文不会讨论定例的性质问题，而是关注如何利用的问题。

随后，岸本氏根据谷井阳子对于清代则例的分类，选择了由康熙后半期到乾隆初年编纂的五种综合性的坊刻定例集作为自己的调查目标，进行较为详细的说明。这五种坊刻定例集是《本朝则例类编》（全十四册，内阁文库所藏）、《本朝续增则例类编》（全二十册，东京大学东洋文化研究所所藏大木文库）、《定例类编》（全三十二册，东京大学东洋文化研究所大木文库）、《定例成案合镌》（全十六册，东京大学东洋文化研究所藏大木文库）、《定例续编》（卷一至卷五，十册，东京大学东洋文化研究所藏大木文库）。对于每一种坊刻定例集，岸本氏都是按照"刊行状况"、"编者"、"编集方针"这三项来进行说明的。

在第三节中，岸本氏专门论述了清初定例集的特点。她首先总结了定例集编纂的共同特点。第一，动机。官僚和幕友在实际的行政之中，需要掌握不断积累的则例，但是个人很难能全面把握。同时，如果要收集各种官刊的则例集，在费用上也不可能。因此就需要一种能涵盖行政所有领域的简便实用的定例集。第二，方法。立足于已有的官刻、坊刻定例集，并且从邸报上收集新的定例，以简便的方法进行分类整理刊行，并且定期增补。第三，编者的社会地位。他们都不是科举的合格者，而是以幕友等职业为生的无名者。

除去这些共同特点之外，各种不同的定例集还有各自的独特之处。第一，《定例全编》、《定例续编》的编者都是江西人，而《本朝则例类编》、《本朝续增则例类编》、《定例成案合镌》的编者则是江南三角洲地区的人。第二，编集分类的构架分为两种，一种是以"大清律"为基础，包括《本朝则例类编》、《本朝续增则例类编》、《定例成案合镌》以及《定例续编》；另一种则是以"大清会典"为基础，只有《定例全编》。此后，岸本氏还以《本朝则例续编》和《定例全编》为例，比较了两种类型的目录和编修方式。第三，各书在收录具体事案时，对于事案的个别性和具体性的保存程度有差别。其中，收集最为全面的是《定例成案合镌》一书。围绕这一问题，岸本氏还专门讨论了当时使用定例集的幕友和官僚们对于"例"的具体理解与感觉。

在第四节之中，岸本氏列出各种定例集中所收的"钱法"则例，并将这些史料与其他编纂史料（如《会典则例》、《皇朝文献通考》、《清圣祖实录》以及现存清代档案等）中所载"钱法"的内容进行对照，以说明坊刻定例集作为史料的独特价值与意义。

第七章："光棍例"的成立及其背景（山本英史）

山本英史一开始便指出，在康熙年间的《福惠全书》、《守禾日记》以及《于清端公政书》之中，都散见与"光棍例"相关的案件。他指出要通过对"光棍例"的成立及其背景的研究，来探究清代康熙年间中国本土支配秩序形成的具体过程。

在第一节中，山本氏利用多种文献和已有研究，专门探讨了"光棍"一词的源头及其多种流变含义。指出其最初的来源应该是唐代李绅的"抨三川守诗序"，其原初的含义是市井中的无赖汉。其后，山本氏专门论述了《大清律例》之中附在刑律"贼盗下·恐嚇取财律"后的"光棍例"原文，并对大清律例之中适用于"光棍例"的14条例——进行了详细说明。所谓的"光棍"被区分为两类：一类是本身确实是"光棍"，身处秩序之外并挑战秩序。而另一类则是比附于"光棍"，例如八旗家人、军属之民、军士、吏卒、宦官、僧人喇嘛等，由权力内部来破坏秩序。

在第三节中，山本氏还论述了另一个"光棍例"及其适用的情况。准确地说，其实是与"光棍例"同样附于刑律"贼盗下·恐嚇取财律"后的"棍徒例"。这一则例应对的情况似乎与"光棍例"类似，但其惩罚却要轻得多（"光棍例"首犯斩立决、从犯绞监候，而棍徒律则最高判处发遣四千里）。在大清律例之中，棍徒例的适用也有12条例。并且，"光棍例"适用条例的确定时间大都是清朝前半期，而棍徒例的适用时间则大都是在清朝后半期。此外，山本氏还从《刑案汇览》中选出了从乾隆四十年到道光十八年间的24件例案，发现其中适用"光棍例"的只有1件，而其他都用"棍徒例"。

在第四节之中，山本氏对于"光棍例"的具体成立过程进行了细致考证，指出从顺治十三年议准之后，"光棍例"对于首犯与从犯的处罚有一个由轻到重再稍微减轻的复杂演变过程。顺治十三年是首犯立绞，而从犯则分为民人和旗下人，分别给予责四十板充军和枷号三月鞭一百的处罚。经过康熙十二年的覆准和康熙十五年的议定，变为了首犯立斩、从犯立斩的最重惩罚。而在康熙十九年议准中，又改为了首犯立斩、从犯绞监候。其后则大体保持这一处罚。

最后，山本氏对"光棍例"这一成立与变化的背景进行了考察。他指出"光棍例"成立的时间正是清朝初期，清朝对于中国本土的支配秩序还没能真正确定。特别是在康熙十二年之后，三藩之乱以及台湾郑氏的骚乱使得当时的统治秩序更加不稳固。因此，确立与强化"光棍例"的严苛处罚，正是为了以严刑来惩戒体制内外的反清以及反体制的分子，是一种临时的措施。而且，随着支配秩序的逐渐稳定，对于"光棍例"的应用也明显地表现出一种缓和的趋势，后来还制定出"棍徒律"，在实际上取代了"光棍例"。最终，山本氏总结道，"光棍例"是清朝在其对中国本土的支配尚未确立、安定之时，特别设立的一种严法。

第八章：清代江西、福建的"溺女"习俗和法——围绕与"厚嫁"、"童养媳"等习俗之间的关系（小川快之）

小川快之开篇便指出，考察传统中国地域社会中法的运用与实态的时候，必须要考虑到各个地域多种多样的习俗与惯行的影响。随后，小川氏总结了关于从宋到清时期"溺女"习俗的先行研究，并在这些研究的基础上指出，先行研究对于地域差异没有给予足够的重视。因此，他选择了溺女习俗最为盛行的江西、福建地区，考察这一地区溺女习俗发生的背景、地方官的应对、与其他习俗之间的关系，以及地域间的差异。

首先，小川氏分别论述了贫困层、富裕层与"溺女"习俗之间的关系。通过江西、福建等地的相关史料，指出贫困层溺女的原因大都是贫困，而富裕层"溺女"的习俗，在有些区域与"厚嫁"习俗有着密切的关系，而在有些区域还与"溺女生男"这一信念相关。

其后，小川氏指出，在清代的江西与福建，与"溺女"习俗相对的，还有"不溺女"习惯的兴起。他所要讨论的便是这些地区兴起"不溺女"习惯的背景。其中，第一个背景是"童养媳"的习俗。利用"童养媳"的习俗便可以免除高额的娶妻费用，从而也减少了贫困层的"溺女"行为。第二个背景则是"因贫困而出家"的习惯，能够减少溺子的可能性。第三个背景则是婚礼的简朴习惯，使得有些地区"厚嫁"的影响大为减弱。

在第四节中，小川氏论述了江西、福建地区与"溺女"相关的政府禁令、公告等。他首先收集整理了由宋到清时期"中央政府溺女相关禁令一览表"、地方政府发布的"江西'溺女'关联禁令·告示一览"、"福建'溺女'关联禁令·告示一览"，以及与江西福建交接的"浙江'溺女'关联禁令·告示一览"。他指出这些禁令有着一些共同的特征，例如申明惩罚的条款，都有儒家的说教，而且相互之间有很强的参照性。

第五节中，小川氏利用《西江政要》、《问俗录》等地方政书，具体讨论了江西与福建的地方官对于"溺女"习俗的预防措施。他总结为三点：第一，对于贫困层溺女的习俗，地方官鼓励"童养媳"的习俗，并且会设立"育婴堂"；第二，对于"厚嫁"的习俗，地方官鼓励"朴素婚礼"的习俗；第三，对于"溺女生男"的信念，地方官则向包括下层读书人在内的百姓发出谕令，揭示这一种信念的荒谬处。

最后，小川氏总结到，虽然在江西和福建地区都有着"溺女"的习俗，但是在不同的地区、不同的阶层，"溺女"习俗产生的背景以及相关"习俗"都有不同。而且，在"溺女"习俗之外，其实还有着"不溺女"习俗，其产生的背景也是多样的。地方官在应对"溺女"习俗时，虽然会参照前例发布禁令，但更重要的是，地方官会依据不同地区的社会背景和习俗等采取具体的措施。因此，在研究传统中国地域社会中法的实态时，必须进一步探讨地方官是如何具体处理不同的民间习俗和地区差异。

第九章：对清末至《中华民国民法》成立为止的立法过程的初步探讨——以夫妇财产制为例（西英昭）

西英昭氏首先指出，在对清末民国的法制史研究中有一个重大的问题，即很多研究都缺乏对于基本史料的整理。例如，在清朝末期至中华民国时期的近代民法典编纂过程中，出现了大量的草案群，但对于这些草案群的搜集以及史料批判的工作，却尚未有人全面进行过。因此，西英昭在本文的第一节中对史料基本状况进行了整理，其对象有二：第一，清末民初以及民国时期民法编纂中的各种草案；第二，民国时期遗留下来的各种判例。

其后，他以夫妇财产制为例，来探讨清末民国的民法立法史。首先，他探讨了清末大清民律草案对于夫妇财产制的规定，特别探讨了《理由书》中出现的夫妇财产"共有"的规定，指出这一概念纯粹舶自西洋法，并不适合中国当时的习惯，而且这一点也为大清民律草案本身所承认。其后，他探讨了民国初年大理寺关于夫妇财产案件的判例，并指出，除了一个案例是支持女性财产权利之外，其他案例都遵行了清朝旧例。随即，他对于中华民国民法立法时，各派学者对于夫妇财产制的争论进行了细致说明，特别详述了王宠惠与吴学义之间关于应该实行"共有财产制"还是"分别财产制"的争论。西英氏指出，这两者都没有将中国的社会习俗纳入考量之中，相反，作为法律顾问的法国学者让·埃斯卡拉，却真正考虑到了中国农村社会的特殊性。

最后，西英昭对于近代法制史研究进行了一个总结与展望，并指出了未来研究中需要注意的多个问题与重要主题。

三　本书的研究主题与特点

若纵观本书的各篇文章，我们会发现，研究者所关心的主题与领域其实集中在几个领域，而且诸领域都呈现出一些新的特点。

（一）对于法典编撰及其影响的研究

法典编撰已经是法制史研究的经典主题，而本书的相关篇章不但依然保持着对史料予以精耕细作的传统风格，而且还展现出一些新的特色。

青木敦的文章关心宋代地方法与中央法在积累与编撰上的联系问题，其背后则是中央政府用行政法制化来控制整个国家秩序的努力。在实际的统一与正式化控制的努力过程中，地方的多种具体性带来了一些困境与问题，并最终所达到一种类似于"妥协"的状态。在这一妥协状态之中，适合具体地方社会的单条敕令等单独的法条不但被重新法典化，而且还有可能进入"海行法"从而影响到其他地区。大岛立子的文章一方面强调了儒家学者对于元代法律制定的影响，使得元代法典有很强的儒家性，在另一方面，则论述了根据元代法典而设置的社制和社学如何使得儒家理念渗透到了基层社会。至于西英昭的文章，一开始是对基础史料的整理与说明，随后又以夫妻财产制为例来深入探究从清末到民国这一社会剧变期间，不同阶段的法令、判例以及立法主张与论争。可以说，这一研究不仅是对立法史以及法律规定本身的研究，而且还要从立法过程来窥探法律变化与社会变迁二者之间的复杂关系。

广义来看，以上三篇文章都可看作是对"正式法"编撰过程的研究，但他们具有一个共同点：探讨国家正式法典的制定、颁布、运行与社会之间的互动关系。

（二）对于清初则例集以及则例的研究

对于清代则例，国内与日本早已积累了不少成果。但是，与之前的研究大多重视则例的编撰与条文本身相比，本书则有着独特的关注点。

一方面，研究时段主要集中在清朝前期。例如高远拓儿、岸本美绪的研究对象都是清初的坊刻则例集，而山本英史所关注的"光棍例"也是在清朝前半期出现并发挥作用。这种时代的集中倾向并非偶然，而是与日本学者对于历史的认识有着重要关联。因为明清交替以及清代初期是整个社会与政治秩序大变动的时期，是探讨规范与秩序关系的重要对象。

另一方面，高远拓儿对于则例为何在康熙七年大量出现的讨论，以及山本英史对于"光棍例"中规定变动以及具体实施的讨论，都已经超出了对于则例本身的研究，更触及到了作为规范的则例与社会秩序之间的深层关系问题。特别是山本英史通过对于清初的"光棍例"的具体研究，勾勒了清初的统治秩序由不稳定到稳定的过程。

（三）地域社会史研究的新倾向

从 20 世纪 80 年代开始，区域社会史研究便逐渐成为日本明清史学界研究的一个重要潮流。而这本文集的数位作者，也早就是这一研究潮流的中坚力量，如岸本美绪、滨岛敦俊、山本英史等。不过，传统的地域社会史研究往往偏重于研究某一区域的社会与权力结构。而这一研究方法发展到当前，在"规范"与"秩序"这样一个思路之下，似乎也开始展现出了一些新的倾向。

一方面，在强调对于区域社会之结构本身进行研究的同时，更为重要的是研究区域社会结构的具体运作过程，以及人们对于这一社会结构的理解与观察。例如大泽正昭的文章，最重要的部分在于分析在地有力者是如何通过各种经济手段来构筑自己的经济基础，并通过对于地方司法的掌控和影响来构筑自己所控制的地方秩序。而滨岛敦俊氏则对江南是宗族社会这一传统的认识提出质疑，通过对多种材料的检讨，试图论证在江南地区，真正意义的宗族非但没有在日常生活中发挥作用，而且实际并未存在过，只不过是时人构建而成，即"想象的宗族"。滨岛氏的结论自然还需要进一步论证与探讨，但这种研究的努力值得重视。

另一方面，对于地域社会研究的另一个新的努力，则是小川快之的论文。长期以来，习俗虽为研究者所重视，但相关研究却难以推进。小川氏的文章展示了一个新的研究路径，即探究在具体的地域社会中，某一"习俗"背后的具体社会背景以及不同"习俗"之间相互影响的复杂关系。

结语：一点理论思考

最后，笔者拟简单地谈一谈这些研究所带来的理论启发与思考。

第一，对于"规范"与"秩序"的理解。

本书所讨论的"规范"包含了多个方面的内容，既有国家制定的正式法典、地方的特殊法以及各种条例、地方官发布的禁令、具体审判时产生的判例等，还有同样极为重要的儒家的理念、家族法以及各个地方社会的具体习俗等。也就是说，从政府的中央层面到地方层面的法例禁令，再到人们普遍接受的思想意识形态，以及通行于某个地方的习俗，都可以被纳入"规范"的范围之内。在这个意义上，"规范"一词可被宽泛地定义为"对人们行为的某种规定"。不过，光有"规范"并不就能够造成某种确定的社会"秩序"。相反，从各种"规范"到社会的"秩序"之间，其实有着无数的复杂情况。

首先，不同层面的"规范"之间，或者一致，或者冲突，而且相互之间还有着各种不同的影响与交流。例如宋代的地方法与中央法、元代的儒学理念与法律规定、清代的江西地方习俗与政府禁令关系，以及清末民初政府所制定的民法与民间习俗等。

其次，"规范"的实现必须要通过具体的社会组织以及行动，因此还受到各种具体的社会经济因素的制约与影响，或者在不同的情况下展现出不同的形态。例如在元代，儒家的理念与规范需要通过"社制"以及怀才不遇的儒师，才能真正渗透进社会。又如清代政府所制定的则例，也需通过各种则例集才能够在社会上广为流传。此外，如儒家的宗族理念这一规范，在江南地区与在华南地区所展现的状态就大不一样，而清初的光棍例，在清代初期与清代中期的具体应用与实施也大不相同。

再次，社会"秩序"的成立本身并不是一个井井有条、各司其职的和谐状态。相反，由于各种不同层次的"规范"之间存在相互冲突和影响，由此呈现出来的社会"秩序"，恰恰可以说是一个充满着内在冲突与张力、但又相对稳定并充满活力的结构形态。例如南宋时期的在地有力者与政府之间所形成相互依赖又相互冲突的秩序，明代江南社会之中人们没有宗族却又渴求宗族并创造出"想象的宗族"秩序，以及清代江西与福建地方"溺女"习俗与"不溺女"习俗并行的秩序。而且，在秩序的变动过程中，不同层次的规范之间会发生更加激烈的冲突，从而又反作用于"秩序"，如清初光棍例所针对的案件以及清末民初时涉及夫妻财产关系的纠纷。

所以，对于"秩序"的探讨，我们真正要关注的恰恰不是表面看来固定的结构，而是在这一结构中不断通过具体的冲突和竞争所进行的再造秩序的过程。

第二，中国近世以来的继承与演变。

虽然在该文集中各位作者只就各个朝代作了短篇式的研究，但如果从整体上来看，各篇文章又有着某种潜藏的、一以贯之的历史线索。例如青木敦首先提到，宋朝政府试图用行政化的法令来统一整个社会秩序的努力，伴随着社会经济的持续发展与扩大，其实是不可能真正成功的。而大泽正昭的文章正好接续前文，论述了宋朝政府通过行政法令所建立的秩序存在空洞之处，以及地方社会中的有力者与豪民以自己所控制和掌握的秩序填补了这一空洞。大岛立子则紧接着提出一个重要的问题，即在元代，经由儒家思想影响政策而制定出来的"社制"，配合着社学中的儒家教育，是如何在原本由地方有力者掌控的地方社会中，首次建立起由国家所主导的儒家的社会秩序（但不是使用宋代那样的行政法手段），并且深刻地影响到了其后的明清时期的基层社会。其后的诸篇文章则是对于明清时期的国家法令、儒家规范，以及地方习俗三者之间的复杂关系进行多个侧面的论述。在最后，西英氏的文章展现了从清末到民初的立法是一个在适应传统秩序与开创新秩序之间摇摆，并带来众多冲突的过程。

因此，中国近代以来的规范与秩序，是一个前后延续、没有断裂的过程，对任何一个时段进行研究都必须看到其具体的源头以及往后发展的趋势。在这一意义上，近世与近代甚至当代之间也都是一贯相承的。这样一种思路，对于中国本土的法制史与社会史研究都有着极为重要的借鉴意义。

附录：

《宋—清代的法与地域社会》目录（大岛立子编，财团法人东洋文库、2006），

序文

胡石壁的"人情"——《名公书判清明集》定性分析的尝试（大泽正昭）

由"承继"判例所见法律的适用——宋、元、明代的比较（大岛立子）

明末华北的地方士人像——由张肯堂《筶辞》所见（滨岛敦俊）、

明代江西的开发与法秩序（小川快之）

健讼的认识与实态——清初的江西吉安府（山本英史）

土地市场与找价回赎问题——由宋代至清代的长期动向（岸本美绪）

清代刑事裁判中律例的作用再考——关于实定法的"非规则的"存在方式（寺田浩明）

《前近代中国的法与社会——成果与课题》目录（大岛立子编，财团法人东洋文库，2009）

序言

明清契约文书研究的动向——以 1990 年以后为中心（岸本美绪）

台湾契约文书的研究动向（李季桦）

清代的公牍及其利用（山本英史）

新出《至正条格》的介绍——与《通正条格》相比较（大岛立子）

宋—清法秩序民事法关系文献目录（小川快之编）

明清法律书籍的知识社会史

——评尤陈俊著《法律知识的文字传播：明清日用类书与社会日常生活》

杜　金*

这些年来，中国法律史特别是明清法律史的研究众彩纷呈，推陈致新。开拓新史料、提出新问题、运用新方法的作品间见层出，交叉学科与跨学科的学术成果亦时有所见。在这其中，尤陈俊先生所著《法律知识的文字传播：明清日用类书与社会日常生活》一书，① 是一部尝试融汇法律史与知识社会史的探索之作，尤为值得关注。就我所寓目的书籍史研究成果而言，在此之前，基本没有以明清法律书籍及其承载的法律知识为核心议题的专书问世；即有涉及，非但作品不多，论证也不系统。② 据此，该

---

* 中山大学法学院副教授。

① 尤陈俊：《法律知识的文字传播：明清日用类书与社会日常生活》（以下简称《法律知识的文字传播》），上海人民出版社，2013。

② 当然，虽然这一领域的专著并不多见，但尚有若干论文和文集值得留意，例如，邓建鹏：《讼师秘本与清代诉状的风格——以"黄岩诉讼档案"为考察中心》，《浙江社会科学》2005 年第 4 期；龚汝富：《明清讼师秘本制作的经验与素材》，《江西师范大学学报》（哲学社会科学版）2007 年第 1 期；邱澎生：《清末两种中国〈百科全书〉的经济与法律之学》，载黄兴涛主编《新史学》第 3 卷《文化史研究的再出发》，中华书局，2009；〔日〕夫马进：《讼师秘本的世界》，李力译，《北大法律评论》（第 11 卷第 1 辑），北京大学出版社，2010；徐忠明、杜金：《传播与阅读：明清法律知识史》，北京大学出版社，2012；吴艳红：《国家政策与明代的律注实践》，《史学月刊》2013 年第 1 期；陈利：《知识的力量：清代幕友秘本和公开出版的律学著作对清代司法场域的影响》，《浙江大学学报》（人文社会科学版）2015 年第 1 期；张婷：《法典、幕友与书商——论清代江南法律书籍的出版与流通》，《浙江大学学报》（人文社会科学版）2015 年第 1 期；Li Chen and Madeleine Zelin eds. , *Chinese Law：knowledge，Practice and Transformation，1530s to 1950s*, Brill, 2015. 相关领域详细的学术史回顾，参见尤陈俊《法律知识的文字传播》"绪论"，第 2～17 页。

书在中国法律史研究的知识领域上具有一定的贡献。

总体而言，其研究特色与学术价值大约有三：其一，史料运用颇具新意。这里的"新意"，并非是说作者率先以日用类书作为明清史的研究素材，而是指在明清法律史和法律知识史的研究中具有开拓意义。事实上，史料的新与旧，并不在于是否率先发现或者首次利用，而在于研究什么，如何研究。如果以新史料研究老问题、印证旧结论，那么新史料的意义也会大打折扣；反之，在旧史料甚至习以为常的材料中发现新问题，做出新解读，得出新结论，同样是一种创新。当然，若能以新史料来研究新问题，则是更高的境界。① 其二，作者的学术视野相当开阔，及时追踪国际学术研究动向与前沿问题，参与交流和对话。② 这是"学术预流"的一种姿态，也展现了作者学术创新的勃勃雄心，令人称赏。其三，从内容来看，核心议题是以往研究较少涉及但值得探讨的话题。尤其是作者将明清时期日用类书收录的法律内容，与其他书籍承载的法律知识加以对勘，比较异同，分析变与不变之缘由，具有相当的学术意义。

该书出版以来，已有若干评介文字发表，③ 对其内容、贡献以及可能存在的问题，均有很好的梳理和讨论。相近的观点，本文不再重复评论。不过，既有的书评似乎更为关注《法律知识的文字传播》一书的风格、范式及其对中国法律史研究的意义，而较少触及明清法律知识的理论框架、内在问题以及如何在法律知识史的学术脉络中评估这一作品——当然，这取决于书评作者本身的研究兴趣和视角，却也是本文的写作缘起。以下，仅就我所感兴趣的有关法律知识的若干问题略陈管见，求教于作者和同行。

---

① 参见陈美延编《陈寅恪集·金明馆丛稿二编》，三联书店，2001，第 266 页。

② 作者的思考与雄心，在其他论文中亦有体现。参见尤陈俊《"新法律史"如何可能——美国的中国法律史研究新动向及其启示》，《开放时代》2008 年第 6 期。

③ 代表性的书评，可以参见陈长宁《滴水藏海：法律文字与社会的关联——〈法律知识的文字传播：明清日用类书与社会日常生活〉评介》，《云南大学学报》（法学版）2004 年第 2 期；赵晶《"新法律史"这般发生——评尤陈俊著〈法律知识的文字传播：明清日用类书与社会日常生活〉》，载常建华主编《中国社会历史评论》第 16 卷，天津古籍出版社，2015（待出版）。

一 内在结构与论证逻辑

《法律知识的文字传播》一书基本结构如下：在绪论和余论中，作者简要交代了类书研究的学术史、本书利用的基本史料、研究方法以及这一选题对于法律文化史研究的学术价值；另有五章构成了本书的主干部分：第一章"明清日用类书概说"、第二章"依样葫芦：日用类书与契约书写"、第三章"攒零合整：日用类书与为讼之学"、第四章"鲁鱼帝虎：日用类书与律例入门"、第五章"日用类书折射的明清社会变迁"。将其与本书副标题"明清日用类书与社会日常生活"共观之，可以看到作者意图将明清时期的法律知识与日常生活秩序结合起来加以考察，以见二者之关联。至于如何展开，作者自陈："除了辨析不同种类的日用类书在所收法律知识方面的区别与联系外，还将日用类书与其他类型的文献进行互勘比较，探讨包括日用类书在内的不同类别的文献在传播这些法律知识的过程中的关联性（亦即法律知识在日用类书等不同文献之间的流动情况），并将这些法律知识在日用类书中所占的比例演变，放置在明清社会变迁的历史背景之下加以分析，进而从一个更为开阔的视域讨论明清日用类书对于法律社会史研究的重要意义。"（第23页）应该说，这是比较妥帖的结构安排：既展现社会生活可能运用的法律知识，又解释社会变迁对于法律知识变化的影响，同时也关注明清社会秩序与法律知识的特点。

明清中国的日用类书之所以收录了种类繁多的契约格式，很大程度上是因为契约文书在日常生活秩序中的基础意义。在国家律例的留白处，契约起到了填补律例空缺的作用，发挥着建构和维系民间社会秩序的功能。或者说，律例与契约构成了分工合作的互动关系。① 传统中国广为流传的"民有私约如律令"之类的讲法，也多少表达了这样的意味。国家关注刑名重事，社会着意日常细故，法律和契约的彼此配合与补充，不仅节约了国家的治理成本，也留出了社会的自治空间，相辅而行又相得益彰。至于

---

① 对于国法与契约关系的概括性讨论，参见徐忠明《〈老乞大〉与〈朴通事〉——蒙元时期庶民的日常法律生活》，上海三联书店，2012，第154～155页。

体现国家意志的律例常识，日用类书大多以简化的知识形态（摘要、歌诀等）予以呈现，以便普及和记诵。① 另一方面，讼师秘本等法律知识的存在与传播，使得市井百姓面对纠纷时能够藉此诉讼，这类书籍也因此成为媒介官方与民间的知识通道。官府之所以查禁讼师秘本，打压讼师群体，主要是因为讼师对于法律知识和诉讼技巧的滥用以及利益驱动下的唆讼、助讼行为，不仅挑战了国家的法律权威，背离了"无讼"的官方意识形态，同时也增加了治理成本和讼累，而不在于这种知识本身的危险性或危害性。否则，我们大概很难解释，为什么讼师秘本中的助讼知识能够在日用类书中公开传播而不被禁毁。百姓了解诉讼知识并无不可，在干己之事中合理运用诉讼知识也同样被允许；然而一旦滥用这种知识，就必须禁止和压制。如果再将官府设置代书以及宣传律例的制度实践纳入考量，就可以进一步解释官方查禁讼师秘本和打压讼师群体的意图所在了：问题的关键不在于是否有人代写诉状和通晓律例，而在于是否挑唆诉讼和滥用法律知识，以及民间争讼是否处于官方的掌控之下。在国家与社会的这种关系结构中，我们可以比较清晰地解释契约、律例与讼学之间的内在逻辑，以及这套知识体系与国家治理、社会秩序之间的相对位置和互动状况。

　　进一步说，日用类书收录的契约体式、律例常识与讼师秘本，构成了明清社会日常生活秩序与纠纷解决的知识系统。它们不仅仅是民间的，同时也是官方的，或者说是官方与民间共同分享的知识话语。打个比方，我们今天的法律是一套更为专业化和精英化的知识体系，但是，当代学者参与编撰的法律教科书、普及读物乃至"今日说法"之类的大众传媒节目，却不能仅仅视为民间的法律知识。事实上，它们应该是官方知识的大众化、普及化和再度呈现。也就是说，在法律知识的问题上，或许很难区分官方与民间的泾渭，只是在官方表述与民间表述上可能存在某些差异，诸如详略、精粗和深浅。如果这一前提可以成立，那么本书所标举的"明清日用类书与社会日常生活"固然彰显了社会面向，却有可能遗落或消减了国家的维度。将国家与社会同时置于思考的背景之中，也许有助于更加立

① 必须指出，日用类书摘录的一些律例，实际上与民间日常生活的关系并不十分紧密，它们更像是为了保持内容完整性而被垂青。就此来看，我们似乎不能断言这类法律知识的民间品格。

体地展现日用类书所承载的法律知识的特殊意义。

据此，我们也许可以稍稍淡化明清时期日用类书所收录的法律知识的民间品格。① 或者说，我们可以在官方与民间的双重视域中观察和评估这种法律知识的特征与价值，这样的考察更趋近于明清法律知识的平均值。而这种平均值，正是维系帝国统一治理的知识基础。当然，这并不是排斥日用类书作为研究普通民众法律知识和法律意识之基本史料的重要性，只是说不必因为对其民间特性的刻意强调，而忽视甚至消灭了官方属性。由于日用类书中的法律内容已经是一种趋同化、平均化的法律知识，它们应该属于精英与大众共享的知识体系。事实上，这也是我对自己这些年研究的反思：知识类型与读者群体之间，可能并不存在我们以往所预设的那种非常严格的对应关系。某些知识的内容和来源是相同的，但是从哪种渠道获取它们，则取决于受众的生活环境、教育程度、购买力乃至品位差异。一位体面的大学教授或者知识精英，大概不太愿意从地摊上购买印刷粗劣、封面恶俗的盗版书籍，因为摆放在书架案头也是件不雅的事情；但这

---

① 王正华先生曾经指出："若干研究将晚明福建版日用类书视为'生活实录'，认定其内容记载为晚明民间生活的全盘映照，它种史料难以匹敌，则值得商榷。"又提到："福建版日用类书所吸引的读者群既与士人文化互动，又呈现各自存在的社会空间，交错复杂，难以简化。"参见王正华《生活、知识与文化商品——晚明福建版"日用类书"与其书画门》，载胡晓真、王鸿泰主编《日常生活的论述与实践》，允晨文化实业股份有限公司，2011，第 286 页，第 337 页。就法律知识而言，官方精英与升斗小民之间的差异恐怕要比其他领域的知识更小，而交叠重合之处更大。原因在于，法律本身具有一个重要的功能指向。签订了契约，就可能产生纠纷，进而引起争议；一旦诉讼程序启动，必然涉及律例知识和讼学知识。而在这些法律知识的具体运用上，如果民间与官方差异明显，势必造成严重误导，乃至毫无实用价值可言。尽管日用类书收录的法律内容有些已过时，有些也不准确，然而这些问题并非知识本身的分化，而是编辑者和出版商为了降低成本，偷工减料、辗转抄袭所致（详尽讨论，参见第 137～160 页）。对于业余读者来说，虽然他们并不容易识别和更正这样的错误，但也未必会造成实质性的影响。在一个"谎状"、"架词设讼"泛滥的社会中，制作词状可能更关注修辞和策略，以求耸动官府；至于律例内容准确与否，并非两造关心的主要问题。只有司法官员才会特别在意法律条文和法律解释的准确性与权威性，因为征引律例错误意味着要承担相应的司法责任——当然，司法官员根本不会使用日用类书作为判决依据。如果是订立契约，只要大致格式不错即可，并无严格的法律规定。因此，日用类书对于法律准确性的追求，必然低于官员及幕友编撰的律学著作和判牍汇编。尤陈俊也在书中敏锐地指出，由于律例知识舛错众多，有志于仕宦者和高层人士应该不会借助日用类书学习法律知识，其读者群要比想象的狭隘（第 176 页）。但我仍想说明，这种错误也许并不能成为区分精英阶层与普罗大众法律知识差异的准据，知识本身毕竟具有相同的来源。

并不意味着，他们在这些领域获取的信息与市井小民有着本质区别。同样，即使我们可以将日用类书的预期读者推定为既有识字能力又有购买能力的普通百姓（第37~46页），也未必能够将这类知识本身框定在民间和大众层面。

二　研究方法与分析框架

作者的问题意识大约来自两个方面：其一，随着明清中国商品经济的日益繁荣，在建构日常生活秩序和经济运作秩序方面发挥重要作用的契约，逐渐成为一种基础性的制度装置，不可或缺而且种类繁多。与此同时，社会流动加强，人际关系变得复杂而陌生，生存压力、资源和利益争夺、社会风气衰变，都导致了纠纷的频繁；婚姻、田土、钱债争讼也多了起来，成为州县衙门的一项常态工作。以至日本学者在观察这段历史时，惊讶于明清中国已经迈入了"诉讼社会"。① 在这样的背景下，被士人阶层视为"愚夫愚妇"的市井百姓也必须获取相应的法律知识，以应对日常生活中时常遇到的契约与诉讼。那么，这些法律知识从何而来，载体是什么，成为本书潜在的问题意识。其二，以往的中国法律史研究，主要集中于国家律例与典章制度、精英阶层的法律思想、观念以及律学论著，② 比较少关注大众的法律知识和法律阅读。即便是在最热闹也最具有社会文化史倾向的明清司法研究中，也很少涉及法律知识的生产、传播和运用。这样的研究状况，使得我们对普通民众的法律知识与法律意识在认知上存在严重缺陷和不足，也很难描述明清中国法律知识的完整构图。③ 这是本书外显的问题意识，也是讨论的重点。

---

① 关于"诉讼社会"的说法，参见〔日〕夫马进《讼师秘本〈萧曹遗笔〉的出现》，载〔日〕寺田浩明主编《中国法制史考证》丙编第4卷《日本学者考证中国法制史重要成果选译·明清卷》，郑民钦译，中国社会科学出版社，2003，第490页；〔日〕寺田浩明《中国清代的民事诉讼与"法之构筑"——以〈淡新档案〉的一个事例作为素材》，李力译，载易继明主编《私法》第3辑第3卷，北京大学出版社，2004，第306页。

② 参见何勤华《中国法学史》第1卷，法律出版社，2000；何勤华编《律学考》，商务印书馆，2004；何勤华《中国法学史纲》，商务印书馆，2012。

③ 参见尤陈俊《法律知识的文字传播：明清日用类书与社会日常生活》，第195~197页，第50~54页，以及散见于其他各处。

法律知识的研究，可以有两种视角：一是内在研究，旨在分析法律知识的概念、结构、内容、体系及特征；二是外在研究，强调知识的生产、传播、接受及其社会意义。《法律知识的文字传播》一书兼顾了两种视角，并以外在研究为主要旨趣。作者希望借鉴 20 世纪六七十年代以来在欧美方兴未艾的书籍史和知识社会史的研究进路，[①] 用以分析明清中国的法律传播问题；同时，也吸收了明清书籍史和书籍社会史的研究成果（第 5 ~ 8 页）。[②] 作者对于研究方法颇为自觉，并将其贯穿于全书的分析之中。在他看来，"这种穿梭于书里书外的论证方式，能够帮助我们在宏观框架中发现诸多微观现象之间的密切关联，从小问题切入后逐渐展开，进而洞见某些以往被忽略的重要问题……诸如此类的追问，其实都可以运用本章的论述策略展开类似于知识社会学的分析，从文字变化这一表层现象切入，再逐渐撕开，最终洞见那些潜藏其后的诸多社会因素之微妙关联"。（第 194 页）

不过，这里可能存在一个问题。虽然本书的核心词在于"传播"二字，但讨论的重点集中于明清日用类书的内容，并以此为基础设计章节；对于传播渠道等问题，则着墨不多。具体来说，这一研究强调知识传播过程中信息本身的来源、流变和耗损，而不太触及日用类书的传播途径与方式，即类书作者如何编撰、如何付之梨枣、书商如何营销、读者如何购买和阅读的各个环节。这可能会使标题中的"传播"与内容之间出现些许裂痕。作为一直关注这一领域的读者，我更期待作者在后续的研究中，能够顺着出版和销售的线索追踪下去，获得某些日用类书的传播信息，以复原

① 关于西方书籍史研究的学术回顾，可以参见秦曼仪《书籍史方法论的反省与实践——马尔坦和夏提埃对于书籍、阅读及书写文化史的研究》，《台大历史学报》第 41 期，2008 年 6 月。在中文世界比较有影响的知识社会史研究，可以参见〔英〕彼得·柏克：《知识社会史：从古腾堡到狄德罗》，贾士蘅译，麦田出版社，2003；〔美〕罗伯特·达恩顿：《启蒙运动的生意——〈百科全书〉出版史（1775 ~ 1800）》，叶桐、顾杭译，三联书店，2005。

② 对于明清中国书籍史研究的学术回顾，参见张仲民《从书籍史到阅读史——关于晚清书籍史/阅读史研究的若干思考》，《史林》2007 年第 5 期；〔美〕梅尔清：《印刷的世界：书籍、出版文化和中华帝国晚期的社会》，刘宗灵、鞠北平译，《史林》2008 年第 4 期；涂丰恩：《明清书籍史的研究回顾》，《新史学》第 20 卷第 1 期，2009 年 3 月；〔美〕周绍明：《书籍的社会史：中华帝国晚期的书籍与士人文化》，何朝晖译，北京大学出版社，2009，第 241 ~ 257 页。

知识传播的线路图。当然，这是一个太过苛刻的要求，研究内容毕竟取决于研究者的兴趣和掌握的素材；关于日用类书传播渠道的史料实在有限，而过多的讨论也可能会冲淡对法律知识本身的关注，走向疏离法律的书籍史或阅读史研究。

另一个隐含的进路，应该是大传统（精英文化）和小传统（大众文化）的二元分析框架。① 在"余论"中，我们也能看出蛛丝马迹，只是作者没有在"研究进路"中明确交代而已。在本书"实用书籍的低制作品质"和"四民皆用之书？"（第 27～46 页）这两部分，多少涉及这个问题，并得出结论认为：日用类书的期待读者"最主要还是那些中下层的读书人和识字商贾"（第 46 页）。

然而，当我们把目光投向社会中下层的时候，究竟怎样才能有效进入这一知识空间呢？或者说，仅仅从民间社会本身切入，是否足以解释这种法律知识的特征？首先，传统中国的精英文化与大众文化，并非两个互不关涉的自足空间，两种文化之间实际存在着诸多交集与互动。其次，在法律知识这一特殊领域，这种交集和互动或许更加突出，远远超越其他知识领域。以律例知识为例，日用类书与律例条文、律学著作均有不小的交叠（第 131～137 页）。再如契约知识，虽然日用类书收录的名目繁多的契约体式看起来非常民间化，但是它们背后依然有律例厘定的框架和官版契约格式存在。讼师秘本呈现的法律知识，与日用类书似乎也没有根本性的差异。尤陈俊先生素以理论分析见长，我非常期待他能够就此问题，进一步做出理论上的解释和深化。

三 法律知识传播的政治空间

政治权力与法律知识的关系，是考察法律知识传播不可或缺的前提。在《法律知识的文字传播》一书中，作者讨论了三种类型的法律知识：契约体式、讼师秘本与律例常识（第 55～170 页）。契约虽然具有建构日常

---

① 经典的讨论，可以参见〔美〕罗伯特·芮德菲尔德《农民社会与文化：人类学对文明的一种诠释》，王莹译，中国社会科学出版社，2013。

生活秩序的重要作用，但是它与国家权力毕竟关系不大，因而不被官方所重视。婚姻、田土、钱债事项在官府眼中不过是民间细故，用来调整这些关系的契约文书，国家也不会太费心，不过稍加统一而已（第58~59页）。政府关心的主要是契税，以及更为重要的土地交易背后的赋税过割。在这样的背景下，契约知识自然可以在社会中自由流通和传播。讼学与律学则不同，前者具有助讼功能，后者关乎统治秩序，如若任其在民间传播，不仅容易被讼师所滥用，亦有可能危及统治秩序。在政治权力与法律知识的关系问题上，作者着重考察了讼学与律学，提出了一些中肯适切、理据充分的观点（第181~194页）。

为了更好地讨论，我想有必要稍稍回顾传统中国政治与知识关系的历史脉络，以解释法律知识与政治控制为什么始终处于一种暧昧甚至紧张的状态。

早期中国，知识与权力具有非常紧密的联系。知识生产由专门人士掌控，知识传播亦由官府所垄断；① 同时，想要学习这类知识也必须具备某种身份资格，即贵族子弟方能获取。"王官之学"与"学在官府"之说，大致是对早期知识生产和传播状况的概括。基本的学习内容，则是礼、乐、射、御、书、数"六艺"。从孔子"天下有道，则礼乐征伐自天子出；天下无道，则礼乐征伐自诸侯出"② 的说法可以看到，"礼乐"乃是政治与统治知识的核心。它的下移，一定程度上意味着政治权力的衰变，其结果导致了"学在民间"和"私学"的兴起。这一过程本身，就映射了政治与知识的关系。

顾颉刚先生认为，六艺中的射、御，"表面固为礼节，为娱乐，而其主要之作用则为战事之训练"。那么，这两者同样具有政治功能。又说"六艺之中，惟书与数二者乃治民之专具耳"。③ 如此看来，六艺皆可称为政治知识。随着西周封建制度解体，诸子百家兴起，礼法也得以在民间生产与传播。④ 以孔子为宗师的儒家，可谓传播礼乐知识的中坚；以管仲、

---

① 参见张光直《美术、神话与祭祀》，三联书店，2013，第34~101页。
② 引据杨伯峻《论语译注》，中华书局，1980，第174页。
③ 顾颉刚：《史林杂识初编》，中华书局，1963，第86页。
④ 参见余英时《士与中国文化》，上海人民出版社，1987，第1~83页。

李悝等人为代表的法家，则是传播法律知识的主力；还有邓析这种在民间传播讼学知识的名家先驱。① 当然，邓析之死具有重要的象征意义。② 这多少可以说明，在建构和维系政治统治方面发挥正面功能的礼法知识，并未被禁止，尚可传播；但对于挑战国家秩序的助讼知识，则在限制和打击之列。此后，讼学一蹶不振，几乎从未成为官方认可的合法知识。无论明清"讼师秘本"的实际需求和传播范围如何，这一分类本身就意味着，它作为一种非法的知识和信息，只能在地下秘密流传。

不过好景不长，礼法知识自由传播的局面也没有持续太久。随着法家的崛起，知识控制的构想也逐渐付诸实践；秦始皇统一中国后，即推行了"若欲有学法令，以吏为师"③ 的思想控制政策。在汉初"无为而治"的政治语境中，这种控制曾经一度相对松弛；但到了汉武帝"罢黜百家，独尊儒术"之时，知识和思想又重新回归权力的宰制之下。④ 在帝制中国的政治史和思想史上，虽然没有完全排斥法律知识的传播，但渠道和空间却变得相对狭隘。魏晋至隋唐，法律知识大致通过两种途径传播：律博士与科举制度。⑤ 前者是国家控制下的法律知识传播，后者则更微妙。科举本身的官方性质，决定了士子为了金榜题名，必须迎合官方认可的知识偏好；但意图之外的效果，却是民间社会可以相对自由地传播律例知识，只是这种"相对自由"仍有很大的局限性。虽然唐代史料未见讼师之记载，不过总共才五百条的唐律，却专设"为人作辞牒加状"和"教令人告事虚"两条律文，⑥ 由此大约可知，在当时的民间社会中或许也存在着某些类似讼师的角色，至少不缺乏滥用法律知识和诉讼技巧的情形；那么，当时应该也有类似讼学的知识流传，并且同样属于国家法律禁止的对象。及至宋代，社会经济的发展、教育的扩延、诉讼风气的升温以及印刷出版的

---

① 关于邓析及其讼学的讨论，可以参见胡旭晟《先秦名家法律观批判——以理论逻辑的分析主体》，载胡旭晟《法学：理想与批判》，湖南人民出版社，1999，第264~295页。
② 参见钱穆《先秦诸子系年》，商务印书馆，2005，第21~23页。
③ （汉）司马迁：《史记》卷六《秦始皇本纪》，中华书局，1959，第255页。
④ 详细的讨论，可以参见王健文《学术与政治之间：试论秦皇汉武思想政策的历史意义》，载王健文主编《政治与权力》，中国大百科全书出版社，2005，第112~156页。
⑤ 参见汤能松等《探索的轨迹——中国法学教育发展史略》，法律出版社，1995，第24~39页；王健《中国近代的法律教育》，中国政法大学出版社，2001，第28~40页。
⑥ 相关规定和考释，参见刘俊文《唐律疏议笺释》，中华书局，1996，第1663~1671页。

繁盛，都推动了文化权力的下移。除了官方掌控下的法律教育和法律阅读之外，① 法律知识在民间的生产与传播，也有明显的进展。② 只不过，讼学仍然属于法律禁止传播的知识，明清当然也不例外。③

明清时期基本延续宋元的法律知识生产和传播格局，但有诸多变化。其中非常重要的一点，就是明清律典中皆有"讲读律令"专条。④ 国家不仅要求官员掌握法律知识，普通百姓也是如此，这一规定显然会对法律知识的传播产生积极的推动作用。为此，官府也采取了多种措施在基层社会宣传法律知识；⑤ 不过效果如何，就不得而知了。另外，法律书籍的编撰、刊刻、传播与阅读，出现了前所未有的繁荣。⑥ 当然，无论何种法律书籍的写作与出版，都不得与国家律例相背离。成化十五年（1479），南直隶巡抚王恕即以"《大明律》后，有《会定见行律》百有八条，不知所起。如兵律多支廪给，刑律骂制使及骂本管长官条，皆轻重失伦。流传四方，有误官守。乞追板焚毁"。这一提议得到了皇帝的允准，"命即焚之，有依此律出入人罪者，以故论"。⑦ 就此来看，法律书籍只能以律例为准据，如有舛错，可能导致严重的法律后果和责任。法律知识的传播与控制之间，始终存在着某种紧张。

通过上述回顾可以看到，在传统中国的皇权统治之下，政治权力与法律知识之间形成了复杂的动态关系。利于民间、无伤统治的契约知识，国家可以采取比较放任的态度。有助于规训百姓，进而有助于维护政治秩序

---

① 相关讨论，参见汤能松等《探索的轨迹——中国法学教育发展史略》，第 39～71 页；蒋楠楠《唐宋法律考试研究》，中南财经政法大学博士论文，2015。

② 参见郭东旭《论宋代的讼学》，《河北学刊》1988 年第 2 期。

③ 参见龚汝富《明清讼学研究》，商务印书馆，2008，第 69 页，第 210～238 页；尤陈俊《法律知识的文字传播：明清日用类书与社会日常生活》，第 182～188 页。相关研究成果很多，不再枚举。

④ 怀效锋点校《大明律》卷三《吏律二·公式》，"讲读律令"，法律出版社，1999，第 36 页；田涛、郑秦点校《大清律例》卷七·吏律·公式，"讲读律令"，法律出版社，1999，第 157 页。

⑤ 参见徐忠明《明清中国的法律宣传：路径与意图》，载徐忠明、杜金《传播与阅读：明清法律知识史》，第 168～210 页。

⑥ 这一领域的讨论较多，新近的研究可以参见何勤华《中国法学史纲》，第 179～230 页；徐忠明《明清时期法律知识的生产、传播与接受——以法律书籍的"序跋"为中心》，《华南师范大学学报》2015 年第 2 期。

⑦ （清）张廷玉等撰《明史》卷九三《刑法一》，中华书局，1974，第 2286 页。

的律例知识，基本也可以传播；只是一旦出现谬误，可能遭到禁毁甚至法律制裁。至于挑唆百姓诉讼、挑战司法权威的讼师秘本，只能打入另册，不准公开出版。事实上，当我们翻开帝制中国历史上的各种禁毁书目和禁令措施①便可知道，禁与不禁只有一个标准，即是否损害皇权统治和世道人心，别无考量。国家许可下的明清法律知识传播，主要出于规训与秩序之目的，基本与知识生产和知识创新无关。律典规定"讲读律令"，也无非是为了让官民知晓律例而接受其约束——当然，这只是理想的制度设计，实践中人们却总是利用这种知识来争夺利益。因此，明清中国的律学作品，似乎并没有多少理论含量，主要是基于实用目的所做的汇编和注释。而收入日用类书中的契约体式、讼师秘本和律学入门，除了实用价值，几乎也没有学理意义。与儒家经学和理学相比，律学的知识价值和理论意义可谓云泥之别，因为研究经学和理学的政治空间远比律学广阔，也更具有政治正当性与道德正当性。

四 明清日用类书变化的再思考

在本书第五章"日用类书折射的明清社会变迁"中，作者提出了一个非常有趣也非常重要的问题：到了清代，日用类书为什么出现了契约体式的淡出，讼学知识的消失，律例知识的退场？这种变化，表面看来只是明版和清版日用类书在收录内容上的差异，似乎只是形式问题。然而我所好奇的，正是这些变化背后的原因。

首先，关于契约体式的淡出，作者认为"其原因在于，从明至清，契约格式早已逐渐形成定式，普通百姓即便不借助于日用类书等书所载的契式范本通常也能为之"（第178页）。并提出，这"并不意味着契约范本就从民间书籍中彻底消失。事实上，如同王振忠所指出的，这部分知识仍在村落日用类书中得到了大量的保留"（第180页）。这两种表述似乎存在矛盾，至少在逻辑上不是很严密。既然普通百姓不借助日用类书收录的体式

---

① 相关资料，参见王利器辑录《元明清三代禁毁小说戏曲史料》（增订本），上海古籍出版社，1981。

范本也能书写契约，为什么村落日用类书还要大量保留呢？这是否意味着契约范本依然有用，只是知识的载体改变了——从卷帙浩繁的日用类书转移到相对简约的村落日用类书而已。可能也意味着，普通百姓并不完全具备自行书写契约的能力。对此，我们可以借助日常生活的经验获得直观的感受：尽管今天的契约已经非常格式化和标准化，教育程度和获得这些知识的便利程度也远高于生活在清代中国的百姓；但是，哪怕让我们书写一份简单的合同甚至借据，绝大多数人也要参考范本，才能依样画葫芦。因此，契约格式的趋同化或定型化，也许并不能推导出普通百姓一定知晓这类契约的写作方法。尤其是对受教育程度相当有限的明清中国的普罗大众来说，上述解释的理据似乎不够充分。契约范本在日用类书中的淡出，我们可能还要另找原因。

换一个角度来看，契约格式的趋同化或定型化并不是到了清代才出现的，而且明代和清代的契约范本在形式方面，好像也看不出根本性的差异。何况，清代还出现了一些新的契约类型，如"找贴"、"绝卖"等（第181页），这恰恰是趋同化的反例。我个人更倾向于从日常生活的逻辑出发，来解释这一现象。一者，商贾普遍具备娴熟的商业知识，对商业交易中常见的契约类型不会陌生，日用类书收录的契约体式，对商人而言可能参考价值不大。二者，相对专业化的书契人同样熟悉各类常见的契约文书格式，也不太需要借助日用类书来书写契约。三者，对于大部分普通百姓来说，买一套大部头的日用类书以备不时之需，似乎没什么必要，也远没有找人代写契约来得方便。不过，上述情况在明代同样会存在，为什么明代的日用类书却收录了大量格式范本？在我看来，契约体式的淡出也许本来就不是明清两代的实质差异，只是随着时间的推移，越来越多的人意识到添置这样一套卷帙浩繁的书籍以供写契之用，不如村落日用类书便宜实用，市场需求也就随之减少。况且，具备写契能力的人还可以随时抄录实用的契约文书，以应对临事之需。① 今天的乡村文人在主持婚丧嫁娶之类的礼仪活动时，往往也是利用自家积累的经验和资料，或者通过师徒相

---

① 王尔敏先生在《应世规矩与关禁契约》中就利用了"翁仕朝传抄契约贴式"资料，参见王尔敏《明清时代庶民文化生活》，岳麓书社，2002，第76～91页。

授、父子相承的方式获得这种知识，未必需要购置相关书籍。我们究竟如何解释清代契约范本淡出日用类书的原因，似应考虑各种社会情形；定型化固然是事实，但解释力也许会有些不足。

其次，关于讼师秘本在日用类书中的消失，作者提出的理由是乾隆七年（1742）以后官方的严厉查禁。更准确地说，虽然宋代以来讼学知识一直归于查禁之列，但屡禁不止，直至乾隆七年后，才取得了实际的效果，使讼师秘本重新回归"隐秘"世界，并且越发隐秘（第185～188页）。这一解释看起来很有道理，也非常有说服力。可是，如果放在明清禁书的整体语境中考量，我们会发现一个悖论：乾隆七年以后，公开刊刻、出版和销售其他禁书的现象并不罕见，可以说是禁而不止，① 为什么唯独日用类书中的讼学知识如此顺从地被删除了？单从禁毁助讼知识的角度来解释这种知识的消失，似乎不够充分。我想继续追问的是，如果社会对助讼知识确有需求，而日用类书不予收录，那么这种知识一定会通过其他方式存在和传播。它们存在的形式和载体是什么？例如，留存至今的清代讼师秘本，在数量上是否要比明代更多？如果排除年代对存本数量的影响，以及清代印刷技术和出版业的发展等因素，能否认为清代讼师秘本的增多补足了讼学知识在读者市场的需要？或者，这种知识能否借助其他文本流传下来？事实上，讼师秘本中的讼学知识并不都是难以获得的致胜秘籍，某些内容甚至与公案小说雷同，② 比如盗用汤显祖名号、粗制滥造的明代通俗小说集《新刻海若汤先生汇集古今律条公案》，即是一例。如果清代中叶以后，助讼知识通过变换外在身份，得以在其他文本中保留下来，那么购买相关书籍同样可以应付日常诉讼的需要。③ 在这种情况下，购置"百科全书"般的日用类书来学习助讼知识，反而累赘。因此，禁毁讼师秘本可能是它们在日用类书中消失的原因之一，而非全部。

最后，关于律例知识在日用类书中的退场，在作者看来，是因为清代中叶以后科举考试不再重视律例知识所导致。"至少从清代以来，无论是

---

① 参见王利器辑录《元明清三代禁毁小说戏曲史料》（增订本），第41～86、109～163页。

② 讼师秘本与公案小说的比较，参见龚汝富《明清讼学研究》，第166～167页。这类公案小说，可以参见刘世德、竺青主编《古代公案小说丛书》，群众出版社，1999。

③ 讼师秘本与其他法律著作之比较，参见龚汝富《明清讼学研究》，第136～169页。

应试士子还是入仕官员，都已不大可能成为日用类书中所载律例知识的主要读者。当追求商业利益的清代日用类书编纂者与刊印者面对此种情形时，他们不再沿袭明代日用类书收录律例知识的做法，而是逐渐缩减这部分的内容，乃至最终不复刊载，亦属情理之中的自然事情。"（第193页）这一判断确有道理，在某种程度上也能够成立。但我想补充一点：即使是在明代和清代前期的制度框架下，这类错漏百出的律例知识，恐怕也不太适合作为官方考试和司法裁判的知识来源，而应该另有渠道。例如，本书也提到了官箴书对于清代入仕官员学习律例知识的重要意义（第192～193页）。考虑到明代后期和清代前期已经有坊刻本官箴书流传，① 这类书籍大概不难获得，而且比日用类书更加准确、可靠、有针对性。也就是说，日用类书刊载的律例知识，目标读者可能不是备考的士子和初登仕版的官员。当然，科举内容的变化，多少会加速这类知识的退场。

如果我们重新回到吴蕙芳先生的考证上来，可以发现，契约、讼学、律例三种法律知识在日用类书中的缩减（清代前期32卷版本）与消失（清代后期20卷版本），实际发生在同一时期。② 这就提醒我们，以上三种法律知识从缩减到消失，其原因很有可能是相同的，也许并没有尤陈俊和我想象得那么复杂。有没有可能只是因为编纂者和出版商觉得，这些知识在其他书籍中已经能够读到了，没有必要再收入日用类书了，如此而已？有时，某些历史事件和现象，也许原因本不复杂；只是到了研究者手里，本着一定要讲出所以然的动机和愿望，反而让事情复杂化了，这似乎是我们难以克服的"强迫症"。面对契约、讼学以及律例知识在日用类书中的渐次消减，我们是否也会陷入这样一种强烈的解释欲？

在本文的结尾，我想说明，以上评述并没有太多讨论《法律知识的文字传播》一书的细节问题，也没有引述作者一些具体和精彩的论点，而主要关注该书的问题意识、研究方法与分析框架。原因在于，近年来我自己同样对明清法律书籍的传播与阅读抱有极大的热情，在思考过程中，遭遇

---

① 相关讨论，参见杜金《明清民间商业运作下的"官箴书"传播——以坊刻与书肆为视角》，载徐忠明、杜金《传播与阅读：明清法律知识史》，第39～61页。

② 具体考证，参见吴蕙芳《万宝全书：明清时期的民间生活实录》，台湾政治大学历史学系，2001，第460～470、483～484、173～174页。

的问题与困惑首先不是史料和如何解释史料，而是如何找到适当的研究方法，厘定切合的分析框架，并给出体贴的解释。所以当我在阅读这本书时，相关的问题就在脑中徘徊往复，挥之不去。在这个意义上，我应该向作者致谢，是这本著作给了我进一步思考的刺激和启发。如果没有这种激发，我的初步思考和粗浅的想法，或许就没有机会进行整理，也找不到合适的表达之处。至于本文的评论是否得当，还需要向作者求教。

《中国古代法律文献研究》稿约

　　《中国古代法律文献研究》为中国政法大学法律古籍整理研究所所刊，于1999年创刊，自2010年始改版为年刊，欢迎海内外同仁不吝赐稿。

　　《中国古代法律文献研究》以中国古代法律文献为主要研究对象，刊发原创性的学术论文、书评和研究综述。本刊以中文简体出版，来稿以2万字以下为宜，同时请附300字以内的中文摘要、关键词与英文标题；如是外文稿件，请作者授予本刊中文版的首发权利。已经公开发表（包括网络发表）过的中文稿件，请勿投稿。本刊采取同行专家匿名评审制度，将在收到稿件后两个月内回复作者有关采用与否的信息。

　　有关投稿中的版权问题，请作者自行妥善解决。

　　本刊投稿截止时间为6月30日。

　　来稿一经刊发，本刊将向作者寄赠该辑图书1册。

　　来稿请附作者简历、详细通信地址、邮编、电子邮件等联系方式，以纸版或电子版形式，分别寄至：

　　（100088）北京海淀区西土城路25号中国政法大学法律古籍整理研究所赵晶收

　　电子邮箱：zhaojing0628@gmail.com

《中国古代法律文献研究》编辑部

Journal of Chinese Ancient Legal Literature Studies

The Journal of Chinese Ancient Legal Literature Studies is edited by the Institute for Chinese Ancient Legal Documents, China University of Political Science and Law. It was published for four times during the period of 1999 – 2007. The Institute starts to publish it annually from 2010. Submission of papers both from domestic and overseas is welcomed.

The Journal mainly focuses on the research of the legal literature in ancient China, publishing original academic papers and book reviews, each of which should be no more than 20, 000 words. The journal will be published in simplified Chinese, please submit your paper with a Chinese abstract no more than 300 words, keywords and an English title. If it is a paper in other language, the authorization for publication of its Chinese version in this journal for the very first time will be appreciated. If the paper in Chinese was published in any form including on Internet, please don't submit again. All the papers submitted will be reviewed and examined by the scholars in an anonymous manner. Whether it is accepted or not, the author will be informed within two months upon the receipt of the paper.

For copyright related matters, please properly address on your own in advance.

The deadline of submission is June, 30th annually.

Once the paper is published, the contributors will receive one copy of the Journal.

The paper for contribution, prepared in soft or hard copy, and supplied with a brief resume of the author and his/her detailed information for contact, such as the address, post code, and email etc, shall be sent to the following address:

Dr. Zhao Jing, Institute for the Research of Legal Literature in Ancient China, China University of Political Science and Law, Beijing (100088), China.

E-mail: zhaojing0628@gmail.com.

Institute for the Research of Legal Literature in Ancient China

China University of Political Science and Law

《中国古代法律文献研究》撰稿凡例

一 论文缮打格式

字体：中文请使用宋体简体字，英文请使用 Times New Roman。字号：正文五号字，注解小五号字。

二 标题层级

请依次使用一、（一）1.（1）A. a.

三 标点

请使用新式标点，除破折号、省略号各占两格外，其他标点均占一格。书刊及论文名均请使用《》。

四 数字表示

公元纪年使用阿拉伯数字，中国年号、古籍卷数使用中文数字（年号例如建武二十五年、贞观八年、乾隆三十五年，卷数例如卷一〇、卷二三、卷一五四）。第一次涉及年号者，请括注公元纪年。

五 注释体例

请采取当页脚注、每页连续编码的方式。

注释号码采用阿拉伯数字表示，作①、②、③……

再次征引，不需出现来源书刊或论文的全部信息，采用"作者，书名/论文名，页码"的形式。

引用古籍，应依次标明作者、书名、版本、卷数，如（清）顾炎武著，黄汝成集释《日知录集释》卷一五，清道光十四年嘉定黄氏刻本。

引用专著（包括译者）或新印古籍或古籍之点校整理本，应依次标明作者（包括译者）/整理者、书名、章/卷数、出版者、出版年代、版次（初版无须标明）、页码，如瞿同祖：《瞿同祖法学论著集》，中国政法大学出版社，1998，第50页；〔清〕黄宗羲著，全祖望补修，陈金生、梁运华点校《宋元学案》第一册，中华书局，1986，第150页。

引用论文，应依次标明作者、论文名称、来源期刊/论文集名称、年代、卷次、页码，如徐世虹：《对两件简牍法律文书的补考》，载中国政法大学法律古籍整理研究所编《中国古代法律文献研究》第2辑，中国政法大学出版社，2004，第90页；张小也：《明清时期区域社会中的民事法秩序——以湖北汉川汈汊黄氏的〈湖案〉为中心》，《中国社会科学》2005年第6期，第190页。

引用外文文献，依常规体例，如 Brian E. McKnight, *Law and Order in Sung China*, Cambridge University Press, 1992, pp. 50 – 52。

图书在版编目（CIP）数据

中国古代法律文献研究. 第 9 辑/徐世虹主编. —北京：社会
科学文献出版社，2015.12
ISBN 978 - 7 - 5097 - 8343 - 6

Ⅰ.①中…　Ⅱ.①徐…　Ⅲ.①法律 - 古籍研究 - 中国 - 文集
Ⅳ.①D929 - 53

中国版本图书馆 CIP 数据核字（2015）第 268927 号

中国古代法律文献研究【第九辑】

主　　编／徐世虹

执行编辑／赵　晶

出 版 人／谢寿光
项目统筹／宋荣欣
责任编辑／宋　超

出　　版／社会科学文献出版社·近代史编辑室（010）59367256
　　　　　地址：北京市北三环中路甲 29 号院华龙大厦　邮编：100029
　　　　　网址：www. ssap. com. cn
发　　行／市场营销中心（010）59367081　59367090
　　　　　读者服务中心（010）59367028
印　　装／三河市东方印刷有限公司

规　　格／开本：787mm × 1092mm　1/16
　　　　　印张：33.25　字数：525 千字
版　　次／2015 年 12 月第 1 版　2015 年 12 月第 1 次印刷
书　　号／ISBN 978 - 7 - 5097 - 8343 - 6
定　　价／89.00 元